Moses Mendelssohn
Studienausgabe

Moses Mendelssohn
Ausgewählte Werke

Studienausgabe

Band II
Schriften zu Aufklärung und Judentum 1770–1786

Herausgegeben und eingeleitet
von
Christoph Schulte, Andreas Kennecke
und Grażyna Jurewicz

Einbandgestaltung: Martin Veicht, 2design Regensburg
Einbandabbildung:
Johann Christoph Frisch, Moses Mendelssohn, 1786, Öl auf Holz;
Nachweis: Staatsbibliothek zu Berlin – Preußischer Kulturbesitz,
Musikabteilung mit Mendelssohn-Archiv, MA BA 137.

Die Deutsche Nationalbibliothek verzeichnet diese Publikation
in der Deutschen Nationalbibliografie;
detaillierte bibliografische Daten sind im Internet über
http://dnb.d-nb.de abrufbar.

© 2009 by WBG (Wissenschaftliche Buchgesellschaft), Darmstadt
Die Herausgabe des Werkes wurde durch
die Vereinsmitglieder der WBG ermöglicht.
Gedruckt auf säurefreiem und alterungsbeständigem Papier
Printed in Germany

Besuchen Sie uns im Internet: www.wbg-darmstadt.de

ISBN 978-3-534-15872-0

Inhaltsverzeichnis

Schreiben an den Herrn Diaconus Lavater zu Zürich

1770

Schreiben

an den

Herrn Diaconus Lavater

zu Zürich.

von

Moses Mendelssohn.

Berlin und Stettin,
bey Friedrich Nicolai
1770.

Erstdruck: Schreiben an den Herrn Diaconus Lavater zu Zürich. von Moses Mendelssohn. Berlin und Stettin, bey Friedrich Nicolai 1770, 32 S. [hier: |]
JubA Bd. 7, S. 5–17. [hier: ||]

Das Schreiben an den Herrn Diaconus Lavater *ist der Sache nach ein offener Brief Mendelssohns an Lavater, den Nicolai seiner Bedeutung wegen im eigenen Verlagshaus druckte. Anlaß dieses Schreibens war eine Widmung Lavaters, der seine deutsche Übersetzung von Charles Bonnets Buch* Philosophische Untersuchung der Beweise für das Christenthum *Mendelssohn zugeeignet hatte und 1769 sein Widmungsschreiben zusammen mit dieser Übersetzung zum Druck gebracht hatte. In Lavaters Widmung wird Mendelssohn aufgefordert, entweder Bonnets Beweise für das Christenthum öffentlich zu widerlegen oder zum Christentum überzutreten. Die Widmung lautet:*

Verehrenswürdigster Herr!

Ich weiß die Hochachtung, die mir Ihre fürtreflichen Schriften und Ihr noch fürtreflicherer Charakter, *eines Israeliten, in welchem kein Falsch ist,* gegen Sie eingeflößt haben, nicht besser auszudrücken, und das Vergnügen, das ich vor einigen Jahren in Ihrem liebenswürdigen Umgange genossen, nicht besser zu vergelten, als wenn ich Ihnen die beßte *philosophische* Untersuchung der Beweise für das *Christenthum,* die mir bekannt ist, zueigne.
Ich kenne Ihre tiefen Einsichten, Ihre standhafte Wahrheitsliebe, Ihre unbestechliche Unpartheylichkeit, Ihre zärtliche Achtung für Philosophie überhaupt, und die *Bonnetischen* Schriften besonders: Und unvergeßlich ist mir jene sanfte Bescheidenheit, mit welcher Sie, bey aller Ihrer Entferntheit von dem Christenthum, dasselbe beurtheilen; und die *philosophische* Achtung, die Sie in einer der glücklichsten Stunden meines Lebens über den *moralischen* Charakter seines Stifters bezeugt haben; so unvergeßlich und dabey so wichtig, daß ich es wagen darf, Sie zu bitten, Sie vor dem GOtte der Wahrheit, Ihrem und meinem Schöpfer und Vater zu bitten und zu beschwören: Nicht, diese Schrift mit philosophischer Unpartheylichkeit zu lesen; denn das werden Sie gewiß, ohne mein Bitten, sonst thun: Sondern, dieselbe öffentlich zu widerlegen, wofern Sie die *wesentlichen* Argumentationen, womit die Thatsachen des Christenthums unterstützt sind, nicht richtig finden: Dafern Sie aber dieselben richtig finden, zu thun, was Klugheit, Wahrheitsliebe, Redlichkeit Sie thun heissen; – was *Socrates* gethan hätte, wenn er diese Schrift gelesen, und unwiderleglich gefunden hätte.
GOtt lasse noch viel Wahrheit und Tugend durch Sie ausgebreitet werden; lasse Sie alle das Gute erfahren, das Ihnen mein ganzes Herz anwünscht.

Zürich,
den 25sten des Augusts
1769.

Johann Caspar Lavater.

In seinem Schreiben an Lavater *nun bringt Mendelssohn sein Befremden über diese öffentliche Aufforderung zur Taufe zum Ausdruck und wirft Lavater den Bruch der Vertraulichkeit und den Mißbrauch der in Mendelssohns Haus genossenen Gastfreundschaft vor. Dem aggressiven Versuch Lavaters, den Juden Mendelssohn in einen für Juden prekären, öffentlichen Disput über religiöse Wahrheiten des Christentums zu ziehen und ihn zu zwingen, entweder die Glaubenslehren des Christentums offen anzufechten oder aber sich taufen zu lassen, entzieht sich Mendelssohn: Er versichert Lavater, daß er die Grundsätze der eigenen jüdischen Religion von Jugend an im Lichte von Weltweisheit und Wissenschaften vernünftig geprüft habe und daß diese Prüfung zum Vorteil der jüdischen Religion ausgefallen sei. Zu Abfall oder Konversion zum Christentum besteht also für ihn überhaupt kein Grund. Mendelssohn weigert sich indessen grundsätzlich, seine Überzeugung von der Wahrheit der Religion seiner Väter gegenüber dem Christentum oder anderen Überzeugungen öffentlich darzustellen oder zu diskutieren. Dafür nennt er religiöse und philosophische Gründe: Erstens ist das Judentum keine missionarische Religion, da seine Gebote und Lehren von Gott nur dem jüdischen Volk gegeben wurden. Juden können gemäß der rabbinischen Tradition der Noachidischen Gebote mit tugendhaften Menschen aller Nationen und Religionen zusammenleben, ohne diese zum Judentum zu bekehren. Zweitens spricht philosophisch gegen öffentliche „Religionsstreitigkeiten", daß in einem Gemeinwesen nur solche religiösen und sittlichen Irrthümer wie „Fanatismus, Menschenhaß, Verfolgungsgeist" sowie „Leichtsinn, Ueppigkeit und Freygeisterey" öffentlich bekämpft werden müssen, weil diese Irrtümer der natürlichen Religion und dem natürlichen Gesetz widersprechen und darum Ruhe, Zufriedenheit, Sittlichkeit und Glückseligkeit aller Menschen in ihrem Zusammenleben stören. Religiöse Irrtümer hingegen, welche die allgemeine Sittlichkeit und Ordnung nicht gefährden, können mit Stillschweigen übergangen werden. Überdies, fügt Mendelssohn hinzu, sei er als Jude „Mitglied eines unterdrückten Volks", dessen bloßes Aufenthaltsrecht vom „Wohlwollen der herrschenden Nation" abhängig und darum gefährdet sei und dem deswegen „Freyheiten, die jedem andern Menschenkinde nachgelassen werden", versagt sind. Angesichts dieser für Juden bedrohlichen Machtverhältnisse habe er es sich zum Grundsatz gemacht, „Religionsstreitigkeiten mit der äußersten Sorgfalt zu vermeiden".*

* * *

In der Schrift Antwort an den Herrn Moses Mendelssohn zu Berlin *nahm Lavater 1770 sein Ansinnen einer öffentlichen Widerlegung von christlichen Glaubenslehren mit Bedauern zurück, nachdem zahlreiche Freunde, Publizisten und Spötter, aber auch Charles Bonnet selbst, seine Widmung kritisiert hatten. Dennoch unterläßt er es nicht, den Wunsch zu äußern: „Wolte Gott, daß Sie ein Christ wären!"*

In seiner in derselben Schrift mitabgedruckten Replik Mendelssohns Nacherinnerung *akzeptiert Mendelssohn sehr distanziert Lavaters Rücknahme als durchaus ehrenwert und macht an einem Beispiel eine Differenz zu Bonnet deutlich: Während Bonnet Wunder für „untrügliche Zeichen der Wahrheit" im Christentum erkläre, gründet das Judentum auf der Offenbarung der göttlichen Gebote am Sinai und deren Wahrheit, also nicht auf (der Vernunft unbegreiflichen) Wundern, sondern auf einem Akt öffentlicher Gesetzgebung: „Nicht auf Wunderwerke also; auf die Gesetzgebung gründet sich unser Glaube an eine Offenbarung."*

Im weiteren Text der Nacherinnerung *sieht Mendelssohn aufgrund der inzwischen judenfeindlich aufgeheizten öffentlichen Debatte um Lavaters Taufaufforderung seine eigene, prinzipielle Verweigerung öffentlicher Religionsstreitigkeiten bestätigt. Er exemplifiziert dies an den heftigen judenfeindlichen Attacken des Dr. Johann Balthasar Kölbele, der sich öffentlich in die Auseinandersetzung mit Lavater eingemischt und gleich in mehreren älteren Schriften auch Mendelssohn persönlich angegriffen und herabgewürdigt hatte. Mendelssohn verweigert Kölbele jegliche öffentliche Auseinandersetzung über dessen judenfeindliche Polemiken und verwahrt sich gegen dessen Versuch, diese zu erpressen. In Sachen des Judentums erklärt er Kölbele für schlechthin ignorant und überläßt dessen beleidigende Anwürfe der Verachtung des Publikums.*

* * *

Die nicht datierte Handschriftliche Notiz Mendelssohns *entstand im Kontext des Lavater-Streits wohl 1769/70. Sie enthält nicht für die Publikation gedachte, persönliche Überlegungen Mendelssohns zur Motivation und den Absichten Lavaters, die diesen zur Veröffentlichung des Widmungsschreibens bewegt haben könnten. Sehr bündig faßt Mendelssohn für sich selbst in dieser Notiz einige Grundeinstellungen zu Christentum und Judentum sowie, voller Sarkasmus, antijudaistische Vorurteile seiner Zeit zusammen: Seine reflektierte und in vernünftiger Überlegung gegründete Entferntheit zum Christentum und dessen religiösen Lehren bei gleichzeitiger Hochachtung für den nur als Menschen betrachteten Jesus von Nazareth „als tugendhafter Mann"; ferner die Überzeugung, die göttlichen Gebote vom Sinai seien, wie schon Maimonides (1138–1204) geschrieben hatte, nur den Juden geoffenbart und nur für sie verbindlich; und nicht zuletzt die Gewißheit, daß die Juden entgegen aller antijüdischen theologischen „Widerlegungen" ihrer Religion und entgegen aller Opportunität „verstockt" an ihrer Religion festhalten und sich nicht bekehren werden, obwohl sie dadurch im Stand der Diskriminierung, Armut und Rechtlosigkeit bleiben.*

* * *

Der ebenfalls nur handschriftlich erhaltene und undatierte Brief Moses Mendelssohns an den Erbprinzen Carl von Braunschweig-Wolfenbüttel *ist die Antwort auf ein Schreiben des an Fragen der Aufklärung interessierten Erbprinzen Carl Wilhelm Ferdinand von Braunschweig-Wolfenbüttel (1735–1806), den Mendelssohn 1769 im Berliner Schloß und 1770 anläßlich seines Besuches bei seinem Freund Lessing in Wolfenbüttel getroffen hatte, wo Lessing seit 1769 Hofbibliothekar war. Der Erbprinz hatte Mendelssohn schriftlich gebeten, ihm seine Gründe gegen das Christentum und gegen die Konversion, welche Mendelssohn nicht im Rahmen eines publizistischen Religionsstreits gegen Lavater hatte öffentlich disputieren wollen, doch persönlich mitzuteilen. Mendelssohn reagiert, durchaus im Einklang mit seiner Verweigerung einer öffentlichen Kontroverse, mit einer persönlichen, nicht für die Öffentlichkeit gedachten Darstellung seiner Gründe an den Erbprinzen und bittet in dem vermutlich noch 1770 verfaßten Brief den Prinzen um Diskretion. In Art eines Lehrbriefs stellt Mendelssohn hier in für sein ganzes Werk einmaliger Detailliertheit jene zentralen christlichen Lehren vor, die er aufgrund von „Vernunft und Nachdenken" mit Gründen ablehnt: die Trinitätslehre, die Menschwerdung Gottes in der Person Jesu Christi und die Lehre von einer Erlösung durch das Sohnesopfer am Kreuz, desgleichen Höllenstrafen, Erbsünden- und Teufelslehre und die Lehre von der Aufhebung des Mosaischen Gesetzes durch Christus.*

Literatur:
Simon Rawidowicz: Einleitung. Zum Lavater-Mendelssohn-Streit, in: JubA Bd. 7, S. XI-LXXX; Dominique Bourel: Moses Mendelssohn. Begründer des modernen Judentums, Zürich 2007, S. 279–312; Christoph Schulte: Noachidische Gebote und Naturrecht, in: Richard Faber, Enno Rudolph (Hg.), Humanismus in Geschichte und Gegenwart, Tübingen 2002, S. 141–166.

Verehrungswerther Menschenfreund!

Sie haben für gut befunden, des Herrn *Bonnets Untersuchung der Beweise für das Christenthum,* die Sie aus dem Französischen übersetzt, mir zuzueignen, und in der Zuschrift mich vor den Augen des Publikums auf die allerfeyerlichste Weise zu beschwören: „diese Schrift zu widerlegen, wofern ich die *wesentlichen* Argumentationen, womit die Thatsachen des Christenthums unterstützt sind, nicht richtig finde; Dafern ich aber dieselbe richtig finde, zu thun, was Klugheit, Warheitsliebe und Redlichkeit mich thun heissen, – was ein Sokrates gethan hätte, wenn er diese Schrift gelesen, und unwiderleglich gefunden hätte;" d. i. die Religion meiner Väter zu verlassen, und | mich zu derjenigen zu bekennen, die Hr. B. vertheidiget. Denn sicherlich, wenn ich auch sonst kriechend genug dächte, die *Klugheit* der Warheitsliebe und Redlichkeit das Gegengewicht halten zu lassen, so würde ich sie doch hier in diesem Falle alle drey in derselben Schale antreffen.

Ich bin völlig überzeugt, daß Ihre Handlungen aus einer reinen Quelle fließen, und *kann* Ihnen keine andere, als liebreiche, menschenfreundliche Absichten, zuschreiben. Ich würde keines rechtschaffenen Mannes Achtung würdig seyn, wenn ich die freundschaftliche Zuneigung, die Sie mir in Ihrer Zuschrift zu erkennen geben, nicht mit dankbarem Herzen erwiederte. Aber läugnen kann ich es nicht, dieser Schritt von Ihrer Seite hat mich ausserordentlich befremdet. Ich hätte alles eher erwartet, als von einem *Lavater* eine *öffentliche* Aufforderung. |

Da Sie Sich der vertraulichen Unterredung noch erinnern, die ich das Vergnügen gehabt, mit Ihnen und Ihren würdigen Freunden auf meiner Stube zu halten; so können sie unmöglich vergessen haben, wie oft ich das Gespräch von Religionssachen ab, und auf gleichgülti-||gere Materien zu lenken gesucht habe; wie sehr Sie und Ihre Freunde in mich dringen mußten, bevor ich es wagte, in einer Angelegenheit, die dem Herzen so wichtig ist, meine Gesinnung zu äussern. Wenn ich nicht irre; so sind Versicherungen vorhergegangen, daß von den Worten, die bey der Gelegenheit vorfallen würden, *niemals* öffentlich Gebrauch gemacht werden sollte. – Jedoch, ich will mich lieber irren, als Ihnen eine Uebertretung dieses Versprechens Schuld geben. – Wenn ich aber auf meiner Stube, unter einer geringen Anzahl würdiger Männer, von deren guten Gesinnungen ich Ursach hatte | versichert zu seyn, einer Erklärung so sorgfältig auszuweichen suchte; so war leicht zu erachten, daß eine *öffentliche* meiner Gemüthsart äusserst zuwider seyn würde, und daß ich in *Verlegenheit* gerathen mußte, wenn die Stimme, die mich dazu *auffordert,* mir nicht verächtlich seyn *kann.* Was hat Sie also bewegen können, mich wider meine Neigung, die Ihnen bekannt war, aus dem Haufen hervorzuziehen, und auf einen öffentlichen Kampfplatz zu führen, den ich so sehr gewünscht, nie betreten zu dürfen? – Und wenn Sie auch meine Zurückhaltung einer bloßen Furchtsamkeit oder Schüchternheit zugeschrieben haben, verdienet eine solche Schwachheit nicht die Nachsicht und die Verschonung eines jeden liebreichen Herzens?

Allein die Bedenklichkeit, mich in Religionsstreitigkeiten einzulassen, ist von meiner Seite nie | Furcht oder Blödigkeit gewesen. Ich darf sagen, daß ich meine Religion nicht erst seit gestern zu untersuchen angefangen. Die Pflicht, meine Meinungen und Handlungen zu prüfen, habe ich gar frühzeitig erkannt, und wenn ich, von früher Tugend an, meine Ruh- und Erholungsstunden der Weltweisheit und den schönen Wissenschaften gewiedmet habe; so ist es einzig und allein in der Absicht geschehen, mich zu dieser so nöthigen Prüfung vorzubereiten. Andere Bewegungsgründe konnte ich hierzu nicht gehabt haben. In der Lage, in welcher ich mich befand, durfte ich von den Wissenschaften nicht den mindesten zeitlichen Vortheil erwarten. Ich wußte gar wohl, *daß für mich ein glückliches Fortkommen* in der Welt auf diesem Wege nicht zu finden sey. Und Vergnügung? – O mein werthgeschätzter Menschenfreund! Der Stand, welcher meinen Glaubensbrüdern im bürgerlichen Leben angewiesen worden, | ist so weit von aller *freyen* Uebung der Geisteskräfte entfernt, daß man seine Zufriedenheit gewis nicht vermehret, wenn man die Rechte der Menschheit von ihrer wahren Seite kennen lernt. – Ich vermeide ‖ auch über diesen Punkt eine nähere Erklärung. Wer die Verfassung kennet, in welcher wir uns befinden, und ein menschliches Herz hat, wird hier mehr empfinden, als ich sagen kann.

Wäre nach diesem vieljährigen Forschen die Entscheidung nicht völlig zum Vortheile *meiner* Religion ausgefallen; so hätte sie nothwendig durch eine öffentliche Handlung bekannt werden müssen. Ich begreife nicht, was mich an eine, dem Ansehen nach so überstrenge, so allgemein verachtete Religion fesseln könnte, wenn ich nicht im Herzen von ihrer Warheit überzeugt wäre. Das Resultat meiner Untersuchungen mochte seyn, welches man wollte, so bald ich die Religion meiner | Väter nicht für die *wahre* erkannte; so mußte ich sie verlassen. Wäre ich im Herzen von einer andern überführet; so wäre es die verworfenste Niederträchtigkeit, der innerlichen Ueberzeugung zum Trotz, die Warheit nicht bekennen zu *wollen*. Und was könnte mich zu dieser Niederträchtigkeit verführen? Ich habe schon bekannt, daß in diesem Falle Klugheit, Warheitsliebe und Redlichkeit mich denselben Weg führen würden.

Wäre ich gegen beide Religionen gleichgültig, und verlachte oder verachtete in meinem Sinne alle Offenbarung; so wüßte ich gar wohl, was die Klugheit räth, wenn das Gewissen schweiget. Was könnte mich abhalten? – Furcht für meine Glaubensgenossen? – Ihre weltliche Macht ist allzu geringe, als daß sie mir fürchterlich seyn könnte. – Eigensinn? Trägheit? Anhänglichkeit an gewohnte Begriffe? – Da ich den größ-|ten Theil meines Lebens der Untersuchung gewiedmet ; so wird man mir Ueberlegung genug zutrauen, solchen Schwachheiten nicht die Früchte meiner Untersuchungen aufzuopfern.

Sie sehen also, daß ohne aufrichtige Ueberzeugung von meiner Religion, der Erfolg meiner Untersuchung sich in einer öffentlichen Thathandlung hätte zeigen müssen. Da sie mich aber in *dem* bestärkten, was meiner Väter ist; so konnte ich meinen Weg im Stillen fortwandeln, ohne der Welt von meiner Ueberzeugung Rechenschaft ablegen zu dürfen. Ich werde es nicht leugnen, daß ich bey meiner Religion menschliche Zusätze und Misbräuche wargenomnen, die leider! ihren Glanz nur zu sehr verdunkeln. Welcher Freund der Warheit kann sich rühmen, seine Religion von schädlichen Menschensatzungen frey gefunden zu haben? Wir erkennen ihn alle, | diesen vergiftenden Hauch der Heucheley und des Aberglaubens, so viel unserer sind, die wir die Warheit suchen, und wünschen ihn, ohne Nachtheil || des Wahren und Guten, abwischen zu können. Allein von dem *Wesentlichen* meiner Religion bin ich so fest, so unwiderleglich versichert, als Sie, oder Hr. Bonnet nur immer von der Ihrigen seyn können, und ich bezeuge hiermit vor dem Gott der Warheit, Ihrem und meinem Schöpfer und Erhalter, bey dem Sie mich in Ihrer Zuschrift beschworen haben, daß ich bey meinen Grundsätzen bleiben werde, so lange meine ganze Seele nicht eine andere Natur annimmt. Die Entferntheit von Ihrer Religion, die ich Ihnen und Ihren Freunden zu erkennen gegeben, hat seit der Zeit nichts abgenommen, und die Hochachtung für den moralischen Charakter des Stifters? – Sie hätten die Bedingung nicht verschweigen sollen, die ich ausdrücklich hinzuge-|than habe; so hätte ich auch diese noch jetzo einräumen können. Man muß gewisse Untersuchungen irgend einmal in seinem Leben geendiget haben, um weiter zu gehen. Ich darf sagen, daß dieses in Absicht auf die Religion schon seit etlichen Jahren von mir geschehen ist. Ich habe gelesen, verglichen, nachgedacht, und Partey ergriffen.

Und gleichwohl hätte meinetwegen das Judenthum in jedem polemischen Lehrbuche zu Boden gestürzt, und in jeder Schulübung im Triumph aufgeführt werden mögen, ohne daß ich mich hierüber jemals in einen Streit eingelassen haben würde. Ohne den mindesten Widerspruch von meiner Seite, hätte jeder Kenner oder Halbkenner des Rabbinischen, aus Schartecken, die kein vernünftiger Jude liest noch kennet, sich und seinen Lesern den lächerlichsten Begriff vom Ju-|denthum machen mögen. Die verächtliche Meinung, die man von einem Juden hat, wünschte ich durch Tugend, und nicht durch Streitschriften widerlegen zu können. Meine Religion, meine Philosophie und mein Stand im bürgerlichen Leben geben mir die wichtigsten Gründe an die Hand, alle Religionsstreitigkeiten zu vermeiden, und in öffentlichen Schriften nur von denen Warheiten zu sprechen, die allen Religionen gleich wichtig seyn müssen.

Nach den Grundsätzen meiner Religion *soll* ich niemand, der nicht nach unserm Gesetze gebohren ist, zu bekehren suchen. Dieser Geist der Bekehrung, dessen Ursprung einige so gern der jüdischen Religion aufbürden möchten, ist derselben gleichwohl schnurstraks zuwider. Alle unsere Rabbinen lehren einmüthig, daß die schriftlichen und mündlichen Gesetze, in welchen unsere geof-|fenbarte Religion bestehet, nur für unsere Nation verbindlich seyen. *Mose* hat *uns* das Gesetz geboten, || es ist ein *Erbtheil der Gemeinde Jacobs*[*]. Alle übrigen Völker der Erde, glauben wir, seyen von Gott angewiesen worden, sich an das Gesetz der Natur und an die Religion der Patriarchen zu halten[**]. Die ihren Lebenswandel

---

[*]   S. Talmud *von den Synedrien*, fol. 59. Majemonides von den Königen, Cap. 8. §. 10.

[**] *Die sieben Hauptgebote* der Noachiden, welche ungefähr die wesentlichen Gesetze des Naturrechts in sich fassen: 1) Enthaltung vom Götzendienste, 2) von Gotteslästerung, 3) von Blutvergiessen, 4) Blutschande und 5) fremdem Gute. Ferner 6) die Handhabung der Gerechtigkeit. Diese sollen schon dem Adam bekannt gemacht worden seyn, und endlich 7) das dem Noa bekannt gemachte Verbot von lebendigen Thieren zu essen. (Talmud vom Götzendienste fol. 64. Majemonides von den Königen, C. 8. §. 10.)

nach den Gesetzen dieser | Religion der Natur und der Vernunft einrichten, werden *tugend-hafte Männer von andern Nationen*[*] genennet, und diese sind Kinder der ewigen Selig-keit[**]. |

Unsere Rabbinen sind so weit von aller Bekehrungssucht entfernt, daß sie uns sogar vorschreiben, einen jeden, der sich von selbst anbietet, durch ernsthafte Gegenvorstellungen von seinem Vorsatze abzuführen. Wir sollen ihm zu bedenken geben, daß er sich durch diesen Schritt, ohne Noth, einer sehr beschwehrlichen Last unterziehe, daß er in seinem jetzigen Zustande nur die Pflichten der Noachiden zu beobachten habe, um selig zu wer-den; so bald er aber die Religion der Israe-|liten annehme; so unterzöge er sich freywillig allen strengen Ge-|setzen dieses Glaubens, und alsdenn müsse er sie beobachten, oder der Strafen gewärtig seyn, die der Gesetzgeber mit derselben Uebertretung verbunden hat. Endlich sollen wir ihm auch das Elend, die Bedrängniß, und die Verachtung getreulich vorstellen, in welcher die Nation gegenwärtig lebt, um ihn von einem vielleicht übereilten Schritte abzuhalten, den er in der Folge bedauern könnte[***].

Die Religion meiner Väter *will* also nicht ausgebreitet sein. Wir sollen nicht Mißionen nach beiden Indien oder nach Grönland senden, um diesen entfernten Völkern unsere Re-ligion zu predigen. Das letztere insbesondere, das nach | den Beschreibungen, die man von ihm hat, das Gesetz der Natur, leider! besser beobachtet, als wir, ist, nach unsern Religions-lehren, ein beneidenswerthes Volk. Wer nach unserm Gesetze nicht gebohren ist, darf auch nicht nach unserm Gesetze leben. Uns allein halten wir für verbunden, diese Gesetze zu beobachten, und dieses kann unsern Nebenmenschen kein Aergernis geben. Man findet unsere Meinungen ungereimt? Es ist unnöthig, darüber Streit zu erregen. Wir handeln nach unserer Ueberzeugung, und andere mögen die Gültigkeit der Gesetze immer in Zweifel ziehen, die ihnen, nach unserm eigenen Geständnisse, nicht obliegen. Ob jene billig, ver-träglich, menschenfreundlich handeln, daß sie unsere Gesetze und Gebräuche so sehr ver-spotten, können wir ihrem eigenen Gewissen anheimstellen. So bald wir andere von unse-rer Meinung nicht überführen wollen; so ist das Streiten unnütz. |

---

[*]   חסידי אומות העולם Majemonides thut die Einschränkung hinzu, wenn sie diese nicht blos als Gesetze der Natur, sondern als von Gott ausserordentlich geoffenbarte Gesetze beobachten; al-lein dieser Zusatz hat keine Autorität in dem Talmud.

[**]   Majemonides *von der Buße* C. 3. §. 5. von den Königen C. 8. §. 11. In einem Schreiben an Rabbi Hasdai Halevi bedienet sich dieser Lehrer folgender Ausdrücke: Was die übrigen Völker betrifft, wisse, mein Lieber! daß Gott nur auf das Herz der Menschen siehet, und die Handlungen der Menschen nach ihrem Gewissen richtet; daher lehren unsere Weisen, daß die Tugendhaften von andern Nationen der ewigen Seeligkeit theilhaft werden, in so weit sie sich der Erkenntnis Gottes und der Ausübung der Tugend befleißigen. Menasche Ben Israel, in seinem Traktate *Nischmath Chajim*, führet entscheidende Stellen aus dem *Talmud*, dem *Sohar* und andern Lehrbüchern an, die diese Lehre ausser Zweifel setzen. *Wir wollen keinem menschlichen Geschöpfe*, sagt der Ver-fasser des Kosri, *seinen wohlverdienten Lohn entziehen.* Rabbi Jacob Hirschel, einer der gelehr-testen Rabbinen unserer Zeit, handelt hiervon ausführlich in verschiedenen von seinen Schriften.

[***] Majemonides *von verbothenen Ehen* Cap. 13. §. 14. C. 14. §. 1.

Wenn unter meinen Zeitgenossen ein *Confucius* oder *Solon* lebte; so könnte ich, nach den Grundsätzen meiner Religion, den großen Mann lieben und bewundern, ohne auf den lächerlichen Gedanken zu kommen, einen Confucius oder Solon *bekehren* zu wollen. Bekehren? wozu? Da er nicht zu der *Gemeine Jacobs* gehöret; so verbinden ihn meine Religionsgesetze nicht, und über die Lehren wollten wir uns bald einverstehen. Ob ich glaubte, daß er seelig werden könnte? – O! mich dünkt, wer in diesem Leben die Menschen zur Tugend anführet, kann in jenem nicht verdammt werden, und ich habe kein ehrwürdiges Collegium zu fürchten, das mich dieser Meinung halber, wie die *Sorbonne* den rechtschaffenen *Marmontel*, in Anspruch nehmen könnte. ‖

Ich habe das Glück, so manchen vortreflichen Mann, der nicht meines Glaubens ist, zum │ Freunde zu haben. Wir lieben uns aufrichtig, ob wir gleich vermuthen, und voraussetzen, daß wir in Glaubenssachen ganz verschiedener Meinungen sind. Ich genieße die Wollust ihres Umganges, der mich bessert und ergötzt. Niemals hat mir mein Herz heimlich zugerufen: *Schade für die schöne Seele!* Wer da glaubet, daß ausserhalb seiner Kirche keine Seeligkeit zu finden sey, dem müssen dergleichen Seufzer gar oft in der Brust aufsteigen.

Es ist zwar die natürliche Verbindlichkeit eines jeden Sterblichen, Erkenntnis und Tugend unter seinen Nebenmenschen auszubreiten, und die Vorurtheile und Irrthümer derselben nach Vermögen zu vertilgen. In dieser Betrachtung, könnte man glauben, sey es die Schuldigkeit eines jeden Menschen, die Religionsmeinungen, die er für irrig hält, öffentlich zu bestreiten. │ Allein nicht alle Vorurtheile sind von gleicher Schädlichkeit, und daher müssen auch nicht alle Vorurtheile, die wir bey unsern Nebenmenschen wahrzunehmen glauben, auf einerley Weise behandelt werden. Einige sind der Glückseeligkeit des menschlichen Geschlechts unmittelbar zuwider. Ihr Einfluß auf die Sitten der Menschen ist offenbar verderblich, und man hat auch nicht einmal einen zufälligen Nutzen von ihnen zu erwarten. Diese müssen von jedem Menschenfreunde geradezu angegriffen werden. Der gerade Weg auf sie loszugehen, ist unstreitig der beste, und jede Verzögerung durch Umwege unverantwortlich. Von dieser Art sind alle Irrthümer und Vorurtheile der Menschen, die ihre eigene oder ihrer Nebenmenschen Ruhe und Zufriedenheit stöhren, und jeden Keim des Wahren und Guten in dem Menschen tödten, bevor er zum Ausbruche kommen kann. Von der einen │ Seite Fanatismus, Menschenhaß, Verfolgungsgeist, und von der andern Seite Leichtsinn, Ueppigkeit, und unsittliche Freygeisterey.

Zuweilen gehören aber die Meinungen meiner Nebenmenschen, die ich nach meiner Ueberzeugung für Irrthümer halte, zu den höhere theoretischen Grundsätzen, die von dem Praktischen zu weit entfernt sind, um unmittelbar schädlich zu seyn; sie machen aber, eben ihrer Allgemeinheit wegen, die Grundlage aus, auf welchem das Volk, welches sie heget, das System seiner Sittenlehre und Geselligkeit aufgeführt hat, und sind also zufälligerweise diesem Theile des menschlichen Geschlechts von großer Wichtigkeit geworden. Solche Lehrsätze öffentlich bestreiten, weil sie uns Vorurtheile dünken, heißt ohne das Gebäude zu unterstützen, den Grund durchwühlen, um zu unter-‖suchen, ob er fest und sicher ist.

Wer mehr für | das Wohl der Menschen, als für seinen eigenen Ruhm sorget, wird über Vorurtheile von dieser Art seine Meinung zurück halten, sich hüten, sie geradezu, und ohne die größeste Behutsamkeit anzugreifen, um nicht ein ihm verdächtiges Principium der Sittlichkeit umzustossen, bevor seine Nebenmenschen das *Wahre angenommen*, das er an die Stelle setzen will.

Ich kann also gar wohl bey meinen Mitbürgern Nationalvorurtheile und irrige Religions-meinungen zu erkennen glauben, und dennoch *verbunden* seyn, zu schweigen, wenn diese Irrthümer weder die *natürliche* Religion, noch das *natürliche* Gesetz, *unmittelbar* zu Grunde richten, und vielmehr *zufälligerweise* mit der Beförderung des Guten verknüpft sind. Es ist wahr, die Sittlichkeit unserer Handlungen verdienet diesen Namen kaum, wenn sie auf Irrthum gegründet ist, | und die Beförderung des Guten muß allezeit von der Wahrheit, *wenn sie erkannt wird*, weit besser und sicherer erhalten werden können, als von dem Vorurtheil. Allein so lange sie nicht erkannt wird, so lange sie nicht national geworden ist, um auf den großen Haufen so mächtig wirken zu können, als das eingewurzelte Vorurtheil, muß dieses einem jeden Freunde der Tugend beynahe heilig seyn.

Man ist zu dieser Bescheidenheit um so viel mehr verbunden, wenn die Nation, welche nach unserer Meinung dergleichen Irrthümer heget, sich übrigens durch Tugend und Weis-heit verehrenswerth gemacht hat, und eine Menge großer Männer unter sich zählet, die Wohlthäter des menschlichen Geschlechts genennt zu werden verdienen. Ein so edler Theil der Menschheit muß auch da, wo ihm etwas Menschliches begegnet, mit Ehr-|furcht ver-schont werden. Wes darf sich erkühnen, die Vortreflichkeiten einer so erhabenen Nation aus den Augen zu setzen, und sie da anzugreifen, wo er eine Schwäche bemerkt zu haben glaubet?

Dieses sind die Bewegungsgründe, die mir meine Religion und meine Philosophie an die Hand geben, Religionsstreitigkeiten sorgfältig zu vermeiden. Setzen Sie die häußliche Verfassung hinzu, in welcher ich unter meinen Nebenmenschen lebe; so werden Sie mich vollkommen rechtfertigen. Ich bin ein Mitglied eines unterdrückten Volks, das von dem Wohlwollen der herrschenden Nation Schutz und Schirm erflehen muß, und solchen nicht allenthalben, und nirgend ohne gewisse Ein-||schränkungen erhält. Freyheiten, die jedem andern Menschenkinde nachgelassen werden, versagen sich meine Glaubensgenossen gerne, und sind | zufrieden, wenn sie geduldet und geschützt werden. Sie müssen es der Nation, die sie unter erträglichen Bedingungen aufnimmt, für keine geringe Wohlthat anrechnen, da ihnen in manchen Staaten so gar der *Aufenthalt* versagt wird. Ist es doch nach den Gesetzen Ihrer Vaterstadt, Ihrem beschnittenen Freunde nicht einmal vergönnt, Sie in *Zü-rich* zu besuchen? Welche Erkentlichkeit sind meine Glaubensbrüder also nicht der herr-schenden Nation schuldig, die sie in der allgemeinen Menschenliebe mit einschließt, und sie ungehindert den Allmächtigen nach ihrer Väter Weise anbeten läßt! Sie genießen in dem Staate, in welchem ich lebe, hierin die anständigste Freyheit, und ihre Mitglieder sollten sich nicht scheuen, die Religion des herrschenden Theils zu bestreiten, das heißt, ihre Beschützer von der Seite anzufallen, die tugendhaften Menschen die empfindlichste seyn muß? |

Nach diesen Grundsätzen war ich entschlossen, jederzeit zu handeln, und ihnen zufolge, Religionsstreitigkeiten mit der äussersten Sorgfalt zu vermeiden, wenn nicht eine ausserordentliche Veranlassung mich nöthigen würde, meinen Vorsatz zu ändern. Privataufforderungen von verehrungswürdigen Männern, bin ich kühn genug gewesen, mit Stillschweigen zu übergehen, und die Zunöthigung kleiner Geister, die geglaubt haben, mich meiner Religion halber, öffentlich antasten zu dürfen, habe ich geglaubt verachten zu dürfen. Allein die feyerliche Beschwörung eines *Lavaters* nöthiget mich wenigstens, meine Gesinnungen öffentlich an den Tag zu legen, damit niemand ein zu weit getriebenes Stillschweigen für *Verachtung* oder *Geständniß* halten möge.

Ich habe die Bonnetsche von Ihnen übersetzte Schrift mit Aufmerksamkeit gelesen. Ob ich über-|zeugt worden sey, ist nach dem, was ich vorhin erklärt habe, wohl die Frage nicht mehr. Aber ich muß gestehen, auch in ihrer Art, als Vertheidigung der Christlichen Religion, hat sie mir den Werth nicht zu haben geschienen, den Sie darauf setzen. Ich kenne Herrn Bonnet aus andern Werken, als einen vortreflichen Schriftsteller, aber ich habe so manche Vertheidigung derselben Religion, ich will nicht sagen von Engländern, von unsern deutschen Landsleuten gelesen, die mir weit gründlicher und philosophischer geschienen, als diese Bonnetsche, die Sie mir zu meiner Bekehrung ‖ empfehlen. Wenn ich nicht irre, so sind so gar die mehresten philosophischen Hypothesen dieses Schriftstellers auf deutschem Grund und Boden gewachsen, und der Verfasser des *Essai de Psychologie* selbst, dem Herr B. so treulich nachfolget, hat deutschen Weltweisen beynahe alles zu verdanken. Wo es auf philosophische Grundsätze | ankömmt, darf der Deutsche selten von seinen Nachbarn borgen.

Noch sind die allgemeinen Betrachtungen, die Hr. Bonnet vorausschicket, meiner Einsicht nach, der gründlichste Theil dieses Werks. Denn die Anwendung und der Gebrauch, den er davon zur Vertheidigung seiner Religion machet, hat mir so unstatthaft, so willkührlich geschienen, daß ich einen Bonnet beynahe ganz darinnen verkant habe. Es ist mir unangenehm, daß mein Urtheil von dem Ihrigen so sehr verschieden ausfallen muß. Mir kömmt es vor, als wenn die innere Ueberzeugung des Hr. B. und ein löblicher Eifer für seine Religion den Beweisgründen Gewicht zugelegt hätte, das ein anderer nicht darinn finden kann. Seine mehresten Schlußsätze scheinen mir so wenig aus den Vordersätzen zu folgen, daß ich mich getrauen wollte, *welche Religion man will*, mit | denselben Gründen zu vertheidigen. Dem Verfasser selbst ist dieses vielleicht nicht zur Last zu legen. Er kann nur für solche Leser geschrieben haben, die, wie er, überzeugt sind, und nur lesen, um sich in ihrem Glauben zu *bestärken*. Wenn Schriftsteller und Leser erst über das Resultat einig sind; so vertragen sie sich gar bald über die Gründe. Aber auf Sie, mein Herr! fällt billig meine Bewunderung, daß Sie diese Schrift für hinlänglich halten, einen Menschen zu überführen, der seinen Grundsätzen nach, vom Gegentheile eingenommen seyn muß. Sie können sich unmöglich in die Gedanken eines solchen versetzt haben, der die Ueberzeugung nicht mitbringet, sondern in diesem Werke erst suchen soll. Haben Sie aber dieses gethan, und glauben dennoch, wie Sie zu verstehen geben, daß ein *Sokrates* selbst die Beweisgründe des Hr. Bonnet unwiderleglich finden müsse; so ist einer von uns sicherlich ein merkwürdiges Beyspiel, | von der Gewalt der Vorurtheile und der Erziehung, selbst über solche, die mit aufrichtigem Herzen die Warheit suchen.

Ich habe Ihnen nunmehr die Gründe angezeigt, warum ich so sehr wünsche, niemals über Religionssachen zu streiten; ich habe Ihnen aber auch zu erkennen gegeben, daß ich gar wohl glaube, der Bonnetschen Schrift etwas entgegensetzen zu können. Wenn darauf gedrungen wird; so *muß* ich die Bedenklichkeiten aus den Augen setzen, und || mich entschließen, in *Gegenbetrachtungen* meine Gedanken über des Hrn. Bonnet Schrift und die von ihm vertheidigte Sache öffentlich bekannt zu machen. Ich hoffe aber, daß Sie mich dieses unangenehmen Schritts überheben, und lieber zugeben werden, daß ich in die friedsame Lage zurückkehre, die mir so natürlich ist. Wenn Sie Sich an meine Stelle setzen, und die Umstände | nicht aus Ihrem Gesichtspunkte, sondern aus dem Meinigen betrachten, so werden Sie meiner Neigung Gerechtigkeit widerfahren lassen. Ich möchte nicht gerne in Versuchung kommen, aus den Schranken zu treten, die ich mir mit so gutem Vorbedachte selbst gesetzt habe.

Berlin, den 12. December 1769.   Ich bin mit der vollkommensten Hochachtung
                                        Ihr aufrichtiger Verehrer,
                                        Moses Mendelssohn.

Antwort an den Herrn Moses Mendelssohn zu Berlin
von Johann Casper Lavater

Nebst einer Nacherinnerung von Moses Mendelssohn

1770

Antwort

an den

Herrn Moses Mendelssohn

zu Berlin,

von

Johann Caspar Lavater.

Nebst einer Nacherinnerung

von

Moses Mendelssohn.

Mit Königl. Preußl. Churfürstl. Brandenb. und
Churfürstl. Sächs. allergnädigsten Freyheiten.

Berlin und Stettin,
bey Friedrich Nicolai. 1770.

Erstdruck: Antwort an den Herrn Moses Mendelssohn zu Berlin, von Johann Casper Lavater. Nebst einer Nacherinnerung von Moses Mendelssohn. Berlin und Stettin, bey Friedrich Nicolai. 1770, 68 S. [hier: I]
JubA Bd. 7, S. 23–37. [hier: II]

Verehrenswürdiger Herr!

Ich hatte mir die Freyheit genommen, Sie öffentlich aufzufordern, Herrn Bonnets *Untersu-chung der Beweise für das Christenthum* entweder zu widerlegen, oder zu thun, was ein *Sokrates* gethan haben würde, wenn er das *Wesentliche dieser Untersuchung* unwiderleg-lich gefunden hätte.

Ich will es Ihnen nicht verhehlen, dieser Schritt, der Sie so sehr befremdet, ist beynahe allen meinen Freunden, und insonderheit den auswärtigen, vornehmlich aber dem Herrn *Bonnet* übereilt vorgekommen. Dieser letztere mißbilligte ihn sehr; aber es war zu späte. Die dringende Nähe der Messe machte es mir unmöglich, mich mit meinen auswärtigen Freunden hierüber zu berathschlagen. |

Sie können es wissen, theuerster Freund! (Sie geben mir das Recht, Sie so zu nennen) daß mir diese nachherigen Urtheile meiner Freunde nichts weniger, als gleichgültig gewe-sen sind; daß ich schon *vor* dem Empfange Ihres gütigen *Schreibens* geneigt war, Sie aus der Verlegenheit, in welche ich Sie gesetzt hatte, herauszuziehen.

Ich konnte freylich das geschehene darum noch nicht *ganz* bereuen, und glaube auch jetzo, nach dem Empfange Ihres Schreibens, und nach den so ungleichen Urtheilen des Publikums, noch nicht Ursache zu haben, es ohne Beding zu bereuen. Ich fange aber an, einzusehen, daß ich meine Absicht auf einem andern Wege vielleicht glücklicher erreicht, und ihnen zugleich diese Verlegenheit erspart haben könnte.

Meine Absicht war nicht, Ihnen ein Glaubensbekenntniß abzunöthigen. – Sie gieng nur dahin, der mir so angelegenen Sache des Chri-|stenthums, die ich vom Herrn *Bonnet* sehr wohl vertheidigt glaubte, einen meiner Meynung nach weit wichtigern Dienst, als ‖ die Uebersetzung dieser Schrift war, zu erweisen, indem ich Sie zu bereden hoffte, eine Unter-suchung derselben vorzunehmen: Eine Untersuchung, von der ich zum voraus glaubte, sie müßte viel dazu beytragen, die *Wahrheit*, oder das, was ich nach meiner Ueberzeugung für Wahrheit hielt, in das helleste Licht zu setzen. |

Jetzt sehe ich, daß ich diese Absicht, wenigstens für das Publikum, eher erreicht haben würde, wenn ich entweder in einem Privatschreiben Sie um Ihre Gedanken über *Bonnets* Philosophie, und die Anwendung derselben auf das Christenthum ersucht, oder, so ich ja Einen Schritt weiter gehen wollte, die *Zuschrift* durchaus so eingerichtet hätte, wie sie seyn müßte, wenn man die Schrift eines *Philosophen* einem andern *Philosophen* zur Prüfung vorlegen wollte.

Ihr gütiges *Schreiben* bestätigt das Urtheil meiner Freunde, und überführt mich völlig davon, daß ich gefehlt habe. – Sie lassen meiner guten Absicht Gerechtigkeit wiederfahren. Sie zeigen mir aber zugleich, was für Gründe ich *nicht allein* hätte anhören, was für andere auf *Ihrer* Seite ich hätte bedenken sollen: Gründe, die Sie berechtigen, weder anzunehmen, noch *öffentlich zu widerlegen*; Gründe, die *zu sagen* Sie gar nicht verbunden wären.

Ich muß es jetzt eben darum zu meiner Vertheidigung für unzulänglich halten, *meine Gründe*, die mich bewogen haben, diesen Schritt zu thun, hier weitläuftig anzuführen. Sie würden wohl überhaupt mein Verlangen, die Bonnetsche Schrift von *Ihnen* untersucht zu sehen, bey allen, die Sie als *Philosophen* kennen, rechtfertigen. Sie würden zeigen, daß jeder, der sich *genau* in *meinem* Standorte befunden hätte, wo nicht in Verbindlichkeit, doch in die stärkste | *moralische* Versuchung gekommen wäre, Ihnen diese Untersuchung nahe ans Herz zu legen. Aber das so *dringende*, das so *unbedingte* meiner Aufforderung würde um der von *Ihnen* angeführten Gründe willen, immer ein Fehler bleiben.

Freylich davon, mein edler Wahrheitsfreund, bin ich jetzt noch mehr, als jemals überzeugt, daß ich mich an den rechten Mann gewandt hätte, wenn nur meine Kühnheit nicht weiter gegangen wäre, als Ihnen diesen Theil der Bonnetschen Philosophie, als einem *Weltweisen* zur strengen gemeinnützigen Prüfung vorzulegen. ‖ Ueber die Wichtigkeit der Anwendung der Philosophie auf die Offenbarung sind wir eins. Ihnen ist nichts wichtiger, als diese Anwendung. „Sie haben Ihre Religion nicht erst seit gestern zu untersuchen angefangen. Die Pflicht, sie zu prüfen, haben Sie gar frühzeitig erkannt; und, wenn Sie von früher Jugend an Ihre Ruhe |und Erhohlungsstunden der Weltweisheit und den schönen Wissenschaften gewidmet haben, so ist es einzig und allein in der Absicht geschehen, sich zu dieser so nöthigen Prüfung vorzubereiten." – – O mein verehrenswürdiger Freund! Sie beschreiben mir, wider Ihre Absicht, den Mann, an den ich am liebsten wünschte, mich wenden zu dürfen, um von seinen Untersuchungen Nutzen zu schöpfen, und ihm die meinen zur schärfsten Prüfung vorzulegen.

Allein, ich sollte billig nicht allein bedacht haben, daß die Untersuchung der Religion Ihnen eben so wichtig vorkommen müsse, als mir; ich sollte mich außerdem auch gefragt haben: Ob eben dieselbe Pflicht, welche die Untersuchung der Religion und das Bekenntniß derselben gebeut, auch in die Verbindlichkeit setze, sich in Religionsstreitigkeiten einzulassen? – Da hätte ich dann wenigstens *einige* von den Gründen mir vorstellen können, womit Sie mir zeigen, daß Sie hierzu | nicht *verbunden* seyn, und daß ich Sie nicht so *feyerlich* und *unbedingt* hätte auffordern sollen. Und wenn mir auch diese Ihre Gründe nicht sogleich eingeleuchtet hätten, so hätte mir doch schon das, daß wir über die *Wichtigkeit* der Untersuchung des *Christenthums* noch nicht übereingekommen waren, ein Abhaltungsgrund seyn sollen.

Ich nehme also meine *unbedingte Aufforderung*, als eine Sache, zu welcher ich nicht hinlänglich berechtiget war, zurück, und bitte Sie vor dem ganzen Publikum aufrichtig: *Verzeihen Sie mir* das *allzudringende*, das Fehlerhafte in meiner Zuschrift.

In der zuversichtlichen Erwartung, Sie werden meine aufrichtige Abbitte annehmen, wage ich es, Ihnen noch meine Gedanken über einige Punkte Ihres Schreibens offenherzig mitzutheilen, und den Wunsch, meines Herzens zu eröffnen.

Es würde mich sehr kränken, wenn Sie bloß aus Gefälligkeit, aus Menschenfreundlichkeit, den | Verdacht, *als ob ich gegen ein Versprechen gehandelt hätte*, unterdrückten. *So*, wie ich unserer Unterredung gedachte; – – Können Sie, red-‖liche Seele, das Publikum auch nur von Ferne vermuthen lassen, daß es Uebertretung eines Versprechens, daß es ein *indiscreter, Ihnen nachtheiliger Gebrauch von dieser Unterredung* sey? – – Können Sie mir einen solchen Mangel von aller Klugheit zutrauen, daß ich mich einem solchen Vorwurfe würde bloßgesetzt haben, wenn ich hätte denken können, ihn zu verdienen? – –

Sehr würde es mich schmerzen, wenn Ihnen, wider meine Absicht, der geringste Verdruß dadurch veranlasset werden sollte; daß ich mich nicht genugsam in *Ihre* Umstände gesetzt hätte. Und in diesem Falle würde ich Gott bitten, daß Er alle Ihnen unangenehme Folgen meines Versehens von Ihnen abwenden möge. – – Da einmal diese Unterredung die erste Veranlassung mei-|ner *Zuschrift* war, so fand ich es in dem Augenblicke, da ich sie schrieb, sehr natürlich, sehr unschuldig, derselben *überhaupt* zu gedenken.

Aber, daß ich bey Erwähnung Ihrer *Hochachtung für den moralischen Character des Stifters meiner Religion, die Bedingung verschwiegen habe, die Sie ausdrücklich hinzugethan?* Das ist – – Nein, mein Freund, Unredlichkeit ist es gewiß nicht, – habe ich es merken lassen, daß diese Ihre Hochachtung *unbedingt* sey? Ich habe ja nicht einmal das Wort *Hochachtung* in meiner Zuschrift gebraucht. Ich redete nur von *Achtung*; nicht von *religiöser*; gar nicht! Denn das wäre nicht wahr gewesen; sondern nur von *philosophischer* Achtung; mit Vorbedacht ließ ich dieses Wort so wohl als das Wort *moralischen* auseinandersetzen. Gerade vorher gehen die Ausdrücke: *Bey aller Ihrer Entferntheit von dem Christenthum.* – Konnte nun der bil-|lige* Leser nicht gleich merken, daß freylich Ihre Achtung *nicht ohne Bedingung*, daß sie gar sehr eingeschränkt, und nichts weniger, als *religiös* sey? – Deutlicher hätte ich mich ausdrücken können: Jetzt sehe ich, daß ich es wirklich hätte thun sollen; *so sehr ich vielleicht auch zu besorgen gehabt hätte, daß Sie mich || alsdann des Nichthaltens meines Versprechens erinnert haben würden.*

Ich würde mich meines Mißtrauens gegen das edelgesinnteste Herz schuldig machen, wenn ich glaubte, daß Sie nach einer solchen Erklärung diese Hinweglassung noch für vorsätzlich oder unmoralisch halten könnten. Wo ich nicht irre, | so war die Aeußerung Ihrer Achtung für den Stifter meiner Religion mit folgender großer Bedingung verknüpft: „Wenn Er sich die Ehre der Anbetung, die dem Einigen Jehovah gebührt, nicht angemaßt hätte!" Setzen Sie es hinzu, wenn es eine andere ist.

Sie verwundern sich, mein verehrenswürdiger Herr, daß ich die Bonnetsche Schrift für hinlänglich gehalten habe, Sie zu überführen. – – Freylich könnte mich meine eigne Ueberzeugung von der Göttlichkeit *meiner* Religion in Abwägung der Beweise meines Verfassers blenden. Ich habe sie vielleicht stärker gefunden, als sie sind, vielleicht stärker, als Er, dieser bescheidene Philosoph sie selbst glaubt, (denn gewiß hat er dabey nicht die Überzeugung von Lesern Ihrer Religion eigentlich zur Absicht gehabt;) und, wenn ich auch wirklich einige Lücken oder schwächere Seiten darinne zu erblicken geglaubt hätte; konnten sie mir nicht von einer solchen Art zu | seyn scheinen, Sie als ein so geübter Philosoph dieselben leicht würden ergänzen, und dessen ungeachtet das *Wesentliche* seiner Schlüsse unwiderleglich finden können? Ich drang offenbar nur auf die Untersuchung der *Thatbeweise* für das Christenthum, so wie sie Herr *Bonnet* abgewogen hatte. Ich sagte kein Wort von der

---

* „Die kleinste Wendung, die man meinen Worten giebt, läßt auf meine Gesinnung ein falsches Licht fallen, in welchem ich sie mit gutem Gewissen nicht kann erscheinen lassen" dieß sagt Herr Moses unbilligen Recensenten. Ich finde es sehr nöthig, dieß allen Lesern für ihn und für mich zu wiederholen.

Lehre. Nur die *Geschichte* wollte ich vorerst von einem *unparteyischen Philosophen* untersucht wissen.

Das konnte ich mir freylich gar nicht vorstellen, und es ist mir itzt noch unerklärlich,
wie Sie, bey Ihrer völligen Ueberzeugung von dem *Wesentlichen Ihrer Religion*, sich dennoch getrauen wollten, „mit denselben Gründen womit *Bonnet* das Christenthum beweiset,
welche Religion man will, zu vertheidigen" –
Sie sind ganz freymüthig: Lassen Sie es mich auch seyn. – In Ihrem die Bonnetsche
Schrift so tief herabsetzenden Urtheile verkenne | ich den *Philosophen* Moses ein wenig.
Ich kann mich irren; aber ich mag die Sache überlegen wie ich will; bey diesem so sehr
absprechenden Tone, der offenbar weiter geht, als es die Absicht Ihres Schreibens zu erfordern, als es von der einen Seite bey ‖ dem Bekenntnisse zu einer *geoffenbarten* Religion
möglich zu seyn scheint, kann ich mir von der andern Seite wiederum einen Mann ohne
große Vorurtheile für seine Religion nicht wol denken.
Sie bekennen sich zu der *Religion Ihrer Väter; einer dem Ansehen nach überstrengen,
allgemein-verachteten Religion. Sie sind von ganzem Herzen von ihrer Wahrheit überzeugt! – Zu einer geoffenbarten Religion?* Sie sind weit davon entfernt, *in Ihrem Sinne alle
Offenbarung zu verlachen, oder zu verachten* – und doch muß *Ihre ganze Seele eine andre
Natur annehmen,* wenn Sie ein Christ werden sollten – – | Ich bin nun völlig hievon über-
zeugt. Es befremdet mich unaussprechlich; aber es erschreckt mich nicht sehr – – der
größte Sachwalter des Christenthums war ehemals wenigstens eben so weit davon entfernt, als Sie immer seyn können. Freylich nahm seine ganze Seele eine andre Natur an.
Ein Phänomen, dessen *historische Glaubwürdigkeit* Ihnen schwerlich verdächtig seyn kann,
und dessen Erklärung aus natürlich-psychologischen Ursachen von Ihnen wohl am meisten für unzulänglich erkannt werden muß – – Denn wer sollte die natürliche Unmöglichkeit, daß der erklärteste *Verfolger* des Christenthums auf einmal der treuste, feurigste und
heldenmüthigste *Verfechter* desselben werden könnte, tiefer empfinden müssen, als Sie? –
Sie, der ohne ein Gegner des Christenthums werden zu wollen, – von aller Verfolgungs-
sucht unendlich entfernt, – Sie, der bey aller Fülle der edelsten, menschenfreundlichsten,
erhabensten Gesinnungen gegen die | Christen, so sehr diese auch zur ewigen Schande des
Christenthums und der Menschheit die heiligsten Pflichten gegen Ihre Nation, die ihnen
doch in mancher Absicht so ehrwürdig seyn sollte, auf eine so kränkende Weise verletzen
– dennoch es für moralisch unmöglich halten, jemals ein Christ zu werden? – *Thatsachen*
und *innere moralische Schönheit* beyder Religionen – *Moses* und *Christus* – die *zehn Gebote* und die *Bergpredigt,* die *Propheten* und *Apostel* – die Entfernung und die Beschaffenheit des beyderseitigen Zeitalters – die mehr oder weniger unterbrochene Folge von Zeugen und schriftlichen oder andern Monumenten – – alles gegen einander abgewogen – –
Ich lege die Hand auf den Mund. – – Möchte ich so glücklich seyn, die ‖ philosophischen
Gründe zu wissen, auf welche Sie die Göttlichkeit der *jüdischen* Religion stützen! – welch
ein undurchdringliches Räthsel: Ihr unabgefordertes *Glaubensbekenntniß,* | worin ich nach
meiner Einfalt unmöglich die mindeste Zweydeutigkeit vermuthen darf, und Ihre noch um
nichts verminderte *Entferntheit von meiner Religion,* würde sich mir dadurch auflösen!

Nöthigen will ich Sie freylich nicht, redlicher Wahrheitsfreund, (denn ich habe kein Recht dazu) *Bonneten* oder das *Christenthum* zu widerlegen, oder zu *sagen*, warum Sie ein Jude und kein Christ sind? – Aber sagen *muß* ich, was ich schon zu verstehen gegeben habe: Ich halte die *wesentlichen* Argumentationen in Ansehung der *Thatbeweise* für das Christenthum für unwiderleglich; und sagen *darf* ich, daß ich die Wahrheit so sehr liebe, daß mich alle Anhänglichkeit an meine Religion nicht abhalten würde, sie zu verlassen, wofern man mir die Falschheit derselben aufdecken, oder mich auch nur überführen könnte, daß die moralischen und Thatbeweise für die *Göttlichkeit der Sendung Jesu* weniger | *logischen* Werth hätten, als die Beweise, auf welche Sie die *Göttlichkeit der Sendung Moses* und der *Propheten* gründen. – In allen Dingen, die von Menschen herrühren, kann man Nachsicht haben: aber Gott bedarf keiner Nachsicht. Ich mag der Religion nicht, und wenn sie noch so schöne Seiten hätte, die sich in dem *erhabensten* Sinne für *göttlich* ausgäbe, und doch beym Lichte einer durchaus unpartheyischen Untersuchung nichts als feiner *Betrug* wäre, und wenn dieser Betrug auch aus den heiligsten Absichten herzufliessen schiene.

Doch, ich entsinne mich, daß Ihr Urtheil, welches mich diese Gesinnungen zu äußern veranlaßt, freylich nicht auf alle und jede Beweise für das Christenthum, sondern nur auf den *Bonnetschen* geht, von welchem Sie glauben, daß er vielen andern *Vertheidigungen* meiner Religion nachzusetzen sey. Da ich aber immer noch Ursache zu haben glaube, meinen Verfasser unter die vor-|nehmsten Vertheidiger des Christenthums zu zählen; da mir unter allen, die ich gelesen, keiner bekannt ist, der die Regeln einer gesunden *Logik* mehr befolgt, die Ausführung seiner Beweise *interessanter* gemacht, sie besser *verbunden* und genauer ‖ *bestimmt* hätte, so wäre mir wirklich sehr viel daran gelegen, die Gründe zu wissen, aus welchen dieß Ihr Urtheil hergeflossen ist. Die Kenntniß und Untersuchung derselben müste mir allemal sehr nützlich seyn; auch, wenn ich mich dahin gebracht sähe, einige bisher für wahrgehaltene Beweißgründe meines Glaubens aufzugeben. Ich würde es immer für einen Dienst, eine Wohlthat halten, die den ganzen Dank meines Herzens verdiente, wenn man mir die Schwäche eines Beweises für meine Religion aufdeckte: was helfen mir Stützen, auf die ich mich nicht mit völliger Sicherheit lehnen kann?

Was soll ich aber nun thun? – Sie sagen, daß Sie keine Verbindlichkeit haben, sich in Re-|ligionsstreitigkeiten einzulassen, weder um Ihre eigene auszubreiten, noch um andre von dem Ungrunde der ihren zu überführen. Unter Ihren Gründen haben mich die am stärksten zu seyn bedünkt, die von der Natur *Ihrer* Religion hergenommen sind. Ich kann es begreifen, selbst nach *meiner* Idee von dem Judenthum, die ich mir aus unserer gemeinschaftlichen Offenbarung mache, daß die *jüdische* Religion und Kirche nicht weiter ausgebreitet seyn wolle, als über die Nachkommen Israels; daß folglich der Geist der Bekehrung *hier* nicht Statt finde. Von dem Christenthum hingegen muß ich umgekehrt denken. Dieses *soll*, seiner Natur nach, eine *allgemeine*, für alle Nationen gleichpassende Religion seyn. Ich als Christ glaube also die stärkste, obgleich von vielen meiner Brüder verkannte, Verbindlichkeit zu haben, die Ehre meines Herrn und Meisters und die Wahrheit seiner Religion auf alle vernünftige und der Natur der Sache ge-|mäße Weise auszubreiten, und von jedem schädlichen Vorurtheile zu befreyen.

Ob ich nun gleich um jenes Grundes und zum Theil auch um der andern Gründe willen
die Unschicklichkeit einer *Auffoderung* in diesem Falle einsehe, so kann ich doch nicht
umhin, mein Herr, Sie *zu bitten*, zur Beförderung der Ihnen und mir so theuren *Wahrheit* zu
bitten, daß Sie doch mit Ihrer besten Muße, und wenn keine wichtigern Gründe, die weder
das Publikum noch ich wissen dürfen, Sie davon abhalten, wenigstens mir insbesondere
(wofern Sie es nicht lieber öffentlich thun wollen) sagen möchten, worinn die *Bonnetsche
Untersuchung* wider die *Logik* verstoßen hat. Lassen Sie doch Ihre *Gegenbetrach-|tungen*,
sie mögen bloß gegen den Bonnetschen Beweiß, oder auch, welches ich noch mehr wünschte,
gegen die von ihm vertheidigte Sache selbst gerichtet seyn, nicht ganz, wenigstens für
mich nicht, auf die Erde fallen. Sollten Sie die Gefälligkeit gegen | mich haben, hierüber
mit mir in eine freundschaftliche Privatcorrespondenz zu treten, so käme es dann auf unser
beyderseitiges Gutbefinden an, dieselbe entweder ganz oder nur das Resultat davon etwa
einmal öffentlich bekannt zu machen. – Das weiß ich gewiß, *Ihre Gegenbetrachtungen*
würden so philosophisch und mit einem so ruhigen Geiste geschrieben seyn; sie würden so
wenig das Ansehen einer Streitschrift haben, daß dabey niemals der schwächste Verdacht
eines feindseligen Anfalls gegen das Heiligste der Nation, unter deren Schutze Sie stehen,
Statt haben könnte. Ihr *Schreiben* an mich, (erlauben Sie es mir zu sagen) läßt gar keine
Besorgniß zu, daß Sie so leicht die Schranken der philosophischen Ernsthaftigkeit und
Unpartheylichkeit überschreiten möchten.

Mit aufrichtigem Danke nehme ich auch diejenigen Stellen Ihres Schreibens an, die
mich in den Stand setzen, an Ihnen und Ihrer Den-|kungsart das reinere Judenthum und die
in Ihren bessern rabbinischen Schriften herrschende Denkungsart richtig erkennen und
beurtheilen zu lernen. Sie haben mich recht begierig gemacht, noch mehr davon zu wissen.
Vielleicht dürfte eine Anzeige der gründlichsten Schriften, die Ihre *Nation* aufzuweisen
hat, manchem uneingenommenen Christen bessere Begriffe von dem *Stamme* beybringen,
in welchem wir uns rühmen, *eingepfropft zu seyn*. Vielleicht würde die Kenntniß des *besten Systems* vom Judenthume manchen Stein des Anstosses, der zwischen demselben und
dem Christenthum liegt, aus dem Wege zu heben anfangen. Sollte meine sonst übereilte
Aufforderung und Ihr fürtrefliches *Schreiben* auch nur ein zufälliger Anlaß hierzu seyn –
Sagen Sie, theuerster Freund, würde dann nicht die unangenehme Situation, in die ich Sie
wider meine Absicht setzte, sich in eine recht angenehme verwandeln? Ich wenigstens
könnte | es dann nicht mehr sehr bedauern, daß ich mit meinem gutmeynenden Ansuchen
dem denkenden Publikum dieß Ihr Schreiben zuwege gebracht.

Lassen Sie es mich zur Ehre der Warheit heraussagen; Ich finde in Ihrem *Schreiben*
Gesinnungen, die ich mehr als verehre, die mir Thränen aus den Augen gelocket haben;
Gesinnungen, die mir ‖ aufs neue – Verzeihen Sie mir meine Schwachheit – den Wunsch
abnöthigten: *Wolte Gott, daß Sie ein Christ wären!* – Nicht, als ob ich auch nur im geringsten daran zweifelte, daß der Israelite, dem der Allwissende das Zeugniß der Redlichkeit
geben muß, das ich Ihnen in meiner Zuschrift gegeben, in seinen Augen nicht eben so
achtungswürdig sey, als der redliche Christ. Nein, *Gott sieht keine Person an*, so lehrt mich
auch mein Evangelium; *aus allem Volke, wer ihn fürchtet und recht thut, der ist ihm ange-*

nehm. | Ueberdieß führen uns unsere gemeinschaftliche *Philosophie* und *Offenbarung* auf *Stufen* der Seeligkeit in dem zukünftigen Leben. Das Maaß der Glückseeligkeit, lehren sie, werde bey allen vernünftigen Wesen dem Maasse ihrer moralischen Receptivität gleich seyn. Nach meinen Begriffen nun kann der Christ die *höchste* Stufe dieser moralischen Fähigkeit am *leichtesten* und *geschwindesten* erreichen; und solten Sie es mir nicht gern verzeihen, daß mich diese ebenfalls in meiner Natur tief eingegrabne Ueberzeugung angetrieben hat und noch antreibt, von ganzer Seele zu wünschen, daß Sie den *kürzesten* Weg zur *höchsten Tugend* und *Seeligkeit* betreten möchten?

Noch sehr vieles möchte Ihnen mein Herz sagen, das mit der Ruhe der Unschuld und des guten Gewissens, und mit dem Vergnügen der Freundschaft und der Zärtlichkeit an Sie denkt! – | Aber nun genug vor dem Publikum! wir wollen den Vorhang einmal fallen lassen, und keinen Anlaß zu weitern Verdrehungen und Parteylichkeiten geben, worunter Sie, aller Ihrer Vorsicht und Sorgfalt ungeachtet, zu meiner nicht geringen Kränkung bereits haben leiden müssen. – Uns ist es um *Wahrheit* zu thun, nicht um die Befriedigung der Partheysucht. Die Wahrheit ist eine zu heilige Sache, als daß wir sie, bloß zur Belustigung müßiger Zuschauer, mißbrauchen dürften; geschweige daß wir sie den feinen Verdrehungen und schiefen Beurtheilungen derer Preiß geben solten, denen die Lüge eben so viel gilt, als Wahrheit, wenn sie damit das Ansehn ihrer Partey auszuschmücken wähnen.

Ich schliesse, nicht nur mit neuer Empfindung der Hochachtung und zärtlichsten Zuneigung, sondern auch mit der in Ihren Augen vermuthlich vergeblichen, für mich aber eben so | gewissen, als entzückenden Ueberzeugung, Sie, wo nicht itzo, doch gewiß in der Zu-||kunft unter den glücklichen Anbetern *desjenigen* zu finden, *dessen Erbtheil die Gemeine Jacobs ist*, meines Herren und Meisters *Jesus Christus*; hochgelobt in die Ewigkeit. Amen!

Zürich, den 14. des Februars 1770.   Johann Caspar Lavater.

Mendelssohns Nacherinnerung

| ||Herr Lavater hat die Gütigkeit gehabt, mir diese seine Antwort in Manuscript zu zuschicken, bevor er sie dem Drucke übergeben lassen. Ich erkenne in diesem Betragen seine gute Gesinnung und Freundschaft für mich. Der Inhalt seiner Antwort aber zeigt, meines Erachtens, seinen moralischen Charakter von der vortreflichsten Seite. Man findet in demselben die untrüglichsten Merkmale der wahren Menschenliebe, und ächten Gottesfurcht, brennenden Eifer für das Gute und Wahre, ungeschminkte Rechtschaffenheit, und eine Bescheidenheit, die der Demuth nahe kommt. Es freuet mich ungemein, daß ich den Werth dieser edelmüthigen Seele nie verkannt habe. Selbst in dem ersten Augenblicke der Empfindlichkeit habe ich die Absichten des Hrn. L. nicht in | Verdacht gehabt, so sehr es mich auch befremden mußte, das erste Schreiben, das ich von einem Gelehrten erhalte, von einer öffentlichen Aufforderung begleitet zu sehen.

Ich danke dem Herrn L. aufrichtig, daß er meinen Bedenklichkeiten Gerechtigkeit widerfahren läßt, und mich nicht in die Nothwendigkeit setzen will einen Streit zu führen, der meiner Denkungsart so sehr zu wider ist. In den wenigen Erholungsstunden die mir meine Geschäfte übrig lassen, möchte ich gerne alle Trennung, allen Zwiespalt vergessen, der jemals den Menschen zum Feinde des Menschen gemacht hat, und ich bemühe mich alsdenn selbst die Erfahrungen, die ich etwa des Tages über davon gehabt, in meinem Gedächtnisse auszulöschen. In diesen glüklichen Stunden überlasse ich mich gerne der freyen, ungetheilten Empfindung des Herzens, die ich mit dem Zustande eines Streitführers noch nicht zu vereinigen | weiß. Ich bin so wenig im moralischen, als im physischen Verstande zum Athleten geboren.

Ueberschwengliche Gütigkeit aber ist es, wenn Herr L. mich öffentlich um Verzeihung bittet. Er mich? Warum? Ich bezeuge nochmals, vor || den Augen des Publikums, daß ich mich nie von ihm für beleidiget gehalten. Das *allzudringende*, wie es Hr. L. nennet, und fehlerhafte in seiner Zueignungsschrift kan höchstens einer zu voreiligen Wahrheitsliebe zugeschrieben werden, und diese führet ihre Verzeihung schon mit sich.

Den Verdacht, als ob er wider sein Versprechen gehandelt hätte, habe ich nicht aus *Gefälligkeit*, oder *Menschenfreundschaft* unterdrücken; sondern um nicht *ungerecht* zu seyn, mit der Ungewißheit ausdrücken wollen, mit welcher ich mich damals des Versprechens erinnerte. Es fiel mir nur überhaupt bey, daß so etwas bey der Ge-||legenheit versprochen worden, ohne mich deutlich der Worte, ja ohne mich zu erinnern, ob Hr. L. oder irgend einer von seinen Freunden, die an der Unterredung Theil nahmen, dieses Versprechen gethan habe. Ich konnte also die Beschuldigung selbst nicht gewisser vorstellen, als mir der Grund derselben war, und nunmehr freue ich mich, sie ganz zurück nehmen zu können. Die Rede war bloß, wie ich dem Hrn. L. aufrichtig glaube, von einem *indiscreten, mir nachtheiligen Gebrauche*, und ich bin völlig versichert, daß Hr. L. weder einen indiscreten, noch einen mir nachtheiligen Gebrauch davon zu machen geglaubt hat.

Was die Bonnetsche Schrift betrift; so muß ich bekennen, daß mein Urtheil von derselben sich blos auf den Gebrauch beziehet, zu welchem sie mir von dem Hrn. L. empfohlen
wurde. Ich hätte freylich voraussetzen können, daß Herr B. gar die Absicht nicht gehabt,
irgend eine andere | Religionspartey, am wenigsten das Judenthum, durch seine *Untersu-
chungen* zu widerlegen, daß er bloß den wohlthätigen Vorsatz gefaßt, die Zweifler und
Schwachgläubigen seiner eigenen Kirche, die sich eine seichte Scheinphilosophie haben
verführen lassen, Religion, Vorsehung, Unsterblichkeit, Auferstehung und Vergeltung, als
ungereimten Aberglauben zu verspotten, durch eine bessere Philosophie auf den Weg zur
Wahrheit zurück zu führen. In diesem Lichte hätte ich das Werk des Hrn. B. betrachten
können, um von seinem Werthe ein günstigeres Urtheil zu fällen.

Allein die unglückliche Zueignungsschrift hatte mir einmal den wahren Gesichtspunkt
verrückt. Da ich von derselben ausgieng, und nicht wußte, daß der Verf. den Schritt des
Uebersetzers gemisbilliget habe; so las ich das ganze Werk, als wenn es wider mich und
meine Glaubensgenossen geschrieben wäre, und in diesem Gesichtspunkte mußte | ‖ mir
die Anwendung und der Gebrauch, den Hr. B. von den philosophischen Grundsätzen machet, schwankend und willkührlich scheinen, und ich konte mit Recht sagen, ich wollte
mich unterstehen, auf dieselbe Weise, *welche Religion man wollte*, zu vertheidigen.

Diese Behauptung befremdet den Hrn. L.; er weiß nicht wie es möglich sey, sie von der
einen Seite mit dem Bekenntnisse zu einer *geoffenbarten* Religion zu reimen, und *von der
andern Seite kann er sich dabey einen Mann, ohne grosse Vorurtheile für seine Religion
nicht wohl denken.*

Ob ich Vorurtheile für meine Religion habe, kann ich selbst nicht entscheiden, so wenig
ich wissen kann, ob mein Odem einen übeln Geruch habe. Aber daß meine Behauptung
dem Bekenntnisse *meiner geoffenbarten Religion* nicht wider-|spricht, davon bin ich völlig
überzeugt. Ich will nur einen einzigen Punkt zum Beyspiel anführen.

Hr. Bonnet machet die Wunderwerke zu untrüglichen Kennzeichen der Wahrheit, und
hält dafür, so bald man glaubhafte Zeugnisse hat, daß ein Prophet Wunder gethan, sey
seine göttliche Sendung nicht mehr in Zweifel zu ziehen. Und nunmehr beweiset er in der
That, nach einer sehr gesunden Logik, daß Wunderwerke nichts Unmögliches enthielten,
und daß Zeugnisse von Wunderwerken auch glaubwürdig seyn können.

Nach meinen Religionslehren aber sind alle Wunderwerke kein Unterscheidungszeichen der Wahrheit, und geben von der göttlichen Sendung des Propheten auch keine moralische Gewisheit. Nur die öffentliche Gesetzgebung konte nach unsrer Lehre, befriedigen-
de Gewisheit geben, weil hier kein Creditiv des Gesandten nöthig war, indem die ge-|samte
Nation den göttlichen Auftrag mit ihren Ohren vernommen hat. Hier sollten nicht Wahrheiten durch Thathandlungen, nicht Lehren durch Wunderwerke bestätiget werden; sondern man sollte glauben, die göttliche Erscheinung habe diesen Propheten zu ihrem Ge-
sandten ernennt, weil jedermann diese Ernennung selbst gehört hat. Daher es auch heißt
(2. M. 19. 9.) *Und der Herr sprach zu Mose, siehe ich will zu dir kommen in einer dicken
Wolke, damit das Volk höre, daß ich mit dir rede, und auch dir glaube ewiglich*; und an
einem andern Orte (das. 3. 12.) *dieses wird dir zum Beweise dienen, daß ich dich gesendet*

habe; wenn du das Volk aus Egypten geführt ‖ *hast, sollt ihr Gott anbeten auf diesem Berge.* Nicht auf Wunderwerke also; auf die Gesetzgebung gründet sich unser Glaube an einer Offenbarung. Die Vorschrift (5. M. 18. 15.) einem wunderthätigen Propheten zu gehorchen, ist nach der Lehre unsrer | Rabbinen, ein bloß positives Gesetz, das sich nicht auf die innere Beweiseskraft der Wunder; sondern auf den Willen des Gesetzgebers gründet; so wie uns ein positives Gesetz befiehlt, in Rechtsfällen auf die Aussagen zweener Zeugen zu entscheiden (5. M. 17. 6.), ohne deswegen diese Aussage für untrüglich zu halten. Mit einem Worte, der Glaube an Wunderwerken gründet sich nach der Lehre der Rabbinen blos auf das Gesetz, und setzet die Wahrheit und Unumstößlichkeit des Gesetzes voraus – Wer mehrern Unterricht von dieser jüdischen Grundlehre zu haben wünschet, lese nach *Majemonid. von den Grundlehren des Gesetzes* C. 8. 9. 10. und eine ausführliche Erläuterung von dieser Stelle des *Majemonides, in R. Joseph Albo Sepher Ikkarim* Abschn. I. C. 18.

Ich finde auch entscheidende Stellen im A. und so gar im N. T., daß Verführer und falsche Pro-|pheten gar wohl Wunder thun können,[*] Ob durch Zauberey, geheime Künste, oder vielleicht durch einen Misbrauch der ihnen zu gutem Gebrauche verliehenen Gabe, getraue ich mir nicht zu entscheiden. So viel scheinet mir unwidersprechlich, daß nach den klaren Worten der Schrift, Wunderwerke für kein untrügliches Merkmal der göttlichen Sendung gehalten werden können.

Ich konte also gar wohl, nach meiner Ueberzeugung sagen, daß eine Argumentation, die sich | auf die untrügliche Beweiseskraft der Wunderwerke gründe, wider meine Glaubensgenossen gar nichts entscheide, weil wir diese Untrüglichkeit nicht eingestehen. Ich konnte nach meinen jüdischen Grundsätzen gar wohl sagen, daß ich mit derselben Art zu schliessen, welche Religion man will, vertheidigen wollte; weil ich keine Religionspartey kenne, die nicht Zeugnisse von Wunderwerken aufzuweisen hat, und ein jeder das Recht haben muß, seine Väter für glaubwürdig zu halten. Eine jede Offenbarung wird durch ‖ Ueberlieferung und Monumente fortgepflanzt; hierin kommen wir überein. Aber nach den Grundsätzen meiner Religion wird die Quelle der Tradition, eine öffentliche Gesetzgebung, nicht bloß Wunderwerke seyn müssen.

Man siehet hieraus, daß meine Hrn. L. so befremdende Behauptung sich nicht nur mit dem Bekenntnisse zu einer Offenbarung verträgt; sondern sogar aus den Grundsätzen meiner Religion folge. | Der Israelit hat nach israelitischen Grundsätzen gesprochen. Wie konnte ich anders, so lange ich glaubte, Herr Bonnet habe die Grundsätze der Israeliten widerlegen wollen? Nunmehr ich aber weiß, daß dieser vortrefliche Schriftsteller bloß die Ungläubigen seiner Kirche hat widerlegen, und zeigen wollen, daß die von ihnen verspotteten

---

[*] Was läßt sich z. B. wider die egyptischen Zauberer sagen? Im A. T. (5. M. v. 2. u. f.) wird der Fall angegeben, in welchem man einem Propheten oder Träumer, wenn er auch Zeichen und Wunder thut, nicht gehorchen, sondern vielmehr ihn umbringen soll. Im N. T. heißt es ausdrücklich: *Es werden falsche Christi und falsche Propheten aufstehen, und große Zeichen und Wunder thun, u. s. w.* (Matth. C. 24. v. 24.) anderer Stellen nicht zu gedenken.

Lehren sich weit mehr mit der gesunden Vernunft vertragen, als ihr leichtsinniger Aberwitz; wo fallen allerdings viele von den Schwierigkeiten, die mir bey Durchlesung der deutschen Uebersetzung aufgestossen sind, von selbst hinweg, und ich erkenne, daß das Werk nach seiner Absicht, wichtiger und des Hrn. Bonnets würdiger ist, als ich mir es habe vorstellen können.

Ich habe in meinem Schreiben an Herrn L. gesagt: wo ich nicht irre; so sind die mehresten Hypothesen des Herrn Bonnet auf deutschem Grund und Boden gewachsen. Meine Freunde glauben, | mancher könte dieses auslegen, als wenn ich diesen Weltweisen des Plagiats beschuldigen wolte. – So viel ich sehen kann, nicht ohne meine Worte gewaltsamerweise zu verdrehen, und zu misbrauchen. Herr B. ist einer der vortreflichsten Schriftsteller unsers Jahrhunderts, dessen Schriften ich mit Nutzen und Vergnügen lese, und dessen moralischen Charakter ich verehre. Ich würde mir es nie vergeben, wenn mir, eine so gehäßige Beschuldigung wider ihn, auch nur indirekte, entfahren wäre. Ueberhaupt bin ich jederzeit der Meinung gewesen, daß man vornehmlich in metaphysischen Dingen über das Verdienst der Erfindung nicht vorsichtig genug urtheilen könne, und daß die Beschuldigung des Plagiats in dieser Wissenschaft desto verhaßter sey, je schwerer sie erweislich zu machen ist. Neue metaphysische Wahrheiten sind, wenn man will, seit Jahrhunderten nicht erfunden worden. Die wichtigsten Punkte der menschlichen Erkenntniß, die untersucht zu werden verdienen, sind | schon so vielfältig untersucht, und von so verschiedenen Seiten betrachtet worden, daß man, etwas ganz Neues zu sagen, beynahe etwas Ungereimtes sagen muß. Ja, wie schon ein alter Weltweiser sich be-||klagt, soll das Ungereimte selbst, bereits zu seiner Zeit, von noch älteren Weltweisen erschöpft gewesen seyn. Wo hat man nicht Leibnitzens Meinungen und Lehren gefunden, oder finden wollen? Er selbst hat selten etwas behauptet, ohne es, (aus übertriebener Bescheidenheit, oder weil Gelehrsamkeit bey ihm so viel galt, als Genie?) irgend einem Alten zu zuschreiben. Wenn er aber auch dieses nicht gethan hätte, wer kan sich unterstehen, ihn des Plagiats zu beschuldigen?

Wer in dem spekulativen Theile der Weltweisheit, die Begriffe aufheitert, die Wahrheiten aus einem vortheilhaftern Gesichtspunkte zeigt, mit anderen wichtigen Wahrheiten in Verbindung bringt; wer, wie Herr Bonnet, den glücklichsten Beobach-|tungsgeist mit der Spekulation verbindet, und dadurch den langsamen, aber sichern Menschenverstand auf die steilsten Anhöhen des Genies zu führen weis, dem kan, ohne Ungerechtigkeit, das Verdienst der Erfindung nicht ganz abgesprochen werden. Mir ist niemals in den Sinn gekommen, dem Herrn Bonnet dieses Verdienst streitig machen zu wollen. Meine Absicht war bloß, wie auch der Zusammenhang jedem vernünftigen Leser zeigen muß, dem Herrn L. zu verstehen zu geben, daß die philosophischen Grundsätze, auf die Herr B. bauet, einem *Deutschen* nicht mehr neu sind, daß nach dem *Leibnitz*, die Monadisten alle, und vornehmlich Hansch, Bülfinger, Canz, Baumgarten, durch subtile Spekulationen dahin gekommen sind, wohin der Palingenesist auf dem Wege der Beobachtung leitet. Einem Manne, wie Herr Bonnet, würde man es nicht verdenken können, wenn er diese deutsche Metaphysicken niemals gelesen hätte. Der einzige Leibnitz mußte ihm | bekannt seyn, und dieser Ehre Deutschlands läßt der Palingenesist alle mögliche Gerechtigkeit widerfahren.

Seine Nachfolger sind ausserhalb Deutschland noch so bekant nicht, als sie zu seyn verdienen. Allein von einem Deutschen konte Hr. *Lavater* sicher voraus setzen, daß er seine
Landsleute werde gelesen haben.

Verschiedene Stellen in Hrn. L. Antwort bestätigen mich in dem Vorsatze über dergleichen Materien nie öffentlich Disput zu führen. Er findet in meinem Bekenntnisse vieles,
das ihm befremdlich, räthselhaft, unbegreiflich scheinet. Ich kan ihm dieses glauben; denn
ich sehe, daß ich mich in das Seinige eben so wenig finden kan. So nahe wir uns kommen
dürften, wenn von Sitten und Handlungen die Rede ist; so weit sind wir noch von einander
entfernt, wenn es auf Dogmata ankömt. Ich fürchte, wir würden noch weit zurük gehen
müssen, ‖ bevor wir auf den Punkt | kämen, in welchem wir übereinstimmen, und von
welchem wir ausgehen könten. Die Urtheilskraft des Menschen richtet sich so sehr nach
gewohnten Begriffen, vorgefaßten Meinungen und anerzogenen Grundsätzen, daß zwey
Menschen, wie Hr. L. und ich, die nach so entgegengesetzten Grundsätzen erzogen und
unterrichtet worden sind, in vielen Urtheilen und Meinungen ganz ungleich gestimt seyn
müssen. In einer Materie, die so sehr verwickelt ist, und das Herz so nahe angeht, kan die
Vernunft durch den leichtesten Schwung aus dem Gleise gehoben werden, und alsdenn
führet sie von dem rechten Wege desto mehr ab, je wackerer sie ist. Die Pflicht des Weltweisen ist, diese Gefahr zu erkennen, und für sich so gut, als für seinen Nebenmenschen zu
fürchten. Er muß deswegen in seine Ueberzeugung nicht immer Zweifel setzen; sondern
wenn er mit Vernunft gezweifelt, und seinem besten Wissen nach, Gewisheit erlangt hat; so
muß er sich beruhigen, das | Erforschte sich nicht durch Wankelmuth entschlüpfen lassen,
und in seinen Untersuchungen fortschreiten. Aber er muß nie aus der Acht lassen, daß
dieses nur *seine* Ueberzeugung sey, und daß andre vernünftige Geschöpfe, die von einem
andern Punkte ausgegangen, und einem andern Leitfaden gefolgt sind, ganz entgegenge-
setzter Meynungen seyn können.

Diese Gesinnungen habe ich seit vielen Jahren angenommen, und daher zwischen Dog-
matiker und Skeptiker eine Art von Mittel zu halten gesucht. Dogmatisch, in dem strengs-
ten Verstande, in Absicht auf mich, habe ich, was die wichtigsten Punkte der Religion und
Sittenlehre betrifft, meine Partey genommen, und stehe unverrükt auf der Seite, wo ich die
meiste Warheit zu finden glaube; aber eben so skeptisch, wenn ich meinen Nächsten richten soll. Ich räume einem jeden das Recht ein, das ich mir anmaße, und setze das größte
Mistrauen in meine Kräfte, irgend jemanden, | der auch Partey genommen hat, von meiner
Meinung überführen zu können. Es kan mir also nicht anders, als sehr angenehm seyn, daß
Hr. L. zufrieden ist, den öffentlichen Briefwechsel hiermit zu beschliessen.

Warum sollten wir auch das Publikum zu Zeugen von solchen Erörterungen machen?
Es ist weder Herrn L. noch mir anständig, durch öffentliche Auftritte dem müßigen Theil
des Publikums einen Zeitvertreib, dem Schwachen ein Aergerniß, und dem Verächter des
Wahren und Guten Gelegenheit zu einem boshaften Vergnügen zu geben. Noch sind die
Warheiten, die wir *gemeinschaftlich* er-‖kennen, und annehmen, nicht ausgebreitet genug,
daß man der guten Sache von einer öffentlichen Erörterung der zwischen uns noch streitigen Punkte, grossen Nutzen versprechen könte. In welcher glükseligen Welt würden wir

leben, wenn alle Menschen die heiligen Wahrheiten *an-|nähmen*, und *in Ausübung bräch-*
ten, die die *besten Christen* und die *besten Juden* gemein haben! Der Herr Zebaoth lasse
bald die glüklichen Tage erscheinen, *da niemand böses thun, noch verletzen wird, denn die*
ganze Erde wird voll Erkentniß des Herrn seyn, wie Wasser des Meeres Tiefen bedecken;
die Tage, von welchen es heißt: Es wird kein Mann seinen Freund lehren, noch ein Bruder
den andern, und sagen: Erkenne den Herrn; denn alle werden ihn kennen, beyde Klein und
Groß.

* * *

Man erlaube mir noch einiges hinzu zu thun, das nicht den Herrn L. angehet; sondern
einen Mann, der aus einem ganz andern Tone mit mir spricht, als dieser sanftmüthige und
bescheidene Gelehrte, den Herrn *Johann Balthasar Kölbele, beyder Rechte Doktor und*
Ehrenmitglied der Königlich Großbritanischen deutschen Gesellschaft in Göttingen, von
dem ich so eben ein Handschreiben, nebst einem gedruckten *Schreiben an den Herrn Moses*
Mendelssohn über die Lavatersche und Kölbelische Angelegenheiten gegen Herrn
Mendelssohn, erhalte. Zuerst muß ich meine Verwunderung über die *Kölbelische Angele-*
genheiten gegen Mendelssohn zu erkennen geben. Ich müßte, von meiner Seite, mit dem
Herrn *Dr. Kölbele* doch irgend in einer Verbindung stehen, wenn Er Angelegenheiten ge-
gen mich haben sollte, und worin mag wohl diese Verbindung bestehen? Ich will mir die
Freyheit nehmen, sie meinen Lesern aufrichtig zu beschreiben.

Im Jahr 1765. kam ein kleiner Roman, unter dem Titel *Begebenheiten der Jungfer Meyern,*
eines jüdischen Frauenzimmers, von ihr selbst beschrieben, heraus, wozu sich Hr. K. in der
Folge, als Verfasser bekennte. Wie | nicht jeder alles lesen kann, das in Deutschland her-
auskömmt, und hier und da von Recensenten gelobt wird; so blieb auch dieses Büchelchen
von mir un-||gelesen, und ich habe erst aus einer spätern Schrift des Hrn. K. erfahren, daß
in der *Jungfer Meyern* auch meiner gedacht, und von mir geurtheilt wird.

In demselben Jahre noch schrieb Hr. K. eine *flüchtige Vergleichung zwischen der Welt-*
weisheit und Meßkunde, wobey zugleich die über die Berlinische Preisfrage von der meta-
physischen Evidenz herausgekommene Schriften kürzlich beurtheilt werden, und schickte
mir diese Abhandlung mit einem Handschreiben in franz. Sprache zu. Man siehet, daß
mich diese Schrift schon etwas näher angehet, als die *Begebenheiten der Jungfer Meyern*,
indem meine Preisschrift darinn geprüft werden soll. Was mir aber der Titel nicht verrieth,
war die | Absicht auf meine Bekehrung, die Hr. Dr. K. mit einzuflechten wußte, so wenig
sonst die Preisfrage der Akademie mit meiner Bekehrung gemein haben mag. Ich fand
aber aus mancherley Ursachen nicht für gut, mich mit Hrn. K. einzulassen, zumal da er
seinen Traktat selbst eine *flüchtige Vergleichung* nannte, und bey mehrer Musse etwas
Ausführlicheres über diese Materie versprach. Vielleicht nimmt er, dachte ich, nach einer
reifern Ueberlegung selbst zurück, was ihn eine flüchtige Vergleichung hat niederschrei-
ben lassen. Ich habe mir also die Freyheit genommen, dem Hrn. Dr. K. nicht zu antworten.

Als meine Gespräche von der Unsterblichkeit der Seele unter dem Titel *Phädon* er-
schienen, versprach Hr. K. im Meßcatalogus einen *Antiphädon*, und in seinen *Pflichten des
christlichen Dichters* * wird in der Vorrede der *Antiphä-|don* nochmals versprochen, jedoch
aber hinzugethan, daß er so bald noch nicht fertig seyn werde. – Alle diese Schritte sind
von Seiten des Herrn Dr. K. geschehen, mich zu einem öffentlichen Streite zu reitzen, und
wer weis, ob ihrer nicht noch mehrere geschehen sind, die ich nicht gewahr worden bin –
Wie ich aber überhaupt Streitigkeiten nicht liebe, und insbeson-|dere mit Hrn. D. K. am
wenigsten Streitigkeiten führen möchte; so habe ich die Gelegenheit sorgfältig ver-|mie-
den, mit diesem Gelehrten in Brief- oder Streitwechsel zu gerathen. Ich habe ihm also
niemals geantwortet.

Und nunmehr frage ich, was der Hr. D. für *Angelegenheiten* gegen mich hat? Was ihn
berechtiget, sich zwischen Hrn. *Lavater* und mich einzudrängen? Und was ihn bewegen
kan, einen Unbekannten, der keine Lust bezeuget, sich mit Ihm in Briefwechsel einzulassen, mit seinen Zuschriften zu verfolgen?

Sicherlich, durch unanständige Begegnung wird Er keine Antwort von mir erpressen.
Herr K. weiß so vieles von meinen Privatumständen zu erzelen, daß der Leser sich wundern muß, wo er zu diesen geheimen Nachrichten kommt, aus welchem Grunde er sich
darnach erkundiget hat, und mit welchem Rechte er sie mir so öffentlich vorrechnen darf.
– S. 8. „übersiehet ein Rabbi einem | Mendelssohn und seinen Freunden die Nachläßigkeit
gegen Talmudistengebräuche.“ – Wohl uns, daß unsere Rabbinen duldender sind, als Hr.
D. Kölbele! Oder meinet er, es habe nur an Anklägern gefehlt?

S. 10. weiß Herr K. jedoch, nicht in seinem Namen, nur nach der *Möglichkeit*, die sich
ein *Weltkenner* vorstellet, die zeitlichen Vortheile her zu zählen, die mich an meine Religion fesseln. „Eine gute Besoldung als Comtoirschreiber bey reichen Juden, so manche
Nebenvortheile der Comtoirschreiber (Bedenkt Hr. K. auch die Unwürdigkeit der Beleidigung, die in diesen Worten liegt? Seine Weltkenner müssen sehr unedel denken, wenn sie
sich dergleichen Unanständigkeiten erlauben) und noch vielleicht ein Gewinnhaber von
einer jüdischen Handlungsgesellschaft.“ Diese Vortheile nebst den Vorzügen, die Juden
und Kaufleute, wie er versichert, in den Vorzimmern der | Grossen geniessen, vergleichet
der Hr. Dr. mit den Besoldungen und mit der Ehre eines Professors, und findet so sehr das
Uebergewicht auf Seiten des Comtoirschreibers, daß ich gar wohl erkenne, ich dürfte nur
die Denkungsart des Hrn. K. annehmen, um die äusserlichen Umstände meiner Glaubensbrüder beneidenswerth zu finden.

---

* Der ganze Titel ist: Pflichten des christlichen Dichters in dem Dramatischen und Beurtheilung
  der Jungfer Meyern, Philippine Damien und des Marmontelschen Belisaire von J. B. Kölbele u.
  s. w. Frankfurt am Mayn 1769. – – – Alles ist in dieser kleinen Schrift Original, Schreibart,
  Critik, Denkungsart, bis auf die Orthographie sogar. Besonders ist angenehm zu sehen, von welcher Höhe der Verf. der Jungfer Meyern und Philippine Damien auf die Stümper *Marmontel* und
  Rousseau, Verf. des Belisaire und der Heloise, herabsiehet.

Nichts kann billiger und menschenfreundlicher seyn, als die Vorstellung, die sich Hr. K. (S. 14.) von meinem Charakter macht, und von der Art und Weise, wie ich mich aufführen würde, wenn ich gegen beyde Religionen gleichgültig wäre. Ich würde zwar nicht förmlich gegen eine Offenbarung schreiben, meinet er, aber ich würde sie doch ‖ *heimlich näcken*, welches ich so gar, wie der *Antiphädon* beweisen will, schon würklich gethan haben soll. – Das schreibet nun der Hr. Dr. *Kölbele* so hin, und berufet sich, was den Beweis betrift, auf eine Schrift, die erst künftig, und zwar | wie er selbst sagt, noch so bald nicht, erscheinen soll. Welche Billigkeit! – Indessen muß diese Näckerey doch sehr *heimlich* gewesen seyn, wenn sie niemand gemerkt hat, ausser dem grossen Kenner des menschlichen Herzens, dem Verf. der *Jungfer Meyern* und *Philippine Damiens*, der Ketzereyen riechen kann, und wenn sie noch so verdeckt liegen, so wie er S. 17. in meinen gedruckten Schriften auch schon sonst heimliche Spuren der Deisterey entdeckt haben will. – Da Juden und Deisten bey Hrn. K. vermuthlich in gleicher Verdammniß stehen; so möchte ich wissen, warum er mich durchaus lieber zum Deisten machen, als einen Juden seyn lassen will? – Fehlet es ihm etwa an Deisten, die seine Jungfer Meyern widerlegen und bekehren soll, daß er grade mich dazu machen muß? – Er meinet ferner, ich könte vielleicht ein äusserlicher Jude bleiben, weil mir das Judenthum mehr Vortheil brächte, ich könte aber noch künftig äusserlich zu den Christen gehen wol-len, weil ich durch diesen Schritt eine wichtige Absicht erhielte. Es ist aber vielleicht noch zu früh, setzt er hinzu, als daß ich schon gegenwärtig diesen Theil meiner politischen Maschine spielen liesse, u. s. w. – Die Leser mögen selbst urtheilen, ob dieser Mann verdienet, daß man ihn widerlege.

S. 17. 18. 19. 20. 21. wirft Hr. K. eine Menge Fragen auf, die ich ihm alle beantworten soll, unter welchen nicht wenige ziemlich beleidigend sind, und setzet am Ende hinzu: „Sehen Sie, *geliebter* Herr Mendelssohn, wie viele Fragen Sie zu beantworten haben, wenn *ich* Ihre Festigkeit in dem Wesentlichen des Judenthums beurtheilen soll. Und welche Weitläuftigkeit bey der Zergliederung einer jeden von diesen Fragen, wenn Sie nicht flüchtig verfahren wollen? Und die *abgedroschne Antworten der Rabbinen* wollte ich auch verbitten: und *ich* werde bald sehen, ob Sie diesen *Rabbinenkram* nur in ein neues Modekleid verstecken." – – |

Dieser ganzen Menge von Fragen wird man mir hoffentlich erlauben auch einige entgegen zu setzen, die mir wenigstens sehr natürlich scheinen. Und wer hat denn verlangt, daß Herr *Johann Balthasar Kölbele* meine Festigkeit in dem Wesentlichen des Judenthums *beurtheilen* soll? Und was für ein Recht hat sein bescheidenes *Ich* mir ‖ alle diese Fragen vorzulegen? bey der Beantwortung Weitläuftigkeit vorzuschreiben; abgedroschene Antworten der Rabbinen zu verbitten; bald zu sehen, ob ich diesen Rabbinenkram in ein neues Modekleid verstecke? Weder Hr. Lavater, so viel ich weis, noch ich, haben Hr. Dr. K. zum Schiedsrichter angerufen.

Herr Dr. K. muß wirklich glauben, in dieser Sache der einzige befugte Richter zu seyn, und er hält so sehr auf sein richterliches Ansehen, daß er mir, als einem Juden, nicht einmal die Eidesleistung zulassen will. S. 22. führet er die Stelle | an, wo ich die Unveränderlichkeit meiner Grundsätze betheure, und thut die Frage hinzu: „Wovor diese Betheurung? *Wie wenig bauen die Christen auf Judeneide?*" Mich wundert es nur, daß Hr. K. auch keine Schmähung vorbringen kan, ohne etwas Ungereimtes zu sagen. Die Betheurung ist eigentlich von der Beschaffenheit, daß ich sie nicht anders übertreten kan, als wenn ich meine Religionsgrundsätze *verändere*, d. i. ein Jude zu seyn aufhöre, und Hr. K. will sie, als einen Judeneid verdächtig machen. – Indessen haben die Leser hier einen Vorschmack von der Bescheidenheit und Billigkeit, mit welcher Hr. K. über die Religion zu disputiren gedenkt, und können leicht urtheilen, wie viele Höflichkeiten, von dieser Art, ich im Namen meiner ganzen Nation, würde haben vorlieb nehmen müssen, wenn ich mit Hr. K. mich weiter hätte einlassen mögen. So wenig es auch den rechtschaffenen Männern meines Glaubens schaden kan, wenn sie von Leu-|ten von solcher Denkungsart gemishandelt werden, indem vernünftige Christen weit über eine solche Niedrigkeit hinweg seyn müssen; so ist es doch unangenehm zu solchen Unanständigkeiten auch nur eine unschuldige Veranlassung zu geben.

Hr. K. scheinet von der gemeinen Achtung gar keinen Begrif zu haben, die man dem geringsten Menschen schuldig ist, so bald man ihm zuschreibt. So spricht er auch mit der äussersten Verachtung von den vornehmsten Lehrern meiner Religion, ohne zu bedenken, daß sein Schreiben an einen Menschen gerichtet ist, der berechtiget zu seyn glaubt, diese Lehrer zu verehren, und sich also für beleidiget zu halten, wenn sie so schnöde und verächtlich behandelt werden. Das Sonderbarste hierbey ist, daß Hr. K. die Sprache der Rabbinen, die er so sehr verachtet, nicht verstehet, und sie also nicht gelesen haben kan. Er berufet sich aber auf die Schriftsteller seiner Nation, welche | die Schriften der Rabbinen gelesen und verstanden haben sollen. Als wenn ‖ ich, meiner jüdischen Seite, nicht eben das Recht hätte, mich auf die Schriftsteller meiner Nation zu berufen; nicht zu gedenken, daß ich den kleinen Vorzug habe, auch die gegenseitigen Schriften lesen zu können, von welchen Hr. K. sein Urtheil über die Rabbinen auf Glauben angenommen. Allein ich stehe dafür, *Michaelis* und *Semler*, um nur die beiden noch lebenden Männer anzuführen, auf die sich Hr. K. unter andern guten, mittelmäßigen und schlechten Schriftstellern, ohne die geringste Auswahl, berufet; diese würdige Gelehrte, die ich hoch schätze, werden den hohnsprechenden Ton des Hrn. K. nicht billigen. Die Nachbeter sind allezeit entscheidender und vermessener, als die mit ihren eigenen Augen sehen.

Ich habe in meinem vorigen Schreiben aus dem Talmud und dem Majemonides angeführt, daß | wir Juden nach den Grundsätzen unserer Religion niemand, der nicht nach unserm Gesetze gebohren ist, zu bekehren suchen sollen. Wer den geringsten Begrif vom Judenthum hat, muß wissen, daß diese Autoritäten für uns ohne Widerrede entscheidend sind. Herr K. gestehet auch, im Lightfoot eben dasselbe gelesen zu haben. Und dennoch will er aus dem Justinianischen Gesetzbuche und aus dem Josephus beweisen, daß die Juden zu verschiedenen Zeiten wirklich haben andere Völker bekehren wollen, und fragt am Ende sehr triumphirend: „Liegt nun Ihre unrichtige Schilderung jüdischer Grundsätze nicht am Tage, mein Herr Mendelssohn?"

Was würde Hr. K. sagen, wenn ich so unbescheiden wäre, von dem, was zu gewissen Zeiten von der ganzen Christenheit ist ausgeübt, und für verdienstlich gehalten worden,

auf die Grundsätze ihrer Religion zu schliessen? – Es haben auch | Juden die Ehe gebro-
chen, den Sabbath entheiliget, Vater und Mutter nicht geehrt; will man davon auf unsere
Grundsätze schließen? Ich darf mir nicht einmal die Mühe geben, die Stellen aufzuschla-
gen, die Hr. K. aus dem Josephus anführet. Ich weis es, daß der Pöbel aller Religionen, sehr
viel von Bekehrungen hält. Je eingeschränkter der Verstand, desto ausschliessender die
Grundsätze. Aber der bessere Theil der Nation sucht diese Bekehrungssucht des Pöbels mit
Nachdruck zu steuern, welches, wie Majemonides an der von mir angeführten Stelle, versichert, von dem hohen Gerichte zu Jerusalem allezeit geschehen ist.

Ich führe ebendaselbst an, daß nach den Grundsätzen meiner Religion, die tugendhaften Männer von anderen Nationen gar wohl seelig werden können. Herr K. sagt hierauf (S.
33.): „nach Herrn Mendelssohnen, || und nach der exo-|terischen Sprache der Rabbinen –
(der muß den Talmud kaum dem Namen nach kennen, der ihm eine exoterische Sprache
aus Menschenfurcht zuschreibet. Wir haben leider! so manche Verfolgung darüber auszu-
stehen gehabt, daß die Schriftsteller des Talmuds so wenig Vorsicht gebraucht haben) „aber
ganz anders nach dem *Eisenmenger*". Welche Autorität! den Talmud und Majemonides
widerlegt Hr. K. durch den *Eisenmenger*! S. 35. findet Hr. K. abermals in seinem Lieblings-
autor (dem Eisenmenger), der dem vernünftigsten Theil der Christen längst verächtlich
geworden ist, daß die Grundsätze der neuern jüdischen Religion nicht zulassen, einen Solon
oder Confucius zu lieben und zu bewundern. Bessere Schriftsteller würden ihm gesagt
haben, daß uns von den Rabbinen so gar eine eigene Seegensformel vorgeschrieben wor-
den, die wir aussprechen müssen, so oft wir einen Weisen von einer andern | Nation sehen.*
Wer da weis, mit was für Ehrfurcht wir an den vierbuchstäbigen Namen des Allerhöchsten
denken, der wird hier weder Verstellung, noch exoterische Sprache argwohnen, denn das
hiesse, nach unsern Grundsätzen, den Namen des Ewigen auf eine sehr sträfliche Weise
mißbrauchen.

Was will Hr. Dr. K. (S. 34.) dadurch wider mich beweisen, daß die heimlichen Juden
aus Spanien und Portugall nach Holland gehen, wenn | sie sich wollen beschneiden lassen,
und daß die getauften Juden ebenfalls dort ihre Zuflucht nehmen, wenn sie von den Christen wieder zurück treten? – Wenn ein gebohrner Israelit, einer aus der Gemeine Jacobs,
diese Gemeine aus Noth oder Irrthum, verlassen hat, und zu derselben zurük kehren will,
soll sie ihn nicht aufnehmen? Ist dieses auch Bekehrungssucht?

„Noch etwas weniges (sagt Hr. K. S. 39.) von den Streitigkeiten *unter uns beiden*, mein
Herr Mendelssohn". Ich habe keine Streitigkeiten mit dem Herrn Dr. Kölbele.

Hierauf folgt (S. 42. u. f.) eine sehr günstige Recension des Antiphädons, den Hr. K.
künftig herausgeben wird, und in welchem er *mehr* || sucht, wie er sich ausdrückt, *als die
Rolle* eines Gegners von Hrn. Mendelssohn. S. 45. weis er freylich selber nicht, ob er noch

---

* Majemonid. von den Segensformeln C. 10. § 11. nach der Vorschrift des Talmuds. Sie lautet:
  *Gelobet seyest du, Herr unser Gott, Beherrscher der Welt, daß du von deiner Weisheit dem Flei-
  sche und Blute mitgetheilet hast. Fleisch und Blut* heißt im Rabbinischen so viel als *der Mensch,
  das menschliche Geschlecht.* (vid. Buxt. Lex. rab.)

alles versprochene | liefern werde. „Meine Leibesschwachheit heißt es, ist in Frankfurt am Mayn notorisch. Mein würdiger Freund, Herr Doctor Pettmann, verbietet mir alles anhaltende Nachdenken: und ich erfahre gar öfters, daß dieses Verbot mit allen medicinischen Grunde geschiehet". Ich wünsche dem Herrn Dr. K. von ganzem Herzen die dauerhafteste Gesundheit, ich wünsche, daß seine Leibesstärke in Frankfurt am Mayn eben so notorisch werden möge, als itzt seine Leibenschwachheit ist, und daß der Herr Dr. Pettmann dem Hrn. Dr. K. das anhaltende Nachdenken und Schreiben zu verbieten, weder medicinische noch critische Ursachen finden möge. Meine Wenigkeit stehet dem Hrn. K. zu Dienste, mit allem, was ich jemals geschrieben habe, und schreiben werde. Ich versichere ihn, daß wir nie *so hart zusammenstossen* werden, wie er S. 48. besorgt, und wenn gleich *Jungfer Mayern*, wie daselbst gedrohet wird, *bey einer nahen dritten Auflage, noch so sehr frey* | von mir urtheilen sollte. In diesem Fall könte Hr. K. allenfals auf mich sehr hart *zustossen*, aber *zusammenstossen* werden wir deswegen nicht.

Ich freue mich vielmehr, meine Leser versichern zu können, daß ich hiemit alle Streitigkeiten endige, die ich mit irgend einem Sterblichen habe, und vor der Hand nicht Willens bin, jemals wieder Streitigkeiten zu bekommen. Wenigstens in dieser Angelegenheit mögen Auffoderungen, Zumuthungen, Angriffe, Widerlegungen herauskommen, von wem man will, so viel man will, so höflich oder unhöflich man will, ich werde nicht eher antworten, als bis ich glauben werde, meine Zeit nicht nützlicher anwenden zu können.

Berlin, den 6. April, 1770.   Moses Mendelssohn.

Anmerkungen über die von Herr Lavater eingeschickten Zusätze.

| ‖ Erster Zusatz. – *Nicht so schlechtweg zugemuthet* u.s.w. Ich habe nichts wider diese Distinction, aber sie mißfällt mir, um des Herrn Lavater willen; sie ist nicht in seinem Charakter.

Zweiter Zusatz. - *Und was anders* u. s. w. Gut.

Dritter Zusatz. - *Und dann* u. s. w. Ich wünschte, daß dieser nicht so mancherlei Behauptungen enthielte, die ich so unbedingt nicht kann gelten lassen. Sie führen mich zu Erörterungen, die ich so gern vermeiden möchte. Herr Lavater hat mich schon bei der mündlichen Unterredung gefragt: was für einen Unterschied ich machte zwischen einem Sokrates, Plato, und Jesus. Ich antwortete: Sokrates hat niemals *mehr als ein Mensch* sein wollen. Hätte er sich für eine Person der Gottheit oder für eine Mittelsperson zwischen Gott und den Menschen, oder gar für die einzige Mittelsperson ausgegeben; so hätte ich ihm, *meiner Ueberzeugung nach*, alle Hochachtung versagen müssen. | Philosophische und religiöse Vorurtheile kann man haben und von der moralischen Seite hochachtungswürdig sein; aber Anmaßungen von dieser Art gehören mit zum moralischen Charakter, und geben allen moralischen Eigenschaften eine sonderbare Richtung. – Hat sich aber Jesus, wie ich aufrichtig glaube, Dieses niemals anmaßen wollen; so habe ich meine philosophische Hochachtung schon eingestanden. Wozu wird also diese Frage so ausdrücklich berührt?

Einen Heiden? - Einen *Juden* – Schande, daß wir dem Sokrates und dem Plato Vorwürfe machen sollen, daß sie Heiden waren! War Dieses ein Fehler in ihren Sitten? Und Jesus ein Jude? – Ja, wen er, *wie ich glaube*, das Judenthum nicht hat aufheben wollen. Man bedenke, wohin mich diese Betrachtung führen würde!

Dem nach Aller Geständniß die Weltweisheit und guten Sitten unendlich viel und mehr u. s. w. - Wer sind die ‖ Alle, die Dieß so schlechterdings eingestehen? Nicht ich. Ich bitte die Herren, welche Dieses zu lesen bekommen, demüthigst, über die Freiheit, die ich mir nehme, nicht ungehalten zu sein. Dieser sehr positive Machtspruch scheinet mir in einem Schreiben an einen Juden höchst unschicklich, wen er nicht ein Signal zum Streite sein soll. – Ueber den Einfluß der Religion in die Weltweisheit überhaupt hätte ich ein weitläufiges Capitel zu schreiben, das Manchem sehr paradox scheinen könnte. Man scheinet sich in Deutschland über gewisse Sätze stillschweigend vertragen zu haben, die meines Erachtens wohl verdienten untersucht zu werden. Aber ich wünsche von Herzen zu diesen Untersuchungen nicht veranlasset zu werden.

Vierter Zusatz. - Dieser ist bereits von mir eingerückt worden.

Fünfter Zusatz. - Dieser gehet das Bonnetsche Werk an. Bonnet sagt, er habe kein Vertheidiger; sondern bloß ein Forscher sein wollen. Kann ihm aber Dieses Herr Lavater nachsprechen? Welche Inconsequenz! Hat er nicht das Gegentheil mit dürren Worten behauptet? Herr Lavater will sich, wie es scheint, nunmehr von Andern leiten lassen, und wird seinem Charakter untreu. – Ich glaube in meiner Nacherinerung dem Herrn Bonnet genug eingeräumt, und also diesen Zusatz unnöthig gemacht zu haben. – Ich könnte ihn auch allenfalls gelten lassen, aber ich würde in meiner Nacherinnerung, in Rücksicht auf denselben, | einige Veränderungen machen müssen, und wozu? Herr Lavater und Herr Bonnet können sich auf ihre hiesigen Freunde verlassen, sobald diese meine Erklärung zu ihrer Befriedigung hinreichend finden.

Sollte es indessen nicht angehen, daß diese Zusätze wegblieben, so wünschte ich, daß Herr Lavaters Antwort abgedruckt würde, und zwar ohne meine Nacherinerung. Ich würde mir alsdenn Zeit lassen müssen, in einem besondern Schreiben, meine Gedanken zu äußern.

Berlin, den 9. März 1770.   Moses Mendelssohn

Was ihn zu diesem Schritte bewogen?

1770

Handschriftliche Notiz Mendelssohns: Was ihn zu diesem Schritte bewogen [1770]
Erstdruck: Moses Mendelssohn's gesammelte Schriften. Nach den Originaldrucken und Handschriften herausgegeben von Prof. Dr. G. B. Mendelssohn, Bd. 3, Leipzig, F. B. Brockhaus 1843, S. 105f. [hier: I]
JubA Bd. 7, S. 63f. [hier: II]

Was ihn zu diesem Schritte bewogen?

| || Was ihn zu diesem Schritte bewogen? Nicht Freundschaft. Unter allen Irrgläubigen seiner Bekantschaft kann ich nicht sein einziger Freund sein. Nicht das Beste seiner Religion. Ein Christ, der sich beschneiden läßt, beweiset mehr für das Judenthum, als hundert Juden, die sich taufen lassen, für die Wahrheit des Christenthums. Die Unterredung, die er mit mir gepflogen, kann ihm auch dazu nicht Anlaß gegeben haben. Er hat es gesehen, welchen Widerwillen ich bezeugte, mich auf meiner Stube, in einer Privatunterredung über diese Punkte zu erklären, wie sehr ich es verbat und durch Winkelzüge auszuweichen suchte. Nach den feierlichsten Versicherungen, daß man von meinen Worten nie öffentlichen Gebrauch machen wollte, folgte endlich eine Erklärung, davon ich nunmehr das Wesentlichste öffentlich gedruckt lese. – Meine Entfernung gegen die christliche Religion hat sich bisher noch nicht vermindert, und so lange mir Gott den Gebrauch meiner Vernunft läßt, kann sie nicht vermindert werden. – Hochachtung gegen den Stifter habe ich bezeugt; ja, aber mit der Einschränkung, *wenn Jesus von Nazareth* nichts mehr als ein tugendhafter Mann hat sein wollen. Warum hat Herr Lavater diese Einschränkung weggelassen?

Da ich aber einmal öffentlich aufgefordert bin, so erfordert die Schuldigkeit, mich öffentlich zu erklären; aber ich rufe Gott zum Zeugen an, daß es mit dem größten Widerwillen geschiehet und daß ich von mir selbst nie diese Freiheit gehabt haben würde. Ich hasse alle Religionsstreitigkeiten, und vornehmlich die vor den Augen des Publicums geführt werden. Die Erfahrung lehrt, daß sie keinen Nutzen haben: sie wirken mehr Menschenhaß als Erleuchtung. Meine Religion legt mir die Pflicht nicht auf Andere zum Judenthume zu bekehren; ja der Bekehrungsgeist ist offenbar den Grundsätzen meiner Religion zuwider. S. Majem. Die Beobachtung der Ceremonialgesetze wird nur von || uns, die wir in dem mosaischen Gesetze geboren sind, gefordert. Alle übrige Völker der Erde können nach unsern Grundsätzen selig werden, wen sie das Naturgesetz beobachten. Wir sind zu allen Pflichten der Liebe gegen sie verbunden, sobald sie Dieses thun. Sogar befiehlt uns das Gesetz, wenn sie das Judenthum annehmen wollen, sie Anfangs durch Gegenvorstellungen davon abzuhalten. – Wozu sollten wir also Religionsstreitigkeiten führen? Etwa unser Ceremonial-Gesetz zu rechtfertigen? Jesus von Nazareth und die Apostel selbst haben uns davon nicht befreiet. |

Wozu die Menge Widerlegungen des Judenthums, da wir doch, wie jeder Schüler weiß, gänzlich zu Boden sind? – Sollen wir uns bekehren! Wir sind ja verstockte, muthwillig verstockte Bösewichter, die die Wahrheit sehen und nicht erkennen wollen. Dieses wird ja in allen Lehrbüchern bewiesen. Zwar kann ein vernünftiger Man nicht begreifen, wie es möglich sei, muthwillig eine Wahrheit nicht erkennen zu wollen, die mich von Schmach und Unterdrückung befreien würde. Allein was braucht es ein Vernünftiger zu begreifen?

Freilich, daß dieses verachtete, verstoßene Häuflein noch immer existiret – gesegnet sei die Asche des menschenfreundlichen Theologen, der zuerst gesagt, Gott erhielte uns als einen sichtbaren Beweis von der Wahrheit der Nazarenischen Religion. Ohne diesen schönen Einfall wären wir, menschlicher Weise zu reden, längstens aufgerieben. Es ist freilich sonderbar, daß dieser sichtbare Beweis sich selber für keinen Beweis hält. Es läßt sich freilich nicht begreifen, warum uns die Nazarener bekehren und also den sichtbaren Beweis ihres Glaubens vernichten wollen?

Vergleichung des Judenthums mit dem Socinianismo, mit dem Athanasiasmo.

Zu welcher Lehre sich Lavater bekennt?

Brief an den Erbprinzen
Carl von Braunschweig-Wolfenbüttel

1770

Brief an den Erbprinzen Carl von Braunschweig-Wolfenbüttel [1770]
Erstdruck: Moses Mendelssohn's gesammelte Schriften. Nach den Originaldrucken und
Handschriften herausgegeben von Prof. Dr. G. B. Mendelssohn, Bd. 3, Leipzig, F. B.
Brockhaus 1843, S. 129–134. [hier: I]
JubA Bd. 7, S. 300–305. [hier: II]

Der Erbprinz von Braunschweig-Wolfenbüttel an Moses Mendelssohn.

Mit aufrichtiger Erkenntlichkeit habe das Vergnügen gehabt, sowol die dritte Auflage des Phädon, wie auch das Schreiben an Herrn Lavater zu erhalten, welches mit dem Glimpf und Grad der Menschenliebe geschrieben, welchen man im Voraus zu erwarten hatte von einer von göttlichen Wahrheiten so durchdrungenen Seele als die Ihrige. Wie sehr wünschte ich die Betrachtungen über den Bonnet zu sehen; denn nichts kann Einem unsers Glaubens wichtiger sein, als zu bemerken, wie ein unter dem Mosaischen Gesetz lebender Philosoph den historischen Beweis von Moses führt, in welchem wir mit ihm einstimmig sind, und wie zugleich denen historischen Beweisen ausgewichen wird, auf welchen der christliche Glaube sich gründet, welcher ja größtentheils auf Zeugnissen beruht, welche unter dem Mosaischen Gesetz als | Göttliche Eingebung angenommen werden. Ob ich wünschen soll, daß ferner in Sie gedrungen werde, diese Betrachtungen öffentlich bekannt zu machen, muß dahin gestellt sein lassen aus den p. – in dem Antwortschreiben angeführten Gründen. Glücklich würde ich mich schätzen, Denenselben Proben von der wahren Hochachtung geben zu können, mit welcher zeitlebens verbleibe

Deroselben   Braunschweig, den 2. Jan. 1770.
ganz ergebener
Carl W. S. Erbprinz zu Braunschweig und Wolfenbüttel. ‖

Moses Mendelssohn an den Erbprinzen von Braunschweig-Wolfenbüttel.

Durchlauchtigster Prinz!
Gnädigster Herr!

Ew. Durchlaucht würde ich keinen Anstand nehmen, meine Betrachtungen über den Bonnet gehorsamst zu übersenden, wenn solche nicht immer noch mehr in mir als auf dem Papiere existirten. Was davon aufgezeichnet ist, bestehet in abgerissenen Betrachtungen, die das Licht eines erleuchteten Kenners noch scheuen müssen. Ich habe die beste Hoffnung, daß es unnöthig sein wird, sie weiter auszuführen und in Ordnung zu bringen. – Um aber Ew. Durchlaucht gnädigstem Befehl zu gehorchen, werde zur Beantwortung der mir vorgelegten Fragen das Nöthige aus meinen Gegenbetrachtungen anführen, in dem festesten Zutrauen zu Dero Weisheit, daß das freimüthige Bekenntniß, welches ich nur Ihnen ablege, Niemanden zu Gesichte kommen wird, dem es zum Aergerniß oder Mißbranch Gelegenheit geben könnte. –

Erste Frage.
„Was hat ein unter dem Mosaischen Gesetze lebender Weltweise für Grund, die historischen Beweise des A. T. anzunehmen und des Neuen zu verwerfen?"

Durchlauchtigster Prinz! Ich kann keinem Zeugnisse trauen, das, meiner Ueberzeugung nach, einer ausgemachten, unumstößlichen Wahrheit widerspricht. Nach der Lehre des N. T. (wenigstens wie dieses in öffentlichen Lehrbüchern erklärt wird) muß ich 1) eine Dreieinigkeit in dem göttlichen Wesen, 2) die Mensch-|werdung einer Gottheit, 3) das Leiden einer Person der Gottheit, die sich ihrer göttlichen Majestät entäußert hat, 4) die Genugthuung und Befriedigung der ersten Person in der Gottheit durch das Leiden und den Tod der erniedrigten zweiten Person und noch viele andere diesen ähnliche oder aus diesen fließende Sätze bei Verlust meiner ewigen Seligkeit glauben. – Nun kann ich zwar und will auch meine Urtheilskraft keinem vernünftigen Wesen zur Richtschnur aufdringen. Wer bin ich elendes Geschöpf, der ich mich Dieses ver-||messen sollte? Aber ich selbst kann die Wahrheit nicht anders als nach *meiner* Ueberzeugung annehmen und ich gestehe, daß mir die angeführten Sätze den ersten Gründen der menschlichen Erkenntniß schnurstracks zu widersprechen scheinen. Ich kann sie *meiner* Ueberzeugung nach mit Dem, was *mich* Vernunft und Nachdenken von dem Wesen der Gottheit und ihrer Eigenschaften gelehrt hat, nicht in Harmonie bringen, und bin also gezwungen, sie zu verwerfen. – Wenn ich diese Lehren im A. T. fände, so würde ich auch das A. T. verwerfen müssen, und wenn ein Wunderthäter, sie zu bewähren, vor meinen Augen alle Todten erweckte, die seit Jahrhunderten begraben worden, so würde ich sagen: der Wunderthäter hat Todte erweckt, aber seine Lehre kann ich nicht annehmen. – Hingegen finde ich im A. T. nichts, das diesen Lehren ähnlich siehet, nichts, das meiner Ueberzeugung nach mit der Vernunft streitet. Daher kann ich mich mit gutem Grunde auf die historische Glaubwürdigkeit verlassen, die wir diesen Schriften *einstimmig* zuerkennen. Der Unterschied, den ich zwischen den Büchern des alten und neuen Testaments mache, besteht also darin: jene harmoniren mit meiner philosophischen Ueberzeugung oder widersprechen derselben wenigstens nicht, diese hingegen fordern einen Glauben, den ich nicht leisten kann. – Ich weiß, daß nach der geheimen Lehre einiger vortrefflichen Männer, die es mit der Wahrheit und der christlichen Religion sehr gut meinen, alle diese der gesunden Vernunft wie es scheint anstößige Sätze für menschliche Zusätze erklärt werden. Nach dem Lehrbegriff dieser Weisen, den man in England schon öffentlich auszubreiten anfängt, war der Stifter der christlichen Religion ein Mensch, wie wir übrigen auch sind, – aber ein Gesandter und Prophet Gottes, etwa wie der Stifter der jüdischen Religion, oder noch größer, und er hatte den Beruf unmittelbar von Gott, die alte natürliche Religion in ihre geheiligten Rechte einzusetzen, die Menschen von ihren Pflichten und von | ihrer zukünftigen Glückseligkeit zu unterrichten und seine Lehre durch übernatürliche Wunderwerke zu bekräftigen. – Herr Bonnet hat seine Religion auch nur von dieser vortheilhaften Seite gezeigt, und obgleich nicht daraus zu beweisen ist, daß er Dasjenige, was er verschweiget, nicht auch für wahr halte, so müßte ich Dieses doch auf eine Zeitlang voraussetzen, um die christliche Religion der unitarischen Christen mit der meinigen zu vergleichen. ||

Ich mache an diese Verbesserer der herrschenden Religion noch folgende Anforderungen:

| 130–131; || Bd. 7, 301–302

1. Sie müssen in ihren Lehrgebäuden nicht, wie Herr Bonnet gethan, den Satz zum Grunde legen, daß das Judenthum und noch weit mehr die natürliche Religion zur künftigen Glückseligkeit der Menschen unzureichend sei. Da die Menschen alle von ihrem Schöpfer zur ewigen Glückseligkeit bestimmt sein müssen, so kann eine ausschließende Religion nicht die wahre sein. Diesen Satz getraue ich mir als Criterium der Wahrheit in Religionssachen anzugeben. Eine Offenbarung, die allein die seligmachende sein will, kann nicht die wahre sein, denn sie harmonirt nicht mit den Absichten des allbarmherzigen Schöpfers.

Nach der verbesserten Form, welche diese Lehrer der Religion gegeben, haben sie auch zu dieser Ausschließung nicht den geringsten Grund. Wenn der Stifter bloß den Beruf und die Absicht gehabt, die natürliche Religion in ihre Rechte einzusetzen, und die Menschen von ihrer ewigen Seligkeit zu versichern, so muß es zu meinem Heile hinreichend sein, wenn ich nach der natürlichen Religion lebe und die Lehre von der Unsterblichkeit der menschlichen Seele von ganzem Herzen annehme. – Daß ein gewisser menschlicher Lehrer dereinst den göttlichen Beruf gehabt, diese Lehre durch Wunder zu bekräftigen, Dieses zu glauben kann keine nothwendige Bedingung meiner Glückseligkeit sein.

2. Die Ewigkeit der Höllenstrafen wird hoffentlich in diesem gereinigten System keinen Platz finden. Allein auch die Lehre von der Genugthuung und Befriedigung der göttlichen Strafgerechtigkeit wünschte ich reformirt zu sehen. – Die göttliche Gerechtigkeit heischet keine Genugthuung, sondern eine Bestrafung, eine Züchtigung, welche dem Sünder selbst zum Besten gereichet. Sobald in der Haushaltung Gottes die Strafe nicht mehr zum ewigen Wohl des Sünders unentbehrlich ist, so wird sie ihm erlassen.

3. Daß ein Unschuldiger die Schuld eines Andern trage, und wenn er sie auch freiwillig übernehme, kann, meinen Be-|griffen nach, in dem Staate Gottes von dem allergerechtesten Wesen nicht zugelassen werden. Auch aus diesem Satze folgen einige nöthige Verbesserungen, die sich von selbst ergeben.

4. Von der Erbsünde weiß die gesunde Vernunft nichts und das A. T. eben so wenig. Adam hat gesündiget und ist gestorben, seine || Kinder sündigen und sterben, aber sie sind nicht durch seinen Sündenfall *dem Guten abgestorben* und in die Macht des Satans gekommen.

5. Vom Satan und den bösen Geistern möchte ich auch gerne die Freiheit haben zu glauben, was meiner Vernunft gut dünkt. Das A. T. bestimmt über diese Punkte nicht mehr, als sich vernünftig erklären läßt.

6. Der Stifter der christlichen Religion hat niemals mit ausdrücklichen Worten gesagt, daß er das Mosaische Gesetz aufheben und die Juden davon dispensiren wolle. Ich habe Dieses in allen Evangelisten nicht gefunden. Die Apostel und die Jünger sind sogar lange nachher noch in Zweifel gewesen, ob nicht Heiden, die sich bekehrten, auch das Mosaische Gesetz annehmen und sich beschneiden lassen müßten. Allein es wurde beschlossen, *den Heiden keine zu große Last aufzulegen* (Apostelgeschichte). Vollkommen nach der Lehre der Rabbinen, die ich in meinem Schreiben an Lavater angeführt. Aber für Juden, und wenn sie auch das Christenthum annehmen, finde ich im N. T. keine gegründete Dis-

pensation von dem Mosaischen Gesetze. Vielmehr hat der Apostel selbst Timotheum beschnitten. Man räume mir also ein, daß es für mich kein Mittel gibt, mich von dem Mosaischen Gesetze zu befreien.

Wenn außer der Verbesserung der Hauptlehren der Religion auch noch diese Sätze nebst
allen ihren Folgen zugegeben und die Schriften des N. T. nach Maßgebung aller dieser
Voraussetzungen ausgelegt und erklärt werden, so erlangt man eine Religion, daran Christen und Juden gleichen Antheil nehmen können. Unter diesen Bedingungen können die
Anhänger des Judenthums sich gar wohl gefallen lassen, daß dereinst ein Prophet und
Gesandter Gottes den Beruf gehabt, nicht das mosaische Gesetz aufzuheben, sondern dem
gesunkenen menschlichen Geschlechte die heiligen Lehren von der Tugend und ihrer Belohnung in jenem Leben zu predigen; und von der andern Seite wird es den Nachfolgern
Jesu nur darum zu thun sein, daß man die Lehren annehme und ausbreite, die ihr Religi-
onsstifter auszubreiten den Beruf | gehabt. Will man die Göttlichkeit des Berufs selbst
anerkennen, so ist es um so viel besser, aber es wird keinen Unterschied in der Religion
machen, ob man diese erkennet, in Zweifel ziehet oder auch leugnet. – Ich kann es nicht
genug wiederholen, es kömmt Alles auf die logische Wahrheit der Lehre, nicht auf die
historische Wahrheit der Gesandtschaft an. ‖

Zweite Frage.
„Aus welchen Gründen derselbe die Zeugnisse für den Glauben der Christen verwerfe, die
in dem A. T. vorkommen und unter den Mosaischen Gesetzen selbst als göttliche Einge-
bungen angenommen werden?"

Ich habe sie gelesen, die Stellen alle im A. T., auf welchen die Wahrheit jenes Glaubens
beruhen soll, mit Aufmerksamkeit und mehr als einmal im Zusammenhange gelesen. Wie
unaussprechlich elend wäre das Schicksal der Menschen, wenn von der Auslegung dunk-
ler Stellen in einem Buche, das vor undenklichen Zeiten, in einer fremden, jetzt todten
Sprache für ein bestimmtes Volk in Asien geschrieben worden, die ewige Glückseligkeit
des ganzen menschlichen Geschlechts abhängen sollte! Ich glaube, die Sprache des Grund-
textes so gut als irgend ein Neuerer zu verstehen, denn sie ist gleichsam meine zwote
Muttersprache. Mir scheinen diese Stellen alle nicht die geringste Spur eines Beweises zu
enthalten. Hat mich etwa ein Vorurtheil geblendet oder ist es an dem? Die Auslegungen der
Theologen von diesen Stellen haben mir an vielen Orten offenbar falsch und an den übrigen höchst gezwungen und willkürlich geschienen. Zu meinem Troste finde ich, daß die
neuern Exegeten, die mit Geschmack und Weltweisheit zur Auslegung der Bibel schreiten,
schon so manche Stelle aufgeben, die man sonst für sehr beweisend gehalten. Ich meines
Theils nehme mir die Freiheit, diese Streitigkeiten über die Auslegung mancher Schrift-
stellen als ein gelehrtes Spielwerk zu betrachten und mich selbst zuweilen damit zu belus-
tigen. Aber Gott sei meiner Seele gnädig! ich kann mir den Grund meiner ewigen Seligkeit
unmöglich aus den räthselhaften Träumen Daniels herausziffern, oder aus der erhabenen
Poesie eines Propheten herauscommentiren. Diese Schriften sind zur Erweckung des Herzens, aber nicht zur Belehrung des Verstandes geschrieben.

Durchlauchtigster Prinz! Ich fürchte, meiner Feder allzu freien Lauf gelassen zu haben, und würde untröstlich sein, wenn | ich das Unglück hätte, durch allzu große Freimüthigkeit mir Ew. Durchlaucht Ungnade zu zu ziehen. Ich breche mit Zittern hier ab und erwarte mein Schicksal mit der quälendsten Ungeduld.

Dem allgütigen Herzenskündiger ist bekannt, daß ich die Wahrheit aufrichtig suche, und daß es mein unveränderlicher Vorsatz ist, ‖ niemals mit meinem Wissen einer vernünftigen Seele Aergerniß zu geben. Alle Gelegenheiten, jemals über diese Punkte in öffentliche oder auch in Privat-Streitigkeiten zu gerathen, werde ich zeitlebens sorgfältig zu vermeiden suchen. – Ew. Durchlaucht allein habe, auf Dero gnädigsten Befehl, meine Gesinnungen weder verhehlen noch verstellen können. Ich bin von Dero erhabener Denkungsart versichert, daß Sie nichts als Aufrichtigkeit von mir erwarten und mir zugleich die Redlichkeit zutrauen, niemals selbst von diesen Gesinnungen schädlichen Gebrauch zu machen. Ich verachte die kleine Denkungsart der Freigeister, die sich ein sehr schadenfrohes Vergnügen machen, die Unschuld in ihrer Zufriedenheit zu stören, und mit dem Eiferer, der Dieses aus irrendem Gewissen thut, kann ich nicht anders als Mitleid haben. Ich nehme mir daher die Kühnheit, Ew. Durchlaucht unterthänigst zu bitten, dieses Schreiben zu vernichten, damit es nicht dereinst in die Hände eines Menschen gerathe, der es mißbrauchen, oder der vermöge seines Standes sich für verbunden halten könnte, darüber Streit zu erregen.

Unser gemeinschaftlicher Vater, der uns nach unserm Gewissen richtet, kann kein Herz verwerfen, das ihn inbrünstig liebet, und aus Unwissenheit, nicht aus Bosheit irrt. – Dieser Geber alles Guten lasse Ew. Durchlaucht alle die Segenswünsche angedeihen, die, mit allen Bewunderern großer Tugenden, im Herzen hegt u. s. w.

Das jüdische Gebet *Alenu*

1777

Moses Mendelssohns
und
Georg David Kypke
Aufsätze
über
jüdische Gebete und Festfeiern

aus archivalischen Akten
herausgegeben
von
Ludwig Ernst Borowski
Prediger zu Königsberg.

Ein Beitrag zur neuern Geschichte der Juden in
Preußen, besonders in Beziehung auf ihre jetzt
freiere Gebetsübungen.

Königsberg
im Verlag der Hartungschen Buchhandlung. 1791.

Erstdruck in: Moses Mendelssohn und Georg David Kypke Aufsätze über jüdische Gebe-
te und Festfeiern aus archivalischen Akten herausgegeben von Ludwig Ernst Borowski
Prediger zu Königsberg. Ein Beitrag zur neuern Geschichte der Juden in Preußen, besonders
in Beziehung auf ihre jetzt freiere Gebetsübungen. Königsberg im Verlag der Hartungschen
Buchhandlung. 1791, S. 53–62. [hier: I]
JubA Bd. 10.1, S. 305–310. [hier: II]

Das jüdische Gebet Alenu *war ursprünglich ein Teil des Neujahrsgebetes, wurde jedoch seit etwa
1300 seiner großen Bedeutung wegen als Schluß in das tägliche Morgengebet der Synagoge aufgenommen. Das hier auszugsweise wiedergegebene Gebet lautet in deutscher Übersetzung:*
    „An uns ist es, zu preisen den Herrn des Alls, Huldigung darzubringen dem Schöpfer des Anbe-
ginns, daß er uns nicht erschaffen gleich den Völkern der Länder und uns nicht den Familien der
Erde gleichsetzte, auch nicht einen Teil von uns, und daß unser Los nicht ist wie dasjenige der Menge
[...]. Wir knien nieder, bücken uns und danken dem König der Könige, dem Heiligen, gelobt sei er, er
wölbte den Himmel und gründete die Erde, der Sitz seiner Ehre ist im Himmel oben und die Stätte
seiner Macht in den höchsten Höhen. Er ist unser Herr, keiner sonst...“
    *In vielen jüdischen Gebetbüchern der deutschsprachigen Länder ist bis heute an der hier durch
Klammern [...] gekennzeichneten Stelle eine Textpassage ausgelassen, die übersetzt heißt: „daß sie
sich eitel und vergeblich niederwerfen und daß sie zum Herrn beten, und er rettet sie nicht“. Diese
Auslassung wurde vorgenommen, weil um 1400 ein getaufter Jude namens Peter aufgetreten war
und behauptet hatte, daß die Juden genau in dieser Passage des Gebets* Alenu *gegen das Gebet der
Christen zu Jesus polemizieren, denn die hebräischen Buchstaben von „eitel“ (vorik) haben in der
Summe denselben Zahlenwert wie „Jesus“ (jeschu). So wurde unterstellt, die Juden beteten „eitel“,
aber meinten „Jesus“. Dieses Vorurteil setzte sich unter den Christen fest und führte dazu, daß
Juden in einem Akt der Selbstzensur die entsprechende Passage in den Gebetbüchern ausließen.
Dennoch war in Preußen am 28. August 1703 das judenfeindliche „Edict wegen des Juden-Gebeths
Alenu“ erlassen worden: In den preußischen Synagogen sollten christliche Zensoren über die Ein-
haltung des Edikts, d.h. die Auslassung der inkriminierten Textpassage des Gebets* Alenu *wachen.
Gegen Ende des 18. Jahrhunderts allerdings wurde dies in den meisten Synagogen längst nicht mehr
praktiziert. Nur in der Königsberger Synagoge versah der Orientalist Georg David Kypke noch
diesen Dienst. Kypke hatte im April 1777 bei den Behörden geklagt, dieses Gebet sei verdächtig leise
und unverständlich gebetet worden. Daraufhin hat Mendelssohn auf Bitten der Königsberger Gemeinde hin seinen kurzen Text über das Gebet* Alenu *verfaßt. Mendelssohn wendet darin diesen
kleinlichen Streit ins Grundsätzliche, indem er u.a. historisch gegen den Verdacht antichristlicher
Inhalte des Gebets argumentiert und herausstellt, daß das Gebet* Alenu *eines der ältesten jüdischen
Gebete ist und aus vorchristlicher Zeit stammt. Es kann also gar keine antichristlichen Passagen
enthalten, weil es zum Zeitpunkt seiner Entstehung noch keinen Jesus und keine Christen gab. Auf
Eingabe der Königsberger Gemeinde stellten die Behörden dann 1778 die Überwachung des Gottesdienstes ein.*

Literatur:
Ismar Elbogen: Der jüdische Gottesdienst in seiner geschichtlichen Entwicklung, Frankfurt/M.
1924, S. 80f.; Alexander Altmann: Moses Mendelssohn. A biographical Study, London 1973, S.
308f.

Das jüdische Gebet *Alenu*

Das Gebet *Alenu* ist eines der ältesten Gebete unserer Nation, das seiner ersten Einrichtung nach blos für den Neujahrstag, als eine feierliche Einleitung zur Huldigung des allerhöchsten Gesetzgebers und Richters der Welt bestimmt gewesen; wegen seines wichtigen und erhabenen Inhalts aber zum täglichen Schlußgebete angenommen worden. Daß in demselben blos die Heyden und ihr Götzendienst angeführet und nicht, wie einige Feinde und Verläumder der jüdischen Nation fälschlich vorgeben, auf die Christen, welche den König aller Könige, den Heiligen – gelobt sey Er! – eben so wie wir anbeten, oder auf ihren Meßias durch cabbalistische Deuteleien angespielet werde, läßt sich aus vielen Gründen unumstöslich beweisen, | davon ich die wichtigsten nur anzuführen, mich begnüge.

Verschiedene Schriftsteller der Nation halten dafür, dieses Gebet sey zu den Zeiten Josua, Sohns Nun und, wie einige wollen, von diesem göttlichen Manne selbst aufgesetzt worden. (*S. Tasbatz* vom Gebet § 253. *Rokeach* u. a. m.)

Ob nun gleich andre Schriftsteller dieses in Zweifel ziehen: so ist doch wenigstens so viel gewis, daß das Gebet *Alenu* zu den Zeiten des zweiten Tempels schon existirt haben müße, indem wie bekannt, in den Hauptgebeten der jüdischen Nation, die unter dem Namen *Thephilloth Schemone Esre* bekannt sind, seit der Zeit der Männer des großen Raths, die zu den Zeiten des zweiten Tempels gelebt haben, keine Veränderungen vorgenommen worden. Das Huldigungsgebet am Neujahrstage aber, wozu das Gebet *Alenu* zur Einleitung bestimmt ist, macht sicherlich Eines der wichtigsten und feierlichsten Gebete der jüdischen Nation aus und man kann versichert seyn, daß es am | spätesten von den Männern des großen Raths, d. i. zu den Zeiten des zweiten Tempels eingeführet worden sey. Diese Vermuthung wird ferner durch den Inhalt des Gebets selbst sehr wahrscheinlich; denn es ist blos auf die Ausrottung des Götzendienstes und die allgemeine Einführung des Glaubens an den einigen, wahren und allmächtigen Gott gerichtet und geschieht in demselben weder von der Befreiung der Nation, noch von der Wiederaufbauung des Tempels die mindeste Erwähnung, welches ‖ sicherlich nicht unterblieben seyn würde, wenn das Gebet nach der Zerstörung des Tempels aufgesetzt worden wäre. Ferner unterscheidet der Verfaßer des Gebets seine Nation von den Nationen andrer Länder und den Geschlechtern des Erdbodens, woraus erhellet, daß die Nation zu derselben Zeit noch in ihrem Lande gelebt haben müsse. Es ist daher, meines Erachtens, höchst ungereimt, in diesem Gebet eine geheime Anspielung auf die Christen und ihren Meßias suchen zu wollen, da die Verfaßer desselben offenbar noch vor den Zeiten Jesu, des Nazaräers, gelebt | haben, zu einer Zeit, in welcher das Heydenthum überall sich ausgebreitet hatte und außerhalb Judäa der Götzendienst, deßen Ausrottung in diesem Gebet erflehet werden soll, überall die herrschende Religion gewesen. Es ist auch nicht zu vermuthen, daß etwa nach der Zeit mit diesem Gebete eine Veränderung vorgenommen und die geheime Anspielung in späteren Zeiten hineingebracht worden sey, da eines Theils sich die Juden von je her ein Gewißen gemacht haben, in die Hauptgebete, wie schon erwähnt, die geringste Veränderung einschleichen zu

laßen, und andern Theils das Gebet *Alenu* insbesondere bei ihren Schriftstellern in so großem Ansehen stehet, daß sie alle Worte und Sylben desselben gezählet und niedergeschrie-
ben haben, auch mit der größten Gewißenhaftigkeit darauf halten, daß keine Sylbe darinn
verändert werden möge. Es wird ferner dieses Gebet, ohne die mindeste Veränderung von
Schriftstellern angeführt, die unter mahomedanischer Bothmäßigkeit gelebt haben, als
Maimonides in *Jad Chasakah*, *R. David Abudraham* | in seinem Commentar über die Ge-
bete der Juden, denen also sicherlich keine geheime Anspielung auf Jesum hat in den Sinn
kommen können.

Die Juden in Asien und Africa beten das *Alenu* mit denselben Worten, ob sie gleich kein
Christenthum vor Augen haben, auf welches sie heimlich anspielen könnten. Ich verwund-
re mich daher nicht wenig über - Kypken, wie er ohne die mindeste Untersuchung dem
Exjuden Peter (beim *Nizzachon* §. 348.) auf sein Wort glauben und nachschreiben können,
„daß durch das Wort *Vorik*, etwas Leeres, Jesus Christus verstanden werde, weil nach der
Cabbala das Wort *Vorik* und *Jeschu* der Zahl nach, gleichviel bedeutet." Wie hat dieser
Lehrer der hebräischen Sprache nicht bedacht, daß der Prophet Jesaias, dem man doch
keine solche Anspielung schuld geben kann, sich desselben Ausdrucks *Hevel Vorik* bedienet, um etwas anzudeuten, dazu man ein vergebliches Zutrauen habe, von dem man sich
leere Hofnung macht: „Ihr Helfen ist eitel und vergeblich, *hevel vorik.* Kap. 30, v. 7."
Diese | ‖ Stelle hat der Verfaßer des Gebets *Alenu*, wie *R. David Abudraham* mit gutem
Grunde vermuthet, im Sinne gehabt, als er sich eines ähnlichen Ausdrucks bediente, die
eitle und vergebliche Zuversicht der Heyden zu ihren Götzen auszudrücken und eben daher ist es meines Erachtens auch wahrscheinlich, daß der Verfaßer nach den Zeiten des
Propheten Jesaias und nicht, wie einige wollen, zu den Zeiten des Josua gelebet habe.

Die Stelle Psalm 49. führt Kypke nach *D. Luthers* Uebersetzung an. Als Kennern der
hebräischen Litteratur kann ihm nicht unbekannt seyn, daß die Uebersetzung *Luthers* von
diesem ganzen Abschnitt und besonders des 15. Verses dem Texte nicht getreu sey. Dieser
ganze Psalm ist meines Erachtens bisher noch von keinem Schriftsteller richtig erkläret
und noch weniger richtig übersetzt worden. Ich begnüge mich aber, hier bloß die von
Kypke angeführte Verse, nach meiner Erklärung dieses Psalms anzuführen: |

V.13.   Allein des Menschen ganze Herlichkeit –
         sie bliebe kaum eine Nacht,
         wenn er hinführe, wie dummes Vieh.
V.15.   Gleich einer Heerde, fahren sie ins Grab;
         sie treibt der Tod! die Seligen beherschen sie
         an jenem Morgen. Nicht ewig faßt der Abgrund
         ein Wesen, das ihn überdauret.

V.21. Ein Mensch in höchster Pracht,
       wenn er nicht weise ist,
       fährt hin, wie dummes Vieh!* |

Es ist hier der Ort nicht, die exegetischen Gründe anzuführen, die mich bewegen, den funfzehenden Vers so und nicht anders zu übersetzen. Soviel dünkt mich, fällt in die Augen, daß diese Erklärungsart einen gar triftigen Sinn gebe und eine Lehre enthalte, die des göttlichen Dichters würdig sey.

Ueberhaupt ist dieser Psalm einer der wichtigsten Lehrpsalmen, in welchem der Lehre von dem zukünftigen Leben, von der Auferstehung der Todten und von der Vergeltung des Guten und Bösen in einem zukünftigen Zustande mit deutlichen Worten erwähnt worden, um den Bedrängten zur Beruhigung und den Sünder zur Beßerung zu || erwecken. Es ist daher ein bei den Juden seit undenklicher Zeit eingeführter Gebrauch, in der Trauerwoche, da in dem Hause der Verstorbenen Betstunde gehalten zu werden pflegt, nach dem gewöhnlichen Morgen- und Abendgebete diesen und andere Psalmen ähnlichen Inhalts ablesen zu laßen, um die Gedanken des Todes und der Beraubung, dem die Leidtragende allzusehr nachzuhängen pflegen, un-|mittelbar mit dem Gedanken eines ewigen Lebens und mit der gegründeten Hofnung einer seligen Zukunft zu verbinden. Die in eben diesem Psalm mitberührte Bestrafung der Gottlosen nach dem Tode hat noch Niemanden auf den seltsamen Einfall gebracht, daß man eine Satyre auf den Verstorbenen zu machen, die Absicht habe. Jedermann sieht ein, daß Belohnung und Bestrafung sich einander entsprechende Begriffe sind und daß ein zukünftiges Leben ohne beides sich nicht denken laße.

Bei dem im Jahre 1762 angestellten Trauergottesdienste wegen des Absterbens der rußischen Kaiserin hat der Rabbiner zu Königsberg, der den 49. Psalm zum Vorsingen ausgesucht, wahrscheinlicher Weise keine andere Absicht gehabt, als die Trauerceremonien so zu feyern, wie sie nach jüdischen Sitten und Gebräuchen gefeyert zu werden pflegen, das ist, mit Absingung solcher Psalmen, in welchen von der Bestimmung des Menschen, von der kurzen Dauer seiner Lebenszeit, von der Nichtigkeit aller zeitlichen Größe, von

---

*   In der Uebersetzung der gesamten Psalmen hat Mendelssohn diese verse in eben der Art bis auf wenige Worte übertragen. Zweite Aufl. 788 S. 116. 117.
V. 13. Allein des Menschen ganze Herrlichkeit,
sie dauert kaum eine Nacht,
wenn er dahinfährt, wie das Vieh.
V. 15.Gleich einer Heerde, fahren sie ins Grab,
sie treibt der Tod. Die Seligen beherschen sie an jenem Morgen. Nicht ewig faßt der Abgrund ein Wesen, das ihn überdauret.
V. 21. Ein Mensch in höchsten Würden,
wenn er kein Weiser ist
fährt hin, wie dummes Vieh.
                                        Anm. des Herausg.

der Auferstehung, | der Zukunft, der Belohnung des Guten und der Bestrafung des Bösen in jenem Leben gehandelt wird. Ich begreife nicht, wie – *Kypke*, wenn ihm die jüdischen Gebräuche nicht gänzlich unbekannt sind, hierinnen etwas Ungeziemendes oder Respectwidriges hat finden können.

Proben rabbinischer Weisheit

1777

Der

Philosoph
für die Welt.

Herausgegeben

von

J. J. Engel.

Plutarch.

Zweyter Theil.

Leipzig 1777.

Zu finden in der Dyckischen Buchhandlung.

Erstdruck in: Der Philosoph für die Welt. Hrsg. von J. J. Engel. Zweyter Theil. Leipzig 1777, S. 49–64. [hier: I]
JubA Bd. 10.1, S. 315–323. [hier: II]

Mendelssohns kleiner Aufsatz Proben rabbinischer Weisheit *ist ein Beitrag in Johann Jakob Engels popularphilosophischem Werk* Der Philosoph für die Welt, *dessen zweiter Teil 1777 erschien. Mendelssohn präsentiert darin sieben ausgewählte kleine Anekdoten, die er der rabbinischen Literatur entnommen hat, als populäre, leicht verständliche jüdische Beiträge zur Weltweisheit. Zweck dieser Publikation ist es, etwas genuin Jüdisches, nämlich Anekdoten aus dem Kernbereich rabbinischer Literatur, aus Talmud und Midrasch, in deutscher Übersetzung dem christlichen Lesepublikum als volkstümliche „Weisheit“ darzustellen. In der Anthologie mit dem Titel* Der Philosoph für die Welt *erscheint dann die „rabbinische Weisheit“ als Kostprobe aus einer dem Mehrheitspublikum unbekannten, gar exotischen Welt alter und fremder jüdischer Weisheit. Zugleich präsentiert Mendelssohn diese Probe volkstümlicher jüdisch-rabbinischer Weisheit als eine mit der populären Weltweisheit, wie sie ansonsten in dieser Anthologie vertreten ist, vollkommen kompatible, gleichrangige und gleichwertige jüdische Weisheit: Die genuin jüdischen Weisheitstraditionen sind den christlichen und anderen Weisheitstraditionen ebenbürtig, tragen zur populären Weltweisheit bei und sind für das christliche und aufgeklärte Publikum von Welt exoterisch verständlich.*
Im Detail entstammen, was Mendelssohn nicht angibt, die sieben „Proben“ folgenden Texten der rabbinischen Literatur: 1. „Wer sich der Gerechtigkeit annimmt, richtet das Land auf; wer sich ihr entzieht, ist Schuld an seinem Verderben.“ – Midrasch Tanchuma, Mischpatim, 2; 2. „Den Menschen und dem Viehe hilft der Herr“ – Jerusalemer Talmud, Baba Mezi'a, II.5; 3. Das erste Weib. – Midrasch Genesis Rabba, XVIII.2; 4. „Wer ein tugendhaft Weib gefunden, hat einen groessern Schatz denn koestliche Perlen.“ – Midrasch Prov., XXXI.10; 5. Unterredung eines Weltweisen mit einem Rabbi. – Mischna Avoda Sara, IV.7; Babyonischer Talmud, Avoda Sara 54b; Midrasch Leviticus Rabba, IV.5; 6. Der Lehrer und der Schüler – Babylonischer Talmud, Schabbat 153a; 7. „Du sollst den Herrn, deinen Gott, lieb haben von ganzem Herzen, von ganzer Seele, von ganzem Vermögen.“ – Babylonischer Talmud, Berachot 61b.

Literatur:
Gideon Freudenthal: Rabbinische Weisheit oder Rabbinische Philosophie? Salomon Maimons Kritik an Mendelssohn und Weisel, in: Mendelssohn-Studien 14 (2005), S. 33–64.

Proben rabbinischer Weisheit[*]

1. *„Wer sich der Gerechtigkeit annimmt, richtet das Land auf; wer sich ihr entzieht, ist Schuld an seinem Verderben."*

Rabbi Assi war krank, lag auf dem Bette, von seinen Schülern umgeben, und bereitete sich zum Tode. Sein Neffe trat zu ihm herein, und fand, daß er weinte. – Was weinst du, Rabbi? fragte er. Muß nicht jeder Blick in dein vollbrachtes Leben dir Freude bringen? Hast du etwa das heilige Gesetz nicht genug gelernt, nicht genug gelehrt? Siehe, deine | Schüler hier sind Beweise vom Gegentheil. Hast du etwa versäumt, Werke der Gottseligkeit auszuüben? Jedermann ist eines Bessern überführt. Und die Demuth war die Krone aller deiner Tugenden! Niemals wolltest du erlauben, daß man dich zum Richter der Gemeine wählte, so sehr auch die Gemeine es wünschte. – Eben das, mein Sohn, antwortete Rabbi Assi, betrübt mich jetzt. Ich konnte Recht und Gerechtigkeit unter den Menschenkindern handhaben, und aus mißverstandener Demuth hab ich es unterlassen. „Wer sich der Gerechtigkeit entzieht, ist Schuld an dem Verderben des Landes."

2. *„Den Menschen und dem Viehe hilft der Herr."*

Auf seinem Zuge, die Welt zu bezwingen, kam *Alexander*, der Macedonier, zu einem Volke in Afrika, das in einem abgesonderten Winkel in friedlichen Hütten wohnte, und we-|der Krieg noch Eroberer kannte. Man führte ihn in die Hütte des Beherrschers, um ihn zu bewirthen. Dieser setzte ihm goldene Datteln, goldene Feigen, und golden Brodt ‖ vor. – Esset ihr das Gold hier? fragte *Alexander*. – Ich stelle mir vor, antwortete der Beherrscher, genießbare Speisen hättest du in deinem Lande wohl auch finden können. Warum bist du denn zu uns gekommen? – Euer Gold hat mich nicht hieher gelockt, sprach *Alexander*; aber eure Sitten möchte ich kennen lernen. – Nun wohl, erwiederte jener, so weile denn bey uns, so lange es dir gefällt.

Indem sie sich unterhielten, kamen zwey Bürger vor Gericht. Der Kläger sprach: Ich habe von diesem Manne ein Grundstück gekauft, und als ich den Boden durchgrub, fand ich einen Schatz. Dieser ist nicht mein; denn ich habe nur das Grundstück erstanden, nicht den darinn verborgenen Schatz; und gleichwohl will ihn der Verkäufer nicht wiederneh-|men. – Der Beklagte antwortete: Ich bin eben so gewissenhaft, als mein Mitbürger. Ich habe ihm das Gut, sammt allem was darinn verborgen war, verkauft, und also auch den Schatz.

Der Richter wiederhohlte ihre Worte, damit sie sähen, ob er sie recht verstanden hätte, und nach einiger Ueberlegung sprach er: Du hast einen Sohn, Freund? Nicht? – Ja! – Und

---

[*] Aus dem Talmud und dem Midrasch gezogen. Die Erzehlungen beziehen sich auf Sprüche der Schrift, die eben darum voranstehn.

du eine Tochter? – Ja! – Nun wohl! dein Sohn soll deine Tocher heyrathen, und das Ehepaar den Schatz zum Heyrathsgute bekommen. – *Alexander* schien betroffen. Ist etwa mein
Ausspruch ungerecht? fragte der Beherrscher. – O nein, erwiederte *Alexander*, aber er
befremdet mich. – Wie würde denn die Sache in eurem Lande ausgefallen seyn? fragte
jener. – Die Wahrheit zu gestehen, antwortete *Alexander*, wir würden beyde Männer in
Verwahrung gehalten, und den Schatz für den König in Besitz genommen | haben. – Für
den König? fragte der Beherrscher voller Verwunderung. Scheinet auch die Sonne auf jene
Erde? – O ja! – Regnet es dort? – Allerdings! – Sonderbar! Giebt es auch zahme, kraut-
fressende Thiere dort? – Von mancherley Art. – Nun, sprach der Beherrscher, so wird wohl
das allgütige Wesen, um dieser unschuldigen Thiere willen, in eurem Lande die Sonne
scheinen und regnen lassen. Ihr verdienet es nicht.

3. *Das erste Weib.*

> Gott schuf der Weiber Erste
> Nicht aus des Mannes Scheitel,
> Daß sie nicht eitel würde;
> Nicht aus des Mannes Augen,
> Daß sie nicht lüstern würde; ‖
> Nicht aus des Mannes Zunge,
> Daß sie nicht schwatzhaft würde;
> Nicht aus des Mannes Ohren,
> Sie horchte sonst nach allem; |
> Nicht aus des Mannes Händen,
> Sie griffe sonst nach allem;
> Nicht aus des Mannes Füßen,
> Sie liefe sonst nach allem.
> Er schuf sie aus der Ribbe,
> Der unbescholtnen Ribbe;
> Doch haben ihre Töchter
> Von jedes Gliedes Fehler
> Ein kleines Theil bekommen.

4. „Wer ein tugenhaft Weib gefunden, hat einen größern Schatz, denn köstliche Perlen.“

Einen solchen Schatz hatte Rabbi *Meir*, der große Lehrer, gefunden. Er saß am Sabbath in
der Lehrschule, und unterwieß das Volk. Underdeß starben seine beyden Söhne, beyde
schön von Wuchs und erleuchtet im Gesetze. Seine Hausfrau nahm sie, trug sie auf den
Söller, legte sie auf ihr Ehebett, und breitete ein weißes Gewand über ihre Leichna-|me.

Abends kam Rabbi *Meir* nach Hause. – Wo sind meine Söhne, fragte er, daß ich ihnen den Segen gebe? – Sie sind in die Lehrschule gegangen, war ihre Antwort. – Ich habe mich umgesehen, erwiederte er, und bin sie nicht gewahr worden. – – Sie reichte ihm einen Becher; er lobte den Herrn zum Ausgange des Sabbaths,[*] trank und fragte abermals: Wo sind meine Söhne, daß sie auch trinken vom Wein des Segens? – Sie werden nicht weit seyn, sprach sie, und setzte ihm vor zu essen. Er war guter Dinge, und als er nach der Mahlzeit gedankt hatte, sprach sie: Rabbi, erlaube mir eine Frage! – So sprich nur, mei-|ne Liebe! antwortete er. – Vor wenig Tagen, sprach sie, gab mir jemand Kleinodien in Verwahrung, und jetzt fordert er sie zurück. Soll ich sie ihm wiedergeben? – | Dieß sollte meine Frau nicht erst fragen, sprach Rabbi *Meir*. Wolltest du Anstand nehmen, einem jeden das Seine wiederzugeben? – O nein! versetzte sie; aber auch wiedergeben wollte ich, ohne dein Vorwissen, nicht. – – Bald darauf führte sie ihn auf den Söller, trat hin und nahm das Gewand von den Leichnamen. – Ach meine Söhne! jammerte der Vater; meine Söhne ... und meine Lehrer! Ich habe euch gezeugt, aber ihr habt mir die Augen erleuchtet im Geset-ze. – Sie wendete sich hinweg und weinte. Endlich ergriff sie ihn bey der Hand und sprach: Rabbi, hast du mich nicht gelehrt, man müsse sich nicht weigern wiederzugeben, was uns zur Verwahrung vertraut ward? Siehe, der Herr hats gegeben, der Herr hats genommen; der Namen des Herrn sey gelobet! – Der Namen des Herrn sey gelobet! stimmte Rabbi *Meir* mit ein. Wohl heißt es: „Wer ein tugendhaft Weib gefunden, hat einen größern Schatz, | denn köstliche Perlen. Sie thut ihren Mund auf mit Weisheit, und auf ihrer Zunge ist holdselige Lehre.“

5. *Unterredung eines Weltweisen mit einem Rabbi.*

Ein Weltweiser sprach zu einem Rabbi: Euer Gott nennet sich in seiner Schrift einen *Eiferer*, der keinen andern Gott neben sich dulden kann, und giebt bey allen Gelegenheiten seinen Abscheu wider den Götzendienst zu erkennen. Wie kommt es aber, daß er mehr die Anbeter der Götzen, als die Götzen selbst zu hassen scheint? – Ein gewisser Fürst, antwortete der Rabbi, soll einen ungehorsamen Sohn haben. Unter andern nichtswürdigen Streichen mancherley Art hat er die Niederträchtigkeit, seinen Hunden des Vaters Namen und Titel zu geben. Soll der Fürst auf den Prinzen, oder soll er auf die Hunde zürnen? – Wenn aber Gott die Götzen ausrottete, erwiederte | jener, so würde weniger Gelegenheit zur Verführung seyn. – Ja, versetzte der Rabbi, wenn die Thoren bloß Dinge anbeteten, an welchen weiter nichts gelegen wäre. Allein sie beten auch Sonne, Mond, Gestirne, Flüsse, Feuer, Luft, u. d. g. an. Soll der Schöpfer, um dieser Thoren willen, seine Welt zu Grunde richten? Wenn jemand Getraide stiehlt und es einsäet, ‖ soll das Getraide nicht aufschießen, weil es gestohlen ist? Soll eine sündliche Beywohnung darum nicht fruchtbar seyn,

---

[*]   Eine Ceremonie der Juden beym Ein- und Ausgange eines Festtages, und vornehmlich des Sabbaths.

weil sie sündlich ist? O nein! der weise Schöpfer läßt der von ihm selbst so wohlgeordneten
Natur ihren Lauf. Der Unvernünftige, der sie mißbraucht, wird schon zur Rechenschaft
gefordert werden.

Wider die Vergeltung nach dem Tode machte ihm der Weltweise folgenden Einwurf.
Wenn Leib und Seele getrennt sind, wem wird die Schuld der begangenen Sünden zuge-
rechnet? Dem Leibe wahrlich nicht; denn | dieser liegt, wenn die Seele Abschied nimmt,
wie ein Erdklos da, und würde, ohne die Seele, auch nie haben sündigen können. – Und die
Seele? Ohne das Fleisch würde sie sich eben so wenig mit der Sünde befleckt haben. Sie
schwebt in der reinsten ätherischen Luft, so bald sie durch den Leib nicht mehr an die Erde
gefesselt ist. Welches von beyden soll also der Gegenstand der göttlichen Gerechtigkeit
seyn?

Die Weisheit Gottes, antwortete der Rabbi, kennet zwar allein die Wege seiner Gerechtigkeit. Indessen ist dem Sterblichen zuweilen vergönnt, auf die Spur davon zu kommen.
Jener Hausherr hatte in seinem Obstgarten zween Sklaven, wovon der eine lahm und der
andere blind war. Dort sehe ich köstliche Früchte, sprach der Lahme zum Blinden, an den
Bäumen hangen. Nimm mich auf deine Schulter; wir wollen davon brechen. Dieß thaten
sie und bestahlen ihren Wohlthäter, der | sie, als unbrauchbare Knechte, bloß aus Mitleiden
ernährte. Er kam, und stellte die Undankbaren zur Rede. Jeder schob die Schuld von sich,
indem der Eine sein Unvermögen die Früchte zu sehen, der Andere sein Unvermögen, zu
ihnen hinanzukommen, vorschützte. Was that aber der Hausherr? Er setzte den Lahmen
auf den Blinden, und strafte sie in der Lage ab, in welcher sie gesündiget hatten. – So auch
der Richter der Welt mit des Menschen Leib und Seele.

6. *Der Lehrer und der Schüler.*

Der Lehrer. Du willst die Buße verschieben? – Wohl! So lange es dir gefällt. Nur beßre
dich *Einen* Tag vor deinem Tode!
Der Schüler. Weiß ich den Tag, wann ich sterben werde?
Der Lehrer. Wenn du diesen nicht weißt, so ist kein anderer Rath, als heute noch anzufan-
gen. | ||

7. „*Du sollst den Herrn, deinen Gott, lieb haben von ganzem Herzen, von ganzer Seele,
von ganzem Vermögen.*"

Wer seinen Gott so liebet, wird die Schuldigkeit einsehen, ihm für das Böse, das er uns
wiederfahren läßt, eben so inbrünstig zu danken, als für das Gute. – Unter der tyrannischen
Regierung der Griechen ward einst den Israeliten bey Lebensstrafe verboten, in ihrem
Gesetze zu lesen. Rabbi *Akiba* hielt gleichwohl öffentliche Versammlung, und unterwieß
im Gesetze. Ihn fand *Pappus*, Sohn *Juda*, und sprach: *Akiba*! Fürchtest du nicht die Dro-

hungen dieser Grausamen? – Ich will dir eine Fabel erzehlen, sprach R. *Akiba*, die mit unsern Umständen viel Aehnliches hat. Der Fuchs gieng einst am Ufer des Flusses auf und nieder, und sah die Fische bald hier bald dort sich zusammendrängen. – Was lauft ihr | da so ängstlich umher? fragte der Fuchs. – Die Menschenkinder werfen dort ihre Netze aus, antworteten die Fische, und wir suchen ihnen zu entkommen. – Wißt Ihr was? erwiederte der Fuchs. Kommt zu mir aufs Trockne! Wir wollen an einen sichern Ort ziehen, wo euch kein Fischer nachstellen soll. - Bist du der Fuchs, war ihre Antwort, den man sonst für das klügste unter den Thieren hält? Du mußt das einfältigste seyn, wenn du uns diesen Rath im Ernste ertheilest. Siehe! Hier ist für uns das Element des Lebens. Weil wir hier unsicher sind, räthst du uns, in das Element des Todes zu fliehen? – Die Anwendung, Sohn *Juda*! ist leicht. Die Lehre Gottes ist für uns Element des Lebens; denn so stehet von ihr geschrieben: Sie ist dir Leben und Länge der Tage. Werden wir gleich in diesem Elemente verfolgt, so müssen wir es darum nicht verlassen und ins Element des Todes flüchten. |

Nicht lange, so ward Rabbi *Akiba* verrathen, in Verhaft genommen und in einen Kerker gesperrt. Aber *Pappus*, der Sohn *Juda*, ward auch verläumdet, eingezogen und in dasselbe Gefängniß gesetzt. – Was hat dich hiehergebracht, *Pappus*? fragte Rabbi *Akiba*. – O wohl dir, Rabbi *Akiba*! antwortete *Pappus*, der du leidest, weil du dich der Lehre Gottes angenommen hast; aber wehe dem *Pappus*, der leiden muß, weil er sie vernachläßiget hat!

Rabbi *Akiba* ward zum Tode geführt. Unter den entsetzlichsten Martern, womit sie ihn hinrichteten, kam die Stunde, das: Höre Israel! zu lesen. „Höre Israel! der Herr, unser Gott, ist ein einiger Gott. Und ‖ du sollst den Herrn, deinen Gott, lieb haben von ganzem Herzen, von ganzer Seele, von ganzem Vermögen.‟* – In der Vorbereitungsandacht | unterwarf sich Rabbi *Akiba* der göttlichen Regierung mit Freude und kindlicher Ergebenheit. Seine Schüler verwunderten sich über diese Fassung seines Gemüths unter solchen Quaalen. – O meine Lieben! sprach ihr Lehrer; zeitlebens habe ich nach der Gelegenheit gebanget, dieses göttliche Gebot halten zu können, den Herrn, meinen Gott, von ganzem Herzen und von ganzer Seele zu lieben. Jetzt, da sie mir geworden, muß ich sie nicht vernachläßigen. Er weilte so lange bey den Worten: ein einiger Gott! bis sein Geist ihn verließ. Und eine Stimme ließ sich vom Himmel vernehmen: Wohl dir, *Akiba*, dessen Geist sich unter solchen Worten emporschwang! Gehe ein zu der ewigen Seligkeit, die hier dein Lohn ist!

---

* Dieses Kapitel der Schrift wiederholt jeder Jude zweymal des Tages, nachdem er sich durch Vorbereitungsgebete dazu angeschickt hat.

Manasseh Ben Israel: Rettung der Juden

Nebst einer Vorrede von Moses Mendelssohn

1782

Manasseh Ben Israel

Rettung der Juden

Aus dem Englischen übersetzt.

Nebst einer Vorrede

von

Moses Mendelssohn.

Als ein Anhang

zu des

Hrn. Kriegsraths Dohm

Abhandlung:

Ueber

die bürgerliche Verbesserung

der Juden.

Mit Königl. Preußischer allergnädigster Freyheit.

Berlin und Stettin
bey Friedrich Nicolai.
1782.

Erstdruck: Manasseh Ben Israel Rettung der Juden Aus dem Englischen übersetzt. Nebst einer Vorrede von Moses Mendelssohn. Als ein Anhang zu des Hrn. Kriegsraths Dohm Abhandlung: Ueber die bürgerliche Verbesserung der Juden. Berlin und Stettin bey Friedrich Nicolai. 1782. [hier: I]

JubA Bd. 8, S. 1–71. [hier: II]

Die von Mendelssohn veranlaßte Übersetzung und Publikation von Manassah Ben Israels Schrift Rettung der Juden *(1656) hatte zwei aktuelle Anlässe: Das Toleranzpatent des österreichischen Kaisers Joseph II. für die böhmischen Juden und das Erscheinen der Emanzipationsschrift* Ueber die bürgerliche Verbesserung der Juden *des preußischen Beamten Christian Wilhelm Dohm (1751–1820) im Jahr 1781. Dohms Buch war die bedeutendste und wirkungsmächtigste Schrift für die Gleichberechtigung der Juden in der europäischen Aufklärung und hat besonders im deutschsprachigen Raum eine polemische Debatte ausgelöst. Denn Dohm hat gegen die weit verbreiteten judenfeindlichen Vorurteile vieler Zeitgenossen argumentiert, die miserablen Lebensumstände der Juden in Europa seien durch deren jahrhundertelange Diskriminierung und Rechtlosigkeit verursacht. Um dem abzuhelfen, solle der Staat ihre „bürgerliche Verbesserung" fördern, d.h. Juden juristische, berufliche und religiöse Gleichberechtigung gewähren.*

Mendelssohns Vorrede zur Manasseh-Übersetzung ist eine direkte Stellungnahme in der Debatte um Dohms Buch. Sie problematisiert zunächst den Begriff der Toleranz: Mendelssohn macht deutlich, daß es in dieser Debatte nicht um Toleranz im Sinne von obrigkeitlicher Duldung der jüdischen Minderheit und ihrer Religion im christlichen Staat geht, sondern um die gleichen grundlegenden Rechte und Rechtsansprüche für Juden wie für alle Menschen. In der neuen, von Dohm ausgelösten Debatte beeindrucken auch die antiquierten christlich-antijudaistischen Vorurteile gegen die jüdische Religion und die Juden als blutrünstige Kindesmörder, Hostienschänder und Brunnenvergifter nicht mehr, gegen welche Manasseh Ben Israels Schrift die Juden noch verteidigt hatte. Vielmehr tauchen, wie Mendelssohn hellsichtig z.B. in der Polemik des Orientalisten Johann David Michaelis (1717–1791) gegen Dohm erkennt, im Zeitalter der Aufklärung neue, gar nicht mehr religiöse Vorurteile gegen die Juden als Menschen und als Volk auf, die bereits den Kern des Antisemitismus in sich bergen: „Mangel an moralischem Gefühle, Geschmack und feine Sitten; Unfähigkeit zu Künsten, Wissenschaften und nützlichem Gewerbe, hauptsächlich zu Diensten des Krieges und des Staates; unüberwindliche Neigung zu Betrug, Wucher und Gesetzlosigkeit", nicht religiöse Verstocktheit, werden nun den Juden vorgeworfen, so Mendelssohn.

Manasseh Ben Israel (1604–1657) war Rabbiner in Amsterdam. Seine Schrift Vindiciae Judaeorum *entstand nach einer Reise nach England 1655 und ist an Cromwell gerichtet. Sie möchte verbreitete christliche Vorurteile wider Juden und Judentum berichtigen und widerlegen, um so die Erlaubnis zur Wiederansiedelung der Juden in England zu erreichen, von wo diese im Jahr 1257 vertrieben worden waren. Der jüdische Arzt und Philosoph Markus Herz (1747–1803) hat auf Bitten Mendelssohns den Text unter dem Titel „Rettung der Juden" erstmals aus dem Englischen übersetzt.*

Literatur:

Christian Konrad Wilhelm Dohm: Über die bürgerliche Verbesserung der Juden, Berlin u. Stettin 1781 u. Bd. 2, 1783, ND Hildesheim 1973; Gerda Heinrich: „man sollte itzt beständig das Publikum über diese Materie en haleine halten". Die Debatte um die ‚bürgerliche Verbesserung' der Juden 1781–1786, in: Ursula Goldenbaum (Hg.), Appell an das Publikum. Die öffentliche Debatte in der deutschen Aufklärung 1687–1796, Berlin 2004, Teil 2, S. 813–895.

Vorrede.

Dank sey es der allgütigen Vorsehung, daß sie mich am Ende meiner Tage noch diesen glücklichen Zeitpunkt hat erleben lassen, in welchem die Rechte der Menschheit in ihrem wahren Umfange beherziget zu werden anfangen. Wenn bisher von *Duldung* und *Vertragsamkeit* unter den Menschen gesprochen ward; so war es immer die schwächere, bedrückte Partey, die sich unter dem Schutze der Vernunft und der Menschlichkeit zu retten suchte. Der herrschende Theil hatte entweder für beyde keinen Sinn, oder stützte sich auf die leider! allzu gemeine Erfahrung, daß der schwächere Theil, an allen Orten, wo er Macht und Gelegenheit dazu hat, es nicht besser machen würde, und gründete hierauf den Argwohn, daß man ihm nur das Heft aus den Händen zu winden su-|che, um die Spitze wider ihn selbst zu kehren. Man schien nicht zu überlegen, daß dieser Argwohn nothwendig Haß und Zwiespalt unter den Menschen verewigen müsse, und daß der Geist der Versöhnung, so wohl als die Liebe, vom stärkern Theile die ersten Schritte fordert. Dieser muß sich seiner Ueberlegenheit entäussern, und anbieten, wenn der schwächere Theil Zutrauen gewinnen, und erwidern soll. Ist es Zweck der Vorsehung, daß der Bruder den Bruder lieben soll, so ist es offenbar die Pflicht des Stärkern, den ersten Antrag zu thun, die Arme auszustrecken, und, wie August zu rufen: *Laß uns Freunde seyn!* – – Was aber auch über Toleranz bisher geschrieben und gestritten ward, gieng blos auf die drey im R[ömischen] R[eich] begünstigte Religionsparteyen, und höchstens auf einige Nebenzweige derselben. An Heiden, Juden, Mahometaner und Anhänger der natürlichen Religion ward entweder gar nicht oder höchstens nur in der Absicht gedacht, um die Gründe für die Toleranz problematischer zu machen. Nach euern Grundsätzen, sprachen die Widersacher derselben, müsten wir auch Juden und Naturalisten nicht nur hegen und dulden; sondern auch an | allen Rechten und Pflichten der Menschheit Theil nehmen las-||sen; und mitleidig war es anzusehen, wie sich die Anhänger derselben winden und krümmen mußten, um dieser Schwierigkeit aus dem Wege zu gehen. – Der Fragmentist war, so viel mir bekant ist, in Deutschland der erste Schriftsteller, der die Rechte der Duldung auch für Naturalisten forderte. *Lessing* und *Dohm*, jener als philosophischer Dichter[*] und dieser als philosophischer Staatskundiger[**], haben den großen Zweck der Vorsehung, die Bestimmung des Menschen und die Gerechtsame der Menschheit im Zusammenhange gedacht und ein *bewundernswürdiger Monarch* ist es, der nicht nur zu eben der Zeit dieselben Grundsätze in ihrem ganzen Umfange durchgedacht, sondern auch seinem weitumfassenden Wirkungskreise gemäß, einen Plan entworfen hat, zu dessen Ausführung mehr als menschliche Kräfte zu gehören scheinen, – und nunmehr zu Werke schreitet.

Von den Cabineten der Großen, und von allem, was auf dieselbe Einfluß hat, bin ich allzuweit entfernt, um an diesem großen | Geschäft auch nur den mindesten Theil nehmen, und mitwürken zu können. Ich lebe in einem Staate, in welchem einer der weisesten Re-

---

[*]   Nathan der Weise.
[**]   Ueber die bürgerliche Verbesserung der Juden.

genten, die je Menschen beherrscht haben, Künste und Wissenschaften blühend, und vernünftige Freyheit zu dencken so allgemein gemacht hat, daß sich ihre Wirkung bis auf den geringsten Einwohner seiner Staaten erstrecket. Unter seinem glorreichen Zepter habe ich Gelegenheit und Veranlassung gefunden, mich zu bilden, über meine und meiner Mitbrüder Bestimmung nachzudenken, und über Menschen, Schicksal und Vorsehung, nach Maßgabe meiner Kräfte, Betrachtungen anzustellen. Aber von allen Großen und ihrem Umgange bin ich stets entfernt gewesen. Ich habe jederzeit im Verborgenen gelebt, niemals Antrieb oder Beruf gehabt, mich in die Händel der würksamen Welt einzumischen, und mein ganzer Umgang hat sich von je her blos auf den Zirkel einiger Freunde eingeschränkt, die mit mir ähnliche Wege gegangen sind. In dieser dunklen Ferne stehe ich noch da, und erwarte mit kindlicher Sehnsucht, was die allweise und allgütige Vorsehung aus diesem Allen will werden lassen. |

Unterdessen mache ich mir das Vergnügen mit Herrn *Dohm* über die Gründe nachzudenken, die der Menschenfreund hat, die bürgerliche Aufname meiner Mitbrüder zu begünstigen, über die mancherley ‖ Schwierigkeiten, die sich dabey finden, und vielleicht zum Theil von Seiten der zu bildenden Nation selbst in den Weg gelegt werden dürften; und diese mit den Vortheilen zu vergleichen, die dem Staate zuwachsen werden, dem es zuerst gelingen wird, diese eingebohrnen Colonisten zu seinen Bürgern zu machen, und eine Menge von Händen und Köpfen, die zu seinem Dienste gebohren sind, auch zu seinem Dienste anzustrengen. – Als philosophisch-politischer Schriftsteller, dünkt mich, hat Herr *Dohm* die Materie fast erschöpft, und nur eine sehr geringe Nachlese zurück gelassen. Seine Absicht ist, weder für das Judenthum, noch für die Juden eine Apologie zu schreiben. Er führet bloß die Sache der *Menschheit*, und vertheidigt ihre Rechte. Ein Glück für uns, wenn diese Sache auch zugleich die unserige wird, wenn man auf die Rechte der Menschheit nicht dringen kan, ohne zugleich die Unserigen zu reklamiren. Der Weltweise aus dem 18ten Jahrhunderte hat sich über den | Unterschied der Lehren und Meinungen hinweggesetzt, und in dem Menschen nur den Menschen betrachtet. Man vergleiche mit diesem, was ein Rabbiner des 17ten Jahrhunderts, der die Sache seiner Nation vor den Augen des englischen Parlaments führet, zu ihrer Vertheidigung vorbringet, und durch welche Gründe er die Nation bewegt, seine Mitbrüder in England aufzunehmen. Man weiß, daß die Juden zu Eduards I. Zeiten aus England verjagt worden sind, und nicht eher, als unter Cromwel die Freyheit erhielten, wieder dahin zu kommen. R. Manassah war es, der ihnen diese auswürkte. Er war ein Mann von vieler rabbinischer Gelehrsamkeit und auch andern Wissenschaften, und von einem sehr brennenden Eifer für das Wohl seiner Mitbrüder. Er erhielt zu *Amsterdam*, allwo er als Chacam der Portugiesischen Judenschaft lebte, die nöthigen Reisepässe, und gieng, in Begleitung einiger seiner Nation nach London, um die Sache seines Volks bey dem Protektor, bey dem er wohlgelitten war, und bey dem Parlamente zu unterstützen. Er fand aber mehr Schwierigkeit, als er sich vorstellte, und diesen Aufsatz schrieb er zu einer Zeit, da er die Hofnung in seinem Geschäfte | glücklich zu seyn, fast aufgegeben hatte. Endlich aber gelang es ihm dennoch, und die Juden wurden unter leidlichen Bedingungen wieder aufgenommen. Dieser Brief des *R. Manasseh* findet sich in einer periodischen Sammlung verschiedener Aufsätze, die im Jahr 1708 unter dem Titel; *the Phenix, or Revival of scarce und valuable Pieces, no where to be found but in the Closets of the Curious* zu London in 8. herausgekommen ist. Um || eben dieselbe Zeit schrieb auch ein gewisser Edward Nicholas, *Apologia por los Judios*, und Toland soll auch zu ihrer Vertheidigung geschrieben haben. Die Schrift des Rabbi hat mir jetzt, da so viel und mancherley von und über die Juden gesprochen wird, der Uebersetzung nicht unwerth geschienen.

Merkwürdig ist es, zu sehen, wie das Vorurtheil die Gestalten aller Jahrhunderte annimmt, uns zu unterdrücken, und unserer bürgerlichen Aufname Schwierigkeiten entgegen zu setzen. In jenen abergläubischen Zeiten waren es Heiligthümer, die wir aus Muthwillen schänden; Crucifixe, die wir durchstechen, und bluten machen; Kinder, die wir heimlich beschneiden, und zur Augen-|weide zerfetzen; Christenblut, das wir zur Osterfeyer brauchen; Brunnen, die wir vergiften u. s. w. Unglaube, Verstocktheit, geheime Künste und Teufeleyen, die uns vorgeworfen, um derentwillen wir gemartert, unseres Vermögens beraubt, ins Elend gejagt, wo nicht gar hingerichtet worden sind. – Itzt haben die Zeiten sich geändert; diese Verläumdungen machen den erwünschten Eindruck nicht mehr. Itzt ist es gerade Aberglaube und Dumheit, die uns vorgerückt werden; Mangel an moralischem Gefühle, Geschmack und feine Sitten; Unfähigkeit zu Künsten, Wissenschaften und nützlichem Gewerbe, hauptsächlich zu Diensten des Krieges und des Staates; unüberwindliche Neigung zu Betrug, Wucher und Gesetzlosigkeit, die an die Stelle jener gröbern Beschuldigungen getreten sind, uns von der Anzahl nützlicher Bürger auszuschließen, und aus dem mütterlichen Schoße des Staats zu verstoßen. Vormals gab man sich um uns alle ersinnliche Mühe, und machte mancherley Vorkehrungen, uns nicht zu nützlichen Bürgern, sondern zu Christen zu machen, und da wir so hartnäckig und verstockt waren, uns nicht bekehren zu lassen; so war dieses Grundes genug, uns als eine un-|nütze Last der Erde zu betrachten, und dem verworfenen Scheusale alle Greuel anzudichten, die ihn dem Haß und der Verachtung aller Menschen blos stellen konnten. Itzt hat der Bekehrungseifer nachgelassen. Nun werden wir vollends vernachläßiget. Man fährt fort, uns von allen Künsten, Wissenschaften und andern nützlichen Gewerben und Beschäftigungen der Menschen zu entfernen; versperret uns alle Wege zur nützlichen Verbesserung, und macht den Mangel an Cultur zum Grunde unserer fernern Unterdrückung. Man bindet uns die Hände, und macht uns zum Vorwurfe, daß wir sie nicht gebrauchen.

Mit Recht hat *Dohm* jene unmenschliche Anklagen der Juden die || die Merkmale der Zeiten und der Mönchszellen an sich tragen, in denen sie ausgehekt worden, kaum einer flüchtigen Berührung gewürdiget. In den Augen der Leser, für die ein *Dohm* schreibt, können diese barbarische Beschuldigungen keinen Glauben finden, keiner ernsthaften Widerlegung bedürfen. Er hat sich also blos darauf eingeschränkt, diese der Cultur und Verbesserungsreichen Zeiten angemessenere Beschuldigungen zu bestreiten, und dem philosophischen Vorurtheile philosophische Gründlich-|keit entgegen zu setzen. Indessen hat jedoch die Vernunft und der Forschungsgeist unsers Jahrhunderts noch bey weitem nicht alle Spuren der Barbarey in der Geschichte vertreten. Manche Legende der damaligen Zeit hat sich erhalten, weil noch niemanden eingefallen ist, sie in Zweifel zu ziehen. Manche sind mit so gewichtigen Autoritäten belegt, daß nicht jeder die Stirn hat, sie geradezu für Legende und Verläumdung zu halten. Andere haben sich den Folgen nach noch immer erhalten; obgleich sie selbst schon lange nicht mehr geglaubt werden. Ueberhaupt ist die Verläumdung von so giftiger Art, daß sie immer einige Wirkung in den Gemüthern zurückläßt, wenn auch ihre Unwahrheit entdeckt, und allgemein anerkant wird. In so mancher lieben Stadt Deutschlands wird noch itzt kein Beschnittener, wenn er auch seinen Glauben *verzollt* hat, am hellen Tage ohne Bewachung gelassen, aus Beysorge, er möchte einem Christenkinde nachstellen, oder die Brunnen vergiften. Des Nachts hingegen wird ihm unter aller Bewachung nicht getrauet, wegen seines bekannten Umganges mit den bösen Geistern. Wem wohnet nicht aus der Brandenburgschen Geschichte bey, daß der Churfürst Joachim II. von seinem Leibarzt, dem Juden Lippold vergiftet worden sey? – dieses ward so oft gesagt und von Chronikschreibern wiederholt, daß der vernünftigste Mann die Authencität davon voraussetzen und die Geschichtssache für wahr halten mußte. Dank sey es dem Untersuchungsgeiste des Herrn *Leibmedicus Möhsens,*[*] der der Legende dennoch auf die Spur gekommen ist. An der ganzen Geschichte hat sich weiter nichts wahr befunden, als daß Churfürst Joachim II. gestorben, und daß ein Jude damals Lippold geheissen. Uebrigens war Lippold kein Arzt, und der Churfürst ist nichts weniger, als vergiftet worden, wie Herr Möhsen mit Beweisen belegt, die über alle Bedenklichkeit hinweg sind. Lippold war des Churfürsten *Kammerdiener* und *Münzmeister*; zwey Bedienungen am Hofe, die einem Juden selten viel Freunde gewinnen. Der Churfürst starb, wie alle Urkunden und Originalprotokolle einstimmig aussagen, an einem offenen Schaden am Fuße, davon der Ausfluß durch eine plötzliche Erkältung gehemt worden. Der Kammerdiener und Münzmeister wurde der Untreue in seinen Rechnungen beschuldiget, und in Verhalt genommen. Als die Untersuchung aber hierin seine Unschuld bewies, und seine Loslassung nicht länger aufgeschoben werden konte, nam man zu ganz anderen Anklagen seine Zuflucht. Einige von der Bürgerwache wollten gehört haben, wie die Frau des *Lippold* in einem Zanke, den sie mit ihm gehabt, zu ihm in der Bosheit gesagt „wenn der Churfürst wüßte, was du für ein böser Schelm bist, und was du für Bubenstücke mit deinem Zauberbuche kannst, so würdest du schon längst kalt seyn" und *Lippold* wurde den Criminalrichtern übergeben. Sehr richtig ist, was Hr. M. bey dieser Gelegenheit zur Entschuldigung der Regenten der damaligen Zeiten bemerkt. „Die Fürsten hielten sich zu der Zeit gesichert, daß sie ihrer Regentenpflicht ein Genüge geleistet, wenn sie die Anklagen und Untersuchungen rechtsverständigen Räthen überließen, und diese glaubten nach den Gesetzen zu verfahren, wenn sie die Buchstaben des Gesetzes erfüllten"; auf solche Weise sind freylich barbarische Gesetze weit schädlicher, als gar keine Gesetze. *Lippold* ward, nach K. Karls V. Halsgerichtsordnung §. 44. dem Henker übergeben, der ihn peinlich verhören sollte, und Meister *Balzer*, der Scharfrichter, machte seine Sache so gut, daß der Deliquent alles eingestand, was man von ihm wissen wollte. Er hatte durch Zauberey die Gunst des Fürs-

---

[*] Geschichte der Wissenschaften in der Mark Brandenburg. (S. 513. u. f.)

ten zu gewinnen gewußt, und ihn am Ende vergiftet. Er weigerte sich zwar, dieses Bekentniß öffentlich zu wiederholen; allein auch dazu wußte ihn sein peinlicher Halsrichter zu bringen. „Er ward hierauf an verschiedenen Orten zehn mal mit glühenden Zangen gezwickt, und auf dem Neuenmarkte zu Berlin, auf einem dazu erbaueten Gerüste, an Armen und Beinen mit vier Stößen gerädert, in vier Stücken zerhauen, und das Eingeweide nebst dem Zauberbuche verbrant." Eine große Maus,[*] die unter dem Gerüste hervor kam, und in welcher niemand den *Zauberteufel* verkennen konte, benam den Zuschauern allen Ueberrest des Zweifels, daß dem Verurtheilten Recht geschehen. Diese Verbrechen des *Lippolds* hatten, ‖ wie Hr. M. weiter erzehlet, auf das Schicksal der ganzen Judenschaft in der Mark | einen großen Einfluß. Sie wurden angeklagt, und nach Urtheil und Recht verdammet. „Sie mußten ihre Güter verkaufen, den Gerichten die Inventarien, Untersuchungskosten und Abzugsgelder bezahlen, und das Land räumen." – Und so ward die Nachricht von Hand zu Hand überliefert, und erhielt sich noch in unseren erleuchteten Tagen, die Juden haben den Churfürst Joachim II. vergiftet, seyn dessen überführt, und zur Strafe aus dem Lande gejagt worden.

Und selbst die Aufklärung unserer bessern Tage erstreckt sich noch lange so weit nicht, daß diese gröbere Anklagen gänzlich ohne Wirkung seyn sollten. Es ist nicht lange her, daß die Judenschaft zu *Posen* beschuldigt wurde sie hätte ein Christenkind, zum Gebrauch der Osterfeyer ermordet. Zwey fromme Rabbinen wurden als Häupter der Gemeine vor Gericht gezogen, eingekerkert, nach der dasigen Halsgerichtsordnung gemartert. Ich verschone das menschliche Gefühl meiner Leser mit der umständlichen Erzählung dieser Martern. Sie waren die schrecklichsten, die sich die Barbarey je erlaubt hat. Allein die Geplagte waren standhaft genug, kein Bekentniß von sich erpressen zu lassen; ob sie | gleich so lange gepeiniget wurden, bis sie unter den Händen der Furien den Geist aufgaben. – Barmherziger Gott! und die Männer waren so unschuldig an der Ermordung des Kindes, wenn ja eine Mordthat begangen worden, woran noch sehr zu zweifeln ist – so schuldlos, als ich und meine Leser es sind. – Die Gemeine zu Posen hat noch itzt an den unerschwinglichen Summen zu bezahlen, die sie damals aufnehmen mußte, theils Gerichtskosten zu bezahlen, theils schrecklichere Uebel von sich abzuwenden. Noch vor wenigen Jahren würde dieselbe Geschichte in der Gegend von *Warschau* wiederholt worden seyn, hätte nicht der weise König von Polen und einige aufgeklärte Magnaten zum Glücke den Lauf der dasigen Gerechtigkeit noch so lange gehemmet, bis es den Juden gelang, die Verläumdung an den Tag zu bringen. – Ich habe so manche einsichtsvolle und sonst nicht unbillig denkende Christen aus Polen und andern katholischen Ländern gesprochen, die sich noch immer von diesem Vorurtheile wider meine Mitbrüder nicht völlig losmachen konnten. Sie beriefen sich immer auf die gesetzmäßige Form, nach welcher Prozesse dieser Art so oft geführt worden sind; auf die | Unbescholtenheit der Richter, die sie geführt haben, und auf das Bekentniß der Verurtheilten, das öfters den Umständen allzuangemessen seyn und mit den übrigen Aussagen ‖ übereinstimmen soll, als daß es eine bloße Erdichtung, die ihnen

---

[*] Hr. M. führet seine Gewährsmänner an, die diesen wichtigen Umstand der Nachwelt aufbehalten haben.

die Marter eingegeben, gewesen seyn könte. Solche aufrichtige Gemüther können vielleicht durch die Gründe des Rabbi Manasse, und noch mehr durch den schrecklichen Reinigungseid, den er im Namen des ganzen Judenthums ablegt, und den ich mit reinem Gewissen hier nachspreche, auf bessere Gedanken gebracht werden. Denn die wichtige Wahrheit kan nicht genug eingeschärft werden, daß barbarische Gesetze desto schrecklichere Folgen haben, je gesetzmäßiger das Verfahren ist, und je strenger die Richter nach dem Buchstaben urtheilen. Unweise Gesetze können nur durch Abweichungen; so wie Rechnungsfehler nur durch andere Rechnungsfehler wieder gutgemacht werden. *Calas* und *Waser* sind vielleicht von unbescholtenen Richtern, nach einer sehr gesetzlichen Form hingerichtet worden.

Indessen sind alle Gründe und Eidschwüre fruchtlos, wenn der Gegner nicht hören will; wenn sich Nebenabsichten der Ueberfüh-|rung widersetzen, oder wenn das Gemüth so sehr von Vorurtheilen befangen ist, daß man den Gegengründen nicht die erforderliche Aufmerksamkeit zuwenden mag. Man kan einem verjährten Vorurtheile alle Wurzeln durchschneiden, ohne ihm die Nahrung gänzlich zu entziehen. Es saugt solche allenfalls aus der Luft. Hat nicht ein Recensent in den Göttingschen Anzeigen, bey Gelegenheit der Dohmschen Schrift, Beschuldigungen wider uns, wahrlich wie aus der Luft gegriffen, die man keinem Schriftsteller unseres Jahrhunderts, am wenigsten, einem in diesem wahren Sitze der Musen lebenden Gelehrten zutrauen sollte? – Er trägt so gar kein Bedenken, uns jetztlebende Israeliten die Unart vorzuwerfen und anzurechnen, deren sich unsere Vorfahren in der Wüsten schuldig gemacht haben; ohne zu bedenken, daß aller der gerügten Untugend ungeachtet, der Gesetzgebende Gott unserer Väter, oder wie die Modesprache lieber will, der Gesetzgeber Moses, es gleichwohl möglich gefunden, diesen rohen Haufen zu einer ordentlichen, blühenden Nation umzubilden, die erhabene Gesetze und Verfassung, weise Regenten, Feldherren, Richter und glückliche Bürger aufzuweisen hat: ja ohne | in sich zu gehen, und zu bedenken, was wohl seine eigene Vorfahren, in nördlichen Einöden, um eben diese Zeit für Cultur gehabt haben mögen, aus denen doch heutiges Tages Recensenten in Göttingschen Anzeigen entsprungen sind. – Mit einem Worte, Vernunft und Menschlichkeit erheben ihre Stimme umsonst; denn graugewordnes Vorurtheil hat kein Gehör. ||

Wenn aber auch alle Vernunftgründe sich vereinigen, den Juden an den Rechten der Menschheit gleichen Antheil zu zusprechen, so wird dadurch nicht eingeräumt, daß sie in ihrer jetzigen dürftigen Verfassung, dem Staate nicht nützlich, oder daß ihre Vermehrung demselben wohl gar schädlich werden könte. Auch hierüber verdienen die Gründe des *Manasse* in folgender Schrift in Erwegung gezogen zu werden, der doch zu seiner Zeit nichts anders, als eine sehr eingeschrenkte Aufname in England, für seine Mitbrüder suchen konte. Holland allein giebt ein Beyspiel, das hierüber allen Zweifel benehmen kan. Noch niemals hat man sich daselbst über die Vermehrung der Juden beklagt; obgleich die Erwerbungsmittel ihnen daselbst eben so kärglich zugezehlt, und ihre Freiheiten | fast so eingeschränkt sind, als in mancher Provinz Deutschlands – „Ja, spricht man, Holland macht hier eine Ausnahme; denn es ist ein handelnder Staat, der also der handelnden Menschen nicht zu viel haben kan." – Gut! Ich möchte aber wissen; ob die Handlung daselbst die

Menschen, oder nicht vielmehr die Menschen die Handlung herbeygelockt haben? wie
gehet es zu, daß so manche Stadt in Braband und den Niederlanden, bey eben derselben,
und vielleicht noch vorzüglichern Gelegenheit zur Handlung, der Stadt Amsterdam dennoch so sehr nachstehet? Warum drängen sich hier auf einem unfruchtbaren Boden, ja in
einem von Natur unbewohnbaren Moraste, die Menschen so zusammen, bilden den öden
Sumpf, durch Fleiß und Kunst, in einen Garten Gottes um, und erfinden sich Hülfsquellen
zur glücklichen Subsistenz, über die wir erstaunen müssen? Nichts als Freiheit, Milde der
Regierung. Billigkeit der Gesetze, und die offenen Arme, mit welchen sie die Menschen
aller Art, und Kleidung, Meinung, Sitte, Gebrauch und Religion aufnehmen, und schützen,
und machen lassen; nichts als diese Vorzüge sind es, die in Holland den fast überreichen
Se-|gen, die Fülle des Guten hervorgebracht, darum es so sehr beneidet wird.

Ueberhaupt, Menschen dem Staate unnützlich; Menschen, die in einem Lande nicht zu
gebrauchen sind, dieses ist eine Sprache, die mir eines Staatsmannes unwürdig zu seyn
scheint. Die Menschen können mehr oder weniger nützlich seyn; können so oder anders
beschäftiget, die Glückseligkeit ihrer Nebenmenschen und ihre eigene mehr oder weniger
befördern. Aber kein Staat kan die geringsten, nutzlosscheinendsten seiner Bewohner, ohne
empfindlichen Nachtheil, entbehren, und einer weisen Regierung ist kein Bettler zu viel,
kein Krüppel völ-|llig unbrauchbar. Hr. *Dohm* hat zwar im Eingange seiner Schrift ver-
sucht, den Punkt festzusetzen, den die Volksmenge in einem Lande nicht überschreiten
darf, ohne das Land zu überfüllen, und schädlich zu werden. Mich dünkt aber, daß ein
Gesetzgeber unter keinerley Bedingung hierauf im mindesten Rücksicht zu nehmen habe;
sicherlich gereicht jede Anstalt, die man dem Anwachs der Menschenmenge entgegen-
setzt, jede Masregel, die man ergreift, der Vermehrung Einhalt zu thun, der Cultur der
Einwohner, der | Bestimmung der Menschen und ihrer Glückseeligkeit zu weit größerm
Nachtheil, als die zu besorgende Ueberfüllung. Man verlasse sich hierin auf die weise
Einrichtung der Natur. Man lasse ihr ihren Lauf und lege ihr durch unzeitige Geschäftig-
keit nur keine Hindernisse in den Weg. Die Menschen eilen dahin, wo sie ihr Auskommen
finden; sie vermehren sich und drängen sich zusammen, wo ihre Thätigkeit freyen Spiel-
raum findet: die Bevölkerung nimmt zu, so lange das Genie neue Erwerbsmittel entdecken
kan. So bald die Quellen erschöpft sind, steht sie von selbst stille, und wenn ihr das Gefäß
von der einen Seite überfüllet; so läßt es von der andern Seite den Ueberfluß von selbst
auslauffen. Ja, ich getraue mir zu behaupten, daß der Fall sich nie zuträgt, und daß niemals
eine Auslerung, oder Auswanderung des Volks geschehen, daran nicht die Gesetze, oder
ihre Handhabung Schuld gewesen. So oft Menschen in irgend einer Verfassung, Menschen
schädlich werden, liegt es blos an den Gesetzen oder an ihren Verwesern.

In einigen neuern Schriften findet man den Einwurf wiederholt, „die Juden bringen
nichts hervor. Sie sind in ihrer jetzigen | Verfassung, weder Landbauer, noch Künstler und
Handwerker, helfen also der Natur nicht in ihrem Hervorbringen, und geben auch ihren
Producten keine andere Form; sondern tragen und versetzen bloß die rohen oder verbes-
serten Erzeugnisse der Länder von einem Orte an den andern. Sie sind also lediglich
Verzehrer, die den Erzeugern zu Last fallen müssen.“ Ja, ein großer sonst einsichtsvoller

Kopf hat letzthin* laut über den Misbrauch geklagt, daß der Hervorbringer so viele Zwischenhände zu versorgen, so viele unnütze Mäuler zu ernähren habe! Der gesunde Menschenverstand, meinet er, lehre schon, daß die Produkte der Natur und der Kunst vertheuert
werden müssen, je mehr Zwischenkäufer dazukommen, die solche nicht vermehren, und
doch erǁhalten werden, also an denselben Antheil nehmen wollen. Er ertheilet also den
Staaten den Rath und die wohlmeinende Warnung, entweder die Juden nicht zu dulden,
oder ihnen Landbau und Handwerke zu erlauben.

Das Resultat mag herzlich gut gemeint seyn; aber die Gründe sind schwach, die dem
Verf. so einleuchtend und unwiderlegbar schei-ǀnen. Was heißt denn nach seinen Begriffen
eigentlich *Hervorbringer* und *Verzehrer*? Wenn nur derjenige hervorbringet, der etwas
Greifbares erzeugen hilft, oder durch seiner Hände Arbeit verbessert; so bestehet ja der
weit wichtigste und größte Theil des Staats aus blossen Verzehrern. Der ganze *Lehr-* und
Wehrstand bringet, nach diesen Grundsätzen nichts hervor; wenn nicht etwa die Bücher,
die von jenem geschrieben werden, eine Ausname machen. Beym *Nehrstande* selbst sind
zuförderst Kaufleute, Lastträger, Land- und Wasserfahrer abzurechnen, und am Ende wird
die Classe der sogenanten Hervorbringer größtenteils aus Ackerknechten und Handwerks-
gesellen bestehen; denn die Landeigenthümer und Meister pflegen selten mehr selbst Hand
ans Werk zu legen. Sonach bestünde der Staat, ausser jenem zwar achtungswerthen, aber
doch geringern Theil des Volks, aus Leuten, die durch ihrer Hände Arbeit die Produkte der
Natur weder befördern, noch vervollkommen; also aus blossen Verzehrern, und wie? also
auch aus unnützen Mäulern die dem Hervorbringer zur Last werden? ǀ

Hier fällt die Ungereimtheit in die Augen, und da die Folgerung richtig ist, so muß der
Fehler in den Vordersätzen liegen. Und so ist es auch! Nicht bloß *Machen*; sondern auch
Thun heißt hervorbringen. Nicht nur wer mit Händen arbeitet; sondern überhaupt, wer nur
etwas *thut*, *befördert*, *veranlasset*, *erleichtert*, das seinen Nebenmenschen zum Nutzen
oder Vergnügen gereichen kann, verdient den Namen des Hervorbringers, und er verdient
ihn zuweilen um desto mehr, je weniger Bewegung ihr an seinen Extremitäten gewahr
werdet. Mancher Kaufmann, der an seinem Pulte Spekulationen macht, oder auf seinem
Ruhesessel Plane entwirft, bringet im Grunde mehr hervor als der Arbeiter und Handwerks-
mann, der das mehreste Geräusch macht. Der Kriegsmann bringt hervor; denn er verschaf-
fet dem Staate Ruhe und Sicherheit. Der Gelehrte bringt hervor; zwar selten etwas, das in
die Sinne fällt, aber doch Güter, die wenigstens eben so schätzbar sind; guten Rath, Unterricht, Zeitvertrieb und Vergnügen. Nur in der Anwandelung einer üblen Laune kann einem
weisen Manne, wie Rousseau, ǁ der Einfall entfahren, daß der Biscuitbäcker zu Paris mehr
ǀ hervorbringe, als die Akademie der Wissenschaften. Zur Glückseligkeit des Staats, so wie
der einzelnen Menschen, gehören mancherley sinnliche und übersinnliche Dinge, körper-
liche und geistige Güter, und wer zu deren Hervorbringung oder Vervollkommnung, auf
irgend eine mehr, oder minder entfernte, mittelbare oder unmittelbare Weise etwas bey-

---

*   In den Ephemeriden der Menschheit.

trägt, der ist kein bloßer Verzehrer zu nennen; der ißt sein Brod nicht umsonst; sondern hat dafür hervorgebracht.

Ich sollte glauben, dieses leuchte vielmehr dem gesunden Menschenverstande ein, und was insbesondere die Zwischenhände und ihr Verhältnis zum Hervorbringen und zum Verzehren betrift: so getraue ich mir zu behaupten, daß sie für beide, für den Erzeuger sowohl als für den Verzehrer, nicht nur nicht nachtheilig; sondern *wenn der Mißbrauch verhindert wird*, höchst nützlich und fast unentbehrlich sind; ja, daß durch ihre Vermittelung die Produkte brauchbarer, gemeinnütziger und auch wohlfeiler werden, und der Producent dennoch mehr gewinne, und also in den Stand gesetzt werde, ohne übermäßige Anstrengung seiner Kräfte, bequemer und besser zu leben. Man stelle sich einen Arbei-|ter vor, der die rohe Materie zu seiner Kunstarbeit selbst von dem Landmanne abholen, und nachdem er sie veredelt hat, selbst dem Verzehrer zuführen muß; der dafür zu sorgen hat, daß er jene zu gewisser Zeit in hinlänglicher Menge anschaffe, und diese so oft sein Bedürfnis es erfordert, an denjenigen Mann bringe, der sie zu eben der Zeit braucht, und ihm abzunehmen veranlasset wird. Man vergleiche mit ihm den Arbeiter, dem der Zwischenhändler die rohe Materie in das Haus bringet, nach Masgabe seines Bedürfnisses und seiner Umstände verkauft, vertauscht oder auf Glauben darreicht; der ihm die verbesserten Produkte abnimmt, und es seine Mühe und Sorge seyn läßt, solche dem Verzehrer wiederum zur bequemen Zeit zuzuführen. Wie viel Zeit und Kräfte ersparet dieser nicht, die er seiner Kunst widmen kan; jener hingegen durch unnützes Herumreisen und herumtrödeln und tausend Abhaltungen und Zerstreuungen, zu denen er genöthiget oder verführt wird, verschwenden muß. Wird dieser nicht ungleich mehr arbeiten; also mit eben der Anstrengung mehr hervorbringen, und also bessere Preise bewilligen und dennoch bequemer leben können? Wird nicht dadurch die wahre | Industerie befördert, und verdienet der Zwischenhändler noch ein nutzloser Verzehrer genennt zu werden? – Diese Gründe für den Zwischenhändler im Kleinen, sind noch ‖ weit einleuchtender, wenn sie auf die Zwischenhand im Großen, auf den eigentlichen Kaufmann, der die Produkte der Natur und des Fleißes von Land in Land, Weltgegend in Weltgegend verführet und versetzt, angewendet werden. Dieser ist ein wahrer Wohltäter des Staats, des menschlichen Geschlechts überhaupt, und also nichts weniger, als ein unnützes Maul, das von dem Hervorbringer umsonst unterhalten werden muß.

Ich habe vorausgesetzt, daß der Mißbrauch verhindert werde. Dieser bestehet hauptsächlich darin, daß gewinnsüchtige Zwischenhändler das Schicksal der Erzeuger in ihre Gewalt zu bringen wissen; daß sie suchen, Herren und Meister über die Preise der Waaren zu werden; solche in den Händen der ersten Besitzer herabzusetzen, und in den ihrigen in die Höhe zu bringen. Dieses sind große Uebel, die den Fleiß des Hervorbringers; so wie den Muth des Verzehrers zu Boden drücken, und denen durch Gesetze und Polizey entgegen gearbeitet werden muß. | Zwar nicht geradezu durch Verbot, Ausschließung oder Hemmung; am wenigsten durch bewilligten oder begünstigten Allein- oder Vorkauf. Dergleichen Vorkehrungen befördern entweder die Uebel noch, die man durch sie abzuwenden sucht, oder bringen welche hervor, die noch schädlicher sind. Man suche vielmehr alle Einschränkungen, so viel sich thun läßt, zu vermindern, die Monopolien, Vor- und Aus-

schließungsrechte aufzuheben, dem geringsten Aufkäufer mit dem größten Handlungs-
hause gleiche Rechte und Freyheit zukommen zu lassen; mit einem Worte, die Concurrenz
unter den Zwischenhändlern auf alle Weise zu befördern; einen Wetteifer zwischen ihnen
zu erregen, wodurch der Preis der Dinge im Gleichgewichte erhalten, der Kunstfleis von
der einen Seite aufgemuntert, und von der andern Seite jeder Verzehrer in den Stand gesetzt wird, den Fleis seiner Nebenmenschen, ohne übermäßige Anstrengung, zu genießen.
Der Verzehrer kan, ohne Ueppigkeit, bequem leben, und der Künstler findet dennoch sein
anständiges Auskommen. Nur durch Concurrenz, unbeschränkte Freyheit und Gleichheit
in den Rechten des Kaufs und Verkaufs sind diese Endzwecke zu | erreichen, und sonach
ist der gemeinste Trödler und Aufkäuffer, der geringste herumwandernde Jude, der den
rohen Stof von dem Landmanne zum Künstler, oder den bearbeiteten von diesem zu jenem
bringet, zur Aufnahme des Landbaues, der Künste, Manufakturen und Handlung überhaupt
von sehr beträchtlichem Nutzen. Zum Vortheil des Landmannes erhält er den rohen Stof in
seinem ‖ Werthe, und zum Nutzen des Künstlers, so wie zur Aufnahme der Kunst sucht er
die Produkte der Industrie in alle Winkel zu verbreiten, die Bequemlichkeiten des menschlichen Lebens brauchbarer und allgemeiner zu machen. Der geringste Handelsjude ist in
dieser Betrachtung kein bloßer Verzehrer, sondern ein nützlicher Einwohner (ich darf nicht
sagen, Bürger) des Staats, ein wirklicher Hervorbringen.

Man sage nicht, ich sey ein partheyischer Sachwalter meiner Glaubensbrüder, und suche alles zu vergrößern, was zu ihrem Vortheil, oder zu ihrer Empfehlung gereichen kan.
Ich berufe mich abermals auf Holland, und auf welches Land könnte man sich, wenn von
Handlung und Industrie die Rede ist, füglicher berufen? Blos durch Concurrenz | und Wett-
eifer, durch uneingeschränkte Freyheit und Gleichheit der Rechte aller Käuffer und
Verkäuffer, wes Standes, Ansehens oder Glaubens sie auch seyn mögen, blos durch diese
unschätzbare Vorzüge haben daselbst alle Dinge ihren Werth, der zwischen Käuffer und
Verkäuffer nur um ein mäßiges unterschieden ist. Beyde werden durch Mitwerber und
Concurrenten auf ein Verhältniß gestimmt, das ihnen zum gegenseitigen Vortheil gereicht.
Ihr könnet nirgend so gut und so bequem, zu allen Zeiten des Jahres und des Tages, mit
geringem Verluste alles kauffen und alles verkauffen, als zu *Amsterdam*.

Ueber Verstattung der *Autonomie* und deren Verwaltung, davon Hr. *Dohm* S. 125 u. f.
seiner Schrift redet, habe ich noch einige Anmerkungen zu machen, die man mir hieher zu
setzen erlaube. Autonomie, die einer Colonie verstattet werden soll, erstreckt sich entweder auf Civilsachen, oder gehet die Religion und kirchliche Dinge an. Jene betreffen bloß
das Mein und Dein unter den Gliedern der Colonie. Hier kömt alles auf Verträge an. Die
Rechte des Eigenthums und was davon abhänget, sind *veräusserliche* Rechte, können durch
freywilligen Ent-|schluß und Verabredung andern abgetreten und zugeeignet werden, und
so bald dieses unter erforderlichen Bedingungen geschehen; so werden sie zum Eigenthum
desjenigen, dem sie übertragen sind, und können ihm ohne Ungerechtigkeit nicht entzogen werden. Hier kan man es allerdings auf das Uebereinkommen und die Verträge der
Colonie unter sich ankommen lassen. Hält sie es für einen Vorzug, die Streitsachen ihrer
Glieder unter sich, nach eigenen Gesetzen und Rechtsregeln entscheiden zu lassen; so kan

ihr von Seiten der Regierung, offenbar ohne Schaden, nachgesehen werden. Da nun die Juden, wie Hr. *Dohm* gar richtig bemerkt, sowohl die schriftlichen Gesetze ‖ Moses, welche sich nicht auf Judäa und die ehemalige gerichtliche und gottesdienstliche Verfassung beziehen, als die durch mündliche Ueberlieferung erhaltene, oder durch richtige Argumentationen herausgebrachte Folgerungen, Erklärungen und Auslegungen derselben für göttliche Gebote halten; so kan ihnen vergönnt werden, ihre Glieder unter sich durch freywillige Verträge zu verbinden, ihre Händel nach eigenen Gesetzen und Rechten auseinander setzen und entscheiden zu lassen. |

„Soll Entscheidung von jüdischen oder christlichen Richtern geschehen?" Ich antworte, von *obrigkeitlichen Richtern*. Gleichviel, ob sie der jüdischen, oder einer andern Religion anhängen. Sobald die Glieder des Staats, welcher Meinungen in Religionssachen sie auch zugethan sind, gleiche Rechte der Menschheit genießen; so kan auf diesen Unterschied nichts ankommen. Der Richter soll ein gewissenhafter Mann seyn, und die Rechte verstehen, nach welchen er seinen Nebenmenschen Recht sprechen soll. Denke er in Religionssachen nach welcher Lehrmeinung er gut findet; wenn ihn die Obrigkeit zum Richteramte tüchtig findet, und einsetzet; so müssen seine Rechtsgründe gültig seyn. Trauen wir doch unsere Gesundheit, unser Leben einem Arzte an, ohne auf den Unterschied der Religion zu sehen; warum nicht auch unser Vermögen einem Richter? Der gewissenhafte Arzt, dem seine Kunst werth ist, wird einen Verbrecher, der morgen hingerichtet werden soll, heute nach allen Regeln seiner Kunst behandeln und von einem Uebel zu befreyen suchen. Eben also wird der Richter, wenn er ein Mensch ist, seinen Nebenmenschen in Absicht auf die Güter dieses | Lebens Gerechtigkeit angedeihen lassen, sie mögen, seinen Grundsätzen nach, in jener Zukunft verdammt oder seelig seyn. Der angeführte göttingsche Recensent meinet zwar, die Juden würden zu keinem christlichen Richter das Zutrauen haben, daß er ihre Gesetze verstehe. Herr *Dohm* hat aber Zeugniß gelehrter Christen für sich und in Händen, die das Gegentheil nicht bloß vermuthen; sondern öfters erfahren zu haben versichern. Und wenn irgend ein Mistrauen dieser Art obgewaltet hätte; wäre es denn nicht natürlich gewesen, da sich bisher die Gelehrten unter den Christen so wenig um unsere Rechtslehren bekümmert haben?

Wie aber in kirchlichen Sachen, in Sachen die die Religion der Colonie angehen? Wie weit sollen sich die Rechte jeder Colonie, und der Juden insbesondere, über ihre Glieder, in Glaubenssachen erstrecken? ‖ welche Macht darf sie anwenden, welche Gewalt ausüben, sie zur Einigkeit und Reinigkeit in Absicht auf Lehre und Leben zu zwingen? wie weit darf sie ihren kirchlichen Arm ausstrecken, die Unwilligen zu züchtigen, oder auszustoßen, und die Irrenden oder Abweichenden in das Gleis zurück zu ziehen? |

Kirchliche Rechte, *Kirchliche Gewalt* und *Macht*. – Ich muß gestehen, daß ich mir von diesen Redensarten keinen deutlichen Begriff machen kan, und mein *Adelung* will mich keines bessern belehren. Ich weis von keinem Rechte auf Personen und Dinge, das mit Lehrmeinungen zusammenhänge, und auf denselben beruhe; das die Menchen erlangen, wenn sie in Absicht auf ewige Wahrheiten gewissen Sätzen beystimmen, und verlieren, wenn sie nicht einstimmen können, oder wollen. Am wenigsten weis ich von Rechte und

Gewalt über *Meinungen*, die die Religion ertheilen und der Kirche zukommen sollen. Die wahre, göttliche Religion maßt sich keine Gewalt über Meinungen und Urtheile an; giebt und nimmt keinen Anspruch auf irrdische Güter, kein Recht auf Genuß, Besitz und Eigenthum; kennet keine andere Macht, als die Macht durch Gründe zu gewinnen, zu überzeugen, und durch Ueberzeugung glückseelig zu machen. Die wahre, göttliche Religion bedarf weder *Arme* noch *Finger* zu ihrem Gebrauche; sie ist lauter *Geist* und *Herz*.

Recht heißt die *Befugniß* etwas zu thun, oder zu lassen; das sittliche *Vermö-|gen* zu handeln. Eine freywillige Handlung nehmlich ist *gerecht* und sittlich, wenn sie mit den Regeln der Weisheit und Güte übereinstimmt, und dasjenige, woraus diese Uebereinstimmung erkannt wird, heißt ein *Recht*; ein möglicher Gebrauch unserer Kräfte, ein möglicher Genuß der Dinge, eine mögliche Aeusserung unserer freywilligen Thätigkeit, die der *weisen Gütigkeit* nicht widerspricht. Ich mag den Begriff wenden, von welcher Seite ich will, ich finde keinen Uebergang zu Lehrmeinung und Urtheil in Absicht auf *ewige Wahrheiten*. Wie kan mein Beystimmen oder nicht Beystimmen in allgemeine Sätze und Lehren, diese Befugniß erweitern, oder einschränken; mir auf Personen und Dinge, und deren Gebrauch und Genuß eine sittliche Gewalt verschaffen, oder nehmen? Wie entspringet aus einer Meinung, aus dem Inbegriffe aller Meinungen zusammen genommen, ein *modus acquirendi*, eine Befugniß mehr, uns gewisse Dinge, als Mittel zu unserer Glückseeligkeit zu eigen zu machen, und uns ihrer nach Willkühr zu bedienen? was für Merkmale haben diese disparate Dinge, *Recht* und || *Meinung*, gemeinschaftlich, daß sie je sollten in einem Sa-|tze zusammen kommen und verbunden werden können? Sollten aber die Gesetze der Natur und Vernunft ein Recht einräumen, das sich auf das Annehmen, oder Verwerfen einer Meinung gründet; so müssen unumgänglich diese beiden Begriffe in einem Satze verbunden, und aus dem Beyfall, den ich einer Lehre gebe oder verweigere, begreiflich gemacht werden können, warum mir diese oder jene Aeusserung meiner Thätigkeit zukomme, oder nicht zukomme; warum mir ein gewisser Gebrauch und Genuß der Güter dieser Welt, nach den ewigen Gesetzen der Weisheit und der Güte vergönnt, oder nicht vergönnt sey. Ich muß gestehen, daß ich die Möglichkeit dieser Verbindung nicht einsehe.

Vielleicht aber können die Menschen durch positive Gesetze und Verträge eine solche Verbindung möglich machen; durch ausdrückliches oder stillschweigendes Uebereinkommen, sich einander Rechte zueignen, die auf Lehr und Meinung beruhen sollen? Wenn auch der Stand der Natur hiervon nichts wissen sollte, vielleict kan der Stand der Geselligkeit, der gesellschaftliche Vertrag eine solche Einrichtung treffen, oder getroffen haben? die Verträge haben ja so manches in | der menschlichen Natur und in dem System ihrer Pflichten und Rechte verändert; warum nicht auch Rechte erzeugt, die im Stande der Natur nicht anzutreffen gewesen?

Mit Nichten, sollte ich denken. So wenig die Cultur eine Frucht erzielen kan, wozu die Natur nicht den Keim hergegeben; so wenig die Kunst durch Ueben und Gewöhnen eine willkührliche Bewegung hervorbringen kan, wo die Natur keine Muskel hingelegt; eben so wenig können alle Verträge und Verabredungen unter den Menschen ein Recht erschaffen, davon der Grund nicht im Stande der Natur anzutreffen seyn sollte. Durch Verträge können blos *unvollkommene* Rechte in *vollkommene*, unbestimmte Pflichten in bestimmte verwandelt werden. Was ich dem menschlichen Geschlechte überhaupt zu leisten schuldig bin, kan durch einen Vertrag auf eine gewisse Person eingeschränkt, und eben dadurch die unbestimmte innere Pflicht gegen die Menschheit, in eine bestimte, äussere Pflicht gegen diese Person umgeschaffen werden. Eben diese Person, die vorhin nur ein unvollkommenes Recht hat, von dem menschlichen Geschlechte, oder von der Natur überhaupt, einen gewissen Beytrag zu ihrer Glück-|seeligkeit zu erwarten, erlanget durch den Vertrag ein vollkommenes, äusseres *Recht*, diesen Beytrag von mir, oder meinen Sachen, zu fordern, und zu er-||zwingen. Da im Stande der Natur alle *positive* Pflichten der Menschen gegen einander, alle Verbindlichkeit zu thun und zu leisten, blos *unvollkommene* Pflichten und Verbindlichkeiten sind; so können und müssen im Stande der Geselligkeit viele derselben bestimmt, näher eingeschränkt und in vollkommene verwandelt werden. Wo aber ohne Vertrag, sich weder Pflicht noch Recht denken läßt, da sind alle Verträge der Menschen und ihre Abkomnisse lerer Schall und Ton, Worte in den Wind gesprochen, wie man zu sagen pflegt, ohne Kraft und Wirkung. Ich sehe also nicht ab, wie der Gesellschaft der Menschen das Vermögen zukommen könne, Vorrechte mit Meinungen zu verbinden, das die Natur so sehr verkennet?

Und nun vollends ein Recht über *Meinungen*, über die Urtheile unserer Nebenmenschen, in Absicht auf ewige, nothwendige Wahrheiten; welcher Mensch, welche Gesellschaft von Menschen darf sich dieses anmaßen? da sie nicht unmittelbar von unserm *Willen* abhän-|gen; so kömmt uns selbst kein anderes Recht zu, als das Recht sie zu untersuchen, der strengen Prüfung der Vernunft zu unterwerfen, ohne ihre Einstimmung, unser Urtheil zu verschieben u. s. w.

Aber dieses Recht ist untrennbar von der Person; kan, der Natur der Sache nach, eben so wenig verfremdet, veräussert und auf andere übertragen werden, als das Recht unsern Hunger zu stillen, oder freyen Odem zu ziehen. Verträge hierüber sind ungereimt, der Natur und dem Wesen des *Pacti* zuwider, und also ohne Erfolg und Wirkung. Wir können uns durch Verträge verbindlich machen, gewisse freywillige Handlungen nicht von unserm eigenen Urtheile, und Gutachten abhängen zu lassen; sondern dem Gutachten eines andern zu unterwerfen, und also auf unser eigenes Urtheil Verzicht thun, in so weit es in Handlungen übergehen, und Einfluß haben kan; aber unser Urtheil selbst ist ein untrennbares, unbewegliches, und also unveräusserliches Eigenthum. Auf diesen Unterschied, so fein er auch scheinet, kömmt hier alles an, wenn man nicht die Begriffe verwirren, und in ungereimte Folgen und Widersprüche verwickelt werden will. Ein an-|ders ist es, Verzicht auf seine Meinung in Absicht auf Handlung; ein anders Verzicht auf seine Meinung selbst. Die Handlung stehet unmittelbar in unsrer Willkühr; so nicht die Meinung.

Also hat die mütterliche Nation selbst keine Befugniß mit einer ihr gefälligen Lehrmeinung den Genuß irgend eines irdischen Guts oder Vorzugs zu verbinden, das Annehmen oder Verwerfen derselben zu be-||lohnen, oder zu bestrafen, und was sie selbst nicht hat, wie sollte sie es der Colonie einräumen und gewähren können?

Ich begreife kaum, wie ein so einsichtsvoller Schriftsteller, wie *Dohm* S. 124. hat sagen können „So wie *jede kirchliche Gesellschaft* müßte auch die jüdische das Recht der Ausschließung auf gewisse Zeiten oder immer haben, und im Falle einer Widersetzung das Erkenntniß der Rabbinen durch obrigkeitliche Beyhülfe unterstützt werden." – Jede Gesellschaft, dünkt mich, hat das Recht der Ausschließung, nur keine *kirchliche*; denn es ist ihrem Endzwecke schnurstracks zuwider. Die Absicht derselben ist gemeinschaftliche Erbauung, Theilnehmung an der Ergiessung des Herzens, mit ǀ welcher wir unsere Danksagung gegen die Wohlthaten Gottes, und unser kindliches Vertrauen auf die Allgütigkeit Desselben zu erkennen geben. Mit welchem Herzen wollen wir einem Dissidenten, Andersdenkenden, Irrdenkenden oder Abweichenden den Zutritt verweigern, die Freyheit versagen, an dieser Erbauung Antheil zu nehmen? Wider Unruhemachen und Stöhren sind Gesetze und Polizey. Diese Unordnung muß und kann durch den weltlichen Arm gesteuert werden; aber ein stiller und ruhiger Zutritt zur Versammlung muß dem Verbrecher selbst nicht verwehrt werden; wenn wir ihm nicht geflissentlich alle Wege zur Rückkehr versperren wollen. Das Andachtshaus der Vernunft bedarf keiner verschlossenen Thüren. Sie hat von innen nichts zu verwahren, und von aussen Niemanden den Eingang zu verhindern. Wer einen ruhigen Zuschauer abgeben, oder gar Antheil nehmen will, der ist dem Gottseeligen in der Stunde seiner Erbauung höchst willkommen.

Herr *Dohm* hat vielleicht bey dieser Gelegenheit mehr die Dinge genommen, wie sie liegen, als wie sie liegen sollten. Die Menschen scheinen sich vereiniget zu haben, ǀ die äusserliche Form des Gottesdienstes, die *Kirche*, als eine moralische Person zu betrachten, die ihre eigene Rechte und Pflichten hat; und ihr mehr, oder weniger Gewalt einzuräumen, auf ihre Rechte zu halten, und sie durch äusserlichen Zwang geltend zu machen. Man findet es nicht widersinnig, Eine dieser Personen, in jedem Staate, die *herrschende* zu nennen, die ihre Schwestern, nach ihrer Laune behandelt; bald sich der ihr anvertrauten Gewalt bedienet, sie zu *drücken*, bald großmüthig genug ist, sie zu *dulden*, und ihr von ihren *Vorrechten*, von ihren Ansprüchen und und ihrer Gewalt, so viel einzuräumen, als sie gut findet. Da nun Bann- und Ausschließungsfreyheit allezeit das erste Recht ist, mit welcher die herr-ǁschende Religion die geduldete belehnet; so forderte Herr *Dohm* für die jüdische Religion dasselbe Recht, das man allen andern religiosen Gesellschaften zugestehet. So lange diese noch das Recht der Ausschliessung haben, hielt er es für eine Inconsequenz, wenn man die jüdische hierin mehr einschränken wollte. Wenn aber, wie es mir ausgemacht scheinet, gottesdienstliche Rechte auf irrdische Dinge, gottesdienstliche Macht und gottesdienstliches ǀ Zwangsrecht, Worte ohne Begriff sind, und Ausschließung überhaupt *ungottesdienstlich* zu nennen ist; so laßet uns lieber unconsequent bleiben, als Misbräuche häufen.

Ich finde, daß die Weiseste unserer Vorfahren auf keine Ausschließung von gottesdienstlichen Uebungen Anspruch gemacht haben.

Als König Salomo den Bau des Tempels vollendet hatte, schloß er in seinem erhabenen Einweihungsgebete auch den Ausländer, also zu seiner Zeit den Götzendiener mit ein, breitete seine Hände aus gen Himmel und flehete: „Wenn auch ein Fremder, der nicht deines Volks Israel ist, kommt aus fernem Lande, um deines Namens willen. (Denn sie werden hören von deinem großen Namen, und von deiner mächtigen Hand, und von deinem ausgestreckten Arme); und kommt, daß er bete vor diesem Hause; so wollest du hören im Himmel, im Sitz deiner Wohnung, und thue alles, darum der Fremde dich anruft; auf *daß alle Völker auf Erden deinen Namen erkennen, daß sie auch dich fürchten, wie dein Volk Israel**. So haben auch unsere Rabbinen vorgeschrieben, von Götzendienern freylwillige Opfer und Gelübte im Tempel anzunehmen, von der Nation selbst keinen Verbrecher, der nicht der Religion völlig entsagt hat, mit einem Opfer abzuweisen, *damit er Gelegenheit und Anlaß zur Besserung finde.*** So dachte man zu einer Zeit, als man etwas mehr Recht und Autorität hatte, in gottesdienstlichen Sachen ausschliessend zu seyn, und wir wollten uns nicht entblöden, Dissidenten aus unseren kaum geduldeten kirchlichen Versammlungen auszuschliessen?

Ich schweige von der Gefahr, die mit dem Anvertrauen eines solchen Ausschließungsrechts verknüpft, von dem Misbrauche, der bey einem solchen Bannrechte, so wie bey jeder Kirchenzucht und Kirchenmacht unvermeidlich ist. Ach! das menschliche Geschlecht wird sich noch in Jahrhunderten nicht von den Geisselschlägen erholen, die ihm diese ‖ Ungeheuer beygebracht haben! Ich sehe keine Möglichkeit den falschen Religionseifer im Zügel zu halten, sobald er diesen Weg vor sich offen findet; denn am Sporne wird es ihm niemals fehlen. Hr. *Dohm* glaubt uns wider allen Misbrauch dieser Art sattsam zu | schützen, indem er voraussetzet, das der Colonie anvertraute Bannrecht müsse „nie über irgend eine religiöse Gesellschaft hinausgehen, und in der politischen durchaus keine Wirkung haben, da das ausgestoßene Glied jeder Kirche ein sehr nützlicher und geachteter Bürger seyn könne. Ein Grundsatz des allgemeinen Kirchenrechts, setzt Hr. Dohm hinzu, der in unsern Zeiten nicht mehr bezweifelt werden sollte“.***

Wenn aber das sogenannte allgemeine Kirchenrecht, wie ich herzlich gern zugebe, den wichtigen Grundsatz endlich einmal anerkennet, daß ein ausgestoßenes Glied jeder Kirche ein sehr nützlicher und geachteter Bürger seyn könne; so ist dem Uebel durch dieses schwache Verwahrungsmittel bey weitem nicht abgeholfen: denn fürs erste will dieser sehr nützliche und geachtete Bürger, der vielleicht auch sehr viel *innere Religion* hat, doch auch nicht gern von allen gottesdienstlichen Versammlungen und Religionsübungen ausgeschlossen, nicht gern ohne äusserliche Religion seyn. Hat er nun das Unglück, von der Gemeine, zu welcher er gehört, für dissidentisch gehalten zu werden, und sein Gelwissen verbietet ihm, einer andern im Staate herrschenden oder geduldeten Religionspartey beyzutreten; so ist der nützliche und geachtete Bürger ja höchst unglücklich, wenn seiner Gemeine erlaubt wird, ihn auszustoßen, und er bey ihren gottesdienstlichen Versammlungen verschlossene Thüren findet. Und nach diesen Grundsatze würde er sie vielleicht allenthalben finden;

---

*   1 Buch der Könige, Cap. 8, v. 41 u. f.
**   Chullin, Bl. 5. S. 1.
*** S. 124.

denn jede kirchliche Gemeine würde ihn vielleicht mit gleichem Rechte abweisen. Wie kann aber der Staat zulassen, daß irgend einer seiner nützlichen und geachteten Bürger *durch die Gesetze* unglücklich werde? – *Zweytens*, welche kirchliche Ausschließung, welcher Bann ist ohne alle bürgerliche Folgen, ohne allen Einfluß auf die bürgerliche Achtung wenigstens, auf den guten Leumund des Ausgestoßenen und das Zutrauen bey seinen Mitbürgern, ohne welches doch niemand seines Berufs warten, und dem Staate nützlich seyn kann? Da die Grenzlinien dieser feinen Unterscheidung des bürgerlichen und kirchlichen, dem scharfsichtigsten Auge kaum bemerkbar sind; so ist es eine wahre Unmöglichkeit, sie in irgend einem ‖ Staate so fest und so scharf zu zeichnen, daß sie jedem Bürger in die Augen fallen, und | im gemeinen bürgerlichen Leben die gewünschte Wirkung thun mögen. Sie werden immer unsicher und schwankend bleiben, und sehr oft die Unschuld selbst dem Stachel der Verfolgung und des blinden Religionseifers blossstellen.

Kirchenzucht einführen, und die bürgerliche Glückseeligkeit ungekränkt erhalten, scheinet mir ein Problem zu seyn, daß in der Politik noch aufgelöset werden soll. Es ist der Bescheid des allerhöchsten Richters an den Ankläger: *Er sey in deiner Hand, doch schone seines Lebens!* Zerbrich das Faß, wie die Ausleger hinzuthun, und laß den Wein nicht auslaufen!

Ich will nicht untersuchen, in wie weit die Klagen gegründet, oder ungegründet seyn mögen, die kürzlich über Misbräuche dieser Art, welche sich ein berühmter Rabbiner erlaubt haben soll, öffentlich geführt worden sind. Da der Bericht einseitig ist; so will ich gerne glauben, daß mancher Umstand übertrieben, die Schuld des Angeklagten von der einen Seite verringert; so wie von der andern Seite die Härte des Verfahrens geflissentlich vergrößert worden sey. Die Sache ist, wie verlautet, vor die Landesobrigkeit gebracht | worden. Diese wird untersuchen, und Gerechtigkeit widerfahren lassen. Sie mag indessen ausfallen, wie sie wolle; so wünschte ich, daß der wahre Verlauf derselben, wie er aus den Akten erhellet, zur Beschämung des allzuraschen Richters, oder seines öffentlichen Anklägers, bekant gemacht werde. Das Publikum hat die Anklage vernommen. Es höre auch Vertheidigung und Urtheil!

Dem sey aber, wie ihm wolle, noch ist es mit der Bruderliebe unter den Menschen nicht dahin gekommen, daß wir bey Einführung einer Kirchenzucht, so ganz über alle Furcht und Besorgnisse dieser Art hinweg seyn könnten. Noch ist keine Geistlichkeit so aufgeklärt, daß ihr ein solches Recht, wenn es eines giebt, ohne Gefahr anvertraut werden könnte. Ja, je aufgeklärter sie ist, desto weniger wird sie sich selbst hierin trauen, und ein Rachschwerd in die Hände nehmen, das nur der Wahnsinn sicher führen zu können, glaubt. Zu den erleuchtesten und frömmsten unter den Rabinen und Aeltesten meiner Nation habe ich das Zutrauen, daß sie sich eines so schädlichen Vorrechts gern entäussern, auf alle Religions- und Synagogenzucht gern Verzicht thun, und ihre Mitbrüder von ihrer | Seite dieselbe Liebe und Duldung genießen lassen werden, nach welcher sie selbst bisher so sehr geseufzt haben. ‖ Ach! meine Brüder! ihr habt das drückende Joch der Intoleranz bisher allzuhart gefühlt, und vielleicht eine Art von Genugthuung darinn zu finden geglaubt, wenn euch die Macht eingeräumet würde, euern Untergebenen ein gleichhartes

Joch aufzudrücken. Die Rache suchet ihren Gegenstand, und wenn sie andern nichts anhaben kan; so nagt sie ihr eigenes Fleisch. Vielleicht auch ließet ihr euch durch das allgemeine Beispiel verführen. Alle Völker der Erde schienen bisher von dem Wahne bethört zu seyn, daß sich Religion nur durch eiserne Macht erhalten; Lehren der Seeligkeit nur durch unseeliges Verfolgen ausbreiten, und wahre Begriffe von Gott, der nach unser aller Geständniß, die Liebe ist, nur durch die Wirkung des Hasses mittheilen lassen. Ihr ließet euch vielleicht verleiten eben dasselbe zu glauben, und die Macht zu verfolgen war das euch wichtigste Vorrecht, das eure Verfolger euch einräumen konten. Danket dem Gotte eurer Väter, danket dem Gotte, der die Liebe und die Barmherzigkeit selbst ist, daß jener Wahn sich nach und nach zu verlieren | scheinet. Die Nationen dulden und ertragen sich einander, und lassen auch gegen euch Liebe und Verschonung blicken, die unter dem Beystande desjenigen, der die Herzen der Menschen lenkt, bis zur wahren Bruderliebe anwachsen kan. O meine Brüder! folget dem Beyspiel der Liebe, so wie ihr bisher dem Beyspiele des Hasses gefolgt seyd! Ahmet die Tugend der Nationen nach, deren Untugend ihr bisher nachahmen zu müssen geglaubt. Wollet ihr gehegt, geduldet und von andern verschonet seyn: so heget und duldet und verschonet euch unter einander! *Liebet; so werdet ihr geliebet werden!*

Berlin, den 19ten März 1782.   Moses Mendelssohn.

Rabbi Manasseh Ben Israel

Rettung der Juden,

oder

Sendschreiben

zur Beantwortung einiger Fragen, die ihm ein vornehmer und gelehrter Engländer,
die Beschuldigungen betreffend, die man der jüdischen Nation zu machen pflegt,
vorgelegt hatte.

Im Original gedruckt im Jahre 1656. | ||

| 1; || Bd. 8, 27

Ich habe einen Brief von Ihnen empfangen der mir sehr willkommen war: ich las ihn, da er
von Ihnen war, mit vielem Vergnügen; so unangenehm mir auch, mit Ihrer Erlaubnis dessen Inhalt ist. Ich versichere Ihnen, daß nie in meinem Leben etwas eine tiefere Wirkung
bey mir hinterlaßen hat, als dieser Brief; denn er betrift das Ansehen eines Volks, das ich,
der mannigfaltigen, offenbaren und schändlichen Verläumdungen ungeachtet, für unschuldig
zu erklären, mich unterfange. Ich fürchte freylich mit meiner Widerlegung manchen zu
beleidigen, dessen Eifer nicht einmahl die Betrachtung zuläßt, „daß die bloß vertheidigende
Selbstwehr jedem Geschöpfe natürlich ist; aber ganz schweigen hieße die fälschlichen
Beschuldigungen eingestehen.‟ Um mein eigenes Gewissen zu beruhigen, gehorche ich
daher Ihrem Befehl, der am wenigsten von mir gering geachtet werden kann. Ich setze zum
voraus, daß Sie keine weitläufige oder politische Untersuchung über einen so traurigen
Gegenstand erwarten werden; wer kann in seinem Unglücke noch ehrbegierig seyn? Ich
habe bloß einige kurze gedrungene Betrachtungen zusammengetragen, deren Auseinandersetzung zwar die Gränzen eines Briefes überschreitet, die aber doch Ihnen hinreichend
seyn können, die Regenten der englischen Nation in der aufrichtigen Wahrheit zu unterrichten, und welche sie, wie ich zufolge ihrer besondern edlen Weisheit und Frömmigkeit,
hoffe, gut aufnehmen werden. Denn da die Unschuld niemals gern etwas Böses von andern
vermuthet; so kann auch ich mich | nicht bereden, daß je einer wider uns auf eine lieblose
Weise gesprochen oder geschrieben haben sollte, bloß weil er mit besonderm Haß und
Groll gegen uns eingenommen wäre, sondern vielmehr nur deshalb, weil er unsern Wohl-
stand seinem Interesse und Eigennutz für nachtheilig hielt. Denn die Liebe fängt natürlich
immer bey sich selbst an. Aber demungeachtet werde ich die Sache von einer vortheilhaften
Seite vorstellen (den dieß hat uns in andern Ländern willkommen gemacht,) und ich hoffe
deshalb in meinem Unternehmen zu bestehen. Ich habe indessen nur wenig Aufmunterung
zur Erlangung einer andern Absicht, als diese, daß die Wahrheit ‖ von ihren Kindern ge-
rechtfertigt werden möge. Ich will in meiner Antwort dem Vortrage Ihrer Herrlichkeit,
nach der Ordnung folgen.

Erster Abschnitt.

Zuerst also muß ich mit bittern Trähnen und Beklemmung der Seele jene harte und schreckliche Anklage einiger Christen wider die zerstreuten niedergebeugten unter ihnen wohnen-
den Juden, beweinen, daß sie (ich zittere indem ich es niederschreibe!) bey der Feyer ihres
Osterfestes, zur Gährung ihres Brodts sich des Bluts einiger Christen bedienen, die sie zu
diesem Ende umgebracht haben: wenn, wie die traurige Erfahrung es in verschiedenen
Plätzen gezeigt, die Verläumder selbst die abscheuliche barbarische That begangen; oder,
um glimpflicher zu seyn, einen gefundenen todten Körper, in die Häuser oder Bezirke der
Juden geworfen, und dann mit einer zahmlosen Wuth und Aufruhr die unschuldigen Juden
als die Ausüber dieser gräulichen Handlung anklagen; eine Bosheit die bisweilen, um Ge-
legenheit zu Grau-|samkeiten dadurch zu erlangen, bisweilen um die bereits ausgeübten

Hinrichtungen dadurch zu rechtfertigen und zu beschönigen, ausgeübt worden ist. Aber wie weit von der Wahrheit entfernt diese Anklage ist, mögen Sie aus folgenden Beweisen urtheilen.

1) Es ist den Juden schlechterdings verboten irgend eine Art Blut zu essen *Levit.* 7, 26. und *Deut.* 12 wo es ausdrücklich heißt: וכל דם und zufolge dieses Gesetzes, essen die Juden das Blut keines Thiers. Noch mehr, sie werfen ein Ey als verboten weg, wenn sie einen Tropfen Bluts darin finden, und es muß so gar ein Stück Brodt, auf den, in währendem Kauen ein Blutstropfen aus dem Zahnfleische oder Gaumen fällt, vor dem Genusse gereinigt und abgewaschen werden. Ist dieses, wie kann man auf den Gedanken kommen, daß eben diese Juden Menschenblut essen sollen, welches noch weit abscheulicher ist? Kaum giebts auf dem Erdboden ein barbarisches Volk, das einer solchen Bosheit fähig ist.

2) Das Gesetz in den zehn Geboten: *Du sollst nicht tödten* ist von allgemeinem Umfange; es ist ein moralisches Gesetz, so daß den Juden nicht nur verboten ist, jemanden von den Menschen unter denen sie leben zu tödten, sondern sie sind sogar nach dem Gesetze verpflichtet sie zu lieben: *was die andern Völker betrift*, dieß sind die eigenen ‖ Worte des *Rabbi Moses* aus Egypten im zehnten Kapitel seines Jad hachasaka „so ist uns von unsern Vorfahren befohlen, ihre Kranke zu besuchen, ihre Todte wie die unsrigen zu begraben, und ihren Nothleidenden beyzustehen und sie zu unterhalten, so wie die Armen aus Israel; denn Gott ist, wie es in den Psalmen 145, 9. heißt, allen gut, und seine Barmherzigkeit erstreckt sich über alle seine Werke." Und diesem zufolge bezeuge ich vor dem ewigen Gott, daß ich ǀ in Amsterdam wo ich wohne, beständig ein gutes Verhalten, mancherley Wechsel von brüderlicher Zuneigung und unterschiedliche Handlungen von gegenseitiger Liebe zwischen beyden Nationen gesehn habe. Ich habe es drey mahl gesehen, wie einige flamländische Christen in den Fluß Flemburg in unserm Viertel, gefallen, und unsere Glaubensgenossen sich ihnen nachgestürzt, um ihnen herauszuhelfen und sie vom Tode zu retten. – Wahrlich, derienige, der sich selbst so wagt um einen andern zu retten, kann keine solche boshafte Grausamkeit in seiner Brust verbergen, einen Unschuldigen zu tödten, den er nach den Pflichten der Menschheit zu vertheidigen und zu beschützen verbunden ist!

3) Es ist im Exod. 21, 20. verboten einen Fremden zu tödten: „wer seinen Knecht oder Magd schlägt mit einem Stabe, daß er stirbt unter seinen Händen, der soll darum gestraft werden. Bleibt er aber einen oder zween Tage, so soll er nicht darum gestraft werden, denn es ist sein Geld". Der Text spricht hier offenbar von einem heidnischen Knecht, denn von diesem allein kann, wie Aben Esra an der Stelle bemerkt, gesagt werden, daß er das Geld des Juden, seines Herrn sey. Gott belegt diese Handlung mit der Todesstrafe des Herrn, wenn der Knecht ihm unter der Hand stirbt; weil er alsdenn eine mörderische Absicht bey derselben gehabt zu haben scheint; nicht so aber, wenn der Todesfall erst nachher erfolgt. Da kein Vorsatz zur Ermordung dabey erscheint; so ist er in so fern frey, und durch den Verlust seines Geldes hinreichend bestraft. Kann nun ein Jude nach dem Gesetze, nicht einmahl einen Sklaven aus jener Nation tödten, um wie weniger kann er berechtiget seyn jemanden zu tödten, der nicht sein Feind ist, mit dem er in Ruhe und Frieden lebt? und wie kann ein gut herziger ǀ Mensch glauben, daß ein Jude, in einem fremden Lande, diesem

heiligen Gesetze zuwieder, sich einer solchen schändlichen Handung schuldig machen wird.

4) Und selbst zugegeben, es wäre (welches Gott verhüte!) gesetzmäßig, warum sollte man das Blut noch essen? und warum gerade am ‖ Ostern essen? gerade an dem Feste, wo bey jeder Zubereitung die äußerste Reinigkeit beobachtet werden muß, wo weder Sauerteig noch sonst etwas das eine Gährung verursacht, erlaubt ist, welches Blut doch gewißlich thut?

5) Wenn auch die Juden diese Handlung (welche man ohne schrecklichen Beynahmen nicht nennen kann) für nothwendig hielten; so würden sie sich doch wahrlich keiner so großen Gefahr, keiner so grausamen und wohlverdienten Bestrafung aussetzen, es sey denn, daß sie durch ein Göttliches Gesetz oder durch Einführungen ihrer Weisen dazu verleitet werden. Nun fordern wir, wie es doch in einer Rechtssache billig ist, alle diejenige, welche diese entsetzliche Meinung von uns haben, auf, irgend eine Stelle in der Schrift oder bey den Rabbinen aufzuweisen, wo ein solches Gesetz, eine solche Lehre vorgetragen wird! und bis sie dieses leisten, wird man uns die Freyheit erlauben, es für nichts bessers als für boshafte Verläumdung zu halten.

6) Um das Leben zu retten stehet es uns frey den Sabbath zu entheiligen, und, wie im Talmud bestimmt und vom Rabbi Moses zu Egypten, im fünften Kapitel seiner Abhandlung von den Grundgesetzen, bestätigt wird, noch eine Menge anderer Gesetze zu übertreten: bis auf folgende drey: *Götzendienst, Mordthat* und *Ehebruch.* Das Leben darf also um keinen so theuren Preis als die Ausübung dieser abscheulichen Sünden, erkauft werden, sondern ein unschuldiger Tod ist ihm unendlich vorzu-‖ziehen. Wenn nun die Ermordung eines Christen, wie unsere Gegner behaupten (und von meinen Begriffen weit entfernt ist,) eine göttliche Vorschrift, ein Göttliches Gesetz wäre; so würde es doch wahrlich aufgehoben und vernichtet werden müssen, indem es niemand vollführen kann, ohne sein Leben, und sogar das Leben einer ganzen Versammlung, eines ganzes Volkes in Gefahr zu setzen; da es überdem eine Verletzung eines der drey erwähnten Gesetze ist; indem die Vorschrift, *du sollst nicht morden,* wie wir bereits angeführt, sich allgemein auf alle Menschen erstreckt!

7) Der Ewige hat durch seinen Propheten Jeremias Cap. 29, 7. den gefangenen unter den Heiden zerstreuten Israeliten befehlen lassen, um den Frieden, die Wohlfahrt und die Glückseligkeit der Stadt in der sie sich befinden und ihrer Einwohner, sich zu bekümmern, und deshalb zu beten. Dieß haben die Juden auch überall gethan, und thun es noch bis auf diesen Tag in allen ihren Synagogen, durch einen besondern Seegen über den Fürsten oder die Obrigkeit unter deren Schutz sie le-‖ben. Dieß kann der verehrungswüdige *Lord St. John* bezeugen, da er als Gesandter bey den Herren General Staaten der vereinigten Provinzen, unsere Synagoge zu Amsterdam mit seiner Gegenwart beehrte, wurde er von unserer Nation mit Musik und allen Ausdrücken der Freude und des Zujauchzens unterhalten, unter welchen der Seegen nicht nur über den verehrungswürdigen Gegenwärtigen sondern über das ganze gemeine Wesen von England gesprochen wurde, als einen Staat der mit uns in Verbindung und Freundschaft lebt, und dessen Volk uns Hofnung zu gleicher Liebe und

Zuneigung gegen uns giebt, als wir beständig gegen dasselbe hegten. – Sind wir also, um auf unsern Vorwurf zurück zu | kommen, sind wir also verbunden, uns des guten und blühenden Zustandes der Stadt in der wir leben, so anzunehmen, und das Wohl der Einwohner mit so vieler Theilnehmung zu beherzigen und durch unsern Beytrag zu befördern; wie werden wir denn ihnen ihre Kinder ermorden? sie des grösten Gutes, des blühendsten Seegens, welchen das Leben ihnen verleihet, berauben?

8) Barmherzigkeit und Mitleiden ist den Israeliten natürlich. Dieses haben sogar ihre Feinde erkannt. Als der Assirische König *Benhadad* 1 Kön. 20, 31. überwunden in einer Schlacht davon floh, überreichte er seinem Sieger dem König *Ahab* eine Bittschrift für sein Leben; denn er hätte vernommen, *daß die Könige des Hauses Israel barmherzige Könige wären*. Und die Erfahrung hat es ihm bestätigt, indem er auf eine geringe Höflichkeitsbezeugung sein Leben und seine Güter zurück erhielt, deren ihn das Kriegesglück beraubet hatte. Und als die *Gibeonitten* das grausame Verlangen gegen *David* äußerten, daß sieben Söhne Sauls, welche unschuldig waren, ihnen ausgeliefert werden möchten, so sagte der Prophet, „die Gibeonitten aber waren nicht von den Kindern Israels" 2 Sam. 21, 2. gleichsam als wolle er hiermit sagen: in dieser Grausamkeit zeigt sich nicht die Frömmigkeit der Israeliten, sondern die Tyranney und die unversöhnliche Wuth der Heiden, der Gibeonitten. Ist nun dieses, wie denn auch die Erfahrung es überall, durch die Treue, welche unsere Nation gegen ihre Obere unverletzlich beobachtet hat, bestätigt, wie wenig übereinstimmend und entsprechend mit diesem ist nicht die Ermordung der Kinder?

9) Es giebt einige Christen, welche die Juden als Christenmörder beschimpfen, indem sie ihnen eine Ursach dieser ihrer vorgeblichen mörderischen | Handlung andichten: gleichsam als wenn eine Anklage deshalb ganz untrüglich wahr wäre, weil irgend ein Scheingrund ausfindig ‖ gemacht werden kann, warum es sich so verhalten möchte! So sagen sie, es geschehe aus Haß und Abscheu gegen Jesus den Nazareer, deshalb stehlten sie christliche Kinder, und schlügen sie auf dieselbe Weise, wie dieser geschlagen worden, um das Andenken an dessen Tod aufzufrischen und lebhaft zu machen. Auf gleiche Weise bilden sie sich ein, daß die Juden die Kreuze, Crucifixe oder ähnliche gegrabene Bilder welche die Papisten geheim und sorgfältig in ihren Häusern bewahren, heimlich entwendeten, alle Tage tüchtig peitschten, schlügen, schändlich anspien, und was der ähnlichen verächtlichen Ceremonien mehr sind, dabey verrichteten, und dieß alles aus Haß gegen Jesus. – Aber ich begreife es nicht, was sie in der That dabey denken, wenn sie uns dergleichen Dinge vorwerfen und zur Last legen? denn wahrlich, wir können nicht glauben, daß ein Volk von vorzüglicher Vernunft und Urtheilskraft, sich in der That von der Meynung sollte bereden lassen, daß die Juden solche Handlungen verüben, wenn sie nicht vermutheten, daß solches aus Ehrfurcht und Gehorsam gegen den Gott den sie verehren, geschehe. Und welche Art von Gehorsam könnten sie wohl dem Ewigen dadurch leisten, daß sie seinem ausdrücklichen Befehl, *du sollst nicht morden*, gerade entgegen handelten? dazu kömmt, daß diese Handlungen nicht unternommen werden können, ohne äußerste und offenbare Gefahr des Lebens und der Güter, und ohne sich nothwendigerweise einer gerechten Rache auszusetzen. Außerdem ist es so gar unter dem Banne den Juden verbothen, irgend ein

gegrabenes Bild, oder sonst etwas von einem Götzen im Hause zu haben, das von irgend einem Volke bildlich verehrt wird. Deut. 7, 26. |

10) Mattheus Parisiensis meldet, pag. 532. daß im Jahr 1240 die Juden ein Christenkind zu Norwich beschnitten, ihm den Nahmen *Jurnim* gaben, und es zur Kreutzigung aufbewahrten, weshalb auch viele derselben grausam hingerichtet worden sind. Die Falschheit dieser Geschichte erhellet aus Betrachtung der Umstände. Das Kind wurde erst beschnitten und dadurch vollkommen zum Juden gemacht; ein Beweis von großer Liebe und Zuneigung von Seiten des Juden, gegen den Christen, den er in seine Arme nimmt und in seinem Schoße ernährt. Aber zu welchem Ende würde man das Kind erst beschnitten haben, wenn man zur Absicht gehabt hätte, es bald nachher zu kreutzigen? wenn aus Haß gegen die Christen die ganze Handlung geschieht, so scheint doch im Gegentheil, daß sie die Juden vielmehr an dem eigentlichen Gegenstand ihres Abscheues, als an einem neulichen Proselitten, ‖ der eben ihren Glauben angenommen, verüben werden? – wahrlich, diese Posse (die nach der Erzählung in den papistischen Zeiten geschehen seyn soll) sieht jenen wahren Auftritten katholischer Frömmigkeit der Spanier, welche die armen Indianer erst tauften, und hernach aus einem grausamen Mitleiden mit ihrer Seele, unmenschlich schlachteten, weit ähnlicher, als den ihre Gesetze strengbeobachtenden Juden, die mit keinem Siegel ihres heiligen Gesetzes ein Spiel treiben dürfen.

11) Es ist besser, sagten unsere Vorfahren, unter *Edom* als unter Ismael zu wohnen, und so ist, wie die Erfahrung unsere Nation gelehrt, unsere Gefangenschaft unter den Mahometanern weit lästiger und unerträglicher, als unter den Christen, welche ein gesittetteres, vernünftigeres und besser policirtes Volk sind. Denn außer der höheren und edlern Art Juden welche am Hofe zu Constantino-|pel leben, wird der große Haufe derselben, welcher in andern Ländern der mahometanischen Reiche, in Asien und Afrika zerstreuet ist, im höchsten Grade schimpflich und verächtlich behandelt.[*] Daraus folgt, daß wenn das Opfern der Kinder eine Wirkung des Hasses wäre, es an den Mahometanern, welche die Juden in solchem Elend und Drucke halten, weit mehr verübet werden müßte. Wäre es nothwendig bey der Feyer des Osterfestes, warum tödten sie nicht gleichergestalt einen Mahometaner? aber ob schon die Juden in allen diesen weitläuftigen Gebiethen zerstreut und vertheilt sind, so haben die Mahometaner, aller ihrer Verachtung gegen uns ungeachtet, dennoch nie bis auf diesen Tag, eine solche schändliche Beschuldigung uns angedichtet. Es scheint daher offenbar, daß sie eine bloße Verläumdung sey, und zwar, wenn man

---

[*] In den itzigen Zeiten mag es wahr seyn, daß sich die Juden in den christlichen Staaten besser als in den mahometanischen befinden; aber nie sind sie doch in diesen so grausam verfolgt, gemordet, gepeinigt, verbrannt, des ihrigen beraubt, nackend verjagt worden, als von den christlichen Regirungen und Religionslehrern der mittlern Zeiten. Noch itzt zahlen die Juden in den türkischen Landen nur ein mäßiges Kopfgeld, und sie leiden wenig mehr als andre Unterthanen und wie es die willkührliche Regierung mit sich bringt. Die Zahl der Juden in den mahometanischen Staaten ist vermuthlich grösser, als die in den christlichen. Sie kommen daselbst öfterer durch vorzügliche Geschicklichkeit als Aerzte oder auch Staatsbediente zu Reichthum und Ehren. Noch itzt ist der erste Minister des Kaisers von Marocco ein Jude Sumbul. [M. M.]

bedenkt, wie die Scene angelegt ist, eine solche, von der man nicht bestimmen kann, ob sie mehr aus Bosheit oder aus | Thorheit ausgehekt || vorgebracht wird: in der That machte sich Sultan Selim nicht wenig lustig darüber, als ihm dieß Geschichtchen von seinem Leibarzt *Moses Amon* erzählt wurde!

12) Wenn alles bishergesagte noch nicht hinreicht diese Beschuldigung zu vereiteln, so bin ich, da die Sache von unserer Seite bloß verneinend, und also keiner Aufklärung durch Zeugen fähig ist, gezwungen, mich einer andern Art Beweises zu bedienen, den der Ewige vorgeschrieben, Exod. 22. eines Eydes. Ich schwöre daher, ohne allen Betrug oder List, bey dem höchsten Gott, dem Schöpfer des Himmels und der Erde, welcher sein Gesetz dem Volke Israel auf dem Berge Sinai offenbart hat, daß ich nie bis auf diesen Tag einen solchen Gebrauch unter dem Volke Israel gesehen, daß es nie so etwas für eine gesetzmäßige göttliche Vorschrift, noch für eine Verordnung oder Stiftung seiner Weisen halte, und daß es nie (so viel ich weiß, auf eine glaubwürdige Art gehört, oder in einem jüdischen Schriftsteller gelesen habe,) eine solche Ruchlosigkeit ausgeübt oder versucht! und wenn ich hierinn lüge, so mögen alle in den Büchern des Gesetzes (Levit. und Deuter. 4 und 5ten B. Mose) erwähnten Flüche über mich komen, ich mag nie den Seegen und den Trost Zions sehen, noch an der Auferstehung der Todten Antheil nehmen! – Ich hoffe, daß ich dadurch bewiesen, was ich zur Absicht hatte, und gewiß wird dieses allen Freunden der Wahrheit und allen aufrichtigen Christen hinreichend seyn, dem was ich hier vorgebracht, Glauben bey zu messen. Und in der That sind diejenigen unserer Gegner, welche etwas gelehrter und folglich etwas gesitteter als der gemeine Haufen waren, bey dieser Beschuldigung still gestanden. John Hoornbeek welcher in dem Buche das er neuerlich wider unsere Nation schrieb, | alles, Recht oder Unrecht, was er nur auf eine Weise zu unserm Nachtheil zusammen scharren konte, uns vorwirft, schämte sich demungeachtet, diese uns zur Last zu legen. An autem verum sit, sagt er in seinem Prolegomen. S. 26. *quod vulgo in historiis legitur* &c. d. i. ob es wahr ist, was gemeiniglich in den Geschichten, um den Haß der Juden wider die Christen oder vielmehr den Haß der Christen wider die Juden zu verstärken, angeführt wird, daß sie jährlich bey der Zubereitung des Osterfestes, aus Beschimpfung und Verachtung gegen Christus, dessen Leiden und Creutzigung die Christen feyern, ein christliches Kind heimlich stehlen, und auf eine grausame Weise opfern, dafür mag ich nicht stehen; indem er wohl wuste, wie leicht zu den Zeiten, in welchen diese Dinge sich zugetra-||gen haben sollen (besonders nach der Einführung der Inquisition im Pabstthum) das Erdichten und Ersinnen war; und wie gar sehr die Geschichten dieses Zeitalters nach den Gesinnungen der Verfasser erdichtet und vorgestellt wurden. In der That habe ich nie gesehen, daß jemals eine sichere Erfahrung zum Beweise dieser Beschuldigung wäre angeführt worden. Alle diese Erzählungen gründen sich auf ungewisse Nachrichten des Pöbels oder auf eine geheime Anklage der Inquisitionsmönche, des Geizes der Ankläger nicht zu erwähnen, welche durstig nach dem Vermögen der Juden eine solche Bosheit leicht erdichten. Denn in dem ersten Buche der *Sicilianischen Constitutionen* Tit. 7. lesen wir vom Kaiser Friderich *Si vero Judaeus vel Saracenus sit, in quibus prout certo perpendimus Christianorum persecutio nimis abundat; ad praesens* &c. d. i. Wenn es aber

ein *Jude* oder *Saracene* ist, wider welche, wie wir in Erwegung gezogen, die Verfolgung der Christen zu heftig seyn könnte u. s. w. so bestraft er die Gewaltthätigkeit ge-|wisser Christen gegen die Juden. Wenn es sich aber auch vielleicht einmahl ereignet hat, daß ein Jude einen Christen ermordete, so müssen wir deshalb nicht sagen, daß sie in allen Orten wo sie wohnen jährlich ein Christenkind ermorden. Und was das betrift, was *Thomas Cantipratensis Lib. 2 cap. 23.* behauptet, es sey nehmlich zuverläßig bekannt, daß die Juden alle Jahr in jeder Provinz das Loos werfen, welcher Ort oder welche Stadt die übrigen Städte mit Christenblut versehen soll? so kann ich diesem nicht mehr Glauben beymessen als seinen übrigen Erdichtungen und Lügen, womit er sein Buch angestopft hat. – *So weit John Hoornbeeck.*

13) Alles dieses ungeachtet fehlt es nicht an einigen Geschichten, welche diese oder ähnliche Lästerungen wider ein niedergeschlagenes Volk beweisen sollen; aus welcher Ursache Gott sagt Zach. 2, 12. „Wer euch antastet, der tastet seinen Augeapfel an". Ich will einiger Begebenheiten, die zu meiner Zeit sich ereignet haben, flüchtig erwähnen; davon ich zwar kein Augenzeuge gewesen, die aber allgemein erzählt, und ohne den mindesten Widerspruch geglaubt wurden. In meiner Fortsetzung des Josephus Flavius habe ich treulich beydes, die Namen der Personen, der Oerter und der Zeit wo und wenn sie sich zugetragen, aufgezeichnet, und werde daher hier bey der Erzählung minder sorgfältig seyn.

In *Wien* der Hauptstadt von *Oestereich*, war unter dem *Kaiser Friderich*, bey der Kälte dieser Gegend, ein Teich zugefroren, in welchen ‖ drey Leichname (wie nur zu oft dieses geschieht) geworfen wurden. Bey Vermissung derselben fiel die Beschuldigung auf die Juden, welche auf der Stelle angeklagt wurden, daß sie dieselben zur Feyer ihres Osterfestes ermordet hätten. Sie wurdem in den Kerker geworfen, und nach unendlichen vergeblichen Bitten | und Vorstellungen, drey hundert derselben verbrannt. Als der Teich aufthaute, fand man diese drey Körper, die Unschuld kam an den Tag, aber zu spät, nachdem die Grausamkeit verübt war.

Ungefähr vor dreyßig Jahren war zu Arguza ein Christenweib, in deren Haus ein kleines Mädchen (von eilf Jahr, die Tochter eines benachbarten Edelmannes,) reichlich mit Juwelen geschmückt, kam: Das elende Weib wuste keinen sicherern Weg es zu berauben als durch dessen Ermordung, schnitt ihm die Brust auf und warf es unter ihr Bette. Das Mächen wurde bald vermißt, und bey der Erkundigung, erfuhr man, daß man es in dieß Haus habe hinein gehen sehen. Der Magistrat hielt Nachsuchung, und man fand es tod. Die Frau gestand die That, und gleichsam als wenn sie ihr eigenes Verbrechen dadurch aufhöbe, wenn sie einen Juden, so unschuldig er auch sey, unglücklich machte; so sagte sie, sie hätte es auf Anrathen und Zureden eines gewissen *Isaac Jeschurun* gethan, weil dieser Jude zur Feyer des Osterfestes Blut nöthig hatte. Sie wurde gehangen, der Jude ergriffen, und mit Anwendung alles Witzes, zur Erfindung unerhörter und unerträglicher Marter, die einen Perillus zum Erbarmen und Mitleiden hätten bringen können, sechs mahl grausam gefoltert. Gleichwohl bestand er auf der Falschheit der Anklage, und behauptete, daß diese Bosheit, die er nie verübt, noch je sich habe träumen lassen, auf eine schändliche Weise ihm zugeschrieben werde. Demungeachtet wurde er zu einer zwanzigjährigen Gefangenschaft verdammt (in welcher er aber nur drey Jahr blieb,) wo er in einer dazu aufgeführten viereckigen Mauer nackt angeschlossen, durch ein Loch mit Brod und Wasser kümmerlich gefüttert werden sollte, damit er in seinem eigenen Unrath umkommen möchte. (Dieses Man-|nes Bruder *Joseph Jeschurun* lebt noch jetzo in Hamburg.) Der Elende rief Gott an, flehete zu ihm, ein Zeugniß seiner Unschuld durch ein Zeichen an den Tag zu legen, und die Richter, die mit so wenig Erbarmen als Gerechtigkeit ihn so grausam und unmenschlich plagten, vor seinen göttlichen Richterstuhl zu fordern; und der Ewige war ein gerechter Richter, denn der Fürst starb plötzlich bey einem Schmause, den nächsten Sonntag nachdem er den Urtheilsspruch gege-||ben, und eben so fielen während der Zeit seiner Gefangenschaft die erwähnten Richter nach und nach hin und starben. Dieß wurde weißlich von den wenigen übrigen bemerkt, und für eine besondere göttliche Vorsicht gehalten, sie entschlossen sich daher, um sich selbst zu retten, ihn in Freyheit zu setzen. Dieser Mann kam wohl behalten heraus, reisete durch ganz *Italien*, wo er zur Verwunderung aller die von seinen Leiden wusten, gesehen wurde, und starb einige Jahre nachher zu Jerusalem.

14) Die berühmte Glaubenshandlung (*Autoda-fe*) welche gewöhnlich zu *Toledo* gehalten wird, wurde im Jahre 1632 in Gegenwart des Königs von Spanien, in Madrid gefeyert, wo die Inquisitors dem Könige und der Königinn einen Eid abnamen, daß sie den katholischen Glauben in ihrem Reiche beschützen und aufrecht halten wollen. In der Nachricht von dieser Glaubenshandlung findet man aufgezeichnet, wie eine Familie aus unserer Nation verbrannt worden, nachdem sie auf der Folter die Anklage einer Dienstmagd eingestanden, welche (aufgebracht durch einige Beleidigungen) vorgab, sie hätten ein Bild geschlagen und gegeißelt, und dieses habe unter den Streichen einen großen Theil Blut von sich gelaßen, und mit heftiger Stimme geschrien „warum geißelt ihr mich so grausam?" Der ganze | Adel merkte wohl, daß alles falsch sey, aber von Dingen der Inquisition darf niemand reden.

15) Im Jahr 1631 ereignete sich zu *Lissabon* folgende wahre Geschichte. Eine gewisse Kirche vermißte in einer Nacht eine silberne Büchse, in welcher die papistische Hostie befindlich war. Ein junger ziemlich vornehmer Knabe unserer Nation, mit Nahmen *Simao pires Solis*, war dieselbe Nacht in der Nachbarschaft vorbey gegangen um eine Dame zu besuchen; bloß auf diese Anzeige wurde er ergriffen, ins Gefängniß geworfen und erschrecklich gemartert. Sie schnitten ihm die Hände ab, und verbrannten ihn, nachdem sie ihn durch die Straßen geschleift hatten. Ein Jahr nachher bekannte ein Dieb, unter dem Galgen, daß er die Schachtel mit der Hostie geraubt hätte, und nicht jener arme Unschuldige, den sie verbrannt hätten. Der Bruder dieses jungen Mannes war ein Mönch, ein großer Gottesgelehrter und Prediger; jetzo lebt er als Jude in Amsterdam und nennt sich *Eliasar de Solis*.

16) Es möchten vielleicht einige sagen, die Leute wären nicht zu tadeln, die den Juden etwas aufbürden, das sie selbst mit eigenem Munde bekannten; aber wahrlich, diese müssen die Marter und Qualen, die so sprechen machen, wenig kennen. Der Arzt eines portugiesischen ‖ Grafen wurde eingezogen, weil man ihn für einen Juden hielt. Der Graf ersuchte einen von den Inquisitoren schriftlich, er möchte seine Loslassung besorgen, weil er

gewiß wüste, daß der Arzt ein wahrer aufrichtiger Christ sey; aber dieser konnte die ihm
angethane Folter nicht aushalten, gestand selbst, daß er ein Jude sey, und ward ein Büßen-
der. Der Graf sehr aufgebracht darüber, stellte sich krank, und ließ durch einen seiner
Bedienten den Inquisitor bitten, daß er zu ihm kommen und ihn besuchen möchte. Als er
kam, befahl er ihm I zu gestehen, daß er ein Jude sey, ferner, daß er dieses mit eigener Hand
niederschreibe; und als er sich dessen weigerte, befahl der Graf einigen seiner Bedienten,
ihm einen glühenden Helm (womit er sich zu dieser Absicht bereits versehen hatte) auf den
Kopf zu setzen. Dieser, unfähig die gedachte Folter auszuhalten, nahm ihn auf die Seite,
gestand ihm, und schrieb es mit seiner eigenen Hand, daß er ein Jude sey. Der Graf nahm
darauf Gelegenheit, ihm seine Ungerechtigkeit, Grausamkeit und Unmenschlichkeit zu
verweisen; auf gleiche Weise, sagte er, als ihr bekennt, that es auch mein Arzt; ungerech-
net, daß ihr gegenwärtig schon ohne das Feuer, ohne Gefühl der Marter, mehr bekannt
habt. Daß durch ähnliche Instrumente der Grausamkeit zärtlich erzogene Kinder oder sonst
Personen die weichlich gelebt haben, zum Geständniß gezwungen werden können, daß sie
ein Bild gegeißelt oder ähnlicher sträflichen Mißhandlungen sich schuldig gemacht haben,
beweißt die tägliche Erfahrung. Es war aus dieser Ursache bey dem Israelitischen Senate
nie die Folter gebräuchlich; sondern man konnte bloß durch das Zeugniß zweyer Zeugen
überführt werden.

17) Andere führen vielleicht an, diese Geschichten mögen wohl richtig seyn, aber sie
sind nicht geheiligt oder canonisch. Ich antworte, Liebe und Haß, sagt *Plutarch*, verdirbt
die Wahrheit jedes Dings, wie die Erfahrung hinreichend zeigt, wenn wir die Sachen die
geschehen, betrachten, wie eine und dieselbe, in einer und derselben Stadt, zu einer und
derselben Zeit, auf verschiedene Weise erzählt wird. Ich selbst habe es in meinen eigenen
Geschäften so gefunden. Es gieng z. B. allgemein die Rede, daß unsere Nation die St.
Paulskirche gekauft habe, um sie zu ihrer Synagoge zu machen, ungeachtet sie vorher ein
der *Diana* geheiligter Tempel war. So I sind noch mancherley andere Dinge von uns erzählt
worden, die unserer Nation nie in den Sinn gekommen. So habe ich eine fabelhafte Erzählung von dem Verfahren eines großen Conciliums von Juden gesehen, die sich auf der
Ebene von II Ageda in Ungarn versammelt haben sollten, um zu bestimmen ob der Messias
gekommen oder nicht?

18) Da es klar ist, daß den Juden der Genuß jeder Art Blutes unerlaubt, das Ermorden
eines Menschen geradezu durch unser Gesetz verboten sey, und daß die vorher angeführten Gründe dem Verstande eines jeden faßlich und einleuchtend seyn müssen; so weis ich,
es wird vielen, besonders den Frommen und Freunden der Wahrheit, an der Untersuchung
liegen, wie diese Verläumdung entstanden, woher ihr erster Ursprung abzuleiten sey? Ich
möchte antworten; daß diese Bosheit aus verschiedenen Ursachen ihnen zur Last gelegt
wird.

Erstlich, sagt uns *Ruffinus*, der vertraute Freund des heiligen Hieronymus, in seiner
Uebersetzung des zweyten Buchs Josephus, das er wider *Apion* den Grammatiker, schrieb
(der griechische Text fehlt hier) wie Apion dem Antiochus zu gefallen, diese Verläumdung
ersonnen, um dessen Gottlosigkeit zu entschuldigen, und dessen treulose Behandlung der

Juden, da er durch ihr Vermögen seinen Mangel ersetzte, zu rechtfertigen. *Propheta vero aliorum est Apion &c.* Apion ist ein Prophet worden, und sagte, daß Antiochus im Tempel ein Bette fand, auf welchem ein Mann gelegen, einen Tisch mit allen Leckerbissen der See und des Landes und Flügelwerken, besetzt, vor sich habend, der über den Eintritt des Königs erstaunt, ihm zu Füßen gefallen und ihn als seinen Retter verehrt habe, als käme er ihm zu helfen und ihm beyzustehen; er streckte seine rechte Hand aus und bat um Freyheit. Als | der König ihm befahl, sich niederzusetzen, und zu erklären, wer er wäre, warum er hier wohne und was die Ursache dieses seines reichhaltigen Vorraths sey? so klagte der Mann jämmerlich mit Seufzern und Trähnen über seine Noth, und sagte ihm, er sey ein Grieche, und als er außer der Provinz reisete, um sich seinen Unterhalt zu verschaffen, so sey er plötzlich ergriffen, von einigen fremden Männern gefangen und in den Tempel gebracht worden, wo er eingeschlossen worden, von niemanden gesehen zu werden, aber mit allen Arten von Leckereyen gefüttert werde. Diese unerwartete Wohlthaten verursachten ihm erst Freude, dann Verdacht, nachher Erstaunen; und endlich zuletzt merkte er aus den Rathschlägen des Priesters, der zu ihm kam, daß die Juden jährlich zu einer gewissen bestimmten Zeit, zufolge ihres geheimen Gesetzes, einen fremden Griechen fangen, und nachdem sie ihn während eines ganzen Jahres köstlich gefüttert haben, in einen gewissen Wald bringen und tödten. Alsdann opfern sie, ihren feyerlichen Ge-||bräuchen und Ceremonien gemäß, seinen Körper, ein jeder schmeckt seine Eingeweide, und während der Opferung dieses Griechen, legen sie einen feyerlichen Eyd ab, daß sie den Griechen einen unsterblichen Haß und Groll nachtragen wollen. Die Reste dieses umgebrachten Mannes werfen sie alsdann in eine gewisse Grube. Nach diesem, läßt Apion diesen Mann sagen, daß ihm nur noch wenige Tage bis zu dieser Hinrichtung übrig seyen, und den König bitten, daß er, der die griechischen Götter verehre und fürchte, das Blut seiner Unterthanen an den Juden rächen, und ihn von dem nahen Tode befreyen möchte. Diese Fabel (sagt *Josephus*) ist so voll von greulicher Unverschämtheit, als von traurigen Auftritten. Ich wünschte, daß Sie vielmehr die Widerlegung dieser Verläum-|dung hier lesen, als daß ich sie an deren Stelle hinschreibe. Sie finden sie in der Genfer Ausgabe des Josephus S. 1066.

Zweytens, diese berüchtigte Anklage und schreckliche Bosheit vom Ermorden der Kinder und dem Essen ihres Bluts, ist schon von Alters her den Christen von den Heiden zur Last gelegt worden, um sie verhaßt zu machen und das gemeine Volk wider sie aufzubringen, wie aus dem *Tertulian* in seiner *Apologia contra gentes, Justin Martyr* in der *Apologia ad Anton. 2. Eusebius Caesariensis, 1. 5. Cap. 1* und *4. Pineda* in seiner *Monarchia Ecclesiastica I. II. Cap. 52.* und aus verschiedenen andern hinreichend zu ersehen ist. Und eben diese Grausamkeit wird itzt von ihnen aus demselben Grunde den Juden Schuld gegeben, da sie sich der ihnen gemachten gleichen Beschuldigung kaum mehr erinnern. Aus derselben Absicht und auf gleiche Weise wie sie die Sache als eine fälschliche Anklage leugneten, läugnen auch wir sie, und, ich möchte sagen, vielleicht noch mit etwas mehrerem Grunde, indem wir keine Art von Blut genießen dürfen, wozu die Christen sich nicht verpflichtet halten.

Nun war die Ursache dieser Verläumdung überall eine Niederträchtigkeit einiger, welche aus Verlangen nach ihrem Hab und Gut und nach dem Besitze ihrer Reichthümer, diese
ungeheuere Beschuldigung erdichtet und eingeführt, um unter dem besondern Vorwand
ihr eignes Blut zu rächen, ihrer Bosheit einen Anstrich zu geben. Und ich erinnere mich
bey dieser Gelegenheit, daß, als ich einst einem Rabbi (der aus Pohlen nach Amsterdam
kam,) wegen der übermäßigen Zinsen, welche sie in *Deutschland* und *Pohlen* von den
Christen fordern, Vorwürfe machte, und ihm sagte, wie mäßig sie in *Holland* und *Italien*
wären; so antwortete er, wir sind gezwungen es so zu machen; indem sie so oft | ‖ falsche
Zeugniß wider uns aufstellen, und auf einmahl mehr von uns heben, als wir in vielen
Jahren von ihnen zu gewinnen im Stande sind. Und so ist es, wie die Erfahrung zeigt, mit
unserm armen Volke, unter diesem Vorwand und Anstrich, gewöhnlich gegangen.

19) Und dieß war der Fall öfter; die Leute beleidigten die Juden um ihre eigene Bosheit zu entschuldigen: wie zum Beyspiel der Vorfall zu der Zeit eines gewissen Königs von
Portugal war. Der *Ewige* beraubte ihn eine Nacht des Schlafes, (so wie den König Ahasve-
rus) und er ging auf einem Altan des Palastes, von welchem er die ganze Stadt übersehen
konnte, von da bemerkte er, (der Mond schien helle) zwey Menschen welche einen todten
Körper trugen, und ihn in den Hof eines Juden warfen. Sogleich fertigte er ein paar Bediente ab, mit dem Befehl, mit einer scheinbaren Nachläßigkeit, diesen Leuten nachzu-
spühren, zu folgen und sich ihre Wohnung zu bemerken; welches sie ausrichteten. Den
nächsten Tag enstand ein Aufruhr und Tumult in der Stadt, man klagte die Juden als Mörder an. Darauf ließ der König die Schelme ergreifen und sie gestanden die Wahrheit; und
als er in Erwegung zog, daß dieß Geschäfte durch eine besondere göttliche Vorsicht geleitet wurde; so berief er einige weise Männer der Juden, und fragte sie, wie sie den vierten
Vers des hundert und ein und zwanzigsten Pslams verdollmetschten? und sie antworteten,
Siehe, der Hüter Israel schläft noch schlummert nicht. Unrichtig, erwiderte der König,
denn wenn er nicht schlummert, um wie viel weniger wird er schlafen? die wahre Verdoll-
metschung ist diese: *Siehe, der Herr schlummert nicht, und läßt den nicht schlafen, der
Israel hütet.* Gott, der auf euch acht hat, hat mir meinen Schlaf genom-|men, damit ich ein
Augenzeuge derjenigen Bosheit seyn möge, welche diesen Tag euch zur Last gelegt worden. Diese und viele ähnliche Begebenheiten, kann man in dem Buche *Scebet Jehuda*
lesen, wie oft, wenn unsere Nation, solcher erdichteten Verläumdung halber, am Rande des
Unterganges war, die Wahrheit sich von selbst, zu ihrer Errettung entdeckt hat.

20) Ueber diesen Blutgegenstand ist schon vormahls vor einem von den Päbsten bey
einem völligen Concilium gehandelt, gestritten und endlich entschieden worden, daß es
nichts als eine bloße Verläumdung sey. Er gab auch darauf den Juden die Freiheit in seinen
Ländern zu wohnen, und machte daß die italiänischen Fürsten ein gleiches thaten, so wie
auch *Alfonso der Weise*, König von *Spanien*. Und gesetzt auch, daß irgend einer eine solche That begangen, wie ich nie von einem Ju-‖den glaube; so wäre es doch eine große
Grausamkeit, wegen eines einzigen Mannes Bosheit, eine ganze Nation zu bestrafen!

21) Doch wozu mehr Worte über diese Sache, da es so offenbar ist, daß über uns kömmt,
was von allen Propheten vorausgesagt ist? Moses Deut. 28. 61. Dazu alle Krankheit und

alle Plage, die nicht geschrieben sind in dem Buche dieses Gesetzes, wird der Herr über dich kommen lassen u. s. w. darum daß du nicht gehorcht hast der Stimme des Herrn deines Gottes. David führt im vier und vierzigsten Psalm eine traurige Klage über die Uebel und die schändliche Schmach, von welchen wir in dieser Gefangenschaft umgeben sind, als wenn wir der Mittelpunkt des Elends wären; *denn wir werden ja*, sagt er, *um deinetwillen täglich erwürget und sind geachtet wie Schlachtschafe.* Eben so spricht er im vier und siebenzigsten Psalm und in mehreren. |

Ezechiel erwähnt dieser Verläumdung ausdrücklicher. Der ewig gelobte Gott verspricht Cap. 36, 13. daß eine Zeit kommen wird, wo sie des Verschlingens der Menschen oder des Essens des Menschenbluts nicht mehr werden beschuldigt werden, zufolge der wahren und reinen Auslegung des gelehrten Don Isaac Abarbanels. Der gelobte Gott wird nach der Größe seiner Erbarmung, mit seinem Volke Mitleiden haben, und alle Beschuldigungen Israels von der Erde wegnehmen, daß sie nicht mehr gehört werden mögen, wie durch Isaiah prophezeihet worden. Und dieß mag von diesem Punkte genug seyn!

Zweyter Abschnitt.

Sie verlangten nächst diesem zu wissen, welcher Ceremonie oder Demüthigung die Juden in ihren Synagogen gegen das Gesetzbuch sich bedienen; weshalb sie von einigen aus Unwissenheit für Götzendiener gehalten werden. Ich werde hierauf nach der Ordnung antworten.

Erstlich, die Juden halten sich verbunden auf zu stehen, wenn das auf Pergament geschriebene Gesetzbuch aus den Schranken genommen worden, bis es auf dem Pult geöffnet wird, um es dem Volke zu zeigen und hernach darin zu lesen. Wir sehen daß dieses beobachtet wurde in Nehemia, wo es heißt Cap. 8. 6. „Und als er geöffnet hat, so stund das ganze Volk auf". Und dieß geschiehet aus Ehrerbietung gegen das göttliche Wort und dies geheiligte Buch.

Aus gleicher Ursache neigen alle ihre Häupter mit Ehrfurcht, denen || es vom Schranken nach dem Pulte vorübergeht; welches aus folgenden Gründen kein Gözendienst seyn kann. |

Erstlich, etwas anders ist ein Ding anbeten, *adorare*; etwas anders es verehren, *venerari*. Das *Anbeten* jedes Geschöpfs, es sey ein englisches oder irrdisches, ist verbothen; aber Verehrung kann einem jeden derselben ertheilt werden, so wie ein Mensch von höherem Range Ehrwürdig genennt wird. So demüthigte sich *Abraham*, der zu seiner Zeit den falschen Gözendienst ausrottete, und warf sich hin vor jene drey Gäste, die er doch für Menschen hielt. Eben so warf Josua der höchste Anführer des Volks sich vor einem Engel hin, der ihm, mit dem Schwerdt in der Hand an den Pforten von *Jericho* Furcht einflößte. Waren dieses nun gerechte Männer, deren Beyspiel zu folgen wir verbunden sind, und sind sie deshalb nicht getadelt worden; so ist klar, daß das Verehren des Gesetzes nach unserer Weise kein Götzendienst zu nennen sey.

Zweytens, die Juden sind äußerst gewissenhaft in solchen Dingen, und fürchten so gar den Schein, als erzeugten sie Bildern eine Ehrerbietung. Man kann dieses im Talmud, und in der Abhandlung vom Götzendienst des *R. Moses* aus *Egypten* sehen, wo sich die Vorschrift findet, daß wenn von ungefähr ein Israelite an einer Kirche vorbey gehet, an deren Außenseite sich Bilder befinden, und zu gleicher Zeit ihm ein Dorn im Fuße sticht, so darf er nicht still stehen, um ihn heraus zu ziehen, weil es ihm bey jemand der ihn sieht, den Verdacht erwecken kann, als bückte er sich vor einem solchen Bilde. Wenn also das Bücken vor dem Gesetze irgend einen Anschein von Götzendienst hätte, so würden die Juden, zufolge dieser Strenge, allerdings es verabscheuen; und daß sie es thun, ist ein sicheres Zeichen, daß es kein Götzendienst sey.

Drittens, das Küssen der Bilder ist die vorzüglichste Verehrung beym Götzendienst, so wie Gott | sagt 1 Kön. 19, 18. „und ich will lassen überbleiben sieben tausend in Israel, nehmlich, alle Knie, die sich nicht gebeugt haben vor Baal, und allen Mund, der ihn nicht geküsset hat"; wäre dieß aber, so würde folgen, daß alle diejenigen, welche nachdem sie geschworen, das Testament küssen, Götzendiener seyn müßten; aber da es sich nicht so verhält, indem diese Handlung bloß eine einfache Verehrung ist, so folgt aus demselben Grunde, daß das Neigen des Haupts für keinen Götzendienst gehalten werden kann.

Viertens, die Erfahrung zeigt, daß es bey allen Nationen, eine Höf-|lichkeitsbezeugung der Menschen gegen einander ist, ihr Haupt zu neigen, und es giebt darin Grade, nach Beschaffenheit der Person, mit der sie sprechen; ein Beweis, daß es nach der Meinung aller Nationen kein Götzendienst ist, und viel weniger daher ist es die Verehrung des Gesetzes durch eine Verbeugung des Körpers.

Fünftens, wenn das Volk in Asien (und so ist es beynahe in der ganzen Welt) einen Bescheid oder Befehl von seinem Könige erhält; so nimmt es ihn, küßt ihn, und legt ihn auf den Kopf. Wir sind Gottes Wort und seinen göttlichen Befehlen weit mehr schuldig.

Sechstens, als die zwey und siebenzig Dollmetscher mit dem Gesetzbuch zu Ptolomäus Philadelphus kamen; so stand er, (wie Aristäus uns versichert) aus Verehrung desselben, von seinem Stuhle auf, und warf sich sieben mahl nieder. Wenn ein Heyde sich so gegen ein Gesetz bezeugt, zu dem er sich nicht verpflichtet hält, wie viel mehr sind wir diesem Gesetze Ehrerbietung schuldig, das besonders uns gegeben ist?

Siebentens, die Israeliten halten für Artikel ihres Glaubens, daß ein Gott sey der die einfache | Einheit, ewig, unkörperlich ist; der das geschriebene Gesetz seinem Volke Israel, durch die Hand Moses des Fürsten und Oberhaupts aller Propheten gegeben habe, dessen Vorsicht sich um die Welt bekümmert, die er erschaffen; der aller Menschen Handlungen beobachtet, und sie dafür belohnt und bestraft. Endlich, daß einst Messias komme, um die zerstreuten Israeliten wieder zu versammeln, und daß kurz nachher die Auferstehung der Todten erfolgen werde.

Dieses sind ihre Lehren, welche, wie ich glaube nichts abgöttisches enthalten, selbst nicht nach der Meinung derer, die anders urtheilen. „Die Juden," sagt ein sehr gelehrter Christ unserer Zeit, der ein französisches Buch, daß er die *Zurückberufung der Juden* nennt, geschrieben, (in welchem er den König von Frankreich zu ihrem Führer macht, wenn sie nach ihrem eigenen Lande zurückkehren werden) „die Juden werden erlöst werden, denn wir erwarten noch eine zweite Ankunft desselben Messias; und die Juden glauben, daß dieses seine erste, nicht die zweite Ankunft sey, und durch diesen Glauben werden sie erlöst werden; denn der Unterschied bestehet nur in der verschiedenen Angabe der Zeit dieser Ankunft." ‖

Dritter Abschnitt.

Ich hoffe Ihnen in Absicht auf die angeführten Punkte Genüge geleistet zu haben. Ich werde Ihnen in Ansehung des übrigen, mit der nehmlichen Aufrichtigkeit berichten. *Sixtus Senensis* in seiner *Bibliotheca Lib. 2.* unter dem Titul *contra Talmud* und andere, als *Biatensis ordine 1 Tract. 1.* unter dem Titul *Berachot* versichern aus dem Talmud cap. 4. ∣ „daß jeder Jude drey mahl täglich allen Christen fluche, und zu Gott bete, sie zu verwüsten und auszurotten, samt ihren Königen und Fürsten. Und dieß geschehe besonders in der Synagoge drey mahl täglich durch die jüdischen Priester." Wer die Wahrheit liebet, beliebe doch, den Talmud in der angeführten Stelle nachzuschlagen, man wird nichts von dem vorgeworfenen finden; es ist in dem besagten vierten Kapitel bloß das tägliche Gebeth erzählt, das von den Minim (d. i. Ketzern) spricht, und in Jabne (einer Stadt unweit Jerusalem zwischen Gath und Gazim u. s. w.) angestellt worden, mehr ist nicht im Talmud. Hieraus erkünstelt nun *Sixtus Senensis die erwähnte Verläumdung,* und spricht von demjenigen, was der Talmud nur kürzlich berühret, daß es bloß von weisen Männern in der besagten Stadt geschehen, als wäre es eine Verordnung im Talmud auf alle Zeiten.

Laßt uns nun sehen, was durch diese weise Männer in der erwähnten Stadt geschehen ist, und untersuchen, ob es mit Recht die Christen beleidigen kann.

Unter den täglichen Gebeten ist ein gewisses Kapitel, worinn es heißt; *La-Mumarim &c.* d. i. „Lasse den Abtrünnigen keine Hofnung, vertilge alle Ketzer, und alle deine Feinde und alle die dich hassen laß umkommen. Und das Reich des Hochmuths wollest du ausrotten, schwäche und vertilge es bald und in unsern Tagen". Dieß ganze Kapitel spricht nicht von ursprünglichen Christen; sondern von Juden welche damahls den Saduceern, Epikurern und den Heiden zu gefallen waren, wie *Moses* aus *Egypten* sagt *Tract. Tephila c. 2.* Denn unter *Abtrünnige* und *Ketzer* sind nicht alle Menschen zu verstehen, welche von verschiedener Religion, Abgötter oder Heiden sind; son-∣dern solche abgefallene Juden, welche dem ganzen mosaischen Gesetz oder einigen darinn angenommenen Artikeln entsagen; und diese werden eigentlich von uns Ketzer genannt. Auch zufolge des Gesetzes der Christen ist der eigentlich kein Apostat oder Ketzer, welcher geboren und von Jugend auf ein Schüler und treuer Befolger eines verschiedenen Gesetzes ‖ ist, und darinn verbleibet; sonst müsten gebohrne Juden, Mahommedaner und andere Nationen welche keine Christen sind, noch je waren, in Rücksicht auf die Christen eigentlich Apostaten und Ketzer genannt werden, welches ungereimt ist; eben so ungereimt wäre es von Seiten der Juden, wenn sie die Christen so benennten. Die Rede ist daher keinesweges von Christen, sondern von Ueberläufern der Juden, d. i. von solchen, welche die Fahne oder das heilige Gesetz verlaßen haben.

2) Endlich werden hier weder die Königreiche noch die Könige welche Christen oder Mahommedaner oder von einer andern Secte sind, verflucht, sondern namentlich das Königreich des Stolzes. Gewiß ist es, daß zu der Zeit (da unsere weise Männer zu den täglichen Gebeten das erwähnte Kapitel hinzuthaten,) noch kein christliches Königreich war. Was war also dieses Reich des Hochmuths? könnte man fragen, wer kann dieses deutlich darthun? – So viel wir muthmaßen können, ist es das Königreich der Römer, das damahls blühete, welches über alle Nationen und besonders über die Juden tyrannisch und stolz herrschte[*]; ‖ denn Vespasian und sein | Sohn Titus haben nachher ganz Judea zerstört. Und ob gleich einige römische Kaiser nachher Christen geworden sind, oder von dem Christenthum eine gute Meynung hatten, so war doch das römische Königreich ein heidnisches, und ohne Unterschied stolz und tyrannisch. Und ob schon die Juden dieselbe Worte des Gebets wiederholen, wenn auch der Fürst gut war, und sie unter einer gerechten Regierung lebten; so geschah es bloß aus altem Gebrauch ohne eine Bosheit wider die gegenwärtige

---

[*] Wenn in dieser Stelle unter *Reich des Stolzes* ein gewisses Reich auf Erden verstanden werden soll; so kann wohl kein anderes, als das Römische gemeinet seyn, unter dessen Drucke die Juden damals lebten, als dieses Gebet eingeführet worden. Wie räumt sich dieses aber mit dem, was unser Rabbi in der Folge behauptet, und durch Stellen aus dem Josephus und Philo beweiset, daß nehmlich die Juden für das Wohl der römischen Kaiser und des Reichs geopfert und Gebete angestellt? Ja, nach dem Ausspruch der Rabinen überhaupt soll der *Sünde*, aber nicht dem *Sünder* geflucht werden.

Mich dünkt, es liege hier offenbar eine Zweydeutigkeit in der Sprache, die der Rabbi, nach seiner gründlichen Kenntniß des Hebräischen, gar wohl hätte bemerken sollen. *Reich des Stolzes* kann freylich so viel bedeuten, als, *das stolze Reich*; die stolze Regierung. Die hebräische Sprache hat diese Eigenheit, daß sie die Eigenschaften der Dinge mehr durch abstrakte Hauptwörter, als durch Beywörter ausdrückte; anstatt daß in anderen bekannten Sprachen, die Abstrakta fast durchgehends aus den Beywörtern gebildet zu werden pflegen. Männer der Gerechtigkeit: Tage der Glückseeligkeit: Stimme der Stärke, heißt so viel, als: gerechte Männer; glückseelige Tage; starke Stimme; Seele des Lebens, so viel als lebendige Seele. In dieser abgeleiteten Bedeutungsart des abstrakten Hauptworts heißt *Regierung des Stolzes* so viel als *stolze Regierung*, bedeutet folglich eine gewisse, bestimmte Regierung, und nun ist keine Frage mehr, welche?

Allein das Nomen Abstraktum hat deswegen in der hebräischen Sprache seine ursprüngliche Bedeutung nicht völlig verloren. Die Herrschaft des Stolzes kann auch schlechtweg die Herrschaft des Stolzes bedeuten, die Gewalt dieser Leidenschaft überhaupt, oder der Menschen und vornehmlich der Regenten, die sich ihr ergeben, und ihre Nebenmenschen mit Hoffart und Ubermuth beherrschen. In diesem Verstande also wird allhier keinem bestimmten Reiche auf Erden geflucht, keiner Regierung der Untergang gewünscht, und die Gebetsformel kann gar füglich in folgenden unschuldigen Wunsch verwandelt werden: Laß den Ubermuth (oder die Übermüthigen) nicht länger die Menschen beherrschen; sondern die Gewalt des Hochmuths geschwächt, gebrochen und die sich ihm überlassen, bald und in unsern Tagen gedemüthiget werden? wer setzt nicht hier von ganzem Herzen sein Amen hinzu? [M. M.]

Regierung. Und in der That sind nun in allen ihren Büchern, die nachher gedruckt worden, diese Worte weggelassen, damit sie nicht ungerechter Weise den Juden zum Vorwurf gerei-chen möchten; und so sagen sie anstatt *Aposta-lten und Ketzer, heimliche Ankläger oder Verräther der Juden*; und anstatt des *Königreichs des Stolzes*, setzen sie alle *Zedim*, d. i. *stolze Menschen.*

3) Auf gleiche Weise haben die zwey und siebenzig Dollmetscher, um Aergerniß zu vermeiden, als sie in *Levit.* an die unreinen Thiere kamen, anstatt *Arnebeth*, welches ein Hase bedeutet, δασύποδα d. i. *Rauchfuß* gesetzt; sie verließen den Namen, und gebrauchten dessen Sinn. Sie wollten das hebräische Wort *Arnebeth* nicht beybehalten, wie sie es bey verschiedenen andern Nennwörtern gethan haben, damit die Frau des Ptolomäus, deren Namen *Arnebet* war, nicht denken möchte, die Juden spotten | ihrer, wenn sie ihren Namen unter die unreinen Thiere hingesetzt hätten. Noch wollten sie es durch λαγωον *lagoon* oder λαγον *lagon* geben, welches in der griechischen Sprache ein Haase bedeutet, damit Ptolomäus selbst, der ein Sohn und Bruderssohn des Lagi war, sich nicht beleidigt fände, den Namen seiner Familie unter den unreinen Thieren aufgezeichnet zu sehen. Ueberdieß erwähnt *Plutarch*, wie sehr übel es aufgenommen worden, wenn jemand Ptolomäus fragte, wer der Vater des Lagus gewesen? gleichsam als wenn man spöttisch auf seine dunklere Herkunft und Abstammung merkte. ||

4) Die völlig ähnliche Verläumdung fällt weg aus der Betrachtung desselben Capitels unsers Gebeths. Als *Mulet Zidan* in *Marocco* regierte, klagte ein abtrünninger Jude, um sich standhaft in der mahometanischen Religion und als ein Feind seiner eigenen Nation zu zeigen, die Juden bey dem König an, daß sie Gott um seinen Untergang bäten, indem sie in ihren Gebeten aller *Zedim* erwehnen, als wolten sie haben, daß die ganze Familie von *Zidan* zerstört werde. Sie entschuldigten sich mit der Wahrheit, und behaupteten, daß, in-dem sie wider *Zedim* bäten, es bloß wider die stolzen Menschen (wie dieses Wort in der hebräischen Sprache eigentlich bedeutet) nicht wider seine Majestät geschehe. Der König nahm die Entschuldigung an, und sagte ihnen, daß sie wegen der Zweydeutigkeit des Worts, es mit einem andern vertauschen sollten.

5) Gewiß die Juden geben keine Gelegenheit einen Fürsten oder einen Magistrat zu beleidigen; sondern im Gegentheil, sie sind, wie mir scheint, verbunden ihn zu lieben, zu vertheidigen und zu beschützen; denn zufolge ihres Gesetzes, des Talmuds und des unver-letzlichen Gebrauchs der überall zerstreuten Juden, haben sie an dem Sabath und an allen | jährlichen Feyerlichkeiten Gebete für die Könige und Fürsten, unter deren Regierung sie leben, sie mögen von christlicher oder von anderer Religion seyn. Ich sage, zufolge ihres Gesetzes, wie *Jeremias* empfiehlt cap. 29. nehmlich: „Sucht der Stadt Bestes, dahin ich euch habe lassen wegführen, und betet für sie zum Herrn u. s. w." zufolge des Talmuds, *ord. 4 Tract. 4 Aboda zara cap. I.* wo sich ein Gebet für das Wohl des Königsreichs findet; und zufolge des Gebrauchs, der nie von den Juden unterlassen worden. Ueberall wo sie sind, seegnet der Priester der Synagoge, bevor er das jüdische Volk seegnet, den Landes-fürsten unter dem sie leben mit lauter Stimme, damit alle Juden es hören können; und sie

sagen darauf Amen. Sie haben die Form des Gebets in dem Buche *The humble Adresses* gesehen.

6) Auf gleiche Weise bemerken die Alten, als Gott befahl, daß an den sieben Tagen des Lauberhüttenfestes, siebenzig Stiere geopfert werden sollen, solches eine Beziehung auf die siebenzig Nationen habe (welche einst, Jahr auf Jahr, nach Jerusalem aufkommen werden, um dieses Lauberhüttenfest zu halten. *Zachar.* 14. 16) für deren Erhaltung, sie geopfert werden. Denn sie sagen, daß alle Nationen der Erde, in *Abraham* und dessen Saamen werden gesegnet werden, nicht nur geistig, und in der Erkenntniß der einzigen ersten Ursache; sondern auch ‖ jetzund schon zeitliche und irrdische Seegen, durch die Kraft dieses Versprechens, genießen werden. Und so brachten sie in den Zeiten des zweyten Tempels Opfer für die mit ihnen verbundene Nationen, wie aus folgenden Fällen erscheint.

Im *Megilat Taanit* cap. 9. wird erzählt, daß als Alexander der Große, auf Anstiftung der Samaritaner, welche den Berg Gerizim bewohnen, mit ∣ dem Entschlusse kam den Tempel zu zerstören; stellte Simon der Gerechte sich ihm in den Weg, und unter andern Gründen welche er vorbrachte, um ihn von seinem Vorhaben abzubringen, sagte er zu ihm: „Dies ist der Ort, wo wir Gott bitten für deine eigene Wohlfahrt, und für dein Königreich, daß es nicht zerstört werde, und sollen diese Menschen dich bereden diesen Ort zu zerstören?"

Ein gleiches finden wir im ersten Buche der Macabeer cap. 7. 33. und in Josephus *antiq. lib.* 12 *cap.* 17. als Demetrius den Nicanor den General seiner Armee wider Jerusalem schickte, so kamen die Priester mit den Aeltesten des Volks ihn zu grüßen, und ihm die Opfer zu zeigen, welche sie für die Wohlfahrt des Königs Gott bringen.

In derselben Geschichte *lib.* 2. 3. und im Josephus *Antiq. lib.* 3 *cap.* 16. lesen wir, daß *Heliodorus*, Seleucus General, aus gleicher Absicht nach Jerusalem kam; Onias der hohe Priester ersuchte ihn, diesen Ort nicht zu zerstören, wo sie Gott für die Glückseligkeit des Königs und seiner Nachkommen und für die Erhaltung seines Königreichs bitten.

In dem ersten Capitel des *Baruchs*, des Schülers von Jeremiah, finden wir, daß die Juden, welche zuerst nach *Babylon* mit *Jechonias* gefangen geführt worden, Geld zusammen schossen, jeder nach seinem Vermögen, und es nach Jerusalem sendeten, und sagten: „siehe! wir haben euch Geld geschickt, wofür ihr Opfer kaufen und für das Leben Nebuchadnezzars und seines Sohns Baltasar beten sollt, daß ihre Tage auf der Erde wie die Tage des Himmels seyn mögen; daß Gott uns Kraft verleihe und unsere Augen erleuchte; daß wir unter ihrem Schatten leben, ihnen große Dienste leisten, und Gunst in ihrem Angesicht finden mögen". ∣

Die Juden in Asien, wie Josephus Gorionides *lib.* 3. *cap.* 4. erzählt, thaten ein gleiches, sie schickten dem hohen Priester Hircanus Briefe nebst einem Geschenke, und verlangten, daß man für das Leben des Augustus Cäsar und seinen Gefährten Marcus Antonius Gebete anstellen möchte.

Philo Judäus erzählt in dem Buche von seiner Gesandtschaft an Cajus, ‖ wo er eines Briefes erwähnt, in welchem Cajus verlangte, daß man seine Bildsäule in dem heiligen Tempel aufstellen sollte, daß dieses die Worte in Aggrippas Antwort an diesen Kaiser waren: „die Juden opfern für das Wohl deines Königreichs, und das nicht nur an ihren feyerlichen Festen, sondern alle Tage".

Ein gleiches wird vom *Josephus* angeführt. Die Juden sagten zum Petronius, General des Kaisers Cajus: „wir bringen täglich Brandopfer zu Gott für den Frieden des Kaisers und des ganzen römischen Volks". Und im zweiten Buch wider Apion, sagt er, „wir Hebräer sind überall gewohnt die Kaiser mit besondern Opfern zu verehren". Auch ist diese Dienstleistung nie mit Undankbarkeit aufgenommen worden, wie aus dem Bescheid des Cyrus Esra 6. 6. zu sehen ist, wo Darius befiehlt, daß sogleich von des Königs Gütern, selbst von seinen Steuern, den Aeltesten der Juden die Unkosten gegeben werden sollten u. s. w. und alles was sie nöthig hätten, Kälber, Lämmer und Böcke zu den Brandopfern vor dem Gotte des Himmels, Weitzen, Saltz, Wein und Oehl u. s. w. daß sie opfern zum süßen Geruch dem Gott vom Himmel, und bitten für des Königs Leben, und seiner Kinder.

Dasselbe wurde nachher vom Artaxerxes befohlen, welcher verschiedene große Gaben spendete, so wohl zum Bau des Tempels als zur Unterhaltung der | Opfer. So stieg *Alexander* der Große von seinem Wagen, bückte sich zu den Füßen des hohen Priesters, und ersuchte ihn seinethalben Gott Opfer zu bringen. Und wem kann es unbekannt seyn, wie reichlich Ptolomäus Philadelphus, nach Aristeus Erzehlung, den Tempel beschenkte? Nichts unähnliches that Antiochus der griechische König, als er durch eine öffentliche Verordnung jedem Fremden verboth in den Tempel zu gehen, und den Ort zu entweihen, welchen die Juden der Religion und der göttlichen Verehrung geheiligt haben. Josephus. *lib.* 12. *cap.* 3. Ein gleiches that Demetrius *lib.* 13. *cap.* 5. 6. Man kann noch hinzuthun, daß als die Jerusalemer mit den Einwohnern von Samaria wegen der Ehre und Würde des Tempels vor Alexander dem Großen rechteten, so behaupteten die jerusalemer Priester in ihrem Vortrage, daß dieser Tempel beständig von allen asiatischen Königen in großen Ehren gehalten, und mit verschiedenen glänzenden und herrlichen Geschenken bereichert worden sey. Im zweyeten Buche *Josephus* wider *Apion*, lesen wir, daß Ptolomäus Euergetes, als er *Syrien* erobert hatte, Dankopfer brachte, nicht den Götzen und falschen Göttern, sondern dem wahren Gott zu Jerusalem, nach der Weise der Ju-||den. Pompeius der Große wagte es nicht, wie Josephus erwähnt, *de Bello Judaico. lib* 1. *cap.* 5. weder zu plündern, noch im mindesten die Schätze des Tempels zu berühren, nicht (wie Cicero in seiner Rede für den Plancius voraussetzt, dem Augustin in seinem Buche *de civitate Dei* beystimmt.) weil er besorgte, man möchte ihn für zu geitzig halten; denn dieses scheint vergleichungsweise sehr lächerlich und kindisch, indem das Kriegsgesetz ihn bald davon losgesprochen haben würde; sondern aus Ehrfurcht gegen den Ort, von welchem sein Gemüth so gerührt war. Philo Judäus führt einen | Brief von Agrippas an, pag. 102. 6. worin er schreibt, daß Augustus Cäsar den Tempel in so großer Ehre hält, daß er befohlen, aus seinen eigenen Einkünften, täglich einen Stier und zwey Lämmer zu opfern; und seine Frau Julia Augusta schmückte ihn mit güldenen Kelchen und Becken und verschiedenen andern köstlichen Geschenken. Auch Cleopatra die Königin von *Egypten* ließ es nicht an Freygebigkeit fehlen. Tiberius befahl während der ganzen zwey und zwanzig Jahre seiner Regierung, daß aus seinem eigenen Zolle Gott Opfer gebracht werden sollen. Ein gleiches that Nero, bis die unbedachtsame Verwegenheit des Eleazars, indem er seine Opfer ausschlug, das Gemüth des Kaisers abwendig machte, und eine blutige Verfolgung veranlaßte.

Und diesem zufolge können wir den eilften Vers des ersten Capitels des Malachi, (welcher während des zweyten Tempels blühete) besser verdollmetschen. Seine Worte sind: „Aber vom Aufgang der Sonnen bis zum Niedergang soll mein Name herrlich werden unter den Heiden, und an allen Orten soll meinem Namen geräuchert, und ein rein Speisopfer geopfert werden, denn mein Name soll herrlich werden unter den Heiden, spricht der Herr Zebaoth". Denn außerdem daß die Heiden den Tempel das Haus des großen Gottes nannten; Ezra 5. 8. so haben ihre Könige und Kaiser, persische, griechische und römische, wie wir gehört haben, verlangt, daß man für sie im Namen Gottes Opfer und Weyrauch bringen sollte.

9) Der Leser mag ferner bemerken, daß die Juden nicht nur für die Kaiser ihre Freunde und Bundesgenossen, sondern allgemein für die ganze Welt Gott zu opfern und zu bitten gewohnt waren. Es | ist gebräuchlich, (sagte Agrippa zu Cajus nach dem Philo, S. 1035) daß der hohe Priester am Versöhnungstag ein Gebet zu Gott für das ganze menschliche Geschlecht thut und ihn ersucht, demselben ein neues Jahr mit Segen und Frieden zu verleihen. Dasselbe sagt *Philo Judaeus* in ‖ seinem zweyten Buche von der Monarchie: „Die Priester anderer Nationen bitten Gott bloß für die Wohlfahrth ihres eigenen besondern Volks; aber der hohe Priester bittet für das Wohl und die Glückseligkeit der ganzen Welt." Und in dem Buche von den Opfern p. 836 sagt er: „Einige Opfer werden für unsere Nation, einige für das ganze Menschengeschlecht gebracht. Denn die zwiefachen täglichen Opfer, nemlich des Morgens und des Abends, sind für die Erlangung der guten Dinge, welche Gott, das höchste Gute, ihnen zu diesen beyden Tageszeiten verleihet."

Und auf gleiche Weise, sagt Josephus in seinem zweyten Buche wider den Apion „Wir opfern beten zu Gott zuerst für das Wohl und die Glückseligkeit der ganzen Welt, und nachher mehr besonders für uns selbst, weil, (wie wir glauben) ein solches Gebet, welches erst allgemein sich erstreckt, und nachher mehr besonders verrichtet wird Gott weit annehmlicher ist." Welche Worte auch von *Eusebius Caesariensis* in seiner *Praeparatio Evangelica lib. 8. cap.* 2 angeführt werden.

10) So wie keine äußerliche materielle Herrlichkeit beständig ist; so hatte auch der Tempel seine Periode, und mit dem Osterlamme hörten auch alle andere Opfer auf: aber an deren Stelle haben wir jetzund Gebete, wie Hosea spricht Cap. 14, 3. „statt der Stiere wollen wir opfern die Pfarren unserer Lippen". Und drey mahl ist täglich unsre Bitte zu Gott: „Fülle die ganze Welt, o Herr, mit deinem Seegen; denn alle Geschöpfe sind das | Werk deiner Hände, wie es in den Psalmen heißt 145, 9. Der Herr ist allen gütig, und erbarmt sich aller seiner Werke".

11) Ja wir bitten auch um die Bekehrung[*] der Nationen, und so sa-‖gen wir in den trefflichen Gebeten am *Ros a sana* (Neujahrsfest) und am Versöhnungstag: „Unser Gott

---

[*] Bekehrung (Conversion) war sicherlich nicht das eigentliche Wort, dessen sich der Rabbi hier bedienen wollte, oder sollte. In allen Stellen, die er aus dem Gebete am Neujahrstage und am

und Gott unserer Väter, regiere über die ganze Welt mit deinem Glanze und sey erhaben
über die ganze Er-‖de in deiner Herrlichkeit; verbreite deinen Einfluß über alle Einwohner
der Welt in der herrlichen Majestät deiner Stärke; und laß jedes Geschöpf wissen, daß du es
geschaffen; und laß jedes gebildete Ding einsehen, daß du es gebildet; und laß alles was
Athem in der Nase hat sagen, der Herr Gott von Israel regiert, und sein ‖ Königreich ist
über alle Herrschaften." Und ferner, „laß alle Einwohner der Erde wissen und sehen, daß
dir jedes Knie sich beuge, und jedes Zunge schwöre; Vor dir o Herr unser Gott, laß sie sich
bücken und hinwerfen: laß sie der Würde deines Nahmens Ehre geben, und laß sie alle das
Joch deines Königreichs auf sich nehmen." Und wiederum, „erstrecke deine Furcht, o Herr
unser Gott, über alle deine Werke, und dein Schrecken über alles was du geschaffen; laß
alle deine Werke dich fürchten, laß alle Geschöpfe sich vor dir niederbücken, und laß alle
sich eine Handvoll machen (d. i. mit verbundener Eintracht) deinen Willen mit vollkom-
menem Herzen thun u. s. w." Eine fast wörtliche Nachahmung des weisen Königs Salomo,
der nachdem ‖ er den Bau des Tempels zu Ende gebracht, in dem langen Gebete 1 Kön. 8.
der Heiden nicht uneingedenk war; sondern im 41ten Vers sagt er: „wenn auch ein Fremder, der nicht deines Volks Israel ist, kommt aus fernem Lande, um deines Namens Willen.
(Denn sie werden hören von deinem großen Namen, und von deiner mächtigen Hand, und
von deinem ausgestreckten Arm,) und kommt, daß er bete vor diesem Hause, so wollest du
hören im Himmel im Sitz deiner Wohnung, und thun alles, darum der Fremde dich anruft,
auf daß alle Völker auf Erden deinen Namen erkennen, daß sie auch dich fürchten, wie
dein Volk Israel, und daß sie inne werden, wie dieß Haus nach deinem Namen genennt sey,

---

Versöhnungsfeste anführt, findet sich keine Spur von Bekehrung zum Judenthume und allgemeiner Vereinigung zur Annehmung ihrer Gesetze und Lehren, welches doch nur eigentliche Bekehrung seyn würde, und König Salomo hat in der aus seinem Gebete angeführten merkwürdigen
Stelle warlich an keine Bekehrung von dieser Art gedacht. Auch wäre ein solches Gebet ein
ziemlich zweydeutiger Beweis von Liebe und Verträglichkeit. Bey jedem *Auto-da-fe* werden lau-
te Gebete zur Bekehrung der Ketzer angestimmt, die man alsdenn freylich, wenn das Gebet ohne
erwünschte Würkung ist, den Flammen übergibt. Nach dem wahren Geiste des Judenthums,
erwarten wir eine Zeit, da sich die Erkenntniß Gottes, als einzigen und allgemeinen Schöpfers,
Erhalters und Regenten des Himmels und der Erde, über alle Nationen ausbreiten; alles, was
göttlichen Hauch in seiner Nase hat, ihn erkennen, vor ihm niederfallen und ihn anbeten werde.
In der äussern Form des Gottesdienstes wird und soll, nach dem Plane der Vorsehung, allezeit
Mannigfaltigkeit bleiben. Das eigentliche Judenthum, oder Inbegriff jüdischer Gebräuche, Gesetze und Zeugnisse soll blos für Juden und Israeliten seyn, ein *Erbtheil der Gemeine Jakobs*. Die
übrigen Völker werden Gott, nach ihrer Weise, anrufen; aber sie werden die Maiestät und unendliche Größe des wahren, einigen Gottes anerkennen, und ihre Abgötter von sich werfen. Um die
Herannahung dieser güldnen Zeit bitten wir in unserm täglichen Gebete und vornehmlich am
Neujahrsfeste und am Versöhnungstage. „Darum hoffen wird, heißt es in dem Beschlusse unseres
täglichen Gebets; darum hoffen wir, bald die Herrlichkeit deiner Allmacht zu schauen, daß die
Greuel von der Erde verbannt, und die Götzen ausgerottet werden; daß die Welt durch das Reich
des Allmächtigen vervollkommnet werde, alle Kinder des Fleisches deinen Namen anrufen, und
die Frefler der Erde sich selbst zu dir wenden mögen. Laß alle Bewohner des Erdbodens erken-

das ich gebauet | habe". Es ist hier zu bemerken, daß wenn ein Israelite beten kömmt, so sagt er v. 39. „daß du gebest einem jeglichen wie er gehandelt hat", aber bey dem Gebete eines Fremden sagt er, „und thue alles, darum der Fremde dich anruft". Und dieser Unterschied ist zu diesem Ende gemacht, damit alle Heiden durch die offenbare und augenscheinliche Gewährung ihrer Bitte zur Wahrheit, Erkenntniß und Furcht Gottes gebracht werden möchten, so gut wie die Israeliten.

12) Da nun alle Propheten Gebete und Fürbitten für alle Menschen so gut als für die Israelitische Nation gemacht haben, wie sollten wir nicht das nehmliche für die Völker thun, unter denen wir wohnen, denen wir noch mehr besondere Verpflichtung dafür haben, daß wir unter ihrem Schutze und ihrer Gunst leben? In Deut. Cap. 23, 8. befiehlt | || Gott, „Du solst den Egypter nicht für Greuel halten, ungeachtet der schweren Lasten, womit er dich plagte, bloß, weil du ein Fremder in seinem Lande warst; weil er zuerst dich unterhielt und dich in sein Land aufnam".

Von den andern sagt Ezech. 23, 15. „So wahr ich lebe, spricht der Herr Gott, ich mag nicht den Tod des Bösen, sondern daß der Böse von seinem Wege zurückkehre, und lebe". Wir müssen daher seine Werke nachahmen, und niemand bloß auf Rechnung der Religion hassen, sondern für seine Bekehrung bitten, und dieses ohne ihm ein Aergerniß oder eine Art von Kränkung zu geben. Diejenige verwünschen oder verabscheuen, denen wir die Glückseligkeit die wir genießen, schuldig sind, oder die nach ihrer eigenen Seeligkeit streben ist eine unwürdige und üble Sache; aber nicht, ihre Laster und Sünden verabscheuen. Es war eine sehr trefliche Beobachtung eines sehr weisen und tugendhaften Weibes, Beruria,

---

nen, und begreifen, daß zu dir allein sich alle Knie beugen, alle Zungen schwören müssen, und daher vor dir, Ewiger! unser Gott! hinknien, niederfallen, und die Ehre deines Namens verherrlichen. Laß sie sich alle in das Joch deines Reichs schmiegen, und dich allein, bald und auf ewige Zeiten, für ihren Beherrscher erkennen. Denn dein ist das Reich, und du wirst auf ewige Zeiten rühmlich König seyn; so wie in deiner Lehre angeschrieben stehet: *der Ewige wird König seyn, auf ewige Zeiten, und ferner: der Ewige wird König seyn, über die ganze Erde. Damals wird der Ewige einig und sein Name einig seyn.*" Hier ist von keiner Vereinigung in Lehr und Gesetz, noch weniger von einer sogenannten Glaubensvereinigung die Rede. Diese führet gerades Weges auf die gehäßige Intoleranz. Alle Verfolgungen sind von je her im Namen und zum Besten dieser Glaubensvereinigung ausgeübt worden, und man hat diese, wie den gefährlichsten Feind des menschlichen Geschlechts und seiner Glückseligkeit, zu vermeiden und mit aller Macht zu verhindern; denn sie würde, wenn sie je erhalten werden könte, unstreitig die alte Barbarey, und den schrecklichen Geist der Verfolgung wieder empor bringen. Liebe und Haß sind nicht so sehr verschieden, als Ausbreitung der Erkenntniß Gottes von Glaubensvereinigung. Der Ritter Michaelis hat in seinen vermischten Schriften über diese Materie einige sehr wichtige Briefe drucken laßen, für die ihm jeder Freund der Wahrheit und der Freyheit zu denken, nicht wenig Dank schuldig ist. Man vergebe mir die Länge dieser Note. Sie war nöthig, um einer Misdeutung zuvor zu kommen, zu welcher die Worte des Rabbi Gelegenheit geben. Man scheinet auch itzt, wo ich nicht irre, an manchen Orten damit umzugehen, diese Verwirrung der Begriffe in Schwang zu bringen, und den toleranten Sinn der Großen auf Glaubensvereinigung leiten, oder vielmehr verleiten zu wollen. [M. M]

die, (wie im Talmud *Berachot c. 1* angeführt ist,) als ihr Ehemann R. Meier im Begriff war Gott zu bitten, daß er einige böse und muthwillige Nachbaren, die ihn nicht minder hart als boshaft belästigt und gekränkt hatten, vertilgen möchte, ihm die gelegentliche Vermahnung gab, daß so etwas in Israel nicht geschehen müsse; sondern daß er vielmehr bitten solle, daß sie zurückkehren, und durch Reue ihre Sünden aufheben möchten, indem sie den Text aus den Psalmen anführte 104, 35. „Der Sünden müsse ein Ende werden auf Erden"; hier ist nicht gesagt, der Sünder, sondern der Sünden; „und dann werden die Gottlosen nicht mehr seyn".

13) Wir haben nun in diesem Abschnitt gezeigt, daß es eine bloße Verläumdung ist, dafür zu halten, daß wir Juden Gott bitten, den Christen eine Krän-|kung zu zufügen, oder daß wir durch irgend Etwas in unsern Gebeten ihnen ein Aergerniß verursachen, es müste denn seyn, daß wir nicht selbst Christen sind. Wir haben im Gegentheil dargethan, daß wir täglich für sie beten; daß wir, so lange der Tempel dauerte, Opfer für die Völker brachten, die mit uns verbunden waren, daß alle Kaiser es verlangten, und daß wir ferner nicht nur für besondere Fürsten, sondern überhaupt für das ganze Menschengeschlecht Opfer brach-ten; daß wir noch jetzo, da der Tempel samt den Opfern aufgehört, das nemliche in unsern Gebeten thun, Gott um ihre Seligkeit ersuchen, ohne in Ansehung der Religion ein Aergerniß zu geben; und daß wir uns verpflichtet halten, alles dieses nach der heiligen Schrift zu verrichten. Durch alles dieses zusammen genommen, hoffe ‖ ich hinreichend die Wahrheit desjenigen bewiesen zu haben, was ich behauptet habe.

Vierter Abschnitt.

Die Anklage des Buxtorph in seiner *Bibliotheca Rabbinorum*, da er uns die Gottesläste-rung zur Last legt, kan folglich keinen Schein der Wahrheit haben. Ich will das Gebet selbst hier hersetzen:

„Wir sind verbunden den Herrn aller Dinge zu loben, den zu erheben, der die Welt geschaffen hat, daß er uns nicht wie die Völker der Erde gemacht, uns nicht wie die Geschlechter der Erde gestellt, unsern Antheil nicht gleich den ihrigen, noch unser Loos mit ihrem Haufen übereinstimmend gemacht hat. Denn sie erniedrigen sich gegen un-würdige und eitele Dinge, richten ihre Gebete an Götter, die nicht helfen können; aber wir verehren den König aller Könige, der heilig und gesegnet ist, der | die Himmel ausstreckte und die Erde bildete; der Sitz seiner Glorie ist oben im Himmel, und seine göttliche Macht in dem Höchsten der Himmel. Er ist unser Gott, es giebt keinen ande-ren; er ist wahrlich unser König und außer ihm giebt es keinen, wie in dem Gesetze geschrieben ist, und wisse heute, und kehre zurück in dein Herz, denn der Herr ist Gott im Himmel von oben und auf der Erde von unten, es ist kein anderer".

Dieses ist wahrlich meiner Meynung nach, ein kurzes und trefliches Gebet, und werth empfohlen zu werden. Sultan Selim, der berühmte Eroberer und mahometanischer Kaiser, hielt so viel darauf, daß er seinem Arzt *Moses Amon* (welcher die fünf Bücher Moses ins arabische und persische übersetzt hat) befahl, daß er unsere Gebete übersetzen sollte. Und da er sie ihm in türkischer Sprache zustellte, so sagte der Sultan, wozu sind solche lange Gebete nöthig? wahrhaftig dieß eine kann hinreichend seyn! so sehr schätzte und achtete er es. Diesem gleicht ein anderes Gebet welches zu derselben Zeit verfast worden ist, nehmlich:

„Benedeyt sey unser Gott, welcher uns zu seiner Ehre geschaffen, und von denen die im Irrthume sind getrennt hat, und uns ein Gesetz der Wahrheit gegeben, und unter uns ewiges Leben gepflanzt hat. Laßt öfnen unsere Herzen in seinem Gesetze, und seine Liebe in unserm Herzen wohnen, und seine Furcht, seinen Willen zu thun, und ihm zu ‖ dienen mit ganzem Herzen; daß wir nicht mögen vergeblich arbeiten, noch Kinder der Verderbniß zeugen. Laß es dein Wille seyn, o Herr unser Gott und Gott unserer Väter, daß wir deine Satzungen und Gesetze in dieser Welt halten, und verdienen und leben und gut erben und erreichen die Seegen der künftigen Welt, daß wir zu deiner | Ehre unaufhörlich singen mögen. O Herr mein Gott, ich will dich loben ewiglich".

Aber weder das eine noch das andere ist eine Lästerung noch ein Fluch gegen eine ander Gottheit, aus folgenden Gründen. 1) Daß es nicht die Weise der Juden ist, nach ihrem Gesetze andere Gottheiten, wenn es auch heidnische sind, nahmentlich zu fluchen. So heißt es in Exod. 22. 27. „*Den Göttern solstu nicht fluchen* , hebräisch אלהים, d. i. Göttern oder Gott, wie Philo Judäus, im Buche *de Monarchia* es verdollmetscht, und nicht Richter, wie Onkelos und Jonathan es in ihrer chaldäischen Umschreibung übersetzen. Philo giebt davon folgenden Grund an, damit nicht diejenigen, welche ihre eigene Götter lästern hören, aus rachgieriger Gegenvergeltung den wahren Gott Israels lästern. Und wir haben Beyspiele genug, wie gebräuchlich es unter den abgöttischen Heiden war, wechselweise einander ihre Götter zu fluchen und schimpfen, im Cicero und im Juvenal.

Und in diesem Verstande schreibt Flavius Josephus in seinem Buche wider Apion, folgendes: so wie es unser Gebrauch ist, uns selbst zu beobachten, und keinen andern anzuklagen oder zu schmähen; so müssen wir auch nie diejenigen verspotten oder lästern, welche etwas anders für Gott halten. Unser Gesetzgeber hat es uns durch die Benennung Götter ausdrücklich verbothen. Diesem zufolge, dürfen wir nach unserer eigenen Religion das nicht thun, was Buxdorf uns aufbürdet. Und daher sagen uns die *Talmudisten*, daß wir nicht nur den Königen von Israel sondern allen Königen, Fürsten und Regenten Ehrerbietung schuldig sind; da die heilige Schrift ihnen, in Ansehung ihrer Stelle, den Nahmen Götter beygelegt. |

2) Die Zeit in welcher diese so wie die andern Gebete abgefaßt und anbefohlen worden, war in den Tagen Ezras, welcher, wie wir aus dem Talmud wissen, mit hundert und zwanzig Männern, unter denen drey Propheten, Haggai, Zecharia, Malachi waren, dieselben verfertiget hat. Man kann daher nicht sagen, daß darin irgend etwas wider die Ehre und Achtung Christus abzwecke, der erst so viele Jahre nachher gebohren worden ist. ‖

Die Juden haben daher, seit dem diese Verläumdung zuerst entstand, diese Zeile (ob schon sie auf die Heiden und ihre eitele Götter sich bezieht, die sich gegen unwürdige und eitele Dinge erniedrigen) um auch die mindeste Gelegenheit der Aergerniß und der Beleidigung zu vermeiden und auszuweichen, weggelassen, und sie drucken in einigen Büchern nichts mehr davon ab, zufolge des Zeugnisses des Johann Hoornbeeck in seinen vorerwähnten *Prologomena*; William Dorstius in seinen Beobachtungen über R. David Ganz S. 269. und des Buxtorffs in seinem Buche von den Abkürzungen. Und es ist vielleicht unserer Beobachtung würdig, daß alle diese drey Zeugnisse sagten, daß es ihnen zuerst durch einen gewissen Antonius Margarita bekannt gemacht worden, einen Juden der zum christlichen Glauben übergegangen, daß dieser Theil des Gebets, *contra Idola Papatus*, wider die papistischen Götzen verstanden worden, welches sie daher als eine nothwendige Folge, wider Christus auslegen; aber mit welchem Rechte, mag der uneingenommene und unpartheiische Leser beurtheilen.

3) Wenn dieses ist, wie kann man denken, daß sie (fern sey es von uns!) in ihrer Synagoge ihn mit verächtlichem Spotte nennen? die jüdische Nation ist weise und verständig. So sagt der Herr, Deut. 4. 6. *Die Völker werden sagen, gewiß | dieß ist ein weises und verständiges Volk.* Wie kann man also glauben, daß sie in einem fremden Lande so unvernünftig seyn werden, wenn ihre Religion nicht davon abhängt? in der That, es ist der Vorschrift, von der wir sprechen, gerade zuwider, irgend einen Schein von Verachtung zu zeigen. Es ist nie so etwas, (wie wohl bekannt ist) in Italien und Holland geschehen, wo gewöhnlich die Synagogen voller Christen sind, die mit großer Aufmerksamkeit alle ihre Handlungen und Bewegungen beobachten und erwegen, und sie würden gewiß große Gelegenheit zum Tadeln finden, wenn es sich so verhielte. Aber man hat nie gehört, daß ein Mensch uns, wo wir uns aufhalten und wohnen, dieses beschuldigt hat; welches ein hinreichend mächtiger Grund ist, uns frey zu sprechen. Ich setze daher voraus, daß ich Sie, was unsere Gebete betrift, hinreichend überführt habe, wie wir in denselben nichts zur Absicht haben, als Gott zu loben, und geistigen und zeitlichen Seegen von ihm zu erbitten, und durch unsern Dienst und unsere Verehrung die göttliche Güte, Schutz und Vertheidigung zu erflehen. ‖

Fünfter Abschnitt.

Aber was man ferner sagt, daß wir andere zu unserem Glauben verleiten und verführen, u. s. w.

1) Es ist dieses nirgend, wo die Juden zerstreut sind, bis auf diesen Tag geargwohnt worden, auch kann es hier nicht statt finden. In der That habe ich mit verschiedenen großen, mit den weisesten und erhabensten Männern in Europa Freundschaft, ge-|pflogen: sie kamen aus verschiedenen Orten mich in meinem Hause zu besuchen, und haben mancherley freundschaftliche Unterredungen mit mir gehalten; und doch gab dieß nie Gelegenheit uns einer solchen Sache wegen verdächtig zu machen. Ja, Gaspar Barleus, der Virgil unserer Zeit, und manche andere, haben zu meinem Lobe verschiedene Gedichte gemacht, welches ich nicht, (fern sey es von mir) aus eitelem Ruhme, sondern als einen Beweis meines unschuldigen guten Nahmens anführe.

2) Wir sind zufolge unserer Kirchenbücher frey von dieser Verführung. Wenn jemand, von welchem Volke es sey, sich anträgt, ein Jude zu werden, so sind wir, ehe wir ihn annehmen und als ein Mitglied zu unserer Synagoge zulassen, verbunden zu untersuchen, ob er durch die Nothwendigkeit bewogen wird, es zu thun, oder etwa aus Liebe gegen einzelne Personen aus unserer Nation, oder aus einer andern weltlichen Absicht. Und wenn wir keinen andern Grund haben ihn verdächtig zu finden, so haben wir noch eine andere Verpflichtung auf uns, welche darin besteht, daß wir ihm die Strafen bekannt machen, denen er sich unterwirft, wenn er den Sabbath entheiligt, Blut oder Fett ißt, welches *Lev. 3, 17.* verboten ist, oder wenn er irgend eine Vorschrift des Gesetzes verletzt, wie in dem *Targum* auf *Ruth* zu sehen ist. Und wenn er sich standhaft und eifrig zeigt, alsdann wird er angenommen und beschützt. Wir verführen also niemanden; sondern im Gegentheil, wir vermeiden alle Religionsstreitigkeiten mit den Menschen, nicht aus Mangel an Wohlwollen, sondern weil wir so weit als möglich Aergerniß und Haß zu vermeiden suchen. Und aus dieser Ursache, weil wir keinen Anstoß geben wollen, versagen wir denen die Beschneidung, | die zu uns kommen. Ja, ich habe einige gekannt, die deshalb sich selbst beschnitten haben. Und wenn Ferdinand und Isabella, König und Königinn von Castilien einen Befehl gaben, die Juden zu vertreiben; weil sie verschiedene Christen, und einige vom Adel verführten, Juden zu werden; so war dieß bloß ein Vorwand und ein ‖ Anstrich ihrer Tyranney, bloß, weil, wie sehr bekannt ist, sie nichts anders uns vorzuwerfen hatten. In der That empfehle ich sehr die Meynung des *Osorius de rebus Immanuelis* so wohl, als die des *Flavius Josephus*, des berühmtesten aller Geschichtsschreiber; welche er in der Geschichte seines eigenen Lebens äußert:

„Um diese Zeit, (sagt er) kamen zwey Edelleute von den Trachonittischen Unterthanen des Königs, zu mir, und brachten mit sich Reuter mit Waffen und Geld. Als die Juden sie zwingen wollten sich beschneiden zu laßen, wenn sie unter ihnen leben wollten, so wollte ich es nicht leiden, daß man sie beunruhige, indem ich behauptete, daß ein jeder Gott nach seinem freyen Willen dienen, und nicht von andern dazu gezwungen werden müßte. Denn, wenn wir dieses thun, (sagte ich) so möchten wir es sie hernach bereuen machen, daß sie je zu uns geflohen. Und da ich den Haufen so beredete, so ließ ich diesen Leuten, nach ihrer Lebensart Speisen im Ueberflusse geben".

Dieß war in der That eine Handlung würdig eines edlen und weisen Mannes, und nachahmungswerth zur Vertheidigung der allgemeinen Freyheit; indem man das Urtheil und die Entscheidung Gott allein überläßt. Die spanische Inquisition mit allen ihren Foltern und Grausamkeiten kann nicht machen, daß ein einziger Jude, der ihnen in die Hände fällt, ein Christ werde. *Denn durch Schläge | werden unvernünftige Thiere gezüchtigt, Menschen müssen durch die Vernunft bewegt werden*: Auch können Menschen durch Martern zu keiner andern Meynung beredet werden; im Gegentheil werden sie vielmehr dadurch standhafter und beharrlicher bey ihren Grundsätzen.

Sechster Abschnitt.

Nachdem ich die vornehmsten Einwendungen erwogen habe, so gehe ich nun fort zu unwichtigern Dingen, ob schon diese meiner Fähigkeit minder angemesen sind, nehmlich, zu dem Handlungsgeschäfte. Einige sagen, wenn die Juden hier zu wohnen kämen, so würden sie zum großen Schaden der natürlichen Einwohner, die ganze Handlung an sich ziehen. Ich antworte, 1) daß es immer meine Meynung gewesen (mit Unterwerfung unter ein besseres Urtheil) daß es auf keine Weise der englischen Nation nachtheilig seyn könne; da sie, besonders bey dem Transport der Güter der Juden nach England, durch das Bezahlen der ‖ öffentlichen Zölle und Auflagen, viel gewinnen würde.

Sie würden ferner allerdings dem Lande Nutzen bringen, so wohl durch das Einkaufen der Waaren, die sie nach andern Oertern versenden, als dadurch daß sie andere Waaren in dasselbe einführen. Und wenn zufälliger Weise eine einzelne Person dadurch verlöre, daß der Preis einer Waare, die unter vielen Händen zerstreuet ist, heruntergebracht würde; so muß das gemeine Wesen doch eben dadurch gewinnen, wenn die Waare wohlfeiler eingekauft und um einen niedrigern Preis veräußert werden kann. |

Ja, es würde den natürlichen Einwohnern dadurch ein großer Nutzen erwachsen, so wohl im Verkauf aller Nahrungsmittel als sonst in allen Dingen welche zur Verzierung des Körpers dienen. Auch die eingebohrnen Handwerker würden dadurch gewinnen, da sich unter uns selten jemand findet, der eine solche Kunst treibt.

2) Dazu kömmt, daß unser Volk fast alle Theile der Welt durchsegelt hat, und Juden also durch die Fähigkeit, ihre Meynung zum Besten des Volks zu geben, unter dem sie leben, einer Nation nützlich werden können. Nicht zu erwähnen daß alle Fremde neue Handlungszweige zugleich mit der Erkenntniß der fremden Länder in welchen sie gebohren sind, einführen.

Und es ist so weit entfernt, daß dieses den Eingebohrnen sollte schädlich seyn, daß es ihnen vielmehr vortheilhaft ist; da sie aus ihren Ländern neue Waaren und neue Kenntnisse bringen. Denn aus der Absicht um eine Gemeinschaft auf dem Erdboden zu machen, hat der große Werkmeister und Schöpfer aller Dinge nicht jedem Orte alles verliehen, sondern hat seine Wohlthaten unter ihnen vertheilt, wodurch er einen jeden der Hülfe anderer bedürftig gemacht. Dieß kann in *England* gesehn werden, welches, da es eins der mächtigsten Länder der Welt ist, dennoch verschiedene Dinge nöthig hat sich zu Wasser kommen zu lassen, als Wein, Oehl, Feigen, Mandeln, Rosinen und alle italiänische Gewürze; Dinge die im menschlichen Leben so unentbehrlich sind. Außerdem mangelt es ihm noch an mancherley andern Waaren und sogar der Kenntniß derselben, die in andern Ländern im Ueberfluße sind; ob schon es nach meiner Meynung wahr ist, daß es auf der ganzen Welt kein in der Schiffarth verstän-‖digers Volk, und kein zu allen Handelsgeschäften fähigers giebt als das *englische*.

3) Es können ferner zwischen den Eingebohrnen und den Fremden (wo sie mehr bekannt sind) Gesellschaften errichtet oder Factors ‖ angestellt werden. Alles dieses muß, wenn ich mich nicht betrüge, zum Vortheil der Eingebohrnen gereichen. Es können dafür

noch verschiedene Gründe angeführt werden, ob schon ich sie nicht begreife, der ich beständig eine sitzende Lebensart geführt, mich meiner Studien befleißigt habe, die von Dingen dieser Art so weit entfernt sind.

4) Es kann auch nicht mit Recht wider unsere Nation eingeworfen werden, daß sie betrügerisch sind, weil auf keine vernünftige Weise eine Gemeinheit wegen einiger besondern verdammt werden kann. Ich kann sie nicht alle für schuldlos halten, noch kann ich anders denken, als daß unter ihnen einige Betrüger seyn mögen, so wie unter allen andern Nationen und Völkern, indem die Armuth fast allezeit eine schlechte und niedrige Gesinnung mit sich führt.

5) Wenn wir aber betrachten, was uns unsere Religion auflegt, so finden wir, daß das moralische Gesetz in den Zehngeboten, *Du sollst nicht stehlen* auf alle Juden gegen alle Heiden sich erstreckt; wie in des R. Moses aus Egypten *Tract. Geneba cap. I.*, und *Gezela cap. I.* zu sehen ist. *Es ist eine Sünde,* (sagt er) *irgend jemand zu berauben, wenn schon er ein Heide ist.* Auch kann man sich nicht auf die heilige Geschichte berufen in Ansehung der Juwelen und der Hausgeräthe, deren die Israeliten die Egyptier beraubt haben, wie ich solches verschiedene mahl von einigen habe anführen hören; weil dieses zu der Zeit eine besondere Gesetzerlassung und ein göttliches Gebot war. So wird im *Talmud*, im Tract. *Sanhedrin*, cap. II. angeführt, | daß zur Zeit Alexanders des Großen, die Alexandrier die Juden als Diebe anklagten, und die Wiederersetzung ihrer Güter verlangten. Aber Guebia Ben Pesisa antwortete ihnen: „unsere Väter gingen nieder nach *Egypten* ihrer siebenzig Seelen nur, hier wuchsen sie zu einem zahlreichen Volke über sechsmahl hundert tausend an, und verrichteten für die Egypter sehr niedrige Dienste während eines Zeitraums von zwey hundert und zehn Jahren; diesem zufolge, bezahlt uns für unsere Arbeit, und macht hernach die Rechnung, und ihr werdet sehen, daß ihr uns noch viel schuldig bleibt." Dieser Grund befriedigte Alexander, und er sprach sie frey.

6) Die Juden sind folglich verbunden, niemanden, wer es auch sey, zu betrügen oder in Geschäften und Rechnungen zu hintergehen, wie solches ausdrücklich im R. Moses aus Egypten und in R. Moseh de Kosi in Samag zu sehen ist.

7) Ja, sie behaupten ferner, daß die Wiedererstattung eine Handlung ist, welche zum Lobe Gottes und des heiligen Gesetzes gereicht. Als ‖ der heilige und weise Mann R. Simeon Ben Setah von einem Heiden einen Esel kaufte, so war unter dessen Halfter ein Juwel von großem Werth, das dem Eigenthümer unbekannt war: als er ihn hernach fand, so stellte er ihn freywillig und umsonst dem Verkäufer, der nichts davon wuste, wieder zu. Ich habe den Esel gekauft, sagte er, aber nicht den Edelstein. Woher dann, wie der Midras Raba in Parasat Ekeb anführt, Gott, seinem Gesetze und der jüdischen Nation Ehre erwuchs.

8) Auf gleiche Weise gebieten sie, daß der Schwur, den sie einer andern Nation ablegen, mit Wahrheit, Aufrichtigkeit und bis auf alle Besonderheiten beobachtet werden muß. Und zum Beweis | führen sie die Geschichte von Zedekias an, den Gott strafte und seines Königreichs beraubte, weil er sein Wort und seinen Schwur, den er Nebuchadnezzarn im Nahmen Gottes ablegte, nicht hielt, ob schon er ein Heide war, wie es in dem 2. B. der

Chron. 36. 13. heißt: *dazu ward er abtrünnig von Nebucad Nezar, der einen Eyd bey Gott von ihm genommen hatte.*

9) Dieses sind die Gesetze und Verpflichtungen welche die Juden halten. Eben das Gesetz welches den Juden verbietet, einen Heiden zu tödten, verbietet ihnen auch ihn zu bestehlen. Dennoch muß sich jeder in Acht nehmen, denn die Welt ist voller Betrug bey allen Nationen. Ich erinnere mich einer lustigen Begebenheit, die sich in *Marocco* am Hofe des Königs von *Mauritanien* zugetragen. Es befand sich da ein Jude der eine Art falscher Steine hatte. Er machte mit einem portugisichen Christen einen Tausch für einigen Grünspan, der sehr unrein (wie sie es daselbst zu machen pflegen) und ganz mit Erde verfälscht war. Einer von des Portugiesen Freunden lachte ihn aus, indem er ihm sagte, der Jude hat dich gut zugerichtet. Dieser antwortete, wenn der Jude mich gesteinigt hat, so habe ich ihn begraben. Und so neckt gewöhnlich einer den andern.

Dieß kann ich versichern, daß viele Juden, weil sie sich nicht an anderer Leute Güter vergreifen wollen, zu Amsterdem sehr arm sind, und sehr kümmerlich leben; und diejenigen, die es aus Noth thaten, wurden um desto elender, daß sie hernach von Almosen lebten.

Und als zu den Zeiten des Königs *Eduards I.* die Juden angeklagt wurden, daß sie sie königliche Münzen beschnitten; so scheint es, daß diese Anklage bloß von dem Verdachte und dem Hasse, welchen die Christen wider die Juden tragen, ihren Ursprung | genommen haben, wie aus der Geschichte, welche Mr. Prynne herausgegeben, in seinem ‖ zweyten Theile von dem *kurzen Aufschub an die Juden* etc. S. 82. zu sehen ist, wo *claus. 7. E. I, r. 7. De fine recipiendo a Judaeis* er des Königs lateinisches Schreiben an seine Richter, in folgenden Worten mittheilt:

„Rex dilectis & fidelibus suis Stephano de Pentecester, Waltero de Helyn, & Th. de Cobham, Justiciariis ad placita transgressionis monetae audienda, salutem. Quia omnes Judaei nuper rectati, per certam suspicionem indictati de retonsura monetae nostrae, & inde convicti cum ultimo supplicio puniuntur; & quidam coram eadem occasione, omnia bong & catulla sua satisfecerunt, & in prisona nostra liberabantur, in eadem ad voluntatem nostram detinendi. Et cum accepimus, quod plures Christiani ob Odium Judaeorum. propter discrepantiam Fidei Christianae & Ritus Judaeorum, & diversa gratia minus per ipsos Judaos Christianis hactenus illata, postquam Judaeos nondum rectatos in indictatos de transgressione monetae, per leves & voluntarias accusationes accusare, & indictare de die in diem nituntur & proponunt, imponendas eis ad terrorem ipsorum, quod de ejus modi trangressione culpabiles existunt super ipsos Judaeos facienda, & sic per minus hujusmodi accusationis ipsos Judaeos metu inutiant, & pecuniam extorqueant ab eisdem; ita quod ipsi Judaei super hoc ad legem suam saepe ponuntur in vitae suae periculum manifestum. Volumus quod omnes Judaei qui ante primum diem Maii proximi praeteriti indictati, vel per certam suspicionem nectati non fuerunt de transgressione monetae praedictae, & qui facere voluerint fnem juxta discretionem vestram. ad opus nostrum facere pro sic, quod non occasionentur &c. hujusmodi transgresionibus factis ante primam diem Maii propter novas accusationes Christianorum post eundem diem inde factas non molestentur, sed | pacem inde habeant in futurum. Proviso, quod Judaei indictati, vel per certam suspicionem, rectati de hujusmodi trangressione ante praedictum diem Maii, Judicium subeant coram vobis, juxta formam prius inde ordinatam & provisam. Et ideo vobis mandamus, quod fines hujusmodi capiatis & praemissa fieri & observari faciatis in forma praedicta. Teste Rege apud Cantuur. 8 die Maii."

Siebenter Abschnitt.

Und nun denke ich für dieß mahl in Ansehung aller Ihrer Einwürfe, (so weit es sich in einem Briefe thun läßt) Ihnen hinreichend Genüge ‖ geleistet, ohne jemand gerechte Ursache zur Beleidigung oder Aergerniß, gegeben zu haben. Und weil Sie ferner noch einiges zu wissen verlangen, von dem was meine gegenwärtige Verrichtung und Unterhandlung betrift; so will ich nur kurz sagen, daß die Gemeinschaft und der Briefwechsel welche ich seit einigen Jahren mit einigen erhabenen Personen aus *England* unterhalten habe, der erste Ursprung von der Unternehmung meines Vorhabens war; indem es mir allemahl dadurch sehr wahrscheinlich wurde, das zu erlangen, was ich suche; weil sie versicherten, daß zu jetziger Zeit, die Gemüther der Menschen uns sehr zugeneigt wären, und daß wir ihnen auf dieser Insul sehr angenehm und willkommen seyn würden. Und seit dem entsprang in mir eine ähnliche Begierde und Verlangen dieses Ziel zu erreichen, und ich habe seit sieben Jahren ununterbrochen, durch Briefe und andere Mittel, mir um diese Sache Mühe gegeben und darnach gestrebt. Denn ich halte dafür, daß unsere allgemeine Zerstreuung ein Umstand sey, der nothwendig erfüllt werden muß, bevor Alles ǀ vollbracht werden kann, was Gott dem jüdischen Volke in Ansehung ihrer Rückkehr und Wiedereinsetzung in ihr eigenes Land verheissen hat, zufolge der Worte Daniels, 12. 7. *wenn er wird vollendet haben zu zerstreuen die Macht des heiligen Volks, so werden alle diese Dinge geendigt werden.* Eben so, da unsere Zerstreuung allmählich unter allen Völkern seyn wird, wie es in Deut. 28. 64. heißt, *von dem einem Ende der Erde bis zum andern;* so glaubte ich, daß durch *das Ende der Erde* diese Insul verstanden wird. Und ich weis nicht, ob Gott, der oft durch natürliche Mittel wirkt, mich zur Vollführung seines Werks bestimmt und gewählt habe? Ich wendete mich daher mit diesem Antrag, aus vollem Eifer, an die englische Nation, wünschte ihr zu der rühmlichen Freyheit und dem glücklichen Frieden, deren sie jetzo genießt, Glück, und schrieb mein Buch *die Hofnung Israels* dem ersten Parlament und dem Staatsrath zu, und erklärte zugleich meine Absicht, weshalb sie mir einen sehr günstigen Paß schickten. Nachher wendete ich mich an das zweyte, und es schickte mir einen andern. Aber bey den damahligen Zeitläuften, war meine Reise nicht sogleich thunlich, denn meine Verwandte und Freunde, welche die in einander verwebten Abwechslungen und Veränderungen der Dinge hienieden in Erwegung zogen, ersuchten mich umarmend mit dringendem Ungestüm, nicht von ihnen zu reisen, und wollten nicht nachlassen, bis, von ihrer Liebe gezwungen, ich versprechen muste noch eine Zeitlang mich bey ihnen aufzuhalten. ‖ Aber allem diesem ungeachtet konnte ich in meinem Gemüthe nicht ruhig seyn (ich weis nicht ob dieses durch eine besondere göttliche Vorsicht etwa geschah) bis ich von neuem meine unterthänige Bittschrift an *Ihre Hoheit den Lord Protector* (Gott erhalte ihn) | machte. Und da ich fand, daß mein Ueberkommen ihm nicht gänzlich unwillkommen seyn würde, so nahm ich fröhlich, mit den gefaßten großen Hoffnungen, Abschied von meinem Hause, meinen Freunden, meinen Verwandten, allen meinen hiesigen Bequemlichkeiten, und von dem Lande, in welchem ich meine ganze Lebenszeit unter dem wohlthätigen Schutz und Gunst der Herren Generalstaaten und des Magistrats von Amsterdam, zugebracht habe, und trat endlich meine Reise nach *England* an. Als ich daselbst nach meiner Ankunft sehr höflich aufgenommen und mit vieler Achtung begegnet wurde; so übergab ich Sr. Duchlauchtigsten Hoheit eine Bittschrift, und einige Wünsche, welche mir gröstentheils von meinen Brüdern, den Juden aus verschiedenen Theilen Europens geschrieben worden sind, wie Sie aus den ersten Erzehlungen besser ersehen werden. Worauf es Ihrer Hoheit gefiel zu Whitehall eine Versammlung aus Geistlichen, Rechtsgelehrten und Kaufleuten, von verschiedener Meynung und Denkungsart, zusammen zu berufen; wobey die Urtheile und Aussprüche der Leute so verschieden ausfielen, daß wir noch bis jetzo keinen endlichen Bescheid von Ihrer Durchlauchtigsten Hoheit haben. Weshalb die wenigen Juden die hier waren, an unserm erwarteten Fortgang verzweifelnd, von hier wegreisten, und andere, welche hieher zu kommen verlangten, ihre Hofnung fahren ließen, und sich theils nach *Italien*, theils nach *Genf* begaben, wo die Regierungen ihnen damals ganz freywillig viele und große Privilegien gestatteten.

Nun, o höchster Gott, richte ich mein Gebet an dich, ja an Dich, den Gott unserer Väter: Du, dem es gefiel sich selbst den *Hüter Israels* zu nennen; Du der gnädig durch den heiligen Propheten Jeremias versprochen, daß du nicht willst allen | Saamen von Israel verwerfen, wegen des Bösen das sie gethan haben; Du, der durch so viele erstaunliche Wunder dein Volk aus *Egypten*, dem Land der Sclaverey zogst und es in das heilige Land führtest, laß gnädig deinen heiligen Einfluß auf das Gemüth des Fürsten wirken (der aus keiner eigennützigen oder andern Absicht, als bloß aus Mitleiden über unsere Unterdrückung, sich bewegen laßen uns zu beschützen und zu beschirmen; für welche ausserordentliche Menschlichkeit weder ich noch mein Volk je die Fä-||higkeit erwarten kann, ihm hinreichend erkenntlich und dankbar zu seyn) und auf das Gemüth seines berühmten und weisen Raths, daß sie das entscheiden möchten, was nach deiner unendlichen Weisheit für uns das beste und dienlichste ist. Denn die Menschen, o Herr, sehen das Gegenwärtige, aber Du in deiner Allwissenheit siehst das Entfernteste!

Und die sehr ehrwürdige *englische Nation* ersuche ich ganz unterthänigst, daß sie meine Gründe unpartheyisch, ohne Vorurtheil und frey von aller Leidenschaft überlesen wolle, ich empfehle mich gänzlich ihrer Gnade und Gunst, und bitte Gott ernstlich, daß es ihm gefallen möge, die durch Zephania versprochene Zeit heran nahen zu lassen, da wir ihn alle eines Sinnes und eines Herzens anbeten, alle in seinem Dienste einstimmig seyn werden; daß so wie sein Name einzig ist, auch seine Furcht einzig seyn möge; und das wir die Güte des ewig gelobten Gottes und die Tröstungen Zions sehen mögen. Amen! Amen!

In meiner Studierstube in London den 10ten April im Jahr 5416 von Erschaffung der Welt, und im Jahre 1656 nach der gemeinen Rechnung. | Ihrem Verlangen gemäß folgt hier

| 60–62; || Bd. 8, 69

das Verzeichnis der von mir geschriebenen und gedruckten, oder zum Druck bereits ferti-
gen Bücher.

Verzeichnis der Bücher
welche von
Manasseh Ben Israel
im Hebräischen herausgegeben worden.

Nischmath Chajim. d. i. *Seele des Lebens, vier Bücher die Unsterblichkeit der Seele betref-
fend*, worinn verschiedene merkwürdige und anmuthige Fragen untersucht und abge-
handelt werden, wie aus dem Inhalt der besondern Capitel, welcher dem Buche vorge-
setzt ist, zu ersehen. Lateinisch, und dem Kaiser Ferdinand dem dritten zugeeignet.
Pene Raba, auf *Raboth* von den alten Rabinen, lateinisch und spanisch.
Conciliatoris pars prima in Pentateuchum.
De Resurrectione mortuorum libri tres.
Problemata de Creatione.
De Termino vitae. ‖
De Fragilitate humana, ex lapsu Adami, deque divina in bono opere Auxilio. |
Spes Israelis. Ist auch englisch gedruckt.
*Orationes Panegyricae, quarum una ad illustrissimum Principem, Aurantium, altera ad
serenissimam Reginam Sueciorum.* Bloß spanisch.
Conciliator { der zweite Theil, über die ersten Propheten
            der dritte Theil, über die letzten Propheten
            der vierte Theil, über die *Hagiographa*
Chumasch, oder der Pentateuch, mit verschiedenen Lehren am Rande.
Thesoro de los dinim, fünf Bücher von den Gebräuchen und Ceremonien der Juden, zwey
Bände.
Chumasch, der *Pentateuch* mit einem Commentar.
Piedra pretiosa, von Nebuchadnezars Bild, oder die fünfte Monarchie.
Las Orationes dell Anno, die Gebete der Juden vom ganzen Jahre, aus der Ursprache über-
setzt.

Bücher welche 1656 zum Druck fertig sind.

De cultu imaginum contra Pontificios, lateinisch.
Sermois, Reden in portugiesischer Sprache.
Loci communes omnium Midrasim, welches die Göttlichkeit der alten Rabinen enthält,
hebräisch.

Bibliotheca Rabbinica zugleich mit dem Inhalte ihrer Bücher, und meinem Urtheil über
ihre verschiedene Ausgaben. |

Phocylides, in spanischen Versen mit Anmerkungen

Hippocratis Aphorismi, hebräisch.

Flavius Josephus adversus Apionem, hebräisch. Dessen *Monarchia rationis*, hebräisch.

Refutatio libri cui titulus Praedamitae.

Historia sive continuatio Flavii Josephi ad haec usque tempora.

De divinitate legis Mosaicae.

De scientia Talmudistarum, in singulis facultatibus.

Philosophia Rabbinica.

De Disciplinis Rabbinorum.

Nomenclator Hebraicus & Arabicus. ‖

Auch habe ich über sechzig andere Bücher herausgegeben und in meiner eigenen Druckerey
gedruckt, unter welchen sich verschiedene Bibeln in hebräischer und spanischer Sprache,
wie auch alle unsere hebräischen Gebete, verbessert und in Ordnung gebracht, befinden.

Jerusalem

oder über religiöse Macht und Judentum

1783

Jerusalem

---

oder

über religiöse Macht

und

Judentum.

Von

Moses Mendelssohn.

Mit allergnädigsten Freyheiten.

Berlin,
bey Friedrich Maurer, 1783.

Erstdruck: Jerusalem oder über religiöse Macht und Judentum. Von Moses Mendelssohn, Berlin, bey Friedrich Maurer, 1783. Erster Abschnitt S. 1–96. Zweiter Abschnitt S. 1–141. [hier: I]
JubA Bd. 8, S. 99–204. [hier: II]

Neuere Ausgaben:
Jerusalem oder über religiöse Macht und Judentum. Vorrede zu Manasseh Ben Israels ,Rettung der Juden', hg. v. David Martyn, Bielefeld 2001.
Jerusalem oder über religiöse Macht und Judentum. Mit dem Vorwort zu Manasse ben Israels ,Rettung der Juden' und dem Entwurf zu ,Jerusalem', hg. v. Michael Albrecht, Hamburg 2005.

Dieses Buch ist Mendelssohns Hauptwerk im Bereich der politischen und der Rechtsphilosophie; es enthält jedoch auch, wie der Untertitel sagt, seine Philosophie des Judentums. Jerusalem *hat zwei Abschnitte. Im ersten Abschnitt entwickelt Mendelssohn gegen Hobbes und in Auseinandersetzung mit Pufendorf und Locke eine naturrechtliche Rechtfertigung der Gewissensfreiheit des Individuums im Staat und in religiösen Institutionen wie Kirche und Synagoge: Durch den Gesellschaftsvertrag verlassen die Individuen den Naturzustand und räumen dem Staat bestimmte Rechte über ihre Handlungen, nicht aber über ihre Gesinnungen und ihr Gewissen ein. Kirche und Synagoge hingegen haben kein Recht, Handlungen oder Gesinnungen oder gar Rechtgläubigkeit zu erzwingen. Denn religiöse Überzeugungen, so Mendelssohn, sind frei, unveräußerlich und Gewissenssache. Religiöse Institutionen müssen religiösen Dissens einzelner gegebenenfalls hinnehmen. Da der Staat keine Rechte auf die Gesinnung seiner Bürger hat, muß er sich zu ihren religiösen Überzeugungen neutral verhalten. Er darf und kann nicht Mitglieder bestimmter Religionsgemeinschaften privilegieren, ohne die Gewissensfreiheit und die Rechte aller anderen zu verletzen. Mendelssohn vertritt hier eine klare Trennung von Staat und Religion; er widerspricht der Existenz von Staatskirchen und der Privilegierung ihrer Angehörigen, unausgesprochen damit der Diskriminierung von Juden im christlich dominierten Staat.*
Im zweiten Abschnitt legt Mendelssohn seine Philosophie des Judentums vor. Er verteidigt hier den religiösen Wahrheitsanspruch des Judentums auch im Zeitalter der Aufklärung: Das Judentum lehrt und enthält allgemeine, immergültige philosophische Vernunftwahrheiten wie die der Existenz Gottes und der göttlichen Vorsehung, es lehrt zweitens „auf Glauben" und durch Überlieferung kontingente Geschichtswahrheiten wie die der biblisch tradierten Offenbarung und Gabe der Tora an Mose am Sinai, und kennt drittens Gebote und „Zeremonialgesetze", die von Gott ausschließlich den Juden gegeben wurden. Mendelssohn vertritt hier sowohl die Kompatibilität von Judentum und Aufklärung als auch das Recht von Juden, im (christlichen) Staat ihren Gesinnungen, ihrem Gewissen und damit auch der rabbinischen Tradition ohne Einschränkung treu zu bleiben. Jerusalem *enthält ein naturrechtlich begründetes Plädoyer für die religiöse Gewissensfreiheit, die völlige Trennung von Staat und Religion, die religiöse Neutralität des Staates und damit die bedingungslose rechtliche Gleichstellung der Juden im Staat. Die Schrift ist Mendelssohns gewichtigster Beitrag zur von Dohm ausgelösten Debatte um die bürgerliche Verbesserung der Juden.*

Literatur:
Michael Albrecht: Einleitung, in: Jerusalem oder über religiöse Macht und Judentum (wie oben), S. VII–LX.

Erster Abschnitt.

Staat und Religion – bürgerliche und geistliche Verfassung – weltliches und kirchliches Ansehen – diese Stützen des gesellschaftlichen Lebens so gegen einander zu stellen, daß sie sich die Wage halten, daß sie nicht vielmehr Lasten des gesellschaftlichen Lebens werden, und den Grund desselben stärker drücken, als was sie tragen helfen – dieses ist in der Politik eine der schwersten Aufgaben, die man seit Jahrhunderten schon aufzulösen bemühet ist, und hie und da vielleicht glücklicher praktisch beygelegt, als theoretisch aufgelöset hat. Man hat für gut befunden, diese verschiedene Verhältnisse des gesellgen Menschen in moralische Wesen abzusondern, und jedem derselben ein eignes Gebiet, besondere Rechte, Pflichten, | Gewalt und Eigenthum zuzuschreiben. Aber der Bezirk dieser verschiedenen Gebiete, und die Gränzen, die sie trennen, sind noch bis itzt nicht genau bestimmt. Man siehet bald die Kirche das Markmal weit in das Gebiet des Staats hinübertragen, bald den Staat sich Eingriffe erlauben, die den angenommenen Begriffen zufolge, eben so gewaltsam scheinen. Und unermeßlich sind die Uebel, die aus der Mißhelligkeit dieser moralischen Wesen bisher entstanden sind, und noch zu entstehen drohen. Liegen sie gegen einander zu Felde, so ist das menschliche Geschlecht das Opfer ihrer Zwietracht; und vertragen sie sich, so ist es gethan, um das edelste Kleinod der menschlichen Glückseligkeit; denn sie vertragen sich selten anders, als um ein drittes moralisches Wesen, die *Freyheit des Gewissens,* die von ihrer Uneinigkeit einigen Vortheil zu ziehen weis, aus ihrem Reiche zu verbannen.

Der Despotismus hat den Vorzug, daß er bündig ist. So lästig seine Forderungen auch dem gesunden Menschenverstande sind, so sind sie doch unter sich zusammenhängend und systematisch. Er hat auf jede Frage seine bestimmte Antwort. Ihr dürft euch weiter um die Gränzen | nicht bekümmern; denn wer *alles* hat, fragt nicht weiter, *wie viel?* – So auch nach römisch-katholischen Grundsätzen die kirchliche Verfassung. Sie ist auf jeden Umstand ausführlich, und gleichsam aus einem Stücke. Räumet ihr alle ihre Forderungen ein; so wisset ihr wenigstens, ‖ woran ihr euch zu halten habet. Euer Gebäude ist aufgeführt, und in allen Theilen desselben herrscht vollkommene Ruhe. Freylich nur jene fürchterliche Ruhe, wie Montesquieu sagt, die Abends in einer Festung ist, welche des Nachts mit Sturm übergehen soll. Wer aber Ruhe in Lehr und Leben für Glückseligkeit hält, findet sie dennoch nirgend gesicherter, als unter einem römischkatholischen Despoten; oder weil auch hier die Macht noch zu sehr vertheilt ist, unter der despotischen Herrschaft der Kirche selbst.

So bald aber die Freyheit an diesem systematischen Gebäude etwas zu verrücken wagt, so drohet Zerrüttung von allen Seiten, und man weis am Ende nicht mehr, was davon stehen bleiben kann. Daher die ausserordentliche Verwirrung, die bürgerlichen sowohl als kirchlichen Unruhen in den ersten Zeiten der Reformation, und die auffallende Verlegenheit der Lehrer und Verbes|serer selbst, so oft sie in dem Fall waren, in Absicht auf Gerechtsame, das *wie weit?* fest zu setzen. Nicht nur praktisch war es schwer, den großen, seiner Fessel entbundenen Haufen innerhalb geziemender Schranken zu halten; sondern auch in der Theorie selbst findet man die Schriften jener Zeiten voller unbestimmten und schwankenden Begriffe, so oft von Festsetzung der kirchlichen Gewalt die Rede ist. Der Despotismus der römischen Kirche war aufgehoben, aber – welche andre Form soll an ihrer Stelle eingeführt werden? – Noch itzt in unsern aufgeklärtern Zeiten haben die Lehrbücher des Kirchenrechts von dieser Unbestimmtheit nicht befreyet werden können. Allen Anspruch auf *Verfassung* will oder kann die Geistlichkeit nicht aufgeben, und gleichwohl weis niemand recht, worin solche bestehe? Man will Streitigkeiten in der Lehre entscheiden, ohne einen obersten Richter zu erkennen. Man beruft sich noch immer auf eine unabhängige Kirche, ohne zu wissen, wo sie anzutreffen sey. Man macht Anspruch auf Macht und Recht, und kann doch nicht angeben, wer sie handhaben soll? |

Thomas Hobbes lebte zu einer Zeit, da der Fanatismus, mit einem unordentlichen Gefühle von Freyheit verbunden, keine Schranken mehr kannte, und im Begriffe war, wie ihm auch am Ende gelang, die königliche Gewalt unter den Fuß zu bringen, und die ganze Landesverfassung um zu stürzen. Der bürgerlichen Unruhen überdrüssig, und von Natur zum stillen, spekulativen Leben geneigt, setzte er die höchste Glückseligkeit in Ruhe und Sicherheit, sie mochte kommen, woher sie wollte; und diese fand er nirgend, als in der Einheit und Unzertrenn-|||lichkeit der höchsten Gewalt im Staate. Der öffentlichen Wohlfahrth, glaubte er also, sey am besten gerathen, wenn alles, sogar unser Urtheil über Recht und Unrecht, der höchsten Gewalt der bürgerlichen Obrigkeit unterworfen würde. Um dieses desto füglicher thun zu können, setzte er zum voraus, der Mensch habe von Natur die *Befugniß* zu allem, wozu er von ihr das Vermögen erhalten hat. Stand der Natur sey Stand des allgemeinen Aufruhrs, des *Krieges aller wider alle,* in welchem jeder *mag,* was er *kann;* alles Recht ist, wozu man Macht hat. Dieser unglückselige Zustand habe so lange ge-|dauert, bis die Menschen übereingekommen, ihrem Elende ein Ende zu machen, auf Recht und Macht, in so weit es die öffentliche Sicherheit betrift, Verzicht zu thun, solche einer festgesetzten Obrigkeit in die Hände zu liefern, und nunmehr sey dasjenige Recht, was diese Obrigkeit befielt.

Für bürgerliche Freyheit hatte er entweder keinen Sinn, oder wollte er sie lieber vernichtet, als so gemißbraucht sehen. Um sich aber die Freyheit zu denken aus zu sparen, davon er selbst mehr als irgend jemand Gebrauch machte, nam er seine Zuflucht zu einer feinen Wendung. Alles *Recht* gründet sich, nach seinem System, auf *Macht,* und alle *Verbindlichkeit* auf *Furcht;* da nun Gott der Obrigkeit an Macht unendlich überlegen ist; so sey auch das Recht Gottes unendlich über das Recht der Obrigkeit erhaben, und die Furcht vor Gott verbinde uns zu Pflichten, die keiner Furcht vor der Obrigkeit weichen dürfen. Jedoch sey dieses nur von der *innern Religion* zu verstehen, um die allein es dem Weltweisen zu thun war. Den äussern Gottesdienst unterwarf er völlig dem Befehle der bürgerlichen Obrigkeit, und jede Neuerung in kirch-|||lichen Sachen, ohne derselben Autorität, sey nicht nur Hochverrath, sondern auch Lästerung. Die Collisionen, die zwischen dem innern und äussern Gottesdienste entstehen müssen, sucht er durch die feinsten Unterscheidungen zu heben, und obgleich noch so manche Lücken zurückbleiben, die die Schwäche der

Vereinigung sichtbar machen; so ist doch der Scharfsinn zu bewundern, mit welchem er sein System hat bündig zu machen gesucht.

Im Grunde liegt in allen Behauptungen des *Hobbes* viel Wahrheit, und die ungereimten Folgen, zu welchen sie führen, fließen blos aus der Uebertreibung, mit welcher er sie, aus Liebe zur Paradoxie, oder den Bedürfnissen seiner Zeiten gemäß, vorgetragen hat. Zum Theil waren auch die Begriffe des Naturrechts zu seiner Zeit noch nicht aufgeklärt genug, und *Hobbes* hat das Verdienst um die Moralphilosophie, das || *Spinoza* um die Metaphysik hat. Sein scharfsinniger Irrthum hat Untersuchung veranlasset. Man hat die Ideen von *Recht* und *Pflicht*, *Macht* und *Verbindlichkeit* besser entwickelt; man hat *physisches* Vermögen von *sittlichem* Vermögen, *Gewalt* von *Befugniß* richtiger | unterscheiden gelernt, und diese Unterscheidungen so innigst mit der Sprache verbunden, daß nunmehr die Widerlegung des hobbesischen Systems schon in dem gesunden Menschenverstande, und so zu sagen, in der Sprache zu liegen scheinet. Dieses ist die Eigenschaft aller sittlichen Wahrheiten. Sobald sie ins Licht gesetzt sind, vereinigen sie sich so sehr mit der Sprache des Umgangs und verbinden sich mit den alltäglichen Begriffen der Menschen, daß sie dem gemeinen Menschenverstande einleuchten, und nunmehr wundern wir uns, wie man vormals auf einem so ebnen Wege habe strauchen können. Wir bedenken aber den Aufwand nicht, den es gekostet, diesen Steig durch die Wildniß so zu ebnen.

Hobbes selbst mußte die unstatthaften Folgen auf mehr als eine Weise empfinden, zu welchen seine übertriebenen Sätze unmittelbar führen. Sind die Menschen von Natur an keine Pflicht gebunden, so liegt ihnen auch nicht einmal die Pflicht ob, ihre Verträge zu halten. Findet im Stande der Natur keine andre Verbindlichkeit Statt, als die sich auf Furcht und Ohnmacht gründet; so dauert die Gültigkeit der | Verträge auch nur so lange, als sie von Furcht und Ohnmacht unterstützt wird; so haben die Menschen durch Verträge keinen Schritt näher zu ihrer Sicherheit gethan, und befinden sich noch immer in ihrem primitiven Zustande des allgemeinen Krieges. Sollten aber Verträge gültig seyn; so muß der Mensch von Natur, ohne Vertrag und Verabredung, an und für sich selbst nicht befugt seyn, wider ein Paktum zu handeln, das er gutwillig eingegangen; das heißt, es muß ihm nicht erlaubt seyn, wenn er auch kann: er muß das *sittliche* Vermögen nicht haben, wenn er auch das *physische* dazu hätte. *Macht* und *Recht* sind also verschiedene Dinge, und waren auch im Stande der Natur heterogene Begriffe. – – Ferner, der höchsten Gewalt im Staate schreibt Hobbes strenge Gesetze vor, nichts zu befehlen, das der Wohlfahrth ihrer Unterthanen zuwider sey. Wenn sie auch keinem Menschen Rechenschaft zu geben schuldig seyen; so haben sie diese doch vor dem allerhöchsten Richter abzulegen; wenn sie auch nach seinen Grundsätzen keine Furcht vor irgend einer menschlichen *Macht* binde; so binde sie doch die Furcht vor der *Allmacht*, die ihren Willen hierüber hin||länglich zu erkennen || gegeben. *Hobbes* ist hierüber sehr ausführlich, und hat im Grunde weit weniger Nachsicht für die Götter der Erde, als man seinem System zutrauen sollte. Allein eben diese Furcht vor der Allmacht, welche die Könige und Fürsten an gewisse Pflichten gegen ihre Unterthanen binden soll, kann doch auch im Stande der Natur für jeden einzelnen Menschen eine Quelle der Obliegenheiten werden, und so hätten wir abermals ein *solennes* Recht der Natur, das *Hobbes* doch nicht zugeben will. – Auf solche Weise kan sich in unsern Tagen jeder Schüler des Naturrechts einen Triumf über *Thomas Hobbes* erwerben, den er im Grunde doch ihm zu verdanken hat.

Locke, der in denselben verwirrungsvollen Zeitläuften lebte, suchte die Gewissensfreiheit auf eine andre Weise zu schirmen. In seinen Briefen *über die Toleranz* legt er die Definition zum Grunde: *ein Staat sey eine Gesellschaft von Menschen, die sich vereinigen, um ihre zeitliche Wohlfahrth gemeinschaftlich zu befördern.* Hieraus folgt alsdann ganz natürlich, daß der Staat sich um die Gesinnungen der Bürger, ihre ewige Glückseligkeit betreffend, | gar nicht zu bekümmern, sondern jeden zu dulden habe, der sich bürgerlich gut aufführt, das heißt seinen Mitbürgern, in Absicht ihrer zeitlichen Glückseligkeit, nicht hinderlich ist. Der Staat, als Staat, hat auf keine Verschiedenheit der Religionen zu sehen; denn Religion hat an und für sich auf das Zeitliche keinen nothwendigen Einfluß, und stehet blos durch die Willkühr der Menschen mit demselben in Verbindung.

Sehr wohl! Ließe sich der Zwist durch eine Worterklärung entscheiden; so wüßte ich keine bequemere, und wenn sich die unruhigen Köpfe seiner Zeit hiemit hätten die Intoleranz ausreden lassen; so würde der gute *Locke* nicht nöthig gehabt haben, so oft ins Elend zu wandern. Allein was hindert uns, fragen jene, daß wir nicht auch unsere *ewige* Wohlfahrt gemeinschaftlich zu befördern suchen sollten? Und in der That, was für Grund haben wir, die Absicht der Gesellschaft blos auf das *Zeitliche* einzuschränken? Wenn die Menschen ihre ewige Seligkeit durch öffentliche Vorkehrungen befördern *können;* so ist es ja ihre natürliche Pflicht es zu *thun;* ihre vernunftmäßige Schuldigkeit, daß sie sich auch in dieser Absicht zusammenthun, und in gesellschaft-|liche Verbindung treten. Ist aber dieses, und der Staat, als Staat, will sich blos mit dem Zeitlichen abgeben; so entstehet die Frage: wem sollen wir die Sorge für das Ewige antrauen? – Der Kirche? Nun sind wir auf einmal wieder da, wo wir ausgegangen waren. Staat und Kir-||che. – Sorge für das Zeitliche und Sorge für das Ewige – bürgerliche und kirchliche Autorität. Jene verhält sich zu dieser, wie die Wichtigkeit des Zeitlichen zur Wichtigkeit des Ewigen. Der Staat ist also der Religion untergeordnet; muß weichen, wenn eine Collision entstehet. Nun widerstehe, wer da kann, dem *Cardinal Bellarmin*, mit dem fürchterlichen Gefolge seiner Argumente, daß das Oberhaupt der Kirche, zum Behuf des Ewigen, über alles Zeitliche zu befehlen, und also wenigstens indirecte[*] ein Hoheitsrecht habe, über alle Güter und Gemüther der Welt; daß alle weltliche Reiche in-|directe unter der Botmäßigkeit des geistlichen Einzelherren stünden, und von ihm Befehle annehmen müßten, wenn sie ihre Regierungsform verändern, ihre Könige absetzen, und andere an ihrer Stelle einsetzen müßten; weil sehr oft das ewige Heil des Staats auf keine andere Weise erhalten werden könne – und wie die Maximen seines Ordens alle heißen, die *Bellarmin* in seinem Werke *de Romano Pontifice* mit so vielem Scharfsinne festsetzet. Alles, was man den Trugschlüssen des Cardinals in sehr weitläuftigen

---

[*] Bellarmin selbst ward beinahe von dem Pabste Sixtus V verketzert, weil er ihm blos eine *indirecte* Macht über das Zeitliche der Könige und Fürsten zuschrieb. Sein Werk ward in das Verzeichnis der Inquisition gesetzt.

Werken entgegen gesetzt hat, scheint nicht zum Ziel zu treffen, sobald der Staat die Sorge
für die Ewigkeit ganz aus den Händen giebt.

Von einer andern Seite ist es im genausten Verstande weder der Wahrheit gemäß, noch
dem Besten der Menschen zuträglich, daß man das Zeitliche von dem Ewigen so scharf
abschneide. Dem Menschen wird im Grunde nie eine Ewigkeit zu Theile werden: Sein
Ewiges ist blos ein *unaufhörliches Zeitliche*. Sein Zeitliches nimmt nie ein Ende, ist also
ein wesentlicher Theil seiner Fortdauer, und mit derselben aus einem Stücke. Man verwir-
ret die Begriffe, wenn man seine zeitliche Wohlfarth der ewigen Glückselig-|keit entgegen
setzet. Und diese Verwirrung der Begriffe bleibt nicht ohne praktische Folgen. Sie verrückt
den Wirkungskreis der menschlichen Fähigkeiten, und spannet seine Kräfte über das Ziel
hinaus, das ihm von der Vorsehung mit so vieler Weisheit gesetzt worden. „Auf dem dunkeln Pfade, man erlaube, daß ich meine eigenen Worte[*] hier anführe, auf dem dunkeln
Pfade, den der Mensch hier zu wandeln hat, ist ihm gerade so viel Licht beschieden, als zu
den nächsten Schritten, die er zu thun hat, nöthig ist. Ein meh-||reres würde ihn nur blen-
den, und jedes Seitenlicht nur verwirren." Es ist nöthig, daß der Mensch unaufhörlich
erinnert werde, mit diesem Leben sey nicht alles aus für ihn; es stehe ihm eine endlose
Zukunft bevor, zu welcher sein Leben hienieden eine Vorbereitung sey, so wie in der ganzen Schöpfung jedes Gegenwärtige eine Vorbereitung aufs Künftige ist. Dieses Leben,
sagen die Rabbinen, ist ein Vorgemach, in welchem man sich so anschicken muß, wie man
im innern | Zimmer erscheinen will. Aber nun hütet euch auch, dieses Leben mit der Zu-
kunft weiter in Gegensatz zu bringen, und die Menschen auf die Gedanken zu führen: ihre
wahre Wohlfarth in diesem Leben sey nicht einerley mit ihrer ewigen Glückseligkeit in der
Zukunft; ein anderes wäre es für ihr zeitliches, ein anderes für ihr ewiges Wohl sorgen, und
es sey möglich, eines zu erhalten, und das andre zu vernachläßigen. Dem Blödsichtigen,
der auf schmalem Steige wandeln soll, werden durch dergleichen Vorspiegelungen Stand-
punkt und Gesichtskreis verrückt, und er ist in Gefahr schwindlicht zu werden, und auf
ebenem Wege zu stolpern. So mancher getraut sich nicht, die gegenwärtigen Wohlthaten
der Vorsehung zu genießen, aus Besorgniß eben so viel von denselben dort zu verlieren,
und mancher ist ein schlechter Bürger auf Erden geworden, in Hoffnung dadurch ein desto
besserer im Himmel zu werden.

Ich habe mir die Begriffe von Staat und Religion, von ihren Gränzen und wechsel-
weisem Einfluß auf einander, sowohl, als auf die Glückseligkeit des bürgerlichen Lebens,
durch folgende Betrachtungen deutlich zu machen gesucht. So | bald der Mensch zur Er-
kenntnis kömmt, daß er, ausserhalb der Gesellschaft, so wenig die Pflichten gegen sich
selbst und gegen den Urheber seines Daseyns, als die Pflichten gegen seinen Nächsten
erfüllen, und also ohne Gefühl seines Elends nicht länger in seinem einsamen Zustande
bleiben kann; so ist er verbunden, denselben zu verlassen, mit seines gleichen in Gesellschaft zu treten, um durch gegenseitige Hülfe ihre Bedürfnisse zu befriedigen, und durch
gemeinsame Vorkehrungen, ihr gemeinsames Beste zu befördern. Ihr gemeinsames Beste

---

[*] S. Anmerk. zu Abbts freundschaftlichen Correspondenz. S. 28.

aber begreift das Gegenwärtige sowohl als das Zukünftige, das Geistliche sowohl als das Irdische, in sich. Eins ist von dem andern unzertrennlich. Ohne Erfüllung unserer Obliegenheiten ist für uns weder hier noch da; weder auf Erden, noch im Himmel, ein Glück zu erwarten. Nun gehöret zur wahren Erfüllung unserer Pflichten, *zweierlei: Handlung* und *Gesinnung.* Durch die Handlung ‖ geschieht das, was die Pflicht erfordert, und die Gesinnung macht, daß es aus der wahren Quelle komme, d. i. aus ächten Bewegungsgründen geschehe. ‖

Also Handlungen und Gesinnungen gehören zur Vollkommenheit des Menschen, und die Gesellschaft hat, so viel als möglich, durch gemeinschaftliche Bemühungen für beides zu sorgen; d. i. die Handlungen der Mitglieder zum gemeinschaftlichen Besten zu lenken, und Gesinnungen zu veranlassen, die zu diesen Handlungen führen. Jenes ist die *Regierung,* dieses die *Erziehung* des geselligen Menschen. Zu beiden wird der Mensch durch *Gründe* geleitet, und zwar zu den Handlungen durch *Bewegungsgründe,* und zu den Gesinnungen durch *Wahrheitsgründe.* Die Gesellschaft hat also beide durch öffentliche Anstalten so einzurichten, daß sie zum allgemeinen Besten übereinstimmen.

Die Gründe, welche den Menschen zu vernünftigen Handlungen und Gesinnungen leiten, beruhen zum Theil auf Verhältnissen der Menschen gegen einander, zum Theil auf Verhältnissen der Menschen gegen ihren Urheber und Erhalter. Jene gehören für den *Staat,* diese für die *Religion.* In so weit die Handlungen und Gesinnungen der Menschen, durch Gründe, die aus ihren Verhältnissen gegen einander fließen, gemeinnützig gemacht werden können, ‖ sind sie ein Gegenstand der bürgerlichen Verfassung; in so weit aber die Verhältnisse der Menschen gegen Gott, als Quelle derselben angenommen werden, gehören sie für die *Kirche, Synagoge* oder *Moschee.* Man liest in so manchen Lehrbüchern des sogenannten *Kirchenrechts* ernsthafte Untersuchungen: ob auch Juden, Ketzer und Irrgläubige eine Kirche haben können. Nach den unermeßlichen Vorrechten, die die sogenannte Kirche sich anzumaßen pflegt, ist die Frage so ungereimt nicht, als sie einem unbefangenen Leser scheinen muß. Mir kömmt es aber, wie leicht zu erachten, auf diesen Unterschied der Benennung nicht an. Oeffentliche Anstalten zur Bildung des Menschen, die sich auf Verhältnisse des Menschen zu Gott beziehen, nenne ich *Kirche;* – zum Menschen, *Staat.* Unter Bildung des Menschen verstehe ich die Bemühung, beides, Gesinnungen und Handlungen so einzurichten, daß sie zur Glückseligkeit übereinstimmen; die Menschen *erziehen* und *regieren.*

Heil dem Staate, dem es gelinget, das Volk durch die Erziehung selbst zu regieren; das heißt, ihm solche Sitten und Gesinnungen einzuflößen, die von selbst zu gemeinnützigen Hand-‖lungen führen, und ‖ nicht immer durch den Sporn der Gesetze angetrieben zu werden brauchen. – Der Mensch im gesellschaftlichen Leben muß auf manches von seinen Rechten zum allgemeinen Besten Verzicht thun; oder wie man es nennen kann, sehr oft seinen eigenen Nutzen dem Wohlwollen aufopfern. Nun ist er glücklich, wenn diese Aufopferung eigenes Triebes geschiehet, und er jedes Mal wahrnimmt, daß sie blos zum Behuf des Wohlwollens von ihm geschehen sey. *Wohlwollen* macht im Grunde glücklicher, als *Eigennutz;* aber wir müssen uns selbst und die Aeusserung unserer Kräfte dabei empfinden. Nicht wie einige Sophisten es auslegen, weil alles am Menschen Eigenliebe ist; sondern weil Wohlwollen kein Wohlwollen mehr ist, weder Werth noch Verdienst mit sich führet, wenn es nicht aus freyem Triebe des Wohlwollenden fließet.

Hierdurch kann man vielleicht auf die bekannte Frage: *Welche Regierungsform ist die beste?* eine befriedigende Antwort geben. Eine Frage auf welche bisher sich widersprechende Antworten, mit gleichem Scheine der Wahrheit, gegeben worden sind. Im Grunde ist sie zu unbestimmt, fast so wie jene medicinische Frage | von gleicher Art: *Welche Speise ist die gesundeste?* Jede Complexion, jedes Clima, jedes Alter, Geschlecht, Lebensart u. s. w. erfordert eine andere Antwort. Eben so verhält es sich mit unserm politisch-philosophischen Problem. Für jedes Volk, auf jeder Stufe der Cultur, auf welcher es stehet, ist eine andere Regierungsform die beste. Manche despotisch regierte Nationen würden höchst elend seyn, wenn man sie sich selbst überließe; so elend als manche freygesinnten Republikaner, wenn man sie einem Einzelherrn unterwerfen wollte. Ja manche Nation wird, so wie sich Cultur, Lebensart und Gesinnung abändert, auch mit der Regierungsform ändern, und in einer Folge von Jahrhunderten den ganzen Zirkel der Regierungsformen, von Anarchie bis zum Despotismus, durch alle Schattierungen und Vermischungen durchwandern, und doch immer die Form gewählt haben, die in solchen Umständen für sie die Beste war.

Unter allen Umständen und Bedingungen aber halte ich es für einen untrüglichen Maaßstab von der Güte der Regierungsform, je mehr in derselben durch Sitten und Gesinnungen gewürkt, und also durch die Erziehung selbst re-|giert wird. Mit andern Worten, je mehr dem Bürger Anlaß gegeben wird, anschauend zu erkennen, daß er auf einige seiner Rechte nur zum allgemeinen Besten Verzicht zu thun, von seinem Eigennutzen nur zum Behuf des Wohlwollens aufzuopfern hat, und also ‖ von der einen Seite durch Aeusserung des Wohlwollens eben so viel gewinnet, als er durch die Aufopferung verliert. Ja, daß er durch die Aufopferung selbst noch an innerer Glückseligkeit wuchere; indem diese das Verdienst und die Würde der wohlthätigen Handlung und also die wahre Vollkommenheit des Wohlwollenden vermehret. Es ist z. B. nicht rathsam, daß der Staat alle Pflichten der Menschenliebe, bis auf die *Almosenpflege,* übernehme, und in öffentliche Anstalten verwandele. Der Mensch fühlt seinen Werth, wenn er Mildthätigkeit ausübt; wenn er anschauend wahrnimmt, wie er durch seine Gabe die Noth seines Nebenmenschen erleichtert; wenn er giebt, weil er will. Giebt er aber, weil er muß; so fühlt er nur seine Fesseln.

Eine Hauptbemühung des Staats muß es also seyn, die Menschen durch Sitten und Gesinnungen zu regieren. Nun giebt es kein Mit-|tel, die Gesinnungen, und vermittelst derselben, die Sitten der Menschen zu verbessern, als *Ueberzeugung.* Gesetze verändern keine Gesinnung, willkürliche Strafen und Belohnung erzeugen keine Grundsätze, veredeln keine Sitten. Furcht und Hoffnung sind keine Kriterien der Wahrheit. Erkenntniß, Vernunftgründe, Ueberzeugung, diese allein bringen Grundsätze hervor, die, durch *Ansehen* und *Beyspiel,* in *Sitten* übergehen können. Und hier ist es, wo die Religion dem Staat zu Hülfe kommen, und die Kirche eine Stütze der bürgerlichen Glückseligkeit werden soll. Ihr kömmt es zu, das Volk auf die nachdrücklichste Weise von der Wahrheit edler Grund-

sätze und Gesinnungen zu überführen; ihnen zu zeigen, daß die Pflichten gegen Menschen
auch Pflichten gegen Gott seyen, die zu übertreten, schon an und für sich höchstes Elend
sey; daß dem Staate dienen ein wahrer Gottesdienst, Recht und Gerechtigkeit der Befehl
Gottes, und Wohlthun sein allerheiligster Wille sey, und daß wahre Erkenntniß des Schöpfers keinen Menschenhaß in der Seele zurücklassen könne. Dieses zu lehren, ist Amt und
Pflicht und Beruf der Religion; dieses zu predigen Amt und Pflicht und Beruf | ihrer Die-
ner. Wie hat es den Menschen beykommen können, jene das Gegentheil lehren, diese das
Gegentheil predigen zu lassen?

Wenn aber der Charakter der Nation, der Grad der Cultur, auf welchen sie gestiegen, die
mit dem Wohlstande der Nation gewachsene Volksmenge, vervielfältigte Verhältnisse und
Verbindungen, überhand genommene Ueppigkeit und andere Ursachen es unmöglich machen, die Nation blos durch Gesinnungen zu regieren; so nimmt der Staat ‖ seine Zuflucht
zu öffentlichen Anstalten, Zwangsgesetzen, Bestrafungen des Verbrechens und Belohnung
des Verdienstes. Wenn der Bürger nicht aus innerm Gefühl seiner Schuldigkeit das Vaterland vertheidigen will; so werde er durch Belohnung gelockt, oder durch Gewalt gezwungen. Haben die Menschen keinen Sinn mehr für den innern Werth der Gerechtigkeit, erkennen sie nicht mehr, daß Redlichkeit in Handel und Wandel wahre Glückseligkeit sey; so
werde die Ungerechtigkeit gezüchtiget, der Betrug bestraft. Freylich erhält der Staat auf
diese Weise den Endzweck der Gesellschaft nur zur Hälfte. Aeußere Bewegungsgründe
machen den, auf welchen sie auch wir-|ken, nicht glücklich. Wer aus Liebe zur Rechtschaf-
fenheit den Betrug meidet, ist glücklicher, als der nur die willkührlichen Strafen fürchtet,
die der Staat mit dem Betruge verbunden. Allein seinem Nebenmenschen kann es gleichviel gelten, aus welchen Bewegursachen das Unrecht unterbleibt, durch welche Mittel ihm
sein Recht und Eigentum gesichert wird. Das Vaterland ist vertheidiget; die Bürger mögen
aus Liebe, oder aus Furcht vor positiver Strafe, für dasselbe fechten; obgleich die Vertheidiger
selbst in jenem Falle glücklich, in diesem aber unglücklich sind. Wenn *innere* Glückseligkeit der Gesellschaft nicht völlig zu erhalten stehet; so werde wenigstens *äussere Ruhe und*
Sicherheit allenfalls erzwungen.

Der Staat also begnügt sich allenfalls mit todten Handlungen, mit Werken ohne Geist,
mit Uebereinstimmung im Thun, ohne Uebereinstimmung in Gedanken. Auch wer nicht
an Gesetze glaubt, muß nach dem Gesetze thun, sobald es Sanction erhalten hat. Er kann
dem einzelnen Bürger das Recht lassen, über die Gesetze zu urtheilen; aber nicht nach
seinem Urtheile zu handeln; denn hierauf hat er als Mitglied der | Gesellschaft Verzicht
thun müssen, weil ohne diese Verzicht eine bürgerliche Gesellschaft ein Unding ist. – Nicht
also die Religion! Diese kennet keine Handlung ohne Gesinnung, kein Werk ohne Geist,
keine Uebereinstimmung im Thun, ohne Uebereinstimmung im Sinne. Religiöse Handlungen, ohne religiöse Gedanken, ist leeres Puppenspiel, kein Gottesdienst. Diese müssen
also an und für sich selbst aus dem Geiste kommen, und können weder durch Belohnung
erkauft, noch durch Strafen erzwungen werden. Aber auch von bürgerlichen Handlungen
ziehet die Religon ihre Hand ab, in so weit sie nicht durch Gesinnung, sondern durch
Macht hervorgebracht werden. Der Staat hat sich auch keine Hülfe mehr von der Religion

zu versprechen, sobald er ‖ blos durch Belohnung und Bestrafung würken kann; denn in so weit dieses geschieht, kommen die Pflichten gegen Gott weiter in keine Betrachtung, sind die Verhältnisse zwischen den Menschen und seinem Schöpfer ohne Wirkung. Aller Beystand, den die Religion dem Staate leisten kann, ist *Belehren* und *Trösten*; durch ihre göttlichen Lehren dem Bürger gemeinnützige Gesinnungen bey-‖bringen, und durch ihre überirrdische Trostgründe den Elenden aufrichten, der als ein Opfer für das gemeine Beste zum Tode verurtheilt worden.

Hier zeigt sich also schon ein wesentlicher Unterschied zwischen Staat und Religion. Der Staat gebietet und zwinget; die Religion belehrt und überredet; der Staat ertheilt Gesetze, die Religion Gebote. Der Staat hat physische Gewalt und bedient sich derselben, wo es nöthig ist; die Macht der Religion ist *Liebe* und *Wohlthun*. Jener giebt den Ungehorsamen auf, und stößt ihn aus; diese nimmt ihn in ihren Schoos, und sucht ihn noch in dem letzten Augenblicke seines gegenwärtigen Lebens, nicht ganz ohne Nutzen, zu belehren, oder doch wenigstens zu trösten. Mit einem Worte: die bürgerliche Gesellschaft kann, als moralische Person, *Zwangsrechte* haben, und hat diese auch durch den gesellschaftlichen Vertrag würklich erhalten. Die religiöse Gesellschaft macht keinen Anspruch auf *Zwangsrecht* und kann durch alle Verträge in der Welt kein Zwangsrecht erhalten. Der Staat besitzet *vollkommene,* die Kirche blos *unvollkommene* Rechte. Um dieses gehörig | ins Licht zu setzen, erlaube man mir zu den ersten Begriffen hinaufzusteigen, und den

Ursprung der Zwangsrechte und Gültigkeit der Verträge unter den Menschen
etwas genauer zu untersuchen. Ich bin in Gefahr, für manche Leser zu spekulativ zu werden. Allein hat doch jeder die Freyheit das zu überschlagen, was nicht nach seinem Geschmacke ist. Den Freunden des Naturrechts dürfte es nicht unangenehm seyn, zu sehen, wie ich mir die ersten Grundsätze desselben zu erörtern gesucht habe. –

Die *Befugniß* (das sittliche Vermögen) sich eines Dinges als Mittel zu seiner Glückseligkeit zu bedienen, heißt ein *Recht*. Das Vermögen aber heißt sittlich, wenn es mit den Gesetzen der Weisheit und Güte bestehen kann, und die Dinge, die als Mittel zur Glückseligkeit dienen können, werden *Güter* genannt. Der Mensch hat also ein Recht auf gewisse Güter oder Mittel zur Glückseligkeit, in so weit solches den Gesetzen der Weisheit und Güte nicht widerspricht. | ‖

Was nach den Gesetzen der Weisheit und der Güte geschehn muß, oder dessen Gegentheil den Gesetzen der Weisheit oder der Güte widersprechen würde: heißt *sittlich nothwendig.* Die sittliche Nothwendigdigkeit (Schuldigkeit) etwas zu tun, oder zu unterlassen, ist eine *Pflicht.*

Die Gesetze der Weisheit und Güte können sich nicht einander widersprechen. Wenn ich also ein Recht habe etwas zu thun; so kann mein Nebenmensch kein Recht haben, mich daran zu verhindern; sonst wäre eben dieselbe Handlung zu einerley Zeit sittlich möglich und sittlich unmöglich. Einem jeden Rechte entspricht also eine Pflicht; dem Rechte zu thun entspricht die Pflicht zu leiden; dem Rechte zu fordern, die Pflicht zu leisten, u. s. w.[*] |

---

[*] Man macht den Einwurf: der Kriegsmann habe in währendem Kriege die Befugniß, den Feind umzubringen, ohne daß diesem die Pflicht obliege, solches zu leiden.

Weisheit mit Güte verbunden heißt *Gerechtigkeit*. – Das Gesetz der Gerechtigkeit, auf welches ein Recht sich gründet, ist entweder von der Beschaffenheit, daß alle Bedingungen, unter welchen das Prädikat dem Subiekte zukommt, dem Rechthabenden gegeben sind, oder nicht. In dem ersten Falle ist es ein *vollkommenes,* in dem andern ein *unvollkommenes Recht.* Bey dem unvollkommenen Rechte nämlich hängt ein Theil der Bedingungen, unter welchen das Recht zukömmt, von dem Wissen und Gewissen des Pflichtträgers ab. | Dieser ist also auch in dem ersten Falle *vollkommen,* in dem andern aber nur *unvollkommen* zu der Pflicht verbunden, die jenem Rechte entspricht. – Es giebt *vollkommene* und *unvollkommene,* sowohl *Pflichten,* als *Rechte.* Jene heißen Zwangsrechte und Zwangspflichten; diese hingegen Ansprüche (Bitten) und Gewissenspflichten. Jene sind *äusserlich,* diese aber nur *innerlich.* Zwangsrechte dürfen mit Gewalt *erpreßt;* Bitten aber *verweigert* werden. Unterlassung der Zwangspflichten ist Beleidigung, Ungerechtigkeit; der Gewissenspflichten aber blos *Unbilligkeit.* ‖

Die Güter, auf welche der Mensch ein ausschließendes Recht hat, sind 1) seine eigenen Fähigkeiten; 2) was er durch dieselben hervorbringet, oder dessen Fortkommen er befördert, was er anbaut, hegt, schützt u. s. w. (Produkte seines Fleißes); 3) Güter der Natur, die er mit den Produkten seines Fleißes so verbunden, daß sie von denselben ohne Zerstörung nicht mehr getrennt werden können, die er sich | also zu eigen gemacht. Hierin bestehet also sein *natürliches Eigentum,* und diese Güter sind auch im Stande der Natur, bevor noch irgend ein Vertrag unter den Menschen Statt gefunden, von der *ursprünglichen Gemeinschaft der Güter* ausgeschlossen worden. Die Menschen besitzen nämlich ursprünglich nur diejenigen Güter *gemeinschaftlich,* die von der Natur, ohne eines Menschen Fleis und Beförderung, hervorgebracht werden. – *Nicht alles Eigentum ist blos conventionell.*

Der Mensch kann ohne *Wohlthun* nicht glücklich seyn; Nicht ohne *leidendes,* aber eben so wenig ohne *thätiges* Wohlthun. Er kann nicht anders, als durch gegenseitigen Beystand, durch Wechsel von Dienst und Gegendienst, durch thätige und leidende Verbindung mit seinem Nebenmenschen, vollkommen werden.

Wenn also der Mensch Güter besitzet, oder Mittel zur Glückseligkeit in seinem Vermögen hat, die er entbehren kan, d. i. die nicht nothwendig zu seinem *Daseyn* erforderlich sind, und zu seinem *Besserseyn* dienen; so | ist er verpflichtet, solche zum Theil zum Besten seines Nebenmenschen, zum *Wohlwollen* anzuwenden; denn *Besserseyn* ist von *Wohlwollen* unzertrennlich.

Allein der Kriegsmann hat diese Befugniß nicht als *Mensch;* sondern als Mitglied, oder Söldner des kriegführenden Staats. Der Staat nämlich ist entweder wirklich beleidiget, oder giebt vor beleidiget zu seyn, und seine Befriedigung nicht anders, als durch die Gewalt, erhalten zu können. Das Gefecht ist also eigentlich nicht zwischen Mensch und Mensch; sondern zwischen Staat und Staat; und unter den beiden kriegführenden Staaten hat doch offenbar nur einer das Recht auf seiner Seite. Dem Beleidiger liegt allerdings die Pflicht ob, den Beleidigten zu befriedigen, und alles zu leiden, ohne welches jener nicht zu seinem gekränkten Rechte gelangen kann.

Er hat aber auch aus ähnlichen Ursachen ein Recht auf seines Nebenmenschen Wohl-wollen. Er kan erwarten, und Anspruch darauf machen, daß ihm andere mit ihren entbehr-lichen Gütern beystehen, und zu seiner Vollkommenheit beförderlich seyn werden. Man erinnere sich nur immer, was wir unter dem Worte *Güter* verstehen. Alles *innere* und *äussere* Vermögen des Menschen, in so weit es ihm, oder andern ein Mittel zur Glückseligkeit werden kann. Was also der Mensch im Stande der Natur an Fleiß, Vermögen und Kräften besitzet; alles, was er *Sein* nennen kan, ist Theils zum *Selbstgebrauch* (eigenen Nutzen), Theils zum *Wohlwollen* gewidmet.

Wie aber das Vermögen der Menschen eingeschränkt, und also erschöpflich ist; so kann dasselbe Vermögen oder Gut zuweilen nicht mir und meinem Nebenmenschen zugleich dienen. So kan ich auch dasselbe | Vermögen oder Gut nicht gegen alle meine Nebenmen-schen, ‖ nicht zu allen Zeiten, auch nicht unter allen Umständen zum Besten anwenden; und da ich schuldig bin von meinen Kräften den bestmöglichen Gebrauch zu machen; so kömmt es auf die Auswahl und nähere Bestimmung an, *wie viel* von dem Meinigen ich zum *Wohlwollen* bestimmen soll? Gegen wen? zu welcher Zeit, und unter welchen Um-ständen?

Wer soll dieses entscheiden? wer die Collisionsfälle schlichten? – Nicht mein Nächster; denn ihm sind nicht alle Gründe gegeben, aus welchen der Streit der Pflichten entschieden werden muß. Zu dem würde jeder andere eben das Recht haben, und wenn von meinen Nebenmenschen jeder zu seinem Vortheil entscheiden sollte, wie wahrscheinlicher Weise geschehen dürfte, so wäre die Verlegenheit nicht gehoben.

Mir, und mir allein, kömmt also im Stande der Natur das Entscheidungsrecht zu, *ob* und *wieviel, wenn, wem,* und unter welchen Bedingungen ich zum Wohlthun verbunden bin? und ich kann im Stande der | Natur durch keine Zwangsmittel, zu keinerley Zeit, zum Wohlthun angehalten werden. Meine Pflicht wohlzuthun, ist blos *Gewissenspflicht,* davon ich äusserlich niemanden Rechenschaft zu geben habe; so wie mein Recht auf anderer Wohlthun, blos ein Recht zu bitten ist, das abgewiesen werden kann. – Im Stande der Natur sind alle *positive* Pflichten der Menschen gegen einander blos *unvollkommene* Pflichten; so wie ihre positive Rechte auf einander blos *unvollkommene* Rechte, keine Pflichten, die erpreßt werden können, keine Rechte, die Zwang erlauben. – Blos die Unterlassungspflichten und Rechte sind im Stande der Natur vollkommen. Ich bin vollkommen verpflichtet, nie-manden zu *schaden,* und vollkommen berechtiget, zu verhindern, daß niemand mir *scha-de.* Schaden aber heißt, wie bekannt, *wider das vollkommene Recht eines andern handeln.*

Man könnte zwar glauben, die Pflicht zur Entschädigung sey eine positive Pflicht, zu der der Mensch auch im Stande der | Natur verbunden ist. Wenn ich meinem Nächsten Schaden zugefügt habe, so bin ich, ohne allen Vertrag, blos nach den Gesetzen der natürli-chen Gerechtigkeit, auch äusserlich verpflichtet, ihm solchen zu ersetzen, und kann von ihm mit Gewalt dazu angehalten werden.

Allein die Entschädigung ist zwar eine positive Handlung; die Verbindlichkeit aber zu derselben fließet im Grunde aus der Unterlassungspflicht; *beleidige nicht!* denn der Scha-den, den ich meinem Näch-‖sten zugefügt habe, ist, so lange er seiner Wirkung nach nicht aufgehoben wird, als eine *fortgesetzte Beleidigung* anzusehen. Ich handele also eigentlich wider eine negative Pflicht, so lange ich die Entschädigung unterlasse; denn ich fahre fort zu beleidigen. Die Entschädigungspflicht macht also keine Ausnahme von der Regel, daß der Mensch im Stande der Natur *unabhängig,* d. i. niemanden positive verpflichtet sey. Niemand hat ein Zwangsrecht mir vorzuschreiben, *wie viel* ich von meinen Kräften zum Besten anderer anwenden, und *wem* ich die | Wohlthat davon angedeien lassen soll. Auf mein Gutdünken allein muß es ankommen, nach welcher Regel ich die Collisionsfälle entscheiden will.

Auch das natürliche Verhältniß zwischen Eltern und Kindern ist diesem allgemeinen Naturgesetz nicht zuwider. Es ist leicht zu erachten, daß nur diejenigen Personen im Stande der Natur unabhängig sind, denen man eine vernunftmäßige Entscheidung der Collisionsfälle zutrauen kann. Bevor also die Kinder zu den Jahren gelangen, in welchen man ihnen den Gebrauch der Vernunft zutrauen kann, haben sie keinen Anspruch auf Unabhängigkeit, müssen sie von andern entscheiden lassen, wie und zu welchen Absichten sie ihre Kräfte und Fähigkeiten anwenden sollen. Die Eltern sind ihrer Seits auch verbunden, ihre Kinder in der *Kunst die Collisionsfälle vernünftig zu entscheiden,* nach und nach zu üben, und so wie ihre Vernunft zunimmt, ihnen auch allmählig den freien, unabhängigen Gebrauch ihrer Kräfte zu überlassen. |

Nun sind die Eltern zwar auch im Stande der Natur gegen ihre Kinder zu gewissen Dingen *äusserlich* verpflichtet, und könte man glauben, daß dieses eine positive Pflicht sey, die ohne allen Vertrag, nach den ewigen Gesetzen der Weisheit und Güte erzwungen werden könnte. Allein mich dünkt, das Zwangsrecht zur Erziehung der Kinder komme im Stande der Natur blos den Eltern selbst, einem gegen den andern, keinem dritten aber zu, der sich etwa der Kinder annehmen und die Erziehung von den Eltern erpressen wollte. Niemand ist im Stande der Natur befugt, die Eltern zur Erziehung ihre Kinder mit Gewalt anzuhalten. Daß aber die Eltern selbst gegen einander dieses Zwangsrecht haben, fließet aus der Verabredung, die sie, obschon nicht in Worten, doch durch die Handlung selbst, getroffen zu haben, vorausgesetzt wird.

Wer ein zur Glückseligkeit fähiges Wesen hervorbringen hilft, ist nach dem Gesetze der Natur verbunden, die Glückseligkeit desselben ‖ zu befördern, so lange es selbst noch | in dem Stande nicht ist, für sein Fortkommen zu sorgen. Dieses ist die natürliche Pflicht der Erziehung, die zwar an und für sich blos eine Gewissenspflicht ist, durch die Handlung selbst aber haben die Eltern sich verstanden, einander hierin beyzustehen, d. i. dieser ihrer Gewissenspflicht gemeinschaftlich Genüge zu leisten. Mit einem Worte: die Eltern sind durch die Beywohnung selbst in den Stand der Ehe getreten, haben einen stillschweigenden Vertrag gemacht, das zur Glückseligkeit bestimmte Wesen, das sie gemeinschaftlich hervorbringen, auch gemeinschaftlich der Glückseligkeit fähig zu machen, d. i. zu *erziehen.*

Aus diesem Grundsatze fließen alle Pflichten und Rechte des Ehestandes ganz natürlich, und es ist nicht nöthig, wie die Rechtslehrer zu thun pflegen, ein doppeltes Principium anzunehmen, um alle Pflichten der Ehe und des Hausstandes aus demselben herzuleiten.

Die Pflicht zur Erziehung folgt aus der Verabredung, Kinder zu erzeugen, und die Schul-|digkeit in einen gemeinschaft-|lichen Hausstand zu treten, aus der gemeinschaftlichen Pflicht zur Erziehung. Die Ehe ist also im Grunde nichts anders, als eine *Verabredung* zwischen Personen verschiedenen Geschlecht, gemeinschaftlich Kinder zur Welt zu bringen; und hierauf beruhet das ganze System ihrer gegenseitigen Pflichten und Rechte.* ||

Daß aber | die Menschen durch Verabredung den Stand der Natur verlassen, und in den Stand der | Gesellschaft treten, wird in der Folge gezeigt werden. Mithin ist auch die Erzie-|hungspflicht der Eltern, ob sie schon in gewisser Betrachtung eine Zwangspflicht zu | nennen ist, keine Ausnahme von dem angeführten *Naturgesetz,* daß der Mensch im Stande der Natur unabhängig sey, und ihm allein das Recht zukomme, die Collisionsfälle zwi-schen *Selbstgebrauch* und *Wohlwollen* zu entscheiden.

---

* Wenn Subjekte von verschiedenen Religionen in ein Ehebündniß treten; so wird beym Contracte verabredet, nach welchen Grundsätzen der Hausstand geführt, und die Kinder erzogen werden sollen. Wie aber, wenn Mann oder Weib nach vollzogner Heurath, Grundsätze ändern, und zu einer andern Religion übergehen? giebt dieses der andern Partei ein Recht auf die Scheidung zu dringen? In einer kleinen Schrift,** die zu Wien geschrieben seyn will, und deren ich in dem zweiten Abschnitte mit mehrerem zu erwähnen, Gelegenheit haben werde, wird gesagt, daß der Fall itzt daselbst vorliege. Ein Jude, der zur christlichen Religion übergegangen, soll ausdrück-lich begehren, seine bey der jüdischen Religion gebliebene Ehefrau zu behalten, und der Prozeß soll anhängig gemacht seyn. Genannter Verfasser entscheidet nach dem System der Freyheit. „Man vermuthet mit Recht, spricht er, daß die Verschiedenheit der Religion für keine gültige Ursache zur Ehescheidung erkannt werden werde. Nach den Grundsätzen des weisen Josephs, dürfte wohl Unterschied in kirchlichen Meinungen nicht gesellschaftlichen Banden entgegen stehen dürfen."

Sehr übereilt, wie mich dünkt. Ich hoffe, ein eben so gerechter als weiser Imperator wird auch die Gegengründe anhören, und nicht zugeben, daß das System der Freyheit zur Bedrückung und Gewaltthätigkeit gemißbraucht werde. – Ist die Ehe blos ein bürgerlicher Contrakt, wie doch zwischen Jude und Jüdinn, selbst nach katholischen Grundsätzen, die Ehe nichts anders seyn kann; so müssen die Worte und Bedingungen des Contrakts nach dem Sinne der Contrahenten ausgelegt und erklärt werden, nicht nach dem Sinne des Gesetzgebers oder Richters. Wenn nach den Grundsätzen der Contrahenten mit Zuverlässigkeit behauptet werden kann, daß sie gewisse Worte so, und nicht anders verstanden, und wenn sie gefragt worden wären, so und nicht anders erklärt haben würden; so muß diese moralisch gewisse Erklärung, als eine stillschweigende, vorausgesetzte Bedingung des Contrakts angenommen, vor Gericht eben so gültig seyn, als wenn sie ausdrücklich verabredet worden wäre. Nun ist offenbar, daß das Ehepaar bey Schließung des Contrakts, da sie beiderseits, wenigstens äusserlich, noch der jüdischen Religion zugethan gewe-sen, keinen andern Sinn gehabt, als den gemeinschaftlichen Hausstand nach jüdischen Lebens-regeln zu führen, und die Kinder nach jüdischen Grundsätzen zu erziehen. Wenigstens hat die Partey, der es um die Religion ein Ernst war, nichts anders voraus setzen können, und wäre damals eine Veränderung von dieser Art besorglich gewesen, und die Bedingung zur Sprache gekommen, sie würde sich sicherlich nicht anders erklärt haben. Sie wußte und erwartete nichts

---

** Das Forschen nach Licht und Recht. Berlin, bey Friedrich Maurer, 1782

In diesem Rechte bestehet die *natürliche Freyheit* des Menschen, die einen großen Theil seiner Glückseligkeit ausmacht. Die Unabhängigkeit gehört also zu seinen *eigentümlichen Gütern,* deren er sich, als Mit-|tel zu seiner Glückseligkeit zu bedienen befugt ist, und wer ihn in dem Gebrauch derselben stöhret, der *beleidiget* ihn, und begehet eine äusserliche Ungerechtigkeit. Der Mensch im Stande der Natur ist Herr über das *Seinige,* über den freien Gebrauch seiner Kräfte und Fähigkeiten, über den freien Gebrauch alles dessen, so er durch dieselben her-||vorgebracht, (d. i. der Früchte seines Fleißes) oder mit den Früchten seines Fleißes auf eine unzertrennliche Weise verbunden hat, und es hänget von ihm ab, *wie| viel, wenn* und zum Besten *wessen* von seinen Nebenmenschen er einiges von diesen Gütern, das ihm entbehrlich ist, ablassen will. Alle seine Nebenmenschen haben blos auf seinen Ueberfluß ein unvollkommenes Recht, ein *Recht zu bitten,* und er, der unumschränkte Herr trägt die *Gewissenspflicht,* einen Theil seiner Güter dem *Wohlwollen* zu widmen; ja bisweilen ist er verbunden, seinen *Eigengebrauch* so gar dem Wohlwollen aufzuopfern;

---

anders, als einen Hausstand nachväterlichen Lebensregeln anzutreten, und Kinder zu erzeugen, die sie nach väterlichen Grundsätzen würde erziehen können. Wenn dieser Person der Unterschied wichtig ist, wenn es notorisch ist, daß ihr der Unterschied der Religion bey Schließung des Contrakts hat wichtig seyn müssen; so muß Contrakt nach ihren Begriffen und Gesinnungen erklärt werden. Gesetzt der ganze Staat habe hierin andre Gesinnungen; so hat dieses keinen Einfluß auf die Deutung des Vertrages. Der Mann verändert Grundsätze, und nimmt eine andre Religion an. Soll die Frau gezwungen werden, in einen Hausstand zu treten, dem ihr Gewissen zuwider ist, und ihre Kinder nach Grundsätzen zu erziehen, die nicht die Ihrigen sind; mit einem Worte, Bedingungen des Ehekontrakts anzunehmen, und sich aufdringen zu lassen, zu welchen sie sich niemals verstanden hat; so geschiehet ihr offenbar Unrecht; so läßt man sich offenbar, durch Vorspiegelung der Gewissensfreyheit zum widersinnigsten Gewissenszwange verleiten. Die Bedingungen des Contrakts können nun nicht mehr erfüllt werden. Der Mann, der Grundsätze verändert hat, ist, wo nicht *in dolo,* doch wenigstens *in culpa,* daß solche nicht mehr in Erfüllung gebracht werden können. Muß die Frau Gewissenszwang leiden, weil der Mann Gewissensfreiheit haben will? Wo hat sie sich hierzu verstanden, oder verstehen können? Ist nicht auch von ihrer Seite das Gewissen ungebunden, und muß die Partey, welche die Veränderung verursacht hat, nicht auch für die Folgen dieser Veränderung stehen, den Gegentheil schadlos halten, und so viel es sich thun läßt, wieder in den vorigen Stand setzen? Mich dünkt nichts sey einfacher, und die Sache rede für sich selber. Niemand kann gezwungen werden, Bedingungen eines Contrakts anzunehmen, zu welchen er sich, seinen Grundsätzen nach, nicht hat verstehen können.

An Erziehung der gemeinschaftlichen Kinder haben beide Theile gleiches Recht. Hätten wir unparteyische Erziehungsanstalten; so müßten in solchen streitigen Fällen die Kinder so lange unparteyisch erzogen werden, bis sie zur Vernunft kommen, und selbst wählen. So lange aber dafür noch nicht gesorgt worden; so lange noch unsere Erziehungsanstalten mit der positiven Religion in Verbindung stehen, hat derjenige Theil ein offenbares Vorrecht, der bei den vorigen Grundsätzen geblieben ist, und solche nicht verändert hat. Auch dieses folgt ganz natürlich aus obigen Grundsätzen, und es ist gewaltsame Anmaßung und Religionsdruck, wenn irgendwo das Gegentheil geschiehet. Ein eben so gerechter als weiser Joseph wird sicherlich diesen gewaltsamen Misbrauch der Kirchenmacht in seinen Staaten nicht zulassen.

in so weit die Ausübung des Wohlwollens glücklicher macht, als Eigennutz. Nur muß diese Aufopferung eigenes Willens und aus freiem Triebe geschehen. Alles dieses scheinet keinen Zweifel mehr zu leiden. Allein ich thue einen Schritt weiter. ‖

Sobald dieser Unabhängige einmal ein Urtheil gefällt hat; so muß es gültig seyn. Habe ich im Stande der Natur den Fall entschieden, *wem, wenn* und *wie viel* ich von dem Meinigen überlassen will; habe ich diesen meinen freien Entschluß hinlänglich zu erkennen gegeben, und mein Nächster, dem zum Besten der Ausspruch ge-|schehen, hat das Gut in Empfang genommen; so muß die Handlung *Kraft* und *Würkung* haben, wenn mein Entscheidungsrecht etwas bedeuten soll. Wenn mein Ausspruch unkräftig ist, und die Sachen so läßt, wie sie gewesen sind; wenn er nicht in Ansehung des Rechts diejenige Veränderung hervorbringet, die ich beschlossen; so enthält mein vermeintes Recht den Ausspruch zu thun, einen offenbaren Widerspruch. Meine Entscheidung muß also wirken, muß den Zustand des Rechts verändern. Das Gut, wovon die Rede ist, muß aufhören das *Meine* zu seyn, und nunmehr wirklich meines Nächsten geworden seyn. Das vorhin unvollkommen gewesene Recht meines Nächsten muß durch diese Handlung ein vollkommenes Recht geworden; so wie mein vollkommen gewesenes Recht in ein unvollkommenes übergegangen seyn; sonst wäre meine Entscheidung null. Nach vollzogener Handlung also kann ich das abgetretene Gut, ohne Ungerechtigkeit, mir nicht mehr anmaßen; und wenn ich es thue, so *beleidige* ich; so han-|dele ich wider das vollkommene Recht meines Nächsten.

Dieses gilt sowohl von körperlichen *beweglichen* Gütern, die von Hand in Hand gegeben und angenommen werden können, als von *unbeweglichen,* oder auch *geistigen* Gütern, davon die Rechte blos durch hinlängliche *Willenserklärung* abgetreten und angenommen werden können. Im Grunde kömmt alles blos auf diese *Willenserklärung* an, und die wirkliche Einhändigung beweglicher Güter selbst kann nur gültig seyn, in so weit sie für ein Zeichen der hinlänglichen Willenserklärung genommen wird. Die bloße Einhändigung an und für sich betrachtet, giebt und nimmt kein Recht, so oft diese Absicht nicht damit verbunden ist. Was ich meinem Nächsten in die Hand gebe, habe ich ihm deswegen noch nicht *eingehändiget,* und was ich von ihm in die Hand nehme, habe ich damit noch nicht rechtskräftig angenommen, wenn ich nicht zu erkennen gegeben, daß die Handlung in dieser Absicht geschehen sey. Ist aber die Tradition selbst blos als | Zeichen gültig; so können bey solchen Gütern, wo die wirkliche Aushändigung nicht Statt findet, andere bedeutende Zeichen dafür genommen werden. Man kann also sein Recht auf unbewegliche oder auch unkörperli-‖che Güter durch hinlänglich verständliche Zeichen andern abtreten und überlassen.

Auf diese Weise kann das Eigentum von Person zu Person wandern. Was ich durch meinen Fleiß zu dem Meinigen gemacht, wird durch Abtreten das Gut eines Andern, das ich ihm nicht wieder nehmen kann, ohne eine *Ungerechtigkeit* zu begehen.

Und nun noch einen Schritt näher, so stehet die Gültigkeit der Verträge auf sicheren Füßen. – Das Recht, die Collisionsfälle zu entscheiden, selbst ist, wie oben gezeigt worden, ein *unkörperliches* Gut des unabhängigen Menschen; in so weit es ein Mittel zu seiner

Glückseligkeit werden kann. Jeder Mensch hat im Stande der Natur auf den Genuß dieses Mittels zur Glückseligkeit ein vollkommenes, und sein | Nebenmensch ein unvollkommenes Recht. Da aber der Genuß dieses Rechts wenigstens in vielen Fällen zur Erhaltung nicht unumgänglich nothwendig ist; so ist es ein *entbehrliches* Gut, das, vermöge des Erwiesenen, abgetreten, und vermittelst einer hinlänglichen Willenserklärung, einem Andern überlassen werden kann. Eine Handlung, wodurch dieses geschiehet, heißt ein *Verprechen,* und wenn von der andern Seite die *Annahme* hinzukömmt, d. i. die Einwilligung in dieses Uebertragen der Rechte hinlänglich zu erkennen gegeben wird; so entstehet ein *Vertrag.* Demnach ist ein Vertrag nichts anders, als von der einen Seite die *Ueberlassung,* und von der andern Seite, die *Annahme* des Rechts, in Absicht auf gewisse, dem Versprecher entbehrliche Güter, die Collisionsfälle zu entscheiden.

Ein solcher Vertrag muß, vermöge des vorhin Erwiesenen, gehalten werden. Das Entscheidungsrecht, welches vorhin einen Theil meiner Güter ausmachte, d. i. das Meine war, ist durch diese Abtretung das | Gut meines Nächsten, das Seine geworden, und ich kann es ihm, ohne Beleidigung nicht wieder entziehen. Der Anspruch, den er auf den Gebrauch dieser meiner Unabhängigkeit, in so weit sie nicht zu meiner Erhaltung nothwendig ist, so wie jeder andere machen konnte, ist durch diese Handlung in ein vollkommenes Recht übergegangen, das er sich mit Gewalt zu erzwingen befugt ist. Dieser Erfolg ist unstreitig; sobald mein Entscheidungsrecht Kraft und Wirkung haben soll −* | ||

Ich verlasse meine spekulativen Betrachtungen, und komme in mein voriges Geleis zurück; muß aber vorher die Bedingungen festsetzen, unter welchen nach obigen Grundsätzen ein Vertrag gültig sey, und gehalten werden müsse.

1) Cajus besitzet ein Gut (irgend ein Mittel zur Glückseligkeit: den Gebrauch seiner natürlichen Fähigkeiten selbst, oder das Recht auf die Früchte seines Fleißes, und die damit verbundenen Güter der Natur, oder was sonst auf eine gerechte Weise ihm zu eigen geworden; es sey solches ein körperliches oder unkörperliches Ding, als nämlich Gerechtsame, Freyheiten u. d. g.) |

2) Dieses Gut aber gehört nicht unumgänglich zu seinem *Daseyn,* und kann also zum Besten des *Wohlwollens,* d. i. zum Nutzen anderer angewendet werden.

---

* Auf diese sehr einleuchtende Auseinandersetzung der Begriffe bin ich von dem philosophischen Rechtsgelehrten, meinem sehr werthen Freunde, dem Herrn Assistenzrath *Klein* geführt worden, mit dem ich das Vergnügen gehabt, mich über diese Materie zu unterhalten. Mich dünkt, diese Theorie der Contrakte sey einfach und fruchtbar. *Fergouson* in seiner Moralphilosophie, und sein vortreflicher Uebersetzer, finden die Nothwendigkeit, das Versprechen zu halten, in der bey dem Nebenmenschen erregten *Erwartung* und *Unsittlichkeit der Täuschung.* Allein hieraus scheint blos eine Gewissenspflicht zu folgen. Was ich vorhin im Gewissen verbunden gewesen, von meinen Gütern zum Besten meiner Nebenmenschen überhaupt hinzugeben, bin ich durch die bey diesem Subjekt ins besondere erregte *Erwartung,* im Gewissen verbunden, ihm zukommen zu lassen. Wodurch aber ist diese *Gewissenspflicht* in eine *Zwangspflicht* übergegangen? Mich dünkt, hierzu gehören unumgänglich die allhier ausgeführten Grundsätze der Abtretung überhaupt, und ins besondere der Entscheidungsrechte in Collisionsfällen.

3) Sempronius hat auf dieses Gut ein *unvollkommenes* Recht. Er kann, so wie jeder andere Mensch *verlangen,* aber nicht *zwingen,* daß dieses Gut itzt seinem Besten angewendet werde. Das Recht zu entscheiden gehört dem Cajus, ist das Seine, und darf ihm mit Gewalt nicht entzogen werden.

4) Nunmehr bedienet sich Cajus seines vollkommenen Rechts, entscheidet zum Vortheil des Sempronius, und giebt seine Entscheidung durch hinlängliche Zeichen zu erkennen; d. i. Cajus *verspricht.*

5) Sempronius *nimmt an,* und giebt seine Einwilligung gleichfalls auf eine bedeutende Weise zu verstehen.

So ist der Ausspruch des Cajus wirksam und von Kraft; d. i. jenes Gut, das ein Eigentum des Cajus, das Seine gewesen, ist ‖ durch diese Handlung zum Gute des Sempronius geworden. Das voll-‖kommene Recht des Cajus ist in ein unvollkommenes übergegangen; so wie das unvollkommene Recht des Sempronius in ein vollkommenes Zwangsrecht verwandelt worden ist.

Cajus muß sein rechtskräftiges Versprechen halten, und Sempronius kann ihn, im Verweigerungsfalle, mit Gewalt dazu zwingen.

Durch Verabredungen dieser Art verläßt der Mensch den Stand der Natur und tritt in den Stand der gesellschaftlichen Verbindung; und seine eigene Natur treibet ihn an, Verbindungen mancherley Art einzugehen, um seine schwankenden Rechte und Pflichten in etwas Bestimmtes zu verwandeln. Nur der Wilde klebt, wie das Vieh, an dem Genusse des gegenwärtigen Augenblickes. Der gesittete Mensch lebt auch für die Zukunft, und will auch für den nächsten Augenblick worauf Rechnung machen können. Schon der Vermehrungstrieb, wenn er nicht blos viehischer Instinkt seyn soll, zwinget die Menschen, wie wir oben gesehen, zu einem gesellschaftlichen Ver-‖trage, davon man sogar bey vielen Thieren etwas Analogisches findet.

Laßt uns von dieser Theorie der Rechte, Pflichten und Verträge die Anwendung auf den Unterschied zwischen Staat und Kirche machen, davon wir ausgegangen sind. Beide, Staat und Kirche, haben sowohl Handlungen, als Gesinnungen zu ihrem Gegenstande: jene in so weit sie sich auf Verhältnisse zwischen Mensch und Natur; diese in so weit sie sich auf Verhältnisse zwischen Natur und Gott gründen. Die Menschen bedürfen einander, hoffen und versprechen, erwarten und leisten einer dem andern Dienst und Gegendienst. Die Vermischung von Ueberfluß und Mangel, Kraft und Bedürfniß, Eigensucht und Wohlwollen, die ihnen die Natur gegeben, treibet sie an, in gesellschaftliche Verbindung zu treten, um ihren Fähigkeiten und Bedürfnissen weitern Spielraum zu verschaffen. Jedes Individuum ist verbunden, einen Theil seiner Fähigkeiten und der dadurch erworbenen Rechte, zum Besten der verbundenen Gesellschaft anzuwenden; aber welchen? wenn? und zu welchem Endzwecke? – An und für sich sollte dieses nur der bestim-‖men, der leisten soll. Man kann aber auch für gut finden, auf dieses Recht der Unabhängigkeit durch einen *gesellschaftlichen Vertrag* Verzicht zu thun, und durch *Positivgesetze* diese unvollkommene Pflichten in vollkommene verwandeln; d. i. man kann die nähere Bestimmungen verabreden und festsetzen, wie viel jedes Mitglied, von sei-‖nen Rechten zum Nutzen der Gesellschaft zu verwenden, soll gezwungen werden können. Der Staat, oder die den Staat vorstellen, werden als eine moralische Person betrachtet, die über diese Rechte zu schalten hat. Der Staat hat also Rechte und Gerechtsame auf Güter und Handlungen der Menschen. Er kann nach dem Gesetze geben und nehmen, vorschreiben und verbieten, und weil es ihm auch um Handlung als Handlung zu thun ist, *bestrafen* und *belohnen*. Der Pflicht gegen meinen Nächsten geschiehet äußerlich Genüge, wenn ich ihm leiste, was ich soll; meine Handlung mag erzwungen oder freywillig seyn. Kann nun der Staat nicht durch *innere* Triebfedern wirken, und dadurch für mich mit sorgen; so wirkt er | wenigstens durch *äussere,* und verhilft meinem Nächsten zu dem *Seinigen.*

Nicht also die Kirche! Sie beruhet auf dem Verhältnisse zwischen Gott und Menschen. Gott ist kein Wesen, das unsers Wohlwollens bedarf, unsern Beystand fordert, auf irgend eines von unseren Rechten zu seinem Gebrauch Anspruch macht, oder dessen Rechte mit den Unserigen je in Streit und Verwirrung gerathen können. Auf diese irrigen Begriffe hat die in mancher Betrachtung unbequeme Eintheilung der Pflichten in Pflichten gegen Gott und Pflichten gegen die Menschen, führen müssen. Man hat die Parallele zu weit gezogen. Gegen Gott – gegen Menschen – dachte man. So wie wir aus Pflicht gegen unsern Nächsten etwas von dem Unsrigen aufopfern und hingeben, so auch aus Pflicht gegen Gott. Die Menschen fordern *Dienst;* so auch Gott. Die Pflicht gegen mich selbst kann mit der Pflicht gegen meinen Nächsten in Streit und Gegenstoß gerathen; eben also die Pflicht gegen mich selbst, mit der Pflicht gegen Gott. – Niemand wird sich ausdrücklich dazu verstehen, wenn ihm diese ungereimten Sätze in trocknen Worten vorgehalten wer-|den, und gleichwohl hat jedermann mehr oder weniger davon gleichsam eingesogen, und seine innern Säfte damit angesteckt. Aus dieser Quelle flossen alle ungerechte Anmaßungen, die sich sogenannte Diener der Religion, unter dem Namen der Kirche, von je her erlaubt. Alle Gewaltthätigkeit und Verfolgung, die sie ausgeübt, aller Zwist und Zwiespalt, Meuterey und Aufruhr, die sie angezettelt haben, und alle Uebel, die von jeher unter dem Scheine der Religion, von ihren grimmigsten Feinden, von Heucheley und Menschenfeindschaft, ausgeübt worden, sind einzig und allein Früchte dieser armseligen Sophisterey; eines vorgespiegelten Conflikts zwischen Gott und Menschen, Rechten der Gottheit und Rechten des Menschen. ‖

Im Grunde machen in dem System der menschlichen Pflichten, die gegen Gott keine besondere Abtheilung; sondern alle Pflichten des Menschen sind Obliegenheiten gegen Gott. Einige derselben gehen uns selbst, andere unsere Nebenmenschen an. Wir sollen, aus Liebe zu Gott, uns selbst vernünftig lieben, seine Geschöpfe lieben; so wie wir aus vernünftiger Liebe | zu uns selbst verbunden sind, unsere Nebenmenschen zu lieben.

Das System unserer Pflichten hat ein doppeltes Principium; das Verhältniß zwischen Menschen und Natur, und das Verhältniß zwischen Geschöpf und Schöpfer. Jenes ist Moralphilosophie, dieses *Religion,* und demjenigen, der von der Wahrheit überführt ist, daß die Naturverhältnisse nichts anders sind, als Aeusserungen des göttlichen Willens, dem fallen auch diese beiden Principien in einander, dem ist Sittenlehre der Vernunft heilig, wie Religion. Auch heischt die Religion, oder das Verhältniß zwischen Gott und Menschen keine andere Pflichten; sondern giebt jenen Pflichten und Obliegenheiten nur erhabenere *Sanction*. Gott bedarf unseres Beystandes nicht; verlanget keinen *Dienst* von uns*, keine Aufopferung un-|serer Rechte zu seinem Besten, keine Verzicht auf unsere Unabhängig-keit zu seinem Vortheil. Seine Rechte können mit den Unserigen nie in Streit und Irrung kommen. Er will nur unser Bestes, eines jeden Einzelnen Bestes, und dieses muß ja mit sich selbst bestehen, kann sich ja selbst nicht widersprechen. –

Alle diese Gemeinwörter sind so trivial, daß der gesunde Menschenverstand sich wun-dert, wie man je hat anderer Meinung seyn können; und gleichwohl haben die Menschen von jeher wider diese einleuchtenden Grundsätze gehandelt; und wohl ihnen! wenn sie im Jahre 2240 aufhören werden, dawider zu handeln.

Die nächste Folge aus diesen Maximen ist, wie mich dünkt, offenbar, daß die Kirche kein Recht habe auf Gut und Eigentum, keinen Anspruch auf Beytrag und Verzicht; daß ihre Gerechtsame mit den Unserigen niemals in Irrung gerathen, daß also zwischen Kirche und | Bürger || nie Collisionsfälle vorkommen können. Ist aber dieses, so findet auch zwi-schen Kirche und Bürger kein Vertrag statt; denn alle Verträge setzen Collisionsfälle vor-aus, die zu entscheiden sind. Wo keine unvollkommene Rechte Statt haben, entstehen kei-ne Collisionen der Ansprüche, und wo nicht Ansprüche gegen Ansprüche entschieden werden sollen, da ist Vertrag ein Unding.

Alle menschliche Verträge haben also der Kirche kein Recht auf Gut und Eigentum beylegen können, da sie ihrem Wesen nach auf keins derselben Anspruch machen, oder ein unvollkommenes Recht haben kann. Ihr kann also niemals ein Zwangsrecht zukommen, und den Mitgliedern kann keine Zwangspflicht gegen dieselbe aufgelegt werden. Alle Rechte der Kirche sind, Vermahnen, Belehren, Stärken und Trösten, und die Pflichten der Bürger gegen die Kirche sind ein *geneigtes Ohr* und ein *williges Herz*.** | So hat auch die Kirche kein Recht Handlungen zu belohnen oder zu bestrafen. Die bürgerlichen Handlungen ge-hören dem Staat, und die eigentlichen religiösen Handlungen leiden, ihrer Natur nach, weder Zwang noch Bestechung. Sie fließen entweder aus freiem Antriebe der Seele, oder sind ein leeres Spiel, und dem wahren Geiste der Religion zuwider.

Wenn aber die Kirche kein Eigentum hat, wer besoldet die Lehrer der Religion? Wer lohnet die Prediger der Gottesfurcht? – Religion und Sold – Lehren der Tugend und Be-zahlung – Predigten der Gottesfurcht und Lohn. Die Begriffe scheinen sich einander zu

---

*   Die Wörter, *Dienst, Ehre* u. a. haben in Beziehung auf Gott eine ganz andere Bedeutung, als in Beziehung auf Menschen. *Gottesdienst* ist nicht Dienst, den ich Gott erzeige, Ehre Gottes nicht Ehre, die ich Gotte anthue. Man hat, um die Worte zu retten, ihre Bedeutung geändert. Der gemeine Mann aber klebt noch immer an der ihm gewöhnlichen Bedeutung, und hänget noch immer fest an seinem Sprachgebrauch, woraus in Religionssachen viele Verwirrungen entstan-den sind.

** Der Psalmist singet:
    Dir gefällt nicht Opfer, nicht Geschenk
    Ohren hast du mir gegraben!   (Ps. 40,7.)

fliehen. Was verspricht sich der Lehrer der Weisheit und Tugend für Wirkung, so bald er bezahlt wird, und den Meistbietenden feil ist? Was der Prediger der Gottesfurcht für Eindruck, wenn er nach Lohne ausgehet? – *Siehe, ich lehre euch Gesetze und Rechte, so wie mich der Ewige mein Gott u. s. w.* (V. B. M. C. 4, 5.) *So wie mich mein Gott; erklären die Rabbinen, wie er mich, ohne Entgeld; so ich euch, und so auch ihr die Eurigen.* Bezahlen, Lohnen, ist für diese erhabene Beschäftigung so unnatür-|lich, mit der Lebensart, welche diese Beschäftigung erfordert, so unvereinbar, daß die mindeste Anhänglichkeit an Gewinnen und Erwerben diesen Stand zu erniedrigen scheinet. Das Verlangen nach Reichtum, das man jedem andern Stande gern zu Gute hält, scheinet ‖ uns bey diesem Geiz und Habsucht, oder artet bey Männern, die sich diesem edlen Geschäfte widmen, wirklich gar bald in Geiz und Habsucht aus, weil es ihrem Berufe so widernatürlich ist. Höchstens kann ihnen Entschädigung für Zeitversäumniß eingeräumt werden, und diese auszumitteln und zu ertheilen, ist ein Geschäft des Staats, nicht der Kirche. Was hat die Kirche mit Dingen zu schaffen, die feil sind, bedungen und bezahlt werden? Die Zeit macht einen Theil von unserm Vermögen aus, und wer sie zum gemeinen Besten anwendet, darf hoffen, aus dem gemeinen Schatze dafür entschädiget zu werden. Die Kirche lohnet nicht, die Religion kauft nichts, bezahlet nichts, giebt keinen Sold.

Dieses sind, meinem Bedünken nach, die Gränzen zwischen Staat und Kirche, in so weit sie auf die Handlungen der Menschen Einfluß | haben. In Absicht auf Gesinnungen treten sie schon etwas näher zusammen; denn hier hat der Staat keine andere Wirkungsmittel, als die Kirche. Beide müssen unterrichten, belehren, aufmuntern, veranlassen; aber weder belohnen, noch bestrafen; weder zwingen noch bestechen; denn auch der Staat hat durch keinen Vertrag das mindeste Zwangsrecht über Gesinnungen erlangen können. Ueberhaupt kennen die Gesinnungen der Menschen kein Wohlwollen, leiden keinen Zwang. Ich kann auf keine meiner Gesinnungen, als Gesinnung betrachtet, aus Liebe zu meinem Nächsten Verzicht thun; kann ihm keinen Antheil an meiner Urtheilskraft aus Wohlwollen überlassen und abtreten, und eben so wenig ein Recht auf seine Gesinnungen mir anmaßen, oder auf irgend eine Weise erwerben. Das Recht auf unsere eigene Gesinnungen ist unveräusserlich, kann nicht von Person zu Person wandern; denn es giebt und nimmt keinen Anspruch auf Vermögen, Gut und Freyheit. Daher das mindeste Vorrecht, das ihr euern Religions- und Gesinnungsverwandten öffentlich einräumet, eine *indirekte Bestechung;* die mindeste Freyheit, die ihr den Dissidenten entziehet, | eine *indirekte Bestrafung* zu nennen ist, und im Grunde dieselbe Wirkung hat, als eine direkte Belohnung des Einstimmens, und Bestrafung des Widerspruchs. Es ist armseliges Blendwerk, wenn in einigen Lehrbüchern des Kirchenrechts so sehr auf den Unterschied zwischen *Belohnung* und *Vorrecht; Bestrafung* und *Einschränkung* gedrungen wird. Den Sprachforschern kann diese Bemerkung nützlich seyn; allein dem Elenden, der die Rechte der Menschheit entbehren muß, weil er nicht sagen kann: ich glaube, wo er nicht glaubet; nicht mit dem Munde Muselmann, ‖ und im Herzen Christ seyn will, dem bringet diese Distinktion nur leidigen Trost. Und welches sind die Gränzen der Vorrechte auf der einen, und der Einschränkung auf der andern Seite? Mit einer mäßigen Gabe von Dialektik erweitert man diese Begriffe, und dehnet sie so lange aus, bis sie auf der einen Seite bürgerliche Glückseligkeit, auf der andern Unterdrückung, Verbannung und Elend werden.[*] |

Furcht und Hoffnung wirken auf den *Begehrungstrieb* der Menschen; Vernunftgründe auf sein *Erkenntnißvermögen.* Ihr ergreift die unrechten Mittel, wenn ihr die Menschen durch Furcht und Hoffnung zur Annahme oder zur Verwerfung gewisser Lehrsätze führen wollt. Ja, wenn auch dieses gradezu eure Absicht nicht ist; so hindert ihr selbst doch eure bessern Absichten, wenn ihr Furcht und Hoffnung nicht so weit zu entfernen sucht, als nur immer möglich ist. Ihr bestechet und verführet euer eigenes Herz, oder euer Herz hat euch verführt, wenn ihr glaubet, Prüfung der Wahrheit könne bestehen, Freyheit der Untersuchung bleibe ungekränkt, wenn hier Stand und Würden, dort Verachtung und Dürftigkeit die Un-|tersuchenden erwarten. Vorstellung des Guten und Bösen sind Werkzeug für den *Willen;* der Wahrheit und Unwahrheit für den *Verstand.* Wer auf den Verstand wirken will, lege jenes Werkzeug zuvörderst aus der Hand; sonst ist er in Gefahr, wider seinen eigenen Vorsatz, auszuglätten, wo er durchschneiden; zu befestigen, wo er einreissen soll.

Was wird also der Kirche für eine Regierungsform anzurathen seyn? – keine! – Wer soll entscheiden, wenn in Religionssachen Streitigkeiten entstehen? – Wem Gott die Fähigkeit gegeben, zu überzeugen. Was soll Regierungsform, wo nichts zu regieren ist; Obrigkeit, wo niemand Unterthan seyn darf; Richteramt, wo keine Rechte und Ansprüche zu entscheiden vorkommen? Weder Staat noch Kirche sind in Religionssachen befugte Richter; denn die Glieder der Gesellschaft haben ihnen durch keinen Vertrag dieses Recht einräumen können. Der Staat hat zwar von Ferne darauf zu sehen, daß keine Lehren ausgebreitet || werden, mit denen der öffentliche Wohlstand nicht bestehen kann; die wie Atheisterey und Epikurismus den Grund untergraben, auf welchem die Glückselig-|keit des gesellschaftlichen Lebens beruhet. *Plutarch* und *Bayle* mögen immer untersuchen: ob ein Staat bey der Atheisterey nicht besser bestehen könne, als beym Aberglauben? mögen immer die Plagen berechnen, und vergleichen, die dem menschlichen Geschlechte aus diesen verschiedenen Quellen des Elends bisher entstanden sind, und noch zu entstehen drohen. Im Grunde heißt dieses nichts anders, als untersuchen: ob ein schleichendes oder ein hitziges Fieber tödlicher sey? Seinen Freunden wird man gleichwohl keines von beiden anwünschen. So wird eine jede bürgerliche Gesellschaft wohl thun, wenn sie keines von beiden, weder Fanatismus, nach Atheisterey Wurzel schlagen und sich ausbreiten läßt. Der Staatskörper siecht und ist elend, er mag vom Krebsschaden aufgerieben, oder von Fieberhitze verzehrt werden.

Aber nur von Ferne her muß der Staat hierauf Rücksicht nehmen, und selbst die Lehren nur mit weiser Mäßigung begünstigen, auf welchen seine wahre Glückseligkeit beruhet,

---

[*] Ein Collegium von gelehrten und angesehenen Männern, in einem übrigens ziemlich duldsamen Staate, ließ vor einiger Zeit gewisse Dissidenten für die Approbation gedoppelte Gebühren bezahlen, und als sie von der Obrigkeit deswegen zur Rede gestellt wurden, war die Entschuldigung, *jene wären doch überall im bürgerlichen Leben deterioris Conditionis.* Das Sonderbarste ist, daß es bis auf den heutigen Tag bey der Erhöhung der Gebühren geblieben seyn soll.

ohne sich unmittelbar in irgend eine Streitigkeit zu mischen, und durch Autorität entscheiden zu wol-llen: denn er handelt offenbar wider seinen eigenen Endzweck, wenn er geradezu Untersuchung verbietet, oder Streitigkeiten anders, als durch Vernunftgründe entscheiden läßt. Auch hat er sich nicht um alle Grundsätze zu bekümmern, die eine herrschende oder beherrschte Dogmatik annimmt oder verwirft. Die Rede ist nur von jenen
Hauptgrundsätzen, in welchen alle Religionen übereinkommen, und ohne welche die Glückseligkeit ein Traum, und die Tugend selbst keine Tugend mehr ist. Ohne Gott und Vorsehung und künftiges Leben ist Menschenliebe eine angeborne Schwachheit, und Wohlwollen wenig mehr als eine Geckerey, die wir uns einander einzuschwatzen suchen, damit der
Thor sich placke, und der Kluge sich gütlich thun und auf jenes Unkosten sich lustig machen könne.

Kaum wird es nöthig seyn, noch die Frage zu berühren: ob es erlaubt sey, die Lehrer
und Priester auf gewisse Glaubenslehren zu *beeidigen?* Auf welche sollte dieses geschehen? Jene Grundartikel aller Religionen, davon vorhin gesprochen worden, können durch
keine Eidschwüre bekräftigt werden. Ihr müsset dem Schwörenden auf sein Wort glau-
ben, daß er sie | annimmt; oder sein Eid ist ein leerer Schall; Worte, die er in die Luft stößt,
ohne daß sie ihn mehr Ueberwindung ‖ kosten, als eine bloße Versicherung; denn alles
Zutrauen zu Eidschwüren, und das ganze Ansehen derselben beruhet ja blos auf diesen
Grundlehren der Sittlichkeit. Sind es aber besondere Artikel dieser oder jener Religion, die
ich beschwören oder abschwören soll; sind es Grundsätze, ohne welche Tugend und Wohl-
stand unter den Menschen bestehen können, und wenn sie auch nach der Meinung des
Staats, oder der Personen, die den Staat vorstellen, zu meinem ewigen Heile noch so
nothwendig sind; so frage ich: was hat der Staat für Recht in das Innerste der Menschen so
zu wühlen, und sie zu Geständnissen zu zwingen, die der Gesellschaft weder Trost noch
Frommen bringen? Eingeräumt hat ihm dieses nicht werden können; denn hier fehlen alle
Bedingnisse des Vertrags, die im vorhergehenden ausgeführt worden. Es betrift keines von
meinen entbehrlichen Gütern, das ich meinem Nächsten überlassen soll; es betrift keinen
Gegenstand des Wohlwollens; und Collisionsfälle können dabei zur Entscheidung nicht
vor-lkommen. Wie kann sich aber der Staat eine Befugniß anmaßen, die durch keinen
Vertrag eingeräumt, durch keine Willenserklärung von Person zu Person wandern und über-
tragen werden kann? Lasset uns indessen zum Ueberflusse untersuchen: ob überall
Beeidigung über Glauben und Nichtglauben ein reeller Begriff sey? ob die Meinungen der
Menschen überhaupt, ihr Beystimmen und Nichtbeystimmen in Absicht auf Vernunftsätze,
ein Gegenstand sind, über welche sie beeidiget werden können?

Eidschwüre erzeugen keine neuen Pflichten. Die feyerlichste Anrufung Gottes zum
Zeugen der Wahrheit giebt und nimmt kein Recht, das nicht ohne dieselbe schon da gewesen; legt dem Anrufenden auch keine Verbindlichkeit auf, die ihm nicht auch ohne dieselbe
obliegt. Sie dienen blos, das Gewissen der Menschen, wenn es etwa eingeschläfert seyn
sollte, aufzuwecken; und auf das aufmerksam zu machen, was der Wille des Weltrichters
schon so von ihm fordert. Die Eidschwüre sind also eigentlich weder für den gewissenhaf-
ten Mann, noch für den entschlossenen Taugenichts. Jener muß ohnehin | wissen, muß

ohne Eid und Fluch von der Wahrheit innigst durchdrungen seyn, daß Gott Zeuge sey, nicht nur aller Worte und Aussagen, sondern aller Gedanken und geheimsten Regungen des Menschen, und daß er die Uebertretung seines allerheiligsten Willens nicht ungeahndet lasse; – und der entschlossene, gewissenlose Bösewicht? ‖

Der fürchtet keine Götter,
Der keines Menschen schont.

Also blos für den gemeinen Mittelschlag von Menschen, oder im Grunde für jeden von uns, in so weit wir alle, so viel unserer sind, in so manchen Fällen zu dieser Klasse zu zählen sind; für die schwachen, unschlüssigen und schwankenden Menschen, die Grundsätze haben, und sie nicht immer befolgen; die träge und lässig sind zum Guten, das sie erkennen und einsehen; die ihrer Laune nachgeben, einer Schwachheit zu gefallen, aufschieben, bemänteln, Entschuldigung suchen, und mehrentheils zu finden glauben. Sie wollen, und haben die Festigkeit nicht, ihrem Willen treu zu bleiben. Diesen muß der Wille gestählt, ‖ das Gewissen rege gemacht werden. Der itzt vor Gericht läugnet, besitzet vielleicht fremdes Gut, ohne die entschlossene Bosheit, ungerecht seyn zu wollen. Er kann solches verzehrt, oder haben von Händen kommen lassen, und will voritzt durch das Abläugnen nur Zeit gewinnen; und so wird vielleicht der gute Geist, der für die Gerechtigkeit in ihm kämpft, von Tag zu Tag abgewiesen, bis er ermüdet, und unterliegt. Man muß ihm also zu Hülfe eilen, und erstlich den Fall, der Aufschub leidet, in eine Handlung verwandeln, die itzt geschiehet, wo der Augenblick entscheidend ist, und alle Entschuldigung wegfällt; sodann aber auch alle Feyerlichkeit aufbieten, alle die Kraft und den Nachdruck zusammennehmen, mit welchen die Erinnerung an Gott, den allgerechten Rächer und Vergelter, auf das Gemüth wirken kann.

Dieses ist die Bestimmung des Eides, und hieraus, dünkt mich, sey offenbar, daß man die Menschen nur über Dinge beschwören müsse, die in die äusseren Sinne fallen; davon sie mit der Ueberzeugung, welche die Evidenz ‖ der äussern Sinne mit sich führet, die Wahrheit behaupten und aussagen können: ich habe *gehört, gesehen, gesprochen, empfangen, gegeben,* oder *nicht gehört* u. s. w. Man bringet aber ihr Gewissen auf eine grausame Folter, wenn man sie über Dinge befragt, die blos für den *innern Sinn* gehören. Glaubst du? Bist du überführt? überredet? dünkt es dir? Ist irgend in einem Winkel deines Geistes oder deines Herzens noch einiger Zweifel zurück; so zeige an, oder Gott wird den Mißbrauch seines Namens rächen. – Um des Himmels willen, schonet der zarten, gewissenhaften Unschuld! Und wenn sie einen Satz aus dem ersten Buche des Euklides zu behaupten hätte; so müßte sie in diesem Augenblicke zagen, und unaussprechliche Marter leiden. ‖

Die Wahrnehmungen des innern Sinnes sind an und für sich selbst selten so handgreiflich, daß der Geist sie mit Sicherheit feste halten, und so oft es verlangt wird, von sich geben könne. Sie entschlüpfen ihm zuweilen, indem er sie zu fassen glaubt. Wovon ich itzt ‖ versichert zu seyn glaube, darüber schleichet oder stielt sich in dem nächsten Augenblicke ein kleiner Zweifel ein, und lauert in einer Falte meiner Seele, ohne daß ich ihn gewahr worden. Viele Behauptungen, über die ich heute zum Märtyrer werden möchte, können mir morgen vielleicht problematisch vorkommen. Soll ich diese innern Wahrnehmungen gar durch Worte und Zeichen von mir geben, oder auf Worte und Zeichen schwören, die andere Menschen mir vorlegen; so ist die Unsicherheit noch weit größer. Ich und mein Nächster, wir können unmöglich mit eben denselben Worten eben dieselben innern Empfindungen verbinden; denn wir können diese nicht anders gegen einanderhalten, mit einander vergleichen und berichtigen, als wiederum durch Worte. Wir können die Worte nicht durch *Sachen* erläutern; sondern müssen wiederum zu Zeichen und Worten unsere Zuflucht nehmen, und am Ende zu Metaphern, weil wir, durch Hülfe dieses Kunstgriffs, die Begriffe des *innern* Sinnes auf *äussere* sinnliche Wahrnehmungen gleichsam zurückführen. Was für Verwirrung und Undeutlichkeit muß aber nicht auf solche | Weise in der Bedeutung der Worte zurückbleiben, und wie sehr müssen die Ideen verschieden seyn, die verschiedene Menschen, in verschiedenen Zeiten und Jahrhunderten, mit denselben äusserlichen Zeichen und Worten verbinden?

Wer du auch seyest, lieber Leser! so beschuldige mich hier nicht der Zweifelsucht, oder der bösen List, dich zum Skepticisten machen zu wollen. Ich bin vielleicht einer von denjenigen, die am weitesten von dieser Krankheit der Seele entfernt sind, und sie an allen ihren Nebenmenschen kuriren zu können, am sehnlichsten wünschen. Aber eben deswegen, weil ich diese Kur so oft an mir selbst verrichtet, und an andern versucht habe, bin ich gewahr worden, wie schwer sie sey, und wie wenig man den Erfolg in Händen habe. Mit meinem besten Freunde, mit dem ich noch so einhellig zu denken glaubte, konnte ich mich sehr oft über Wahrheiten der Philosophie und Religion nicht vereinigen. Nach langem Streit und Wortwechsel ergab sich zuweilen, daß wir mit denselben Worten, jeder andere Begriffe ver-|bunden hatten. Nicht selten dachten wir einerley, und drückten uns nur verschiedentlich aus; aber eben so oft glaubten wir überein zu stimmen, und waren ‖ in Gedanken noch weit von einander entfernt. Gleichwohl waren wir beyderseits im Denken nicht ungeübt, gewohnt, mit abgesonderten Begriffen umzugehen, und beiden schien es um die Wahrheit im Ernst, mehr um sie, als ums Rechthaben zu thun zu seyn. Demohngeachtet mußten sich unsere Begriffe lange Zeit an einander reiben, bevor sie in einander sich wollten fügen lassen; bevor wir mit einiger Zuverlässigkeit sagen konnten: hierin kommen wir überein! O! wer diese Erfahrung in seinem Leben gehabt hat, und noch intolerant seyn, noch seinen Nächsten hassen kann, weil dieser in Religionssachen nicht denkt, oder sich nicht so ausdrückt wie er, den möchte ich nie zum Freunde haben; denn er hat alle Menschheit ausgezogen.

Und ihr, Mitmenschen! ihr nehmet einen Mann, mit dem ihr euch vielleicht niemals über dergleichen Dinge besprochen habet, ihr leget ihm die subtilsten Sätze der Metaphysik und Religon, | wie sie vor Jahrhunderten in Worte eingekleidet worden sind, in sogenannten Symbolen vor; ihr lasset ihn bey jenem allerheiligsten Namen betheuern, daß er bei diesen Worten eben so denkt, wie ihr, und beide eben so, wie jener, der sie vor Jahrhunderten niedergeschrieben hat; betheuern, daß er diese Sätze von ganzem Herzen annehme, und an keinem derselben Zweifel hege; mit dieser beschwornen Uebereinstimmung verbindet ihr Amt und Würden, Macht und Einfluß, deren Reizung gar wohl fähig ist, so manchen Widerspruch zu heben, so manchen Zweifel zu unterdrücken, und wenn sich denn am Ende hervorthut, daß es so nicht ist mit des Mannes Ueberzeugung, wie er vorgegeben; so beschuldigt ihr ihn des gräßlichsten aller Verbrechen, ihr klaget ihn des Meineides an, und lasset erfolgen, was auf diese Unthat erfolgen soll. Ist hier die Schuld nicht, am gelindesten davon zu urtheilen, auf beiden Seiten gleich?

„Ja! sprechen die billigsten unter euch: wir beeidigen nicht auf den Glauben. Wir lassen dem Gewissen seine Freyheit, und be-|schwören den Mitbürger nur, den wir mit einem Amte bekleiden, daß er dieses Amt, welches ihm, unter der Bedingung der Uebereinstimmung anvertrauet wird, nicht ohne Uebereinstimmung annehme. Dieses ist ein Vertrag, den wir mit ihm eingehen. Finden sich nachher Zweifel, die diese Uebereinstimmung aufheben; so stehet es ja bey ihm, seinem Gewissen treu zu seyn, und das Amt nieder zu legen. Welche Gewissensfreyheit, welche Rechte der Menschheit erlauben, wider einen Vertrag zu handeln?" ‖

Nun wohl! Ich will diesem Schein von Gerechtigkeit nicht alle die Gründe entgegen setzen, die nach oben ausgeführten augenscheinlichen Grundsätzen, entgegen gesetzt werden können. Wozu unnöthige Wiederholungen? aber um der Menschlichkeit willen! bedenket den Erfolg, den diese Einrichtung bisher unter den gesittesten Menschenkindern gehabt hat. Zählet die Männer alle, die eure Lehrstühle und eure Kanzeln besteigen, und so manchen Satz, den sie bey der Uebernehmung ihres Amts beschworen, in Zweifel ziehen; die Bischöffe alle, die | im Oberhause sitzen; die wahrhaftig großen Männer alle, die in England Amt und Würden bekleiden, und jene 39 Artikel, die sie beschworen, nicht mehr so unbedingt annehmen, als sie ihnen vorgelegt worden; Zählet sie, und saget alsdenn noch, man könne meiner unterdrückten Nation keine bürgerliche Freyheit einräumen, weil so viele unter ihnen die Eide gering achteten! – Ach! Gott bewahre mein Herz vor menschenfeindlichen Gedanken! Sie könnten bey dieser traurigen Betrachtung gar leicht über Hand nehmen.

Nein! aus Achtung für die Menschheit, bin ich vielmehr überredet, alle diese Männer erkennen das nicht für Meineid, was man ihnen unter diesem Namen Schuld giebt. Die gesunde Vernunft sagt ihnen vielleicht, daß niemand, weder Staat noch Kirche, ein Recht gehabt, sie über Glaubenssachen zu beeidigen; weder Staat noch Kirche ein Recht gehabt, mit dem Glauben und Schwören auf gewisse Sätze, Amt, Ehre und Würden zu verbinden, oder den Glauben an gewisse Sätze zur Bedingung zu machen, unter welchen diese verliehen werden. | Eine solche Bedingung, glauben sie vielleicht, sey an und für sich null, weil sie niemanden zum Besten gereicht; weil keines Menschen Recht und Eigentum darunter leidet, wenn sie gebrochen wird.* Wenn also, wie sie nicht in Abrede seyn können, Böses gethan worden; so sey es damals geschehen, als ihnen die versprochenen Vortheile einen

---

* Eine Bedingung nämlich ist gültig, und bindet den Vertrag, wenn eine Möglichkeit zu erdenken, unter welcher sie in Bestimmung der Collisionsfälle hat Einfluß haben können. Meinungen aber können nicht anders, als durch ein *irriges Gewissen* mit äusserlichen Vortheilen in Verbindung gebracht werden, und ich zweifele, ob sie je eine rechtskräftige Bedingung machen können

so unzulässigen Eid abgelockt haben. Diesem Uebel sey aber nunmehr nicht abzuhelfen; am wenigsten durch das Niederlegen ihres auf diese Weise erlangten Amts abzuhelfen. Damals habe man, um erlaubte irdische Vortheile zu erhalten, freilich auf eine vor Gott unverantwortliche Weise, sich ‖ seines allerheiligsten Namens bedient; allein dieses | Geschehene wird dadurch nicht ungeschehen, wenn sie itzt auf die Früchte Verzicht thun, die sie davon genießen; ja die Unordnung, das Aergerniß und andere böse Folgen, die das Aufgeben ihres Amts, verbunden mit einem öffentlichen Bekenntniß ihrer Abweichung, nach sich ziehen dürfte, könnte das Uebel nur vermehren. Es sey also allen ihren Mitmenschen, sowohl als ihnen selbst und den Ihrigen besser gerathen, wenn sie es dabey bewenden lassen, und fortfahren, den Staaten und der Kirche die Dienste zu leisten, zu welchen ihnen die Vorsehung Trieb und Fähigkeit verliehen; hierin liege ihr Beruf zur öffentlichen Bedienung, nicht in ihrer Gesinnung in Absicht auf ewige Wahrheiten und Vernunftsätze, die im Grunde nur sie selbst und keinen ihrer Nebenmenschen angehet. – Wenn gleich mancher zu gewissenhaft ist, sein Glück solchen überfeinen Entschuldigungsgründen zu verdanken zu haben; so sind doch auch diejenigen nicht völlig zu verdammen, die schwach genug sind, ihnen nachzugeben; wenigstens ist es nicht Meineid, sondern menschliche Schwachheit, die ich Männern | von ihrem Werthe möchte zu Schulden kommen lassen.

Zum Beschlusse dieses Abschnitts will ich das Resultat wiederholen, auf das mich meine Betrachtungen geführt haben.

Staat und Kirche haben zur Absicht, die menschliche Glückseligkeit in diesem und jenem Leben, durch öffentliche Vorkehrungen, zu befördern.

Beide wirken auf *Gesinnung* und *Handlung* der Menschen, auf Grundsätze und Anwendung: der Staat, vermittelst solcher Gründe, die auf Verhältnissen zwischen Mensch und Mensch, oder Mensch und Natur, und die Kirche, die Religion des Staats, vermittelst solcher Gründe, die auf Verhältnissen zwischen Mensch und Gott beruhen. Der Staat behandelt den Menschen als *unsterblichen Sohn der Erde*; die Religion als *Ebenbild seines Schöpfers*.

Grundsätze sind frey. Gesinnungen leiden ihrer Natur nach keinen Zwang, keine Bestechung. Sie gehören für das Erkenntnißvermögen des Menschen, und müssen nach dem | Richtmaß von Wahrheit und Unwahrheit entschieden werden. Gutes und Böses wirkt auf sein Billigungs- und Mißbilligungsvermögen. Furcht und Hoffnung lenken seine Triebe. Belohnung und Strafe richten seinen Willen, spornen seine Thatkraft, ermuntern, locken, schrecken ab.

Aber wenn Grundsätze glückselig machen sollen; so müssen sie we-‖der eingeschreckt, noch eingeschmeichelt, so muß blos das Urtheil der Verstandeskräfte für gültig angenommen werden. Ideen vom Guten und Bösen mit einmischen, heißt die Sachen von einem unbefugten Richter entscheiden lassen.

Weder Kirche noch Staat haben also ein Recht die Grundsätze und Gesinnungen der Menschen irgend einem Zwange zu unterwerfen. Weder Kirche noch Staat sind berechtiget, mit Grundsätzen und Gesinnungen Vorzüge, Rechte und Ansprüche auf Personen und

Dinge zu verbinden, und den Einfluß, den die Wahrheitskraft auf das Erkenntnißvermö-|gen hat, durch fremde Einmischung zu schwächen.

Selbst der gesellschaftliche Vertrag hat weder dem Staate noch der Kirche ein solches Recht einräumen können. Denn ein Vertrag über Dinge, die ihrer Natur nach *unveräusserlich* sind, ist an und für sich ungültig, hebt sich von selbst auf.

Auch die heiligsten Eidschwüre können hier die Natur der Sachen nicht verändern. Eidschwüre erzeugen keine neuen Pflichten, sind blos feyerliche Bekräftigungen desjeni-gen, wozu wir ohnehin, von Natur oder durch Vertrag, verpflichtet sind. Ohne Pflicht ist der Eidschwur eine leere Anrufung Gottes, die lästerlich seyn kann, aber an und für sich zu nichts verbindet.

Zu dem können die Menschen nur dasjenige beeidigen, was die Evidenz der äussern Sinne hat, was sie gesehen, gehört, betastet haben. Wahrnehmungen des innern Sinnes sind keine Gegenstände der Eidesbekräftigung. |

Alles Beschwören und Abschwören in Absicht auf Grundsätze und Lehrmeinungen sind diesemnach unzulässig, und wenn sie geleistet worden, so verbinden sie zu nichts, als zur Reue, über den sträflich begangenen Leichtsinn. Wenn ich itzt eine Meinung beschwö-re; so bin ich Augenblicks darauf nichts desto weniger frey, sie zu verwerfen. Die Unthat eines *vergeblichen Eides* ist begangen, wenn ich sie auch beybehalte; und *Meineid* ist nicht geschehen, wenn ich sie verwerfe.

Man vergesse nicht, daß nach meinen Grundsätzen der Staat nicht befugt sey, mit ge-wissen bestimmten Lehrmeinungen, Besoldung, Ehrenamt und Vorzug zu verbinden. Was das Lehramt betrift; so ist es seine Pflicht, Lehrer zu bestellen, die Fähigkeit haben, Weis-heit und Tugend zu lehren, und solche nützliche Wahrheiten zu verbreiten, auf denen die Glückseligkeit der menschlichen Gesellschaft unmittelbar beruhet. Alle nähere Bestim-mungen müssen ihrem besten Wissen und Ge-||wissen überlassen werden, wo nicht unend-liche | Verwirrungen und Collisionen der Pflichten entstehen sollen, die am Ende den Tu-gendhaften selbst oft zur Heucheley oder Gewissenlosigkeit führen. Jede Vergehung wider die Vorschrift der Vernunft bleibet nicht ungerochen.

Wie aber? Wenn das Uebel nun einmal geschehen ist: der Staat bestellt und besoldet einen Lehrer auf gewisse bestimmte Lehrmeinungen. Der Mann findet nachher diese Lehr-meinungen ohne Grund; was hat er zu thun? Wie sich zu verhalten, um den Fuß aus der Schlinge herauszuwinden, in welche ihn ein irriges Gewissen verwickelt hat?

Drey verschiedene Wege stehen hier vor ihm offen. Er verschließt die Wahrheit in sei-nem Herzen, und fähret fort, wider sein besseres Wissen, die Unwahrheit zu lehren; oder er legt sein Amt nieder, ohne die Ursachen anzugeben, warum dieses geschehe; oder endlich giebt er der Wahrheit ein lautes Zeugniß, und läßt es auf den Staat ankommen, was mit seinem Amte und mit der ihm ausgesetz-|ten Besoldung werden, oder was er sonst für seine unüberwindliche Wahrheitsliebe leiden soll.

Mich dünkt, keiner von diesen Wegen sey unter allen Umständen schlechterdings zu verwerfen. Ich kann mir eine Verfassung denken, in welcher es vor dem Richterstuhle des allgerechten Richters zu entschuldigen ist, wenn man fortfährt, seinem sonst heilsamen Vortrage gemeinnütziger Wahrheiten, eine Unwahrheit mit einzumischen, die der Staat, vielleicht aus irrigem Gewissen geheiliget hat. Wenigstens würde ich mich hüten, einen übrigens rechtschaffenen Lehrer dieserhalb der Heucheley, oder des Jesuitismus zu beschuldigen, wenn mir nicht die Umstände und die Verfassung des Mannes sehr genau bekannt sind; so genau, als vielleicht die Verfassung eines Menschen niemals seinem Nächsten bekannt seyn kann. Wer sich rühmt, nie in solchen Dingen anders gesprochen, als gedacht zu haben, hat entweder überall nie gedacht, oder findet vielleicht für gut, in diesem Augenblicke selbst, mit einer Unwahrheit zu pralen, der sein Herz widerspricht. |

Also in Absicht auf Gesinnungen und Grundsätze kommen Religion und Staat überein, müssen beide allen Schein des Zwanges und der Bestechung vermeiden, und sich auf Lehren, Vermahnen, Bereden und Zurechtweisen einschränken. Nicht also in Absicht auf *Handlung*. Die Verhältnisse von Mensch zu Mensch erfordern Handlung, als Handlung; die Verhältnisse zwischen Gott und Menschen, blos in so weit ‖ sie zu Gesinnungen führen. Eine gemeinnützige Handlung hört nicht auf, gemeinnützig zu seyn, wenn sie auch erzwungen wird; eine religiöse Handlung hingegen ist nur in dem Maße religiös, in welcher sie aus freyer Willkühr und in gehöriger Absicht geschiehet.

Daher kann der Staat zu gemeinnützigen Handlungen zwingen; belohnen, bestrafen; Amt und Ehren, Schande und Verweisung austheilen, um die Menschen zu Handlungen zu bewegen, deren innere Güte nicht kräftig genug auf ihre Gemüther wirken will. Daher hat dem Staate, durch den gesellschaftlichen | Vertrag, auch das vollkommenste Recht und das Vermögen, dieses zu thun, eingeräumt werden *können* und *müssen*. Daher ist der Staat eine moralische Person, die ihre eigene Güter und Gerechtsame hat, und damit nach Gutfinden schalten kann.

Fern von allem diesen ist die göttliche Religion. Sie verhält sich gegen Handlung nicht anders, als gegen Gesinnung; weil sie Handlung blos als Zeichen der Gesinnung befiehlt. Sie ist eine moralische Person; aber ihre Rechte kennen keinen Zwang; sie treibet nicht mit eisernem Staabe; sondern leitet am Seile der Liebe. Sie zückt kein Rachschwerdt, spendet kein zeitliches Gut aus; maßet sich auf kein irdisches Gut ein Recht, auf kein Gemüth äusserliche Gewalt an. Ihre Waffen sind Gründe und Ueberführung; ihre Macht die göttliche Kraft der Wahrheit; die Strafen, die sie androhet sind, so wie die Belohnungen, *Wirkungen der Liebe;* heilsam und wohlthätig für die Person selbst, die sie leidet. An diesen Merkmalen erkenne ich dich, Tochter | der Gottheit! Religion! die du in Wahrheit allein die seligmachende bist, auf der Erde, so wie im Himmel.

Bann und Verweisungsrecht, das sich der Staat zuweilen erlauben darf, sind dem Geiste der Religion schnurstracks zuwider. Verbannen, ausschließen, den Bruder abweisen, der an meiner Erbauung Theil nehmen, und sein Herz in wohltätiger Mittheilung, mit dem Meinigen zugleich zu Gott erheben will! – Wenn sich die Religion keine willkührliche Strafen erlaubt, am wenigsten diese Seelenquaal, die ach! nur dem empfindlich ist, der wirklich Religion hat. Gehet die Unglücklichen alle durch, die von je her durch Bann und Verdammniß haben gebessert werden sollen; Leser! welcher äusserlichen Kirche, Synago-

ge oder Moschee du auch anhängest! untersuche, ob du nicht in dem Haufen der Verbann-
ten mehr wahre Religion antreffen wirst, als in dem ungleich größern Haufen ihrer Ver-
banner? – Nun hat die Verbannung entweder bürgerliche Folgen, oder sie hat keine. Ziehet
sie bürgerliches | ǁ Elend nach sich; so fällt sie nur dem Edelmüthigen zur Last, der dieses
Opfer der göttlichen Wahrheit schuldig zu seyn glaubt. Wer keine Religion hat, ist ein
Wahnwitziger, wenn er sich einer vermeinten Wahrheit zu gefallen, der mindesten Gefahr
aussetzet. Soll sie aber, wie man sich bereden will, blos geistige Folgen haben; so drücken
sie abermals nur denjenigen, der für diese Art von Empfindniß noch Gefühl hat. Der Ir-
religiose lacht ihrer und bleibt verstockt.

Und wo ist die Möglichkeit sie von allen bürgerlichen Folgen zu trennen? Kirchenzucht
einführen, habe ich an einem andern Orte, wie mich dünkt, mit Recht gesagt, Kirchenzucht
einführen, und die bürgerliche Glückseligkeit ungekränkt erhalten, gleichet dem Beschei-
de des allerhöchsten Richters an den Ankläger: *Er sey in deiner Hand, doch schone seines
Lebens!* Zerbrich das Faß, wie die Ausleger hinzusetzen; doch laß den Wein nicht auslaufen! Welche kirchliche Ausschließung, welcher Bann ist ohne alle bürgerliche Folgen, ohne
allen Einfluß auf die bürgerliche Achtung wenigstens, auf den gu-|ten Leumund des Aus-
gestoßenen und auf das Zutrauen bey seinen Mitbürgern, ohne welches doch niemand
seines Berufs warten, und seinen Mitmenschen nützlich, das ist, bürgerlich glückselig seyn
kann?

Man beruft sich immer noch auf das Naturgesetz. Jede Gesellschaft, spricht man, hat
das Recht auszuschließen: Warum nicht auch die religose?

Allein ich erwiedere: grade hier macht die religiose Gesellschaft eine Ausnahme; vermöge eines höhern Gesetzes kann keine Gesellschaft ein Recht ausüben, das der ersten
Absicht der Gesellschaft selbst schnurstracks entgegengesetzt ist. Einen Dissidenten ausschließen, sagt ein würdiger Geistlicher aus dieser Stadt, einen Dissidenten aus der Kirche
verweisen, heißt einem Kranken die Apotheke verbieten. In der That, die wesentlichste
Absicht religioser Gesellschaften ist *gemeinschaftliche Erbauung.* Man will durch die Zau-
berkraft der Sympathie, die Wahrheit aus dem Geiste in das Herz übertragen, die zuweilen
todte Vernunfterkenntniß durch Theilnehmung zu hohen Empfindnissen beleben. Wenn |
das Herz allzusehr an sinnlichen Lüsten klebt, um der Vernunft Gehör zu geben; wenn es
auf dem Punkte ist, die Vernunft selbst mit ins Garn zu locken; so werde es hier vom
Schauer der Gottseligkeit ergriffen, vom Feuer der Andacht entflammt, und lerne Freuden
höherer Art kennen, die auch hienieden schon den sinnlichen Freuden die Wage halten.
Und ihr wollt den Kranken vor der Thür ǁ abweisen, der dieser Arzeney am meisten bedarf;
destomehr bedarf, je weniger er dieses Bedürfniß empfindet, und in seinem Irrsinne, sich
gesund zu seyn einbildet? Muß nicht vielmehr eure erste Bemühung seyn, ihm diese Empfindung wieder zu geben, und den gleichsam vom kalten Brande bedrohten Theil seiner
Seele ins Leben zurück zu rufen? Statt dessen verweigert ihr ihm alle Hülfe, und lasset den
Ohnmächtigen den moralischen Tod dahin sterben, dem ihr ihn vielleicht würdet entrissen
haben.

Weit edler und dem Zwecke seiner Schule gemäßer, handelte jener Weltweise zu Athen. Ein Epikurer kam von seinem Gelage, die Sinne | von nächtlicher Wollust benebelt, und das Haupt von Rosen umwunden. Er trat in den Hörsal der Stoiker, um sich in der Frühstunde noch das letzte Vergnügen entnervter Wollüstlinge zu verschaffen, das Vergnügen zu spotten. Der Weltweise läßt ihn ungehindert, verdoppelt das Feuer seiner Beredsamkeit wider die Verführung der Vollust, und schildert die Seligkeit der Tugend mit unwiderstehlicher Gewalt. Der Schüler Epikurs hört, wird aufmerksam, schlägt die Augen nieder, reißt die Kränze von seinem Haupte, und wird selbst ein Anhänger der Stoa.

Ende des ersten Abschnittes

Zweiter Abschnitt.

Das Wesentliche dieser Behauptung, das einem sonst allgemein herrschenden Grundsatze so schnurstraks entgegenstehet, habe ich bereits bey einer andern Gelegenheit auszuführen gesucht. Herrn Dohm vortrefliche Schrift *Ueber die bürgerliche Verbesserung der Juden* veranlaßte die Untersuchung: *in wie weit einer aufgenommenen Kolonie eigene Gesetzverwesung in kirchlichen und bürgerlichen Sachen überhaupt, und insbesondre ein Bann- und Ausschließungsrecht nachzulassen sey?* – Gesetzliche Macht der Kirche – Bannrecht – Wenn die Kolonie diese haben soll; so muß sie von dem Staate, oder von der Mutterkirche damit gleichsam belehnt werden. Jemand, der dieses Recht, vermöge des gesellschaftlichen Ver-|trages, besitzet, muß ihr einen Theil davon, in so weit es sie selbst angeht, abgetreten, und überlassen haben. Wie aber? Wenn niemand ein solches Recht besitzen kann? Wenn weder dem Staate, noch der Mutterkirche selbst irgend ein Zwangsrecht in Religionssachen zukäme? Wenn nach den Grundsätzen der gesunden Vernunft, deren Göttlichkeit wir alle anerkennen müssen, weder Staat noch Kirche befugt wäre, sich in Glaubenssachen ein anderes Recht anzumaßen, als das Recht zu belehren; eine andere Macht, als die Macht der Ueberführung, eine andere Zucht, als die Zucht durch Vernunft und Grundsätze? Kann dieses erweislich, und dem gesunden Menschenverstande einleuchtend gemacht werden; so ist kein ausdrücklicher Vertrag, noch vielweniger Herkommen und Verjährung mächtig genug, ein Recht geltend zu machen, das ihm entgegengesetzt ist; so ist aller kirchliche Zwang widerrechtlich, alle äußere Macht in Religionssachen gewaltsame Anmassung, und wenn dieses ist; so darf, so kann die Mutterkirche kein Recht verleihen, das ihr selber nicht zukömmt, keine Macht vergeben, die sie | sich mit Unrecht angemaßt hat. Es kann seyn, daß der Mißbrauch, durch irgend ein allgemeines Vorurtheil, so um sich gegriffen, so sehr in den Gemüthern der Menschen Wurzel gefaßt hat, daß es nicht thunlich, oder nicht rathsam wäre, ihn mit einem Male, ohne weise Vorbereitung abzuschaffen; aber in diesem Falle ist es doch wenigstens unsere Schuldigkeit, ihm ‖ von ferne her entgegen zu arbeiten, und vorerst seiner fernern Ausbreitung einen Damm entgegen zu setzen. Können wir ein Uebel nicht völlig ausrotten; so müssen wir ihm wenigstens die Wurzel abstechen.

Dieses war das Resultat meiner Betrachtungen, und ich wagte es, meine Gedanken dem Publikum* zur Beurtheilung vorzulegen; wiewohl ich meine Gründe damals nicht so ausführlich angeben konnte, als hier in dem vorigen Abschnitte geschehen.

Ich habe das Glück, in einem Staate zu leben, in welchem diese meine Begriffe weder neu, noch sonderlich auffallend sind. Der weise Re-|gent, von dem er beherrscht wird, hat es, seit Anfang seiner Regierung, beständig sein Augenmerk seyn lassen, die Menschheit in Glaubenssachen, in ihr volles Recht einzusetzen. Er ist der erste unter den Regenten unsers Jahrhunderts, der die weise Maxime, in ihrem ganzen Umfange, niemals aus den

---

* In der Vorrede zu Manasseh Ben Israels *Rettung der Juden.*

Augen gelassen: *die Menschen sind für einander geschaffen: belehre deinen Nächsten, oder ertrage ihn!*[*] | Mit weiser Mäßigung hat er zwar die Vorrechte der äußern Religion geschont, in deren Besitz er | sie gefunden. Noch gehören vielleicht Jahrhunderte ‖ von Cultur und Vorbereitung dazu, bevor | die Menschen begreifen werden, daß Vorrechte um der Religion willen weder rechtlich, noch im Grunde nützlich seyen, und daß es also eine wahre Wohlthat seyn würde, allen bürgerlichen Unterschied um der Religion willen schlechterdings aufzuheben. Indessen hat sich die Nation unter der Regierung dieses Weisen so sehr an Duldung und Vertragsamkeit in Glaubenssachen gewöhnt, daß Zwang, Bann und Ausschließungsrecht wenigstens aufgehört haben, populäre Begriffe zu seyn. |

Was aber einem jeden Rechtschaffenen wahre Freude ins Herz bringen muß, ist der Ernst und Eifer, mit welchem einige würdige Glieder der hiesigen Geistlichkeit selbst diese Grundsätze der Vernunft, oder vielmehr der wahren Gottesfurcht, unter dem Volke auszubreiten suchen. Ja einige derselben haben kein Bedenken getragen, meinen Grün-‖den wider das allgemein angebetete Idol des Kirchenrechts überhaupt beyzutreten, und dem Resultate derselben öffentlich Beyfall zu geben. Welche hohe Begriffe müssen diese Männer von ihrer Bestimmung haben, da sie so willig sind, alle Nebenabsicht davon zu entfernen; welch edles Zutrauen zu der Kraft der Wahrheit, da sie sich getrauen, sie, ohne alle Stützen, auf ihrem eigenen Postamente sicher zu stellen! Wenn wir übrigens in den Grundsätzen auch noch so verschieden wären; so könnte ich nicht umhin, ihnen, wegen dieser erhabenen Gesinnungen, meine ganze Bewunderung und Ehrerbietung zu bezeugen.

---

[*]   Worte meines verewigten Freundes, *Hrn. Iselin*, in einem seiner letzten Aufsätze in den *Ephemeriden der Menschheit*. Das Andenken dieses wahren Weisen sollte jedem seiner Zeitgenossen, der Tugend und Wahrheit werthschätzt, unvergeßlich seyn. Desto unbegreiflicher ist es mir selbst, wie ich ihn habe übergehen können, als ich die wohlthätigen Männer nannte, die in Deutschland zuerst die Grundsätze der uneingeschränkten Toleranz auszubreiten suchten, ihn, der sie in unserer Sprache sicherlich früher und lauter, als irgend einer, in ihrem weitesten Umfange lehrte. Mit Vergnügen schreibe ich hier die Stelle aus der Anzeige meiner Vorrede zu *R. Manasse*, in den *Ephemeriden*[**] ab, wo dieses erinnert wird, um einem Manne nach seinem Tode Gerechtigkeit wiederfahren zu lassen, der in seinem Leben so allgemein gerecht gewesen. „Der Verfasser der Ephemeriden der Menschheit stimmt auch mit Herrn Mendelssohn gänzlich in demjenigen überein, was er von den gesetzgebenden Rechten der Obrigkeit über die Meinung der Bürger und von den Verkommnissen sagt, welche einzelne Menschen unter einander über solche Meinungen eingehen können. Und diese Denkungsart hat er nicht erst seit Herrn Dohm und Herrn Leßing angenommen; sondern er hat sich schon vor mehr als dreyßig Jahren dazu bekannt. Auf die gleiche Weise hat er auch schon lange anerkannt, daß dasjenige, was man Religionsduldung nennet, nicht eine Gnade, sondern eine Pflicht der Regierung sey. Deutlicher konnte man sich nicht ausdrücken, als folgendermaßen[***]: Wenn also eine oder mehrere Religionen in seinem Staate eingeführt sind; so erlaubt ein weiser und gerechter Landesherr sich nicht, die Rechte derselben zu dem Besten der seinigen anzugreifen. Jede Kirche, jede Vereinigung, welche den Gottesdienst

---

[**]   Zehntes Stück, Oct. 1782, Seite 429
[***] Träume eines Menschenfreundes, Band 2, S. 12 u. 13.

Manche andere Leser und Bücherrichter haben sich gar sonderbar dabey genommen. Meine Gründe haben sie zwar nicht bestritten; sondern | vielmehr gelten lassen. Niemand hat es versucht, zwischen Lehrmeinung und Recht den mindesten Zusammenhang zu zeigen. Niemand hat einen Fehler in der Schlußfolge aufgedeckt, daß mein Beystimmen oder Nichtbeystimmen in gewisse *ewige Wahrheiten* mir kein Recht über Dinge, keine Befugniß ertheilen, über Güter und Gemüther nach eigenem Belieben zu schalten. Und gleichwohl haben sie bey dem unmittelbaren Resultate derselben, wie bey einer unerwarteten Erscheinung, gestutzt. Wie? So giebt es überall kein Kirchenrecht? So beruhet alles, was so viele Schriftsteller, was wir selbst vielleicht über das Kirchenrecht geschrieben, gelesen, gehört und disputirt haben, auf grundlosem Boden? – Dieses schien ihnen zu weit zu gehen, und gleichwohl muß in der Schlußfolge ein verborgener Fehler liegen, wenn das Resultat nicht nothwendig wahr seyn soll.

In den Göttingischen Anzeigen führt der Recensent meine Behauptung an, daß es kein Recht auf Personen und Dinge gebe, welches mit Lehrmeinungen zusammenhänge, und daß alle Verträge und Abkommnisse der Menschen kein | solches Recht möglich machen können, und setzet hinzu: „dieses alles ist neu und hart. Die ersten Grundsätze werden weggeleugnet, und aller Streit hat ein Ende.“

Ja wohl, gehet es um die ersten Grundsätze, die nicht anerkannt werden wollen. – Soll aber deswegen aller Streit ein Ende haben? Sollen denn Grundsätze niemals in Zweifel gezogen werden? So können Männer aus der pythagorischen Schule in Ewigkeit streiten, woher ihr Lehrer zur güldenen Hüfte gekommen, wenn es niemand wagen darf, zu untersuchen: ob auch Pythagoras überall eine güldene Hüfte habe?

---

zur Absicht hat, ist eine Gesellschaft, der der Landesherr Schutz und Gerechtigkeit schuldig ist. Ihnen diese versagen, um auch die beste Religion zu begünstigen, wäre wider den Geist der wahren Gottseligkeit.“

„In Rücksicht auf die bürgerlichen Rechte sind alle Religionsgenossen einander gleich, diejenigen allein ausgenommen, deren Meinungen den Grundsätzen der menschlichen und der bürgerlichen Pflichten zuwider laufen. Eine solche Religion kann in dem Staate auf keine Rechte Anspruch machen. Diejenigen, welche das Unglück haben, ihr zugethan zu seyn, können nur Duldung erwarten, so lange sie nicht durch ungerechte und schädliche Handlungen die gesellschaftliche Ordnung stöhren. Wenn sie dieses thun, müssen sie gestraft werden, *nicht für ihre Meinungen; sondern für ihr Thaten.*“ Was aber im vorhergehenden (Seite 423) von einer falschen Meinung, in Absicht auf die Zwischenhände in der Handlung, gesagt wird, die ich dem Verf. der Ephemeriden mit Unrecht zuschreiben soll, verhält sich in Wahrheit ganz anders. Nicht Hr. Iselin; sondern ein anderer, sonst einsichtsvoller Schriftsteller, hat in den Ephemeriden einen Aufsatz einrücken lassen, in welchem er die Schädlichkeit der Zwischenhände behauptet, und ward von dem Herausgeber vielmehr widerlegt. – Die Erinnerungen, welche in derselben Anzeige wider meine Glaubensgenossen gemacht werden, übergehe ich mit Stillschweigen. Es ist hier der Ort nicht, sie zu vertheidigen, und ich überlasse dieses Geschäft dem Hrn. Dohm, der es mit weniger Parteylichkeit verrichten kann. Man vergiebt übrigens einem Baseler sehr leicht ein Vorurtheil wider ein Volk, das er nur aus dem herumstreifenden Theile desselben, oder aus den *Observations d'un Alsacien,* zu kennen Gelegenheit haben kann.

Jedes Spiel hat seine Gesetze, jeder Wettkampf seine Regeln, nach welchen der Kampf-
richter urtheilt. Willst du den Einsatz, oder den ‖ Kampfpreis davon tragen; so unterwirf
dich den Grundsätzen. Wer aber über die Theorie der Spiele nachdenken will, kann allerdings die Grundbegriffe selbst in Anspruch nehmen. So auch vor Gericht. Jener
Criminalrichter, der einen Mörder zu richten hatte, brachte ihn zum Geständnisse seines
Verbrechens. Allein der Ruchlose behauptete, er wisse keinen Grund, ∣ warum es nicht
eben so gut erlaubt sey, einen Menschen zu ermorden, als ein Thier, um seines Vortheils
willen, umzubringen. Diesem Unmenschen konnte der Richter mit Recht antworten: „du
leugnest die Grundsätze, Bursche! mit dir hat aller Streit ein Ende. Du wirst wenigstens
einsehen, daß es auch uns erlaubt sey, um unseres Vortheils willen, die Erde von einem
solchen Ungeheuer zu befreyen." So aber durfte ihm der Priester schon nicht antworten,
der ihn zum Tode vorbereiten sollte. Dieser war verbunden sich mit ihm über die Grundsätze selbst einzulassen, und ihm, wenn sein Zweifel ihm ein Ernst war, solchen zu benehmen. Nicht anders verhält es sich in Künsten und Wissenschaften. Jede derselben setzet
gewisse Grundbegriffe voraus, von denen sie weiter keine Rechenschaft giebt. Deswegen
aber ist in dem ganzen Inbegriff der menschlichen Erkenntnisse kein Punkt über allen
Anspruch hinweg zu setzen, kein Titel, der nicht zur Untersuchung gezogen werden darf.
Liegt mein Zweifel außer den Schranken *dieses* Gerichtshofes; so muß ich vor einen andern
verwiesen werden. Irgendwo muß ich gehört, und zu rechte gewiesen werden. ∣

Der Fall, den der Rec. zum Beyspiel anführet, um mich zu widerlegen, trift vollends
nicht zum Ziele. Er spricht: „Wir wollen sie (die geleugneten Grundsätze,) indessen auf
einen bestimmten Fall anwenden. Die Judenschaft in Berlin bestellt eine Person, die nach
den Gesetzen ihrer Religion die Kinder männlichen Geschlechts beschneiden soll; diese
Person erhält durch ein Factum gewisse Rechte auf so viel Einkünfte, auf diesen bestimmten Rang in der Gemeine etc. Nach einiger Zeit kommen ihr Bedenklichkeiten über die
Lehrmeinung oder das Gesetz von der Beschneidung bey; sie weigert sich den Vertrag zu
erfüllen. Bleiben ihr denn nun auch die Rechte, die sie durch den Vertrag erhielt? So überall." –

Und wie überall? Ich will die Möglichkeit des Falls zugeben, der sich hoffentlich nie
zutragen wird.* Was soll diese mir so nahe gelegte ∣ In-‖stanz beweisen? Doch wohl nicht,
daß nach der Vernunft Rechte auf Personen und Güter mit Lehrmeinungen zusammenhängen, und auf derselben beruhen? oder daß positive Gesetze und Verträge ein solches Recht
möglich machen können? Auf diese beiden Punkte kömmt es, nach dem eigentlichen Anführen des Recens. hauptsächlich an, und beide finden in dem erdichteten Falle nicht Statt,

---

* Man genießet unter den Juden, für das Amt der Beschneidung, weder Einkünfte, noch einen
  bestimmten Rang in der Gemeine. Wer die Geschiklichkeit besitze, verrichtet vielmehr dieses
  verdienstliche Werk mit Vergnügen. Ja der Vater, dem eigentlich die Pflicht seinen Sohn zu beschneiden obliegt, hat mehrentheils unter verschiedenen Mitwerbern, die darum anhalten, zu
  wählen. Alle Belohnung, die der Beschneider für seine Verrichtung zu erwarten hat, bestehet
  etwa darin, daß er beym Beschneidungsmale obenan sitzet, und nach der Malzeit den Seegen
  spricht. – So sollten nach meiner neu und hart scheinenden Theorie alle religiöse Aemter besetzt
  werden!

denn der Beschneider würde ja die Einkünfte und den Rang nicht für den Beyfall zu genießen haben, den er der Lehrmeinung giebt; sondern für die Operation, die er an der Stelle
der Hausväter verrichtet. Verhindert ihn nun sein Gewissen, diese Mühwal-|tung ferner zu
übernehmen; so wird er allerdings auf die Belohnung Verzicht thun müssen, die er dafür
sich ausbedungen. Was hat dieses aber mit den Vorrechten gemein, die man einer Person
einräumt, weil sie dieser oder jener Lehre beystimmt, diese oder jene ewige Wahrheit
annimmt, oder verwirft? – Alles, womit die erdichtete Instanz einige Aehnlichkeit haben
könnte, wäre etwa der Fall, da der Staat Lehrer bestellt und besoldet, die gewisse Lehren so
und nicht anders ausbreiten sollen; diese aber nachher sich im Gewissen verbunden erach-
teten, von den ihnen vorgeschriebenen Lehren abzuweichen. Diesen Fall, der so oft zu
lauten und hitzigen Streitigkeiten Gelegenheit gegeben, habe ich im vorigen Abschnitte
umständlich berührt, und nach meinen Grundsätzen zu erörtern gesucht. Auf das angeführte Gleichnis aber scheinet er mir eben so wenig zu passen. Man erinnere sich des Unter-
schiedes, den ich gemacht, zwischen Handlungen, die als Handlungen verlangt werden,
und solchen, die blos als Zeichen der Gesinnungen gölten. Eine Vorhaut ist abgeschnitten,
der Beschneider mag von dem Gebrauche selbst | denken und glauben, was er will; so wie
ein Schuldherr, dem die Gerichte zu seiner Befriedigung verholfen, bezahlt ist, der Schuld-
ner mag von der Pflicht zu bezahlen, denken, wie er will. Wie kann aber hiervon die Anwendung auf den Lehrer der Religionswahrheiten gemacht werden, dessen Lehren sicherlich
wenig Frommen bringen, wenn nicht Geist und Herz ‖ damit übereinstimmen; wenn sie
nicht aus innerer Ueberzeugung fließen? – Ich habe bereits an dem angeführten Orte zu
erkennen gegeben, daß ich mich nicht getraue, einem auf diese Weise in die Enge getriebe-
nen Lehrer vorzuschreiben, wie er sich als rechtschaffener Mann zu verhalten habe; oder
Vorwürfe zu machen, wenn er sich anders verhält; und daß nach meinem Bedünken alles
auf Zeit, Umstände und Verfassung ankomme, in welchen er sich befindet. Wer darf hier
über die Gewissenhaftigkeit seines Nächsten den Stab brechen? Wer ihr zu einer so kriti-
schen Entscheidung eine Waage aufdringen, die sie vielleicht nicht für die richtige erkennt?

Indessen liegt diese Untersuchung nicht so ganz auf meinem Wege, und hat wenig mit
den | beiden Fragen gemein, auf welche alles ankömmt, und die ich hier abermals wiederhole.

> 1) Giebt es, nach dem Gesetze der Vernunft, Rechte auf Personen und Dinge, die mit
> Lehrmeinungen zusammenhängen, und durch das Einstimmen in dieselben erwor-
> ben werden?
> 2) Können Verträge und Abkommnisse *vollkommene* Rechte erzeugen, Zwangs-
> pflichten hervorbringen, wo nicht, ohne allen Vertrag, schon unvollommene Rechte
> und Gewissenspflichten da gewesen sind?

Einer von diesen Sätzen muß aus dem Naturrechte erwiesen werden, wenn ich eines
Irrtums überführt werden soll. Daß man meine Behauptung neu und hart findet, thut nichts
zur Sache, wenn ihr die Warheit nur nicht widerspricht. Noch ist mir kein Schriftsteller
bekant, der diese Fragen berührt, und in Anwendung auf Kirchenmacht und Bannrecht
untersucht hätte. Sie gehen alle von dem Punkte aus, daß es ein *Jus circa sacra* gebe; nur

modelt es ein jeder nach seiner Weise, und belehnet damit bald eine unsichtbare, bald diese oder jene sichtbare Per-|son. Selbst *Hobbes*, der hierin sich am weitesten von den einge-führten Begriffen zu entfernen wagt, hat sich von dieser Idee nicht völlig loswinden kön-nen. Er giebt ein solches Recht zu, und sucht nur die Person auf, der man es mit dem geringsten Schaden zutrauen darf. Alle glauben, das Meteor sey sichtbar, und bemühen sich nur, nach verschiedenen Systemen, die Höhe desselben zu bestimmen. Es wäre nichts unerhörtes, wenn ein Unbefangener, der gerade auf den Ort hinschauete, wo es erscheinen soll, mit weit geringerer Fähigkeit, sich von der Wahrheit überführte: es sey überall kein solches Meteor zu sehen. ‖

Ich komme zu einem weit wichtigern Einwurfe, der mir gemacht worden, und der haupt-sächlich diese Schrift veranlaßt hat. Abermals ohne meine Gründe zu widerlegen, hat man ihnen die geheiligte Autorität der mosaischen Religion, zu welcher ich mich bekenne, ent-gegengesetzt. Was sind die Gesetze Moses anders, als ein System von religiöser Regie-rung, von Macht und Recht der Religion? „Die Vernunft mag es gut heissen," drükt sich ein ungenannter | Schriftsteller* hierüber aus, „daß alles Kirchenrecht und die Macht eines geistlichen Gerichts, wodurch Meinungen erzwungen, oder eingeschränkt werden, eine begriflose Sache ist; daß kein Fall zu erdenken, wodurch so ein Gesetz begründet sey, daß die Kunst nichts schaffen könne, wozu die Natur nicht den Keim hervorgebracht habe – aber so vernunftmäßig dieses alles seyn mag, was Sie darüber sagen," redet er mich an, „so geradezu widerspricht es dem Glauben ihrer Väter im engern Verstande, und den Grund-sätzen der Kirche, welche nicht blos von den Kommentaristen angenommen; sondern selbst in den Büchern Mose ausdrüklich festgesetzt sind. Nach der gesunden Vernunft findet gar kein Gottesdienst ohne Ueberzeugung statt, und jede erzwungene gottesdienstliche Hand-lung hört das auf zu seyn. Befolgung göttlicher Gebote aus Furcht vor der darauf gesetzten Strafe ist Sklavendienst, der nach reinen Begriffen nimmermehr Gott ge-|fällig seyn kann. Indessen ist es wahr, daß Moses Zwang und positive Strafen – an Nichtbeobachtung gottes-dienstlicher Pflichten bindet. Sein statuarisches Kirchenrecht befielt den Sabbathsübertreter, den Lästerer des göttlichen Namens und andere Abweichende von seinem Gesetze mit Steinigung und Tode zu bestrafen" – – „Das ganze Kirchensystem Mose," spricht er an einer andern Stelle, „war nicht nur Unterricht und Anweisung zu Pflichten, sondern es war zugleich mit dem strengsten Kirchenrechte verbunden. Der Arm der Kirche war mit dem Schwerdt des Fluchs bewafnet. – Verflucht, heißt es, wer nicht hält alle Worte dieses Geset-zes, daß er darnach thue u. s. w. – Und dieser Fluch war in den Händen der ersten Diener der Kirche. – Das bewafnete Kirchenrecht ist immer eine der vorzüglichsten Grundsteine der jüdischen Religion selbst, und ein Hauptartikel in dem Glaubenssystem Ihrer Väter. In wiefern können Sie, mein theurer Herr Mendelssohn, bey dem Glauben Ihrer Väter ‖ be-harren, und durch Wegräumung seiner Grundsteine das ganze Gebäude erschüttern, | wenn Sie das durch Mosen gegebene, auf göttliche Offenbarung sich berufende Kirchenrecht bestreiten?"

---

*   Das Forschen nach Licht und Recht, in einem Schreiben an Herrn M. Mendelssohn. Berlin 1782.

Dieser Einwurf dringet an das Herz. Ich muß gestehen, daß die Begriffe, die hier vom Judentume gegeben werden, bis auf einige Unbehutsamkeiten im Ausdrucke, selbst von vielen meiner Religionsbrüder dafür angenommen werden. Wäre nun dem in Wahrheit also, und ich davon überführet, so würde ich allerdings meine Sätze mit Beschämung zurücknehmen, und die Vernunft unter dem Joche des Glaubens – doch nein! was sollte ich heucheln? Autorität kann demüthigen, aber nicht belehren; sie kann die Vernunft niederschlagen, aber nicht fesseln. Stünde das Wort Gottes mit meiner Vernunft in einem so offenbaren Widerspruche, so würde ich der letztern höchstens Stillschweigen gebieten können; aber meine nicht widerlegten Gründe würden im geheimsten Winkel meines Herzens nichts destoweniger wiederkehren, sich in beunruhigende Zweifel verwandeln, und die Zweifel sich in kindliche Gebete, in inbrünstiges | Flehen um Erleuchtung auflösen. Ich würde mit dem Psalmist anrufen:

> Herr, sende mir dein Licht, deine Wahrheit,
> Daß sie mich leiten, und bringen
> Zu deinem heiligen Berge, zu deinem
> Ruhesitze!

Hart und kränkend aber ist es in allen Fällen, wenn man mit dem ungenannten *Forscher nach Licht und Wahrheit,* und dem sich nennenden Herrn *Mörschel,* der die Schrift des Forschers mit einer Nachschrift begleitet hat, mir die gehässige Absicht zuschreibt, die Religion, zu welcher ich mich bekenne, umzustoßen, und ihr, wo nicht ausdrüklich, doch gleichsam unter der Hand zu entsagen. Dergleichen Consequenzerey sollte aus dem Umgange der Gelehrten auf ewig verbannt seyn. Nicht jeder, der sich zu einer Meinung verstehet, verstehet sich zugleich zu allen Folgen derselben, und wenn sie auch noch so richtig aus derselben hergeleitet werden. Aufbürdungen von dieser Art sind gehässig, und | führen nur zu Verbitterung und Streitsucht, dabey die Wahrheit selten gewinnet.

Ja, der Forscher gehet so weit, mich folgender Gestalt anzureden: „Sollte der jetzt von Ihnen gethane gar merkwürdige Schritt wohl ‖ wirklich ein Schritt zur Erfüllung der ehemals an Sie ergangenen Lavaterschen Wünsche seyn? Unstreitig haben Sie nach jener Veranlassung der Sache des Christentums näher nachgedacht, und den Werth der in mannigfaltigen Gestalten und Modifikationen vor ihren Augen liegenden christlichen Religionssysteme mit der Unparteylichkeit eines unbestechbaren Wahrheitsforschers genauer gewogen. Vielleicht sind Sie jetzt dem Glauben der Christen näher getreten, indem Sie der Knechtschaft eiserner Kirchenbande sich entreissen, und das Freyheitssystem des vernünftigern Gottesdienstes nunmehr selbst lehren, welches das eigentliche Gepräge der christlichen Gottesverehrung ausmacht, nach welchem wir dem Zwange und lästigen Zeremonien entronnen sind, und den wahren Gottesdienst weder an Samaria noch an Jerusalem binden, sondern das Wesen der Re-‖ligion darin setzen, daß nach den Worten unsers Lehrers die wahrhaftigen Anbeter Gott im Geist und in der Wahrheit anbeten."

Feyerlich und pathetisch genug ist diese Ansinnung vorgebracht. – Allein, Lieber! soll ich diesen Schritt thun, ohne vorher zu überlegen, ob er mich auch wirklich aus der Verwirrung ziehen wird, in welcher ich mich Ihrer Meinung nach befinde? Wenn es wahr ist, daß die Ecksteine meines Hauses austreten, und das Gebäude einzustürzen drohet, ist es wohlgethan, wenn ich meine Habseligkeit aus dem untersten Stokwerke in das oberste rette? Bin ich da sicherer? Nun ist das Christentum, wie Sie wissen, auf dem Judentume gebauet, und muß nothwendig, wenn dieses fällt, mit ihm über *einen* Hauffen stürzen. Sie sagen, meine Schlußfolge untergrabe den Grund des Judentums, und bieten mir die Sicherheit Ihres obersten Stokwerks an; muß ich nicht glauben, daß sie meiner spotten? Sicherlich! Der Christ, dem es um *Licht und Wahrheit* im Ernste zu thun ist, wird beim Anscheine eines Widerspruchs zwischen Wahrheit und Wahrheit, zwischen Schrift und Vernunft, | nicht den Juden zum Kampfe auffordern, sondern mit ihm gemeinschaftlich den Ungrund des Widerspruchs zu entdecken suchen. Es gehet ihrer beiden Sache an. Was sie unter sich auszumachen haben, mag auf eine andere Zeit ausgesetzt bleiben. Voritzt müssen sie mit vereinigten Kräften die Gefahr abwenden, und entweder den Fehlschluß der Vernunft entdecken, oder zeigen, daß es blos ein Scheinwiderspruch sey, der sie erschrekt hat.

So könnte ich nun der Schlinge ausweichen, ohne mich mit dem Forscher in weitere Untersuchung einzulassen. Allein was würde mir ‖ der Winkelzug helfen? Sein Gefährte, Herr Mörschel, hat, ohne mich persönlich zu kennen, mir allzutief ins Spiel gesehen. „Er hat" wie er versichert, „in der gerügten Vorrede blos Merkmale entdekt, um welcher willen er mich eben so weit entfernt von der Religion, in welcher ich geboren worden, als von der, die er von seinen Vätern empfing, halten zu können glaubt." Zum Beweise seiner Vermuthung führt er aus derselben, ausser der Hinweisung auf S. IV. Z. 21. (wo ich Heiden, Juden, Mahometaner und An-|hänger der natürlichen Religion in einer Zeile zusammen nenne, und für alle Toleranz fordere) – S. V. Z. 8. (in welcher ich abermals von Duldung der Naturalisten rede), und endlich S. XXXVII. Z. 13. (wo ich von *ewigen Wahrheiten* rede die die Religion lehren soll), folgende Stelle wörtlich an: „Das Andachtshaus der Vernunft bedarf keiner verschlossenen Thüren. Sie hat von innen nichts zu verwahren, und von aussen niemanden den Eingang zu verhindern. Wer einen ruhigen Zuschauer abgeben, oder gar Antheil nehmen will, ist dem Gottseligen in der Stunde seiner Erbauung höchst willkommen." Man siehet, daß, nach Hrn. M. Meinung, kein Anhänger der Offenbarung so laut um Duldung der Naturalisten anhalte, so laut von *ewigen Wahrheiten* sprechen würde, die die Religion lehren soll, und daß ein wahrer Christ oder Jude Bedenken tragen müsse, sein Bethaus ein Andachtshaus der Vernunft zu nennen. Was ihn auf diese Gedanken gebracht haben könne, begreife ich nun zwar nicht; indessen enthalten sie doch den ganzen Grund zu seiner Vermuthung, und veranlassen ihn, wie er | sich ausdrükt, nicht mich aufzufordern, mich zu „der Religon zu bekennen, die er bekennt, oder sie zu widerlegen, wofern ich ihr nicht beyzutreten im Stande bin; sondern mich im Namen aller, denen Wahrheit am Herzen liegt, zu bitten, mich in Ansehung dessen, was immer dem Menschen das Wichtigste seyn muß, deutlich und bestimmt zu erklären." Er hat zwar, wie er versichert, die Absicht nicht, mich zu bekehren, möchte auch nicht gern Veranlassung zu Einwürfen gegen die Religion seyn, von der er Zufriedenheit in diesem Leben, und unbegränztes Glük nach demselben erwartet; aber er möchte doch gern – Was weis ichs, was der liebe Mann alles nicht möchte, und indessen doch möchte – Vorerst also zur Beruhigung dieses gutherzigen Briefschreibers: ich habe die christliche Religion niemals öffentlich bestritten, und werde mich auch mit wahren Anhängern derselben niemalen in Streit einlassen. Und damit man mir nicht abermals Schuld gebe, ich wolle durch dergleichen Erklärung ‖ gleichsam zu verstehen geben, ich hätte gar wohl siegreiche Waffen in Händen, diesen Glauben, wenn ich wollte, zu bestreiten; die Ju-|den besäßen etwa geheime Nachrichten, unbekannt gewordene Aktenstücke, wodurch die Thatsachen in einem andern Lichte erscheinen, als sie von Christen vorgetragen werden, und dergleichen Vorspiegelungen, die man uns hat zutrauen, oder andichten wollen; um allen Verdacht von dieser Art ein für allemal zu entfernen, so bezeuge ich hiermit vor den Augen des Publikums, daß ich *wenigstens nichts Neues* wider den Glauben der Christen vorzubringen habe; daß wir, so viel ich weis, keine andere Nachrichten von der Geschichtssache wissen, keine andere Aktenstücke aufzuweisen haben, als die allgemein bekannt sind; daß ich also von meiner Seite nichts vorzubringen habe, das nicht schon unzählige Male von Juden und Naturalisten gesagt und wiederholt, und von der Gegenpartey beantwortet und wiederholt worden sey. Mich dünkt, es sey in so vielen Jahrhunderten, und insbesondere in unserm schreibseligen Jahrhunderte, genug in der Sache replizirt und duplizirt worden. Es ist einmal Zeit, da die Parteyen nichts Neues mehr anzubringen haben, die Akten zu schliessen. Wer Augen hat, der sehe; wer Vernunft hat, | der prüfe, und lebe nach seiner Ueberzeugung. Was nützt es, daß die Rüstigen am Wege stehen, und jedem Vorübergehenden den Kampf anbieten? Allzuvieles Gerede von einer Sache kläret in derselben nichts auf, und verdunkelt vielmehr noch den schwachen Schein der Wahrheit. Ihr dürft von welchem Satze ihr wollet, nur oft und lange *dafür* und *dawider* reden und schreiben und streiten, und könnet versichert seyn, daß er von seiner etwanigen Evidenz immer mehr und mehr verlieren wird. Das allzugroße Detail verhindert das Ueberschauen des Ganzen. Herr M. hat also nichts zu besorgen. Durch mich soll er sicherlich nicht die Veranlassung zu Einwürfen gegen eine Religion werden, von der so viele meiner Nebenmenschen Zufriedenheit in diesem Leben und unbegränztes Glük nach demselben erwarten.

Ich muß aber auch seinem spähenden Blik Gerechtigkeit widerfahren lassen. Er hat zum Theil nicht unrecht gesehen. Es ist wahr: *ich erkenne keine andere ewige Wahrheiten, als die der menschlichn Vernunft nicht nur begreiflich, sondern durch menschliche Kräfte | dargethan und bewährt werden können.* Nur darin täuscht ihn ein unrichtiger Begriff vom Judentum, wenn er glaubt, ich könne dieses nicht behaupten, ohne von der Religion meiner Väter abzuweichen. Ich halte dieses viel-‖mehr für einen wesentlichen Punkt der jüdischen Religion, und glaube, daß diese Lehre einen charakteristischen Unterschied zwischen ihr und der christlichen Religion ausmache. Um es mit einem Worte zu sagen: ich glaube, das Judentum wisse von keiner geoffenbarten Religion, in dem Verstande, in welchem dieses von den Christen genommen wird. Die Israeliten haben göttliche *Gesetzgebung.* Gesetze, Gebote, Befehle, Lebensregeln, Unterricht vom Willen Gottes, wie sie sich zu verhalten haben, um zur zeitlichen und ewigen Glükseligkeit zu gelangen; dergleichen Sätze und Vorschriften sind ihnen durch Mosen auf eine wunderbare und übernatürliche Weise geoffenbaret worden; aber keine Lehrmeinungen, keine Heilswahrheiten, keine allgemeine Vernunftsätze. Diese offenbaret der Ewige uns, wie allen übrigen Menschen, allezeit durch *Natur* und *Sache,* nie durch *Wort* und *Schriftzeichen.*|

Ich besorge, daß dieses auffallen, und manchem Leser abermals neu und hart scheinen dürfte. Man hat auf diesen Unterschied immer wenig acht gehabt; man hat *übernatürliche Gesetzgebung* für *übernatürliche Religionsoffenbarung* genommen, und vom Judentume so gesprochen, als sey es blos eine frühere Offenbarung religiöser Sätze und Lehren, die zum Heile des Menschen nothwendig sind. Ich werde mich also etwas weitläufig zu erklären haben, und um nicht misverstanden zu werden, zu frühern Begriffen hinaufsteigen müssen, um mit meinem Leser aus demselben Standpunkte auszugehen, und gleichen Schritt halten zu können.

Man nennet *ewige* Wahrheiten diejenigen Sätze, welche der Zeit nicht unterworfen sind, und in Ewigkeit dieselben bleiben. Diese sind entweder *nothwendig,* an und für sich selbst *unveränderlich,* oder *zufällig;* das heißt, ihre Beständigkeit gründet sich entweder auf ihr *Wesen,* sie sind deswegen so und nicht anders wahr, weil sie so und nicht anders *denkbar* sind, oder auf ihre *Wirklichkeit:* sie sind deswegen allgemein wahr, deswegen so und nicht anders, weil | sie so und nicht anders *wirklich* geworden, weil sie, unter allen möglichen ihrer Art, so und nicht anders die *besten* sind. Mit andern Worten: sowohl die nothwendigen als zufälligen Wahrheiten fließen aus einer gemeinschaftlichen Quelle, aus der Quelle aller Wahrheit: jene aus dem *Verstande,* diese aus dem *Willen Gottes.* Die Sätze der nothwendigen Wahrheiten sind wahr, weil sie Gott so und nicht anders *sich vorstellet;* der zufälligen, weil sie Gott so und nicht anders gut gefunden, und seiner Weisheit gemäß betrachtet hat. Beyspiele der ersteren Gattung sind die Sät-||ze der reinen Mathematik und der Vernunftkunst; Beyspiele der letteren die allgemeinen Sätze der Physik und Geisterlehre, die Gesetze der Natur, nach welchen dieses Weltall, Körper und Geisterwelt regiert wird. Die ersten sind auch der Allmacht unveränderlich, weil Gott selbst seinen unendlichen Verstand nicht veränderlich machen kann; die letztern hingegen sind dem Willen Gottes unterworfen, und nur in so weit unveränderlich, als es seinem heiligen Willen gefällt, das heißt, in so weit sie seinen Absichten entsprechen. Seine | Allmacht konnte andere Gesetze an ihrer Stelle einführen, und kann, so oft es nützlich ist, Ausnahmen Statt finden lassen.

Außer diesen ewigen Wahrheiten giebt es noch *Zeitliche, Geschichtswahrheiten;* Dinge, die sich zu Einer Zeit zugetragen, und vielleicht niemals wiederkommen; Sätze, die durch einen Zusammenfluß von Ursachen und Wirkungen in einem Punkte der Zeit und des Raumes wahr geworden, und also von diesem Punkte der Zeit und des Raumes nur als wahr gedacht werden können. Von dieser Art sind alle Wahrheiten der Geschichte, in ihrem weitesten Umfange. Dinge der Vorwelt, die sich einst zugetragen, und uns erzählt werden, die wir aber selbst nie wahrnehmen können.

So wie diese Classen der Sätze und Wahrheiten ihrer Natur nach verschieden sind, so sind sie es auch in Ansehung ihrer Ueberzeugungsmittel, oder in der Art und Weise, wie die Menschen sich und andere davon überführen. Die Lehren der ersten Gattung, oder die nothwendigen Wahrheiten gründen sich auf *Vernunft,* d. i. auf unveränderlichen Zusammen-|hang, und wesentliche Verbindung zwischen den Begriffen, vermöge welcher sie sich einander entweder voraussetzen, oder ausschließen. Von dieser Art sind alle mathematische und logische Beweise. Sie zeigen alle die Möglichkeit, oder Unmöglichkeit, gewisse Begriffe in Verbindung zu denken. Wer seinen Nebenmenschen davon unterrichten will, muß sie nicht seinem Glauben empfehlen, sondern seiner Vernunft gleichsam aufdringen; nicht Autoritäten anführen, und sich auf die Glaubwürdigkeit der Männer berufen, die eben dasselbe behauptet haben; sondern die Begriffe selbst in ihre Merkmale zerlegen, und seinem Lehrling stückweise so lange vorhalten, bis sein innerer Sinn ihre Fugen und Verbindungen wahrnimmt. Der Unterricht, den wir hierin andern geben können, bestehet, wie Sokrates gar wohl gesagt, blos in einer Art von Geburtshülfe. Wir können nichts in ihren Geist hineinlegen, das er nicht schon wirklich hat; ‖ aber wir können ihm die Anstrengung erleichtern, die es kostet, das Verborgene an das Licht zu bringen; das heißt, das Unbemerkte bemerkbar und anschaulich zu machen. ǀ

Zu den Wahrheiten der zwoten Classe wird, außer der Vernunft, auch noch *Beobachtung* erfordert. Wollen wir wissen, welche Gesetze der Schöpfer seiner Schöpfung vorgeschrieben, nach welchen allgemeinen Regeln die Veränderungen in derselben vorgehen: so müssen wir einzelne Fälle erfahren, beobachten, versuchen, das heißt, zuvörderst die Evidenz der Sinne brauchen, und hernach durch die Vernunft, aus mehrern besondern Fällen dasjenige herausbringen, was sie gemein haben. Hier werden wir zwar manches schon auf Glauben und Ansehen von andern annehmen müssen. Unsere Lebenszeit reicht nicht hin, alles selbst zu erfahren, und wir müssen in vielen Fällen uns auf glaubhafte Nebenmenschen verlassen: die Beobachtungen und Versuche, die sie angestellt zu haben vorgeben, als wahr voraussetzen. Wir trauen ihnen aber nur, in so weit wir wissen, und überführt sind, daß die Gegenstände noch immer vorhanden sind, und die Versuche und Beobachtungen von uns oder von andern, die Gelegenheit und Fähigkeit dazu haben, wiederholt und geprüft werden können. Ja, wenn ǀ das Resultat wichtig wird, und einen merklichen Einfluß auf unsere oder anderer Glückseligkeit hat; so beruhigen wir uns schon weit weniger bey der Aussage der glaubhaftesten Zeugen, die uns die Versuche und Beobachtungen erzählen, sondern suchen Gelegenheit, sie selbst zu wiederholen und uns durch ihre eigene Evidenz von denselben zu überführen. So können die Siameser z. B. allerdings dem Berichte der Europäer trauen, daß in ihrer Weltgegend das Wasser zu gewissen Zeiten hart werde, und schwere Lasten trage. Sie können dieses auf Glauben annehmen, und allenfalls in ihren Lehrbüchern der Physik als ausgemacht vortragen; in der Voraussetzung, daß die Beobachtung noch immer wiederholt und bewährt werden kann. Wenn es indessen zur Lebensgefahr käme, wenn sie itzt diesem hartgewordenen Elemente sich selbst oder die Ihrigen anvertrauen sollten; so würden sie sich bey dem Zeugnisse schon weit weniger beruhigen können, sondern durch mancherley eigene Erfahrungen, Beobachtungen und Versuche von der Wahrheit zu überführen haben. ǀ

Hingegen die Geschichtswahrheiten, die Stellen, die gleichsam im Buche der Natur nur Einmal vorkommen, müssen durch sich selbst erläutert werden, oder bleiben unverständlich: das heißt, sie können nur ‖ von denjenigen vermittelst der Sinne wahrgenommen werden, die zu der Zeit und an dem Orte zugegen gewesen, als sie sich in der Natur zuge-

tragen haben. Von jedem andern müssen sie auf Autorität und Zeugniß angenommen werden; und zwar die zu einer andern Zeit leben, müssen sich schlechterdings auf die Glaubhaftigkeit des Zeugnisses verlassen. Denn das Bezeugte ist nicht mehr. Der Gegenstand
und dessen unmittelbare Beobachtung, an die sie etwa appelliren wollen, sind in der Natur
nicht mehr anzutreffen. Die Sinne können sich von der Wahrheit nicht überführen. Das
Ansehen des Erzählers und seine Glaubhaftigkeit machen die einzige Evidenz in historischen Dingen. Ohne Zeugniß können wir von keiner Geschichtswahrheit überführt wer-
den. Ohne Autorität verschwindet die Wahrheit der Geschichte mit dem Geschehenen selbst. |

So oft es nun den Absichten Gottes gemäß ist, daß die Menschen von irgend einer
Wahrheit überführt seyn sollen; so verleihet ihnen seine Weisheit auch die schicklichsten
Mittel, zu derselben zu gelangen. Ist es eine nothwendige Wahrheit, so verleihet sie den
dazu erforderlichen Grad der Vernunft. Soll ihnen ein Naturgesetz bekannt werden, so
giebt sie ihnen den Geist der Beobachtung; und soll eine Geschichtswahrheit der Nachwelt
aufbehalten werden, so bestätiget sie ihre historische Gewißheit, und setzet die Glaubwürdigkeit der Erzähler über alle Zweifel hinweg. Blos in Absicht auf Geschichtswahrheiten,
dünkt mich, sey es der allerhöchsten Weisheit anständig, die Menschen auf menschliche
Weise, d. i. durch Worte und Schrift zu unterrichten, und wo es zur Bewährung des Ansehens und der Glaubwürdigkeit erforderlich war, ausserordentliche Dinge und Wunder in
der Natur geschehen zu lassen. Jene ewigen Wahrheiten hingegen, in so weit sie zum Heile
und zur Glückseligkeit der Menschen nützlich sind, lehret Gott auf eine der Gottheit
gemäßere Weise: nicht durch Laut und Schrift-|zeichen, die hier und da, diesem und jenem
verständlich sind, sondern durch die Schöpfung selbst und ihre innerlichen Verhältnisse,
die allen Menschen leserlich und verständlich sind. Er bestätiget sie auch nicht durch Wunder, die nur historischen Glauben bewirken; sondern erwecket den von ihm erschaffenen
Geist, und giebt ihm Gelegenheit jene Verhältnisse der Dinge zu beobachten, sich selbst zu
beobachten, und von den Wahrheiten zu überzeugen, die er hienieden zu erkennen bestimmt ist.

Ich glaube also nicht, daß die Kräfte der menschlichen Vernunft nicht hinreichen, sie
von den ewigen Wahrheiten zu überführen, die ‖ zur menschlichen Glückseligkeit unentbehrlich sind, und daß Gott ihnen solche auf eine übernatürliche Weise habe offenbaren
müssen. Die dieses behaupten, sprechen der Allmacht oder der Güte Gottes auf der andern
Seite ab, was sie auf der einen Seite seiner Güte zu zulegen glauben. Er war, nach ihrer
Meinung gütig genug, den Menschen diejenigen Wahrheiten zu offenbaren, von welchen
ihre Gückseligkeit abhänget; aber nicht allmächtig, oder nicht gütig genug, ihnen | selbst
die Kräfte zu verleihen, solche zu entdecken. Zudem macht man durch diese Behauptung
die Nothwendigkeit einer übernatürlichen Offenbarung allgemeiner, als die Offenbarung
selbst. Wenn denn das menschliche Geschlecht ohne Offenbarung verderbt und elend seyn
müßte; warum hat denn der bey weitem größere Theil desselben von je her ohne *wahre
Offenbarung* gelebet, oder warum müssen beide Indien warten, bis es den Europäern gefällt, ihnen einige Tröster zu zusenden, die ihnen Bothschaft bringen sollen, ohne welche
sie, dieser Meinung nach, weder tugendhaft, noch glückselig leben können? ihnen Bothschaft

zu bringen, die sie ihren Umständen, und der Lage ihrer Erkenntniß nach, weder recht verstehen, noch gehörig brauchen können?

Nach den Begriffen des wahren Judentums sind alle Bewohner der Erde zur Glückseligkeit berufen, und die Mittel derselben so ausgebreitet, als die Menschheit selbst, so milde ausgespendet, als die Mittel sich des Hungers und anderer Naturbedürfnisse zu erwehren. Hier der rohen Natur überlassen, die ihre Kraft in-|nerlich empfindet, und sich derselben bedienet, ohne sich in Wort und Vortrag anders, als höchst mangelhaft, und gleichsam stammelnd, auslassen zu können; dort durch Wissenschaft und Kunst unterstützt, hellgänzend durch Worte, Bilder und Gleichnisse, durch welche die Wahrnehmungen des innern Sinnes in deutliche Zeichenerkenntniß verwandelt und aufgestellt werden. So oft es nützlich war, hat die Vorsehung unter jeder Nation der Erde weise Männer aufstehen lassen, und ihnen die Gabe verliehen, mit hellerem Auge in sich selbst, und um sich her zu schauen, die Werke Gottes zu betrachten, und ihre Erkenntnisse andern mitzutheilen. Aber nicht zu allen Zeiten ist dieses nöthig oder nützlich. Sehr oft reichet, wie der Psalmist sagt, das *Lallen der Kinder und Säuglinge hin, den Feind zu beschämen.* Der einfältig lebende Mensch hat sich die Einwürfe noch nicht erkünstelt, die den Sophisten so sehr verwirren. Ihm ist das Wort *Natur,* der blosse Schall, noch nicht zu einem Wesen geworden, das die Gottheit verdrengen will. Er weis so gar noch wenig || von dem Unterschiede zwischen mittelba-|rer und unmittelbarer Wirkung, und hört und siehet vielmehr die alles belebende Kraft der Gottheit überall: in jeder aufgehenden Sonne, in jedem Regen, der niederfällt, in jeder Blume, die aufblühet, und in jedem Lamme, das auf der Wiese weidet und sich seines Daseyns freut. Diese Vorstellungsart hat etwas fehlerhaftes; allein sie führet unmittelbar zur Erkenntniß eines unsichtbaren allmächtigen Wesens, dem wir alles Gute, das wir genießen, zu verdanken haben. Sobald aber ein Epikur oder *Lukrez,* ein *Helvetius* oder *Hume* das Unvollständige in dieser Vorstellungsart rüget, und (welches der menschlichen Schwachheit zu gute zu halten ist) auf der andern Seite ausschweifet, und mit dem Worte *Natur* ein täuschendes Spiel treiben will; so erweckt die Vorsehung wiederum andere Männer im Volke, die Vorurtheil von Wahrheit trennen, das Uebertriebene von beiden Seiten berichtigen, und zeigen, daß die Wahrheit Bestand habe, wenn auch das Vorurtheil verworfen wird. Im Grunde ist es immer noch derselbe Stoff; dort mit allen rohen aber kraftvollen Säften, die ihm | die Natur giebt; hier mit dem verfeinerten Wohlgeschmacke der Kunst, zur Verdauung leichter, aber auch nur für Schwächliche. Das Thun und Lassen der Menschen und die Sittlichkeit ihres Lebenswandels hat sich von jener rohen Vorstellungsart, im Ganzen genommen, vielleicht eben so gute Folgen zu versprechen, als von diesen verfeinerten und gereinigten Begriffen. Manches Volk ist von der Vorsehung bestimmt, diesen Kreislauf der Begriffe durch zuwandern; ja zuweilen mehr als Einmal durch zuwandern; aber vielleicht bleibt das Maaß und Gewicht ihrer Sittlichkeit in allen diesen mannigfaltigen Epochen, im Ganzen genommen, ungefähr dasselbe.

Ich für meinen Theil habe keinen Begriff von der Erziehung des Menschengeschlechts, die sich mein verewigter Freund *Lessing* von, ich weis nicht, welchem Geschichtsforscher der Menschheit, hat einbilden lassen. Man stellet sich das collektive Ding, das menschliche Geschlecht, wie eine einzige Person vor, und glaubt, die Vorsehung habe sie hieher gleichsam in die Schule geschickt, um aus einem Kinde zum Man-|ne erzogen zu werden. Im Grunde ist das menschliche Geschlecht fast in allen Jahrhunderten, wenn die Metapher gelten soll, Kind und Mann und Greis zugleich, nur an verschiedenen Orten und Weltgegenden. Hier in der Wiege, saugt an der Brust, oder lebt von Ram und Milch; dort in männlicher Rüstung und verzehrt das Fleisch der Rinder; und an einem andern Orte am Stabe und schon wieder ohne Zäh-||ne. Der Fortgang ist für den einzelnen Menschen, dem die Vorsehung beschieden, einen Theil seiner Ewigkeit hier auf Erden zu zubringen. Jeder gehet das Leben hindurch seinen eigenen Weg; diesen führt der Weg über Blumen und Wiesen, jenen über wüste Ebenen oder über steile Berge und gefahrvolle Klüfte. Aber alle kommen auf der Reise weiter, und gehen ihres Weges zur Glückseligkeit, zu welcher sie beschieden sind. Aber daß auch das Ganze, die Menschheit hienieden, in der Folge der Zeiten immer vorwärts rücken, und sich vervollkommnen soll, dieses scheinet mir der Zweck der Vorsehung nicht gewesen zu seyn; wenigstens ist dieses so ausgemacht, und zur Rettung der Vor-|sehung Gottes bey weitem so nothwendig nicht, als man sich vorzustellen pflegt.

Daß wir doch immer wider alle Theorie und Hypothesen uns sträuben, und von Thatsachen reden, nichts als von Thatsachen hören wollen, und uns gerade da am wenigsten nach Thatsachen umsehen, wo es am meisten darauf ankommt. Ihr wollt errathen, was für Absichten die Vorsehung mit der Menschheit hat? Schmiedet keine Hypothesen; schauet nur umher auf das, was wirklich geschiehet, und wenn ihr einen Ueberblick auf die Geschichte aller Zeiten werfen könnet, auf das, was von jeher geschehen ist. Dieses ist Thatsache, dieses muß zur Absicht gehört haben, muß in dem Plane der Weisheit genehmigt, oder wenigstens mit aufgenommen worden seyn. Die Vorsehung verfehlt ihres Endzweckes nie. Was wirklich geschiehet, muß von jeher ihre Absicht gewesen seyn, oder dazu gehört haben. Nun findet ihr, in Absicht auf das gesamte Menschengeschlecht, keinen beständigen Fortschritt in der Ausbildung, der sich der Vollkommenheit immer näherte. Vielmehr sehen wir das Menschengeschlecht im Ganzen | kleine Schwingungen machen, und es that nie einige Schritte vorwärts, ohne bald nachher, mit gedoppelter Geschwindigkeit, in seinen vorigen Stand zurück zu gleiten. Die mehresten Nationen der Erde leben viele Jahrhunderte auf derselben Stufe von Cultur, in demselben dämmernden Lichte, das unseren verwöhnten Augen viel zu schwach scheint. Je zuweilen entzündet sich ein Punkt in der großen Masse, wird zum gänzenden Gestirne, und durchwandelt eine Laufbahn, die ihn nach einer bald kurzen bald längern Periode zurückführet, und wiederum an seinen Ort des Stillstandes, oder nicht weit davon, absetzet. Der Mensch gehet weiter; aber die Menschheit schwankt beständig zwischen festgesetzen Schranken, auf und nieder, behält aber im Ganzen || betrachtet, in allen Perioden der Zeit ungefähr dieselbe Stufe der Sittlichkeit, dasselbe Maaß von Religion und Irreligion, von Tugend und Laster, von Glückseligkeit und Elend; dasselbe Resultat, wenn Gleiches mit Gleichem in Berechnung gebracht wird; von allen diesen Gütern und Uebeln so viel, als zum Durchgange der einzelnen Menschen erforderlich | war, damit diese hienieden erzogen werden, und sich der

Vollkommenheit so viel nähern mögen, als einem jeden beschieden und zugetheilt worden.

Ich komme wieder zu meiner vorigen Bemerkung. Das Judentum rühmet sich keiner *ausschließenden* Offenbarung ewiger Wahrheiten, die zur Seligkeit unentbehrlich sind; keiner geoffenbarten Religion, in dem Verstande, in welchem man dieses Wort zu nehmen gewohnt ist. Ein anderes ist geoffenbarte *Religion;* ein anderes geoffenbarte *Gesetzgebung.* Die Stimme, die sich an jenem großen Tage, auf Sinai hören ließ, rief nicht: „ich bin der Ewige, dein Gott! das nothwendige, selbstständige Wesen, das allmächtig ist und allwissend, das den Menschen in einem zukünftigen Leben vergilt, nach ihrem Thun." Dieses ist allgemeine *Menschenreligion,* nicht Judentum; und allgemeine Menschenreligion, ohne welche die Menschen weder tugendhaft sind, noch glückselig werden können, sollte hier nicht geoffenbart werden. Konnte im Grunde nicht; denn wen sollte die Donnerstimme und der Posaunenklang von jenen ewigen Heilslehren über-lführen? Sicherlich den gedankenlosen Thiermenschen nicht, den seine eigene Betrachtung noch nicht auf das Daseyn eines unsichtbaren Wesens geführt hat, das dieses Sichtbare regieret. Diesem würde die Wunderstimme keine Begriffe eingegeben, also nicht überzeugt haben. Den Sophisten noch weniger, dem so viele Zweifel und Grübeleyen vor dem Gehöre sausen, daß er die Stimme des gesunden Menschenverstandes nicht mehr wahrnimmt. Dieser fordert *Vernunftgründe,* keine Wunderdinge. Und wenn der Religionslehrer alle Todten aus dem Staube erweckt, die jemals auf demselben gestanden haben, um eine *ewige Wahrheit* dadurch zubestätigen; der Zweifler spricht: der Lehrer hat viele Todten erweckt, aber von der ewigen Wahrheit weiß ich nicht mehr als vorhin. Ich weiß nunmehr, daß jemand ausserordentliche Dinge thun, und hören lassen kann, aber dergleichen Wesen kann es mehrere geben, die sich eben itzt zu offenbaren, nicht für gut finden, und wie weit ist alles dieses noch von der unendlich erhabenen Idee einer *Einzigen, ewigen* Gottheit, die dieses ganze Weltall, nach ihrem un-lumschränkten Willen re-llgiert, und die geheimsten Gedanken der Menschen durchschauet, um ihre Handlungen, wo nicht hier, doch in jener Zukunft, nach Verdienst zu belohnen? – Wer dieses nicht wußte, wer von diesen zur menschlichen Glückseligkeit unentbehrlichen Wahrheiten nicht durchdrungen, und so vorbereitet zum heiligen Berge hintrat, den konnten die großen wundervollen Anstalten betäuben, und niederschlagen, aber nicht eines bessern belehren. – Nein! alles dieses ward vorausgesetzt, ward vielleicht in den Vorbereitungstagen gelehrt, erörtert und durch menschliche Gründe ausser Zweifel gesetzt, und nun rief die göttliche Stimme: „*Ich bin der Ewige, dein Gott! der dich aus dem Lande Mizraim geführt, aus der Sklaverey befreiet hat u. s. w.*" Eine Geschichtswahrheit, auf die sich die Gesetzgebung *dieses* Volks gründen sollte, und Gesetze sollten hier geoffenbaret werden; Gebote, Verordnungen, keine ewige Religionswahrheiten. „Ich bin der Ewige, dein Gott, der mit deinen Vätern Abraham, Isaak und Jakob einen Bund gemacht, und ihnen zugeschworen hat, aus | ihrem Samen eine mir eigene Nation zu bilden. Der Zeitpunkt ist endlich gekommen, da diese Verheissung in Erfüllung gehen soll. Ich habe euch zu dem Ende aus der Sklaverey der Egyptier erlöset, mit unerhörten Wundern und Zeichen erlöset. Ich bin euer Erretter, euer Oberhaupt und König, mache auch mit euch einen Bund,

und gebe euch Gesetze, nach welchen ihr in dem Lande, das ich euch eingeben werde, leben und eine glückliche Nation seyn sollet." Alles dieses sind Geschichtswahrheiten, die ihrer Natur nach, auf historischer Evidenz beruhen, durch Autorität bewährt werden *müssen,* und durch Wunder bekräftiget werden *können.*

Wunder und ausserordentliche Zeichen sind nach dem Judentume, keine Beweismittel für oder wider *ewige* Vernunftwahrheiten. Daher sind wir in der Schrift selbst angewiesen, wenn ein Prophet Dinge lehret, oder anräth, die ausgemachten Wahrheiten zuwider sind, und wenn er seine Sendung auch durch Wunder bekräftiget, ihm nicht zu gehorchen; ja den Wunderthäter zum Tode zu verurtheilen, wenn er zur Ab-|götterey verleiten will. Denn Wunder können nur Zeugnisse bewähren, Autoritäten unterstützen; Glaubhaftigkeit der Zeugen und Ueberlieferer bekräftigen; aber alle Zeugnisse und Autoritäten können keine ausgemachte Vernunftwahrheit umstoßen, keine zweifelhafte über Zweifel und Bedenklichkeit hinwegsetzen.

Ob nun gleich dieses göttliche Buch, das wir durch Mosen empfangen haben, eigentlich ein Gesetzbuch seyn, und Verordnungen, Le-||bensregeln und Vorschriften enthalten soll; so schließt es gleichwohl, wie bekannt, einen unergründlichen Schatz von Vernunftwahrheiten und Religionslehren mit ein, die mit den Gesetzen so innigst verbunden sind, daß sie nur Eins ausmachen. Alle Gesetze beziehen, oder gründen sich auf ewige Vernunftwahrheiten, oder erinnern und erwecken zum Nachdenken über dieselben; so daß unsere Rabbinen mit Recht sagen: die Gesetze und Lehren verhalten sich gegen einander, wie Körper und Seele. Ich werde hiervon weiter unten ein mehreres zu sagen Gelegenheit haben, und begnüge mich dieses hier blos als eine Thatsache vorauszusetzen, davon | sich ein Jeder überführen kann, der die Gesetze Moses auch nur in irgend einer Uebersetzung zu dieser Absicht in die Hand nimmt. Die Erfahrung vieler Jahrhunderte lehret auch, daß dieses göttliche Gesetzbuch einem großen Theil des menschlichen Geschlechts Quelle des Erkenntnisses geworden, aus welcher sie neue Begriffe schöpfen, oder die alten berichtigen. Je mehr ihr in demselben forschet, desto mehr erstaunt ihr, über die Tiefe der Erkenntnisse, die darinn verborgen liegen. Die Wahrheit bietet sich zwar in demselben, in der einfachsten Bekleidung, gleichsam ohne Anspruch, auf den ersten Anblick dar. Allein je näher ihr hinzudringet, je reiner, unschuldiger, liebe- und sehnsuchtsvoller der Blick ist, mit welchem ihr auf sie hinschauet, desto mehr entfaltet sie euch von ihrer göttlichen Schönheit, die sie mit leichtem Flor verhüllt, um nicht von gemeinen unheiligen Augen entweihet zu werden. Allein alle diese vortreflichen Lehrsätze werden dem Erkenntniß dargestellt, der Betrachtung vorgelegt, ohne dem Glauben aufgedrungen zu werden. Unter allen Vorschriften und Verordnungen des Mosaischen Gesetzes, | lautet kein Einziges: *Du sollst glauben!* oder *nicht glauben;* sondern alle heissen: *du sollst thun,* oder *nicht thun!* Dem Glauben wird nicht befohlen; denn der nimmt keine andere Befehle an, als die den Weg der Ueberzeugung zu ihm kommen. Alle Befehle des göttlichen Gesetzes sind an den Willen, an die Thatkraft der Menschen gerichtet. Ja, das Wort in der Grundsprache, das man durch *Glauben* zu übersetzen pflegt, heißt an den mehresten Stellen eigentlich *Vertrauen, Zuversicht,* getroste Versicherung auf Zusage und Verheissung. *Abraham vertraute dem Ewigen, und es ward ihm zur Gottseligkeit gerechnet (1 B. M. 15, 6.):* die Israeliten *sahen, und hatten Zutrauen zu dem Ewigen und zu Mosen, seinem Diener (2 B. M. 14, 31.)* Wo von ewigen Vernunftwahrheiten die Rede ist, heißt es nicht, glauben, sondern *erkennen* und *wissen. Damit du || erkennest, daß der Ewige wahrer Gott, und ausser ihm keiner sey. (5 B. M. 4, 39.) Erkenne also und nimm dir zu Sinne, daß der Herr allein Gott sey, oben im Himmel, so wie unten auf der Er-|de, und sonst niemand (daselbst). Vernimm Israel! der Ewige, unser Gott ist ein Einziges, ewiges Wesen! (5 B. M. 6, 4.)* Nirgend wird gesagt: *Glaube Israel, so wirst du gesegnet seyn; Zweifle nicht, Israel! oder diese und jene Strafe wird dich verfolgen.* Gebot und Verbot, Belohnung und Strafen sind nur für Handlungen, für Thun und Lassen, die in des Menschen Willkühr stehen, und durch Begriffe vom Guten und Bösen, also auch von Hofnung und Furcht gelenkt werden. Glaube und Zweifel, Bey-fall und Widerspruch hingegen, richten sich nicht nach unserem Begehrungsvermögen, nicht nach Wunsch und Verlangen, nicht nach Fürchten und Hoffen; sondern nach unserer Erkenntniß von Wahrheit und Unwahrheit.

Daher hat auch das alte Judentum keine symbolische Bücher, keine *Glaubensartikel.* Niemand durfte Symbola beschwören, niemand ward auf Glaubensartikel beeidiget; ja, wir haben von dem, was man *Glaubenseide* nennet, gar keinen Begriff, und müssen sie, nach dem Geiste des ächten Judentums, für un-|statthaft halten. *Majemonides* kam zuerst auf den Gedanken, die Religion seiner Väter auf eine gewisse Anzahl von Grundsätzen einzuschränken; damit die Religion, wie er zu verstehen giebt, so wie alle Wissenschaften, ihre Grundbegriffe habe, aus welchen alles übrige hergeleitet wird. Aus diesem blos zufäl-ligen Gedanken sind die *dreyzehn Artikel* des jüdischen Katechismus entstanden, denen wir das Morgenlied *Jigdal,* und einige gute Schriften von *Chisdai, Albo* und *Abarbanell* zu verdanken haben. Dieses sind auch alle Folgen, die sie bisher gehabt haben. Zu Glaubens-fesseln sind sie, Gottlob! noch nicht geschmiedet worden. *Chisdai* bestreitet sie und schlägt Abänderungen vor; *Albo* schränkt ihre Anzahl ein, und will nur von *dreyen* Grundartikeln wissen, die mit denen, welche *Herbert von Cherbury* in spätern Zeiten zum Katechismus vorgeschlagen, ziemlich übereintreffen, und noch andere, hauptsächlich *Lorja* und seine Schüler, die neueren *Kabbalisten,* wollen gar keine bestimmte Anzahl von Fundamental-lehren gelten lassen, und sprechen: in unsrer Lehre ist alles fundamental. Indessen | ward dieser Streit geführt, wie alle Streitigkeiten dieser Art geführt werden sollten: mit Ernst und Eifer, aber ohne Haß und Bitterkeit; und ob schon die dreyzehn Artikel des Majemonides von dem größten Theile der Nation angenommen worden || sind; so hat doch meines Wis-sens noch niemand den *Albo* verketzert, daß er sie hat einschränken und auf weit allgemei-nere Vernunftsätze zurückführen wollen. Hierin haben wir den wichtigen Ausspruch unse-rer Weisen noch nicht aus der Acht gelassen: *„Obgleich dieser löset, jener bindet, so leh-ren sie doch beide Worte des lebendigen Gottes."*[*] |

---

[*] Ich habe so manchen Pedanten diesen Spruch zum Beweise anführen sehen, daß die Rabbinen den Satz des Widerspruchs nicht glauben. Ich wünsche die Tage zu erleben, da alle Völker der Erde diese Ausnahme von dem allgemeinen Satze des Widerspruchs werden gelten lassen: *der*

Im Grunde kömmt auch hier alles auf den Unterschied zwischen *Glauben und Wissen*, Religionslehren und Religionsgeboten, an. Alles menschliche Wissen läßt sich allerdings auf wenige Fundamentalbegriffe einschränken, die zum Grunde gelegt werden. Je weniger, desto fester stehet das Gebäude. Aber Gesetze leiden keine Abkürzung. In ihnen ist alles fundamental, und in so weit können wir mit Grunde sagen: uns sind alle Worte der Schrift, alle Gebote und Verbote Gottes fundamental. Wollt ihr gleichwohl die Quintessenz daraus haben; so höret, wie jener größere Lehrer der Nation, *Hillel der ältere* der vor der Zerstöhrung des zweyten Tempels lebte, sich dabey genommen. Ein Heide sprach: Rabbi, lehret mich das ganze Gesetz, indem ich auf einem Fuße stehe! *Samai*, an den er diese Zumuthung vorher ergehen ließ, hatte ihn mit Verachtung abgewiesen; allein der durch seine unüberwindliche Gelassenheit und Sanftmuth berühmte *Hillel* sprach: *Sohn! liebe deinen Nächsten wie dich selbst*. Dieses ist der Text des Gesetzes; alles übrige ist Kommentar. Nun gehe hin und lerne! |

Ich habe nunmehr, zum Grundrisse des alten, ursprünglichen Judentums, wie ich mir solches vorstelle, die Außenlinien entworfen. Lehrbegriffe und Gesetze; Gesinnungen und Handlungen. Jene waren nicht an Worte und Schriftzeichen gebunden, die für alle Menschen und Zeiten, unter allen Revolutionen der Sprachen, Sitten, Lebensart und Verhältnisse immer dieselben bleiben, uns immer dieselbe steife Formen darbieten sollen, in welche wir unsere Begriffe nicht einzwängen können, ohne sie zu zerstümmeln. Sie wurden dem lebendigen, geistigen Unterrichte anvertraut, der mit allen Veränderungen der Zeiten und Umstände gleichen Schritt halten, und nach dem Bedürfnis, nach der Fähigkeit und Fassungskraft des Lehrlings abgeändert und gemodelt ‖ werden kann. Die Veranlassung zu diesem väterlichen Unterrichte fand man in dem geschriebenen Gesetzbuche, und in den Zeremonialhandlungen, die der Bekenner des Judentums unaufhörlich zu beobachten hatte. Es war Anfangs ausdrücklich verboten, über die Gesetze mehr zu schreiben, als Gott der Nation durch Mosen hat verzeich-|nen lassen. „*Was mündlich überliefert worden,*" sagen die Rabbinen, „ist dir nicht erlaubt, niederzuschreiben." Mit vielem Widerwillen entschlossen sich die Häupter der Synagoge in den folgenden Zeiten zu der nothwendig gewordenen Erlaubnis, über die Gesetze schreiben zu dürfen. Sie nannten diese Erlaubnis eine Zerstörung des Gesetzes, und sagten mit dem Psalmisten: „es ist eine Zeit, da man um des Ewigen willen, das Gesetz zerstören *muß*." So sollte es aber, der ursprünglichen Verfassung nach, nicht seyn. Das Zeremonialgesetz selbst ist eine lebendige, Geist und Herz erweckende Art von Schrift, die bedeutungsvoll ist, und ohne Unterlaß zu Betrachtungen erweckt, und zum mündlichen Unterrichte Anlaß und Gelegenheit giebt. Was der Schüler vom Morgen bis Abend that und thun sahe, war ein Fingerzeig auf religiose Lehren und Gesinnungen, trieb ihn an, seinem Lehrer zu folgen, ihn zu beobachten, alle seine Handlungen zu bemerken, den Unterricht zu holen, dessen er durch seine Anlagen fähig war, und sich durch sein Betragen würdig gemacht hatte. Die Ausbreitung der Schriften und

---

Fasttag des Vierten und der Fasttag des Zehnten Monats mag in Wonne und Freudentag verwandelt werden, nur liebet Wahrheit und Frieden. (Zachar. 8,19.)

worden sind, hat den Menschen ganz umgeschaffen. Die große Umwälzung des ganzen
Systems der menschlichen Erkenntnisse und Gesinnungen, die sie hervorgebracht, hat von
der einen Seite zwar ersprießliche Folgen für die Ausbildung der Menschheit, dafür
wir der wohlthätigen Vorsehung nicht genug danken können; indessen hat sie, wie alles
Gute, das dem Menschen hienieden werden kann, so manches Uebel nebenher zur Folge,
das zum Theil dem Mißbrauche, zum Theil auch der nothwendigen Bedingung der Mensch-
lichkeit zuzuschreiben ist. Wir lehren und unterrichten einander nur in Schriften; lernen
die Natur und die Menschen kennen, nur aus Schriften; arbeiten und erholen, erbauen und
ergötzen uns durch Schreiberey; der Prediger unterhält sich nicht mit seiner Gemeine, er
liest oder deklamirt ihr eine aufgeschriebene Abhandlung vor. Der Lehrer auf dem Catheder
liest seine geschriebenen Hefte ab. Alles ist todter Buchstabe; nirgends Geist der lebendi-
gen Unterhaltung. Wir lieben und zürnen in Briefen, | zanken und vertragen uns in Briefen,
un-||ser ganzer Umgang ist Briefwechsel, und wenn wir zusammenkommen, so kennen
wir keine andere Unterhaltung, als spielen oder *vorlesen*.

Daher ist es gekommen, daß der Mensch für den Menschen fast seinen Werth verloren
hat. Der Umgang des Weisen wird nicht gesucht; denn wir finden seine Weisheit in Schriften. Alles was wir thun, ist ihn zum Schreiben aufzumuntern, wenn wir etwa glauben, daß
er noch nicht genug hat drucken lassen. Das graue Alter hat seine Ehrwürdigkeit verloren;
denn der unbärtige Jüngling weis mehr aus Büchern, als jenes aus der Erfahrung. Wohlver-
standen, oder übelverstanden, darauf kömmt es nicht an; genug er weis es, trägt es auf den
Lippen, und kann es dreister an den Mann bringen, als der ehrliche Greis, dem vielleicht
mehr die Begriffe, als die Worte zu Gebote stehen. Wir begreifen nicht mehr, wie der
Prophet es hat für ein so erschreckliches Uebel halten können, *daß der Jüngling sich erhe-*
be über den Greis; oder wie jener Grieche dem Staate habe den Untergang prophezeihen
können, weil in ei-|ner öffentlichen Versammlung sich eine muthwillige Jugend über einen
Alten lustig gemacht hatte. Wir brauchen des erfahrnen Mannes nicht, wir brauchen nur
seine Schriften. Mit einem Worte, wir sind *litterati, Buchstabenmenschen.* Vom Buchstaben hängt unser ganzes Wesen ab, und wir können kaum begreifen, wie ein Erdensohn sich
bilden, und vervollkommnen kann, ohne *Buch.*

So war es nicht in den grauen Tagen der Vorwelt. Kann man nun schon nicht sagen, es
war besser; so war es doch sicherlich anders. Man schöpfte aus andern Quellen, sammlete
und erhielt in andern Gefäßen, und vereinzelte das Aufbewahrte durch ganz andere Mittel.
Der Mensch war dem Menschen nothwendiger; die Lehre war genauer mit dem Leben,
Betrachtung inniger mit Handlung verbunden. Der Unerfahrne mußte dem Erfahrnen, der
Schüler seinem Lehrer auf dem Fuße nachfolgen, seinen Umgang suchen, ihn beobachten,
und gleichsam ausholen, wenn er seine Wißbegierde befriedigen wollte. Um deutlicher zu
zeigen, was dieser Umstand für Einfluß auf Religion und Sit-|ten gehabt, muß ich mir
abermals eine Abschweifung von meinem Wege erlauben, von der ich aber gar bald wieder
einlenken werde. Meine Materie gränzet an so mannichfache andere Materien an, daß ich
mich nicht immer auf demselben Gange erhalten kann, ohne in Nebenwege auszuwei-
chen. ||

Mich dünkt, die Veränderung, die in den verschiedenen Zeiten der Cultur mit den Schriftzeichen vorgegangen, habe von jeher an den Revolutionen der menschlichen Erkenntnisse überhaupt, und insbesondere an den mannigfaltigen Abänderungen ihrer Meinungen und Begriffe in Religionssachen sehr wichtigen Antheil, und wenn sie dieselben nicht völlig allein verursacht, doch wenigstens mit andern Nebensachen auf eine merkliche Weise mitgewirkt. Kaum höret der Mensch auf, sich mit den ersten Eindrücken der äussern Sinne zu begnügen, und welcher *Mensch* kann es lange dabey bewenden lassen? Kaum fühlet er den seiner Seele eingesenkten Sporn, aus diesen äussern Eindrücken sich Begriffe zu bilden, so wird er die Nothwendigkeit gewahr, sie an sinnliche Zeichen zu binden; | nicht nur, um sie andern mittheilen, sondern um sie für sich selbst festhalten, und so oft es nöthig ist, wieder beachten zu können. Die ersten Schritte zur Absonderung allgemeiner Merkmale wird er zwar ohne Zeichen thun *können,* und thun *müssen;* denn noch itzt müssen alle neue abstrakte Begriffe ohne Hülfe der Zeichen gebildet, und sodann erst mit einem Namen belegt werden. Das gemeinsame Merkmal muß zuvördest, durch die Kraft der Aufmerksamkeit, aus dem Gewebe, in welchem es verflochten ist, herausgehoben, und hervorstechend gemacht werden. Hierzu verhilft von der einen Seite die objektive Gewalt des Eindruks, den dieses Merkmal auf uns zu machen fähig ist; so wie von unserer Seite, das subjektive Interesse, das wir an demselben haben. Aber dieses Herausheben und Beachten des gemeinsamen Merkmals kostet der Seele einige Anstrengung. Nicht lange, so verschwindet das Licht wieder, das die Aufmerksamkeit auf diesen Punkt des Gegenstandes gesammlet hatte, und er verlieret sich in den Schatten der ganzen Masse, mit welcher er vereinigt ist. Die Seele ist nicht im Stande | viel weiter zu kommen, wenn diese Anstrengung eine Zeitlang anhalten, und gar zu oft wiederholt werden muß. Sie hat angefangen abzusondern; aber sie kann nicht denken. Wie ist ihr zu rathen? – Die weise Vorsehung hat ihr ein Mittel sehr nahe gelegt, dessen sie sich zu allen Zeiten bedienen kann. Sie heftet das abgezogene Merkmal, entweder durch eine natürliche, oder willkührliche Ideenverbindung an ein sinnliches Zeichen, das, so oft sein Eindruk erneuert wird, auch zugleich dieses Merkmal, rein und unvermischt, wieder hervorbringt und beleuchtet. So sind, wie bekannt, die aus natürlichen und willkührlichen Zeichen zusammengesetzen Sprachen der Menschen entstanden, ohne welche sie sich nur ‖ wenig vom unvernünftigen Thiere hätten unterscheiden können; weil der Mensch, ohne Hülfe der Zeichen, sich kaum um einen Schritt vom Sinnlichen entfernen kann.

So wie die ersten Schritte zur vernünftigen Erkenntnis gethan werden mußten, auf eben die Weise werden die Wissenschaften noch itzt erweitert und mit Erfindungen bereichert, und daher ist zuweilen die Erfindung eines Worts in | den Wissenschaften von großer Wichtigkeit. Der erste, der das Wort *Natur* erfunden, scheinet eben keine große Entdekkung gemacht zu haben. Gleichwohl hatten es seine Zeitgenossen ihm zu verdanken, daß sie den Gaukler, der sie eine Erscheinung in der Luft sehen lies, beschämen, und sagen konnten, sein Spiel sey nichts Uebernatürliches; sondern eine *Wirkung der Natur.* Gesetzt, sie wußten noch nichts Deutliches von den Eigenschaften gebrochener Stralen, und wie durch dieselben ein Bild in der Luft hervorgebracht werden könne, – und wie weit reichet denn noch itzt unsere Erkenntnis hierin? Kaum um einen Schritt weiter; denn von der Natur des Lichts selbst und von seinen innern Bestandtheilen sind wir noch wenig unterrichtet; – so wußten sie doch wenigstens eine einzelne Erscheinung auf ein allgemeines Naturgesetz zurückzubringen, und waren nicht genöthiget, jedem Spiele eine besondere, freywillige Ursache zuzuschreiben. So war es auch mit der neueren Entdeckung, daß die Luft eine Schwere habe. Wissen wir schon nicht die Schwere selbst zu erklären, so sind wir doch wenigstens im Stande, die Beobachtung, daß | die flüssigen Materien in luftleeren Röhren in die Höhe steigen, auf das allgemeine Gesetz der Schwere zu reduziren, das dem ersten Anscheine nach, vielmehr die Flüssigkeit sinken machen sollte. Wir können begreiflich machen, wie durch das allgemeine Sinken, das wir nicht erklären können, in diesem Falle hat ein Steigen hervorgebracht werden müssen; und auch dieses ist ein Schritt weiter in der Erkenntnis. Es ist also nicht jedes Wort in den Wissenschaften sogleich für leeren Schall zu erklären, wenn es nicht aus frühern Elementarbegriffen hergeleitet werden kann. Genug, wenn es eine allgemeine Eigenschaft der Dinge nur in ihrem wahren Umfange bezeichnet. Der Ausdruck *fuga vacui* würde nicht zu tadeln gewesen seyn, wenn er nicht allgemeiner gewesen wäre, als die Beobachtung. Man fand, daß es Fälle gebe, wo die Natur nicht so gleich das Leere anzufüllen eile; daher die Redensart nicht als leer, sondern als falsch zu verwerfen gewesen. – So bleiben die Wörter: *Cohäsion der Körper* und *allgemeine Gravitation,* ‖ in den Wissenschaften noch immer von großer Wichtigkeit; ob wir | sie gleich noch nicht aus frühern Grundbegriffen abzuleiten wissen.

Bevor der Herr von *Haller* das Gesetz der *Reitzbarkeit* entdeckte, wird so mancher Beobachter die Erscheinung selbst in der organischen Natur lebendiger Geschöpfe wahrgenommen haben. Allein sie verschwand in dem ersten Augenblick wieder, und zeichnete sich nicht genug von Nebenerscheinungen aus, um die Aufmerksamkeit des Beobachters fest zu halten. So oft die Bemerkung wiederkam, war sie ihm eine einzelne Wirkung der Natur, die ihn an die Menge der Fälle nicht erinnern konnte, in welchen er dasselbe wahrgenommen hatte; sie verlor sich also gar bald wieder, so wie die vorhergegangenen, und ließ weiter kein merkliches Andenken in der Seele zurück. Nur *Hallern* gelang es, diesen Umstand aus der Verbindung herauszuheben, seine Allgemeinheit gewahr zu werden, ihn mit einem Worte zu bezeichnen, und nunmehr hat er unsere Aufmerksamkeit rege gemacht, und wir wissen jeden besondern Fall, in welchem wir etwas ähnliches inne werden, auf ein allgemeines Naturgesetz hinzuleiten. |

Die Bezeichnung der Begriffe ist also doppelt nothwendig: einmal für uns selbst, gleichsam als ein Gefäß, worinnen sie verwahrt, und zum Gebrauch bey der Hand bleiben mögen, und sodann um unsere Gedanken anderen mittheilen zu können. Nun haben die Laute, oder die hörbaren Zeichen, in letzterer Rücksicht einigen Vorzug; denn wenn wir unsere Gedanken andern mittheilen wollen, so sind die Begriffe schon in der Seele gegenwärtig, und wir können, nach Erfordern, die Laute hervorbringen, durch welche sie bezeichnet und unsern Nebenmenschen vernehmlich werden. So aber nicht in Absicht auf uns selbst. Wollen wir die abgesonderten Begriffe zu einer andern Zeit wieder in der Seele erwecken und vermittelst der Zeichen in Erinnerung bringen können; so müssen die Zeichen sich von selbst darbiethen, und nicht erst auf unsere Willkühr warten, die sie hervorrufe; indem diese schon die Ideen voraussetzt, deren wir uns erinnern wollen. Diesen Vortheil verschaffen die sichtbaren Zeichen, weil sie fortdauernd sind, und nicht immer wieder hervorgebracht werden müssen, um Eindruck zu machen. |

Die ersten sichtbaren Zeichen, deren sich die Menschen zu Bezeichnung ihrer abgesonderten Begriffe bedient haben, werden vermuthlich die Dinge selbst gewesen seyn. Wie nämlich jedes Ding in der Natur einen eigenen Charakter hat, mit welchem es sich von allen übrigen ‖ Dingen auszeichnet; so wird der sinnliche Eindruck, den dieses Ding auf uns macht, unsere Aufmerksamkeit hauptsächlich auf dieses Unterscheidungszeichen lenken, die Idee desselben rege machen, und also zur Bezeichnung desselben gar füglich dienen können. So kann der Löwe ein Zeichen der Tapferkeit, der Hund ein Zeichen der Treue, der Pfau ein Zeichen der stolzen Schönheit geworden seyn, und so haben die ersten Aerzte lebendige Schlangen mit sich geführt, zum Zeichen daß sie das Schädliche unschädlich zu machen wüsten.

Mit der Zeit kann man es bequemer gefunden haben, anstatt der Dinge selbst, ihre Bildnisse in Körpern oder auf Flächen zu nehmen; endlich der Kürze halber sich der Umrisse zu bedienen, sodann einen Theil des Umrisses Statt des Ganzen gelten zu lassen, und endlich aus heterogenen Theilen ein unförmliches, aber *bedeu-|tungsvolles Ganze* zusammenzusetzen; und diese Bezeichnungsart ist die *Hieroglyphik*.

Alles dieses hat, wie man siehet, sich ganz natürlich so entwickeln können; aber von der Hieroglyphik bis zu unserer alphabetischen Schrift – dieser Uebergang scheinet einen Sprung, und der Sprung mehr als gemeine Menschenkräfte zu erfordern.

Daß zwar, wie einige glauben, unsere alphabetische Schrift blos Zeichen der Laute, und nicht anders, als vermittelst der Laute, auf Sachen und Begriffe anzuwenden seyn sollte, ist völlig ohne Grund. Uns, die wir von den hörbaren Zeichen lebhaftere Vorstellungen haben, bringet allerdings die Schrift auf die vernehmlichen Worte zuerst. Uns also gehet der Weg von Schrift auf Sache, über und durch die Sprache; aber deswegen ist es nicht nothwendig also. Dem Taubgebornen ist die Schrift unmittelbar Bezeichnung der Sachen, und wenn er sein Gehör erlangt, werden ihn in den ersten Zeiten sicherlich die Schriftzeichen zuerst auf die unmittelbar mit ihnen verbundenen Dinge, und sodann erst vermittelst derselben auf die Laute bringen, die | ihnen entsprechen. Die Schwierigkeit, die ich mir beym Uebergange auf unsere Schrift vorstelle, ist eigentlich diese, daß man ohne Vorbereitung und Anlaß hat den überdachten Vorsatz fassen müssen, durch eine geringe Anzahl von Elementarzeichen und ihre möglichen Versetzungen eine Menge von Begriffen zu bezeichnen, die weder zu übersehen, noch dem ersten Anscheine nach, in Classen zu bringen, und dadurch zu umfassen scheinen mußten.

Indessen ist auch hier der Gang des Verstandes nicht ganz ohne Leitung gewesen. Da man sehr oft Gelegenheit gehabt, Schrift in Rede ‖ und Rede in Schrift zu verwandeln, und also die hörbaren Zeichen mit den sichtbaren zu vergleichen; so kann man gar bald bemerkt haben, daß sowohl in der Redesprache dieselben Laute, als in verschiedenen hieroglyphischen Bildern dieselben Theile öfters wiederkommen, aber immer in anderer Verbindung, wodurch sie ihre Bedeutung vervielfältigen. Endlich wird man gewahr worden seyn, daß die Laute, die der Mensch hervorbringen und vernehmlich machen kann, so unendlich an der Zahl nicht sind, als | die Dinge, welche durch sie bezeichnet werden, daß man den ganzen Umfang aller vernehmlichen Laute gar bald umfassen und in Classen abtheilen könne. Und sonach kann man diese Eintheilung, Anfangs unvollständig versucht, mit der Zeit ergänzt und immer verbessert, und jeder Classe ein ihr entsprechendes Schriftzeichen aus der Hieroglyphik zugeeignet haben. Es bleibt zwar auch so noch eine der herrlichsten Entdeckungen des menschlichen Geistes; allein man siehet doch wenigstens, wie die Menschen haben allmählig, ohne Flug der Erfindungskraft, darauf geführt werden können, sich das Unermeßliche als meßbar zu denken, gleichsam den gestirnten Himmel in Figuren abzutheilen, und so jedem Sterne seinen Ort anzuweisen, ohne die Anzahl der Sterne zu wissen. Ich glaube, bey den hörbaren Zeichen war die Spur leichter zu entdecken, der man nur nachgehen durfte, um die Figuren wahrzunehmen, in welche sich das unermeßliche Heer der menschlichen Begriffe bringen ließe; und sodann war es so schwer nicht mehr, die Anwendung davon auf die Schrift zu machen, und auch diese zu schichten, und in | Classen abzutheilen. Mich dünkt daher, ein Volk von Taubgebornen, würde mehr Erfindungskraft anzustrengen haben, von der Hieroglyphik auf die alphabetische Schrift zu kommen; weil sichs bey den Schriftzeichen nicht so leicht einsehen läßt, daß sie einen faßlichen Umfang haben, und in Classen zu bringen seyen.

Ich bediene mich des Wortes *Classen,* so oft von den Elementen der lautbaren Sprachen die Rede ist; denn noch itzt in unsern lebendigen, ausgebildeten Sprachen, ist die Schrift bey weitem so mannigfalt nicht, als die Rede, und wird dasselbe Schriftzeichen in verschiedener Verbindung und Stellung verschiedentlich gelesen und ausgesprochen. Gleichwohl ist es offenbar, daß wir durch den häufigen Gebrauch der Schrift unsere Redesprache eintöniger, und nach Anleitung und Bedürfniß der Schrift, elementarischer gemacht haben. Daher die Nationen, die der Schrift nicht kundig sind, eine weit größere Mannigfalt-||keit in ihrer Redesprache haben, und viele Laute in derselben so unbestimmt sind, daß wir sie durch unsere Schriftzeichen nur sehr unvollkommen anzudeuten im Stande sind. Man wird also An-|fangs die Sachen haben im Ganzen nehmen, und eine Menge ähnlicher Laute, durch ein und eben dasselbe Schriftzeichen bezeichnen müssen. Mit der Zeit aber werden feinere Unterschiede wahrgenommen, und zu ihrer Bezeichnung mehrere Buchstaben angenommen worden seyn. Daß aber unser Alphabet aus einer Art von hieroglyphischer Schrift entlehnt worden, ist noch itzt an den mehresten Zügen, und Namen des hebräischen Alphabets[*] zu erkennen, und aus diesen sind, wie aus der Geschichte offenbar ist, alle übrige uns bekannte Schriftarten entstanden. Ein Phönizier war es, der die Griechen in der Kunst zu schreiben unterrichtete.

Alle diese verschiedenen Modifikationen der Schrift und Bezeichnungsarten müssen auch auf den Fortgang und Verbesserung der Begriffe, Meinungen und Kenntnisse ver-

---

[*] Als א Rind, ב Haus, ג Kamel, ד Thüre, ה Hacken, ז Schwerdt, כ Faust, Löffel, ל *Stimulus,* נ Fisch, ס Stütze, Unterlage, ע Auge, פ Mund, ק Affe, ש Zähne.

schiedentlich gewirkt haben. Von der einen Seite zu ihrem Vortheil. Die Beobachtungen,
Versuche und | Betrachtungen in astronomischen, ökonomischen, moralischen und religiosen
Dingen wurden vervielfältiget, ausgebreitet, erleichtert und den Nachkommen aufbehalten. Sie sind die Zellen, in welche die Bienen ihren Honig sammlen, und zum Genusse für
sich und andere aufbewaren. – Allein, wie es in menschlichen Dingen allezeit gehet. Was
die Weisheit hier bauet, suchet die Thorheit dort schon wieder einzureissen, und mehrentheils
bedient sie sich derselben Mittel und Werkzeuge. Mißverstand von der einen, und Misbrauch
von der andern Seite verwandelten das, was Verbesserung des menschlichen Zustandes
seyn sollte, in Verderben und Verschlimmerung. Was Einfalt und Unwissenheit war, ward
nunmehr Verführung und Irrtum. Von der einen Seite Mißverstand: der große Haufe war
von den Begriffen, die mit diesen sinnlichen Zeichen verbunden seyn sollten, gar nicht,
oder nur halb unterrichtet. Sie sahen die Zeichen nicht als blosse Zeichen an; sondern
hielten sie für die Dinge selbst. So lange man sich noch der Dinge selbst, oder ihrer Bild-
nisse und Umrisse statt der Zeichen bediente, war die-|ser Irrtum leicht möglich. Die Dinge
hatten ausser ihrer ‖ Bedeutung, auch ihre eigene Realität. Die Münze war zugleich Waare,
die ihren eigenen Gebrauch und Nutzen hat; daher der Unwissende desto leichter ihren
Werth als Münze, verkennen und unrichtig angeben konnte. Die hieroglyphische Schrift
konnte zwar zum Theil diesen Irrtum benehmen, oder begünstigte ihn wenigstens so sehr
nicht, als die Umrisse; denn diese waren aus heterogenen und übel passenden Theilen
zusammengesetzt; unförmliche und widersinnige Gestalten, die kein eigenes Daseyn in
der Natur haben, und also, wie man denken sollte, nicht für Schrift genommen werden
konnten. Allein dieses räthselhafte und fremde in der Zusammensetzung selbst gab dem
Aberglauben Stof zu mancherley Erdichtung und Fabel. Heucheley und muthwilliger Mißbrauch waren von der andern Seite geschäftig, und gaben ihm Mährchen an die Hand, die
er zu erfinden, nicht sinnreich genug war. Wer einmal Gewicht und Ansehen sich erwor-
ben, möchte solches, wo nicht vermehren, doch wenigstens gern erhalten. Wer einmal auf
eine Frage eine be-|friedigende Antwort gegeben, möchte solche gern niemals schuldig
bleiben. Da ist keine Fratze so ungereimt, keine Posse so possenhaft, zu der man nicht
seine Zuflucht nimmt, keine Fabel so vernunftlos, die man der Einfalt nicht einzubilden
suchet, um nur auf jedes *Warum?* alsofort mit einem *Darum* zur Hand seyn zu können.
Unaussprechlich bitter wird das Wort: *ich weis nicht!* wenn man sich erst als ein viel-
wissender, oder gar alleswissender angekündiget hat; insbesondere, wenn Stand und Amt
und Würde von uns zu fordern scheinet, daß wir wissen sollen. Ach! wie manchem mag
das Herz schlagen, wenn er itzt auf dem Punkte ist, Gewicht und Ansehen zu verlieren,
oder an der Wahrheit zum Verräther zu werden; und wie wenige besitzen die Klugheit des
Sokrates, selbst in den Fällen, wo man etwas mehr weis, als sein Nächster, immer noch die
erste Antwort seyn zu lassen: *ich weis nichts!* damit man sich selbst Verlegenheit erspare,
und auf den Fall, da ein solches Bekenntniß nöthig seyn würde, die Selbstdemüthigung
zum voraus leichter gemacht habe. |

Indessen siehet man, wie hieraus hat Thierdienst, und Bilderdienst, Götzen und
Menschendienst, Fabeln und Mährchen entstehen können, und wenn ich dieses schon nicht

für die einzige Quelle der Mythologie ausgebe; so glaube ich doch, daß es zur Entstehung und Fortpflanzung aller dieser Albernheiten sehr viel hat beytragen können. Insbesondere läßt sich hieraus eine Bemerkung erklären, die Hr. Pr. Meiners irgend wo in seinen Schriften gemacht hat. Er will durchgehends be-‖merkt haben, daß bey den ursprünglichen Nationen, solchen nämlich, die sich selbst gebildet, und ihre Kultur keiner andern Nation zu verdanken haben, mehr Thierdienst als Menschendienst, im Schwange gewesen, ja leblose Dinge weit eher als Menschen göttlich verehrt und angebetet worden seyn. Ich setze die Richtigkeit der Bemerkung voraus, und lasse den philosophischen Geschichtsforscher dafür die Gewähr leisten. Ich will versuchen sie zu erklären!

Wenn die Menschen die Dinge selbst, oder ihre Bildnisse und Umrisse Zeichen der Begriffe seyn lassen; so können sie zu Bezeichnung mora-‖lischer Eigenschaften keine Dinge bequemer und bedeutender finden, als die Thiere. Die Ursachen sind eben dieselben, die mein Freund *Lessing*, in seiner Abhandlung von der Fabel, angiebt, warum Aesop die Thiere zu seinen handelnden Wesen in der Apologue gewählt hat. Jedes Thier hat seinen bestimmten, auszeichnenden Charakter, und kündiget sich dem ersten Anblicke gleich von dieser Seite an, indem die ganze Bildung desselben mehrentheils auf dieses eigentümliche Unterscheidungzeichen hinweiset. Dieses Thier ist behende, jenes scharfsichtig; dieses stark, jenes gelassen; dieses treu, und den Menschen ergeben, jenes falsch, oder liebt die Freyheit u. s. w. Ja die leblosen Dinge selbst haben in ihrem Aeußern mehr Bestimmtheit, als der Mensch dem Menschen. Dieser sagt, dem ersten Anblicke nach, nichts, oder vielmehr alles. Er besitzet diese Eigenschaften alle, schließt keine derselben wenigstens völlig aus, und das Mehr oder Weniger davon zeigt er nicht sogleich an der Oberfläche. Sein unterscheidender Charakter fällt also nicht in die Augen, und er ist | zu Bezeichnung moralischer Begriffe und Eigenschaften das unbequemste Ding in der Natur.

Noch itzt können in den bildenden Künsten die Personen der Götter und Helden nicht besser angedeutet werden, als vermittelst der thierischen oder leblosen Bilder, die man ihnen zugesellt. Ist schon eine Minerva von einer Juno der Bildung nach unterschieden, so zeichnen sie sich gleichwohl durch die thierischen Merkmale, die ihnen zugegeben werden, weit besser aus. Auch der Dichter, wenn er von sittlichen Eigenschaften in Metaphern und Allegorien reden will, nimmt mehrentheils seine Zuflucht zu den Thieren. Löwe, Tyger, Adler, Stier, Fuchs, Hund, Bär, Wurm, Taube, alles dieses spricht, und die Bedeutung springet in die Augen. Daher wird man zuerst auch die Eigenschaften des Anbetungswürdigsten durch dergleichen Zeichen haben anzudeuten und sinnlich zu machen gesucht. In der Nothwendig-‖keit diese abgezogensten Begriffe an sinnliche Dinge zu heften, und an solche sinnliche Dinge, die am wenigsten vieldeutig sind, wird man thierische Bilder haben wählen, oder aus ihnen welche zusammensetzen müs-‖sen. Und wir haben gesehen, wie ein so unschuldiges Ding, eine blosse Schriftart, in den Händen der Menschen gar bald ausarten, und in Abgötterey übergehen kann. Natürlich also wird alle ursprüngliche Abgötterey mehr Thierdienst, als Menschendienst seyn. Menschen konnten zur Bezeichnung göttlicher Eigenschaften gar nicht gebraucht werden, und die Vergötterung derselben mußte von einer ganz andern Seite kommen. Es mußten etwan Helden und Eroberer, oder

Weise, Gesetzgeber und Propheten aus einer glücklichen und früher gebildeten Weltgegend herüber gekommen seyn, und sich durch außerordentliche Talente so hervorgethan, so erhaben gezeigt haben, daß man sie als Boten der Gottheit, oder als die Gottheit selbst verehrte. Daß dieses aber weit füglicher bey Nationen eintreffen kann, die ihre Kultur nicht sich selbst, sondern andern zu verdanken haben, läßt sich leicht begreifen; weil, wie das gemeine Sprichwort lautet, ein Prophet in seiner Heimat selten zu außerordentlichem Ansehen gelanget. – Und sonach wäre die Bemerkung des Herrn *Meiners*, eine Art von Bestätigung | für meine Hypothese, daß das Bedürfniß der Schriftzeichen die erste Veranlassung zur Abgötterey gewesen.

Bey Beurtheilung der Religionsbegriffe einer sonst noch unbekannten Nation muß man sich, aus eben der Ursache, hüten, nicht alles mit eigenen *heimischen* Augen zu sehen, um nicht Götzendienst zu nennen, was im Grunde vielleicht nur *Schrift* ist. Man stelle sich vor, ein zweiter Omhya, der von dem Geheimniß der Schreibekunst nichts wüßte, würde plötzlich, ohne sich nach und nach an unsere Ideen zu gewöhnen, aus seinem Welttheile in irgend einen der bilderfreyesten Tempel von Europa – um das Beyspiel auffallender zu machen – in den *Tempel der Providenz* versetzt. Er fände alles leer von Bildern und Verzierung; nur dort auf der weißen Wand einige schwarze Züge* die vielleicht das Ohngefähr dahin gestrichen. Doch nein! die ganze Gemeine schauet auf diese Züge mit Ehrfurcht, faltet die Hände zu ihnen, | richtet zu ihnen die Anbetung. Nun führet ihn eben so schnell und eben so plötzlich nach Othaiti zurück, und lasset ihn seinen neugierigen Landesleuten von den Religionsbegriffen des D. Philantropins Bericht ‖ abstatten. Werden sie den abgeschmackten Aberglauben ihrer Mitmenschen nicht zugleich belachen und bedauern, die so tief gesunken sind, schwarzen Zügen auf weissem Grunde göttliche Ehre zu erzeigen? – Aehnliche Fehler mögen unsere Reisenden sehr oft begehen, wenn sie uns von der Religion entfernter Völker Nachricht ertheilen. Sie müssen sich die Gedanken und Meinungen einer Nation sehr genau bekannt machen, bevor sie mit Zuverläßigkeit sagen können, ob die Bilder bey ihr noch den Geist der Schrift haben, oder schon in Abgötterey ausgeartet sind. Die Eroberer Jerusalems fanden bey Plünderung des Tempels die Cherubim auf der Lade des Bundes, und hielten sie für die Götzenbilder der Juden. Sie sahen alles mit barbarischen Augen, und aus ihrem Gesichtspunkte. Ein Bild der göttlichen Vorsehung und obwaltenden Gnade nahmen sie, ihrer Sitte nach, für Bild der Gottheit, für Gott-|heit selber, und freueten sich ihrer Entdeckung. So lachen die Leser noch itzt über die indianischen Weltweisen, die dieses Weltall von Elephanten tragen lassen; die Elephanten auf eine große Schildkröte stellen, diese von einem ungeheuren Bären halten, und den Bär auf einer unermeßlichen Schlange ruhen lassen. Die guten Leute haben wohl an die Frage nicht gedacht: worauf ruhet denn die unermeßliche Schlange?

Nun leset in der *Schasta der Gentoos* selbst die Stelle, in welcher ein Sinnbild dieser Art beschrieben wird, das wahrscheinlicher Weise zu dieser Sage Gelegenheit gegeben hat. Ich entlehne sie aus dem zweiten Theil der *Nachrichten von Bengalen und dem Kaisertum*

---

* Die Worte: Gott, allweise, allmächtig, allgütig, belohnt das Gute.

Indostan von J. Z. Hollwell, der sich in den heiligen Büchern der *Gentoos* hat unterrichten lassen, und im Stande war mit den Augen eines eingebornen Braminen zu sehen. So lauten die Worte im achten Abschnitte:

Modu und *Kytu* (zwey Ungeheuer, *Zwietracht* und *Aufruhr*,) waren überwunden, und nun trat der Ewige aus der Un-|sichtbarkeit hervor, und Glorie umgab ihn von allen Seiten.

Der Ewige sprach: du *Birma*, (Schöpfungskraft)! erschaffe und bilde alle Dinge der neuen Schöpfung, mit dem Geiste, den ich dir einhauche. – Und du, *Bistnu*, (Erhaltungs-kraft)! beschütze und erhalte die erschaffenen Dinge und Formen, nach meiner Vor-schrift. – Und du, *Sieb*, (Zerstörung, Umbildung)! verwandele die Dinge der neuen Schöpfung, und bilde sie um, mit der Kraft, die ich dir verleihen werde. ‖

Birma, *Bistnu* und *Sieb* vernahmen die Worte des Ewigen, bückten sich und bezeigten Gehorsam.

Alsofort schwamm *Birma* auf die Oberfläche des *Johala* (Meerestiefe,) und die Kinder *Modu* und *Kytu* flohen und verschwanden, als er erschien.

Als durch den Geist des *Birma* die Bewegungen der Tiefen sich legten, verwandelte sich *Bistnu* in einen mächtigen Bär (Zeichen der Stärke, bey den Gentoos, weil er in Verhältniß seiner Größe das stärkste | Thier ist), stieg hinab in die Tiefen des *Johala*, und zog mit seinen Hauhern *Murto* (die Erde) ans Licht. – Sodann entsprangen aus ihm freywillig eine mächtige *Schildkröte* (Zeichen der Beständigkeit bey den Gentoos) und eine mächtige *Schlange* (derselben Zeichen der Weisheit). Und *Bistnu* richtete die Erde auf dem Rücken der Schildkröte auf, und setzte *Murto* auf das Haupt der Schlange u. s. w.

Alles dieses findet man bey ihnen auch in Bildern vorgestellt, und man siehet, wie leicht solche Sinnbilder und Bilderschrift zu Irrtümern verleiten können.

Die Geschichte der Menschheit hat wirklich, wie bekannt, einen Zeitraum von vielen Jahrhunderten zurückgelegt, in welchen ein wirklicher Götzendienst fast auf dem ganzem Erdboden zur herrschenden Religion geworden. Die Bilder hatten ihren Werth als Zeichen verloren. Der Geist der Wahrheit, der in ihnen aufbewahrt werden sollte, war verduftet, und das schale Vehikulum, das zurückblieb, in verderbliches Gift verwandelt. Die Begriffe von der | Gottheit, die in den Volksreligionen sich noch erhielten, waren von Aberglauben so entstellt, von Heucheley und Pfaffenlist so verderbt, daß man mit Grunde zweifeln konnte: ob nicht Ohngötterey der menschlichen Glückseligkeit weniger schädlich, ob so zu sagen, die Gottlosigkeit selbst nicht weniger gottlos sey, als eine solche Religion. Menschen, Thiere, Pflanzen, die scheußlichsten und verächtlichsten Dinge in der Natur wurden angebetet und als Gottheiten verehrt; oder vielmehr als Gottheiten gefürchtet. Denn von der Gottheit hatten die öffentlichen Volksreligionen der damaligen Zeiten keinen andern Begriff, als von einem furchtbaren Wesen, das uns Erdbewohnern an Macht überlegen, leicht zum Zorne zu reitzen, und schwer zu versöhnen ist. Zur Schmach des menschlichen Verstandes und Herzens wußte der Aberglaube die un-‖verträglichsten Begriffe mit einander zu ver-binden, Menschenopfer und Thierdienst neben einander gelten zu lassen. In den prächtigsten, nach allen Regeln der Kunst erbaueten und ausgezierten Tempeln, sahe man, wie Plutarch sich ausdrückt, zur Schande der Vernunft, sich nach der Gott-|heit um, die hier angebetet würde, und fand auf dem Altare eine scheußliche Meerkatze; und diesem Unthiere wurden blühende Jünglinge und Mädchen geschlachtet. So tief hatte die Abgötterey die menschliche Natur erniedriget! *Man schlachtete Menschen,* wie der Prophet in einer emphatischen Antithese sich ausdrückt, *man schlachtete Menschen, um sie dem angebeteten Viehe zu opfern.*

Hier und da wagten es zuweilen die Philosophen, sich dem allgemeinen Verderbniß zu widersetzen, und öffentlich, oder durch geheime Anstalten, die Begriffe zu reinigen und aufzuklären. Sie versuchten es, den Bildern ihre alte Bedeutung wieder zu geben, oder auch neue unterzulegen, und dadurch dem todten Leichnam gleichsam seinen Geist wieder einzuhauchen. Aber vergeblich! Auf die Religion des Volks hatten ihre vernünftigen Erklärungen keinen Einfluß. So gierig der ungebildete Mensch nach Erklärung zu seyn scheint, so unzufrieden ist er, wenn sie ihm in ihrer wahren Einfalt gegeben wird. Was ihm verständlich ist, wird ihm gar bald zum Ueberdrusse, und verächtlich, | und er gehet immer nach neuen, geheimnißvollen, unerklärbaren Dingen aus, die er mit verdoppeltem Wohlgefallen beherziget. Seine Wißbegier will immer gespannt, niemals befriediget seyn. Der öffentliche Vortrag fand also bey den größten Haufen kein Gehör, oder vielmehr von Seiten des Aberglaubens und der Heucheley den hartnäckigsten Widerstand, und empfing seinen gewöhnlichen Lohn, Verachtung, oder Haß und Verfolgung. Die geheimen Anstalten und Vorkehrungen, in welchen die Rechte der Wahrheit einigermaßen aufrecht erhalten werden sollten, gingen zum Theil, selbst den Weg der Corruption, und wurden zu Pflanzschulen alles Aberglaubens, aller Laster und aller Abscheulichkeiten. – – Eine gewisse Schule der Weltweisen faßte den kühnen Gedanken, die abgesonderten Begriffe der Menschen von allem bildlichen und bildähnlichen zu entfernen, und an solche Schriftzeichen zu binden, die ihrer Natur nach, für nichts anders genommen werden können, an *Zahlen.* Da die Zahlen an und für sich selbst nichts vorstellen, mit keinem sinnlichen Eindrucke in natürlicher Verbindung | stehen, so sollte man glauben, sie wären keiner Mißdeutung fähig; man müßte sie für willkührliche *Schriftzeichen* der Begriffe nehmen, oder als unver-||ständlich dahin gestellt seyn lassen. Hier sollte man meinen, kann der roheste Verstand nicht Zeichen mit Sachen verwechseln, und aller Mißbrauch wäre durch diesen feinen Kunstbegriff verhütet. Wem die Zahlen nicht verständlich sind, dem sind sie leere Figuren. Wen sie nicht aufklären, den können sie wenigstens nicht verführen.

So konnte sich der große Stifter dieser Schule bereden. Allein gar bald gieng in dieser Schule selbst der Unverstand seinen alten Gang. Unzufrieden mit dem, was man so verständlich, so begreiflich fand, suchte man in den Zahlen selbst eine geheime Kraft, in den Zeichen abermals eine unerklärbare Realität, wodurch abermals ihr Werth als Zeichen verloren ging. Man glaubte, oder machte wenigstens andere glauben, daß in diesen Zahlen alle Geheimnisse der Natur und der Gottheit verborgen lägen, schrieb ihnen wunderthätige Kraft zu, und wollte durch und vermittelst derselben nicht nur die | Neu- und Wißbegierde der Menschen, sondern ihre ganze Eitelkeit, ihr Streben nach hohen unerreichbaren Dingen, ihren Vorwitz und ihre Habsucht, ihren Geitz und ihren Wahnsinn befriedigen. Mit einem Worte, die Thorheit hatte abermals die Anschläge der Weisheit vereitelt, und das wieder vernichtet, oder gar zu ihrem Gebrauche verwendet, was diese zu besserm Endzwecke angeschaft hatte.

Und nun bin ich im Stande meine Vermuthung von der Bestimmung des Zeremonialgesetzes im Judentume deutlicher zu machen. – Die Stammväter unserer Nation, Abraham, Isaak und Jakob, sind dem Ewigen treu geblieben, und haben lautere, von aller Abgötterey entfernte Religionsbegriffe bey ihren Familien und Nachkommen zu erhalten gesucht. Und nun waren diese ihre Nachkommen von der Vorsehung ausersehen, eine *priesterliche* Nation zu seyn; das ist, eine Nation, die durch ihre Einrichtung und Verfassung, durch die Gesetze, Handlungen, Schicksale und Veränderungen immer auf gesunde unverfälschte Begriffe von Gott und seinen Eigenschaften hinweise, solche | unter Nationen gleichsam durch ihr blosses Daseyn, unaufhörlich lehre, rufe, predige und zu erhalten suche. Sie lebten unter Barbaren und Götzendienern im äußersten Druck und das Elend hatte sie beynahe, gegen die Wahrheit so fühllos gemacht, als ihre Unterdrücker der Uebermuth. Gott befreiete sie aus diesem sklavischen Zustande, durch außerordentliche Wunderthaten, ward der Erretter, Anführer, König, Gesetzgeber und Gesetzverweser dieser von ihm gebildeten Nation, und legte ihre ganze Verfassung so an, wie es die weisen Absichten seiner || Vorsehung erforderten. Schwach und kurzsichtig ist des Menschen Auge! Wer kann sagen, ich bin in das Heiligtum Gottes gekommen, habe seinen Plan ganz übersehen, weis seine Absichten, Maß und Ziel und Gränze zu bestimmen? Aber erlaubt ist dem bescheidenen Forscher zu muthmaßen, aus dem Erfolge zu schließen, wenn er nur beständig eingedenk ist, daß er nichts als vermuthen *kann*.

Wir haben gesehen, was für Schwierigkeit es hat, die abgesonderten Begriffe der Religion unter den Menschen durch fortdauernde Zeichen | zu erhalten. Bilder und Bilderschrift führen zu Aberglauben und Götzendienst, und unsere alphabetische Schreiberey macht den Menschen zu spekulativ. Sie legt die symbolische Erkenntniß der Dinge und ihrer Verhältnisse gar zu offen auf der Oberfläche aus, überhebt uns der Mühe des Eindringens und Forschens, und macht zwischen Lehr und Leben eine gar zu weite Trennung. Diesen Mängeln abzuhelfen, gab der Gesetzgeber dieser Nation das *Zeremonialgesetz*. Mit dem alltäglichen Thun und Lassen der Menschen sollten religiose und sittliche Erkenntnisse verbunden seyn. Das Gesetz trieb sie zwar nicht zum Nachdenken an, schrieb ihnen blos Handlungen, blos Thun und Lassen vor. Die große Maxime dieser Verfassung scheinet gewesen zu seyn: *Die Menschen müssen zu Handlungen getrieben und zum Nachdenken nur veranlasset werden.* Daher jede dieser vorgeschriebenen Handlungen, jeder Gebrauch, jede Zeremonie ihre Bedeutung, ihren gediegenen Sinn hatte, mit der spekulativen Erkenntniß der Religon und der Sittenlehre in genauer Verbindung, stand, und dem Wahrheits-|forscher eine Veranlassung war, über jene geheiligten Dinge selbst nachzudenken, oder von weisen Männern Unterricht einzuholen. Die zur Glückseligkeit der Nation sowohl als der einzelnen Glieder derselben nützliche Wahrheiten sollten von allem Bildlichen äußerst entfernt seyn; denn dieses war Hauptzweck, und Grundgesetz der Verfassung.

An Handlungen und Verrichtungen sollten sie gebunden seyn, und diese ihnen statt der Zeichen dienen, ohne welche sie sich nicht erhalten lassen. Die Handlungen der Menschen sind vorübergehend, haben nichts Bleibendes, nichts Fortdaurendes, das, so wie die Bilderschrift, durch Mißbrauch oder Mißverstand zur Abgötterey führen kann. Sie haben aber auch den Vorzug vor Buchstabenzeichen, daß sie den Menschen nicht isoliren, nicht zum einsamen, über Schriften und Bücher brütenden Geschöpfe machen. Sie treiben vielmehr zum Umgange, zur Nachahmung und zum mündlichen, lebendigen Unterricht. Daher waren der ge-||schriebenen Gesetze nur wenig, und auch diese ohne mündlichen Unterricht und Ueberlieferung nicht ganz verständlich, und es war ver-|boten, über dieselbe mehr zu schreiben. Die ungeschriebenen Gesetze aber, die mündliche Ueberlieferung, der lebendige Unterricht von Mensch zu Mensch, von Mund ins Herz, sollte erklären, erweitern, einschränken, und näher bestimmen, was in dem geschriebenen Gesetze, aus weisen Absichten, und mit weiser Mäßigung unbestimmt geblieben ist. In allem, was der Jüngling thun sahe, in allen öffentlichen sowohl als Privatverhandlungen, an allen Thoren und an allen Thürpfosten, wohin er die Augen, oder die Ohren wendete, fand er Veranlassung zum Forschen und Nachdenken, Veranlassung einem ältern und weisern Manne auf allen seinen Tritten zu folgen, seine kleinsten Handlungen und Verrichtungen mit kindlicher Sorgfalt zu beobachten, mit kindlicher Gelehrigkeit nachzuahmen, nach dem Geiste und der Absicht dieser Verrichtungen zu forschen, und den Unterricht einzuholen, dessen sein Meister ihn fähig und empfänglich hielt. So war Lehre und Leben, Weisheit und Thätigkeit, Spekulation und Umgang auf das Innigste verbunden; oder so sollte es vielmehr der ersten Einrichtung und Absicht | des Gesetzgebers nach, seyn; aber, unerforschlich sind die Wege Gottes! auch hier ging es, nach einer kurzen Periode, den Weg des Verderbnisses. Nicht lange, so war auch dieser glänzende Zirkel durchlaufen, und die Sachen kamen wieder nicht weit von der Tiefe zurück, von welcher sie ausgegangen waren, wie leider! seit vielen Jahrhunderten am Tage liegt.

Schon in den ersten Tagen der so wundervollen Gesetzgebung fiel die Nation in den sündlichen Wahn der Aegyptier zurück, und verlangte ein *Thierbild*. Ihrem Vorgehen nach, wie es scheinet, nicht eigentlich als eine Gottheit zum Anbeten; hierinn würde der Hohepriester und Bruder des Gesetzgebers nicht gewillfahret haben, und wenn sein Leben noch so sehr in Gefahr gewesen wäre. – Sie sprachen blos von einem göttlichen Wesen, das sie anführen und die Stelle Moses vertreten sollte, von dem sie glaubten, daß er seinen Posten verlassen hätte. *Aron* vermochte dem Andringen des Volks nicht länger zu widerstehen, goß ihnen ein Kalb, und um sie bey dem Vorsatze festzuhalten, dieses Bild nicht, sondern den Ewigen allein göttlich | zu verehren, rief er: *morgen sey dem Ewigen zu Ehren ein Fest!* Aber am Festtage, beym Tanz und Schmause, ließ der Pöbel ganz andere Worte hören: *dieses sind deine Götter, Israel! die dich aus Aegypten geführt ha-||ben!* Nun war das Fundamentalgesetz übertreten, das Band der Nation aufgelöset. Vernünftige Vorstellungen fruchten selten bey einem aufgewiegelten Pöbel, wenn die Unordnung erst eingerissen, und man weis zu welchen harten Maaßregeln der göttliche Gesetzgeber sich hat entschließen müssen, das aufrührische Gesindel wieder zum Gehorsam zu bringen. Es verdienet indessen angemerkt, und bewundert zu werden, was die Vorsehung Gottes aus diesem unglücklichen Vorfalle selbst für Vortheil zu ziehen, zu welcher erhabenen und ganz ihrer würdigen Absicht sie ihn anzuwenden gewußt hat?

Ich habe bereits oben angeführt, daß das Heidentum von der Macht der Gottheit noch erträglichere Begriffe gehabt, als von ihrer Güte. Der gemeine Mann hält Güte und Leicht-versöhnlichkeit für Schwachheit. Er be-|neidet jeden um den mindesten Vorzug an Macht, Reichtum, Schönheit, Ehre u. s. w., nur nicht um den Vorzug an Gütigkeit. Und wie kann er auch dieses, da es doch größtentheils nur von ihm selbst abhängt, den Grad von Sanftmuth zu erlangen, den er beneidenswerth findet? Es gehört Nachsinnen dazu, wenn wir begrei-fen sollen, daß Haß und Rachsucht, Neid und Grausamkeit, im Grunde nichts anders als *Schwachheit,* lediglich Wirkungen der Furcht sind. Furcht, mit zufälliger, unsicherer Ueberlegenheit verbunden, ist die Mutter aller dieser barbarischen Gesinnungen. Nur die Furcht macht grausam und unversöhnlich. Wer sich seiner Ueberlegenheit mit Sicherheit bewußt ist, findet weit größere Glückseligkeit in Nachsicht und Verzeihung.

Hat man erst dieses einsehen gelernt, so kann man nicht länger Anstand nehmen, Liebe für einen wenigstens eben so erhabenen Vorzug zu halten als Macht, und dem allerhöch-sten Wesen, dem man Allmacht zuschreibt, auch Allgütigkeit zuzutrauen; den Gott der Stär-ke auch für den Gott der Liebe zu erkennen. Aber wie | weit war das Heidentum von dieser Verfeinerung entfernt! Ihr findet in ihrer ganzen Götterlehre, in allen Gedichten und andern Ueberbleibseln der frühern Zeit keine Spur, daß sie irgend einer ihrer Gottheiten auch Liebe und Barmherzigkeit gegen die Menschenkinder zugeschrieben hätten. „Sowohl das Volk," sagt Herr *Meiners*[*] von dem weisesten Staate der Griechen, „sowohl das Volk, als der größte Theil seiner tapfersten Heerführer und weisesten Staatsmänner, hielten die Göt-ter, die sie an-||beteten, zwar für Wesen, die mächtiger als Menschen wären, die aber mit ihnen einerley Bedürfnisse, Leidenschaften, Schwachheiten und sogar Laster hätten. – Alle Götter schienen den Atheniensern, so wie den übrigen Griechen, so bösartig, daß sie sich einbildeten: ein ausserordentliches oder langedauerndes Glück ziehe den Zorn und die Mißgunst der Götter auf sich, und werde durch ihre Veranstaltungen übern Haufen gewor-fen. Sie dachten sich ferner eben diese Götter so reitzbar, | daß sie alle Unglücksfälle für göttliche Strafen ansahen, die ihnen nicht um allgemeiner Sittenverderbniß, oder einzelner großen Verbrechen willen, sondern wegen unbedeutender, meistens unwillkührlicher Nach-lässigkeiten bey gewissen Gebräuchen und Feyerlichkeiten zugeschickt wurden." Im Homer selbst, in dieser sanften, liebevollen Seele, war der Gedanke noch nicht aufgeglühet, daß die Götter aus Liebe verzeihen, daß sie ohne Wohlwollen in ihrem himmlischen Wohnsitze nicht seelig seyn würden.

Und nun sehe man, mit welcher Weisheit der Gesetzgeber der Israeln sich ihrer schreck-lichen Vergehung gegen die Majestät bedient, um eine so wichtige Lehre dem menschli-chen Geschlecht bekannt zu machen, und ihm eine Quelle des Trostes zu eröfnen, aus welcher wir noch itzt schöpfen und uns erquicken. – Welch erhabne und schauervolle

---

[*] Geschichte der Wissenschaften in Griechenland und Rom. Zweiter Band. S. 77.

Vorbereitung! Der Aufruhr war gedämpft, die Sünder zur Erkenntniß ihres sträflichen Ver-
gehens gebracht, die Nation in Bestürzung, und der Gesandte Gottes, Moses selbst, ließ
fast den Muth sinken: „Ach Herr! so lange Dein Unwillen sich nicht legt,| laß uns nicht von
dannen ziehen! Wodurch sollte wohl erkannt werden, daß ich und Deine Nation Wohl-
gewogenheit in Deinen Augen gefunden? Ist es nicht, wenn Du mit uns gehest? Nur dadurch
werden wir uns, ich und Deine Nation, von jeder andern unterscheiden, welche auf dem
Erdboden ist.

Gott. Auch darinn will ich Dir willfahren; denn Du hast Gnade gefunden in meinen
Augen, und ich habe Dich namentlich zu meinem Liebling ausersehen.

Moses. Durch diese trostreichen Worte aufgerichtet, wage ich noch eine kühnere Bitte! Ach Herr! laß mich Deine *Herrlichkeit* schauen.

Gott. Ich will meine *Allgütigkeit* vor Dir vorüberziehen lassen,* || und mit dem Na-
men des Ewigen Dir bekannt machen, welchergestalt ich gewogen bin, dem ich gewogen
bin, und mich erbarme, dessen | ich mich erbarme. – Meine Erscheinung sollst Du von
hinten nachschauen; denn mein Antlitz kann nicht gesehen werden." – Darauf zog die
Erscheinung vor Mose vorüber, und ließ eine Stimme hören: „*Der Herr (ist, war und wird
seyn), ewiges Wesen, allmächtig, allbarmherzig, und allgnädig; langmüthig, von großer
Huld und Treue; der seine Huld dem tausendsten Geschlechte noch aufbehält; der Missethat, Sünde und Abfall verzeihet; aber nichts ohne Ahndung hingehen läßt!*** – Wer ist so
abgehärtetes Sinnes, daß er dieses mit trockenen Augen lesen; wer so unmenschliches
Herzens, daß er seinen Bruder noch hassen, gegen seinen Bruder unversönlich bleiben
kann?

Zwar spricht der Ewige, daß er nichts *ohne Ahndung wolle hingehen lassen,* und es ist
bekannt, daß diese Worte schon zu mancherley Mißverstand und Mißdeutung Gelegenheit
gegeben. Wenn sie aber das vorige nicht völlig wieder aufheben sollen, so führen sie un-
mittelbar | auf den großen Gedanken, den unsere Rabbinen darin gefunden, daß *auch die-
ses eine Eigenschaft der göttlichen Liebe sey, dem Menschen nichts ohne alle Ahndung
hingehen zu lassen.*

Ein verehrungswürdiger Freund, mit dem ich mich einst in Religionssachen unterhielt,
legte mir die Frage vor: *ob ich nicht wünschte, durch eine unmittelbare Offenbarung die
Versicherung zu haben, daß ich in der Zukunft nicht elend seyn würde?* Wir stimmeten
beide darin überein, daß ich keine ewige Höllenstrafe zu fürchten hätte; denn Gott kann
keines seiner Geschöpfe unaufhörlich elend seyn lassen. So kann auch kein Geschöpf durch
seine Handlungen die Strafe verdienen, ewig elend zu seyn. Daß die Strafe für die Sünde
der beleidigten Majestät Gottes angemessen, und also unendlich seyn müsse, diese Hypothese hatte mein Freund, mit vielen großen Männern seiner Kirche, längst aufgegeben, und

---

* Welch großer Sinn! Du willst meine ganze Herrlichkeit schauen; ich werde meine Güte vorüber-
  ziehen lassen. – *Du wirst sie hinten nach erkennen. Von vorne her ist sie sterblichen Augen nicht
  sichtbar.*
** II B. M. C. 33. v. 15 u.f. nach meiner mit hebräischen Lettern erschienenen Übersetzung.

hierüber hatten wir uns nicht mehr zu streiten. Der nur zur Hälfte richtige Begrif von *Pflichten gegen Gott,* hat den eben so schwankenden Begrif | von *Beleidigung der Majestät Gottes* veranlasset, und dieser im buchstäblichen Verstande genommen, jene unstatthafte Meynung von der Ewigkeit der Höllenstrafen zur Welt gebracht, deren fernerer Mißbrauch nicht viel weniger Menschen in diesem Leben wirklich elend gemacht, als sie der Theorie nach, in jener ‖ Zukunft unglükselig machet. Mein philosophischer Freund kam mit mir darin überein, daß Gott den Menschen erschaffen, zu seiner, d. i. des Menschen Glückseligkeit, und daß er ihm Gesetze gegeben, zu seiner, d. i. des Menschen Glückseligkeit. Wenn die mindeste Uebertretung dieser Gesetze, nach Verhältniß der Majestät des Gesetzgebers bestraft werden, und also ewiges Elend zur Folge haben soll; so hat Gott diese Gesetze dem Menschen zum Verderben gegeben. Ohne die Gesetze eines so unendlich erhabenen Wesens, würde der Mensch nicht haben ewig elend seyn dürfen. O wenn die Menschen, ohne göttliche Gesetze, weniger elend seyn könnten, wer zweifelt daran, daß sie Gott mit dem Feuer seiner Gesetze verschont haben würde, da es sie so unwiderbringlich verzehren muß? – Dieses | vorausgesetzt, wurde die Frage meines Freundes näher bestimmt: *ob ich nicht wünschen müßte, durch eine Offenbarung versichert zu seyn, daß ich im zukünftigen Leben auch vom endlichen Elende befreyet seyn werde?*

Nein! antwortete ich; dieses Elend kann nichts anders, als eine wohlverdiente Züchtigung seyn, und ich will in der väterlichen Haushaltung Gottes die Züchtigung gern leiden, die ich verdiene. –

„Wie aber? wenn der Allbarmherzige den Menschen auch die wohlverdiente Strafe erlassen wolle?"

Er wird es sicherlich thun, so bald die Strafe zur Besserung des Menschen nicht mehr unentbehrlich seyn wird. Hiervon überführt zu seyn, bedarf ich keiner unmittelbaren Offenbarung. Wenn ich die Gesetze Gottes übertrete; so macht das moralische Uebel mich unglükselig, und die Gerechtigkeit Gottes, d. i. seine *allweise Liebe,* suchet mich durch physisches Elend zur sittlichen Besserung zu leiten. So bald dieses physische Elend, die Strafe für die Sünde, zu meiner | Sinnesänderung nicht mehr unentbehrlich ist, bin ich, ohne Offenbarung, so gewiß als von meinem eigenen Daseyn überführt, daß mein Vater mir die Strafe erlassen werde. – Und im Gegenfalle: wenn diese Strafe zu meiner moralischen Besserung noch nützlich ist, wünsche ich auf keine Weise davon befreyet zu werden. In dem Staate dieses väterlichen Regenten leidet der Uebertreter keine andere Strafe, als die er selbst zu leiden wünschen muß, wenn er die Wirkung und Folgen davon in ihrem wahren Lichte sehen könnte.

„Kann aber, versetzte mein Freund, kann Gott nicht gut finden, den Menschen andern zum Beyspiele leiden zu lassen, und ist die Befreyung von dieser exemplarischen Strafe nicht wünschenswerth?" ‖

Nein, erwiderte ich: In dem Staate Gottes leidet kein Individuum blos andern zum Besten. Wenn dieses geschehen soll: so muß diese Aufopferung zum Besten andrer dem Leidenden selbst einen höhern sittlichen Werth geben; so muß es in Absicht auf den innern Zuwachs seiner Vollkommenheit, ihm selbst wich-|tig seyn, durch seine Leiden so viel

Gutes befördert zu haben Und wenn dieses ist; so kann ich einen solchen Zustand nicht *fürchten;* so kann ich keine Offenbarung *wünschen,* daß ich niemals in diesen Zustand des großmüthigen, meine Mitgeschöpfe und mich selbst beglückenden Wohlwollens versetzt werden sollte. Was ich zu fürchten habe, ist die Sünde selbst. Habe ich die Sünde begangen; so ist die göttliche Strafe eine Wohlthat für mich, eine Wirkung seiner väterlichen Allbarmherzigkeit. So bald sie aufhört Wohlthat für mich zu seyn; so bin ich versichert, sie wird mir erlassen. Kann ich wünschen, daß mein Vater seine züchtigende Hand von mir abwende, bevor sie gewirkt, was sie hat wirken sollen? Wenn ich bitte, daß mir Gott ein Vergehen soll ohne Ahndung hingehen lassen, weis ich wohl selbst was ich bitte? Ach! sicherlich, auch dieses ist eine Eigenschaft der unendlichen Liebe Gottes, daß er kein Vergehen der Menschen ohne alle Ahndung hingehen läßt! – – Sicherlich |

Allmacht ist nur Gottes:
Und Dein ist auch die Liebe, Herr!
Wenn jedem Du nach seinem Thun vergöltest.
(Ps. 62, 12. 13.)

Daß die Lehre von der Barmherzigkeit Gottes bey dieser wichtigen Veranlassung zuerst der Nation durch Mosen bekannt gemacht worden sey, bezeuget der Psalmist ausdrüklich, an einem andern Orte, wo er dieselben Worte aus der Schrift Moses anführet, von welchen hier die Rede ist:

Mosen zeigt er seine Wege;
Den Israeln sein Thun.
Allbarmherzig ist der Herr, allgnädig,
Langmüthig und von großer Güte.
Er wird nicht unaufhörlich hadern;
Nicht ewiglich nachtragen seinen Groll.
Er handelt nicht mit uns, nach unsren Sünden; ||
Vergilt uns nicht nach unsrer Missethat.
So hoch der Himmel ist über der Erde;
Waltet seine Liebe über seine Verehrer.
So fern der Morgen ist vom Abend;
Entfernt er von uns unsere Schuld.|
Wie Väter ihrer Kinder sich erbarmen;
Erbarmt der Herr sich seiner Verehrer.
Denn er kennet unsere Bildung;
Ist eingedenk, daß wir nur Staub sind.* u. s. w.   (Ps. 103.)

---

* Dieser ganze Psalm ist überhaupt von äusserst wichtigem Inhalte. Leser, denen daran gelegen ist, werden wohl thun, ihn ganz mit Aufmerksamkeit durchzulesen, und mit obiger Betrachtung zu vergleichen. Er scheinet mir offenbar durch diese merkwürdige Stelle in der Schrift veranlasset, und nichts anders zu seyn, als ein Ausbruch lebhafter Rührung, in welche der Sänger durch Betrachtung dieses ausserordentlichen Vorfalls gerathen ist. Er fordert daher im Eingange des

Nunmehr kann ich meine Begriffe vom Judentume der vorigen Zeit kurz zusammenfassen und in einen Gesichtspunkt vereinigen. Das | Judentum bestand, oder sollte der Absicht des Stifters nach, bestehen, in

1) Religionslehren und Sätzen, oder *ewigen Wahrheiten* von Gott, und seiner Regierung und Vorsehung, ohne welche der Mensch nicht aufgeklärt und glücklich seyn kann. Diese sind nicht dem Glauben der Nation, unter Androhung ewiger oder zeitlicher Strafen, aufgedrungen; sondern der Natur und Evidenz ewiger Wahrheit gemäß, zur vernünftigen Erkenntnis empfohlen worden. Sie durften nicht durch unmittelbare Offenbarung eingegeben, durch *Wort* und *Schrift,* die nur *itzt,* nur *hier* verständlich sind, bekannt gemacht werden. Das allerhöchste Wesen hat sie allen vernünftigen Geschöpfen durch *Sache* und *Begriff* geoffenbaret, mit einer Schrift in die Seele geschrieben, die zu allen Zeiten und an allen Orten leserlich und verständlich ist. Daher singt der öfters angeführte Sänger:

Die Himmel erzählen die Majestät Gottes,
Und seiner Hände Werk verkündet die Veste. ||
Ein Tag strömt diese Lehr dem andern zu; |
Und Nacht giebt Unterricht der Nacht. |
Keine Lehre, keine Worte,
Deren Stimme nicht vernommen werde.
Ueber den ganzen Erdball tönet ihre Saite:
Ihr Vortrag dringet bis an der Erden Ende,
Dorthin, wo er der Sonn' ihr Zelt aufschlug,
u.s.w.

Ihre Wirkung ist so allgemein, als der wohlthätige Einfluß der Sonne, der, indem sie ihren Kreislauf durcheilt, Licht und Wärme über den ganzen Erdball verbreitet; wie derselbe Sänger sich an einem andern Orte noch deutlicher erklärt:

Von Sonnenaufgang bis zum Niedergange
Preist man des Ewgen Namen.

oder wie der Prophet im Namen des Herrn spricht: *Von Aufgang der Sonne bis zum Niedergange ist mein Name unter Heiden berühmt, und an allen Orten wird meinem Namen geräuchert, dargebracht, auch reine Speisegabe; denn mein Name ist berühmt unter Heiden.*

2) Geschichtswahrheiten, oder Nachrichten von dem Schicksale der Vorwelt, hauptsächlich von den Lebensumständen der Stammväter der Na-|tion; von ihrer Erkenntniß des wahren Gottes, ihrem Wandel vor Gott; von ihren Vergehungen selbst und der väterlichen Züchtigung, die darauf gefolgt ist; von dem Bunde, den Gott mit ihnen errichtet, und von der Verheissung, die er ihnen so oft wiederholt: aus ihren Nachkommen dereinst eine ihm

---

Psalms seine Seele zur feyerlichsten Danksagung, wegen der göttlichen Verheissung seiner Gnade und so väterlichen Barmherzigkeit auf: *Benedeie, meine Seele! den Herrn! vergiß nicht aller seiner Wohltaten! Er vergiebt Dir alle Deine Sünden; er heilet Deine Krankheiten alle; Er erlöset Dein Leben vom Untergange; er krönet Dich mit Liebe und Barmherzigkeit, usw.*

geweihete Nation zu machen. Diese historische Nachrichten enthielten den Grund der Nationalverbindung, und als Geschichtswahrheiten können sie, ihrer Natur nach, nicht anders, als auf *Glauben* angenommen werden. Autorität allein giebt ihnen die erforderliche Evidenz; auch wurden diese Nachrichten der Nation durch Wunder bestätiget, und durch eine Autorität unterstützt, die hinreichend war, den *Glauben* über alle Zweifel und Bedenklichkeit hinweg zu setzen.

3) Gesetze, Vorschriften, Gebote, Lebensregeln, die dieser Nation eigen seyn, und durch deren Befolgung sie sowohl zur Nationalglückseligkeit, als jedes Glied derselben zur persönlichen Glückseligkeit gelangen sollte. Der Gesetzgeber war Gott, und zwar Gott, nicht in dem ‖ Verhältnisse, als Schöpfer und Erhalter des ∣ Weltalls; sondern Gott, als Schutzherr und Bundesfreund ihrer Vorfahren, als Befreyer, Stifter und Anführer, als König und Oberhaupt dieses Volks; und er gab seinen Gesetzen die feyerlichste Sanktion, öffentlich und auf eine nie erhörte, wundervolle Weise, wodurch sie der Nation und allen ihren Nachkommen, als unabänderliche Pflicht und Schuldigkeit auferlegt worden sind.

Diese Gesetze wurden *geoffenbaret,* d. i. von Gott durch *Worte* und *Schrift* bekannt gemacht. Jedoch ist nur das Wesentlichste davon den Buchstaben anvertrauet worden; und auch diese niedergeschriebenen Gesetze sind, ohne die ungeschriebenen, mündlich überlieferten und durch mündlichen, lebendigen Unterricht fortzupflanzenden Erläuterungen, Einschränkungen und näheren Bestimmungen, größtentheils unverständlich, oder mußten es mit der Zeit werden; weil alle Worte und Schriftzeichen kein Menschenalter hindurch ihren Sinn unverändert behalten.

Sowohl die geschriebenen, als die ungeschriebenen Gesetze haben unmittelbar, als *Vorschrif-∣ten der Handlungen und Lebensregeln,* die öffentliche und Privatglückseligkeit zum Endzwecke. Sie sind aber auch größtentheils als eine Schriftart zu betrachten, und haben als *Zeremonialgesetze,* Sinn und Bedeutung. Sie leiten den forschenden Verstand auf göttliche Wahrheiten; theils auf ewige, theils auf Geschichtswahrheiten, auf die sich die Religion dieses Volks gründete. Das Zeremonialgesetz war das Band, welches Handlung und Betrachtung, Leben mit Lehre verbinden sollte. Das Zeremonialgesetz sollte zwischen Schule und Lehrer, Forscher und Unterweiser, persönlichen Umgang, gesellige Verbindung veranlassen, zu Wetteifer und Nachfolge reizen und ermuntern; und diese Bestimmung hat es in den ersten Zeiten wirklich erfüllt, bevor die Verfassung ausartete, und die Thorheit der Menschen sich abermals ins Spiel mischte, durch Mißverstand und Mißleitung, das Gute in Böses, das Nützliche in Schädliches zu verwandeln.

Staat und Religion war in dieser ursprünglichen Verfassung nicht vereiniget, sondern *eins;* nicht verbunden, sondern eben dasselbe. Ver-∣hältniß des Menschen gegen die Gesellschaft und Verhältniß des Menschen gegen Gott trafen auf einen Punkt zusammen, und konnten nie in Gegenstoß gerathen. Gott, der Schöpfer und Erhalter der Welt, war zugleich der König und Verweser dieser Nation, und er ist ein *Einiges Wesen,* das so wenig im Politischen, als im Metaphysischen, die minde-∣ste Trennung, oder *Vielheit* zuläßt. Auch hat dieser Regent keine Bedürfnisse, und heischet nichts von der Nation, als was zu ihrem Besten dienet, die Glückseligkeit des Staats befördert; so wie von der andern Seite der

Staat nichts fordern konnte, das den Pflichten gegen Gott zuwider, das nicht vielmehr von Gott, dem Gesetzgeber und Gesetzverweser der Nation befohlen sey. Daher gewann das Bürgerliche bey dieser Nation ein heiliges und religioses Ansehen, und jeder Bürgerdienst ward zugleich ein wahrer Gottesdienst. Die Gemeine war eine Gemeine Gottes, ihre Angelegenheiten waren Gottes, öffentliche Steuern waren Hebe Gottes, und bis auf die geringste Polizeyanstalt, war alles *gottesdienstlich*. Die Leviten, die von den öffentlichen Einkünf-|ten lebten, hatten ihren Unterhalt von Gott. Sie sollten kein Eigentum im Lande haben, *denn Gott ist ihr Eigentum*. Wer ausserhalb Landes herumtreiben muß, der dienet *fremden Göttern*. Dieses kann in verschiedenen Stellen der Schrift nicht im buchstäblichen Verstande genommen werden, und bedeutet im Grund nicht mehr, als *er ist fremden politischen Gesetzen unterworfen, die nicht, wie die vaterländischen, zugleich gottsdienstlich sind.*

Und nun auch die Verbrechen. Jeder Frevel wider das Ansehen Gottes, als des Gesetzgebers der Nation, war ein Verbrechen wider die Majestät, und also ein Staatsverbrechen. Wer Gott lästerte, war ein Majestätsschänder; wer den Sabbath freventlich entheiligte, hob, in so weit es an ihm lag, ein Grundgesetz der bürgerlichen Gesellschaft auf, denn auf der Einsetzung dieses Tages beruhete ein wesentlicher Theil der Verfassung. *Der Sabbath sey ein ewiger Bund zwischen mir und den Kindern Israels,* spricht der Herr, *ein immerwähren-des Zeichen, daß der* | *Ewige in sechs Tagen,* u. s. w. Diese Verbrechen also konnten, ja sie mußten in dieser Verfassung bürgerlich bestraft werden; nicht als irrige Meinung, nicht als *Unglaube;* sondern als *Unthaten,* als freventliche Staatsverbrechen, die darauf abzielen, das Ansehen des Gesetzgebers aufzuheben, oder zu schwächen, und dadurch den Staat selbst zu untergraben. Und gleichwohl, mit welcher Gelindigkeit wurden diese Hauptverbrechen selbst bestraft! Mit welcher überschwänglichen Nachsicht gegen menschliche Schwachheit! Nach einem ungeschriebenen Gesetze, konnte keine Leib- und Lebensstrafe verhängt werden, wenn *der Verbrecher nicht von zween unverdächtigen Zeugen, mit Anführung des Gesetzes, und unter Bedrohung der verordneten Strafe gewarnt worden; ja bey Leib- und Lebensstrafen mußte der Verbrecher* ‖ *mit ausdrücklichen Worten die Strafe anerkannt, übernommen, und unmittelbar darauf, in Beyseyn derselben Zeugen, das Verbrechen begangen haben.* Wie selten mußten die Blutgerichte bey einer solchen Einrichtung seyn, und | wie mancherley Gelegenheit hatten die Richter nicht, der traurigen Nothwendigkeit auszuweichen, über ihr Mitgeschöpf und Mitebenbild Gottes, den Stab zu brechen! *Ein Hingerichteter ist,* nach dem Ausdrucke der Schrift, *eine Geringschätzung Gottes.* Wie sehr mußten die Richter anstehen, untersuchen und auf Entschuldigung bedacht seyn, bevor sie ein Halsgerichts-Urtheil unterzeichneten! Ja, wie die Rabbinen sagen, hat jedes Halsgericht, das für seinen guten Namen besorgt ist, darauf zu sehen, daß in einem Zeitraume von *siebenzig* Jahren, nicht mehr als *eine* Person am Leben gestraft werde.

Hieraus erhellet, wie wenig man die mosaischen Gesetze und die Verfassung des Judentums kennen muß, um zu glauben, daß nach derselben *Kirchenrecht* und *Kirchenmacht* autorisirt, oder Unglaube und Irrglaube mit zeitlichen Strafen zu belegen sey. Der *Forscher nach Licht und Wahrheit,* sowohl als Herr *Mörschel,* sind also weit von der Wahrheit ent-

fernt, wenn sie glauben ich habe durch meine Vernunftgründe wider Kirchenrecht und
Kirchen-|macht, das Judentum aufgehoben. Wahrheit kann nicht mit Wahrheit streiten.
Was das göttliche Gesetz gebietet, kann die nicht minder göttliche Vernunft nicht aufheben.

Nicht Unglaube, nicht falsche Lehre und Irrtum, sondern freventliches Vergehen wider
die Majestät des Gesetzgebers, freche Unthaten wider die Grundgesetze des Staats und der
bürgerlichen Verfassung wurden gezüchtiget, und nur alsdann gezüchtiget, wenn der Fre-
vel in seiner Ausgelassenheit alles Maß überschritt, und dem Aufruhr nahe kam; wenn sich
der Verbrecher nicht scheuete, von zweyen Mitbürgern sich das Gesetz vorhalten, die Strafe androhen zu lassen, ja die Strafe zu übernehmen und in ihrem Angesichte das Verbre-
chen zu begehen. Hier wird der religiose Bösewicht ein freventlicher Majestätsschänder,
ein Staatsverbrecher. Auch haben, wie die Rabbinen ausdrücklich sagen, *mit Zerstörung
des Tempels, alle Leib- und Lebensstrafen, ja auch Geldbussen, in so weit sie blos national
sind, aufgehöret Rechtens zu seyn.* Vollkommen nach meinen Grundsätzen, und ohne die-
selben | unerklärbar! Die bürgerlichen Bande der Nation waren aufgelöset, religiose
Vergehungen waren keine Staatsverbrechen mehr, und ‖ die Religion, als Religion kennet
keine Strafen, keine andere Busse, als die der reuevolle Sünder sich *freywillig* auferlegt.
Sie weis von keinem Zwange, wirkt nur mit dem Stabe *gelinde,* wirkt nur auf Geist und
Herz. Man versuche es, diese Behauptung der Rabbinen, ohne meine Grundsätze, vernünftig zu
erklären!

„Wozu nun, höre ich manchen Leser fragen; wozu diese Weitläuftigkeit, uns etwas sehr
bekanntes zu sagen? Das Judentum war eine Hierokratie, eine kirchliche Regierung, ein
Priesterstaat, eine Theokratie, wenn ihr wollet. Wir kennen die Anmaßungen schon, die
sich eine solche Verfassung erlaubt.“

Nicht doch! alle diese Kunstnamen werfen auf die Sache ein falsches Licht, das ich
vermeiden mußte. Wir wollen immer nur classificiren, in Fächer abtheilen. Wenn wir nur
wissen, in welches Fach ein Ding einzutragen sey; so sind wir zufrieden, so unvollständig
der Begriff auch übrigens seyn mag, den wir da-|von haben. Warum suchet ihr ein Ge-
schlechtswort, für ein einzelnes Ding, das kein Geschlecht hat, das mit nichts schichtet, mit
nichts unter eine Rubrik zu bringen ist? Diese Verfassung ist ein einziges Mal da gewesen:
nennet sie die *mosaische Verfassung,* bey ihrem Einzelnamen. Sie ist verschwunden, und
ist dem Allwissenden allein bekannt, bey welchem Volke und in welchem Jahrhunderte
sich etwas Aehnliches wieder wird sehen lassen.

So wie es, nach dem Plato, einen irdischen und auch einen himmlischen Amor geben
soll, so giebt es auch, könnte man sagen, eine irdische und eine himmlische Politik. Nehmet
einen flatterhaften Abentheurer, einen Gunsteroberer, wie ihn das Pflaster jeder Hauptstadt
darbeut, und unterhaltet ihn von dem *Liede der Lieder* Salomons, oder von der Liebe der
ersten Unschuld im Paradiese, wie sie Milton beschreibt; Er wird glauben, ihr schwärmet,
oder wollt euere Lektion aufsagen, wie ihr das Herz einer Spröden durch platonische Lieb-
kosungen zu bestürmen verstehet. Eben so wenig wird euch ein Politiker nach der Mode |
verstehen, wenn ihr von der Einfalt und sittlichen Großheit jener ursprünglichen Verfas-

sung redet. Wie jener in der Liebe nur die Befriedigung der gemeinen Lüsternheit kennet; so spricht dieser in der Staatsklugheit blos von Macht, Geldumlauf, Handlung, Gleichgewicht, Volksmenge, und die Religon ist ihm ein Mittel, dessen sich der Gesetzgeber bedienet, den unbändigen Menschen im Zaume zu halten, und der Priester, um ihn auszusaugen, und sein Mark zu verzehren. ‖

Diesen falschen Gesichtspunkt, aus welchem wir das wahre Interesse der menschlichen Gesellschaft zu betrachten gewohnt sind, mußte ich meinem Leser aus den Augen rücken. Ich habe ihm dieserhalb den Gegenstand bey keinem Namen genennet; sondern selbst mit seinen Eigenschaften und Bestimmungen darzustellen gesucht. Wenn wir mit geradem Blick auf denselben hinschauen, werden wir, wie jener Weltweise von der Sonne sagte, in der ächten Politik eine Gottheit erblicken, wo gemeine Augen einen Stein sehen.

Ich habe gesagt, daß die mosaische Verfassung nicht lange in ihrer ersten Lauterkeit bestanden. Schon zu den Zeiten des Propheten Samuel gewann das Gebäude einen Riß, der sich immer weiter aufthat, bis die Theile völlig zerfielen. Die Nation verlangte einen sichtbaren, fleischlichen König zum Regenten. Es sey nun, daß die Priesterschaft, wie von den Söhnen des Hohenpriesters in der Schrift erzählt wird, schon angefangen ihr Ansehen bey dem Volke zu mißbrauchen, oder daß der Glanz einer benachbarten Hofhaltung die Augen geblendet; genug, sie forderten *einen König, wie alle andere Völker haben.* Der Prophet, den dieses kränkte, stellte ihnen vor, was ein menschlicher König sey, der seine eigne Bedürfnisse hat, und sie nach Wohlgefallen erweitern kann, und wie schwer ein schwacher Sterblicher zu befriedigen sey, dem man das Recht der Gottheit einräumet. Umsonst, das Volk bestand auf seinen Vorsatz, erhielt seinen Wunsch, und erfuhr, was ihnen der Prophet angedrohet hatte. Nun war die Verfassung untergraben; die Einheit des Interesse aufgehoben; Staat und Religion nicht mehr eben dasselbe, und Collision der Pflichten war schon nicht mehr unmög-‖lich. Indessen mußte sie noch immer selten seyn, so lange der König selbst nicht nur von der Nation war, sondern auch den Gesetzen des Vaterlandes gehorchte. Aber nun verfolge man die Geschichte, durch mancherley Schicksale und Veränderungen, durch manche gute und böse, gottesfürchtige und gottvergessene Regierung hindurch, bis auf jene traurigen Zeiten herunter, in welchen der Stifter der christlichen Religion den vorsichtigen Bescheid ertheilte: *gebet dem Kaiser, was des Kaisers, und* Gotte, *was Gottes ist.* Offenbarer Gegensatz, Collision der Pflichten! Der Staat stand unter fremder Bothmäßigkeit, empfing seine Befehle gleichsam von fremden Göttern, und die einheimische Religion mit einem Theile ihres Einflusses auf das bürgerliche Leben, hatte sich noch erhalten. Hier ist Forderung gegen Forderung, Anspruch gegen Anspruch. „Wem sollen wir geben? wem gehorchen?" ‖ – So ertraget denn beide Lasten, fiel der Bescheid aus, so gut ihr könnet; dienet zweien Herren in Geduld und Ergebenheit: Gebet dem Kaiser und gebet auch Gotte! Jedem das Seine, nachdem die Einheit des Interesse nun zerstört ist! |

Und noch itzt kann dem Hause Jakobs kein weiserer Rath ertheilt werden, als eben dieser. Schicket euch in die Sitten und in die Verfassung des Landes, in welches ihr versetzt seyd; aber haltet auch standhaft bey der Religion eurer Väter. Traget beider Lasten, so gut ihr könnet! Man erschweret euch zwar von der einen Seite die Bürde des bürgerlichen

Lebens, um der Religion willen, der ihr treu bleibet, und von der andern Seite macht das Clima und die Zeiten die Beobachtung eurer Religionsgesetze, in mancher Betrachtung, lästiger, als sie sind. Haltet nichts desto weniger aus, stehet unerschüttert auf dem Standorte, den euch die Vorsehung angewiesen, und lasset alles über euch ergehen, wie euch euer Gesetzgeber lange vorher verkündiget hat.

In der That sehe ich nicht, wie diejenigen, die in dem Hause Jakobs geboren sind, sich auf irgend eine gewissenhafte Weise, vom Gesetze entledigen können. Es ist uns erlaubt, über das Gesetz nachzudenken, seinen Geist zu erforschen, hier und da, wo der Gesetzgeber keinen Grund angegeben, einen Grund zu vermuthen, | der *vielleicht* an Zeit und Ort und Umstände gebunden gewesen, *vielleicht* mit Zeit und Ort und Umständen verändert werden kann – wenn es dem allerhöchsten Gesetzgeber gefallen wird, uns seinen Willen darüber zu erkennen zu geben; so laut, so öffentlich, so über alle Zweifel und Bedenklichkeit hinweg zu erkennen zu geben, als Er das Gesetz selbst gegeben hat. So lange dieses nicht geschiehet, so lange wir keine so authentische Befreyung von Gesetze aufzuweisen haben, kann uns unsere Vernünfteley nicht von dem strengen Gehorsam befreyen, den wir dem Gesetze schuldig sind, und die Ehrfurcht vor Gott ziehet eine Gränze zwischen Spekulation und Ausübung, die kein Gewissenhafter überschreiten darf. Darum wiederhole ich meine vorausgeschickte Protestation: Schwach und kurzsichtig ist des Menschen Auge! Wer kann sagen: ich bin in das Heiligtum Gottes gekommen, habe das System seiner Absichten ganz durchschauet, und weis ihnen Maaß und Ziel und Gränze zu bestimmen? Ich kann vermuthen, aber nicht entscheiden, aber nicht nach meiner Vemuthung handeln – Darf ich doch in menschlichen | Dingen mich nicht erdreisten, aus eigener Vermuthung und Gesetzdeuteley, ohne Autorität des Gesetzgebers oder Gesetzverwe-||sers, dem Gesetze zuwider zu handeln; um wie viel weniger in göttlichen Dingen? Gesetze, die mit Landeigentum und Landeseinrichtung in nothwendiger Verbindung stehen, führen ihre Befreyung mit sich. Ohne Tempel und Priestertum und ausserhalb Judäa, finden weder Opfer noch Reinigungsgesetz, noch priesterliche Abgabe Statt, in so weit sie vom Landeigentume abhängen. Aber persönliche Gebote, Pflichten die dem Sohne Israels, ohne Rücksicht auf Tempeldienst und Landeigentum in Palästina, auferlegt worden sind, müssen, so viel wir einsehen können, strenge nach den Worten des Gesetzes beobachtet werden, bis es dem Allerhöchsten gefallen wird, unser Gewissen zu beruhigen, und die Abstellung derselben laut und öffentlich bekannt zu machen.

Hier heißt es offenbar: was Gott gebunden hat, kann der Mensch nicht lösen. Wenn auch einer von uns zur christlichen Religion übergehet; so begreife ich nicht, wie er dadurch sein | Gewissen zu befreyen, und sich von dem Joche des Gesetzes zu entledigen glauben kann? Jesus von Nazareth hat sich nie verlauten lassen, daß er gekommen sey, das Haus Jakob von dem Gesetze zu entbinden. Ja, er hat vielmehr mit ausdrücklichen Worten das Gegentheil gesagt; und was noch mehr ist, hat selbst das Gegentheil gethan. Jesus von Nazareth hat selbst nicht nur das Gesetz Moses; sondern auch die Satzungen der Rabbinen beobachtet, und was in den von ihm aufgezeichneten Reden und Handlungen dem zuwider zu seyn scheinet, hat doch in der That nur dem ersten Anblicke nach, diesen Schein. Genau untersuchet, stimmet alles nicht nur mit der Schrift, sondern auch mit der Ueberlieferung völlig überein. Wenn er gekommen ist, der eingerissenen Heucheley und Scheinheiligkeit zu steuern; so wird er sicherlich nicht das erste Beyspiel zur Scheinheiligkeit gegeben, und ein Gesetz durch Beyspiel autorisirt haben, das abgestellt und aufgehoben seyn sollte. Aus seinem ganzen Betragen, so wie aus dem Betragen seiner Jünger in der ersten Zeit, leuchtet vielmehr der rabbinische Grund-Isatz augenscheinlich hervor: *Wer nicht im Gesetze geboren ist, darf sich an das Gesetz nicht binden; wer aber im Gesetze geboren ist, muß nach dem Gesetze leben, und nach dem Gesetze sterben.* Haben seine Nachfolger in spätern Zeiten anders gedacht, und auch die Juden, die ihre Lehre annahmen, entbinden zu können geglaubt; so ist es sicherlich ohne seine Autorität geschehen.

Und ihr, lieben Brüder und Mitmenschen! die ihr der Lehre Jesu fol-Iget, solltet uns verargen, wenn wir das thun, was der Stifter eurer Religion selbst gethan, und durch sein Ansehen bewährt hat? Ihr solltet glauben, uns nicht brüderlich wieder lieben, euch mit uns nicht bürgerlich vereinigen zu können, so lange wir uns durch das Zeremonialgesetz äusserlich unterscheiden, nicht mit euch essen, nicht von euch heurathen, das, so viel wir einsehen können, der Stifter eurer Religion selbst weder gethan, noch uns erlaubt haben würde? – Wenn dieses, wie wir von christlich gesinnten Männern nicht vermuthen können, eure wahre Gesin-Inung seyn und bleiben sollte; wenn die bürgerliche Vereinigung unter keiner andern Bedingung zu erhalten, als wenn wir von dem Gesetze abweichen, das wir für uns noch für verbindlich halten; so thut es uns herzlich leid, was wir zu erklären für nöthig erachten: so müssen wir lieber auf bürgerliche Vereinigung Verzicht thun; so mag der Menschenfreund *Dohm* vergebens geschrieben haben, und alles in dem leidlichen Zustande bleiben, in welchem es itzt ist, oder in welchen es eure Menschenliebe zu versetzen, für gut findet. Es stehet nicht bey uns, hierin nachzugeben; aber es stehet bey uns, wenn wir rechtschaffen sind, euch dennoch brüderlich zu lieben, und brüderlich zu flehen, unsere Lasten, so viel ihr könnet, erträglich zu machen. Betrachtet uns, wo nicht als Brüder und Mitbürger, doch wenigstens als Mitmenschen und Miteinwohner des Landes. Zeiget uns Wege und gebet uns Mittel an die Hand, wie wir bessere Menschen und bessere Miteinwohner werden können, und lasset uns, so viel es Zeit und Umstände erlauben, die Rechte der Menschheit mit genießen. Von dem I Gesetze können wir mit gutem Gewissen nicht weichen, und was nützen euch Mitbürger ohne Gewissen?

„Wie kann aber auf diese Weise die Prophezeyung in Erfüllung kommen, daß dereinst nur ein *Hirt und eine Heerde* seyn soll?"

Lieben Brüder! die ihr es mit den Menschen wohlmeinet, lasset euch nicht bethören! Um dieses allgegenwärtigen Hirten zu seyn, braucht weder die ganze Heerde auf Einer Flur zu weiden, noch durch Eine Thür in des Herrn Haus ein und auszugehen. Dieses ist weder dem Wunsch des Hirten gemäß, noch dem Gedeien der Heerde zuträglich. Ob man die Begriffe vertauscht, oder geflissentlich zu verwirren sucht? Man stellet euch vor, Glaubensvereinigung sey der nächste Weg zur Bruderliebe und Bruderduldung, die ihr Gutherzigen so sehnlich wünschet. Wenn wir alle nur Einen Glauben haben, wollen verschiedene euch einbilden; so können wir uns einander des Glaubens, der Ver-Ilschiedenheit der Meinungen halber, nicht mehr hassen; so ist Religionshaß | und Verfolgungssucht bey der Wurzel gefaßt und ausgerottet; so ist der Heucheley die Geissel, und dem Fanatismus das Schwerdt aus der Hand gewunden, und die glücklichen Tage treten ein, da es heißt: *der Wolf wird mit dem Lamme wohnen, und der Leopard neben der Ziege* u. s. w. – Sie, die Sanftmüthigen, die dieses in Vorschlag bringen, sind bereit Hand ans Werk zu legen; sie wollen als Unterhändler zusammentreten und sich die menschenfreundliche Mühe geben, einen Glaubensvergleich zu Stande zu bringen; um Wahrheiten wie um *Rechte,* wie um feiles Kaufmannsgut, zu handeln, wollen fordern, bieten, dingen, abdrohen und abbitten, übereilen und überlisten, bis die Parteyen sich einander in die Hände schlagen, und der Vertrag zur Glückseligkeit des menschlichen Geschlechts niedergeschrieben werden kann. Viele, die ein solches Vorhaben zwar als chimärisch und unausführbar verwerfen, sprechen doch von der Glaubenseinigkeit, als von einem sehr wünschenswerthen Zustande, und bedauern das menschliche Geschlecht mit Leidwesen, daß | dieser Gipfel der Glückseligkeit, durch menschliche Kräfte, nicht zu erreichen stehe. – Hütet euch, Menschenfreunde! solchen Gesinnungen, ohne die genaueste Prüfung, Gehör zu geben. Es können Fallstricke seyn, die der ohnmächtig gewordene Fanatismus der Gewissensfreyheit legen will. Ihr wisset, dieser Feind des Guten ist von mancherley Gestalt und Form; Löwenwut und Lammesart, Taubeneinfalt und Schlangenlist, keine Eigenschaft ist ihm so fremd, daß er sie nicht entweder besitze, oder anzunehmen verstehe, um seine blutdürstigen Absichten zu erreichen. Da ihm, durch eure wohlthätigen Bemühungen die offene Gewalt benommen ist, so nimmt er vielleicht die Maske der Sanftmuth an, um euch zu hintergehen, heuchelt Bruderliebe, gleißet Menschenduldung, und schmiedet heimlich die Ketten schon, die er der Vernunft anzulegen gedenkt, um sie unversehens wieder in den Pful der Barbarey zu stürzen, aus der ihr sie zu ziehen angefangen.* | ||

Man glaube nicht, daß dieses eine blos eingebildete Furcht sey, die etwa Hypochondrie zur Mutter hat. Im Grunde kann eine Glaubensvereinigung, wenn sie je zu Stande kommen sollte, keine andere als die unseligsten Folgen für Vernunft und Gewissensfreyheit haben. Denn gesetzt, man vereinige sich über die Glaubensformel, die man einzuführen und fest- zusetzen | denkt; man bringe Symbolen zu Stande, wider welche keine von den itzt in Europa herrschenden Religionsparteyen etwas einzuwenden findet. Was ist dadurch aus- gerichtet? Etwa, daß ihr alle über Religionswahrheiten eben dasselbe denket? – Wer von

---

* Auch die Ohngötterey hat, wie eine leidige Erfahrung lehrt, ihren Fanatismus. Zwar hat dieser vielleicht nie ohne eine Vermischung von *innerer* Ohngötterey wüthend werden können. Daß aber auch *äusserer, offenbarer* Atheismus fanatisch werden könne, ist so unleugbar als schwer zu begreifen. So sehr der Atheist, wenn er bündig seyn will, alles aus *Eigennutz* thun muß, und so wenig es diesem gemäß zu seyn scheinet, wenn der Atheist Partey zu machen, und das Geheimniß nicht für sich zu behalten suchet; so hat man ihn doch seine Lehren mit dem hitzigsten Enthusi- asmus predigen, und wüthend werden, ja verfolgen gesehen, wenn seine Predigt nicht Eingang finden wollte. Und schrecklich ist der Eifer, wenn er einen erklärten Atheisten beseelt; wenn die Unschuld einem Wüterich in die Hände fällt, *der alles fürchtet, nur keinen* Gott.

der Natur des menschlichen Geistes nur einigen Begriff hat, kann sich dieses nicht beykommen lassen. Also bloß in den Worten, in der Formel läge die Uebereinstimmung. Dazu
wollen die Glaubensvereiniger sich zusammenthun; sie wollen hier und da von den Begriffen etwas abzwacken, hier und da die Maschen der Worte so lange erweitern, sie so unbestimmt und weitschichtig machen, daß sich die Begriffe, ihrer innern Verschiedenheit ungeachtet, noch zur Noth hineinzwängen lassen. Ein jeder verbände alsdann im Grunde mit
denselben Worten eine andere ihm eigene Meynung, und ihr rühmet euch, den Glauben
der Menschen vereiniget, die Heerde unter ihren einigen Hirten gebracht zu haben? O
wenn diese allgemeine Gleißnerey überall einen Endzweck haben soll; so fürchte ich, man
will den freygewordnen Geist der Menschen nur | vorerst wieder in Schranken eingesperrt
haben. Das scheue Wild wird sich alsdann schon fangen, und den Kappzaum umwerfen
lassen. Bindet den Glauben nur erst an Symbolen, die Meinung an Worte, so bescheiden
und nachgebend ihr immer wollet; setzet nur ein für allemal die Artikel fest: Wehe dem
Elenden alsdann, der einen Tag später kömmt, und auch an diesen *bescheidenen, geläuterten* Worten etwas auszusetzen findet! Er ist ein Friedensstörer! Zum Scheiterhaufen mit
ihm!

Brüder! ist es euch um wahre Gottseligkeit zu thun; so lasset uns keine Uebereinstimmung lügen, wo Mannigfaltigkeit offenbar Plan und Endzweck der Vorsehung ist. Keiner
von uns denkt und empfindet vollkommen so, wie sein Nebenmensch; warum wollen wir
denn einan-||der durch trügliche Worte hintergehen? Thun wir dieses schon leider! in unserm
täglichen Umgange, in unsern Unterhaltungen, die von keiner sonderlichen Bedeutung
sind; warum denn noch in solchen Dingen, die unser zeitliches und ewiges Wohl, unsere
ganze Bestim-|mung angehen. Warum uns einander in den wichtigsten Angelegenheiten
unsers Lebens durch Mummerey unkenntlich machen, da Gott einem jeden nicht umsonst
seine eigenen Gesichtszüge eingeprägt hat? Heißt dieses nicht, so viel an uns liegt, sich der
Vorsehung widersetzen, den Zweck der Schöpfung, wenn es möglich ist, vereiteln; unserm
Beruf, unserer Bestimmung in diesem und jenem Leben geflissentlich zuwider handeln? –
Regenten der Erde! wenn es einem unbedeutenden Mitbewohner derselben vergönnt ist,
seine Stimme bis zu euch zu erheben; trauet den Räthen nicht, die euch mit glatten Worten
zu einem so schädlichen Beginnen verleiten wollen. Sie sind entweder selbst verblendet,
und sehen den Feind der Menschheit nicht, der im Hinterhalt lauret, oder suchen euch zu
verblenden. Es ist gethan, um unser edelstes Kleinod, um die Freiheit zu denken, wenn ihr
ihnen Gehör gebet! Um eurer und unserer aller Glückseligkeit willen, *Glaubensvereinigung
ist nicht Toleranz;* ist der wahren Duldung grade entgegen! Um eurer und unserer Glücks-
ligkeit willen, gebet euer vielvermögendes Ansehen nicht | her, irgend eine *ewige Wahr-
heit,* ohne welche die bürgerliche Glückseligkeit bestehen kann, in ein *Gesetz;* irgend eine
dem Staate gleichgültige *Religionsmeinung* in *Landesverordnung* zu verwandeln! Haltet
auf *Thun* und *Lassen* der Menschen; ziehet dieses vor den Richterstuhl weiser Gesetze,
und überlasset uns das *Denken* und *Reden,* wie es uns unser aller Vater, zum unveräusser-
lichen Erbgute beschieden, als ein unwandelbares Recht eingegeben hat. Ist etwa die Verbindung zwischen *Recht* und *Meinung* zu *verjähret,* und der Zeitpunkt noch nicht gekom-

men, daß sie, ohne besorglichen Schaden, völlig aufgehoben werden könne; so suchet wenigstens ihren verderblichen Einfluß, so viel an euch ist, zu mildern, dem zu grau gewordenen Vorurtheile* weise Schranken zu setzen. Bahnet einer glücklichen Nachkommenschaft wenigstens den Weg zu jener Höhe der Cultur, zu jener allgemeinen Menschendul-|dung, nach welcher die Vernunft noch immer vergebens seufzet! Belohnet und bestrafet keine Lehre, locket und ‖ bestechet zu keiner Religionsmeinung! Wer die öffentliche Glückseligkeit nicht stöhret, wer gegen die bürgerlichen Gesetze, gegen euch und seine Mitbürger rechtschaffen handelt, den lasset sprechen, wie er denkt, Gott anrufen nach seiner oder seiner Väter Weise, und sein ewiges Heil suchen, wo er es zu finden glaubet. Lasset niemanden in euern Staaten Herzenskündiger und Gedankenrichter seyn; niemanden ein Recht sich anmaßen, das der Allwissende sich allein vorbehalten hat! Wenn wir *dem Kaiser geben, was des Kaisers ist;* so gebet ihr selbst *Gotte, was Gottes ist! Liebet die Wahrheit! Liebet den Frieden!*

---

* Leider! hören wir auch schon den Congreß in Amerika das alte Lied anstimmen, und von einer *herrschenden Religion* sprechen.

Ueber die Frage: was heißt aufklären?

1784

Berlinische
Monatsschrift.

Herausgegeben

von

F. Gedike und **J. E. Biester.**

Vierter Band.

Julius bis December 1784.

Berlin, 1784.

Bei Haude und Spener.

Erstdruck in: Berlinische Monatsschrift, September 1784, S. 193–200. [hier: |]
JubA, Bd. 6.1, S. 113–119. [hier: ||]

Ausgangspunkt dieser kleinen Abhandlung sind zwei Debatten in der sogenannten Mittwochsgesell-schaft, einer 1783 gegründeten Berliner Aufklärungsgesellschaft, der neben Mendelssohn auch so bekannte und einflußreiche Berliner Aufklärer wie Suarez, Klein, Spalding, Engel, Nicolai, Diet-rich, Schmid, Dohm, von Irwing, Selle, Gebhard, von Benicke und Struensee angehörten. Die eine der Debatten wurde durch einen Vortrag des königlichen Leibarztes Johann Carl Wilhelm Moehsen (1722–1795) am 17.12.1783 eröffnet, der genau bestimmt wissen wollte, was Aufklärung und was die Ursache ihres Mißlingens sei. Die zweite Debatte wurde ausgelöst durch einen Aufsatz des Berliner Pastors Johann Friedrich Zöllner (1753–1804) in der Berlinischen Monatsschrift *vom Dezember 1783, in dem Zöllner sich gegen die Zivilehe ausgesprochen hatte. In einer Anmerkung stellte er die provozierende Frage: „Was ist Aufklärung? Diese Frage, die beinahe so wichtig ist, als: Was ist Wahrheit, sollte doch wohl beantwortet werden, ehe man aufzuklären anfinge!"*
Diese Fragen waren der Anlaß einer der folgenreichsten Diskussionen in der deutschen Spätauf-klärung. Mendelssohns Beitrag, dessen Handschrift das Datum des 16. Mai 1784 trägt, ist aus diesen Diskussionen hervorgegangen und wurde in der Mittwochsgesellschaft mündlich vorgetra-gen. Kants berühmter Aufsatz Beantwortung der Frage: Was ist Aufklärung? *ist hingegen ein vom Herausgeber Biester angeregter externer Beitrag in der* Berlinischen Monatsschrift, *der unabhän-gig von Mendelssohns Beitrag entstand und nach diesem im Dezember 1784 publiziert wurde. Mit dem Abdruck dieser Beiträge war die* Berlinische Monatsschrift *als eine der wichtigsten Zeitschrif-ten der deutschen Aufklärung etabliert.*
Mendelssohns Antwort auf die Titelfrage, die vor Kants berühmtem Beitrag schon im September 1784 in der Berlinischen Monatsschrift *erschien, ordnet Aufklärung und Kultur einem übergreifen-den Begriff von Bildung unter. Aufklärung als theoretische Tätigkeit, als Bemühung um vernünftige Erkenntnis und die Fertigkeit zum vernünftigen Nachdenken, wird neben die Kultur als praktische Tätigkeit, Fertigkeit und Bemühung in Handwerken, Künsten und Geselligkeit gestellt: Aufklärung und Kultur als Theorie und Praxis tragen gemeinsam zur intellektuellen, emotionalen, kulturellen und gesellschaftlichen Bildung des Menschen als Individuum und zur Bildung des ganzen Men-schengeschlechts bei. Bildung ist für Mendelssohn eine kontinuierliche Aufgabe: Sie gehört zur Bestimmung des Menschen, die in der Selbstvervollkommnung des Menschen angesichts seiner angeborenen seelischen, leiblichen und intellektuellen Unvollkommenheit besteht. Aufklärung als zentrales Element von Bildung gehört damit, wie auch die menschliche Kultur in ihren mannigfal-tigen Facetten, zur Bestimmung des Menschen: Sie ist sozusagen der theoretische Anteil seiner Bestimmung zur Selbstvervollkommnung und zur Vervollkommnung aller menschlichen Wesen. Die Aufklärung ist zugleich immer gefährdet, denn „Missbrauch der Aufklärung schwächt das morali-sche Gefühl, führt zu Hartsinn, Egoismus, Irreligion, und Anarchie."*

Literatur:
Norbert Hinske (Hg.): Was ist Aufklärung? Beiträge aus der Berlinischen Monatsschrift, Darm-stadt 1973; Norbert Hinske: Mendelssohns Beantwortung der Frage: Was ist Aufklärung? oder Über die Aktualität Mendelsssohns, in: Norbert Hinske (Hg.): Ich handle mit Vernunft. Moses Mendelssohn und die europäische Aufklärung, Hamburg 1981, S. 85–117; Christoph Schulte: Kant und Mendelssohn. Oder wie ein preußischer Professor und ein Jude die Aufklärung unterschied-lich verstehen, in: Günther Lottes, Uwe Steiner (Hg.), Immanuel Kant. German Professor and World-Philosopher, Hannover 2007, S. 87–105.

Ueber die Frage: was heißt aufklären?

Die Worte *Aufklärung*, *Kultur*, *Bildung* sind in unsrer Sprache noch neue Ankömmlinge. Sie gehören vor der Hand bloß zur Büchersprache. Der gemeine Haufe verstehet sie kaum. Sollte dieses ein Beweis sein, daß auch die Sache bei uns noch neu sei? Ich glaube nicht. Man sagt von einem gewissen Volke, daß es kein bestimmtes Wort für *Tugend*, keines für *Aberglauben* habe; ob man ihm gleich ein nicht geringes Maaß von beiden mit Recht zuschreiben darf.

Indessen hat der Sprachgebrauch, der zwischen diesen gleichbedeutenden Wörtern einen Unterschied angeben zu wollen scheint, noch nicht Zeit gehabt, die Grenzen derselben festzusetzen. Bildung, Kul-|tur und Aufklärung sind Modifikationen des geselligen Lebens; Wirkungen des Fleißes und der Bemühungen der Menschen ihren geselligen Zustand zu verbessern.

Je mehr der gesellige Zustand eines Volks durch Kunst und Fleiß mit der Bestimmung des Menschen in Harmonie gebracht worden; desto mehr *Bildung* hat dieses Volk.

Bildung zerfällt in *Kultur* und *Aufklärung*. Jene scheint mehr auf das *Praktische* zu gehen: auf Güte Feinheit und Schönheit in Handwerken Künsten und Geselligkeitssitten (objektive); auf Fertigkeit, Fleiß und Geschiklichkeit in jenen, Neigungen Triebe und Gewohnheit in diesen (subjektive). Je mehr diese bei einem Volke der Bestimmung des Menschen entsprechen, desto mehr Kultur wird demselben beigelegt; so wie einem Grundstücke desto mehr Kultur und Anbau zugeschrieben wird, je mehr es durch den Fleiß der Menschen in den Stand gesetzt worden, dem Menschen nützliche Dinge hervorzubringen. – Aufklärung hingegen scheinet sich mehr auf das *Theoretische* zu beziehen. Auf vernünftige Erkenntniß (objekt.) und Fertigkeit (subj.) zum vernünftigen Nachdenken, über Dinge des menschlichen Lebens, nach Maaßgebung ihrer Wichtigkeit und ihres Einflusses in die Bestimmung des Menschen.

Ich setze allezeit die Bestimmung des Menschen als Maaß und Ziel ‖ aller unserer Bestrebungen und | Bemühungen, als einen Punkt, worauf wir unsere Augen richten müssen, wenn wir uns nicht verlieren wollen.

Eine Sprache erlanget *Aufklärung* durch die Wissenschaften, und erlanget *Kultur* durch gesellschaftlichen Umgang, Poesie und Beredsamkeit. Durch jene wird sie geschikter zu theoretischem, durch diese zu praktischem Gebrauche. *Beides zusammen* giebt einer Sprache die *Bildung*.

Kultur im äußerlichen heißt *Politur*. Heil der Nation, deren Politur Wirkung der Kultur und Aufklärung ist; deren äußerliche Glanz und Geschliffenheit innerliche, gediegene Aechtheit zum Grunde hat!

Aufklärung verhält sich zur Kultur, wie überhaupt Theorie zur Praxis; wie Erkenntniß zur Sittlichkeit; wie Kritik zur Virtuosität. An und für sich betrachtet, (objektive) stehen sie in dem genauesten Zusammenhange; ob sie gleich subjektive sehr oft getrennt sein können.

Man kann sagen: die Nürnberger haben mehr Kultur, die Berliner mehr Aufklärung; die Franzosen mehr Kultur, die Engländer mehr Aufklärung; die Sineser viel Kultur und wenig Aufklärung. Die Griechen hatten beides, Kultur und Aufklärung. Sie waren eine *gebildete* Nation, so wie ihre Sprache eine *gebildete* Sprache ist. – Ueberhaupt ist die Sprache eines Volks die beste Anzeige seiner | Bildung, der Kultur sowohl als der Aufklärung, der Ausdehnung sowohl als der Stärke nach.

Ferner läßt sich die Bestimmung des Menschen eintheilen, in: 1) Bestimmung des Menschen als *Mensch*, und 2) Bestimmung des Menschen als *Bürger* betrachtet.

In Ansehung der Kultur fallen diese Betrachtungen zusammen; indem alle praktische Vollkommenheiten bloß in Beziehung auf das gesellschaftliche Leben einen Werth haben, also einzig und allein der Bestimmung des Menschen, als Mitglieder der Gesellschaft, entsprechen müssen. Der *Mensch* als *Mensch* bedarf *keiner Kultur*, aber er bedarf *Aufklärung*.

Stand und Beruf im bürgerlichen Leben bestimmen eines jeden Mitgliedes Pflichten und Rechte, erfordern nach Maaßgebung derselben andere Geschiklichkeit und Fertigkeit, andere Neigungen, Triebe, Geselligkeitssitten und Gewohnheiten, eine andere *Kultur* und *Politur*. Je mehr diese durch alle Stände mit ihrem Berufe, d. i. mit ihren respektiven Bestimmungen als Glieder der Gesellschaft übereinstimmen; desto mehr Kultur hat die Nation.

Sie erfordern aber auch für jedes Individuum, nach Maaßgebung seines ‖ Standes und Berufs andere theoretische *Einsichten*, und andere Fertigkeit dieselben zu erlangen, einen andern Grad der *Aufklärung*. Die *Aufklärung*, die den Menschen als *Mensch* interessirt, ist *allgemein* ohne Unter-|schied der Stände; die Aufklärung des Menschen als Bürger betrachtet, modificirt sich nach *Stand* und *Beruf*. Die Bestimmung des Menschen setzet hier abermals seiner Bestrebung Maaß und Ziel.

Diesem nach würde die Aufklärung einer Nation sich verhalten, 1) wie die Masse der Erkenntniß, 2) deren Wichtigkeit, d. i. Verhältniß zur Bestimmung a) des Menschen und b) des Bürgers, 3) deren Verbreitung durch alle Stände, 4) nach Maaßgabe ihres Berufs; und also wäre der Grad der Volksaufklärung nach einem wenigstens vierfach zusammengesetzten Verhältnisse zu bestimmen, dessen Glieder zum Theile selbst wiederum aus einfachern Verhältnißgliedern zusammengesetzt sind.

Menschenaufklärung kann mit Bürgeraufklärung in Streit kommen. Gewisse Wahrheiten, die dem Menschen, als Mensch, nützlich sind, können ihm als Bürger zuweilen schaden. Hier ist folgendes in Erwegung zu ziehen. Die Kollision kann entstehen zwischen 1) wesentlichen, oder 2) zufälligen Bestimmungen des Menschen, mit 3) wesentlichen, oder 4) mit außerwesentlichen zufälligen Bestimmungen des Bürgers.

Ohne die wesentlichen Bestimmungen des Menschen sinkt der Mensch zum Vieh herab; ohne die außerwesentlichen ist er kein so gutes herrliches Geschöpf. Ohne die wesentlichen Bestimmungen des Menschen als Bürgers, hört die Staatsverfassung auf zu sein; ohne die außerwesentlichen bleibt | sie in einigen Nebenverhältnissen nicht mehr dieselbe.

Unglükselig ist der Staat, der sich gestehen muß, daß in ihm die wesentliche Bestimmung des Menschen mit der wesentlichen des Bürgers nicht harmoniren, daß die Aufklärung, die der Menschheit unentbehrlich ist, sich nicht über alle Stände des Reichs ausbreiten könne; ohne daß die Verfassung in Gefahr sei, zu Grunde zu gehen. Hier lege die Philosophie die Hand auf den Mund! Die Nothwendigkeit mag hier Gesetze vorschreiben, oder vielmehr die Fesseln schmieden, die der Menschheit anzulegen sind, um sie nieder zu beugen, und beständig unterm Druke zu halten!

Aber wenn die außerwesentlichen Bestimmungen des Menschen mit den wesentlichen oder außerwesentlichen des Bürgers in Streit kommen; so müssen Regeln festgesetzt werden, nach welchen die Ausnahmen geschehen, und die Kollisionsfälle entschieden werden sollen. ‖

Wenn die wesentlichen Bestimmungen des Menschen unglüklicherweise mit seinen außerwesentlichen Bestimmungen selbst in Gegenstreit gebracht worden sind; wenn man gewisse nützliche und den Menschen zierende Wahrheit nicht verbreiten darf, ohne die ihm nun einmal beiwohnenden Grundsätze der Religion und Sittlichkeit niederzureißen; so wird der tugendliebende Aufklärer mit Vorsicht und Behutsamkeit verfahren, und lieber das Vorurtheil dulden, | als die mit ihm so fest verschlungene Wahrheit zugleich mit vertreiben. Freilich ist diese Maxime von je her Schutzwehr der Heuchelei geworden, und wir haben ihr so manche Jahrhunderte von Barbarei und Aberglauben zu verdanken. So oft man das Verbrechen greifen wollte, rettete es sich ins Heiligthum. Allein dem ungeachtet wird der Menschenfreund, in den aufgeklärtesten Zeiten selbst noch immer auf diese Betrachtung Rüksicht nehmen müssen. Schwer, aber nicht unmöglich ist es, die Grenzlinie zu finden, die auch hier Gebrauch von Misbrauch scheidet. –

Je edler ein Ding in seiner Vollkommenheit, sagt ein hebräischer Schriftsteller, *desto gräßlicher in seiner Verwesung.* Ein verfaultes Holz ist so scheußlich nicht, als eine verwesete Blume; diese nicht so ekelhaft, als ein verfaultes Thier; und dieses so gräßlich nicht, als der Mensch in seiner Verwesung. So auch mit Kultur und Aufklärung. Je edler in ihrer Blüte; desto abscheulicher in ihrer Verwesung und Verderbtheit.

Mißbrauch der Aufklärung schwächt das moralische Gefühl, führt zu *Hartsinn, Egoismus, Irreligion,* und *Anarchie.* Misbrauch der Kultur erzeuget *Ueppigkeit, Gleißnerei, Weichlichkeit, Aberglauben,* und *Sklaverei.*

Wo Aufklärung und Kultur mit gleichen Schritten fortgehen; da sind sie sich einander die besten Verwahrungsmittel wider die Korruption. Ihre | Art zu verderben ist sich einander schnurstraks entgegengesetzt.

Die Bildung einer Nation, welche nach obiger Worterklärung aus Kultur und Aufklärung zusammengesetzt ist, wird also weit weniger der Korruption unterworfen sein.

Eine gebildete Nation kennet in sich keine andere Gefahr, als das *Uebermaß* ihrer *Nationalglükseligkeit;* welches, wie die vollkommenste Gesundheit des menschlichen Körpers, schon an und für sich eine Krankheit, oder der Uebergang zur Krankheit genennt werden kann. Eine Nation, die durch die Bildung auf den höchsten Gipfel der Nationalglükseligkeit gekommen, ist eben dadurch in Gefahr zu stür-||zen, weil sie nicht höher steigen kann. – Jedoch dieses führt zu weit ab von der vorliegenden Frage!

Moses Mendelssohn.

Morgenstunden

oder

Vorlesungen
über das Daseyn Gottes

1785

Moses Mendelssohns

Morgenstunden

oder

Vorlesungen

über das Daseyn Gottes.

———

Erster Theil.

═══════

Berlin, 1785.

Bey Christian Friedrich Voß und Sohn.

Erstdruck: Morgenstunden oder Vorlesungen über das Daseyn Gottes. Erster Theil. Berlin, 1785. Bey Christian Friedrich Voß und Sohn. [hier: I]
JubA Bd. 3.2, S. 3–175. [hier: II]

Die Morgenstunden *sind, wie Mendelssohn in seinem Vorbericht angibt, aus privaten Vorlesungen hervorgegangen, die er in seinem Haus in der Spandauer Straße seinem Sohn Joseph, seinem Schwiegersohn Simon Veit und Bernhard Wessely in freien Vormittagsstunden gehalten hat. Mendelssohn unternimmt in den* Morgenstunden *den Versuch, gegen Kants umfassende Kritik aller Gottesbeweise in dessen* Kritik der reinen Vernunft *(1781) den ontologischen Gottesbeweis zu rekonstituieren, nachdem er zuvor Lessing als „geläuterten Pantheisten" verteidigt hat.*
In den ersten sieben Vorlesungen (I–VII) etabliert Mendelssohn unter dem Titel „Vorerkenntnis. Ueber Wahrheit, Schein und Irrthum" propädeutisch seine Begrifflichkeit und seine Wahrheitskriterien. In den Vorlesungen VIII bis XVII dann erläutert er „Wissenschaftliche Lehrbegriffe vom Daseyn Gottes". Ausgehend von Axiomata (Vorlesung VIII) geht er dort zunächst Lehrbegriffe a posteriori vom Dasein Gottes durch (Vorlesungen IX–XII), dann setzt er sich mit Bezug auf Christian Wolffs Widerlegung des Spinozismus in dessen Theologia naturalis *(1741) (II, §§ 671–716) mit dem Pantheismus auseinander und erläutert die „Unschädlichkeit des geläuterten Pantheismus", um seinen Freund Lessing postum gegen die Attacken Friedrich Heinrich Jacobis zu verteidigen (Vorlesungen XIII–XV): Muß gegen Spinoza die Existenz eines endlichen, freien und unvollkommenen, aber außergöttlichen menschlichen Geistes zugestanden werden, bleibt die Basis für die natürliche Religion und Sittlichkeit erhalten und kann nicht wie bei Jacobi der Atheismus-Vorwurf erhoben werden.*
In Vorlesung XVI und XVII entwickelt Mendelssohn seine beiden eigenen Beweiswege für das Dasein Gottes: Der erste Beweisweg ist ein neuer, von Mendelssohn entwickelter Beweis für das Dasein Gottes aus der Unvollkommenheit menschlicher Erkenntnis: Die Fülle der ganzen Wirklichkeit der Welt kann von der endlichen und unvollkommenen menschlichen Vernunft niemals adäquat erkannt und gedacht werden; alles Wirkliche kann jedoch nicht nur denkbar sein, es muß auch tatsächlich gedacht werden, sonst fallen Begriff und Sache, Denken und Welt auseinander. Die Fülle der Welt tatsächlich zu denken vermag dann tatsächlich nur der unendliche göttliche Verstand.
Der zweite Beweisweg Mendelssohns schließt an die fünfte von Descartes' Meditationen über die Erste Philosophie *(1642) an, in der Descartes argumentiert hatte, zum Begriff der Vollkommenheit Gottes gehöre notwendig auch seine Existenz. Ohne den Namen Kants zu nennen, zitiert Mendelssohn Kants Einwand gegen Descartes, daß „Sein", Existenz, kein reales Prädikat sei, sondern ein bloßer Zusatz zu der Möglichkeit, ein allervollkommenstes Wesen wie Gott zu denken: Gottes Existenz gehört dann nicht zu seiner Essenz. Hiergegen argumentiert Mendelssohn, daß ein vollkommenes, unendliches und notwendiges Wesen wie Gott nur als wirklich und existent gedacht werden könne. Ist nun aber dasjenige notwendige Wesen Gott, das wir als wirklich denken müssen, auch wirklich vorhanden? Hier antwortet Mendelssohn, daß Gott als notwendiges Wesen allerdings wirklich existieren müsse, denn daß ein notwendiges Wesen nicht wirklich sei, ist ein begrifflicher Widerspruch und daher nicht denkbar: Ein notwendiges Wesen kann nicht bisweilen nicht existieren.*

Literatur:
Dominique Bourel: Nachwort: Die Treue und die Freiheit Mendelsohns, in: Moses Mendelssohn: Morgenstunden oder Vorlesungen über das Dasein Gottes, hg. v. Dominique Bourel, Stuttgart 1979, S. 243–266.

Vorbericht.

Folgende Diskurse *über das Daseyn Gottes* enthalten das Resultat alles dessen, was ich über diesen wichtigen Gegenstand unsres Forschens vormals nachgelesen und selbst gedacht habe. Seit zwölf bis funfzehn Jahren befinde ich mich nehmlich in dem äußersten Unvermögen, meine Kenntnisse zu erweitren. Eine sogenannte Nervenschwäche, der ich seitdem unterliege, verbietet mir jede Anstrengung des Geistes, und, welches den Aerzten selbst sonderbar vor-|kömmt, sie erschweret mir das Lesen fremder Gedanken fast noch mehr, als eigenes Nachdenken. Ich kenne daher die Schriften der großen Männer, die sich unterdessen in der Methaphysik hervorgethan, die Werke *Lamberts, Tetens, Plattners* und selbst des alles zermalmenden *Kants*, nur aus unzulänglichen Berichten meiner Freunde oder aus gelehrten Anzeigen, die selten viel belehrender sind. Für mich stehet also diese Wissenschaft noch itzt auf dem Punkte, auf welchem sie etwa um das fünf und siebenzigste Jahr dieses Jahrhunderts gestanden hat; denn so lange ist es her, daß ich genöthiget bin, mich von ihr zu entfernen; wiewohl ich es doch nie über mich habe erhalten können, der Philosophie völlig Abschied zu geben; so sehr ich auch mit mir selbst gekämpft habe. Ach! sie war in bessern Jahren meine treueste Gefährtinn, mein einziger Trost in allen | Widerwärtigkeiten dieses Lebens; und itzt mußte ich ihr auf allen Wegen ausweichen, wie einer Todfeindinn: oder, welches noch härter ist, sie scheuen, wie eine verpestete Freundinn, die selbst mich warnet, allen Umgang mit ihr zu meiden. Ich hatte nicht Selbstverleugnung genug, ihr zu gehorchen. Es erfolgten von Zeit zu Zeit verstohlne Uebertretungen; wiewohl nie ohne reuevolle Büßung.

Mittlerweile wuchs mein Sohn J. heran, und die gute Anlage, die er zeigte, machte es mir zur Pflicht, ihn frühzeitig zur vernünftigen Erkenntniß Gottes anzuführen. Zuvörderst ließ ich ihn nach eigenem Gefallen selbst lesen und Ideen sammeln. Ich bin der Meynung, ‖ daß man beym Studium der Philosophie, so wie bey Erlernung der Sprachen, mit dem Gebrauch den Anfang machen, und mit der Regel endigen | müsse. Das Studium der Form ist weder nützlich noch angenehm, wenn nicht die Anwendung beständig zur Seite gehen kann; und wie ist dieses möglich, wenn noch keine brauchbare Materialien angeschafft sind? Ich ließ ihn also zuerst, Materie zusammentragen, und nun war es Zeit Form und Regel hinein zu bringen, und ihm zum ordentlichen und methodischen Nachdenken über diese wichtige Materie die erforderliche Anleitung zu geben.

Ich entschloß mich, die wenigen Stunden des Tages, in welchen ich noch heiter zu seyn pflege, die *Morgenstunden*, ihm zu diesem Behuf zu widmen, und hatte das Vergnügen, daß mein Schwiegersohn S. und auch W., der Sohn einer Familie, mit der ich seit vielen Jahren in freundschaftlicher Verbindung stehe, an unsren Bemühungen Theil nehmen wollten. Diese drey | Jünglinge von schätzbaren Geistesgaben und noch beßrem Herzen, besuchten mich in den Morgenstunden; wir unterredeten uns von den Wahrheiten der natürlichen Religion; und wenn ich dazu aufgelegt war, hielt ich ihnen zusammenhangende Vorlesungen über einen und den andern Punkt aus derselben; aber wie leicht zu erachten,

ohne allen Schulzwang. Sie hatten die Freyheit, mich zu unterbrechen, Einwürfe vorzu-
bringen, sie unter sich zu beantworten, und ich brach zuweilen meinen Diskurs ab, um sie
unter sich streiten zu lassen. Auf solche Weise sind die Aufsätze entstanden, davon ich den
ersten Theil hiemit dem Publikum vorlege.

Ich weiß, daß meine Philosophie nicht mehr die Philosophie der Zeiten ist. Die Meinige
hat noch allzusehr den Geruch jener Schule, in welcher ich mich gebildet habe, und die in
der ersten Hälfte des Jahrhun-|derts vielleicht allzueigenmächtig herrschen wollte. Despo-
tismus von jeder Art reizt zur Widersetzlichkeit. Das Ansehen dieser Schule ist seitdem
gar sehr gesunken, und hat das Ansehen der spekulativen Philosophie überhaupt mit in
seinen Verfall gezogen. Die besten Köpfe Deutschlands sprechen seit kurzem von aller
Spekulation mit schnöder Wegwerfung. Man dringet durchgehends auf Thatsachen, hält
sich blos an Evidenz der Sinne, sammelt Beobachtungen, häuft Erfahrungen und Versuche, vielleicht mit allzugroßer Vernachläßigung der allgemeinen Grundsätze. Am Ende
gewöhnt sich der Geist so sehr ans Betasten und Begucken, daß er nichts für || wirklich
hält, als was sich auf diese Weise behandlen läßt. Daher der Hang zum *Materialismus*, der
in unsren Tagen so allgemein zu werden drohet, und von der andern Seite, die Begierde zu
| sehen und zu betasten, was seiner Natur nach nicht unter die Sinne fallen kann, der Hang
zur *Schwärmerey*.

Jedermann gestehet sich, daß das Uebel zu sehr einreißt, daß es Zeit sey, dem Rade
einen Schwung zu geben, um dasjenige wieder empor zu bringen, was durch den Zirkel-
lauf der Dinge zu lange ist unter die Füße gebracht worden. Allein ich bin mir meiner
Schwäche allzusehr bewußt, auch nur die Absicht zu haben, eine solche allgemeine Umwälzung zu bewirken. Das Geschäft sey beßren Kräften aufbehalten, dem Tiefsinn eines
Kants, der hoffentlich mit demselben Geiste wieder aufbauen wird, mit dem er niederge-
rissen hat. Ich begnüge mich mit der eingeschränktern Absicht, meinen Freunden und Nachkommen Rechenschaft zu hinterlassen, von dem, was ich in der Sache für wahr gehalten
habe. Auch hatte ich eine | besondre Veranlassung zur jetzigen Bekanntmachung dieser
Schrift, die ich in dem folgenden Theile näher anzuzeigen Gelegenheit haben werde. Wie
bald dieser erscheinen wird, kann ich für jetzt noch nicht bestimmen. Es wird hauptsächlich von dem Beyfall abhängen, mit welchem das Publikum diesen ersten Theil aufnehmen
wird.

Inhalt der Vorlesungen.

Vorerkentniß von Wahrheit, Schein und Irrthum. | ‖

I.
Was ist Wahrheit?

Indem wir ausgehen, um Wahrheit zu suchen, meine Lieben! so nehmen wir an, daß Wahrheit zu finden sey, und daß es sichere Merkmale gebe, sie von Unwahrheit zu unterscheiden. Wir haben uns also vorläufig die Fragen zu beantworten: 1) Was ist Wahrheit? 2) An welchen Merkmalen wollen wir sie erkennen und von Schein und Irrthum unterscheiden?

Wer nicht anders spricht, als er denkt, der redet die Wahrheit. Wahrheit im Reden ist also Uebereinstimmung zwischen Worten und Gedanken, zwischen Zeichen und bezeichneter Sache. Da sich unsre Gedanken zu ihren Gegenständen gewissermaßen eben so verhalten, wie Zeichen | zum Bezeichneten; so haben einige diese Erklärung allgemein machen, und das Wesen der Wahrheit in die Uebereinstimmung zwischen Worten, Begriff und Sachen setzen wollen. Alle mögliche und würkliche Dinge, haben sie gesagt, sind gleichsam die Urbilder; unsre Begriffe und Gedanken die Abbildungen derselben; und die Worte wie die Schattenrisse der Gedanken. Wenn die Abbildung nichts mehr und nichts weniger enthält, als dem Vorbilde zukömmt, und der Schattenriß richtig andeutet, was in der Abbildung enthalten ist, so ist zwischen allen dreyen die vollständigste Uebereinstimmung, und diese nennen wir *Wahrheit*.

Ist schon diese Erklärung nicht unrichtig, so scheint sie doch nicht fruchtbar zu seyn. Wenn Wahrheit Uebereinstimmung ist; so ist Unwahrheit, Mißstimmung. Also ist Unwahrheit in Gedanken, Mißhelligkeit der Gedanken unter sich, oder mit ihren Urbildern, mit den Gegenständen, denen sie zukommen. Nun giebt es kein Mittel, die Gedanken mit ihren Gegenständen, d. i. die Nachbilder mit ihren Urbildern zu | vergleichen. Wir haben blos die Nachbilder vor uns, und können einzig und allein vermittelst derselben von den Urbildern urtheilen. Wer sagt uns, ob diese Nachbilder treu sind, ob sie nicht mehr oder weniger enthalten, als ihren Urbildern in der That zukömmt, ob es überall Urbilder giebt, denen sie gleichen? Man sieht also, daß uns von dieser Seite wenigstens keine Merkmale angegeben werden, die Wahrheit zu erkennen und von Unwahrheit zu unterscheiden: lasset uns einen andren Weg versuchen. ‖

In Absicht auf die Wahrheit im Sprechen, können wir es bei der vorigen Erklärung bewenden lassen. Wir haben es in unsrer Gewalt, die Worte mit den Gedanken zu vergleichen und zu sehen, in wie weit sie übereinstimmen. Die Gedanken selbst können von zwey verschiedenen Seiten betrachtet werden. Sie gehen entweder das *Denkbare* und *nicht Denkbare*, oder das *Würkliche* und *nicht Würkliche* an. Zuerst also von den Gedanken, in so weit sie denkbar oder nicht denkbar sind. Diese zerfallen abermals in 1) Begriffe, 2) Urtheile, 3) Schlüsse. Die | Begriffe sind wahr, wenn sie Merkmale enthalten, die sich einander nicht aufheben, die also zugleich denkbar sind. Der Begriff eines Zirkels ist wahr; denn die Merkmale, die davon angegeben werden sind einander nicht widersprechend. So ist der Begriff des Zweifels z. B. ein wahrer Begriff, in so weit einem eingeschränkten Wesen die

Wahrheitsgründe fehlen können, einen Satz mehr zu bejahen als zu verneinen. Der Begriff von der Gerechtigkeit, ja von der allervollkommensten Gerechtigkeit, ist ein wahrer Begriff; in so weit alle Merkmale, die in demselben zusammengenommen werden, sich einander nicht aufheben und also zugleich denkbar sind. Die allergrößeste Geschwindigkeit aber ist ein falscher Begriff; denn der allergrößeste Raum und die allerkleinste Zeit, die hier zusammengenommen werden, lassen weder einzeln, noch in der Verbindung, sich denken. Eben also sind die Begriffe von der allerhöchsten Ungerechtigkeit, von einer absoluten Tiefe oder Höhe, von einer Begierde nach dem Bösen als Bösem u. dgl. m. falsche Begriffe; indem wir einsehn können, daß in | den Worten Merkmale zusammengenommen werden, die sich in den Begriffen widersprechen, und also zusammen nicht denkbar sind.

In den Urtheilen werden blos von dem Subjecte die Merkmale einzeln ausgesagt, die in dem Totalbegriff desselben enthalten sind. Urtheile also sind wahr, wenn sie von den Begriffen der Subjecte keine andre Merkmale aussagen, als die in denselben statt finden. Wahrheit in Urtheilen sowohl als in Begriffen kann also abermals in die Uebereinstimmung der Merkmale gesetzt werden, die in einem Begriff zusammengedacht und einzeln von ihm ausgesagt werden.

Alle Vernunftschlüsse gründen sich auf eine richtige Zergliederung der Begriffe. Man kann sich den gesammten Innbegriff der menschlichen Erkenntniß unter dem Bilde eines Baumes vorstellen. Die ‖ äussern Spitzen desselben kommen in Sprößlingen zusammen, diese vereinigen sich in Zweigen, die Zweige in Aesten, und die Aeste treffen endlich in einen Stamm zusammen. Man setze, daß die Fasern des Stammes durch alle Aeste, Zweige und Sprößlinge, so wie die Fasern | der Aeste und Zweige durch alle Unterabtheilungen durchlaufen; daß sie aber bey jeder niedern Abtheilung solche Fasern aufnehmen, die sie in ihrer Abstammung nicht gehabt; so hat man ein sehr treffendes Bild von der Verwandschaft unsrer Begriffe. Alle einzelne Dinge kommen in verschiedene Arten, die Arten in Geschlechter, die Geschlechter in Classen zusammen, und die Classen vereinigen sich zuletzt in einem einzigen Stammbegriff, dessen Merkmale sie alle durchlaufen. Was von einem höhern Begriffe ausgesagt wird, muß auch allen niedrigern Begriffen zukommen; was aber von niedrigern Begriffen, als ihnen eigenthümlich, behauptet wird, kann nur einer Abtheilung des höhern Begriffs, nicht allen, mit gleichem Rechte zugeschrieben werden. Hierauf beruhet alle Bündigkeit unsrer Vernunftschlüße. Die Merkmale des Stammes kommen auch allen Aesten, die Merkmale der Aeste allen Zweigen zu, die aus ihnen entspringen: und so fort bis auf die äußersten Spitzen oder die einzelnen Dinge. Rückwärts hingegen können die eigenthümlichen Merkmale der Zweige nur einer | Abtheilung des Astes; so wie die eigenthümlichen Merkmale des Astes nur einem Theile des allgemeinen Stammes zugeschrieben werden.

Die Wahrheit der Vernunftschlüsse bestehet also nicht weniger in der Möglichkeit oder Unmöglichkeit, gewisse Begriffe und Merkmale in Gedanken zu vereinigen. In so weit also unsre Gedanken als denkbar oder nicht denkbar betrachtet werden, bestehet ihre Wahrheit in der Uebereinstimmung der Merkmale unter sich und mit den Folgen, die daraus gezogen werden. Alle menschliche Erkenntnisse, die, so wie die Mathematik und Logik, blos das Denkbare und nicht Denkbare angehen, erhalten also ihre Gewißheit durch den Satz des Widerspruches, der den höchsten Grad der Evidenz mit sich führet. In den strengen Beweisarten zergliedern wir blos die Begriffe, verfolgen die Merkmale des Stammes, durch alle Aeste und Zweige, vergleichen die gemeinschaftlichen mit den eigenthümlichen Merkmalen, und überzeugen uns dadurch von ihrer Denkbarkeit oder Nicht Denkbarkeit.|

Alle Erkenntniß dieser Art, in so weit sie das Denkbare und Nicht || Denkbare angehet, ist eine Folge von dem richtigen Gebrauch der Vernunft. Nur Mangel der Vernunft oder unrichtiger Gebrauch derselben kann uns auf Unwahrheit verleiten und das Denkbare mit dem Undenkbaren verwechseln lassen. Ferner haben die Wahrheiten, die zu dieser Gattung gehören, das gemeinschaftliche Kennzeichen, daß sie nothwendig und unveränderlich sind, und also von keiner Zeit abhängen. Bey ihnen läßt sich weder ein *war*, noch ein *wird seyn* anbringen. Alles ist, oder ist nicht. Begriffe, die sich mit einander vertragen, hören es nie auf zu thun; und die sich einander fliehen, sind nimmermehr in Verbindung zu bringen.

So nothwendig und unveränderlich aber diese Wahrheiten auch an und für sich selbst sind; so werden wir doch gewahr, daß sie uns nicht immer mit gleicher Lebhaftigkeit beywohnen. Ihre Anwesenheit in uns ist an die Zeit gebunden, ist der Veränderung unterworfen. Wir hatten die Begriffe nicht, sie entstunden, und es kömmt eine Zeit, in welcher sie vielleicht wieder ver-|schwinden können. Sie sind Abänderungen unsers denkenden Wesens, denen als solche eine ideale Würklichkeit zugeschrieben werden kann. Sie sind aber, so wie wir selbst, das Subject dieser Abänderung, nicht nothwendige, sondern zufällige und veränderliche Wesen; sie sind nothwendig denkbar, werden aber nicht von uns nothwendig gedacht; so wie wir selbst unveränderlich denkbare, aber nicht unveränderliche würkliche Wesen sind. Die Sphäre des Würklichen ist also enger eingeschränkt als die Sphäre des Denkbaren; alles Würkliche muß denkbar seyn, aber sehr vieles wird gedacht werden können, dem nie eine Würklichkeit zukommen wird. Die Quelle des Würklichen ist also nicht der Satz des Widerspruches; nicht alles, was sich nicht widerspricht und also denkbar ist, hat deswegen gegründeten Anspruch auf die Würklichkeit; und wir haben einen andern Grundsatz aufzusuchen, der die Gränzlinie des Würklichen und nicht Würklichen mit eben der Bestimmtheit angebe, mit welcher der Satz des Widerspruches das Denkbare vom Nicht Denkbaren unterscheidet. |

Lasset uns sehen, wie wir zur Idee des Würklichen gelangen, und mit welchem Grunde wir von manchen Dingen überführt sind oder überführt zu seyn glauben, daß sie Würklichkeit haben. Der Mensch ist sich selbst die erste Quelle seines Wissens; er muß also von sich selbst ausgehen, wenn er sich von dem, was er weiß, und was er nicht || weiß, Rechenschaft geben will.

Das erste, von dessen Würklichkeit ich überführt bin, sind meine Gedanken und Vorstellungen. Ich schreibe ihnen eine ideale Würklichkeit zu, in so weit sie meinem Innern beywohnen, und als Abänderungen meines Denkvermögens von mir wahrgenommen werden. Jede Abänderung setzt etwas zum voraus, das abgeändert wird. Ich selbst also, das Subject dieser Abänderung, habe eine Würklichkeit, die nicht blos ideal, sondern real ist.

Ich bin nicht blos Modification; sondern das modificirte Ding selbst: nicht blos Gedanken, sondern ein denkendes Wesen, dessen Zustand durch Gedanken und Vorstellungen abgeändert wird. Wir haben hier also die Quelle eines zwiefachen Daseyns, oder | *Würklichkeit*: die Würklichkeit der Vorstellungen, und die Würklichkeit des vorstellenden Dinges; Abänderungen, und Vorwurf der Abänderungen; und von beyden glauben wir wenigstens hinlänglich überführt zu seyn.

So wie ich selbst nicht blos ein abwechselnder Gedanke, sondern ein denkendes Wesen bin, das Fortdauer hat; so läßt sich auch von verschiedenen Vorstellungen denken, daß sie nicht blos Vorstellungen in uns oder Abänderungen unsres Denkvermögens sind; sondern auch äußerlichen, von uns unterschiednen Dingen, als ihrem Vorwurfe, zukommen. So wie das denkende Wesen, wie wir gesehn, nicht blos Gedanken ist, sondern seine eigne Bestandheit und reales Daseyn hat, eben also kann das Gedachte eine Würklichkeit haben, die für sich bestehet, und nicht blos ideal ist. Es sind mehrere Dinge denkbar, die, so wie ich, ihre fortdauernde Würklichkeit haben, und deren Abbild in uns zum Theil anwesend ist, zum Theil auch vielleicht nicht anwesend seyn kann. Wir hätten also dreyerley zu betrachten: 1) den *Gedanken*, dessen Würklichkeit wir eine ideale | Würklichkeit genannt haben, der bloß Abwechselung ist; 2) das *Denkende* oder die fortdauernde Substanz, bey welcher die Abwechselung geschieht, und der schon eine reale Würklichkeit zugeschrieben werden muß; und endlich 3) das *Gedachte*, oder den Vorwurf der Gedanken, dem wir in vielen Fällen geneigt sind, so wie uns selbst, ein reales Daseyn zuzuschreiben. Aber wie werden wir überführt, daß diese Dinge außer uns auch würkliches Daseyn haben, und etwas mehr sind, als bloße Gedanken in uns? So sehr unsere Natur uns auch zwinget, von manchen dieses mit Zuverläßigkeit anzunehmen, so möchten wir doch gerne den Grund wissen, aus ‖ welchem wir in Ansehung derselben über alle Zweifel weg sind.

Zuvörderst die Sinne und ihre mannichfaltige Erscheinungen. Wir sind geneigt, dasjenige außer uns für wirklich zu halten, was auf unsre Sinne einen Eindruck macht; wir werden aber auch gewahr, daß die Sinne zuweilen trügen. Sie verführen uns zuweilen ein Subject der Erscheinung gegenwärtig zu glauben, und wir werden nachher gewahr, daß diese Erscheinungen | blos Vorstellungen in uns gewesen sind, und keinen Vorwurf außer uns gehabt haben. Es waren Einbildungen, Träume, Täuschungen, denen blos eine ideale Würklichkeit zukömmt, deren Vorwurf aber vor itzt wenigstens außer uns nirgend anzutreffen ist.

Um uns diesen Zweifel zu benehmen, schlagen wir gewöhnlicher Weise folgende Wege ein. Wir sehen zuvörderst auf die Uebereinstimmung verschiedner Sinne. Je mehrere Sinne uns das Daseyn eines gewissen Vorwurfs aussagen, desto sicherer glauben wir von seiner Würklichkeit zu seyn. Ich sehe das Bild einer Rose, greife hinzu und fühle, bringe sie zur Nase und rieche eben dasselbe, das ich in vielen Fällen, in Verbindung mit dem Anblik einer Rose, gefühlt und gerochen habe. Ich betrachte denselben Gegenstand in verschiedenen Entfernungen, in mancherley Lage, durch verschiedene Mittel, von welchen ich weiß, daß sie die sinnlichen Erscheinungen abändern. Ich betrachte die Gegenstände des Gesichts durch Wasser, durch Luft, durch vergrößernde oder verkleinernde Gläser: die Gegenstände des Ge-|hörs, durch verstärkende oder schwächende Werkzeuge; die Gegenstände des Gefühls bringe ich an verschiedene Theile meines Körpers; und gebe auf die Eindrücke acht, die sie in aller dieser Verschiedenheit auf mich machen, unterscheide das Aehnliche von dem Unähnlichen in denselben. Ich erkundige mich nach den Eindrücken, welche dieselben Gegenstände auf andre Menschen machen, wenn sie in ihren Empfindungskreis kommen. Je mehr Uebereinstimmung sich in allem diesen befindet, desto mehr glauben wir von der äussern Würklichkeit versichert zu seyn. Je mehr Mishelligkeit, desto größer der Zweifel; oder vielmehr die Ueberredung, daß die sinnlichen Erscheinungen, deren wir uns bewußt, blos Gedanken in uns seyn und nichts außer uns zum Vorwurfe haben mögen.

Sind wir nun auf diese Weise von der objectiven Würklichkeit eines sinnlichen Gegenstandes überführt; so wenden wir auf denselben ‖ alle Wahrheiten der Mathematik und Logik an, die uns bekannt sind. Wir eignen ihm zuvörderst alle die Prädicate zu, die dem Begriffe desselben, | vermöge dieser unumstößlichen Wahrheiten zukommen müssen; so wie wir alle die Eigenschaften von ihm entfernen, die ihm vermöge des Grundsatzes des Widerspruches nicht zukommen können. Auf solche Weise bilden wir Wahrheitssätze, deren Subject die Evidenz der sinnlichen Erkenntniß für sich hat; deren Prädicate aber, vermöge der angewandten mathematischen und logischen Regeln, so und nicht anders mit ihnen denkbar sind. Von diesen Sätzen gehen wir zu Vernunftschlüssen fort; und so entstehn die Lehrgebäude der angewandten Mathematik und Logik in der Naturlehre. Ferner: Je öfter zwey sinnliche Erscheinungen der Zeit nach auf einander gefolgt sind, je öfter wir gesehen, daß auf die sinnliche Erscheinung A eine von ihr unterschiedne sinnliche Erscheinung B sich ereignet hat, mit desto mehrerem Grunde schließen wir auf die beständige Verbindung dieser Erscheinungen; und so oft wir die sinnliche Würklichkeit der Erscheinung A gewahr werden, so erwarten wir mit Ueberzeugung auch die Erscheinung B. Je öfter wir gesehen, daß ein Gegenstand, welcher dem Ge-|sichte, Gefühle und Geschmacke nach, dem Brodte ähnlich war, auch dem Körper eine gesunde Nahrung zu geben pflegte; mit desto größerer Ueberzeugung erwarten wir diese Folge auch jetzt von den sinnlichen Gegenständen, die dem Brodte ähnlich sind, ob wir gleich diese Erfahrung von ihnen noch nicht gemacht haben. Je öfter wir wahrgenommen, daß ein Gegenstand, der die sichtbaren und fühlbaren Eigenschaften einer Rose hat, in der Nähe eine gewisse Empfindung des Geruchs, und beym Genusse eine gewisse Empfindung des Geschmackes zu erzeugen pflegt; mit desto mehrerer Zuverläßigkeit erwarten wir diese Empfindungen des Geruchs und Geschmacks, von jeder Blume, die sich unsren Sinnen des Gesichts und des Gefühls als eine Rose darstellt. Hiedurch wird die Anzahl der Grund und Heischesätze, deren wir uns in der Naturlehre so wie im gemeinen Leben bedienen, ins Unendliche vermehrt. Wir schließen von der Würklichkeit einer Erscheinung, auf die Mitwürklichkeit aller übrigen sinnlichen Erscheinungen, die mit ihr verbunden zu seyn pflegen; nicht mit der unumstößlichen | Gewißheit, die man mathematisch oder logisch nennen kann, sondern mit dem Grade der Ueberzeugung, die auf die Lehre von der Wahrscheinlichkeit gegründet ist ‖ und *Induction* genennt wird. Den Grund von dieser Ueberzeugung, so wie den Grad von Evidenz, den sie gewähren kann, werden wir in der Folge näher betrachten. Ich begnüge mich für heute diese allgemeinen Wahrheitsbegriffe durch ein Beyspiel zu erläutern. Ich genieße eine Speise, und sie gewähret meinem Gaumen den Geschmack des Salzes. Die Menschen, welche sie mitgenießen, verspüren dieselbe Empfindung: auch unserm Gesichte erscheint sie unter der Gestalt des gewöhnlichen Salzes: ich betrachte sie mikroscopisch, und ihre Theile haben die Bildung des Salzes: ich bringe sie in's Wasser, und sie löset sich auf, wie das Salz zu thun pfleget: und nun erwarte ich, daß sie in chymischen Untersuchungen auch dieselben Erscheinungen zeigen werde, die nach den Gesetzen dieser Kunst mit dem Salze verbunden sind; ich lasse es bey dieser vermuthlichen Erwartung nicht bewenden, ich untersuche einen Theil die-lses Körpers vielmehr würklich durch chymische Processe. Wenn nun meine Erwartung eintrift, so schließe ich mit desto größerer Ueberzeugung auch auf die Würkung, die der Ueberrest dieses Gegenstandes in meinem Körper hervorbringen wird, nach der Menge der Erfahrungen, die mit ähnlichen Mitteln in ähnlichen menschlichen Körpern angestellt worden sind. Aus der Menge der Uebereinstimmungen, die ich erfahren habe, erwarte ich in ähnlichen Fällen auch ähnliche Uebereinstimmung; mit mehr oder weniger Evidenz, je größer oder kleiner die Menge der Fälle ist, in welcher ich Uebereinstimmung erfahren habe. | ||

II.
Ursache – Würkung – Grund – Kraft.

Ich fahre fort, der ersten Quelle unsrer Erkenntniß von würklichen Dingen nachzuspüren, ob ich gleich in Gefahr bin, euch durch Spitzfindigkeiten zu ermüden. Man muß die Subtilitäten alle, wenigstens einmal in seinem Leben, klauben und ins Reine bringen, wenn man den Schlingen der Sophistik entgehen will. Wir haben gesehn, daß die öftere Folge zweyer Erscheinungen aufeinander uns die gegründete Vermuthung gebe, daß sie mit einander in Verbindung stehen. Wir nennen die vorhergehende Erscheinung die *Ursache*, die folgende aber die *Würkung*; und sind überführt, daß sie sich beide in einen logischen Satz verbinden lassen, d. h. in dem Begriffe der Ursache, als Subject, wird etwas anzutreffen seyn, woraus sich die Würkung als Prädicat begreiflich machen läßt. Dieses etwas, oder das Merkmal in der Ursache aus welchem sich die Würkung folgern läßt, nennen wir den Grund; und sagen: jede Würkung sey in ihrer Ursache | gegründet. Mit denselben Gründen der Wahrheit schließen wir von zweyen Erscheinungen, die sich einander begleiten, daß sie einer dritten gemeinschaftlichen Ursache untergeordnet seyn müssen, ohne zu entscheiden, ob mittelbar oder unmittelbar?

Man bemerke hier eine dreyfache Quelle der Erkenntniß. Auch das Thier erwartet in ähnlichen Fällen ähnliche Erfolge; aber nicht aus demselben Erkenntnißgrunde. Die bloße Association der Begriffe thut bey den Thieren in solchen Fällen eben das, was die Erfahrung bey dem gemeinen Haufen der Menschen, und bey den Weltweisen die Vernunft verrichtet. Auch das Thier z. B. scheuet sich, einer schiefliegenden Fläche sich anzuvertrauen, und fürchtet herabzuglitschen. Die öftere Wiederholung desselben Falles hat die Ideen in der thierischen Seele dermaßen mit einander verbunden, daß bey dem Anblick der schiefliegenden Fläche, die Idee des Sinkens und Herabglitschens die lebhafteste wird, und die Furcht erzeuget. Der Mensch hingegen wird nicht blos von der lebhaft gewordenen Vorstellung regiert, | sondern bildet sich aus den öfters gemachten Erfahrungen den allgemeinen Vernunftsatz: daß alle schwere Körper von schiefliegenden Flächen herabglitschen. Er vermuthet mit Grunde der Wahrheit, daß in der entwickelten Idee einer schiefen Fläche ‖ etwas anzutreffen sey, woraus sich die Möglichkeit des Sinkens begreiflich machen läßt. Der Weltweise setzet die Erkenntniß des Grundes aus der Mechanik hinzu, und bringet den allgemeinen Satz näher zur reinen Vernunfterkenntniß.

In der Furcht, sich einer abschüssigen Fläche anzuvertrauen, die das Thier mit dem Menschen gemein hat, liegt ein förmlicher Schluß verborgen, der allmälig von der thierischen Erkenntniß bis zu einer reinen Vernunftwahrheit erhoben werden kann. Den Untersatz: *dieses ist eine abschüssige Fläche*, giebt der Sinn des Gesichts. Ohne weitere Entwickelung erwacht beym Thiere, vermöge der Ideenverbindung, die sich durch öfteres Wahrnehmen bey ihm festgesetzt hat, die Vorstellung des Falles, wird in seiner Seele zum herrschenden Begriff, und wirkt auf | die Bewegungsfähigkeit. Die Vernunft aber findet hier mancherley zu entwickeln. Das Gesicht giebt uns die Erscheinung einer schiefen Fläche. – Wie, wenn das Gesicht uns täuschte? Unmöglich ist der Fall nicht; denn es hat uns öfters hintergangen. Allein die öftere Uebereinstimmung der Erscheinungen berechtiget uns zur Erwartung, daß sie, 1) in jedem andern Abstande, 2) in verschiedener Lage, und 3) durch verschiedene Sehungsmittel, die einer solchen Fläche zukommende Erscheinung nicht weniger geben; daß sie 4) auch dem Gefühle und jedem andern Sinne lebendiger Wesen, in so weit sie vom Räumlichen und Ausgedehnten unterrichten, nicht anders vorkommen und erscheinen werde; mit einem Worte, daß es nicht blos eine schiefe Fläche *scheine*, sondern *wirklich sey*. Wo so mancherley in so oft wiederhohlten Fällen, unter veränderten Umständen, dennoch übereinstimmet, da schließen wir auf einen außer uns befindlichen Gegenstand, der den Grund dieser Uebereinstimmung enthält. Die philosophische Erkenntniß thut hier zur gemeinen Evidenz weiter nichts hin-|zu, als daß sie sich nach den Grundsätzen der Vernunftkunst Rechenschaft zu geben sucht, mit welchem Recht wir dieses schließen; welchen Gebrauch wir hier von den Schlussesarten machen, die man Induktion und Analogie nennet.

Der Anblick der abschüssigen Fläche erwecket die Vorstellung des Herabglitschens, die so oft mit demselben verbunden gewesen. Der gedankenloseste Mensch läßt sich nicht blos von der lebhaft gewordenen Vorstellung regieren; sondern hat sich den Erfahrungssatz abgesondert: *von einer schiefen Fläche* u. s. w., davon er sich wei-|ter keinen Grund angiebt, als daß er es so oft gesehn. Aus der Wiederhohlung schließt er auf Verbindung und bildet sich einen allgemeinen Satz, dessen er sich in vorkommenden Fällen, als Obersatz bedienet. Lehrt ihn eine ähnliche Erfahrung z. B. daß man vermittelst des Keils die Körper leichter spalte, und vermittelst der Schraube leichter in Bewegung setzen könne; so sind ihm dieses einzelne Sätze, von denen er Gebrauch macht, ohne etwas Vernunftmäßiges weiter daran zu ahnden. Der Weltweise führet seine Erkennt-|niß weiter zurük und suchet sie, so viel er kann, mit reiner Vernunfterkenntniß zu verbinden. Er findet z. B. in diesen dreyen Erfahrungssätzen dieselben allgemeinen Gesetze der Natur, das Gesetz von der Schwere der Körper und Mittheilung der Bewegung, blos durch die Verschiedenheit der Figuren verschiedentlich abgeändert. Was die Abänderungen betrift, welche diese Natur-gesetze durch die Figur der schiefen Fläche, des Keils und der Schraube leiden müssen; so erklärt er sich dieselben nach geometrischen Grundsätzen, d. i. nach den Gesetzen des Denkbaren und Nicht Denkbaren: und findet, daß Keil und Schraube mit der schiefliegenden Fläche aus demselben Grundsatz begreiflich zu machen sind. Von dieser Seite also ist seine Erkenntniß, reine Vernunftwahrheit. Er sieht die Verbindung zwischen Subject und Prädicat von dieser Seite wenigstens deutlich ein, ohne sich auf die Erwartung zu verlassen, zu der ihn die Erfahrung berechtigt.

Aber die allgemeinen Gesetze der Natur selbst, die Gesetze der Schwere und der Bewe-gung, auf | welche wir diese besondren Fälle zurückgeführt haben, erkennen wir so wis-senschaftlich, so rein vernünftig nicht, als wir die Folgen und Abänderungen derselben durch die vorliegende Figur, zu erkennen fähig sind. Die sinnlichen Erscheinungen und deren Uebereinstimmung haben uns auf ein Object schließen lassen, das den Grund dersel-ben enthält. Dieses Object nennen wir *Körper*; aber die uns bekannten Merkmaale dessel-ben reichen noch nicht hin auf eine allgemeine Schwere, oder überhaupt auf eine Kraft der Bewegung zu schließen, welche mit demselben in einen logischen Satz verbunden seyn soll. Die Sätze: *Alle Körper haben eine Schwere: Alle Körper haben eine Kraft der Bewe-gung*, welche sie sich auf diese oder jene Weise mittheilen können, diese allgemeinen Gesetze der Natur sind auch dem Weltweisen vor der Hand nur noch Erfahrungssätze, die er vermittelst ‖ einer unvollständigen Induction allgemein gemacht hat; da sie allezeit un-ter ähnlichen Umständen wiederkamen, und niemals ausblieben, so schloß er auf eine innere Causalitätsverbindung zwischen | Subject und Prädicat, ob er gleich diese Verbin-dung nicht deutlich einsehen kann. Die Vernunft half ihm blos die einzelnen Erfahrungs-sätze in allgemeine Gesetze der Natur verwandeln. Der Grund der allgemeinen Behaup-tung aber ist nicht wissenschaftlich, nicht reine Vernunfterkenntniß, sondern unvollständi-ge Induction, welche die Stelle der reinen Vernunft vertreten muß.

Nicht, daß es dieser unvollständigen Induction an Ueberführungskraft oder Evidenz fehlen sollte; sie reicht vielmehr in vielen Fällen vollkommen zu, uns völlige Versicherung zu geben, und über allen Zweifel hinwegzusetzen. Ein jeder von uns erwartet mit unge-zweifelter Gewißheit z. B., daß er sterben werde; ob gleich der Grund der Ueberzeugung blos unvollständige Induction ist. Niemand hat den mindesten Anstand, ein geheimes Ge-schäft, von welchem sein Leben oder seine Glückseligkeit abhängt, in Gegenwart eines Säuglings zu verrichten; ohne sich das Besorgniß irren zu lassen, von dem Kinde, oder von einem Hausthiere das ihn ansieht, verrathen zu | werden. Worauf stützet sich hier die zwei-fellose Sicherheit? Nicht auf eine wissenschaftliche Vernunfterkenntniß; sondern blos auf unvollständige Induction, die aber der vollständigen so nahe kömmt, daß sie völlige Ueber-zeugung zu geben hinreichend ist.

Dieselbe Bewandniß hat es mit unsrer Erkenntniß in der Seelenlehre und Moral. Sobald wir auf die Wissenschaft des Würklichen und Nicht Würklichen kommen, ist unsre Erkenntniß von vermischter Beschaffenheit. Zum Theil, unmittelbare Erfahrung, oder sinnliche Wahrnehmung desjenigen, so in uns selbst vorgeht: zum Theil, Vergleichung dieser unmittelbaren Beobachtungen, Entwickelung derselben, Bemerkung ihrer Aehnlichkeit, Zurückführung auf allgemeine Grundsätze, die sich bald auf Vernunft, bald auf vollständige oder unvollständige Induction gründen, und eine desto größere oder kleinere Ueberzeugung geben, je mehr oder weniger die Induction selbst vollständig ist. Diese Ueberzeugung kann auch hier zu einem solchen Grade der Evidenz heranwachsen, der keiner Be-|denklich-|keit weiter Raum läßt, und uns alle Sicherheit giebt, die wir von der reinen Vernunft nur immer erwarten können. Die Auseinander-||setzung desjenigen, so in dieser Verrichtung dem innern Sinne, der reinen Vernunft, oder der bloßen Erfahrung zuzuschreiben sey, ist ein Geschäft der Seelenlehre und der Moral, das wir hier nicht weiter verfolgen können. Wenn jener Macedonische Held die Arzeney aus der Hand seines Arztes, frey von allem Argwohn, so verdächtig ihm auch die Redlichkeit seines Freundes gemacht worden, ohne Anstand zu sich nahm, und zur bewährten Freundschaft ein so unbefangnes Zutrauen äußerte; so war seine sittliche Ueberzeugung von sehr vermischter Natur. Sie gründete sich zum Theil auf Kenntniß des Menschen überhaupt und der Würkung, welche die Bewegungsgründe auf den Willen desselben haben; zum Theil auf die Erfahrungen und Beobachtungen, die er selbst und andre von der Freundschaft gesammlet hatten; und endlich auf die wiederhohlten Proben der Rechtschaffenheit, die ihm der Weise gegeben, den die Verläumdung verdächtig | machen wollte. Alle diese Erkenntnisse sind aus innern Wahrnehmungen, wissenschaftlicher Entwickelung derselben, öftern Erfahrungen und daraus gebildeten Inductionen zusammengesetzt; und aus dem Inbegriff derselben erwuchs bey ihm eine so unbefangne, über alle Zweifel erhabene, feste Ueberzeugung, die selbst der mathematischen Evidenz wenig nachgiebet.

Alle Ueberzeugung also, die bey der Wissenschaft des Würklichen und Nicht Würklichen nicht reine Vernunfterkenntniß ist, gründet sich auf die Uebereinstimmung verschiedener Sinne, unter mancherley Umständen und Veränderungen, und auf den öftern Erfolg verschiedener sinnlicher Erscheinungen, auf und neben einander. Wir haben also den Grund zu untersuchen, mit welchem wir in diesen Fällen zu schließen berechtigt sind. In meiner Abhandlung von der Wahrscheinlichkeit habe ich dieses deutlich aus einander gesetzt, und die Wahrheitsgründe gezeigt, mit welchen wir uns durch Analogie und Induction in solchen Fällen für überzeugt halten. Ich will | das Wesentliche davon, um des Zusammenhangs willen, hier kürzlich wiederhohlen; empfehle euch aber, zum bessern Verständnisse, die Durchlesung und genaue Prüfung der daselbst vorkommenden Gründe, welche uns in der Folge nützlich seyn werden.

Wenn die Merkmale eines Vorwurfs A unentschieden lassen, ob B ihm zukomme oder nicht, und dieses von äussern, zufälligen Bestimmungen abhängt, die sowohl den Bejahungs- als den Verneinungsfall hervorbringen können; so ist der Satz zweifelhaft, und hat für ‖ und wider sich gleiche Grade der Wahrscheinlichkeit. Wenn die Schildseite einer Münze eben so wohl auffallen kann, als die Bildseite: und dieses von den zufälligen Bewegungen der Hand abhängt, die ich ihr unvorsetzlich gebe; so habe ich gleiches Recht für die eine, oder die andre Seite zu wetten. In vielen Würfen ist die Wahrscheinlichkeit, daß der eine Fall eben so oft eintreffen werde, als der andre; und zwey Spieler, davon der eine für die Schildseite, der andre für die Bildseite wettet, haben gleichen Grund der Hoffnung.‖

Trifft in vielen Würfen immer derselbe Erfolg ein; so vermuthen wir einen inneren Bestimmungsgrund, der diesen Erfolg begünstiget. Wenn mein Gegenspieler in vielen Würfen immer dieselbe Münzseite aufwirft; so habe ich ihn in Verdacht, daß er den Ausgang nicht, nach den Regeln des Spiels, dem Zufalle überlassen: sondern durch eine geheime Wendung, die er der Münze zu geben weiß, vorsetzlich bestimmt habe. Mein Verdacht nimmt mit der Menge der Würfe zu. Lasset uns versuchen, den Grad meiner Vermuthung genauer anzugeben.

So viel Würfe, so viel Fälle hat mein Gegner wider sich. Da er darauf wettet, daß die Schildseite z. B. allezeit auffallen werde; so hat er in zweyen Würfen, zwey Fälle wider sich, und nur einen, in welchen er zu gewinnen hoffen kann. Er kann also eins setzen, daß in beyden Würfen die Schildseite; ich aber ihm zwey entgegen setzen, daß in einem derselben, die Bildseite auffallen werde. Seine Hoffnung zu gewinnen verhält sich also zur Gewißheit, wie eins zu drey; die meinige aber wie zwei zu drey. Wollten wir ǀ uns in den Einsatz theilen, ohne den Erfolg des Zufalls abzuwarten; so würde er 1/3, ich aber 2/3 desselben mit Recht verlangen können.

Wetteten wir auf 3 Würfe, so wäre seine Hoffnung wie 1:4; die Meinige aber, wie 3:4. Jeder Fall bringt für ihn einen Fall des Verlustes, so wie für mich einen Fall des Gewinnstes mehr; denn nach der Voraussetzung gewinne ich den Einsatz, wenn nur ein einziges Mahl die Bildseite auffällt. Seine Hoffnung aber ist immer nur der einzige Fall, in welchem allemahl die Schildseite auffällt. In hundert Würfen also ist meine Hoffnung $= 100 : 101$; die seinige aber $= 1 : 101$; und überhaupt in n Würfen, meine Hoffnung $= n : n + 1$; die Hoffnung meines Gegners aber $= 1 : n + 1$.

Wenn also der Ausgang für ihn gleichwohl günstig ist, so ist freylich der Fall möglich, daß er redlich zu Werke gegangen, und das ‖ Spiel dem Zufalle überlassen habe. Die Wahrscheinlichkeit dieses Falles ist $= 1 : n + 1$. Allein mit der Wahrscheinlichkeit $= n : n + 1$ läßt sich vermuthen, daß entweder in der Münze selbst, oder ǀ in der Wendung, die mein Gegner dem Wurfe heimlich gegeben, ein Grund der Uebereinstimmung anzutreffen sey, der jenen widervermuthlichen Fall hervorgebracht hat. Je größer die Anzahl der Würfe; desto kleiner ist das Verhältniß von $1 : n + 1$; desto mehr verschwindet also die Hoffnung meines Gegners, und folglich desto größer wird die Vermuthung eines Uebereinstimmungsgrundes seyn, im Fall er glücklich ist. Völlig aber kann diese Vermuthung der Gewißheit nicht gleich kommen, wenn n nicht unendlich groß ist. Nur in diesem Falle wird $1 : n + 1 = 0 : 1$; das heißt, nur in diesem Falle ist meine Erwartung der völligen Gewißheit, und die Hoffnung meines Gegners dem Zero gleich. So lange aber n noch endlich ist, bleibt noch immer ein geringer Grad der Erwartung für meinen Gegner zurück; und die Voraussetzung eines

Uebereinstimmungsgrundes, im Fall er glücklich ist, hat noch die unumstößliche Gewißheit nicht erreicht.

Auf diesen einfachen Gesetzen der Vermuthung beruht der größte Theil unsrer Erkennt-
|nisse, die das Würkliche und Nicht Würkliche angehen.

Je öfter die Erscheinung B auf die Erscheinung A folgt, oder dieselbe begleitet; desto
mehr Ursache haben wir, einen Verbindungsgrund zwischen ihnen anzunehmen. Wären
sie blos von zufälligen Ursachen zusammengeführt worden, so konnte jedes Mahl, da der
Versuch wiederhohlt ward, auch das Gegentheil sich zutragen. Veränderte Umstände wür-
den Veränderung des Erfolgs zu Wege gebracht haben. Da dieses nicht geschahe; so ver-
mutheten wir einen Verbindungsgrund, mit dem Grade der Ueberzeugung, der sich zur
Gewißheit verhält, wie die Menge der beobachteten Fälle n, zu derselben Menge n + 1.
Wenn also die Erscheinung B allezeit auf die Erscheinung A folget, so setzen wir den
Grund der Verbindung in die beständigen Eigenschaften des A; denn die veränderlichen
Eigenschaften würden abermals das Gegentheil nicht ausschließen. Wir vermuthen also,
die inneren, beständigen Eigenschaften des A haben die Erscheinung B hervorgebracht;
d. h. wir schließen auf Causalitätsver-|bindung: nennen A *die Ursache*, B *die Würkung*:
und die beständigen Eigenschaften des A, oder das Fortdauernde in demsel-|lben, nennen
wir *Kraft*. Wenn wir die Körper haben sich ausdehnen sehn, so oft sie dem Feuer näher
gebracht worden sind, so setzen wir den Verbindungsgrund der Ausdehnung, in die beständigen Eigenschaften des Feuers; eignen dem Feuer eine Kraft zu, die Körper auszudehnen;
und erwarten eben diesen Erfolg, von dem Feuer und den Körpern, von welchen wir es
noch nicht erfahren haben. Der Grad der Gewißheit nimmt mit der Menge der beobachteten Fälle zu; und ist, wenn die Anzahl der Fälle sehr groß ist, wie wir gesehen, von der
vollkommnen Evidenz nur unmerklich unterschieden.

Zwey Erscheinungen, die sich beständig begleiten, halten wir (mit eben dem Rechte)
für die mittelbare oder unmittelbare Würkung einer gemeinschaftlichen Ursache; und erwarten die eine, so oft wir die andre wahrnehmen. Die Farbe und das Gefühl des Brodts ist
so oft mit diesem Geschmacke, mit diesem Einfluß auf die Nahrung | unsers Körpers,
verbunden bemerkt worden, daß wir mit Recht beides für die Folgen einer innern Beschaffenheit des Brodtes halten; und von jedem Brodte, das wir sehen und fühlen, auch denselben Geschmack und dieselbe Nahrung erwarten. Die innere Beschaffenheit, vermöge welcher das Brodt diese ihm zugeschriebene Würkungen hervorbringet, nennen wir die *Kraft*
desselben.

Dieses ist die Quelle aller von uns angenommenen Gesetze der Natur. Es sind allgemeine Sätze, in welche wir die besonders beobachteten oder geschlossenen Causalitätsverbin-
dungen gebracht haben, durch deren Anwendung wir in jedem vorkommenden Fall auf
den Erfolg rechnen. Aehnliche Subjecte werden durch den innern Verbindungsgrund auch
ähnliche Prädikate haben. So ist das Gesetz der Schwere ein Gesetz der Natur, d. i. ein
allgemeiner Satz, in welchen wir alle beobachteten Verschiedenheiten im Fallen und Steigen der Körper, zu bringen gewußt haben. Mit diesem Naturgesetze verbinden die Newtone,
Galiläi und andre Erfinder die Lehr-|sätze des *Denkbaren* und *Nicht Denkbaren*; das heißt,

sie machen Anwendung von den Lehrsätzen der Mathematik und Logik auf das Gesetz der Schwere, erfinden die ganze Theorie von der Gravitation der Körper, und bereichern unsre Erkenntnisse auf eine Weise, die alle Erwartung übertrifft.

Wenn verschiedene Vorfälle a, b, c, d, aus einer und eben der Quelle e, und wiederum aus eben so mancherley Quellen herzuleiten sind; so ist es wahrscheinlicher, daß sie eine gemeinschaftliche Quel-|lle haben, und diese Wahrscheinlichkeit nimmt abermals mit der Menge der Vorfälle zu, und kann der Gewißheit sehr nahe gebracht werden. Ich sehe, daß eine Menge von Menschen nach einer gewissen Gegend hinlaufen, oder wenigstens ihr Auge dahin richten. Jeder derselben kann seine besondere Ursachen haben. Allein die Uebereinstimmung vieler, läßt mich auf einen gemeinschaftlichen Grund schließen. Ich beobachte viele Handlungen eines Menschen. Jede derselben ließe sich allenfalls aus andern Bewegungsgründen herleiten. Wenn ich ihm aber z. B. | Ehrgeitz zuschreibe, so lassen sich alle sehr natürlich begreifen. Ich schließe daher mit einem Grade der Wahrscheinlichkeit, die mit der Menge der beobachteten Handlungen zunimmt: der Mensch sey ehrgeitzig.

Auf diesem Grunde beruht die Lehre von den Hypothesen und ihrer Wahrhaftigkeit. Je mehr Naturbegebenheiten und je mannichfaltigere, sich aus einer Voraussetzung begreifen lassen; ferner, je einfacher die Voraussetzung ist, durch welche dieses geschehen kann; desto mehr Vermuthungsgrund oder Wahrscheinlichkeit hat diese Voraussetzung für sich, mit desto größerm Rechte wird sie als wahr angenommen. Man sollte glauben, dieser Pro-bierstein der Hypothesen könne nur alsdann gelten, wenn wir die Einrichtung der Welt einer vernünftigen und weisen Ursache zuschreiben, die zu Erreichung ihrer Absicht die kürzesten Mittel gewählt haben muß. Nur in diesem Falle, schreibt ein Sophist neuerer Zeiten, habt ihr ein Recht, eine einfache Einrichtung der zusammengesetzten vorzuziehn; und der Weisheit zuzutrauen, daß sie Vieles mit Wenigem werde | auszurichten gewußt haben. Euer Probierstein der Hypothesen ist also selbst eine Hypothese. Allein nach obigen Begriffen ist diese Hypothese hier nicht nöthig, so sehr wir auch sonst von ihrer Gewißheit überführt sind. Es ist der Natur des menschlichen Verstandes gemäß, eine bemerkte Uebereinstimmung nicht dem blinden Zufalle zuzuschreiben; sondern allenthalben, wo Mannichfaltiges zusammenstimmt, auch Grund der Zusammenstimmung zu suchen. Die Wahrscheinlichkeit mit welcher wir diesen Uebereinstimmungsgrund annehmen, nimmt mit der Mannichfaltigkeit des Uebereinstimmenden von der einen Seite, so wie von der andern mit der Einfachheit der Uebereinstimmung, an Ueberzeugungskraft zu; und kann, wie wir gesehen, der höchsten Evidenz so nahe kommen, daß ihr Unterschied nicht mehr bemerklich ist. Mannichfaltige Naturer-|lscheinungen, die sich aus einer einfachen Voraussetzung erklären lassen, geben eine Uebereinstimmung zu erkennen, deren Grund wir in dieser Hypothese finden. Ist diese Hypothese nicht die wahre; gäbe es keinen gemeinschaftlichen Grund, und die | verschiedenen Erscheinungen müßten würklich aus eben so verschiedenen Hypothesen erkläret werden; so wäre die Uebereinstimmung derselben ein bloßer Zufall, und es ist der Natur der Dinge so wie der menschlichen Vernunft; es ist den Gesetzen, nach welchen wir der Wahrheit Beyfall geben und das Wahrscheinliche dem

Unwahrscheinlichen vorziehen, es ist ihnen zuwider, dem Zufall dieses zuzutrauen; durch das Gerathewohl Uebereinstimmung entstehn zu lassen. | ||

III.
Evidenz – der unmittelbaren Erkenntniß. – Vernunfterkenntniß. – Naturerkenntniß.

Wir kommen nunmehr schon näher zur Beantwortung der beiden vorausgeschickten Fragen: was ist Wahrheit, und wie können wir uns von ihr versichern?

Die Masse unsrer Erkenntnisse läßt sich in drey Classen abtheilen. 1) In sinnliche Erkenntniß, oder unmittelbares Bewußtseyn der Veränderungen, die in uns vorgehn, indem wir sehen, hören, fühlen u. s. w.; indem wir Lust oder Unlust haben, indem wir begehren oder verabscheuen, urtheilen, schließen, hoffen, fürchten u. s. w. Alles dieses rechne ich mit zur unmittelbaren Erkenntniß der äußern und innern Sinne; obgleich so manches Nachurtheil, so manche Berichtigung und Verbesserung des Verstandes sich mit dem Sinnlichen mehrentheils so innigst verbindet, daß die Grenzen derselben nicht mehr zu erkennen sind. 2) In Erkenntniß des Denk-|baren und Nicht Denkbaren, oder Urtheile und Schlüsse, die durch den richtigen Gebrauch unsers Verstandes, aus jener unmittelbaren Erkenntniß gezogen werden; Gedanken, in welche wir jene Gefühle auflösen; *Vernunfterkenntniß*; und 3) Erkenntniß des außer uns *Würklichen*, oder die Vorstellungen, die wir davon haben, daß wir uns in einer physisch-würklichen Welt befinden, in welcher wir würken und leiden, Veränderung annehmen und Veränderung hervorbringen.

Diese Masse von Erkenntniß gränzt von allen Seiten an Zweifel und Ungewißheit; und ist auch innerlich mit Irrthum, Vorurtheil und Ungewißheit durchflochten, woran wir erkennen, daß unsre Seelenkräfte eingeschränkt sind, daß unsre Seelenvermögen mit Schwachheit und Unvermögen verbunden sind, und daher auch Erkenntnisse zu Folgen und Wirkungen haben, die sich zum Theil auf Vermögen, zum Theil auf Unvermögen gründen. Alle Täuschungen des Gesichts und des Gehörs rühren davon her, daß unsre Sinneskraft eingeschränkt ist, und sich nach | der Lage und Beschaffenheit unsrer sinnlichen Werkzeuge richten muß. Alle Falschheit der Vernunfterkenntniß, hat Schwachheit des Verstandes und Eingeschränktheit der deutlichen Erkenntnißkraft zum Grunde; unsre || Irrthümer in Absicht des Würklichen und Nicht Würklichen fließen, wie ich weiter unten zeigen werde, aus derselben Quelle. Wir können also den allgemeinen Satz gelten laßen: *Wahrheit* ist jede Erkenntniß, jeder Gedanke, der eine Würkung unsrer positiven Seelenkräfte ist; in so weit er aber eine Folge des Unvermögens ist, in so weit er durch die Schranken unsrer positiven Kräfte eine Abänderung gelitten, nennen wir ihn *Unwahrheit*, und zwar: wenn Unvermögen der obern Seelenkräfte, Mangel des Verstandes oder der Vernunft, an der Unwahrheit Schuld sind, nennen wir das Falsche in der Erkenntniß, *Irrthum*; sind wir aber durch Täuschung der sogenannten niedern Seelenkräfte verleitet worden, so wird das Falsche in der Erkenntniß, *Täuschung* oder *Sinnenbetrug* genannt. Eine jede menschliche

Erkenntniß ist also zum Theil wahr, zum | Theil unwahr; denn sie ist die Würkung einer Kraft, die ihre Gränzen und Einschränkungen hat. Das Unwahre aber ist entweder Irrthum, oder Sinnenschein, oder aus beidem zusammengesetzt.

Im Grunde hat der Sinnenschein mit dem Irrthume einerley Quelle; nur liegt jener in der Region der unentwickelten, dieser aber in der Region der entwickelten oder aufgelösten Begriffe. Jener, der Sinnenschein nehmlich, nähert sich der unmittelbaren Erkenntniß und wird dadurch unwiderstehlicher. Unrichtige Urtheile, falsche Schlüsse, können durch den richtigen Gebrauch des Verstandes, verbessert und in Wahrheit verwandelt werden. Sinnenschein aber bleibt unveränderlich, wenn wir auch noch so sehr überführt sind, daß er Unwahrheit aussage. Wir mögen noch so sehr überführt seyn, daß die grüne Farbe aus der blauen und gelben zusammengesetzt; daß ein Thurm, den wir in der Entfernung sehen, nicht so rund ist, als er uns scheint; wir mögen noch so sehr mit dem Copernikus versichert seyn, daß nicht die Sonne, | sondern die Erde aufgeht: der Sinnenschein bleibt immer derselbe, und wird durch unsre Ueberzeugung nicht verändert. Die Täuschung ist der unmittelbaren Erkenntniß zu nahe verwandt, als daß sie durch den Gebrauch des Verstandes und der Vernunft verbessert werden könnte.

Unvollständige Induction ist eine Hauptquelle des Sinnenbetrugs. Wir verbinden die Eindrücke verschiedener Sinne, und erwarten den Eindruck des einen, so oft wir den Eindruck des andern gewahr werden. Gesicht und Gefühl sind so oft verbunden gewesen, daß wir ein ähnliches Gefühl erwarten, so oft uns ein ähnlicher Gegenstand in die Augen fällt. Wir vermuthen innerliche Gleichheit, wo || wir äußerliche Gleichheit wahrnehmen. Wir schließen auf ähnliche Erfolge, weil wir die Verbindung zweyer Erscheinungen sehr oft wahrgenommen haben. Wir schließen von Zeichen auf das Bezeichnete; von Folge auf und neben einander, auf das Gegründetseyn in einander; verlassen uns auf unvollständige Inductionen, die im Grunde doch trü-|gen können. Alles dieses sind Folgen des unrichtigen Gebrauchs unserer Kräfte; eigentlich logische Schlußfehler, die, wenn sie entwickelt werden, mit den Irrthümern von einerley Beschaffenheit sind. So lange sie aber unentwickelt bleiben, so lange sie so unmittelbar mit der sinnlichen Erkenntniß verbunden sind, haben sie die unwiderstehliche Gewalt der sinnlichen Ueberzeugung, und werden durch keinen Gebrauch der höheren Seelenkräfte verändert. Woran liegt es z. B. daß ich glaube, ein Thurm, der mir in der Entfernung rund zu seyn scheint, habe würklich diese Figur? Offenbar an der Täuschung, daß ein Gegenstand des Gesichts durch die Entfernung nicht verändert werde; daß er auch in der Nähe meinem Gesichte, und durch die Berührung meinem Gefühle nicht anders vorkommen werde; und endlich an der so oft wahrgenommenen Uebereinstimmung, daß ihn andere Menschen auch eben so finden werden. Lauter unvollständige Induction, die ich für vollständig gelten lasse. Warum traue ich einem Brodte, das einen inneren Gift enthält, und nehme es ohne Bedenken zu mir? Unstreitig, | weil ich mich auf die so oft bemerkte innere Verbindung, zwischen den Nahrungskräften des Brodtes und dem äußern Scheine desselben verlasse; weil ich innere Gleichheit vermuthe, wo mir äußere Gleichheit in die Sinne fällt. Abermals unvollständige Induction, die mich hintergangen hat. Ich sehe das Bild einer Rose in der Luft schweben; und greife zu, in der gewissen

Erwartung, sie werde dem Gefühle und dem Geruche auch nicht anders vorkommen. Worinn ist dieser Betrug unterschieden von der getäuschten Erwartung ähnlicher Fälle, die im Grunde ein logischer Schlußfehler ist? Nur hat sich diese Erwartung in meiner Seele so festgesetzt, daß sie durch keine Ueberzeugung der Vernunft herauszubringen ist. Sie liegt in der Region der unentwickelten Begriffe, und kann durch keine Entwickelung derselben vernichtet werden.

Jene Täuschung, vermöge welcher man in einem Gliede, das man unlängst verloren hat, noch Schmerzen zu empfinden glaubt, scheint sonderbar; ist aber dennoch aus eben dem Grunde zu erklären. Ei-||gentlich zu reden, hat die Em-|pfindung des Schmerzes keinen bestimmten Sitz. Es liegt in ihr kein Merkmahl des Räumlichen oder Oertlichen, kein Merkmahl des Ausgedehnten oder Figürlichen. Blos durch die Verbindung mit dem Gesichte oder Gefühle, versetzen wir den Schmerz an einen bestimmten Ort in unserm Körper. Und wie wäre es auch anders möglich? Sind doch alle bildliche Vorstellungen, die wir von den Gliedmaaßen unsers Körpers haben, im Grunde nichts anders, als Erscheinungen des Gesichts oder des Gefühls.

So oft wir an einem Orte Schmerz empfinden, dahin wir weder mit dem Gesichte, noch mit dem äußeren Gefühle gelangen können, so ist auch der Sitz desselben unbestimmt. Wir empfinden den Schmerz, wissen aber nicht, in welchem Theile des Leibes. Wollt ihr inne werden, welcher Zahn es ist, der euch so heftige Schmerzen verursacht; so müßt ihr mit dem Finger herumgreifen, um zu erfahren, durch welches Zahnes Berührung der Schmerz einige Abänderungen leidet. Wir haben nehmlich sehr oft bey der Empfindung eines gewissen Schmerzes, irgendwo | an unserm Körper eine Veränderung wahrgenommen. Wir haben diese Stelle betastet, und dadurch den Schmerz modificirt gefunden. Er ist durch Berührung, durch den Druck, durch das Reiben u. s. w. vermehrt oder vermindert worden; daher wir ihm diese Stelle in unserm Körper zu seinem Sitze angewiesen. Wir haben nehmlich diese Empfindung des Schmerzes mit dieser bildlichen oder räumlichen Vorstellung, die wir durch Gesicht und Gefühl von dem Theile unsers Körpers haben, auf das innigste verbunden. So oft wir nunmehr denselben Schmerz wieder empfinden, so erwacht nicht nur durch die Ideenverbindung, die bildliche Vorstellung des Gliedes wieder; sondern wir erwarten auch von der Berührung des Gliedes, oder von jeder andern Behandlung desselben, eben dieselbe Würkung wieder: d. h. wir halten dieses Glied für die Ursache des Schmerzes. Daher auch Kinder, bey welchen sich diese Ideenverbindung noch nicht fest genug gesetzt hat, selten recht sagen können, was oder wo es ihnen wehe thut. |

Ist aber das Oertliche in dem Schmerze blos eine Würkung der Ideenverbindung; entsteht es blos aus der öftern Begleitung zweyer Erscheinungen und der Vermuthung; daß die eine die Ursache der andern seyn werde, so ergiebt sich gar leicht: erstlich, daß diese Vermuthung, so wie jeder Schluß aus einer unvollständigen Induction, || auch trügen könne; daher wir sehr ofte den Schmerz an einen unrechten Ort hinsetzen. Sodann ist auch die würkliche Gegenwart des Glieds zu dieser Ideenverbindung nicht nothwendig. Wenn sich die figürliche Vorstellung des Gliedes so fest mit einem gewissem Schmerze verbunden hat, daß ihre Folge zur unmittelbaren Empfindung wird; so erwacht die figürliche Vorstellung des Glieds wieder, so oft wir den Schmerz empfinden; das Glied mag würklich noch vorhanden seyn, oder wir mögen durch die äußern Sinne des Gesichts und des Gefühls überführt seyn, daß wir es nicht mehr haben. Die sinnliche Ideenfolge geht ihren Weg, ohne von dieser deutlicheren Ueberzeugung verhindert zu werden; und der Schmerz wird an einen Ort hin versetzt, der nicht mehr vorhanden ist. |

Wenn die Naturforscher in der Physiologie von dieser Erscheinung Rechenschaft geben wollen, so begnügen sie sich zu sagen: daß der Sitz des Schmerzes nicht in den äußern Gliedmaßen, sondern im Gehirne, da wo die Nerven zusammenstoßen, oder in dem Sammelplatz aller Empfindungen anzutreffen sey. Daher eine Empfindung unverändert dieselbe bleiben kann, wenn auch das äußere Ende der Nerven, woher sie entspringt, nicht mehr vorhanden ist. Diese Erklärung ist für den Physiologen hinreichend. Allein der Weltweise gehet weiter. Er bemerkt, daß selbst das figürliche Bild, das wir von den Nerven und dem Gehirne haben, blos dem Gesichte und dem äußern Gefühle zuzuschreiben sey. Die innere Empfindung der Lust und Unlust, des Wohlbehagens und des Schmerzes, hat mit dem Räumlichen und Figürlichen nichts gemein. Blos durch die öftere Wiederholung, durch das öftere Zusammenseyn und Aufeinanderfolgen dieser verschiedenen Erscheinungen, verbinden sie sich in unsrer Seele so fest, daß wir auf Causalitätsverbindung zwischen ihnen schließen. Dieser | Schluß wird, durch die öftere Wiederholung und frühe Gewohnheit, gleichsam zur unmittelbaren Empfindung, und gehet seinen Weg, aller bessern Ueberzeugung deutlicher Sinne zum Trotz. Der Schluß ist gemacht, die Täuschung ist vollzogen, bevor die langsamere Vernunft ihn hat hintertreiben können; so wie in sehr vielen Fällen, die Gewohnheit der Vernunft zuvoreilt, und dasjenige vollbringt, was diese nachher blos misbilligen kann.

Alle Täuschungen der schönen Wissenschaften und Künste fließen aus derselben Quelle. Sie gründen sich alle auf die Verbindung zwischen dem Zeichen und dem Bezeichneten, und auf den Schluß, den ‖ wir aus unvollständigen Inductionen zu ziehen pflegen. Wenn diese, durch öftere frühe Wiederholung, zur Gewohnheit geworden sind; wenn die Ideenfolge gleichsam zur unmittelbaren Empfindung wird; so schließen unsere Sinne von dem Zeichen auf das Bezeichnete ungehindert fort, und erwarten dieses, so oft sie jenes wahrnehmen. Die deutlichere Erkenntniß des Würklichen, mag uns immer von dem Ge-|gentheile überführen, die sinnliche Täuschung hat ihren eigenen Weg zu schließen und zu folgern, und die Nachahmung hat ihre Würkung gethan; obgleich die Vernunft erkennt, daß es blos Nachahmung sey. Wir mögen noch so gewiß versichert seyn, daß dieser Schauspieler hier nicht der eifersüchtige Mohr sey, der die unschuldige Desdemona umbringt; wir wissen es, daß dieser marmorne Laocoon die Schlangenbisse nicht fühlet, deren Würkung der Künstler bis in die äußersten Zähen seiner Füße hat zu bemerken gegeben; bringen wir nur den Vorsatz mit, uns auf eine angenehme Weise täuschen zu lassen, so treibt die sinnliche Erkenntniß ihr gewohntes Spiel; sie läßt uns von Zeichen der Leidenschaft auf Leidenschaft, von Zeichen der freywilligen Handlungen auf Vorsatz und Bewegungsgrund schließen, und uns solchergestalt für Personen interessiren, die nicht vorhanden sind. Wir nehmen würklichen Antheil an nicht würklichen Empfindungen und

Handlungen; weil wir von dem Nichtwürklichseyn, zu unserm Vergnügen, vorsetzlich abstrahiren. |

Wenn hier meine Absicht mehr auf das Psychologische ginge; so würde ich von dieser Betrachtung Gelegenheit nehmen, euch von dem sinnlichen Absonderungsvermögen zu unterhalten, und euch durch mehrere Beyspiele zeigen, daß unsre sinnliche Erkenntnisse mit mancherley Seelenverrichtungen vermischt sind, die man gemeiniglich nur der Vernunft zuzutrauen pflegt. Der gesunde Menschenverstand, welcher beym Genuß des Schönen allein zu würken scheint, setzt Operationen der Vernunft voraus, die ohne Bewußtseyn in uns vorgehn müssen. Ich würde die Vergleichung fortsetzen, und euch durch hinlängliche Beyspiele zeigen, daß gesunder Menschenverstand und Vernunft im Grunde einerley sey, und beym Empfinden eben das in der sinnlichen Erkenntniß vorgehn müsse, was beym Denken durch die Vernunft geschieht. Der Unterschied ist blos dieser. Der Menschenverstand thut beym Empfinden eilige Schritte, und gehet rasch vorwärts, ohne von der Furcht zu fallen || wankend gemacht zu werden. Die Vernunft hingegen fühlet gleichsam mit dem Stabe umher, | bevor sie einen Schritt wagt; sie wanket denselben Weg, zwar vorsichtiger, aber nicht ohne Furcht und Zittern. Beide können auf Abwege gerathen, beide können straucheln und fallen; und wenn dieses geschiehet, so wird es der Vernunft zuweilen schwerer, sich wieder aufzurichten.

Da mich aber dieses zu weit von meinem Vorhaben abführen würde, so begnüge ich mich gezeigt zu haben, daß bey der Sinnentäuschung allezeit ein logischer Fehler zum Grunde liege. Der falsche Schein fließet mit dem Irrthume der Vernunfterkenntniß aus einerley Quelle. Durch einen unrichtigen Schluß aus einer unvollständigen Induction, einer unzulänglichen Analogie, einer ohne Grund vorausgesetzten Causalitätsverbindung, schließt unsre sinnliche Erkenntniß auf ein Object, wo keines würklich vorhanden ist; oder legt ihm Eigenschaften bey, die ihm nicht würklich zukommen. Mit einem Worte, Sinnentäuschung und Irrthum der Vernunft haben beide einerley Ursprung, fließen beide aus einem Unvermögen der Erkenntniß; aus der Einschrän-|kung unsrer Vorstellungskraft, die dort Falschheit in der sinnlichen Erkenntniß, und hier Unrichtigkeit in der Vernunfterkenntniß zu Wege bringt, dort falschen Schein und hier Irrthum verursacht. Wir können also zur Beantwortung auf unsre erste Frage, den allgemeinen Satz gelten lassen: *Wahrheit ist jede Erkenntniß, in so weit sie das positive Vermögen unsrer Seele zum Grunde hat; Unwahrheit hingegen, in so weit sie durch das Unvermögen, durch die Schranken unserer positiven Kraft, eine Abänderung gelitten hat.* | ||

IV.
Warheit und Täuschung.

Als ich den Laubengang hinaufkam, schient ihr mir, meine Lieben! in einem lebhaften Streite begriffen zu seyn. War der Innhalt desselben etwa die Eröffnung der Schelde, oder

sonst ein Thema dieser Art, das uns vor jetzt gleichgültig seyn kann, oder hatte er einige
Beziehung auf unsre gewöhnliche Unterhaltungen in den Morgenstunden?

Sie wissen, antwortete J., daß wir um diese Zeit, wie Pope sagt, *dem Ehrgeitze und dem
Stolze der Fürsten ihre Kleinigkeiten lassen*, und jeden Tag mit solchen Gedanken beginnen, die uns näher angehen. – So spricht ein englischer Dichter, erwiederte ich. Ein Wiener
dürfte vielleicht in seiner Dichtersprache sagen: die Rede ist hier nicht von Ehrgeitz oder
Habsucht der Fürsten; sondern von der Befreyung einer Flußgöttinn, der in den vorigen
Jahrhunderten der Aberglaube die Augen verbunden und Merkur die Hände gefesselt hat-
te, und die itzt von der | Staatskunst, mit Hülfe der Eris oder Bellona wieder in Freyheit
gesetzt werden soll. – Ihm sey dieses vergönnt, sprach er. Aber wir, die wir keine Wiener
sind, weihen unsere Morgenandacht, in einer ähnlichen Dichtersprache, jener himmlischen
Gottheit, die auch auf Erden ihren Tempel haben soll; obgleich die wenigsten Sterblichen
den Steig zu finden wissen, der zu ihm hinaufführt. Die Fürsten sollen eigentlich um
ihrentwillen nie ein Schwerdt gezückt haben; wiewohl sie zu manchen blutigen Auftritten
hat den Vorwand hergeben müssen. Weder der Eris noch der Bellona ist es je erlaubt, in den
Tempel selbst zu kommen. Jene aber wirft sich zuweilen zur Wegweiserin auf, und es soll
ihr würklich nicht selten gelingen, die Freunde der Göttinn bis an die äußerste Pforte des
Tempels zu bringen. Aber nicht allezeit; es kömmt darauf an, wie man sagt, welchem
Winke sie selbst folgt. Ist es der himmlische Amor, der vor ihr her tändelt, und ihr die Spur
zeigt; so führt sie würklich zum Tempel hin, und zieht sich von der Pforte bescheiden
zurück. Trabt aber der Ehrgeitz vor ihr | her, so erreget er durch seinen Ungestüm eine
Wolke von Staub, die die ganze Aussicht verdunkelt; und man ist in Gefahr, dicht vor der
Pforte des Tempels, ihr den Rücken zuzuwenden. Ja wenn diese auch ge-||öffnet würde, so
schlüpft der Ehrgeitz unvermerkt mit hinein, um den ihm folgenden Sterblichen durch
einen Umweg wieder hinaus zu führen, und der Eris wieder in die Hände zu liefern.

Du hast mit meinem Kalbe gepflügt, antwortete ich; daher kann ich leicht dein Räthsel
finden, mein Sohn! Die Wahrheit war der Innhalt eures Streits; und ich hoffe, diesesmal
soll die Eris dem Winke jenes Amors folgen, dem die Morgenstunden geheiligt sind. Und
um der Allegorie ein Ende zu machen; ging es etwa die Erklärung an, die ich euch gestern
von der Wahrheit zu geben wagte?

Eben diese, erwiederte er. Es schien einigen von uns, als wenn die Merkmahle, die Sie
von der Wahrheit angaben, nicht immer hinreichend wären, sie vom Betruge der Sinnen zu
unterscheiden. Sagten Sie nicht, eine Erkenntniß | sey Wahrheit, in so weit sie aus der
positiven Kraft unsrer Seele folgt; in so weit sie aber durch die Einschränkung dieser Kraft
eine Abänderung leidet, werde sie zur Unwahrheit? – Richtig! – Diese Unwahrheit, setzten
Sie hinzu, werde Irrthum genannt, wenn sie eine Folge des Verstandes und der Vernunft ist;
fließe sie aber aus den Schranken des Sinnenvermögens, so werde sie Sinnenbetrug oder
Täuschung genannt. War es nicht also? – Allerdings. – Nun sagen Sie selbst, lieber S.,
durch welche Instanz Sie wider diese Erklärung einen Zweifel zu erregen gewußt haben.

S. Ich sahe hier im Wasser das Bild meines Freundes; wende mich zur Rechten, und
sehe ihn würklich neben mir stehen. Eben derselbe Sinn, der mir hier den Schein zu erken-

nen gegeben, zeigt mir da die Wahrheit. Wir können nicht sagen, daß in dem einen Falle die positive Kraft, und in dem andern Fall die Einschränkung derselben, die Erscheinung hervorgebracht habe. Der Sinn sowohl, als das Organ des Gesichts, thaten in beiden Fällen ihre Pflicht, und | verrichteten das, was sie zu verrichten bestimmt sind. Woran liegt es also, daß ich demungeachtet jenes für Schein, dieses für Wahrheit halten muß? – Eine andre Instanz! Ist es nicht vermöge der positiven Kraft unsers Gesichts, und nach den wahren Gesetzen der Optik, daß ich in jenen Wolken dort einen Regenbogen glänzen sehe? Gleichwohl ist der Regenbogen, wie wir wissen, bloßer Schein, keine Würklichkeit, keine Wahrheit. Wenn aber das Criterium, das Sie von der Wahrheit angegeben, entscheidend seyn soll; so müßte es sich auf alle diese, und dergleichen Fälle, mit Nutzen anbringen || lassen. Freylich! erwiederte ich. Ein Probierstein der uns in die Hände gegeben wird, muß hinreichen, in allen Fällen das Aechte vom Falschen zu unterscheiden, wenn wir uns mit Sicherheit darauf verlassen sollen. – Und ihr, meine Freunde! die ihr die Anklage vernommen, welche S. wider meine Erklärung vorbrachte; wußtet ihr etwas zu ihrer Vertheidigung zu sagen, oder überließt ihr sie ihrem Schicksal? |

Und W. ergriff das Wort: So völlig haben wir sie noch nicht aus dem Felde schlagen lassen. Es schien uns, als wenn Sie selbst in Ihrem Vortrage ähnliche Beobachtungen angeführt, und mit Anwendung auf Ihr Criterium erläutert hätten. Indessen wünschten wir die nähere Aufklärung der von S. erregten Zweifel aus Ihrem Munde zu hören. Lassen Sie, wenn es Ihnen so gefällt, dieses den ersten Gegenstand unsrer heutigen Unterhaltung seyn! – Gerne! sprach ich; und eben dieses wird der schicklichste Eingang zu der Materie seyn, die ich heute vorzutragen habe.

Du sagtest, mein Sohn! der Sinn des Gesichts verfahre nach denselben Gesetzen der Optik, und gebe dir gleichwohl hier ein bloßes Bild deines Freundes, dort aber ihn wirklich zu erkennen. Beides sey also Würkung der positiven Sinneskraft, und gleichwohl sey nicht beides *Wahrheit*. War es nicht dieses, was dir meinen Satz verdächtig machte? – Eben dieses! – Du weißt, wie die Sachwalter einen Angeklagten zu rechtfertigen pflegen. Sie läugnen die | Thatsache, oder schieben die Schuld auf einen andern. Ich werde das Letztere ergreifen. Ich behaupte, der Sinn des Gesichts sey an der Täuschung nicht Schuld, und sage vielmehr, so viel an ihm liegt, in beiden Fällen die reine Wahrheit aus. Als Erscheinung dieses Sinnes, hat das Bild, das du hier im Wasser siehest, nicht weniger Wahrheit, als jenes. Beides sind Würkungen der positiven Sinneskraft, und können, nach meinem Begriffe, weder trügen noch täuschen. – Wer soll denn aber sonst an der Bethörung Schuld seyn? fragte er. Wenn beide Gesichtsbilder die Wahrheit aussagen: wie geht es denn zu, daß mir jenes Bild meinen Freund da zeigt, wo er nicht ist; indeß mir dieses hier, ihn da zu erkennen giebt, wo er würklich vorhanden ist. – *Vorhanden ist*, antwortete ich. Hier also lieget der Knoten. Was verstehst du unter *würklich seyn, vorhanden seyn*? Er schien ein wenig nachzudenken, und sprach endlich: Wenn Sie mich nicht fragen, antwortete jener auf eine ähnliche Fra-||ge, so weiß ich es. – Auch dringe ich vor der Hand, erwiderte ich, nicht auf eine | schulgerechte Erklärung. Ich will nur die Merkmale wissen, an welchen du erkennest, daß dieses Bild hier ein täuschendes; jenes aber, ein würkliches Bild deines

Freundes sey. Erkennest du dieses nicht etwa daran: daß die bekannte Stimme deines Freundes nicht aus dem Wasser, sondern hier von der Seite zu dir komme; daß du die Hände hier zur Rechten ausstrecken müssest, wenn du deinen Freund umarmen, oder etwas aus seiner Hand empfangen willst? Sind es nicht diese und dergleichen Kennzeichen, an welchen du Schein vom Daseyn, bloßen Schein von würklicher Substanz unterscheidest? – Dieses ward zugegeben, und ich fuhr fort: Der Sinn des Gesichts war also an der Täuschung nicht Schuld. Ein Nachurtheil der Seele war es, das dich hintergangen hat. Du erwartetest von jedem Bilde des Gesichts auch die Erscheinung des Gehörs und des Gefühls, die sehr oft mit denselben verbunden sind; und die Erwartung traf diesesmal nicht ein. Der Grund dieser Erwartung war, wie wir gesehn, eine unvollständige Induction, ein Schluß *von Vielem* auf *Alles*, von | *Oft* auf *Immer*; und wenn dieser Schluß trügt; so ist es offenbar eine Würkung unsrer Schwachheit, des Mangels und der Einschränkung unserer Erkenntnißkräfte.

Dieselbe Bewandniß hat es mit dem Regenbogen, als der zweyten Instanz, die du anführtest. Der starke Glanz der Farben, mit welchen er strahlet, läßt dich einen festen Gegenstand erwarten, auf welchen die Farben aufgetragen sind; und die Theorie sowohl als die Erfahrung überführen dich, daß sie blos in dem feuchten Dunst, aus welchem die Wolken bestehen, hin und herschweben; und mit jeder andern Stellung, die du annimmst, auch ihren Ort verändern. Auch hier ist es nicht das Gesicht, in so weit es eine Würkung deiner positiven Sinneskraft ist, das dich täuschet. Die Gewohnheit und die Erwartung des Aehnlichen hat dich hintergangen, und du verließest dich auf eine Schlußart, die nicht in allen Fällen bündig ist. Immer bleibt also die Wahrheit eine Folge der positiven Erkenntnißkraft; die Unwahrheit hingegen eine Folge des Unvermögens, das mit derselben verbunden ist. |

Und nun zur Beantwortung unsrer zweyten Frage, die ich für diesen Morgen, zum Vorwurf unsrer Unterhaltung bestimmt hatte. Mit welchem Grade der Gewißheit können wir uns von der Wahrheit versichern? Wo ist der Probierstein, an welchem wir prüfen || können, ob eine Erkenntniß, die wir besitzen oder zu besitzen glauben, eine Folge der Denkungskraft, oder ihrer Einschränkung sey?

Ich komme auf meine dreyfache Eintheilung unsrer Erkenntnisse zurück, die euch noch beywohnen wird. Sinnliche Erkenntniß, Vernunfterkenntniß und Erkenntniß des außer uns Würklichen, oder Naturerkenntniß. – Alle unmittelbare sinnliche Erkenntniß, oder wie sie andre nennen, alle *anschauende Erkenntniß*, es sey Empfindung der äußern, oder Wahrnehmung der innern Sinne, führen die höchste Ueberzeugung mit sich. Als Vorstellungen in der Seele betrachtet, findet weder Irrthum noch Täuschung bey ihnen statt. Wenn ich höre und sehe und fühle, so leidet es weiter keinen Zweifel, daß ich würklich höre und sehe und fühle. So auch, | wenn ich Lust und Unlust empfinde, hoffe, fürchte, Mitleiden habe, liebe, hasse u. s. w. Irrthum findet bey ihnen nicht statt; denn dieser folgt, wie wir gesehen, aus einem unrichtigen Gebrauch der höhern Seelenkräfte, welche blos bey der Vernunft und Naturerkenntniß mitwürken und Dienste thun müssen. Die unmittelbare, anschauende Erkenntniß bedarf weder der Vernunft noch des Verstandes, und kann also durch keinen

unrichtigen Gebrauch derselben gemisleitet werden. Und die Täuschung oder der Sinnenbetrug? Wir haben gesehen, daß auch diese nur alsdann hintergehen können, wenn wir auf
Gegenstände außer uns schließen; wenn unsre Erkenntniß nicht blos *Vorstellung*, sondern
auch *Darstellung* seyn soll. In diesem Falle treten bey der sinnlichen Erkenntniß dieselben
Schlußfehler ein, welche bey der vernünftigen Erkenntniß statt haben, und leiten zuweilen
auf irrige Folgen. So wie sie bey dieser Irrthum erzeugen; so erzeugen sie bey jener, durch
die Gewohnheit, Täuschung und Sinnenbetrug. So lange wir aber bey der sinnlichen Er-
kenntniß stehen bleiben, so lange wir | diese noch nicht als Darstellung, sondern blos als
Vorstellung betrachten; leidet sie weder Zweifel noch Ungewißheit, und hat den höchsten
Grad der Augenscheinlichkeit für sich.

Was nach den Regeln des Denkbaren aus diesen ersten Grundbegriffen geschlossen
wird; mit andern Worten: was nach dem Satze des Widerspruchs aus der unmittelbaren,
anschauenden Erkenntniß folgt, ist in eben dem Grade über alle Zweifel hinweg. Der Satz
des Widerspruchs ist eine Bedingung, ohne welche das Denken überall nicht statt hat. Wir
müssen also alles Denken, alles Untersuchen ‖ aufgeben, wenn wir nicht die nothwendige
Bedingung des Denkens gelten lassen, und uns zu allen Folgen verstehen wollen, auf die
wir vermittelst derselben geführt werden. Irrthümer können zwar hier mit einschleichen,
aber nur als Rechnungsfehler; in so weit wir etwa von den Gesetzen des Denkbaren unrichtigen Gebrauch machen. In der gemeinen Rechenkunst können wir, durch unrichtige An-
wendung der untrüglichsten Regeln, auf irrige Resultate kommen, wie einem jeden von |
uns bekannt ist. Die praktische Beantwortung einer jeden Frage bedarf daher sowohl der
Probe, als des Beweises. Der Beweis zeigt eigentlich an, wie das Resultat herauskommen
müsse, wenn nach Vorschrift der Auflösung verfahren wird. Die Probe hingegen soll in
jedem vorliegenden Falle zeigen, ob das auch würklich geschehen sey, was nach den Er-
fordernissen des Beweises hätte geschehen müssen. Der Beweis kann, wie in der gemeinen
Rechenkunst offenbar der Fall ist, den höchsten Grad der Ueberzeugung mit sich führen;
aber alle Proben sind unzulänglich, uns den Zweifel zu benehmen, daß wir richtig verfahren haben. Dieselbe Bewandniß hat es mit allen streng erweisenden Wissenschaften, denen
man den höchsten Grad der Evidenz zuschreibt; mit der Mathematik nehmlich, und mit der
Logik. Die Regeln des Denkens, auf welche sie sich gründen, und die Schlußformen, durch
welche Wahrheit von Wahrheit hergeleitet wird, sind von der augenscheinlichsten Gewißheit.
Ob aber diese Regeln, diese Schlußformen, auch richtig angewendet worden sind; hiezu
gehören Proben, | in deren Ermangelung noch immer ein kleiner Grad der Ungewißheit
zurück bleibt. Die Theorie ist über allen Zweifel hinweg; aber in der Anwendung können
viel Rechnungsfehler einschleichen und Irrthümer zeugen.

Die Gewisheit der unmittelbaren sinnlichen Erkenntniß erstreckt sich auch auf das Ge-
biet der Schönheit und der sittlichen Empfindungen. Auch hier hat der Geschmak eine Art
von Unfehlbarkeit. Wo ihr Schönheit empfindet, da muß Schönheit anzutreffen seyn; und
ein Gedanke oder eine Handlung, die eure Seele erhebet und sie gleichsam ihren eigenen
Werth empfinden läßt, muß in der That erhaben seyn. Da der Geschmack und das sittliche
Gefühl keine Vernunfterkenntnisse sind, so findet Irrthum oder Fehlschluß bei ihnen nicht

244 Mendelssohn Studienausgabe Band II

statt. Und Täuschung? Wir haben gesehen, daß diese nur da zu besorgen ist, wo die Seele gleichsam aus sich herausgehet, und ‖ von ihrer Erkenntniß auf das Object schließet; nur da, wo Vorstellung von Darstellung unterschieden ist. So lange sie sich aber auf ihre innere Empfindungen, als Empfindungen einschränkt; so lange ist jeder | Schein Wahrheit, und *ich glaube zu empfinden* eben so viel, als *ich empfinde.* Der verkehrteste Geschmack also, kann hierinn weder trügen noch täuschen, so lange wir bey der subjectiven Empfindung stehen bleiben. Falschheit findet auch hier nur bey der Beurtheilung statt, wo eine Art von Rechnungsfehler mit unterlaufen, und auf Irrwege führen kann. Der richtige Geschmack nehmlich erwäget alle Theile eines Gedanken oder Gegenstandes, vergleichet Haupt- und Nebenbegriff, setzt jedes in sein gehöriges Licht, berechnet Schönheit gegen Fehler, und fällt sein Urtheil nach dem Eindruck des Ganzen. Der fehlerhafte Geschmack hingegen vertheilet Licht und Schatten nach einem unrichtigen Ebenmaße, hält sich an einen Nebenbegriff fest, übersieht, was nicht übersehen werden soll, und urtheilet nach einer unrichtigen Schätzung von dem Wehrte des Ganzen, nach einem seiner Theile. Seine Empfindung hat evidente Wahrheit, aber seine Beurtheilung täuscht.

Helvetius sucht, in einer von seinen nachgelaßnen Schriften, den misverstandnen Satz zu | behaupten: daß alle menschliche Erkenntniß aus sinnlichen Empfindungen entspringe. Wie er dieses blos auf die Würkung der äußern Sinne einschränkt, und die ganze Masse unsrer Begriffe aus einem Spiel der Fibern im Gehirn erklären will; so glaubt er, der Seele alle allgemeine Begriffe absprechen zu müssen. Alles ist im Gehirn sinnlicher Eindruck; und um die Schwierigkeit zu heben, die ihm die Sprache macht, in welcher alle Wörter allgemeine Begriffe bedeuten, sagt er: die Sprache sey blos Zeichenerkenntniß; so wie in der Algebra z. B. die Zeichen oder in der gemeinen Rechenkunst die Zahlen nichts anschauendes mit sich führen, und blos als Symbolen, durch Versetzung und Vergleichung, auf richtige Schlußsätze führen können, eben also können die Wörter als leere Zeichen und Symbolen, in der Sprache ein Hülfsmittel zum Denken werden und einen vernünftigen Diskurs bilden. So wie wir uns dort mit der Ueberzeugung begnügen, daß wir jedem Zeichen, sobald wir wollen, einen bestimmten Wehrt unterlegen können, und daß das Resultat von dem bestimmten | Wehrte eben so richtig folgen werde, als der Calcul es von den Zeichen herausgebracht hat: auf eine ähnliche Weise, meint er, begnügten wir uns ‖ beym Gebrauch der Sprache mit der Versicherung, daß wir einem jeden Worte, einen sinnlichen Eindruck von einer gewissen Gattung unterlegen können, ohne in der That etwas mehr als ein leeres Zeichen dabey zu denken, oder uns vorzustellen. Wir rechnen blos darauf, daß die sinnlichen Eindrücke unter sich in denselben Verhältnissen stehen, in welche wir die Worte, oder Zeichen derselben, gebracht haben; denken aber voritzt blos den sinnlichen Eindruck, den die Worte als Zeichen machen. – Mithin wäre nach dieser Hypothese, die ganze Sprache des Menschen, eine bloße Sammlung von leeren, algebraischen Zeichen, die wir nach gewissen Regeln versetzen und verbinden.

Mich dünkt, wenn diese Hypothese wahr wäre; so würden wir durch die Sprache zwar Vernunftschlüsse machen, aber keine Empfindungen erregen können. Bloße symbolische Erkenntniß, wie die in der Rechenkunst und Algebra, | läßt das Gemüth unbewegt; kann

| 75–78; ‖ Bd. 3.2, 41–42

weder Liebe noch Haß, weder Furcht noch Mitleiden, überhaupt weder Lust noch Unlust erzeugen. Wir würden bey der Vorstellung des vortreflichsten Schauspielers, bey Lesung eines Gedichts oder einer Rede, so kalt und gleichgültig bleiben, als wir bey einer algebraischen Rechnung sind. Wie geht es aber zu, daß wir durch die Sprache gleichwohl die größten Würkungen dieser Art hervorbringen können? Empfindungen können nicht trügen. Wo Empfindung ist, da schließen wir mit der größten Sicherheit, auf anschauende, unmittelbare Erkenntniß. Unsre allgemeine Notionen, und die Wörter, die sie vorstellen, müssen also nicht blos in Zeichenerkenntniß bestehen; es muß ihnen etwas anschauendes, etwas unmittelbar erkanntes anhängen, wodurch sie das Gemüth zur Theilnehmung erwekken und Empfindung von Lust und Unlust erregen können. | ‖

V.
Daseyn. – Wachen. – Träume. – Entzückung.

Wenn der Dichter aus dem gränzenlosen Reiche seiner Einbildungskraft, in welchem er lange genug umhergeschweift, zur lieben Muttererde, seiner Heimath, zurückkehrt, stimmt er den frohen Gesang an:

Sey mir gegrüßt, ich sehe dich wieder,
Erde, mein mütterlich Land!

Wir kommen von einer ähnlichen Reise, aus dem Lande der Möglichkeit und der Ideen, in dieses würkliche Leben zurück, in welchem wir besser zu Hause zu seyn glauben. Wir könnten einen ähnlichen Gesang anstimmen, und getrostes Muthes unsern Weg fortsetzen; wenn uns nicht die Skeptiker gerade hier die Wege am meisten abgegraben, und die mehrsten Fußangeln eingelegt hätten. Gerade hier müssen wir also am vorsichtigsten seyn, und keinen Fuß vorrücken, bevor wir den Boden untersucht haben.

Laßet uns den Begriff des Daseyns bis auf seinen ersten Keim verfolgen; nicht um ihn durch | Worte zu erklären, sondern blos um seiner Entstehung nachzuforschen, und zu untersuchen, wie er sich nach und nach in uns festgesetzt hat. – Unsre Gedanken, als Gedanken betrachtet, sind das erste, das sich uns aufdringet. Wir können nun einmal nicht zweifeln, daß sie in uns würklich vorhanden sind, Abänderungen von uns selbst sind, und wenigstens eine subjective Würklichkeit haben. Hiernächst ist auch unser eigenes Daseyn eine nothwendige Bedingung, ohne welche kein Untersuchen, ja überall kein Zweifeln und kein Denken statt finden kann. *Cartesius* setzte mit Recht, als die Grundveste alles Nachdenkens, den Schluß voraus: Ich denke; also bin ich. Wenn meine innere Gedanken und Empfindungen in mir würklich sind; wenn das Daseyn dieser Abänderungen meiner selbst nicht geleugnet werden kann; so muß auch das Ich zugegeben werden, dem diese Abänderungen zukommen. Wo Abänderungen sind, da muß auch ein Subject vorhanden seyn, das Abänderung leidet. Ich denke; also bin ich. |

Der Weltweise hätte mit gleichem Rechte sagen können: ich hoffe, also bin ich; ich fürchte, also bin ich u. s. w. Allein alle Veränderun-‖gen, die innerhalb unser selbst vorgehn, haben, nach seiner Theorie, das gemeinschaftliche Merkmal, das er Gedanken nennt. Er befaßte sie also alle in dem allgemeinen Worte: *ich denke.* Und das Daseyn? Wenn wir von uns selbst ausgehen, wie wir in allen unsern Erkenntnissen nothwendig thun müssen; so ist *Daseyn* blos ein gemeinschaftliches Wort für *Würken* und *Leiden.* Wir sind uns bewußt, daß wir in jedem Augenblikke unsers Lebens würken oder leiden; und das Merkmal, das sie beide gemeinschaftlich haben, nennen wir Daseyn. Ich habe Begriffe und Empfindungen, also bin ich ein begreifendes und empfindendes Wesen. Ich würke oder leide, also bin ich würklich vorhanden. Muß ich, vermöge der augenscheinlichsten Ueberzeugung, das erste zugeben; so wird, als eine nothwendige Folge, das letzte nicht in Zweifel zu ziehen seyn.

Nach unsrer Erklärung von Wahrheit und Unwahrheit, folgt alles dieses ganz natürlich. | Unsre unmittelbaren Empfindungen der innren und äußern Sinne, und alles was nach den Regeln des Denkens aus denselben zu schließen ist, kann nicht bloß die Folge unsers Unvermögens seyn; setzet unstreitig ein Denkensvermögen voraus. Eben so wenig kann das Subject, in welchem dieses vorgeht, bloßes Unvermögen, bloße Einschränkung seyn. Schranken setzen ein Wesen voraus, das eingeschränkt wird. Abänderung ist, ohne etwas Fortdauerndes das abgeändert wird, nicht denkbar. Alle meine subjective Erkenntnisse haben, als subjective betrachtet, unstreitige Wahrheit; ihr idealisches Daseyn, kann weder Schein noch Irrthum seyn. Meine eigene Würklichkeit ist weder Täuschung noch Irrthum, und also Wahrheit.

Glaubet nicht, meine Lieben! daß ich die Absicht habe, durch alle diese abgezogene Worte, die ersten Elemente unsrer Erkenntniß begreiflicher zu machen. Ich bin es sehr überzeugt, daß sie oft durch dergleichen Wortgepränge, nur noch mehr verdunkelt werden. Das Erklären durch Worte muß irgendwo seine Gränzen haben, wenn | wir in der Erkenntniß vorwärts gehen, und nicht immer gleichsam in einem Cirkel herumgeführt werden sollen. Meine Bemühung geht blos dahin, bey euch, durch mancherley Redensarten und Wendungen, eben die Gedanken zu erregen, die ich in mir habe, und zu meiner Absicht tauglich finde. Wenn von sinnlichen Dingen die Rede ist, und ich euch z. B. eine Erklärung aus der Naturgeschichte begreiflich machen will; so bringe ich euch verschiedene Individua ‖ von derselben Art so lange unter die Augen, bis ich versichert bin, daß ihr euch ihr gemeinschaftliches Merkmahl abgesondert, und also einen Begriff von der Art gebildet habt. Da wir aber hier mit übersinnlichen Dingen zu thun haben, die nicht anders, als durch Worte dargelegt werden können; so muß ich die Worte und Redensarten euch so lange wenden, und von verschiedenen Seiten vorhalten, bis in eurer Seele eben das vorgeht, worauf meine Absicht gerichtet ist. Ich bin also weit entfernt, euch schulgerechte Erklärungen, vom Denken, Daseyn, Ich u. s. w. geben zu wollen. Ich will euch blos durch meine Worte zum Nach-|denken anführen; und durch Vergleichung verschiedener Ausdrücke, bey Anhörung dieser Worte, die Gedanken bey euch erwecken, die meinem Zwecke gemäß sind.

Das Daseyn meiner Vorstellungen also, blos als subjective betrachtet, so auch mein eignes Daseyn, und alles was aus diesen, vermöge der Gesetze des Denkbaren, gefolgert werden kann, ist über allen Zweifel hinweg. Jenes, als unmittelbare sinnliche Erkenntniß, läßt auch keine Besorgniß eines Rechnungsfehlers zurück. In so weit es aber, durch die Gesetze des Denkbaren, mit der reinen Vernunfterkenntniß verbunden wird, ist der Zweifel nicht völlig aus der Acht zu lassen; ob auch die Regeln richtig angewendet worden, und nicht ein Trugschluß oder Rechnungsfehler auf Irrwege verleitet hat.

Ich werde aber in dem Bezirke der Begriffe, deren ich mir bewußt bin, auch solche gewahr, die ich nicht blos für Vorstellungen gelten lassen kann, sondern zugleich für Darstellung äußerlicher Gegenstände halten muß. Sie sind nicht blos Abänderungen von mir, und einzig und al-llein in mir selbst als ihrem Subject, anzutreffen; sondern ich muß mir selbst von ihnen gestehen, daß sie zugleich Abdrücke äußerlicher Gegenstände sind, die ihr eigenes Daseyn für sich haben. Im Wachen und so lange ich gesund bin, ist mir nichts leichter, als diese Gattung der Begriffe zu erkennen, und von andern zu unterscheiden. Sie führet ihre Augenscheinlichkeit mit sich, die sich dem gesunden Menschensinne aufdringet, und keinen Widerspruch leidet. Im Traume hingegen, in der Trunkenheit, im Wahnwitz, in der Entzükkung, pflegen wir diese beiden Gattungen zu verwechseln, und eine Reihe subjectiver Vorstellungen, für Darstellung äußerlicher Gegenstände zu halten. Wir erkennen im Wachen unsern Zustand und unterscheiden ihn vom Traume. In währendem Träumen sind wir hiezu nicht aufgelegt. Es entstehen zwar in diesem ‖ Zustande selbst sehr oft schwache Zweifel, ob das, was wir sehen und hören, nicht bloße Träume seyn mögen? Allein sie werden gar bald von der anscheinenden Evidenz der äußern Sinne überwältiget, und verschwinden, ohne uns von unserm | wahren Zustande zu unterrichten. Die Bemerkung wird jeder von euch bey sich selbst zu machen, Gelegenheit gehabt haben. So oft im Traume ein Umstand vorkömmt, der ungereimt scheint, und mit den bekannten Gesetzen der Natur streitet; so werden wir aufmerksam, und fragen uns selbst: sollte dieses nicht ein bloßer Traum seyn? Der Zweifel entsteht, und vergeht eben so leicht wieder, ohne uns über unsern Zustand ein weiteres Licht zu geben. Die Frage ist: läßt sich das Criterium deutlich angeben, woran Vorstellung von Darstellung zu unterscheiden ist? Kann der Ausspruch des gesunden Menschenverstandes, der im Wachen so unwiderstehlich ist, in Vernunfterkenntniß verwandelt werden? Und wie gehet es zu, daß eben dieses Criterium, in währendem Traume, seine Untrüglichkeit verliert und nicht mehr im Stande ist, uns aus der Verwirrung zu reissen?

Ihr werdet euch aus der Lehre von der Verbindung unsrer Begriffe, die ich euch zu einer andern Zeit vorgetragen, noch zu erinnern wissen, daß diese nach verschiedenen Regeln der Ordnung | auf, und nebeneinander zu folgen pflegen. Einmahl nach einer subjectiven Ordnung, nach dem Gesetze des Witzes, der Einbildungskraft oder der Vernunft. Begriffe die wir zu einer andern Zeit zugleich gehabt haben, die ähnliche Merkmale enthalten, oder die nach dem Gesetze der Vernunft auseinander folgen, bringen sich im Traume sowohl als im Wachen einander wieder hervor, und dieses nennen wir die subjective Ideenverbindung. Stehn sie aber unter sich in einer von uns unabhängigen Causalitätsverbindung; folgen sie deswegen auf und nebeneinander, weil sie, nach anerkannten Gesetzen der Natur, als Ursachen und Würkungen mit einander verknüpft sind; so nennen wir dieses eine objective

Verbindung der Ideen. Eine Reihe von Begriffen, die nicht blos von unsern Seelenkräften und ihren Würkungen und Einschränkungen abhängt, sondern die äußerliche Gegenstände voraussetzt, welche diese Begriffe darstellen, und in deren Kräften, wechselsweisen Einwürkung und Zusammenhang, sie gegründet sind. |

Den Zustand, in welchem die objectiven Ideenverbindungen in unsrer Seele die herrschenden sind, nennen wir das Wachen. Der bey ‖ weitem größere Theil unsrer Vorstellungen folgt in diesem Zustande auf- und nebeneinander, nicht nach den Gesetzen unsrer Seelenkräfte; nicht, weil wir sie zu einer andern Zeit zugleich gehabt haben; nicht, weil unser Witz eine Aehnlichkeit an ihnen bemerkt, oder unsre Vernunft sie so und nicht anders denkbar findet; sondern, weil sie unter sich, nach uns bekannten Naturgesetzen, in Causalitätsverbindung stehen. Wie wir zu der Kenntniß der Naturgesetze und dieser Causalitätsverbindungen gelangen, haben wir im Vorhergehenden gesehn. Sie stützet sich hauptsächlich auf eine unvollständige Induction; auf eine Schlußart von Oft auf Immer, die in vielen Fällen, an Untrüglichkeit, der vollkommensten Evidenz sehr nahe kommen kann. In dieser Ordnung und Verbindung also steht der größte Theil unsrer Begriffe, in währendem Wachen. Unsre Seele ist zwar geneigt, in jedem Augenblicke von dieser objectiven Reihe in etwas abzuweichen, und in | die ihr eigenthümliche, subjective Ideenverbindung überzugehen. Da aber in währendem Wachen, die objective Ordnung der Begriffe die herrschende ist; so wird sie von ihrer subjectiven Abschweifung gar bald abgerufen, und in die Reihe würklicher Dinge zurückgebracht. Je mehr aber eine Vorstellung Interesse für uns hat, desto länger und anhaltender ist der Abweg, auf welchen wir durch die subjective Ideenverbindung geführt werden; desto mehr ist unser wachender Zustand mit einer Art von Träumerey verbunden, deren Würkung man in der Zerstreuung, Begeisterung oder Entzückung bemerken kann. Zuweilen ist die Kraft, mit welcher wir von einer gewissen Vorstellung eingenommen sind, so groß, daß sie die objective Reihe der Dinge überwältigt, uns aus der Ordnung der Natur völlig hinaus und auf eine subjective Ideenverbindung führt, die einem wachenden Traume gleich ist. Dieses ist der Zustand heftiger Gemüthsbewegungen, der Schwärmerey und der Begeisterung, die der Odendichter nachahmt. |

Wir Deutschen nennen diesen Zustand *Entzückung*, mit vieler Bedeutung. Die Seele wird gleichsam dieser sinnlichen, gegenwärtigen Reihe der Dinge entzogen und in eine andre versetzt, die ihr eigen ist. Bey einem Wahnwitzigen nennen wir diesen Zustand *Verrückung*, aus eben dem Grunde.

Der Hang der Seele, ihrer subjectiven Ideenverbindung zu folgen und sich dem Witze oder der Einbildungskraft zu überlassen, ist so ‖ stark und ihr so natürlich, daß sie ohne kräftiges Erinnern an die gegenwärtige, würkliche Welt, keine andre Reihe von Begriffen verfolgen, und festen Gang halten kann, als von solchen, die durch Witz und Einbildungskraft verbunden sind. Selbst zur Meditation, oder zum anhaltenden vernünftigen Nachdenken über einen und eben denselben Gegenstand, würde sie dieser Hang untüchtig machen. Zur Meditation gehöret, daß die Seele ihre Aufmerksamkeit auf einen Gegenstand hefte, die Begriffe in ihre Merkmale zerlege und über ihre Verbindung nach den Gesetzen des Denkbaren nachdenke. Dieses ist die Ordnung der | Vernunft, welcher die Seele mit festen, unwankenden Tritten folgen muß, wenn das Meditiren von Statten gehen soll. Allein das Interesse der Vernunfterkenntniß ist größtentheils zu schwach, um die Seele an ihre Ordnung zu fesseln und festen Schritt thun zu lassen. Sie würde mit jedem Schritt in Nebenwege des Witzes oder der Einbildungskraft ausweichen, und sich nie ihres Vorsatzes wieder erinnern, wenn sie nicht ein mächtiges Bewußtseyn des Gegenwärtigen zuvörderst in die würkliche Welt zurückriefe, und sodann sie an ihren Vorsatz zu meditieren wieder erinnerte. Man sieht daher, warum das Meditiren für die Seele so viel beschwerliches hat, und welch eine besondere Lage des Gemüths dazu gehört, wenn ihr dieses gelingen soll. Die Vernunfterkenntniß und die Ordnung, in welcher sie die Begriffe aneinanderreihet, hat kein anderes Interesse für die Seele, als das Interesse des Vorsatzes. Sie folgt dieser Reihe von Gedanken, weil sie durch dieselbe einen bestimmten Endzweck zu erhalten sucht. Dieser Vorsatz, dieser Endzweck ist mehrentheils ein übersinnlicher Ge-|genstand, der selten mächtig genug ist, dem Reitze der bilderreichen Einbildungskraft zu widerstehen. Die Seele würde ihm also nicht lange treu bleiben, wenn sie nicht ein dunkles Bewußtseyn des Gegenwärtigen von ihrem Abwege zurückhielte. Aber auch das Bewußtseyn des Gegenwärtigen muß nicht mächtig genug seyn, die Seele ganz einzunehmen, und den Begriff des Vorsatzes, so wie die Gedanken, die zu ihm führen, in ihr zu verdunkeln. Das Gegenwärtige soll sie blos an ihren wirklichen Zustand, und vermittelst desselben an ihren Vorsatz erinnern, damit sie ungestört der Ordnung der Vernunft folgen könne. Der Eindruck des Gegenwärtigen muß weder zu stark noch zu schwach, weder zu lebhaft noch zu unkräftig seyn, wenn die Seele sich, in der zum Meditiren glücklichen La-|lge, soll erhalten können. Allzustarke Eindrücke des Gegenwärtigen überwältigen die Vernunfterkenntniß zu sehr; allzuschwache hingegen überlassen die Seele dem Spiele der Einbildungskraft, und sie weicht in Träumereyen aus. Nicht jeder hat die Anlage, die sinnlichen Eindrücke, so oft es nöthig ist, auf diesen | gemäßigten Ton zu stimmen, und niemand hat sie zu allen Zeiten und unter allen Umständen. Ein *Malebranche* wird allen starken sinnlichen Eindrücken ausweichen und das Tageslicht selbst durch den Vorhang verdunkeln müssen, um der Reihe seiner Meditationen ungestört folgen zu können; ein *Euler* hingegen die ausserordentliche Fertigkeit haben, mitten im Gewühle der Kinder und des Hausgesindes die schwersten algebraischen Fragen aufzulösen, und die Abhandlungen zu schreiben, die wir bewundern.

Wo sind wir hingerathen? Habe ich doch selbst die Lehre, die ich vortragen wollte, durch mein eigenes Beyspiel bestätigt. Ich ging davon aus, den Unterschied zwischen subjectiven und objectiven Vorstellungen anzugeben, um das Kennzeichen zu finden, wodurch wir den Zustand des Wachens vom Traume unterscheiden. Ohne diesen Endzweck noch völlig erreicht zu haben, ist die Seele dem Gange der Einbildungskraft gefolgt, hat sich in Beschreibung der Entzückung und Begeisterung eingelassen, ist von diesen auf die Erfordernisse der Meditation ausgewichen; | und nun war ich im Begriffe, auf die Regeln des lyrischen Gedichts auszuschweifen. Als ein Mittelding zwischen Meditation und Begeisterung hat das lyrische Gedicht seinen eigenen Gang, der sich aus dem Vorigen so ziemlich bestimmen läßt. Der Anfang, wo das Interesse den Dichter in Worte ausbrechen läßt; der Fortgang, wo er seine Begriffe nach der Ordnung, die aus Meditation und Begeisterung zusammengesetzt ist, verfolgt; die Sprünge oder die plötzlichen Uebergänge aus einer Reihe der Begriffe in die andre, die den Gang des begeisterten Dichters so sehr auszeichnen; alles dieses war ich im Begriffe, euch der Reihe nach herzuerklären, und solchergestalt mehr dem Gange des lyrischen Dichters, als des philosophischen Lehrers, zu folgen. Glücklicher Weise hat mich euer Anblick von dieser Abschweifung zurückgerufen, und mich meines Vorsatzes wieder erinnert. Ich reiße, um den Odendichter völlig nachzuahmen, den Faden hier plötzlich ab, um ihn in der nächsten Stunde wieder da anzuknüpfen, wo er sich zu verlieren angefangen hat. | ||

VI.
Ideenverbindung. – Idealismus.

Sind die Metaphysiker nicht, in der That, eine seltsame Art von Menschen? dürfte mancher sprechen. Sie versagen sich das Vergnügen des Morgenschlafs, unterbrechen vielleicht den schönsten Morgentraum, um sich hier unter einer Linde die wichtige Wahrheit einander zu entdecken, daß Schlafen nicht Wachen, und Wachen nicht Träumen sey. Eine Wahrheit, die jedem Kinde auf dem Schooße der Amme, so gut als ihnen bekannt ist. So lächerlich dieses auch seyn mag; so hat doch jedes Lächerliche, wie wir wissen, auch einen ernsthaften Gesichtspunkt, und es kömmt darauf an, von welcher Seite man es betrachten will. Gesunder Menschensinn und Vernunft fließen beide aus einer Quelle, sind eine und ebendieselbe Erkenntnißkraft. Nur geht diese langsam und, wie *Fontenelle* sagt, mit schwerfälligen Elephantenschritten, wo jener gleichsam wie geflügelt zum Ziele eilt. Es ist der Bemühung des Weltweisen nicht unwürdig, zu ver-|suchen, in wie weit er die Aussprüche des Menschensinnes in Vernunfterkenntniß auflösen könne. Der Geometer entsieht sich nicht, nach der Strenge zu beweisen, daß die gerade Linie der kürzeste Weg zwischen zwey Punkten sey; ob ihm gleich der Cyniker mit Recht vorhält, daß dieses auch dem Hunde bekannt seyn müsse, der seinen Raub in gerader Linie zu ereilen sucht. Auch der thierische Sinn, antwortet jener, hat seinen Erkenntnißgrund, und wir wollen sehen, ob wir ihn in Vernunfterkenntniß auflösen können. Wir setzen also unsre gestrige Betrachtung fort, ohne das Lächerliche zu scheuen, das ihr anzuhängen scheinet. Das Wachen, in so weit es die Seele angeht, ist, wie wir gesehen, ein Zustand, in welchem die objective Verbindung der Begriffe, die Ordnung der Causalität oder der Naturgesetze, das stärkste Licht hat, und in der Seele gleichsam die Oberherrschaft führet. Sie weiset einer jeden subjectiven Ideenverbindung ihren Ort in Zeit und Raum an, und ertheilt ihnen den gehörigen Grad von Licht und Kraft; sie lenkt die Aufmerksamkeit, regiert die Bewegungswerkzeuge, und | leitet selbst den Gang der Vernunft beym anhaltenden Nachdenken. Alle Würkungen der Seele befinden sich wie in einer wohlgestimmten Harmonie, so lange der Totaleindruk des Gegenwärtigen den Grundton angiebt, auf welchen sie sich stützen. ||
   Nun kann diese Harmonie und die nach derselben eingerichtete Oekonomie der Seelenverrichtungen zerrüttet und in Unordnung gebracht werden, wenn entweder die objective

Ideenordnung zu schwach, oder die subjective verhältnißmäßig zu mächtig wird. Das Letztere geschieht in der Leidenschaft, Trunkenheit, Entzückung, oder im Wahnwitze. In allen diesen Zuständen haben gewisse Begriffe für die Seele einen so unwiderstehlichen Reitz, daß sie ihnen auf alle Abwege nachfolgt, dahin sie verleiten. Das Bewußtseyn des Gegenwärtigen, oder die Causalitätsordnung, hat immer noch Gewalt genug, die Aufmerksamkeit, so wie die Bewegungswerkzeuge je zuweilen nach Willkühr zu lenken; aber das Interesse für eine subjective Reihe der Begriffe reißt die Oberherrschaft zuweilen an sich, führt | die Seele den Gang der subjectiven Ordnung, und giebt ihr Gedanken und Handlungen ein, die mit dem wirklichen Zustande der Dinge nicht übereinstimmen. So oft die sinnlichen Eindrücke mächtig genug werden, die Seele von ihrem Abwege zurück zu führen, erkennet die Vernunft zwar ihren Irrgang, und fasset in der Trunkenheit oder im Wahnwitze selbst den Vorsatz, ihn in der Folge zu vermeiden. Allein der Vorsatz ist nicht von Dauer. Sobald das Interesse wieder lebhaft wird, schwächt es den Eindruck des Gegenwärtigen, und stimmt ihn wieder herab zu seinem Unvermögen. Die Seele ist keiner vernünftigen Ueberlegung mehr fähig, und überläßt sich abermals der Führung ihrer schwärmerischen Ideenordnung.

Im Schlafe sind die sinnlichen Eindrücke geschwächt, aber verhältnißmäßig auch die Bilder der Imagination. Weder das Vergangene, noch das Gegenwärtige ist lebhaft genug, ein Bewußtseyn in der Seele hervorzubringen oder auf die Bewegungsorganen zu würken. Alles erscheint in einem sehr geschwächten Lichte, aber in der-|selben Harmonie von Licht und Schatten, Hell und Dunkel, Nähe und Entfernung; etwa wie eine Gegend in der Dämmerung, oder wie ein Gemälde, das mit einem durchsichtigen Flor überzogen ist. Die Beleuchtung ist gemildert, der Eindruck nicht überwältigend und hinreißend, aber immer noch derselbe und von ähnlicher Würkung. Wenn aber in diesem Zustand irgend ein Bild der Einbildungskraft, ein Begriff des Vergangenen, zufälligerweise etwas mehr Lebhaftigkeit erhält; so kann dadurch eine subjective Ideenreihe in der Seele erwachen, und mit Bewußtseyn verknüpft werden. Von keinem || stärkern Bewußtseyn des Gegenwärtigen zurückgerufen, wird die Seele, nach dem Gesetze der Imagination oder nach Vorschrift des Interesse, von einer subjectiven Reihe der Begriffe in die andre übergehen; und Dinge der Würklichkeit nach für verknüpft halten, die unter sich in keiner Kausalitätsverbindung stehen. Der Streit dieser Erscheinung mit den Gesetzen der Natur wird sie zwar etwas aufmerksam machen, und zuweilen auf Zweifel bringen; allein zum vernünftigen Ueberlegen gehört, | wie wir gesehn, unumgänglich, daß die Seele vom Eindrucke des Gegenwärtigen beherrscht werde. Kann sie aber ihrer subjectiven Ideenreihe folgen; so verschwindet der Vorsatz zu überlegen und nachzudenken in dem zweyten Augenblicke schon wieder: die Seele hat diese ganze Reihe schon verlassen und befindet sich nunmehr in einer ganz andern Verbindung der Dinge, in welcher weder von ihrer Ueberlegung noch von ihrem Vorsatze selbst, die mindeste Spur zu bemerken ist. Diesen Zustand der Seele nennen wir träumen. Auch das Träumen ist eine Art von Verrückung in eine andere Reihe der Dinge, als diejenige, die uns umgiebt. Nur daß im Traume die Vorstellungen überhaupt nicht Gewalt genug haben, auf die Bewegungsorgane zu würken. Es ist indessen möglich, daß im Schlafe die

Bilder der Einbildungskraft so lebhaft werden, daß sie auf die Bewegungsorganen würken und freywillige Handlungen hervorbringen. Die sinnlichen Eindrücke können dabey ganz oder größtentheils geschwächt bleiben, wenigstens diejenige Lebhaftigkeit nicht erlangen, die zum völli-|gen Erwachen erfordert wird, und daher den Träumen ein freyes Spiel lassen, die Organe in Bewegung zu setzen, und Dinge zu verrichten, die wir sonst nur im Wachen verrichten können. Dieser Zustand ist eine Krankheit, die man das *Nachtwandeln* nennet. Die freywilligen Verrichtungen, die in diesem Zustande geschehen, erfolgen vermöge der subjectiven Ideenverknüpfung. Von dem würklich Gegenwärtigen nehmen sie nur so viel mit, als unmittelbar zu ihrem Zwecke gehört. Der Nachtwandler wird die Gegenstände, die ihn unmittelbar berühren, oder zunächst im Wege sind, zu vermeiden suchen, oder aus dem Wege räumen; und dieses um so viel eher, wenn es Dinge sind, die er auch im Wachen, ohne Bewußtseyn, so zu behandeln gewohnt ist. Der Totaleindruck kann immer noch fehlen, durch welchen die Seele sich in der gegenwärtigen Welt gleichsam orientirt und zum völligen Erwachen gebracht wird. ‖

Das Nachdenken der Seele, haben wir gesehen, wird gestört, wenn ein Bild der Einbildungskraft lebhafter, oder das Interesse der | Seele mächtiger wird, als ihr Vorsatz, die Meditation zu verfolgen. So oft aber dieses nicht geschieht, kann die Seele ihrem Vorsatze treu bleiben, und nach dem Gesetze der Vernunft ihre Meditation ununterbrochen fortsetzen. Man sieht, daß dieses auch sogar im Wahnwitze oder im Traume geschehen kann; so oft weder das Interesse, noch die Lebhaftigkeit einer bildlichen Vorstellung, mit dem Erfordernisse des vernünftigen Nachdenkens in Collision kömmt. Die Beyspiele sind nicht selten, daß Wahnwitzige, in Dingen, die keine Uebersicht des Gegenwärtigen erfordern, und blos den Gang der strengen Vernunft und des Nachdenkens fortgehen, oft sehr gut zurecht kommen und die sinnreichsten Meditationen oft mit Vernunft und Ordnung auszuarbeiten im Stande sind; und man hat sogar Erscheinungen von Träumenden, die einen Beweis im Traume ausgeführt haben, der ihnen vorher im Wachen nicht gelingen wollte. So fremde dieses auch scheinet, so läßt es sich doch einigermaßen begreiflich machen, wenn man auf den angegebenen Unterschied zwischen Träumen und Wachen Acht hat, und die | eigentlichen Hindernisse in Betrachtung zieht, die dem vernünftigen Nachdenken im Traume sonst im Wege stehen.

Demokrit sagt nicht ohne Grund: Im Traume hat jeder von uns seine eigene Welt, und beym Erwachen gehen wir alle in eine gemeinschaftliche Welt über. Im Traume denkt ein jeder von uns sich eine andre Reihe der Dinge, als objectiv wahr; eine Reihe der Dinge, die wenigstens nicht so, wie wir sie uns vorstellen, würklich geworden; und die in der Ordnung, welche sie verbindet, blos subjectiven Regeln der Ideenverbindung folget. Es sind Bruchstücke, aus verschiedenen Systemen genommen, die zusammen kein Ganzes ausmachen. Alle objective Wahrheit, die sie enthalten, ist das Daseyn des Träumenden selbst, welches auch im Traume seine Evidenz hat, und über allen Zweifel hinweg ist. Alles Uebrige sind bloße Abänderungen dieses träumenden Wesens, und hat blos ein idealisches Daseyn, ohne äusserliches Object. Jeder gehet in seine eigene Welt über. |

Die Vorstellungen des Wachenden hingegen sind Abbildungen der Dinge, die ausser uns würklich vorhanden sind, nach den Regeln der Ordnung, in welcher sie sich ausser uns würklich hervorbringen; ‖ sie gehören alle zu einer gemeinschaftlichen Welt. Sie sind zwar nicht in allen Subjecten gleich; sondern nach der Lage desselben, und nach seinem Standorte, verschiedentlich abgeändert; aber diese Verschiedenheit selbst zeigt die Einheit und Identität des Gegenstandes, den sie darstellen. Sie gleichen verschiedenen Abbildungen einer Gegend, aus verschiedenen Gesichtspunkten aufgenommen. Sie müssen verschieden seyn, wenn sie wahr seyn sollen; aber blos das Aehnliche in denselben hat objective Wahrheit, das Unähnliche hingegen ist eine Folge der Perspective: wahr, in so weit es Abbildung ist, und falsch, wenn wir es als Darstellung der Gegend annehmen wollen.

Auf eine ähnliche Weise werden wir, in den Vorstellungen des Wachenden, das Wahre von der Täuschung zu unterscheiden haben. Was wir nur durch einen Sinn allein erkennen, hat blos | die Vermuthung der Würklichkeit für sich, die sich auf die gewohnte Verbindung der sinnlichen Erscheinungen gründet. Diese kann trügen und vielleicht eine Folge der Perspective seyn, die wir ohne Grund in dem Gemälde für Darstellung halten. Je mehr Sinne, in verschiedenen Entfernungen, durch mannichfaltige Mittel betrachtet, in dieser Darstellung überein kommen; desto gewisser wird unsre Ueberführung von seinem wirklichen Daseyn. Der Grund unserer Vermuthung kann nicht mehr in der Eingeschränktheit eines einzigen Sinnes liegen; denn die Uebereinstimmung führt auf einen gemeinschaftlichen Grund. Aber noch bleibt der Zweifel zurück: ob nicht der eingeschränkte Erkenntnißkreis unserer Sinne überhaupt, diesen gemeinschaftlichen Grund enthalte, und also Täuschung veranlasse. Vielleicht ist die Lage, in welcher ich mich befinde, blos daran schuld, daß ich Dinge sehe und höre und fühle, und daher für würklich halte, die aber blos in mir selbst vorgehn und ausser mir kein Object haben. |

Je mehr Menschen aber mit mir übereinstimmen, diese Dinge so zu finden, desto größer wird die Gewißheit, daß der Grund meines Glaubens nicht in meiner besondern Lage anzutreffen sey. Er muß entweder in der positiven Denkungskraft liegen, und also wahre Darstellung seyn; oder in den gemeinschaftlichen Schranken aller menschlichen Erkenntniß. Die Wahrscheinlichkeit des letzten Falles nimmt ab, wenn ich überführt werde, daß auch Thiere die Dinge so und nicht anders erkennen; jedes zwar nach seinem Standorte und ‖ nach der Perspective, aus welchen es die Dinge ansieht; aber insgesammt doch auf eine solche Weise, daß sie die Identität des Objects zu erkennen geben, von welchem sie verschiedene Seiten darstellen. Könnten wir überführt werden, daß auch höhere Wesen als wir, die Dinge mit der Abänderung, die ihrem Standorte zukömmt, so und nicht anders denken; so würde die Gewißheit, mit welcher wir das Daseyn der Dinge ausser uns erkennen, bis zur höchsten Evidenz heranwachsen. Wir würden eine fast vollständige Induction für uns haben, | daß die Sicherheit, mit welcher wir das Daseyn der Dinge ausser uns annehmen, keine Folge unsers begränzten Gesichtskreises, keine Würkung unsrer Einschränkung sey; sondern sich auf das Positive unsrer Denkungskraft gründe, welches allen denkenden Wesen gemein ist. Dieses allein kann der gemeinschaftliche Grund der so ausgebreiteten Uebereinstimmung seyn, nach welchem so mannichfaltige Wesen, durch mannichfaltige Erkenntnißmittel, jedes nach seinem Standorte, immer dasselbe erkennen und für wahr halten. Ist aber die Erkenntniß des Würklichen eine Folge unsrer Denkungs-kraft, so wird an ihrer Wahrheit nicht zu zweifeln seyn; wenn anders das richtig ist, was wir vom Unterschiede der Wahrheit, des Irrthums und der Täuschung oben festgesetzt haben.

Wenn wir überführt seyn könnten, daß der allerhöchste Verstand sich die Dinge außer uns, als würkliche Objecte darstellte; so würde unsre Versicherung von ihrem Daseyn den höchsten Grad der Evidenz erlangt haben, und keinen fernern Zuwachs mehr leiden. Die-ses ist keine bloße | Speculation, auf die ich euch für die Langeweile führe. Wenn wir uns vom Daseyn eines höchsten Wesens und von seinen Eigenschaften überzeugt haben wer-den; so wird sich ein Weg zeigen, uns auch einigen Begriff von der Unendlichkeit seiner Erkenntniß zu machen; und von dieser mit mehrerer Wahrheit, vielleicht auf eine wissen-schaftliche demonstrative Art, das Vorgeben der Idealisten zu widerlegen, und das würkliche Daseyn einer sinnlichen Welt außer uns unumstößlich zu beweisen. Vor der Hand aber und bevor dieses geschehen kann, schränken wir uns blos auf die Sätze ein, in welchen der Idealist mit uns übereinkömmt. Er gesteht ein, daß die Gedanken, die in ihm vorgehen, als Abänderungen seiner selbst, ihr idealisches Daseyn haben. Er kann folglich auch nicht leugnen, daß er selbst, als das Subject dieser Abänderungen, würklich vorhanden sey. And-re, von ihm verschiedene, so wie ‖ er eingeschränkte Wesen, können so wie er ihr eigenes Daseyn haben, und außer ihm, so wie er selbst, würklich vorhanden seyn. Er leugnet auch ihr Daseyn nicht, wenn er nicht in die | Ungereimtheit des Egoisten verfällt, der nur sich allein ein würkliches Daseyn zuschreibt. Ich werde in der Folge Gelegenheit haben euch zu sagen, warum ich diese Meynung schlechtweg eine Ungereimtheit nenne. Vor der Hand habe ich es blos mit dem Idealisten zu thun, der denkende Wesen außer sich zugiebt, und seiner Wenigkeit allein nicht den Vorzug anmaßet, daß sie die einzige Substanz sey, die würklich geworden ist. In dem Inbegriffe seiner eigenen Kenntnisse sowohl, als der Er-kenntniß andrer denkenden Wesen, unterscheidet der Idealist mit uns, die subjective Reihe der Dinge, die nur in ihm wahr ist, von der objectiven Reihe der Dinge, die allen denken-den Wesen nach ihrem Standorte und Gesichtspunkte gemeinschaftlich ist. Die Merkmaale, woran er diese im wachenden Zustand erkennet, sind ihm so wie uns unleugbar. Allein sagen diese Merkmaale auch Wahrheit aus? Giebt es würklich außer uns sinnliche Gegen-stände, die den Grund enthalten, warum wir uns im wachenden Zustande die Reihe der objectiven Begriffe so und nicht anders denken? Der Inbegriff unsrer ob-|jectiven Ideen enthält auch leblose Substanzen, körperliche Wesen, die sich uns als außer uns befindlich darstellen. Hat diese Darstellung auch Wahrheit für sich? Nein! antwortet der Idealist, es ist Kurzsichtigkeit unsrer sinnlichen Erkenntniß, daß wir so denken; es ist Sinnentäuschung, davon der Grund in unserm Unvermögen anzutreffen ist. Meine bessere Vernunft überführt mich, daß keine Substanz körperlich seyn könne. Der Dualist hingegen glaubt, die Ver-nunft des Idealisten habe ihn durch Fehlschlüsse auf einen Irrthum verleitet; es gebe eben sowohl körperliche, als geistige Substanzen: jene zwar nicht völlig so, wie sie sich uns darstellen; denn die Schranken unsrer Erkenntniß haben manches in ihrer Vorstellung ab-

geändert. Indessen sey in den mannichfaltigen Abbildungen derselben nicht alles
Perspective; nicht alles Folge unsrer Eingeschränktheit und unsers begränzten Gesichts-
punktes. Das Uebereinstimmende in denselben führe vielmehr auf einen gemeinschaftli-
chen, außer uns befindlichen Grund der Uebereinstimmung, welches das Urbild der-|selben
ist. Er gestehet zwar ein, daß seine Sinne zuweilen täuschen; aber nicht alles, was sie
aussagen, hält er für bloße Täuschung. Er glaubt vielmehr, ǁ vieles in denselben folge aus
der positiven Denkungskraft seiner Seele, und sey also Wahrheit. Jener spricht: von einer
Substanz, die denken kann und gedacht wird, habe ich einen unmittelbaren Begriff in mir
selbst, indem ich mein eigenes Daseyn erkenne. Daß andre Substanzen, die auch denken
und gedacht werden, auch vorstellen und vorgestellt werden, neben mir seyn können und
würklich sind; davon habe ich einen hinlänglichen Begriff. Was für einen Begriff aber
mache ich mir von einer Substanz, die blos materielle Eigenschaften haben, blos gedacht
werden soll, ohne selbst zu denken? Alles dieses, antwortet der Dualist, giebt eurer Vernunft noch keinen Grund, ihr Daseyn zu läugnen. So wie es vielmehr Substanzen giebt,
welche denken und gedacht werden; so wie es, nach unsrer aller Geständniß und Glauben,
eine einzige allerhöchste Substanz giebt, welche blos denkt, und von keinem andern
Wesen in ihrer Un-|umschränktheit gedacht werden kann; eben also giebt es auch von der
andern Seite außer uns befindliche Substanzen, die zu sinnlichen Empfindungen und
Gedanken die Urbilder sind, ohne selbst Vorstellungen zu haben; materielle Wesen, die
blos gedacht werden, aber nicht denken können. Was für Eigenschaften aber, fragt jener,
legt ihr dieser Substanz bey? Sind nicht alle sinnlichen Eigenschaften, die ihr derselben
zuschreibt, bloße Modificationen, die in euch selbst vorgehn? Ihr sagt, z. B. die Materie
sey ausgedehnt und beweglich. Sind aber Ausdehnung und Bewegung etwas mehr, als
sinnliche Begriffe, Abänderungen eurer Vorstellungskraft, deren ihr euch bewußt seyd;
und wie könnt ihr diese gleichsam aus euch hinaustragen, und einem Urbilde zuschreiben,
das außer euch befindlich seyn soll? – Wenn dieses die Schwierigkeit ist, erwiedert der
Dualist, so liegt sie mehr in der Sprache, als in der Sache selbst. Wenn wir sagen, ein Ding
sey ausgedehnt, sey beweglich; so haben diese Worte keine andre Bedeutung, als diese:
ein Ding sey von der Beschaffenheit, daß | es als ausgedehnt und beweglich gedacht
werden müsse. A seyn, und als A gedacht werden, ist der Sprache, so wie dem Begriffe nach,
ebendasselbe. Wenn wir also sagen: die Materie sey ausgedehnt, sey beweglich, sey undurchdringlich; so sagen wir freylich weiter nichts, als: es gebe Urbilder ausser uns, die
sich in jedem denkenden Wesen als ausgedehnt, beweglich und undurchdringlich darstellen.

Niemanden von uns aber ist es noch eingefallen, diese sinnlichen ǁ Begriffe oder Erscheinungen, welche die Abbildungen der Materie sind, in die Materie selbst hineinzu-
legen. Wir sagen blos, die Vorstellung, die wir von materiellen Wesen, als ausgedehnt,
beweglich und undurchdringlich haben, sey keine Folge unsrer Schwachheit und unsers
Unvermögens; sie fließe vielmehr aus der positiven Kraft unsrer Seele, sie sey allen den-
kenden Wesen gemein, und mithin nicht blos subiective, sondern objective Wahrheit. | ǁ

VII.
Fortsetzung. Streit des Idealisten mit dem Dualisten. –
Wahrheitstrieb und Billigungstrieb.

In der letzten Vorlesung habe ich gesucht, den Streit zwischen den Spiritualisten und Dualisten ins Reine zu bringen, und euch zu zeigen, auf welche feine Distinction er am Ende
hinausläuft. Der Anhänger des Idealismus hält alle Phänomena unsrer Sinne für Accidenzen
des menschlichen Geistes, und glaubet nicht, daß ausserhalb desselben ein materielles Urbild
anzutreffen sey, dem sie als Beschaffenheiten zukommen. Der Dualist hingegen spricht:
Ich finde in diesen sinnlichen Erscheinungen, die ihr Accidenzen der Seele nennt, so viel
Uebereinstimmung zwischen verschiedenen Sinnesarten, zwischen Menschen und Menschen, ja sogar zwischen Menschen und Thieren; daß ich mich für berechtigt halte, den
Uebereinstimmungsgrund nicht in mich selbst, sondern in etwas zu setzen, das ausser mir
befindlich ist. Als Accidenzen in mir, sind die sinnlichen Phänomena Abbildungen dessel-
ben; die, wie alle Abbildungen aus einem gewissen Gesichts-|punkte, zwar etwas Perspec-
tives haben, aber deswegen nicht ohne Wahrheit sind. Das materielle Urbild enthält den
Grund von der Wahrheit und Uebereinstimmung aller dieser Abbildungen. Es erregt in uns
die Vorstellung von Ausdehnung, Bewegung, Figur, Undurchdringlichkeit u. s. w. Daher
ist dieses Urbild selbst ausgedehnt, beweglich, undurchdringlich und nimmt gewisse Figu-
ren an. Man läßt sich durch leere Worte hintergehen und in die Irre führen, wenn man unter
dem Ausdrucke, ausgedehnt, beweglich und undurchdringlich seyn, ein Mehreres verstehen will.

Seyd ihr es nicht vielmehr selbst, sprach letzthin ein Anhänger des geistigen Systems,
mit dem ich mich hierüber in Streit einließ: Seid ihr es nicht vielmehr selbst, der diese
Verwirrung in der Sprache veranlaßt, und uns darin zu verwickeln sucht? Alle Eigenschaften, die ihr diesem Urbilde zuschreibt, sind, eurem eignen Geständnisse nach, bloße
Accidenzen der Seele. Wir wollen ja aber wissen, was dieses Urbild selber sey, nicht was es
würke. Freund, antwortete | ich, wenn dieses euer Ernst ist; so dünkt mich, ihr verlangt
etwas zu ‖ wissen, das schlechterdings kein Gegenstand des Wissens ist. Wir stehen an der
Gränze, nicht nur der menschlichen Erkenntniß, sondern aller Erkenntniß überhaupt; und
wollen noch weiter hinaus, ohne zu wissen, wohin. Wenn ich euch sage, was ein Ding
würket oder leidet; so fraget weiter nicht, was es ist. Wenn ich euch sage, was ihr euch von
einem Dinge für einen Begriff zu machen habet; so hat die fernere Frage, was dieses Ding
an und für sich selbst sey? weiter keinen Verstand. Und so haben sich die Weltweisen von
je her öfters mit Fragen gequälet, die im Grunde nicht zu beantworten sind; weil sie aus
leeren Worten bestehen, die keinen Sinn mit sich führen. So fragt der Atheist, was denn
Gott eigentlich sey? Zeigt ihm, was Gott gewürkt habe; zeigt ihm die ganze Herrlichkeit
der Schöpfung und alle Schönheit und Vollkommenheit, die sie enthält. Saget ihm, Gott
habe dieses alles hervorgebracht, mit Weisheit hervorgebracht; und erhalte und regiere
dieses alles, nach den Gesetzen der Weisheit und | Güte, davon er die Spuren in jedem

Sonnenstäublein, so wie in sich selbst findet. Alles dieses befriedigt ihn nicht. Er fährt fort, zu fragen: Was ist denn aber Gott selbst?

Erinnert euch, fuhr ich fort, daß die Materialisten, welche alle einfache geistige Wesen für Hirngespinnste halten, uns durch eine ähnliche Frage in die Enge zu treiben glauben. Was ist denn, sprechen sie gemeiniglich, was ist denn euer einfaches, geistiges Wesen, das weder Größe noch Figur, weder Farbe noch Ausdehnung haben soll. Umsonst führet ihr den Materialisten in sich selbst zurück, und laßt ihn auf das aufmerksam seyn, was in ihm selbst vorgeht, indem er denkt und empfindet, begehrt und verabscheuet, würkt oder leidet. Alles dieses thut ihm noch kein Genüge, und löset ihm die Frage noch nicht auf, was denn eine Seele sey, wenn sie nicht körperlich ist. Er überlegt nicht, daß wir vom Körper selbst auch nichts mehr wissen, als was er würkt oder leidet; und daß ausser dem Würken und Leiden eines Dings nichts weiter an ihm denkbar sey. |

Derselben Waffen, fuhr ich fort, mit welchen wir gemeinschaftlich den Materialisten bestreiten, werde ich mich bedienen, auch Ihrem Einwurfe zu begegnen. Was ist das Urbild aller sinnlichen Eigenschaften, ausser den Accidenzen, die davon in denkenden Wesen anzutreffen sind? Ich antworte: so was, das nicht gefragt werden kann; weil es ausser dem Begriffe liegen soll, und also in dem Sinne der Frage selbst kein Gegenstand der Erkenntniß seyn kann. Ihr ‖ forschet nach einem Begriffe, der eigentlich kein Begriff, und also etwas Widersprechendes seyn soll. Hier stehen wir an den Schranken der Erkenntniß; und jeder Schritt, den wir weiter thun wollen, ist ein Schritt ins Leere, der zu keinem Ziele führen kann. Laßt uns hier abbrechen, erwiederte mein Philosoph. Ich fürchte, daß am Ende der berühmte Zwist der Materialisten, Idealisten und Dualisten auf einen bloßen Wortstreit hinauslaufen würde, der mehr eine Sache des Sprachforschers, als des speculativen Weltweisen ist.

Mich würde dieses nicht sehr befremden. Es wäre nicht die erste berühmte Streitfrage, um | welche die Menschen sich veruneinigt, ja einander gehaßt und verfolgt haben, und die am Ende auf eine bloße Wortfehde hinauslief. Die Sprache ist das Element, in welchem unsre abgesonderten Begriffe leben und weben. Sie können dieses Element zur Veränderung abwechseln, aber verlassen können sie es nicht, ohne Gefahr den Geist aufzugeben.

Ich würde hier meine Vorlesungen, in so weit sie Vorerkenntniße zur Lehre von Gott seyn sollen, endigen können; wenn ich nicht noch eine Seite zu berühren hätte, von der ich mir in der Folge großen Nutzen verspreche. Was wir bisher untersucht haben, ging blos unsre Erkenntniß an, in so weit sie wahr oder falsch ist. Die wahren Erkenntnisse aber selbst unterscheiden sich von einander dadurch, daß sie Wohlgefallen oder Misfallen in der Seele erregen. Das Schöne, das Gute, das Erhabene wird von der Seele mit Lust und Wohlgefallen erkannt. Das Häßliche, Böse und Unvollkommene hingegen erregt Unlust und Widerwillen. |

Man pflegt gemeiniglich das Vermögen der Seele in Erkenntnißvermögen und Begehrungsvermögen einzutheilen, und die Empfindung der Lust und Unlust schon mit zum Begehrungsvermögen zu rechnen. Allein mich dünkt, zwischen dem Erkennen und Begehren liege das Billigen, der Beyfall, das Wohlgefallen der Seele, welches noch eigentlich von Begierde weit entfernt ist. Wir betrachten die Schönheit der Natur und der Kunst, ohne die mindeste Regung von Begierde, mit Vergnügen und Wohlgefallen. Es scheinet vielmehr ein besonderes Merkmal der Schönheit zu seyn, daß sie mit ruhigem Wohlgefallen betrachtet wird; daß sie gefällt, wenn wir sie auch nicht besitzen, und von dem Verlangen, sie zu besitzen, auch noch so weit entfernt sind. Erst alsdann, wann wir das Schöne in Beziehung auf uns betrachten, und den Besitz desselben als ein Gut an-||sehen; alsdann erst erwacht bey uns die Begierde zu haben, an uns zu bringen, zu besitzen: eine Begierde, die von dem Genuße der Schönheit sehr weit unterschieden ist. Wie aber dieser Besitz, so wie die Beziehung auf uns, | nicht immer Statt findet, und selbst da, wo sie Statt findet, den wahren Freund der Schönheit nicht immer zur *Habsucht* reizt; so ist auch die Empfindung des Schönen nicht immer mit Begierde verknüpft, und kann also für keine Aeußerung des Begehrungsvermögens gehalten werden. Wollte man allenfalls die Richtung, welche die Aufmerksamkeit durch das Wohlgefallen erhält, denselben Gegenstand ferner zu betrachten; wollte man diese eine Würkung des Begehrungsvermögens nennen; so hätte ich im Grunde nichts dawider. Indessen scheint es mir schicklicher, dieses Wohlgefallen und Misfallen der Seele, das zwar ein Keim der Begierde, aber noch nicht Begierde selbst ist, mit einem besondern Namen zu benennen und von der Gemüthsunruhe dieses Namens zu unterscheiden. Ich werde es in der Folge *Billigungsvermögen* nennen, um es dadurch sowohl von der Erkenntniß der Wahrheit, als von dem Verlangen nach dem Guten, abzusondern. Es ist gleichsam der Uebergang vom Erkennen zum Begehren und verbindet diese beiden Vermögen durch die feinste Abstufung, | die nur nach einem gewissen Abstande bemerkbar wird.

Wir können also das Erkenntniß der Seele in verschiedener Rücksicht betrachten; entweder in so weit es wahr oder falsch ist, und dieses nenne ich das *Materiale* der Erkenntniß; oder in so weit es Lust oder Unlust erregt, Billigung oder Misbilligung der Seele zur Folge hat, und dieses kann das *Formale* der Erkenntniß genannt werden; denn dadurch wird Erkenntniß von Erkenntniß, Wahrheit von Wahrheit selbst unterschieden.

Das Materiale der Erkenntniß leidet keine Abstufung. Ein Begriff kann nicht mehr, nicht weniger wahr als der andre seyn. Wenn es andem ist, daß Wahrheit allezeit eine Folge der positiven Denkungskraft der Seele ist; so findet hier kein Mehr oder Weniger Statt. Die Wahrheit ist mit einer unveränderlichen Größe zu vergleichen; sie ist eine unzertrennliche Einheit, die entweder ganz oder gar nicht anzutreffen ist. Daher auch in der Sprache das Beywort wahr selten eine Comparation leidet. Das Verglei-|chungswort *wahrer* ist eben so ungewöhnlich als der Superlativ, *das wahrste.*

Das Formale in der Erkenntniß aber hat nicht nur seine Abstufung; || sondern das Wesen derselben besteht hauptsächlich in der Vergleichung, in Mehr oder Weniger. Im Grunde betrachtet, führt jede Erkenntniß schon eine Art von Billigung mit sich. Ein jeder Begriff, in so weit er blos denkbar ist, hat etwas das der Seele gefällt, das ihre Thätigkeit beschäftigt, und also mit Wohlgefallen und Billigung von ihr erkannt wird. Nichts ist im höchsten Grade böse; nichts im höchsten Grade häßlich. Wie aber die Seele bey einem Begriffe mehr Wohlgefallen, angenehmere Beschäftigung finden kann, als bey einem andern; so kann sie jenen lieber haben wollen und diesem vorziehen. In dieser Vergleichung und in dem Vorzuge, den wir einem Gegenstande geben, bestehet das Wesen des Schönen und Häßlichen, Guten und Bösen, Vollkommenen und Unvollkommenen. Was wir in dieser Vergleichung als das Beste erkennen, würket auf unser Begehrungsvermögen, und | reitzet, wenn es keinen Widerstand findet, zur Thätigkeit. Dieses ist die Seite, von welcher das Billigungsvermögen an das Verlangen oder Begehren gränzet.

Ferner: das Materiale der Erkenntniß trennt das Denkbare vom Undenkbaren, das Würkliche vom Nicht Würklichen. Das Falsche, als eine Folge von der Einschränkung des Denkensvermögens, kann nicht nur nicht würklich vorhanden seyn; sondern muß auch, unter gewisser Bedingung, nicht gedacht werden können. Mit dem Formalen der Erkenntniß aber verhält es sich ganz anders. Nur der höchste Grad des Häßlichen und Bösen kann weder gedacht werden, noch würklich vorhanden seyn. Jede Abstufung derselben aber läßt sich nicht nur mit gleicher Wahrheit denken; sondern kann auch, unter gewissen Umständen, das Beste werden, und zur Würklichkeit gelangen. Das Falsche ist eine bloße Verneinung, und kann nirgends anzutreffen seyn. Das Häßliche und Böse aber, in so weit es blos in der Vergleichung diesen Nahmen erhält, kann würklich vorhanden seyn; jedoch | mit der Bedingung, wie wir weiter sehen werden, daß es irgendwo und irgendwann, d. h. unter gewissen Bestimmungen der Zeit und des Raums, in der Vergleichung das Beste werde.

Noch einen Unterschied zwischen diesen verschiedenen Rücksichten in der Erkenntniß gebe ich euch zu bemerken, der mir von wichtigen Folgen zu seyn scheint. Beides, sowohl das Erkenntniß- als das Billigungsvermögen, sind, wie ihr aus der Psychologie wißt, Aeußerungen einer und ebenderselben Kraft der Seele; aber verschie-|den, in Absicht auf das Ziel ihres Bestrebens. Jenes geht von den Dingen aus, und endiget sich in uns; da hingegen dieses den entgegengesetzten Weg nimmt, von uns selbst ausgeht, und die äußeren Dinge zu ihrem Ziele hat. Ich erkläre mich.

Eine jede Kraft führt das Bestreben mit sich, denkbare Accidenzen zur Würklichkeit zu bringen; entweder in der Substanz selbst, der diese Kraft zukömmt, oder in einer außer ihr befindlichen Substanz, welche alsdann die leidende genannt wird. Der Erkenntnißtrieb ist von der ersten Gattung. Er setzet die Wahrheit als unverän-|derlich zum voraus, und suchet die Begriffe der Seele mit derselben übereinstimmend zu machen. Das Ziel seiner Thätigkeit ist objective Wahrheit, und er gehet darauf aus, in dem denkenden Wesen solche Prädicate zur Würklichkeit zu bringen, die derselben gemäß sind. Vermöge des Triebes zur Wahrheit, suchen wir unsere Erkenntniß, ohne Rücksicht auf Wohlgefallen oder Misfallen, mit der unveränderlichen Wahrheit in Uebereinstimmung zu bringen. Nicht also bey der Aeußerung des Billigungstriebes. Wenn dieser in Bewegung gesetzt wird, so ist sein Ziel nicht in uns, sondern in den Dingen außer uns anzutreffen; und er gehet darauf aus, in demselben solche Accidenzen würklich zu machen, die mit unsrer Billigung, mit unserm Wohlgefallen, mit unsern Wünschen übereinstimmen. Jener will den Menschen nach der Natur der Dinge; dieser die Dinge nach der Natur des Menschen umbilden.

Ich glaube, aus diesem sehr auffallenden Unterschiede so manche Erscheinung erklären zu können, die sonst ihre Schwierigkeit hat. Wie gehet es zu, daß der Mensch die
Wahrheit und zu-|gleich die Erdichtung liebt? Wie können so widersprechende Neigun-
gen in einem Subject beysammen seyn? Jetzt ist ihm die Wahrheit theurer als seine Ruhe,
theurer als sein Leben; und jetzt hat er ein williges Ohr, sich das albernste Kindermährchen
bethören und in die heftigste Gemüthsunruhe setzen zu lassen. So sehr er die Wahrheit
liebt, eben so sehr wünscht er zuweilen getäuscht zu werden.

Mich dünkt, es kömmt auf die Absicht an, die wir bey einer Erkenntniß haben. Wir
wollen entweder unsern Erkenntnißtrieb in Bewegung setzen, um ihn dadurch vollkommen zu machen; oder wir haben dieselbe Absicht mit dem Billigungstriebe. Ist jenes, so ist
Wahrheit das Ziel unsres Wunsches; und jede andere Betrachtung, so theuer und so wichtig
sie uns auch ist, muß derselben weichen. ‖ Wir wollen wissen, wie die Dinge beschaffen
sind, nicht wie wir sie wünschen. Der Geometer soll, unsrer Gemächlichkeit halber, nichts
von der Strenge seiner Beweise vergeben; und der Geschichtschreiber keine Umstände
erdichten, um unserer Neigung zu | schmeicheln. Wenn wir Wahrheit suchen, so kann nur
Wahrheit uns befriedigen.

Ein anderes ist es hingegen, wenn wir die Absicht haben, unser Billigungsvermögen zu
beschäftigen, und dadurch vollkommener zu machen. In dieser Rücksicht liebt der Mensch
Erdichtung. Er bildet die Dinge so um, wie sie seiner Neigung gemäß sind, wie sie sein
Wohlgefallen und Misfallen in ein angenehmes Spiel setzen. Er will nicht unterrichtet, er
will bewegt seyn. Gern läßt er sich also täuschen, und Dinge als würklich darstellen, die
seiner bessern Ueberzeugung und der Wahrheit nicht gemäß sind. Seine Vernunft schweiget,
so lange blos seine Neigungen anmuthig beschäftigt seyn sollen.

So oft wir an der Sache selbst und ihrer Würklichkeit Antheil nehmen; so widersetzen
wir uns aller Täuschung, so glücklich sie uns auch machen würde, und streben nach Wahrheit. Bey der unglücklichsten Nachricht, die uns hinterbracht wird, dringen wir auf
Ueberzeugung; ob wir gleich vorher vermuthen, daß sie uns nur großes Elend bringen
werde. Der Geitzige, der | vielleicht seinen verborgenen Schatz nie aufgegraben haben
würde, mit welcher Bestürzung eilet er hin, so bald der mindeste Verdacht entsteht, daß er
gestohlen seyn könnte; mit welchem Ungestüm sucht er sich von der Wahrheit zu überführen, und er konnte bey fortdauernder Täuschung so glücklich seyn! – Der Freund, der
seinen Freund in Amerika am Leben geglaubt und glücklich war, ohne vielleicht die Hoffnung zu haben, ihn je wieder zu sehn, erhält die traurige Bothschaft von einer Lebensgefahr, in welcher sich jener befunden; und nunmehro kann er sich nicht länger in seinem
glücklichen Wahn erhalten; er dringet auf Ueberzeugung, ob er gleich nur Bestätigung
seines Elends zu erwarten hat. „Unglücklicher", spricht der eifersüchtige Mohr zum
Verläumder seiner Desdemona, „Unglücklicher, bringe Beweise! Gieb mir Ueberzeugung,
daß Desdemona treulos sey; oder verfluche deine Geburt! Ha! ich war glücklich, so lange
ich mich im Besitze ihrer Treue glaubte. Mögte sie dann ihre Reitze an jeden Kriegsman
verschwendet haben! Ich wußte es | nicht, argwonte nichts davon, und war glücklich. Du
hast die Natter mir in den ‖ Busen gesetzt! Gieb überzeugende Beweise, oder wünsche, nie

das Licht der Sonne erblickt zu haben!" In der heftigsten Gemüthsbewegung selbst erkennet er, daß seine Ruhe blos von der Meynung abhänge, und daß er glücklich seyn würde, wenn er fortfahren könnte, sich in dem Wahne von der Treue seiner Geliebten zu erhalten. Allein er fühlt die Unmöglichkeit. Sein Trieb geht auf die Sache, nicht auf die Meynung. Das Ziel seines Wunsches ist außer ihm, liegt in dem Objekte. Desdemona soll nicht blos unschuldig scheinen; sie soll unschuldig seyn: und wenn sie es nicht ist, so will er von ihrer Treulosigkeit überführt und elend seyn.

Niemand von uns, meine Lieben! wird, wie ich hoffe, Anstand nehmen, lieber sein Leben zu verlieren, als z. B. eine Stadt in Brand zu stecken, oder ein ganzes Heer unschuldiger Menschenkinder, aus bloßem Muth-|willen, zur Schlachtbank zu führen. Aber wenn das Uebel geschehen ist, wenn ihm von uns nicht mehr abgeholfen werden kann; so wird jeder von uns eine unwiderstehliche Begierde empfinden, allenfalls eine beschwerliche Reise zu unternehmen, um die verheerte Stadt, oder das mit Leichen besäete Schlachtfeld in Augenschein zu bekommen. Wie läßt sich dieses begreifen? Auch dieses läßt sich aus der vorigen Betrachtung gar leicht erklären. So lange es von uns abhänget, ob etwas würklich werden soll; so kömmt es auf unsre Billigung, unser Gutfinden an, und wir unterlassen das Böse, in so weit es von uns praktisch dafür erkannt wird. Sobald das Uebel geschehen, und nicht mehr abzuändern ist, so hört es auf, ein Gegenstand unsers Billigungsvermögens zu werden; und nunmehr reitzet es unsern Erkenntnißtrieb, der die Sachen so erkennen will, wie sie sind, nicht wie wir sie wünschen oder lieben. So lange wir noch handeln können, ist das Gute der Gegenstand unsers *Wunsches*, und das Beste der Gegenstand unsers | praktischen *Willens*. Wir wünschen alles thun zu können, was wir für gut halten; und thun wirklich das, was uns für itzt das Beste zu seyn scheinet. Sobald wir aber die Sachen nicht mehr nach unserm Wunsche abändern können; so bleibt uns nichts mehr zurück, als unsern Erkenntnißtrieb zu befriedigen und die Wahrheit zu erfahren, wenn sie auch das größte Unglück für uns enthielte. Mit einem Worte: *der Mensch forschet nach Wahrheit, billiget das Gute und Schöne, will alles Gute und thut das Beste.* | ||

Wissenschaftliche Lehrbegriffe vom Daseyn Gottes. | ||

VIII.
Einleitung. Wichtigkeit der Untersuchung. –
Ueber das Basedowsche Principium der Glaubenspflicht. –
Axiomata.

Da ich nunmehr dem Ziele näher schreite, meine Kinder und Mitforscher der Wahrheit! da ich itzt das Vorhaben auszuführen denke, *die Lehre von Gott und seinen Eigenschaften* mit euch gemeinschaftlich zu untersuchen; so befinde ich mich in einer Verlegenheit, die ich, nach der Art, wie ich mit euch umzugehen gewohnt bin, euch nicht bergen mag.

Soll ich euch die Wichtigkeit dieser Lehre, und den Einfluß, den sie auf die Glückseligkeit und auf die Ruhe des Menschen hat, völlig so vorstellen, wie ich davon überzeugt zu seyn glaube? Wahrlich, was mich betrifft, so hat, ohne Ueberzeugung von dieser Wahrheit, das Leben für mich keinen Genuß, und das Glück selbst keine Freuden. So wie ich jetzt denke und empfinde, ist es nur diese Ueberzeugung, der ich alle meine Heiterkeit in frohen, glücklichen Tagen, und wenn | ihr bey den Widerwärtigkeiten des menschlichen Lebens, noch einige Beruhigung des Gemüths an mir wahrgenommen habt; der ich auch diese Beruhigung einzig und allein zu verdanken habe. Ohne Gott, Vorsehung und Unsterblichkeit haben alle Güter des Lebens in meinen Augen einen verächtlichen Werth, scheinet mir das Leben hienieden, um mich eines bekannten und oft gemisbrauchten Gleichnisses zu bedienen, wie eine Wanderschaft in Wind und Wetter, ohne den Trost, Abends in einer Herberge Schirm und Obdach zu finden; oder wie ein Voltaire sagt, ohne diese tröstliche Aussicht schwimmen wir alle in den Fluthen; haben unaufhörlich mit Wellen zu kämpfen, und keine Hoffnung, das Ufer je zu erreichen.

Soll ich nun eure Gemüther in eben die Stimmung zu bringen suchen; so bin ich in Gefahr, die Lage des Gleichgewichts zu verrücken, in welche wir uns versetzen müssen, wenn wir die Wahrheit untersuchen wollen. Unsre Neigung verändert das Gewicht der Wahr-||heitsgründe. Der Antheil, den wir an dem Resultate nehmen, | legt den Gründen zuweilen einiges Gewicht zu, und nimmt zu einer andern Zeit von denselben etwas ab. Es ist schwer, in unsrer eigenen Sache das Richteramt mit Unpartheylichkeit zu führen; aber eben so schwer ist es von der andern Seite, uns selbst, als Parthey, Genüge zu thun, so bald der Richter verdächtig zu werden anfängt. Alles hängt von der Laune ab, in welcher wir uns befinden. In heitern, jovialischen Stunden, sind wir leicht zu befriedigen. Wir glauben, was wir hoffen. In einer traurigen Gemüthslage hingegen, sind wir mehr geneigt das zu glauben, was wir fürchten. Aber der Areopagus der Vernunft, vor dessen Richterstuhle wir hier unsre Sache auszumachen haben, soll nicht nach der Neigung, sondern nach der Strenge der Wahrheit, die Gründe abwägen und Urtheil fällen.

Basedow versuchte es einst, ein neues Principium der Erkenntniß in die Philosophie einzuführen, das er die *Glaubenspflicht* nennet. Wenn es einen Satz giebt, spricht er, der mit der Glückseeligkeit des Menschen so verknüpft ist, daß sie ohne dessen Wahrheit nicht bestehen I kann; so ist der Mensch verpflichtet, denselben als wahr anzunehmen und ihm Beyfall zu geben. Hiernächst suchet er zu beweisen, daß ohne Gott, Vorsehung und Unsterblichkeit keine Glückseligkeit des Menschen statt haben könne; und damit glaubt er diese drey trostreiche Lehren hinlänglich dargethan und wider alle Zweifel in Sicherheit gebracht zu haben.

So sehr sich diese Methode durch ihre Leichtigkeit, und durch den Nutzen, den sie in vielen Fällen würklich hat, zu empfehlen scheint; so wenig brauchbar ist sie doch, wenn von dem Daseyn eines höchsten Wesens die Rede ist. Ueberhaupt erkenne ich keine Pflicht in Absicht auf Meynung, keine Verbindlichkeit, wenn Wahrheit von Unwahrheit unterschieden werden soll. Man scheint die beiden Seelenvermögen, die wir im Vorhergehenden so sorgfältig unterschieden haben, mit einander zu verwechseln; nimmt einen Billigungsgrund für einen Grund der Erkenntniß an, und hält das für wahr, was man gut und begehrlich gefunden hat. Nun haben wir in unsern Vorerkenntnissen gesehen, daß un-Iser Billigungsvermögen von uns selbst ausgehet, und sein Ziel in den Gegenständen hat, die wir nach unserm Wunsch umzubilden streben; da hingegen das Erkenntnißvermögen von den Gegenständen und ihrer objectiven Wahrheit ausgehet, und zum Ziele hat, unsre Gedanken und Vorstellungen ‖ mit denselben übereinstimmig zu machen. Es ist also offenbar ein fehlerhafter Uebergang aus dem einen Seelenvermögen in das andere, wenn wir für Wahrheit erkennen, was unserer Billigung gemäß ist; wenn wir glauben und annehmen, was wir hoffen und wünschen.

Pflicht und Verbindlichkeit findet nur Statt, in Absicht auf das Billigungsvermögen. Wir sind verbunden, das zu thun, was unserer Glückseligkeit gemäß ist; das zu lassen, was derselben zuwider ist. In Absicht auf Erkenntniß hingegen haben wir keine andere Pflicht, als die Pflicht zu untersuchen. Das Untersuchen der Wahrheit ist eine freywillige Handlung, die durch Erkenntniß des Guten und Bösen regiert wird, und also eine sittliche Nothwendigkeit anerkennt, eine Verpflichtung zuläßt. Das Erkennen und Anneh-Imen aber ist von unserm Willen nicht abhängig. Die Nothwendigkeit, anzunehmen, ist keine sittliche, sondern eine physische Nothwendigkeit. Wir geben dem für wahr Erkannten nicht Beyfall, weil wir wollen oder sollen; sondern weil wir schlechterdings nicht anders können.

Der Erkenntnißgrund des Herrn Basedow kann indessen zugelassen werden, wenn wir von dem Daseyn eines höchstgütigen Wesens, und daß seine Vorsehung über das Schicksal der Menschen waltet, vorher aus andern Gründen überführt sind. Wenn es wahr ist, daß ein allgütiges und ein allweises Wesen uns hervorgebracht hat, so kann es, vermöge seiner unveränderlichen Eigenschaften, uns nicht anders als zur Glückseligkeit bestimmt haben. Kann also diese Glückseligkeit nicht bestehen, wenn der Mensch nicht zur ewigen Dauer berufen ist; so streitet seine Zernichtung mit den anerkannten Eigenschaften Gottes, und man hat gültigen Grund, die Seele des Menschen für unsterblich zu halten. Und so wird es mit jeder Wahrheit beschaffen seyn, von welcher wir darthun können, daß ohne dieselbe I der Mensch nicht glücklich seyn, Gott nicht die Eigenschaften haben könne, von deren

Würklichkeit wir überzeugt sind. Nur in diesem Falle kann der Billigungsgrund auch zum Erkenntnißgrunde werden. Ein höchstgütiges Wesen kann nur dasjenige billiget und als den Gegenstand seines Willens hervorgebracht haben, was nach seiner Allwissenheit das Beste und Vollkommenste ist. Wenn aber vom Daseyn dieses allgütigen Wesens selbst die Rede ist; so trennt sich die Quelle der Erkenntniß von der Quelle der ‖ Billigung. Jedes Principium gehet seinen eigenen Weg und führet zu einem andern Ziele. Wenn wir beides, unsere Billigung des Guten und Schönen, und unser Anerkennen der Wahrheit, durch die Worte, Beyfall geben, auszudrücken pflegen; so ist es eine Zweydeutigkeit der Sprache, vor der sich der Weltweise in Acht zu nehmen hat.

Wollen wir also bey der wichtigen Untersuchung, die wir vorhaben, von der Wahrheit versichert seyn; so müssen wir vielmehr den Antheil aus der Acht lassen, den wir an dem Resultate nehmen, und unsern Wünschen keinen Ein-|fluß auf unsere Ueberzeugung einräumen. Um uns der Evidenz der Mathematiker zu nähern, müssen wir auch ihre Gleichmüthigkeit nachzuahmen suchen. Unbekümmert, was das Resultat sey, opfert der Geometer Hekatomben, wenn er nur überzeugende Gewißheit erlangt hat; er wünschet bloß annehmen zu müssen; nimmt aber nicht an, weil er wünscht. Freilich wird ihm diese ungetheilte Liebe zur Wahrheit so schwer nicht, da sie ihn keine Ueberwindung, keine Selbstverläugnung kostet. Das Resultat ändert nichts in dem System seiner Glückseligkeit, und sein Wunsch ist erfüllt, wenn er nur *gefunden!* rufen kann. In unserm Falle hingegen hänget von dem Resultate unserer Untersuchung unser ganzes Wohl ab. Wir zittern vor der Wahrheit selbst, wenn sie nicht mit unserm Wohl übereinstimmt. Mit jedem Zweifel drohet unsere Ruhe zu verschwinden, unser ganzes System von Glückseligkeit einzustürzen. Wer kann mit ruhigem Auge die Schale schwanken sehn, wenn der Ausschlag Leben oder Tod ist? Wer trauet seiner Hand Festigkeit genug zu, in dem Fleische seines | geliebten Sohnes Einschnitte zu machen, um den Sitz einer Krankheit aufzusuchen? Dank sey es der Vorsehung, daß sie von Zeit zu Zeit einigen Freunden der Wahrheit die Stärke des Geistes giebt, mit Aufopferung und Selbstverläugnung die Sätze zu prüfen, von denen ihre eigene Glückseligkeit abhänget! Sie strengen ihre Kräfte an, um Zweifel zu erregen, die ihnen ihre eigene Ruhe kosten; um wider angenommene Lehrsätze Einwürfe ans Licht zu bringen, wodurch sie sich vielleicht ihr ganzes Leben hienieden verbittern. Ohne dieses Opfer der Wahrheit würde alles Erkenntniß derselben gar bald in Vorurtheil und blinden Glauben ausarten. Der Geist der Untersuchung muß immer von neuem rege gemacht und unterhalten werden, wenn die Wahrheit, die wir anerkennen, einigen Werth ‖ haben soll. Erkenntniß ohne Untersuchung ist zuweilen von weit schlimmern Folgen, als Untersuchen ohne Erkenntniß; oder vielmehr, es hört auf, Erkenntniß der Wahrheit zu seyn, sobald der Satz als ausgemacht angenommen und populär wird, ohne daß man es ferner nöthig findet, die Gründe zu prüfen, auf | welchen er beruhet. Es ist wahr, die Zweifel, die von jenem erregt worden, führen zuweilen zur Verläugnung aller Grundsätze und haben nicht selten auf die Sittlichkeit und Handlungen der Menschen fürchterlichen Einfluß. Allein die Vorurtheile, in welche, durch Trägheit im Untersuchen, die Wahrheit selbst verwandelt wird; der blinde Glaube, mit welchem wir gewissen Sätzen anhängen, ohne sie zu prüfen, führet zu Aberglauben und Schwärmerey, die der Glückseligkeit des Menschen nicht weniger gefährlich sind. Atheismus und Aberglaube, Zweifelsucht und Schwärmerey, sind beides Krankheiten der Seele, die ihr den sittlichen Tod androhen. Nicht selten verordnet die Vorsehung eine Krankheit, um eine ihr entgegengesetzte zu heben, um dem Körper seine Gesundheit wieder zu schenken. Wir müssen also jeden Zweifel, der uns gemacht wird, mit Gelassenheit anhören, jeden Einwurf willkommen seyn lassen, wenn er auch unser ganzes System zu zerrütten droht. Nach dem natürlichen Zirkellauf der Dinge führet Wahrheit zur Beruhigung, Beruhigung zur Trägheit und Trägheit zum | Aberglauben. Alsdann ist es eine Wohlthat der Vorsehung, wenn der Geist des Zweifels und der spitzfündigsten Untersuchung rege gemacht wird, um durch Verwerfung aller Grundsätze den Rückweg zur Wahrheit wieder hinzuführen.

Sollen überredende Gründe irgend mit Nutzen angebracht werden, so geschieht dieses blos in der populären Methode, die Wahrheiten der natürlichen Religion vorzutragen; wo man nicht sowohl darauf ausgeht, Wahrheit zu finden, als der gefundenen Wahrheit Ausbreitung, Leben und Bewegungskraft zu geben. Die Grundsätze, die wir beständig brauchen, sollen uns beständig zur Hand seyn, sollen unabläßig auf unsere Neigungen, Triebe und Leidenschaften würken. Sie müssen daher durch die Kraft der Ueberredung gleichsam in den Grund der Seele hineingesenkt, und in eine Art von unmittelbarer Erkenntniß verwandelt werden, die der mathematischen Evidenz zwar an Licht nicht beykömmt, aber an Kraft und Einwürkung überlegen ist. Ich werde euch von den Gränzen sowohl, als von der Nützlichkeit dieser populären Erkenntnißart, in der | Folge || länger zu unterhalten, Gelegenheit nehmen. Jetzt wollen wir versuchen, wie weit wir in der wissenschaftlichen Methode, über das Daseyn Gottes nachzudenken, uns der Evidenz der Mathematiker nähern und wissenschaftliche Ueberzeugung erlangen können. Hier sind einige Axiomata, die aus dem, was wir bisher abgehandelt haben, natürlich zu folgen scheinen. Ich empfehle sie euerer genauen Prüfung, damit wir in der Folge uns derselben ohne weitern Anstand bedienen, und, so oft es nützlich ist, darauf beziehen können.

Axiomata.

I.

Was wahr ist, muß durch positive Denkungskraft dafür erkannt werden können.

Dieses ist aus dem obigen klar, und gilt sowohl von Begriffen, als von Urtheilen und Schlüssen; sowohl von Vernunft- als von Erfahrungswahrheiten. |

Alle Wahrheit wird erkannt, von dem allerhöchsten Verstande, wenn es einen giebt, mit der allerhöchsten Evidenz; von jedem andern verständigen Wesen nach Maaßgabe seiner Fähigkeit, und in so fern es nicht durch *Irrthum* oder *Täuschung* an der Erkenntniß verhindert wird.

II.

Wessen Daseyn durch keine positive Denkungskraft erkannt werden kann, das ist nicht würklich vorhanden.

Gesetzt A sey ein Begriff in der Seele, dem also, in so weit er eine Vorstellung in einem denkenden Wesen ist, ein idealisches Daseyn zukömmt; d. h. er ist ein Accidens einer denkenden Substanz, eine Abänderung eines Denkungsvermögens. Wenn kein verständiges Wesen durch seine positive Kraft erkennen kann, daß dieses A auch würkliches objectives Daseyn habe; so ist sein vermeyntes objectivisches Würklichseyn eine Unwahrheit; entweder Irrthum oder Täuschung. |

III.

Wessen Nichtseyn keinem verständigen Wesen begreiflich seyn kann, das ist würklich vorhanden.

Dessen Nichtseyn würde Unwahrheit, d. i. Irrthum oder Täuschung seyn müssen. ‖

Wenn also von einem denkbaren Begriffe A erwiesen werden könnte, daß er ohne reales objectives Daseyn nicht gedacht werden könne, so ist zugleich erwiesen, daß er objectivisch würklich seyn müsse.

IV.

Wenn ein Satz: A ist B, wahr seyn soll; so muß vermöge der positiven Denkungskraft, zwischen dem Subjecte A und dem Prädicate B eine Verbindung anerkannt werden können.

V.

Diese Verbindung beruhet entweder auf dem Materialen in der Erkenntniß des Subjects A, oder auf dem Formalen derselben.

Der Grund, warum dem Subject A das Prädicat B zugeschrieben wird, liegt entweder in | der Beschaffenheit des Subjects, als denkbar oder nicht denkbar, oder in der Beschaffenheit desselben, als gut oder böse, begehrlich oder nicht begehrlich.

VI.

Wenn also von einem Begriffe A das würkliche Daseyn ausgesagt wird, so ist A entweder deswegen würklich vorhanden, weil es nicht anders, als mit diesem Prädicate denkbar ist; oder deswegen, weil es nicht anders ein Gegenstand der Billigung und des Beyfalls werden kann.

Das Bestreben unsrer Kraft in Absicht auf Wahrheit oder das Materiale der Erkenntniß, gehet darauf aus, in uns selbst Prädicate hervorzubringen, die mit den objectiven Beschaffenheiten der Dinge übereinkommen; in Absicht auf das Gute oder das Formale der Erkenntniß, hat unsre Kraft zum Ziele, in dem Objecte derselben unter gleich denkbaren Prädicaten, das Beste zur Würklichkeit zu bringen. Dieses ist in dem Vorigen hinlänglich auseinander gesetzt worden. Wenn also der Satz: A ist B von einem denken-|den Wesen als wahr erkannt und behauptet werden soll; so liegt der Erkenntniß- oder Behauptungs-grund, entweder in der Denkbarkeit des Begriffes A und ist eine ewige, nothwendige Wahrheit; A ist vorhanden, weil A ein wahrer Begriff ist; oder dieser Grund liegt in dem Formalen der Erkenntniß, in der Beschaffenheit des A, ein Gegenstand der Billigung zu werden, von einer freyen Ursache beliebt und hervorgebracht werden zu können. ‖

VII.

Hieraus folgt unmittelbar, daß wenn der Satz: A ist nicht B, eben so denkbar ist, als der Satz: A ist B; so kann dieser nicht anders wahr werden, als in so fern er das Beste ist, und von einer wählenden Ursache hat gebilliget und zur Würklichkeit gebracht werden können; oder Unter zweyen gleich denkbaren oder möglichen Dingen kann nur dasjenige würklich werden, welches das Beste ist.

Wenn der Begriff A sowohl mit der objectiven Existenz, als ohne dieselbe denkbar ist, so | liegt der Grund seines Daseyns nicht in dem Materialen der Erkenntniß; sondern in der formalen Beschaffenheit, als gut und begehrlich. Diese Beschaffenheit, oder die Güte und Vollkommenheit desselben, kommt ihm entweder allezeit unveränderlich, oder nur unter gewissen Umständen und Bedingungen zu. Im ersten Falle ist der Satz eine allgemeine unveränderliche Wahrheit, ein *Gesetz der Natur*; im letztern hingegen kann er nur unter gewissen Umständen *irgendwo* und *irgendwann*, als zum Besten gehörig, selbst das Beste werden und zur Würklichkeit gelangen. Von dieser Art sind die einzelnen historischen Begebenheiten, die *Zeitungen*, die nur hier und da, *irgendwo* und *irgendwann* zum Vor-schein kommen. Wenn z. B. die Körper eben sowohl eine allgemeine Schwere haben, als nicht haben könnten; so kann der Satz: Alle Körper haben eine Schwere, nicht anders wahr werden, als in so weit diese, ohne Rücksicht auf Zeit und Ort, so und nicht anders, als das Beste erkannt und gebilligt worden ist: Dieses macht die Schwere zum *allgemeinen Natur-|gesetz.* Wenn aber zu einer gewissen Zeit das Pulver erfunden wird, so muß in dem Inbe-griff der Zeit und der Dinge, die damals würklich waren, der Grund enthalten seyn, warum diese Erfindung damals, unter diesen Bestimmungen der Zeit und des Raums, das Beste geworden ist. Beides sind *zufällige* Wahrheiten; aber jenes eine *zufällige, ewige* Wahrheit; dieses hingegen eine *zufällige, zeitliche* Wahrheit, die irgendwo und irgendwann zum Vor-schein gekommen ist. Was aber anders gedacht werden kann, und unter keiner Bedingung als das Bessere gebilligt wird, kann auch unter keiner Bedingung würklich werden und zum Vorschein kommen. Es hat keinen Grund des Daseyns, weder in dem Materialen, noch in dem Formalen der Erkenntniß, und so wird vielmehr sein Gegentheil, als Ver-gleichungsweise das Bessere, von dem Subjecte auszusagen seyn. | ‖

IX.
Evidenz der reinen; – der angewandten Größenlehre. – Vergleichung
mit der Evidenz der Beweise vom Daseyn Gottes. – Verschiedene Methoden derselben.

Die reine Mathematik beweiset ihre Lehren ohne Hülfe der Erfahrung und der sinnlichen
Erkenntniß, blos nach den Gesetzen des Denkens, wie man es zu nennen pflegt, a priori.
Die Kraft ihrer Beweise beruht auf der Entwickelung der Begriffe. Man zergliedert den
Begriff A und findet den nothwendigen Zusammenhang seiner Merkmale mit dem Begriffe des Prädicats B. Dieses giebt den bejahenden Satz; die Ausschliessung bringet den verneinenden Satz. Beide aber sagen weiter nichts aus, als die Verbindung zwischen den Begriffen oder den idealischen Wesen, nach den Gesetzen der Denkbarkeit.

Auf die würklich ausser uns befindlichen Dinge lassen sich die Sätze der Mathematiker
nur bedingterweise anbringen. Die wirklichen Dinge ausser uns hangen eben so gut, als
die idealischen Wesen der Begriffe, von den Gesetzen der Denkbarkeit ab. Dinge, die den
Gedanken nach un-|zertrennlich sind, können auch durch das würkliche Daseyn nicht ge-
trennt werden, und Dinge, die nicht zugleich denkbar sind, können auch nicht zugleich
wirklich vorhanden seyn. Es lassen sich daher alle Sätze der Mathematiker auf die würklich
existirende Dinge, unter Voraussetzung ihrer Würklichkeit, mit Sicherheit anbringen. Wenn
das Subject wirklich vorhanden ist, so muß ihm das Prädicat, das ihm der bejahende Satz
zuschreibt, auch objective wirklich zukommen; so wie ihm das Prädicat des verneinenden
Satzes auch in der Würklichkeit nicht zugeschrieben werden kann.

Soll aber von diesen bedingten Lehrsätzen praktischer Gebrauch und Anwendung gemacht werden; so muß der Geometer sich durch die sinnliche Erkenntniß von dem
würklichen Daseyn seines Subjekts überführen, um das Prädicat von demselben mit
Gewißheit aussagen zu können. Seine reine Vernunfterkenntniß führt ihn nicht weiter, als
auf die bedingten Sätze. Wenn eine Figur ein Dreyeck ist, so hat sie die Eigenschaften des
Dreyecks; wenn eine Kugel würklich | || vorhanden ist, so wirft sie von allen Seiten glei-
chen Schatten. Daß aber die vorliegende Figur ein würkliches Dreyeck, daß der vorliegende Körper eine Kugel sey, dieses muß auf Zeugniß der Sinne angenommen werden. Die
Sicherheit, mit welcher der Geometer in der Ausübung seiner Wissenschaft verfährt, ist
nicht mehr reine Vernunftevidenz; sondern mit der Zuverläßigkeit der sinnlichen Erkenntniß vermischt, deren Evidenz von einer andern Beschaffenheit ist, als die Evidenz der
reinen Vernunft, ob sie ihr gleich an Zuverläßigkeit nichts nachgibt. Von der Natur und
Beschaffenheit der Evidenz dieser verschiedenen Erkenntnisse haben wir in unsern vorigen Unterhaltungsstunden ausführlich gehandelt.

In der Lehre von Gott giebt es einen spekulativen Theil, der, wie mich dünkt, mit aller
Strenge der wissenschaftlichen Methode behandelt werden kann. Mit der Evidenz der reinen Mathematik können auch hier Begriffe entwickelt, und in ihre einfachsten Merkmahle
und Verhältnisse aufgelöset werden. Aber auch hier in An-|wendung auf das würkliche
Daseyn, nur Bedingungsweise. Wenn ein nothwendiges Wesen vorhanden ist, so müssen
ihm diese oder jene Eigenschaften nothwendig zukommen; wenn ein zufälliges Ding, nach

der vorausgesetzten Erklärung, vorhanden ist; so hat es den Grund seines Daseyns nicht in sich, u. s. w.

Man sieht, daß alles dieses, so wie die Lehrsätze der reinen Mathematik, nicht weiter führet, als auf Verbindungen und Trennungen der Begriffe, auf Zergliederung und Auflösung der Merkmahle, nachdem sie unter oder neben einander geordnet sind. Allein alle diese Spekulationen kann selbst der Atheist zugeben, ohne von dem Daseyn einer Gottheit überführt werden zu können. Ihr müsset ihn von irgend einer Würklichkeit zuerst überführen und also aus dem Reich der idealischen Wesen einen Uebergang ins Reich der Würklichkeiten suchen, um eure spekulative Lehrsätze mit Nutzen anwenden zu können. Wo ist das Band, welches Begriff mit Daseyn verbindet, Würklichkeit an Möglichkeit knüpft? Sollen wir, wie der Geometer, dem Zeugniß | unserer Sinne trauen, oder giebt es hier einen andern Weg, in das Gebiet der würklichen Dinge überzugehen?

Es giebt drey verschiedene Methoden, diese Fragen zu beantworten. Man bauet, erstlich, auf das Zeugniß der äußeren Sinne; nimmt, in Zuversicht auf ihre Aussage, eine äußere, sinnliche Welt als würklich || an, und suchet zu beweisen, daß eine solche sinnliche Welt, ohne ein nothwendiges, außerweltliches Wesen nicht denkbar sey: und nunmehr lassen sich alle Sätze, die in dem spekulativen Theil der Lehre ausgemacht worden, von diesem nothwendigen Wesen mit Grunde behaupten. Es ist eine sinnliche Welt außer uns würklich; also ist ein Gott außer uns und der Welt auch würklich vorhanden.

Nach der zweyten Methode, trauet man bloß dem Zeugniß des innern Sinnes; nimmt auf dessen Aussage, unser eigenes Daseyn als eine unumstößliche Wahrheit an, um von diesem auf das würkliche Daseyn Gottes zu schließen: *Ich bin, also ist ein Gott.* |

Die dritte Methode verwirft beides, das Zeugniß sowohl des innern, als des äußern Sinnes, und gehet kühnes Schrittes aus dem Reiche des idealischen Wesens ins Reich der Würklichkeit. Sie wagt es zu beweisen, daß ein nothwendiges Wesen vorhanden seyn müsse, weil ein nothwendiges Wesen gedacht werden kann; sie schließet reales Daseyn aus bloßem Begriff, und will das Band gefunden haben, das Möglichkeit und Würklichkeit verbindet. *Ein Gott ist denkbar, also ist ein Gott auch würklich vorhanden.* In der That, ein kühner Schritt; denn in dem ganzen Bezirke unserer wissenschaftlichen Erkenntniß giebt es von dieser Beweisesart kein Beyspiel, kann vom Begriff auf Würklichkeit nicht geschlossen werden. Nur, wenn von dem nothwendigen Wesen die Rede ist, soll dieses mit aller Zuverläßigkeit geschehen können. Zufällige, endliche Dinge können ohne würkliches Daseyn gedacht werden, können ohne reale, objective Würklichkeit, dennoch ein idealisches Daseyn haben. Nicht also das nothwendige, unendliche Wesen. Wenn es gedacht werden kann, so muß | es auch würkliches, objectivisches Daseyn haben. Die beiden ersten Methoden, nach welchen eine Existenz vorausgesetzt wird, nennt man die Beweisesart *a posteriori*; die letztere aber, welche von der Idee eines nothwendigen Wesens auf dessen Daseyn schließt, wird die Beweisesart *a priori* genannt, deren Zuläßigkeit von verschiedenen Weltweisen noch in Zweifel gezogen wird.

Die Beweisesarten *a prosteriori* haben Verwandschaft mit dem Verfahren des praktischen Geometers. So wie dieser auf Zeugniß des äußern Sinnes die Würklichkeit seines

Subjekts annimmt, und daraus auf die Würklichkeit der Prädicate schließet, ohne welche jenes nicht denkbar ist; eben also wird in den beiden Beweisesarten a posteriori auf Zeugniß des äußern oder innern Sinnes, das Daseyn || einer veränderlichen Welt, oder das Daseyn eines veränderlichen denkenden Wesens angenommen, und daraus das würkliche Daseyn eines unveränderlichen, nothwendigen Wesens geschloßen, ohne welches das Veränderliche nicht denkbar ist. Wenn dieses außer Zweifel gesetzt wird, sollte | man glauben, würde der Beweis des Weltweisen eben die Zuverläßigkeit und Augenscheinlichkeit haben, die man dem Verfahren des praktischen Geometers zuschreibt. Daß außer uns eine würklich sinnliche Welt vorhanden sey; daß in dieser Welt nicht Alles eben dasselbe bleibe, sondern der Veränderung unterworfen sey; daß wir selbstdenkende Wesen sind, die sich unaufhörlich verändern und nicht immer dieselben bleiben: wer sollte wohl im Ernste je hieran gezweifelt haben, mehr gezweifelt haben, als an dem Daseyn eines Triangels oder einer Kugel, das der praktische Geometer voraussetzt? Wenn also ausgemacht werden kann, daß ohne Daseyn eines unveränderlichen Wesens, kein veränderliches sich denken lasse; so wäre das Daseyn eines unveränderlichen Wesens unumstößlich dargethan, und der ganze spekulative Theil der Lehre könnte auf dasselbe mit Zuverläßigkeit angewendet werden.

Indessen wisset ihr, daß diese Voraussetzungen selbst, so unläugbar sie auch scheinen, nicht von allen Weltweisen zugegeben werden. Die Metaphysiker scheuen sich nicht, Dinge zu läug-|nen, an welchen der gesunde Menschenverstand sich nie zu zweifeln einkommen läßt. Der Idealist läugnet das würkliche Daseyn einer materiellen Welt. Der Egoist, wenn es je einen gegeben, läugnet das Daseyn aller Substanzen außer sich; und der Spinozist sagt: er selbst sey kein für sich bestehendes Wesen, sondern ein bloßer Gedanke in Gott. Der Skeptiker endlich findet alles dieses noch ungewiß und dem Zweifel unterworfen. Ich kann nicht glauben, daß eine von diesen Ungereimtheiten jemals im Ernste behauptet worden ist. Man hat, wie es scheint, blos die Vernunft auf die Probe setzen und versuchen wollen, ob sie mit dem gesunden Menschenverstand gleichen Schritt halte; ob sie alles dieses nach den Gesetzen des Denkbaren unumstößlich darthun könne, was jener, gleichsam als eine unmittelbare Erkenntniß, für ausgemacht hält. Man hat blos das Wissenschaftliche in der Erkenntniß in Zweifel ziehen wollen, um den Dogmatiker zu beschämen, der seinen Lehren die höchste Augenscheinlichkeit der reinen Vernunfterkenntniß zutrauet. So oft die Vernunft so | weit || hinter dem gesunden Menschenverstande zurückbleibt, oder gar von demselben abschweifet, und in Gefahr ist auf Irrwege zu gerathen, wird der Weltweise selbst seiner Vernunft nicht trauen, und dem gemeinen Menschenverstande widersprechen; sondern ihr vielmehr ein Stillschweigen auferlegen, wenn ihm die Bemühung nicht gelingt, sie in die betretne Bahn zurückzuführen, und den gesunden Menschenverstand zu erreichen. Lasset uns also versuchen, in wie weit wir der Vernunft nachhelfen und aus zuverlässigen Gründen dasjenige ersetzen können, was hier noch zu fehlen scheint. | ||

X.

Allegorischer Traum. – Vernunft und Gemeinsinn. – Beweisgründe
vom Daseyn Gottes, nach dem System des Idealisten, aus unserm eigenen Daseyn. –
Auch allenfalls aus dem idealischen Daseyn einer objektiven Sinnenwelt.

Die Gedanken von Vernunft und Menschenverstand, mit welchen ich meine gestrige Vorlesung beschloß, verwickelten sich mit der Erzählung von einer Reise im Schweizergebürge, mit welcher wir Abends von unsern Gästen unterhalten wurden, und bildeten sich in meiner Einbildung zu einem Traume aus, der beinahe allegorische Bedeutung hat. Wir reisten zusammen zwischen den Alpen, hatten zwo Personen zu Anführern, die eine männlichen, die andre weiblichen Geschlechts. Er, ein junger derber Schweizer, stark von Gliedmaßen, aber nicht von dem feinsten Verstande; Sie, lang und hager, ernsthaft, mit in sich gesenkten Blicken, von schwärmerischer Physiognomie und phantastisch bekleidet, hatte hinten etwas am Kopfe, das Flügeln ähnlich sah. Wir folgten ihnen eine Zeitlang, bis | wir an einen Scheideweg kamen. Hier schienen sie sich zu entzweyen; er eilte mit raschen Schritten zur Rechten; sie flatterte mit ihrem flügelähnlichen Wesen zur Linken, und wir standen bestürzt am Wege, ungewiß, wem wir folgen sollten; bis einer von uns sich umsahe, und eine etwas ältliche Matrone erblickte, die mit gemessenen Schritten auf uns zukam. Als sie uns so nahe war, daß wir ihre Stimme vernehmen konnten, sprach sie: Seyd getrosten Muths, Wanderer! ihr werdet nicht lange ohne Führer bleiben. Die Personen, die euch zu Führern gegeben worden, nennen sich, *Gemeinsinn* (*sensus communis*), und *Beschauung* (*contemplatio*), sie entzweyen sich zuweilen auf eine kurze Zeit, nicht selten aus geringfügigen Ursachen. Wenn denn die Reisenden standhaft genug sind, am Scheideweg zu warten, und keinem von beyden zu folgen; so kommen sie zurück, um ihren Zwist von mir entscheiden zu lassen. In den meisten Fällen pfleget das Recht auf seiner Seite zu seyn, und die Frauensperson, wider die Erwartung, sich belehren zu lassen. Hingegen wenn auch das | Recht zuweilen auf ihrer Seite ist; so ist er, der ‖ Starrköpfige, nicht zum Nachgeben zu bringen. Bey den überzeugendsten Gründen, die ich ihm vorlege, lacht er mir auf seine bäurische Art in die Zähne, sagt einen plattwitzigen Einfall, und gehet wieder eigensinnig seines Weges. Indessen wissen die Reisenden, die mir trauen, doch woran sie sich zu halten haben. Wie nennet ihr euch denn selbst, fragte einer von uns, die ihr ihren Zwist entscheidet? Auf Erden, sprach sie, nennet man mich, *Vernunft*; die himmlischen – Hier wurde sie plötzlich von einem entsetzlichen Geräusche unterbrochen. Ein schwärmerischer Haufen hatte sich aus der Gegend um die Dame *Beschauung* versammelt, und faßte den Vorsatz, den *Gemeinsinn* so wohl, als die *Vernunft* zu vertreiben. Sie drangen mit Geschrei und Ungestüm auf uns ein, wir erschraken – und ich erwachte.

In Wahrheit pfleget mir diese Regel auch im Wachen zur Richtschnur zu dienen. So oft mich meine Spekulation zu weit von der Heerstraße des Gemeinsinns abzuführen scheinet, so | stehe ich still und suche mich zu orientiren. Ich sehe auf den Punkt zurück, von welchem wir ausgegangen, und suche meine beide Wegweiser zu vergleichen. Die Erfahrung hat mich gelehrt, daß in den mehresten Fällen, das Recht auf Seiten des Gemeinsinns zu seyn pfleget, und die Vernunft muß sehr entscheidend für die Speculation sprechen, wenn ich jenen verlassen und dieser folgen soll. Ja sie muß mir deutlich vor Augen legen, wie der Gemeinsinn hat von der Wahrheit abkommen und auf Irrwege gerathen können, um mich zu überführen, daß seine Beharrlichkeit blos ungelehriger Eigensinn sey.

Wenden wir diese Regel auf die Zweifel an, welche von Idealisten, Egoisten und Skeptikern wider die Würklichkeit einer materiellen Welt vorgebracht werden; so finden wir, daß ihre Gründe sicherlich nicht hinreichen, uns den völligen Beyfall abzunöthigen. Wir haben vielmehr die große Vermuthung für uns, daß, bey fortgesetztem Nachdenken, wir die Wahrheit auf Seiten des Gemeinsinns finden werden. So lange indessen dieses noch nicht geschehen, vermindern ihre | Zweifel dennoch die Evidenz der Beweise, die wir auf die Aussage des Gemeinsinns gründen. Da also die Beweise der ersten Gattung für das Daseyn Gottes das würkliche Vorhandenseyn einer materiellen Welt zum Grunde legen; so scheinet die Ueberzeugungskraft derselben, durch die angeführten Zweifel einigen Abgang zu leiden, und sogar der Evidenz nicht gleich zu kommen, die der prak-||tische Geometer in seinem Verfahren für sich hat. Dieses erhellet aus folgender Betrachtung.

Gesetzt, das Subject, das der Geometer vor sich hat, und auf welches er seine Lehrsätze anwenden will, habe keine objective Würklichkeit, sey vielmehr, nach Voraussetzung der Idealisten, eine bloße subjective Erscheinung; so hindert dieses gleichwohl den praktischen Geometer nicht, mit aller erforderlichen Zuverläßigkeit zu verfahren. Er ist versichert, daß die sinnlichen Eigenschaften und Erscheinungen unter sich in eben dem Verhältnisse und in eben der Verbindung stehen, wie die Begriffe, die er in seiner reinen Theorie entwickelt hat. Er will durch sein Re-|sultat blos Erscheinungen ausmachen und mit Bestimmtheit angeben. Er darf also nur die mit ihnen verknüpfte sinnliche Erscheinung voraussetzen, um von seinen Resultaten versichert zu seyn. Ob diese auch außer ihm ein würkliches materielles Object haben; ob diesem äußerlichen Objecte auch würklich das zukomme, was ihm die sinnlichen Erscheinungen zuschreiben, hieran ist dem ausübenden Geometer so wenig, als dem bloß theoretischen gelegen. In der natürlichen Theologie aber ist es ein anders. Hier soll das objective Daseyn eines Wesens geschlossen werden. Wenn dieses nicht anders, als aus der Voraussetzung einer objectiven materiellen Welt, geschehen kann; so sind allerdings vorerst alle Zweifel und Bedenklichkeiten zu heben, die jene Weltweise sich machen, eine solche Voraussetzung zuzugeben. Die Uebereinstimmung des innern und äußern Sinnes, die Uebereinstimmung aller Sinne, ja die Uebereinstimmung aller Menschen, und anderer uns bekannten lebendigen Wesen, wodurch der gesunde Menschenverstand das Würklichseyn eines solchen Objects annimmt und anzunehmen | so sehr berechtigt ist, hebt gleichwohl diese Zweifel nicht nach geometrischer Schärfe, benimmt ihnen nicht völlig ihre Möglichkeit. Sie haben freilich den höchsten Grad der Vermuthung wider sich. Augenscheinlich aber ist die Unmöglichkeit nicht, daß diese übereinstimmende Aussage von einer würklichen materiellen Welt auf einer Einschränkung der Sinneskraft beruhe, die allen menschlichen Sinnen, vielleicht allen thierischen Sinnen gemein, und also bloße Täuschung sey. Wäre sie aber dieses, so würde auch das Resultat die bloße Folge einer Sinnentäuschung und also *Unwahrheit* seyn.

| 167–169; || Bd. 3.2, 83

Ihr sehet hieraus, warum die gründlichsten Philosophen allezeit die ‖ Beweisesart der zweyten Gattung vorgezogen haben. Ohne sich mit den Idealisten in die dornigte Untersuchung einzulassen, ob die sinnlichen Eigenschaften in uns, auch außer uns, ein materielles Object haben – eine Untersuchung, die den Streit nur in die Länge ziehet – setzet die zweyte Methode bloß unser eignes Daseyn zum voraus; *mein* eignes Daseyn, wenn mit dem Egoisten die Rede ist, │ der in Absicht auf die Würklichkeit, keinen Pluralem zugeben will. Unsre unmittelbare Empfindungen sind, wie wir in der Vorerkenntniß gesehen, von der höchsten Evidenz. Das Subjective, als Subjective betrachtet, leidet keinen Zweifel. Der Schluß: Ich denke, also bin Ich, muß selbst von dem Egoisten zugegeben werden, wie eben daselbst mit mehrern gezeigt worden ist. Ich kann also meine Würklichkeit zum Grunde legen, ohne den mindesten Widerspruch zu befürchten, und wenn von dem Daseyn eines veränderlichen Wesens auf das objective Daseyn eines unveränderlichen nothwendigen Wesens geschlossen werden kann; so hat mein Beweis für das Daseyn Gottes die erforderliche Augenscheinlichkeit.

Denn, daß ich selbst ein veränderliches Wesen sey, wird wohl von dem hartnäckigsten Zweifler nicht bestritten werden können. Wenn ich mir selbst bewußt bin, daß Veränderungen in mir vorgehen; so leidet dieses weiter keinen Zweifel. In Absicht auf mich selbst fällt das Subjective und Objective zusammen, liegt Schein │ und Wahrheit nicht aus einander. Was ich unmittelbar empfinde, kann nicht bloße Täuschung seyn; sondern muß würklich in mir vorgehen, und kann in Rücksicht auf mich selbst, mir auch als Object nicht abgesprochen werden. Mein Daseyn also so wohl, als meine Veränderlichkeit, sind über alle Zweifel hinweg.

Auch hierin behauptet die zweite Methode einen Vorzug vor der ersten. Wenn nach der ersten Methode die Würklichkeit einer materiellen Welt vorausgesetzt, und aus der täglichen Erfahrung ihre Veränderlichkeit angenommen wird; so findet der Spinozist, ob er gleich das Daseyn der materiellen Welt zugiebt, dennoch in der angenommenen Veränderlichkeit derselben etwas Willkührliches, das er nicht einräumen zu dürfen glaubt. Die materielle Welt ist ihm, der Substanz nach, ewig und unveränderlich. Blos die Form, oder der Abdruck derselben in uns, ist ihm Veränderungen unterworfen, und also zufällig. Nun ist zwar nicht zu läugnen, daß diesem Zweifel auch nach der ersten Methode leicht zu begegnen ist. Wir selbst ‖ bleiben doch allemahl Theile oder Merk-‖male des Ganzen, gehören mit zum Weltall, dessen Daseyn nothwendig seyn soll. Eine Substanz aber, die in irgend einem ihrer Theile oder Merkmale veränderlich und also zufällig ist, wird es auch im Ganzen seyn müssen.

Indessen ist dieser Schluß weit augenscheinlicher nach der zweiten Methode, in welcher blos mein eignes Daseyn zum Grunde gelegt wird. Daß ich selbst nicht immer derselbe bleibe, sagt mir mein unmittelbares inneres Gefühl. Die Aussage des inneren Gefühls ist, subjective betrachtet, von der höchsten Evidenz, und wenn von mir selbst, als Object die Rede ist, auch eine objective Wahrheit. Wer sich veränderlich denkt, der ist es.

Wenn ich veränderlich bin, so sind verschiedene sich entgegen gesetzte Prädicate mit mir, als Subject, zugleich denkbar. Bin ich mir innerlich bewußt, daß ich vorhin gestanden habe und jetzt sitze; so müssen beide entgegenstehende Sätze: ich sitze und ich sitze nicht; ich stehe und ich stehe nicht, gedacht werden können; denn die Folge der Zeit verändert das Materiale in der Erkennt-|niß nicht. Was zu einer Zeit denkbar ist, muß zu allen Zeiten auch denkbar bleiben. Wohl aber kann die Folge der Zeit das Formale in der Erkenntniß abändern. Was vorhin nicht gut, oder nicht das Beste war, kann jetzt nach einer verlängerten Reihe der Begebenheiten, das Beste werden; so wie umgekehrt; was damals als das Beste von mir gebilliget ward, kann jetzt nach veränderten Umständen aufgehört haben das Beste zu seyn, und deswegen von mir gemißbilliget werden.

Es erhellet hieraus, wie in der Succession der Zeit verschiedene entgegenstehende Sät-ze zur Würklichkeit kommen und also zur Wahrheit werden können. Wenn gestern der Satz: A ist B, in der damaligen Reihe der Dinge, das Beste gewesen und zur Wahrheit geworden; so kann heute, nach einer verlängerten Reihe und veränderten Umständen, der entgegenstehende Satz: A ist nicht B, der Ordnung und Vollkommenheit gemäßer, und daher besser seyn. Ihr sehet hier eine einfache Methode von meinem eigenen Daseyn auf das Daseyn eines un-|veränderlichen Wesens zu schließen, das dieses Beste zur Absicht hat und freywillig hervorbringet. Wenn die Zeit in der materiellen Vorstellung nichts verändert und bloß das Formale derselben abändern kann, so liegt der Grund der Veränderung, die ich in mir wahrnehme, nicht in ihrer Denkbarkeit; sondern in ihrer relativen Güte und Vollkommenheit. In so weit sie ein Gegenstand ‖ der Erkenntniß sind, bleiben sie allezeit unveränderlich. Nur als Gegenstand der Billigung können sie zu verschiedenen Zeiten sich verschiedentlich verhalten. Wenn aber Güte und Vollkommenheit der Grund seyn sollen, warum etwas würklich wird; so setzet dieses ein Wesen voraus, das an Güte und Vollkom-menheit Gefallen findet, bey welchem sie zu Bewegungsgründen der Thätigkeit werden können. Jedoch von dieser Methode werde ich weiter unten ausführlicher handeln.

Vor jetzt habe ich euch noch eine Betrachtung mitzutheilen, auf die mein Idealist, mit dem ich mich von dergleichen Materien zu unterhalten pflege, mich geführt hat. „Sie las-sen uns nicht | Gerechtigkeit wiederfahren, sprach er, wenn Sie behaupten, daß die Idealis-ten auf die Beweisesart der ersten Gattung Verzicht thun müssen. Nicht so völlig, sollte ich glauben, besonders, wenn der Streitpunkt erst so ins Reine gebracht wird, als von uns letzthin geschehen. Auch dem Idealisten ist die würkliche Welt eine würkliche Welt. Wir heben den wohlgegründeten Unterschied zwischen Träumen und Wachen, Einbildung oder Erdichtung und Wahrheit nicht auf. Der Kurzsichtigste unter uns muß wahrnehmen, daß in Träumen, Einbildungen und Erdichtungen die Begebenheiten in einer andern Ordnung nach und neben einander gestellt sind, als diejenigen, die wir im Wachen für Wahrheit und Würklichkeit erkennen. Jene folgen völlig oder wenigstens vornehmlich der Vorschrift des Witzes, der Einbildungskraft, der Erdichtung u. s. w. mit einem Worte, den Gesetzen der Seelenvermögen, die uns subjective eigen sind. Im wachenden Zustande hingegen herr-schet, wie Sie selbst gar richtig bemerket haben, die ursachliche Ver-|knüpfung der Dinge, die Verbindung zwischen hervorbringender Ursach und Würkung, nach so genannten Na-turgesetzen. Diese Vorstellung einer würklichen Welt, ist allen vorstellenden Wesen gemein, wiederhohlt sich in jedem derselben mit der Abänderung, die seiner Fassungskraft und seinem Stande gemäß ist. In jeder Weltvorstellung, die einem wachenden Wesen beiwohnt, befindet sich Wahrheit und Perspective. Die Wahrheit wiederhohlt sich in allen und bleibt eben dieselbe. Das Perspectivische in dem Gemählde hingegen ist mannigfaltig und dem Gesichtspunkte angemessen. Der Idealist läugnet bloß das würkliche Daseyn eines Objects, das diesen wahren Abbildungen zum Urbilde dienen soll, und zwar deswegen, weil ihm dieses Urbild nichts mehr ‖ zu denken giebt, weil er sich weiter keine Vorstellungen davon zu machen weiß, als die Abbildung davon, die in seiner Seele anzutreffen ist. Indessen muß aus dieser Weltvorstellung des Idealisten alles dasjenige folgen und geschlossen werden können, was nach der Meinung des | Materialisten und des Dualisten aus dem würklichen Daseyn des Objects folgt und geschlossen werden kann. Das Object giebt diesen keine Prädicate mehr, als jenem die Weltvorstellung. Es begründet also keine Schlußfolge, die jener nicht mit eben dem Rechte anerkennen und für wahr halten kann. Stellen Sie sich ein Zimmer vor, dessen Wände alle mit Spiegeln bekleidet sind, und eine Abbildung eines Gegenstandes, die in jedem Spiegel nach seiner Lage wiederhohlt wird. Lassen Sie diese Spiegel unter sich in Streit gerathen, ob der Gegenstand, den sie vorstellen, mitten im Zimmer sich würklich befinde, oder ob der Künstler, der sie hervorgebracht, in einen jeden derselben nach seinem Standorte, auch die Abbildung hineingelegt habe. Wie werden sie diesen Streit unter sich entscheiden? Als Spiegel betrachtet können sie nichts, als Abbildungen des Gegenstandes, haben und je erlangen. Werden sie nicht aus ihrer Abbildung, wenn sie vernünftig denken können, eben die Schlußfolge zu ziehen im Stande seyn, als aus dem voraus-|gesetzten würklichen Daseyn des Gegenstandes? Muß es ihnen nicht vielmehr vollkommen eben dasselbe seyn, der Gegenstand, von dem sie weiter nichts wissen und erfahren können, mag im Zimmer vorhanden seyn, oder nicht vorhanden seyn?" Gut sprach ich, laßen Sie mich das Gleichniß nun fortsetzen. Wenn diese Spiegel anerkennen, daß sich in ihrer Abbildung Wahrheit und Perspective finde, und daß die Wahrheit sich wiederhohle und in allen eben dasselbe bleibe, das Perspective hingegen jedem derselben eigenthümlich sey; wird ihr fernerer Streit nicht eine bloße Wortzänkerey seyn müssen? Wenn sie die Uebereinstimmung in den Abbildungen zugeben; was berechtiget sie das Urbild, als den Grund der Uebereinstimmung, zu läugnen? oder vielmehr, was können sie außer dieser Uebereinstimmung der Wahrheit noch mehr fordern, wenn sie das Daseyn des Urbildes anerkennen sollen?

Hätte nur mein Freund die Axiomata anerkannt, die ich euch vor einigen Tagen zu überlegen gegeben; so würde ich noch weiter in ihn ge-|drungen seyn. Ich würde gesagt haben: Wenn zugegeben wird, daß in dem Gemählde Wahrheit anzutreffen, die sich, das Perspec-‖tivische abgerechnet, in jedem Subjecte wiederhohlt, so ist es eine Folge ihrer Vorstellungskraft, und muß sich in dem allerhöchsten Wesen, wenn es ein solches giebt, in dem reinsten Lichte und ohne Zumischung des Perspectiven, darstellen. Ist aber dieses; so ist auch der Satz: es existirt ein solches Urbild objectiv würklich, die reinste und unläugbarste Wahrheit. | ‖

XI.

Epikurismus. – Ungefähr. – Zufall. – Reihe von Ursachen und Würkungen,
ohne Ende, – ohne Anfang. – Fortgang ins Unendliche, vorwärts und rückwärts. –
Zeitloses, ohne Anfang, ohne Ende und ohne Fortgang.

Ein veränderliches, zufälliges Ding ist auf verschiedene Weise denkbar. Es kann mit der
Veränderung und ohne dieselbe gedacht werden. Beide Sätze enthalten gleiche Wahrheit.
Von demselben Subjecte können, den Gedanken nach, entgegenstehende Prädicate ausgesagt werden. A ist B, und A ist nicht B; beides kann wahr seyn oder wahr werden, wiewohl
nicht zu einer Zeit an eben dem Subjecte.

Wenn aber jeder von diesen Sätzen gleichviel *idealische* Wahrheit enthält, wie können
sie je zur *Würklichkeit* gelangen? Was ertheilet bald diesem, bald dem Gegensatze den
Vorzug, und macht ihn zur *würklichen* Wahrheit? Wie kann das auf mancherley Art mögli-
che, auf eine bestimmte Art würklich werden? |

Von *Ungefähr*, sagt die Schule Epikurs; durch bloßen *Zufall*. Wenn sie schon nicht alle
einzelne Fragen so abfertiget; so kommen wir doch gar bald dahin, wo sie uns keine andere
Befriedigung giebt. Wir müssen also untersuchen, ob diese Worte überall eine Antwort auf
obige Frage enthalten.

Da ich, wie Sie wissen, meinen ersten Unterricht in hebräischer Sprache genoß; so war
ich gewohnt, jedes merkwürdige Wort, das ich in irgend einer andern Sprache las oder
hörte, mir in Gedanken ins Hebräische zu übersetzen. Ich fand kein ächtes altes Wort in
dieser Sprache für *Ungefähr* oder *Zufall*. Was die Schriftsteller späterer Zeiten dafür zu
setzen pflegen, bedeutet ursprünglich vielmehr eine *Schickung, Fügung, Begegniß*; was
eine höhere Macht ohne unser Zuthun uns zuschickt, begegnen läßt, also fast das Gegentheil
von Zufall und Ungefähr. Nur in dem Mangel des Vorsatzes und der ursachlichen Einwürkung von Seiten des Menschen kommen *Fügung* und *Zufall* überein, und dieses scheinet
die Uebersetzer aus dem Ara-|bischen, die griechische Begriffe in hebräische Wörter ein-
zukleiden hatten, bewogen zu haben, ein Wort zu wählen, das der Bedeu-||tung nach mit
jenem einige Aehnlichkeit hat. Im Grunde sollen diese Worte Zufall und Ungefähr, nicht
nur allen menschlichen Einfluß, sondern schlechterdings allen Vorsatz, und alle ursachliche
Einwürkung verneinen. Und so scheinen sich auch im Teutschen die gleichbedeutenden
Wörter unterscheiden zu lassen. *Ungefähr* gehet mehr auf den Mangel des Vorsatzes; so
wie *Zufall* mehr auf die Abwesenheit der würkenden Ursache zu gehen scheinet. Ein Ziel,
das unvorsätzlich erreicht wird, ist ein bloßes *Ungefähr*, und von Begebenheiten, die auf
oder neben einander folgen, ohne daß eine die andre unmittelbar hervorgebracht, sagt man,
ihr Zusammentreffen sey ein bloßer *Zufall*. Wenn ein Kind im Schachspiele einen Stein
versetzt, und eben dadurch einen glücklichen Zug thut; so war dieses ein bloßes Ungefähr.
Daß aber aus diesem Kinde nachher ein guter Schachspieler geworden, kann ein Zufall
gewesen seyn, ohne daß jener Um-|stand etwas dazu beygetragen hat. Wenn ich ausgehe,
ohne den Vorsatz, meinen Freund aufzusuchen, und ihm auf dem Wege begegne; so ist

dieses von Ungefähr. Trifft es aber gerade zu einer Zeit, da er meines Trostes, oder meines Beystandes bedarf; so ist dieses zugleich ein glücklicher *Zufall*.

Durch den Gebrauch dieser Wörter wollen wir im Grunde nichts weniger, als die Nothwendigkeit der Ursachen läugnen. Durch das Ungefähr wollen wir blos den Einfluß der Endursachen auf das handelnde Wesen, und durch Zufall einzig und allein die unmittelbare Einwürkung der Begebenheiten auf einander aufheben, ohne in Abrede zu seyn, daß diese Begebenheiten, jede von ihrer Reihe von Ursachen abhängen. Ja, das Zusammentreffen der Begebenheiten selbst wird nur bey Geschichtswahrheiten, *Zeitungen*, wie wir sie genennt haben, dem Zufalle zugeschrieben. Dinge, die sich nur ein einziges Mal in der Geschichte zugetragen, und vielleicht nie, wenigstens unter denselben Umständen nie, wiederkommen dürften, können sich zusammenfügen, ohne von | einander unmittelbar hervorgebracht, oder auch nur veranlaßt zu seyn. Sobald sie aber öfter vorkommen, und allezeit in derselben Verbindung und Zusammenfügung; so vermuthet der gesunde Menschenverstand schon ursachlichen Einfluß, und erwartet vom Aehnlichen Aehnliches. In meiner zweyten Vorlesung habe ich die Vernunftgründe auseinander gesetzt, die uns zu dieser Vermuthung berechtigen, und gezeigt, daß selbst der thierische Sinn zu einer Erwartung gestimmt ist, die || mit der menschlichen Vermuthung einerley Grund hat. Auch haben die Alten, so viel ich weiß, sich selten verleiten lassen, dem Menschenverstande so sehr zu widersprechen und alle Causalität zu läugnen, oder in Zweifel zu ziehen. Epikur nahm vielmehr selbst die Nothwendigkeit der materiellen Ursache an, und hielt daher die Atomen für ewig. Auch würkende oder erzeugende Ursachen gab er zu, und schrieb daher den Atomen eine Bewegung zu, wodurch alle Dinge der Natur erzeugt werden. Bloß die Absichten in dem großen Weltall, oder den Einfluß der Endursachen glaubte er läugnen zu können. Alles | das Schöne, Große und Erhabene, das die Natur hervorbringt, schrieb er dem Zufalle zu. Der Zufall rüttelte den großen Becher mit Atomen durch einander, und warf ihn blindlings hin, und so sind denn die Dinge entstanden, die wir so sehr anstaunen. Wenn sie zu Entzwecken übereinstimmen, so ist dieses von Ungefähr. Die Ente, sagten die Epikurer, hat nicht Schwimmfüße bekommen, um schwimmen zu können; sondern sie schwimmt, weil ihr der Zufall solche Füße gegeben hat. Und so wird denn auch wohl der Magen nicht so eingerichtet seyn, damit er die Speisen verdaue, sondern verdauen, weil er von ungefähr ein Magen geworden ist; und wie übrigens, nach dieser schönen Theorie, die Lehre vom Nutzen der Theile im thierischen Leibe lauten mag, die nach dem gewöhnlichen Vortrage unserm pöbelhaften Menschensinn so wohl behagt. *La Mettrie* sagt: die Natur mache ihre Sachen niemals so gut, als wenn sie am wenigsten daran denke; wie jener Maler, der aus Verdruß, daß ihm der Schaum am Gebisse eines Streitrosses nicht gelingen wollte, den Pinsel wider die Leine-|wand warf, und eben dadurch den Gegenstand glüklich hervorbrachte, den er nachahmen wollte. So ungereimt euch dieses Geschwätze auch klingen mag, meine Lieben! so müßt ihr wissen, daß *la Mettrie* sich auf diesen Einfall so viel zu gute that, daß er ihn in allen seinen Schriften wiederholet, und daß die Schriften dieses Mannes zu ihrer Zeit Aufsehen gemacht und Beyfall gefunden haben. Indessen lasse ich mich vorjetzt auf die Lehre von den Absichten noch nicht ein. Ich werde in der Folge auf dieselbe zurückkommen, und wende mich vorjetzt wieder zu den hervorbringenden Ursachen.

Es wird zugestanden, daß jede Begebenheit in dem Weltall ihre Ursachen habe, die sie zur Würklichkeit bringen, und wenn gefraget wird: Wie von entgegenstehenden Bestimmungen eines veränderli-‖chen Wesens jetzt vielmehr diese zur Würklichkeit gekommen? so wird auch Epikur antworten: Durch die nächst vorhergegangenen wirkenden Ursachen. Diese Ursachen sind als veränderliche Dinge, nicht weniger auf verschiedene Weise bestimmbar, und haben abermals ǀ den Grund ihrer Bestimmtheit in ihren würkenden Ursachen, und so weiter *rückwärts* ohne Gränze. Wenigstens sehen wir keine Schranken, wo wir stehen bleiben könnten; so lange noch von veränderlichen, auf mehr als eine Weise denkbaren Dingen die Rede ist. Auch *vorwärts*; jede Begebenheit hat ihre Würkung, und wie nichts völlig fruchtlos seyn kann, so wird auch die Würkung nicht ohne alle Würkung seyn. Nun entstehet die Frage: Kann diese unendliche Reihe von Ursachen und Würkungen, ohne Abhängigkeit von einem nothwendigen und veränderlichen Wesen, für sich bestehen oder nicht? Erhält sich diese Kette ohne Anfang und Ende durch ihre Unendlichkeit von selbst, oder muß sie irgendwo am Throne der Allmacht befestigt seyn, um durch diese Verbindung mit dem nothwendigen Wesen in Würklichkeit kommen und erhalten werden zu können? Verschiedene Weltweisen glaubten darthun zu können, daß eine Reihe ohne Anfang zwar denkbar sey, aber nicht habe zur Würklichkeit kommen können. Sie bedienten sich folgender Gründe. ǀ

Von der Reihe ohne Ende, sprachen sie, ist es offenbar, daß sie niemals würklich werden könne; denn eben hierin bestehet ihre Endlosigkeit, daß sie niemals wird vollendet seyn, daß sie sich immer noch muß verlängern lassen. Ihre Endlosigkeit kann also niemals würklich werden, oder geworden seyn. Es bleibt immer noch *im Vermögen*, etwas hinzuzusetzen, und also ist das Würkliche niemals *endlos*. Eben also, schlossen sie, sey die Anfanglosigkeit ein bloßer Gedanke, der aber nicht hat zur Würklichkeit kommen können. Weil wir uns die Reihe der Ursachen rückwärts, wie eine Länge vorstellen, die wir nach Belieben in Gedanken verlängern können; so sagen wir, sie sey ohne Anfang. Im Grunde aber kann dieser Gedanke nie ausgeführt werden, kann das Anfangslose, so wenig als das Endlose, zur Würklichkeit kommen. Beides, sowohl das Anfangslose als das Endlose, erfordern eine Ewigkeit zu ihrem würklichen Daseyn, und eine Ewigkeit kann nie vergangen seyn. Wir müssen daher einen solchen Anfang der Dinge zugeben, der weiter keines Anfangs bedarf; also ein noth-ǀwendiges Wesen, dessen Daseyn nicht ‖ von würkenden Ursachen abhängt, dessen Dauer aber keine Zeitfolge ohne Anfang, sondern vielmehr eine *Zeitlosigkeit*, eine unwandelbare Ewigkeit ist, die ihrem Wesen nach weder Anfang, noch Fortgang, noch Ende haben kann. Nur die zufälligen Begebenheiten der Welt erkennen eine vergangene und eine künftige Zeit. Das nothwendige Wesen hat, wie alle nothwendige Wahrheiten der Geometrie, keine vergangene und keine zukünftige Zeit. Man kann nicht sagen: *sie waren* oder *werden seyn*, sondern: *sie sind*.

ǀ 187–189; ‖ Bd. 3.2, 92–93

Was wir also von dem Anfanglosen behauptet haben, läßt sich auf das Zeitlose nicht anwenden. Jenes muß irgendwo stille stehen; dieses aber erkennet schlechterdings keinen Fortgang. Eine veränderliche Substanz ist nicht alles, was sich von ihr denken läßt, zugleich; ihr Daseyn gleichet einer Linie, die dem Raum sowohl, als der Zeit nach, immer einen Zuwachs leidet. Die unveränderliche nothwendige Substanz ist alles das zugleich, was von ihr denkbar ist, und ihr Daseyn erkennet weder Zuwachs, noch Abnahme. Sie | ist und bleibt unveränderlich immer dasselbe Ding. – – So bündig diese Gründe auch scheinen; so wollen sich doch so manche Philosophen damit nicht beruhigen, und zwar aus verschiedenen Ursachen.

Erstlich will ihnen die Analogie zwischen Anfang und Ende nicht völlig einleuchten. Wenn schon zu keiner bestimmten Zeit der Zukunft eine Ewigkeit wird vollendet seyn können, so folgt noch nicht die Nothwendigkeit des Anfanges, wenn man nicht für die Langeweile annehmen will, daß das Vergangene sich in einen Zeitraum einschliessen lasse.

Man scheinet also das vorauszusetzen, was erst untersucht werden soll. Die Frage war, ob eine Reihe ohne Anfang würklich seyn könne? und in der Antwort nimmt man als zugegeben an, daß nichts Anfangsloses vergangen seyn könne.

Zweytens verwickelt uns diese Beweisart in die schwierige Untersuchung vom Unendlichen in Zeit und Raum; in wie weit die Idee des Unendlichen, sowohl in Absicht auf die Theilbarkeit, | als auf die Ausdehnung der Zeit und des Raums Statt habe, oder nicht; Untersuchungen, die ihrer Subtilität halber schwer zu erörtern sind, und es ist nicht dienlich, die Ueberzeugung vom Daseyn Gottes auf einem so lockern Grunde zu bauen.

Endlich will ihnen auch der Unterschied zwischen dem Unendlichen der Kraft nach, und dem Unendlichen der Dauer nach, nicht völlig ‖ einleuchten. Soll das Unendliche der Kraft nach, oder das nothwendige Wesen, sprechen sie, zu allen Zeiten würklich vorhanden seyn können; so siehet man nicht ein, warum nicht auch das Veränderliche der Dauer und Ausdehnung nach unendlich seyn könne? Läßt sich alles Zufällige, sowohl rückwärts als vorwärts in eine unendliche Reihe von Ursachen und Würkungen auflösen; so siehet man keinen Grund, warum es nicht durch die Würklichkeit in eine solche soll aufgelöset worden seyn? Wenn wir einen allerhöchsten Verstand zugeben; so müssen in demselben alle auflösbare Begriffe wirklich aufgelöset seyn. Jeder Begriff des Zufälligen also führet in demselben eine An-|fangs- und Endlose Reihe von Ursachen und Wirkungen mit sich, in welche derselbe seiner Natur nach aufgelöst und entwickelt werden muß. Wir begreifen also nicht völlig, warum dasjenige, was Gott von den zufälligen Dingen sich denkt, nicht auch ohne Gott hat wirklich werden können. Wenigstens, sprechen sie, fehlt dieser Beweisart die überzeugende Augenscheinlichkeit, die wir dem Beweise vom Daseyn Gottes geben zu können wünschen. Sie haben sich also bemühet, den Beweis auszuführen, ohne sich in die Untersuchung einzulassen: ob eine Reihe ohne Anfang würklich seyn könne oder nicht? vielmehr überhaupt darzuthun, daß auch eine Reihe ohne Anfang nicht anders, als durch ihre Abhängigkeit von einem nothwendigen Wesen würklich seyn könne. Hiervon in der nächsten Vorlesung. | ‖

XII.
Zureichender Grund des Zufälligen im Nothwendigen. –
Jenes ist *irgendwo* und *irgendwann*; dieses allenthalben und immerdar. –
Jenes nur in Beziehung auf Raum und Zeit; dieses schlechterdings das Beste und
Vollkommenste. – Alles, was ist, ist das Beste. –
Alle Gedanken Gottes, in so weit sie das Beste zum Vorwurf haben, gelangen zur
Würklichkeit.

Ohne die Unmöglichkeit einer anfangslosen Reihe vorauszusetzen, sagte ich zum Beschlusse
meiner gestrigen Vorlesung, haben einige Weltweisen vom Daseyn des Zufälligen und Veränderlichen auf das Daseyn des Nothwendigen, Unveränderlichen geschlossen, und dieses
gehet gar füglich an. Vermöge des sechsten Grundsatzes, den wir in unsrer Vorerkenntniß
vorausgeschickt, kann von einem Subjecte A nicht anders mit Grunde der Wahrheit das
würkliche Daseyn ausgesagt werden, als in so weit es mit diesem Prädicate in Verbindung
stehet, entweder weil es nicht ohne würkliches objectives Daseyn gedacht werden kann,
oder weil es unter gewissen Umständen das Beste geworden, und daher so und nicht anders
hat gebilliget werden müssen. Die Leibnitzianer | nennen dieses den Satz des *zureichenden
Grundes*, und sagen daher, alles was würklich ist, muß einen zureichenden Grund haben,
d. h. es muß sich begreiflich machen und vernünftig erklären lassen, warum es überall zur
Würklichkeit gekommen, und warum es vielmehr so, als auf eine andere Weise würklich
geworden ist. Nun finden wir bey einem zufälligen Wesen diesen Grund nicht in ihm selbst;
denn aus seiner Denkbarkeit läßt sich sein Daseyn nicht begreiflich machen; wir finden ihn
aber eben so wenig in den nächsten Ursachen desselben, wenn diese selbst zufällig sind,
und ihr eigenes Daseyn nicht begründen können. Denn so lange dieses ist, geben sie keinen befriedigenden Grund, keinen begreiflichen Aufschluß von der Wahrheit seines Daseyns,
und das Gegentheil hört nicht auf, denkbar zu seyn. Hat aber dieses in Ansehung der nächsten
Ursachen seine Richtigkeit, so ‖ wird es in Absicht der entfernten Ursachen eben so wenig
geläugnet werden können, und wir mögen die Leiter der Dinge hinaufsteigen, so hoch wir
wollen, wir sind dem völlig zureichenden und vernünftig erklären-|den Grunde nicht um
eine Sprosse näher gekommen. Ist aber dieses; so wird eine unermeßliche, eine anfangslose Kette von Ursachen diesen Grund eben so wenig enthalten können. Die Frage wird
bloß verschoben, nicht aufgelöset. Sie kommt immer in derselben Stärke und in demselben
Umfange wieder zum Vorschein. Eine unendliche Kette zufälliger Dinge kann also den
Satz nicht zur bestimmten Wahrheit machen, auf welchen das Daseyn irgend eines zufälligen Dinges beruhet. D. h. Eine ins unendliche zurückgehende Reihe zufälliger Ursachen
kann den völlig zureichenden Grund nicht enthalten, warum ein zufälliges Ding vielmehr
ist, als nicht ist; vielmehr so, als anders vorhanden ist. Da also zufällige Wesen würklich
vorhanden sind; so muß es auch ein nothwendiges Wesen geben, das den Grund aller zufälligen Dinge in sich enthält, das aber selbst den Grund seines Daseyns nicht wieder außer
sich, sondern in sich selbst, in seinem eigenen Wesen, in seiner innern Möglichkeit hat.
Diese Sätze werden in den gemeinen Lehrbüchern ausgeführt. Lasset uns versuchen, sie

auf unsere | Weise, und mit Rücksicht auf unsere vorausgesetzte Grundsätze, ins Licht zu setzen.

Das Daseyn zufälliger Dinge folgt nicht aus ihrer innern Möglichkeit; sie sind nicht würklich, weil sie gedacht werden können; denn sonst wären sie schlechterdings nothwendig. Es folgt aber auch nicht, auf eine zureichende Weise, aus ihren nächsten oder entfernten hervorbringenden Ursachen, und eben so wenig aus einer anfangslosen Reihe von würkenden Ursachen; so lange diese Ursachen selbst zufällig sind, und das Gegentheil nicht ausschließen. Wenn also zufällige Dinge würklich seyn, so und nicht anders würklich seyn sollen; so muß der Wahrheitsgrund ihres Daseyns in ihrer Abhängigkeit von einer schlechterdings nothwendigen Ursache zu suchen seyn, wodurch das Gegentheil oder ihre Nichtexistenz ausgeschlossen wird. Nun kann dieses Gegentheil nicht zufolge des Erkenntnißvermögens des nothwendigen Wesens ausgeschlossen werden; d. h. das zufällige Wesen ist nicht deßwegen vorhanden, weil seine Abhängigkeit von einem nothwendigen Wesen das Gegentheil undenkbar macht; denn so würde es ja | selbst nothwendig und unveränderlich seyn müssen. Was aus einer nothwendigen ‖ Wahrheit auf eine nothwendige Weise folgt, muß selbst nothwendig seyn. In der Eigenschaft eines zufälligen Wesens, ein Gegenstand der Erkenntniß zu seyn, kann also der Grund seines Daseyns oder seine Abhängigkeit vom Nothwendigen nicht gefunden werden. Wenn dieses wäre, so würde es selbst nicht blos *irgendwo* und *irgendwann* zur Würklichkeit kommen, sondern allezeit unveränderlich dasselbe bleiben müssen; denn als Gegenstand der Erkenntniß ist es unveränderlich und ewig. Vielmehr wird also seine Abhängigkeit vom nothwendigen Wesen darin zu suchen seyn, daß es ein Gegenstand des Billigungsvermögens geworden. Vermöge seiner innern Güte und Vollkommenheit muß es unter gewissen Umständen *irgendwo* und *irgendwann* das Beste geworden, und als ein solches von der nothwendigen Ursache gebilliget und hervorgebracht worden seyn. Nur in dieser Beziehung läßt sich von seiner Veränderlichkeit vernünftiger Grund angeben; läßt sich begreiflich machen, warum es jetzt | so, jetzt anders zur Würklichkeit kommt. Es kömmt zum Vorscheine, sobald es in der Reihe der Dinge so und nicht anders das Beste geworden. In der Billigung und in der freyen Wahl des nothwendigen Wesens liegt also der einzige wahre Grund der Abhängigkeit eines zufälligen Dinges von demselben. Nur durch diese Billigung wird das Daseyn eines zufälligen Wesens *irgendwo* und *irgendwann*, zur ausgemachten Wahrheit, wird das Gegentheil oder das Nichtseyn desselben für jetzt undenkbar, und also zur Unwahrheit.

Aber dieses nothwendige Wesen selbst, wo wird der Grund seines Daseyns anzutreffen seyn? Wir haben gesagt, in seinem innern Wesen, in seiner innern Möglichkeit; d. h. es ist vorhanden, weil es denkbar ist; sein Nichtseyn kann nicht gedacht werden und ist also eine Unwahrheit. Wenn wir diesen Begrif gehörig entwickeln; so kommen wir auf die Beweisesart *a priori*, nach welcher das Daseyn eines nothwendigen Wesens aus der bloßen Denkbarkeit desselben geschlossen wird. Die Ausführung dieses Satzes verspare ich mir | auf eine der künftigen Vorlesungen, und begnüge mich vor der Hand, aus dem unläugbaren Daseyn zufälliger veränderlicher Dinge, ihre Abhängigkeit von einer nothwendigen Ursache und zwar von der freyen Wahl dieser freyen Ursache dargethan zu haben. Denn alles, was von einer würkenden Ursache, Kraft seiner Billigung, hervorgebracht wird, ist eine Wirkung seiner Willkühr, und ‖ wenn diese Willkühr aus Einsicht und vernünftigen Gründen auf das Beste trift, so wird sie eine freye Wahl genennet. Ich lasse mich den Einwurf nicht irren, daß auf solche Weise das Freywillige selbst zur Nothwendigkeit gemacht wird, indem das Gegentheil unter der Bedingung, daß jenes das Beste ist, auf diese Weise unmöglich seyn muß. Ich weiß wohl, daß sich manche Weltweise durch diesen Einwurf haben bewegen lassen, in der freyen Wahl selbst eine Unbestimmtheit zuzugeben und den Ausschlag nicht von dem Bewegungsgrunde, sondern gleichsam von einem Ungefähr, abhängen zu lassen; allein ich erkläre mich ausdrücklich: daß ich weder für den Menschen, noch für die Gottheit selbst ǀ eine andre Freyheit anerkenne, als die von der Erkenntniß und Wahl des Besten abhängt. Das Vermögen, dieses Beste einzusehen, zu billigen und zu wählen, ist wahre Freyheit, und ein Vermögen, dieser Erkenntniß, Billigung und Wahl zuwider zu handeln, ist nach meinen Begriffen, ein wahres Unding. Will jemand diese Bestimmtheit der freyen Wahl, Nothwendigkeit, Zwang oder Fatalität nennen, so sey ihm dieses vergönnt; in so fern er dadurch den Unterschied nicht aufzuheben gedenkt, der in der Sache liegt. Umfasset mit den vielschichtigen Wörtern, *Nothwendigkeit, Zwang, Können* und *Nichtkönnen,* so vielerley Begriffe ihr wollet; genug für mich, es giebt eine zwiefache Nothwendigkeit; die eine beruhet auf Wahrheit und Unwahrheit, die andre auf Güte und Vollkommenheit. Jene wird die blinde, diese die sittliche Nothwendigkeit genannt. Jene setzt weder Kenntniß des Besten, noch Billigung und Wahl desselben, weder Absicht noch Selbstentschliessung zum voraus; bey dieser hingegen werden die Endursachen mit zu hervorbringenden würkenden Ursachen, ǀ und die Handlung erfolget bloß, weil sie der Billigung und der Absicht gemäß ist, die uns dazu angetrieben, oder wenn ihr wollet, *gezwungen* haben. Einen Zwang oder Nothwendigkeit von dieser Art gebe ich auch in Absicht auf Gott zu, und ich muß mir es gefallen lassen, wenn man mich dieserhalb einen Fatalisten nennen will. – Ich kehre zur vorliegenden Untersuchung zurück. Wie weit sind wir gekommen?

Wir hatten herausgebracht, daß ein nothwendiges unveränderliches Wesen vorhanden seyn müsse, welches dieses veränderliche Weltall und unser veränderliches Selbst aus freyer Wahl des Besten zur Würklichkeit gebracht hat. ‖

Wahl des Besten setzt Kenntniß desselben zum Voraus; also besitzt dieses Wesen auch Erkenntnißkraft. Eben so gewiß ist es, daß dieses nothwendige Wesen auch Billigungsvermögen, Begierde und Abscheu, Vernunft und Willen besitzen muß, denn völlig ohne diese Eigenschaften läßt sich weder Wahl, noch Hervorbringung des Besten denken. Daß aber dem nothwendigen Wesen jede Eigenschaft, die es besitzt, im höch-ǀsten Grade und ohne alle Schranken zukommen müsse, ist in unzähligen Lehrbüchern ausgeführt worden, und noch hat Niemand etwas erhebliches dawider zu erinnern gefunden. Sonach hätten wir erwiesen, daß das nothwendige Wesen auch alle Eigenschaften des Verstandes und des Willens in ihrer höchsten Vollkommenheit besitzen müsse? – Der Schritt scheint zu rasch. – Lasset uns einen Ueberblick auf die Gründe werfen, die uns hieher geführt haben, um zu sehen: ob nicht der Weg besser geebnet werden könne!

Wenn der sinnlich evidente Satz: *Eine Sinnenwelt ist würklich vorhanden*, oder (welches noch weniger läugbar ist) der Satz: *Ich selbst bin würklich vorhanden*, objective Wahrheit seyn muß; so werde ich, als Subject dieses Satzes, mit dem Daseyn, als Prädicate desselben, in Verbindung stehen, und so wie ich bin, mit allen meinen Individualbestimmungen, ohne dieses Prädicat, nicht gedacht werden können; denn jede Wahrheit muß durch das Positive der Denkungskraft zu erkennen seyn. Nun | kann dieser Verbindungsgrund in dem Materialen des Begriffs nicht anzutreffen seyn. Wäre dieses; so würde ich vorhanden seyn, weil ich denkbar bin. Ich würde also unveränderlich bleiben müssen. Nun ist das subjective Bewustseyn von meiner Veränderlichkeit über allen Zweifel hinweg, und es ist eben so unläugbar, daß ein Wesen, welches sich seiner Veränderung bewußt ist, auch in der That veränderlich seyn muß. Ein unmittelbares Bewußtseyn belehrt mich, daß ich vorhin anders gewesen, als ich jetzt bin: da aber die Zeitfolge in der Denkbarkeit des Begriffs nichts vermindert; so kann das Gegentheil von dem, was ich vorher gewesen, noch jetzt nicht aufgehöret haben, denkbar zu seyn. Der Wahrheitsgrund des obigen Satzes wird also nicht in dem Materialen des Erkenntnisses, sondern in dem Formalen desselben; nicht in der Denkbarkeit des Subjects, sondern in seiner Güte und Vollkommenheit zu suchen seyn. Er liegt aber ferner nicht in meiner absoluten Vollkommenheit; denn ich besitze sie nicht ohne ‖ Schranken, welches abermals durch mein subjectives Bewußtseyn von | der höchsten Evidenz ist. Wenn also ein Wahrheitsgrund des Satzes zu finden ist, so muß er in der relativen Vollkommenheit anzutreffen seyn; in der Beschaffenheit, vermöge welcher ich unter gewissen Umständen, in einer gewissen Reihe von Dingen, *jetzt* und *hier*, so und nicht anders, habe das Beste werden können. So und nicht anders läßt sich von unsrer Veränderung vernünftiger Grund angeben; so und nicht anders läßt sich begreifen, wie ein zufälliger Satz, der gestern nicht wahr gewesen, heute zur Wahrheit werden kann. Unter jeder Bedingung der Zeit und des Raums erlanget *irgendwo* und *irgendwann* etwas anders die Qualität des Besten, und eben dadurch den Wahrheitsgrund seines Daseyns. Nun kann diese relative Güte eines zufälligen Wesens auf keine andere Weise seinen Würklichkeitsgrund enthalten, als in so weit es dadurch einer freyen Ursache zur Absicht dienen, und sonach von derselben gebilliget werden kann. Der Grund meines Daseyns muß also in einer freyen Ursache zu suchen seyn, die mich jetzt und hier, als zu der Reihe des Besten gehörig, er-|kannt und gebilliget hat, und dadurch bewogen worden ist, mich zur Würklichkeit zu bringen. Diese freye Ursache kann selbst nicht zufällig seyn; sonst wären wir der Begreiflichkeit des Satzes nicht um einen Schritt näher gekommen; der Wahrheitsgrund würde noch immer von neuem zu suchen seyn, der den Begriff des zufälligen Wesens mit der Existenz verbindet. Wir müssen also am Ende auf ein nothwendiges Wesen zurückkommen, bey welchem dieser Wahrheitsgrund in der Denkbarkeit des Subjects selbst lieget, zu einem Wesen, dessen objectives Daseyn von seiner Denkbarkeit nicht zu trennen ist; welches vorhanden ist, weil es gedacht werden kann.

Wenn die Beschaffenheit eines Dinges, als relativ gut, den Grund seiner Würklichkeit enthalten soll; so muß es absichtlich gewählt worden seyn. Die nothwendige Ursache wird also das Zufällige, das von ihm sein Daseyn hat, erkannt und absichtlich gewählt haben müssen. Da nun das nothwendige Wesen alles, was es ist, im höchsten Grade der Vollkommenheit seyn muß; | so wird die Erkenntniß der nothwendigen Ursache die allervollkommenste, und ihre Wahl die freywilligste seyn müssen. Sie wird also von je her alle Veränderungen der Zeit und des Orts, und so auch alle Bestimmungen und Merkmahle, durch welche ein zufälliges Ding zu seiner Zeit und an || seinem Orte das Beste ist, auf das deutlichste und vollkommenste gedacht, und mit dem Grade der Würksamkeit und Bestrebung, der ihnen angemessen ist, gebilliget haben. Nun gehet das Bestreben des Billigungsvermögens, wie wir in der siebenten Vorlesung gesehen, von dem Subjecte aus, hat sein Ziel in dem Objecte der Erkenntniß, und suchet dasselbe mit den gebilligten Begriffen des Subjects in Gleichstimmung zu bringen. Die nothwendige Ursache wird also, vermöge ihres höchstvollkommenen Billigungsvermögens, alles Zufällige nach Maaßgabe seiner Beschaffenheit und Fähigkeit irgendwo und irgendwann das Beste zu seyn, auch alsda und alsdann zur Würklichkeit kommen lassen: und da der Lauf der Zeit und die Ordnung des Raums veränderlich sind; so müssen es auch die Dinge | seyn, die blos vermöge ihrer Beschaffenheit das Beste zu werden, zum Vorscheine kommen.

Alles, was ist, ist das Beste. 1) Schlechterdings das Beste, oder das Allervollkommenste in der *Einfachheit*: der Innbegriff aller Realitäten, das selbständige Wesen (*Ens a se*) 2) Das Beste, *secundum quid*, das Vollkommenste in der *Vereinigung*, in der Verbindung vieler, deren jedes, einzeln betrachtet, eingeschränkt und unvollkommen ist, durch Verbindung und Beytrag zum vollkommensten Ganzen aber irgendwo und irgendwann, als ein Theil des Ganzen, das Beste wird; die Welt sammt allen ihren Veränderungen in Zeit und Raume.

Alle Gedanken Gottes, in so weit sie das Beste zum Vorwurf haben, gelangen zur Würklichkeit. 1) *Das absolute Beste.* Gott denkt sich selber mit der lebendigsten Erkenntniß, mit der allerhöchsten *Selbstbilligung.* Seine allerhöchste Kraft bringt unaufhörlich in ihm selbst alle Prädicate hervor, die in einem Subjecte sich vereinigen lassen, und diese sind so nothwendig, als seine Denkbarkeit. 2) Das | Beste *secundum quid*, oder das hypothetische. Gott denkt seine Eigenschaften mit den unendlich mannigfaltigen Einschränkungen, mit welchen sie denkbar sind. D. h. er denkt alle mögliche Abstufungen seiner Vollkommenheiten mit dem einer jeden angemessenen Grade von Billigung und Wohlgefallen. Er denkt sich alle mögliche Verbindungen dieser eingeschränkten Vollkommenheiten; nicht in Einem Subjecte; denn sie sind unvereinbar; aber er denkt sie sich in Verbindung vieler. Unter diesen möglichen Verbindungen vieler eingeschränkter Wesen, wird *Eine* im Ganzen, Vergleichungsweise, || die beste seyn; so wie jedes Einzelne in derselben an seinem Orte und zu seiner Zeit das Beste seyn muß. Gott denkt sich diese vollkommenste Verbindung, und alle in derselben vorkommenden nach Zeit und Ordnung eingeschränkten Dinge, in so weit sie das Beste sind, mit dem höchsten Grade der Billigung. Billigungskraft hat zum Ziele die Hervorbringung des Gegenstandes, das Bestreben den Gegenstand der Vorstellung nach Maaßgebung des Ideals zur Würklichkeit zu bringen. | Die Kraft des selbstständigen Wesens wird also diese eingeschränkte Grade seiner Vollkommenheit und ihre bestmögliche Verbindung hervorbringen; nicht in sich, denn sie sind mit seinen Eigenschaften nicht vereinbar, sondern außer sich, als für sich bestehende eingeschränkte Substanzen, jede mit der Veränderung in Ort und Raume, mit welcher sie in Beziehung auf das Ganze das Beste sind. *Gott ist Schöpfer und Erhalter des besten Weltalls.*

Man siehet hier den Uebergang von dem Verstande Gottes auf seine Eigenschaft als Schöpfer und Erhalter der Dinge ausser ihm. Vorstellung, mit Billigung oder Theilnehmung verbunden, ist lebendige Erkenntniß, und *lebendige Erkenntniß* im höchsten Grade ist Anregung zur Thätigkeit, Bestreben zum Hervorbringen, zum Kraftäußern.

Auch haben einige Weltweise sich die Mühe gegeben, auf diesem Wege das sonderbare Vorgeben der Egoisten auf eine demonstrative Weise zu widerlegen. Schon der gesunde Menschenverstand | verwirft dieses Vorgeben als eine unstatthafte Grille; allein es hat, wie wir gesehen, seinen Nutzen, wenn man den Ausspruch des gesunden Menschenverstandes durch Vernunftgründe wissenschaftlich zu machen sucht. Wenn alles, was Gott sich als das Beste denkt, auch zur Würklichkeit kommt, und zu dem Weltall, das der Egoist sich vorstellet, ausser ihm, noch mehrere Substanzen gehören, die als Theile zum vollkommensten Ganzen übereinstimmen; so müssen auch ausser ihm mehrere Substanzen zur Würklichkeit kommen, und von Gott hervorgebracht worden seyn. Als einzelne Substanz kann der Egoist sich nicht einbilden, ein Gegenstand der göttlichen Billigung, des göttlichen Wohlgefallens zu seyn; denn er ist sich seiner Schwäche und seiner Mängel bewußt: Also nur in Verbindung mit dem Ganzen kann sein Daseyn irgendwo und irgendwann das Beste geworden und von Gott gebilliget worden seyn. Mithin muß dieses Ganze, sammt allen Substanzen, die dazu gehören, eben so wohl, ‖ als sein *Ich*, die Würklichkeit erlanget haben. |

Ja man hat gesucht, auch die Idealisten auf diese Weise wissenschaftlich von dem Ungrunde ihrer Meinung zu überführen. Diejenige Verbindung der Dinge, in welcher die Materie, als Gegenstand der Vorstellung würklich vorhanden ist, muß nothwendig vollkommner seyn, als eine solche, in welcher die sinnlichen Beschaffenheiten äusserlich keinen Gegenstand haben. In jener ist bloß Harmonie in den Vorstellungen denkender Wesen, in so weit sie Abbildungen sind und Wahrheit enthalten; in dieser hingegen stimmen die Vorstellungen denkender Wesen nicht nur unter sich, sondern auch mit dem ausser ihnen würklich befindlichen Objecte zusammen, welches zu ihren bildlichen Vorstellungen das Vorbild ist. In jener stimmt nur Abbildung mit Abbildung, in dieser hingegen auch Abbild mit Urbild zusammen. Größre Uebereinstimmung ist größere Vollkommenheit; also wird eine Welt, in welcher ausser den Geistern auch Materie anzutreffen ist, vollkommener seyn, als eine solche, die blos aus Geistern bestehet. Da nun Gott nur das Vollkommenste zur Würklichkeit bringet; so wird die | Welt, die er erschaffen hat, nicht blos idealisch seyn, sondern auch würkliche Materie enthalten, so wie es die größte Harmonie erfordert. Ihr sehet aber von selbst ein, daß durch diese Gründe blos das Daseyn eines Objects der materiellen Vorstellungen geschlossen werden kann; in wie weit sich aber bey der Darstellung materieller Beschaffenheiten das Subjective unserer sinnlichen Erkenntniß mit einmischt und solche in *Erscheinungen* verwandelt, bleibt hierdurch unentschieden. In der sinnlichen Erkenntniß liegt unstreitig Wahrheit. Aber diese Wahrheit ist bey uns mit Scheine, das Urbildliche ist mit dem Perspectiven verbunden und kann durch unsre Sinne nicht von demselben getrennt werden. | ‖

XIII.
Spinozismus. – Pantheismus. – Alles ist Eins und Eins ist Alles. – Widerlegung.

Die Spinozisten behaupten: Wir selbst und die sinnliche Welt ausser uns, seyn nichts für sich Bestehendes; sondern bloße Modificationen der unendlichen Substanz. Kein Gedanke des Unendlichen könne ausser ihm und abgesondert von seinem Wesen zur Würklichkeit gelangen; denn es gebe nur eine einzige Substanz von unendlicher Denkungskraft und unendlicher Ausdehnung. Gott, sagt der Spinozist, ist die einzige nothwendige und auch nur die einzige mögliche Substanz, alles Uebrige lebt, webt und ist nicht ausser Gott; sondern Modification des göttlichen Wesens. *Eins ist Alles und Alles ist Eins.*

So sonderbar diese Meynung auch klingt und so sehr sie von der gemeinen Bahn des gesunden Menschenverstandes abweicht; so hat sie doch von jeher denkende Köpfe zu Anhängern und Freunden gehabt. Ja, Schwärmer und Atheisten haben sich vereinigt, sie anzunehmen; weil sie in der That diese entgegengesetzten Irrthümer zu ver-|binden scheint. Daß sie an Atheismus streifet, scheinet dem ersten Blicke nach in die Augen zu fallen. Allein *Wachter* hat in einem besondern Tractat* angezeigt, daß sie in der kabbalischen Schwärmerey ihren Ursprung habe, und ganz auf dieselbe gebaut sey. Lasset uns indessen nicht auf die Folgesätze sehen, die dieser Schule zur Last geleget werden, sondern auf die Gründe, auf welche sie sich stützet. Wir schweben hier in einer Region von Ideen, die von der unmittelbaren Erkenntniß zu weit entfernt ist; in welcher wir unsere Gedanken blos durch den Schattenriß der Worte zu erkennen geben; ja blos durch Hülfe dieser Schattenrisse selbst wieder zu erkennen im Stande sind. Wie leicht ist hier der Irrthum! Wie groß die Gefahr, den Schatten für die Sache zu halten! Sie wissen, wie sehr ich geneigt bin, alle Streitigkeiten der philosophischen Schulen für bloße Wortstreitigkeiten zu erklären, oder doch wenigstens ursprünglich von Wortstreitigkeiten herzuleiten. Verändert die mindeste Kleinigkeit | im Schattenriß: sogleich erhält das ganze Bild ein ‖ andres Ansehen, eine andre Physiognomie. So auch mit Worten und Begriff. Die kleinste Abweichung in der Bestimmung eines Grundwortes führt am Ende zu ganz entgegengesetzten Folgen, und wenn man den Punkt aus den Augen verloren, von welchem man gemeinschaftlich ausgegangen ist; so streitet man am Ende nicht mehr um Worte, sondern um die wichtigsten Sachen. Wir müssen also auf den Scheideweg zurück, wo der Spinozist uns verläßt und seinen eignen Weg nimmt, um zu sehen, ob wir den Streit nicht beylegen können, bevor wir uns trennen.

Wovon gehen wir aus? Was können wir unter uns als ausgemacht annehmen und voraussetzen, um nach dessen Maaßgebung den Streitpunkt zu richten? So viel mir von der Lehre der Spinozisten bekannt ist, kommen sie mit uns in folgenden Lehrsätzen überein: *Das nothwendige Wesen denkt sich selbst, als schlechterdings nothwendig; denkt die zufälligen Wesen, als auflösbar in unendliche Reihen; als Wesen, die ihrer Natur nach rückwärts*

---

* Wachter Spinozismus im Judenthum.

| *eine Reihe ohne Anfang zu ihrem Daseyn voraussetzen und vorwärts eine Reihe ohne Ende zur Würklichkeit befördern.*

Bis hieher kann uns der Anhänger Spinozens zur Seite gehen, aber hier scheidet sich der Weg. Diese Reihe von zufälligen Dingen, sagen wir, haben ausser Gott ihre eigene Substantialität; ob sie gleich nur als Würkungen seiner Allmacht vorhanden seyn können. Die endlichen Wesen bestehen für sich zwar abhängig vom Unendlichen, und ohne das Unendliche nicht denkbar; aber doch der Subsistenz nach mit dem Unendlichen nicht vereiniget. Wir leben, weben und sind, als Würkungen Gottes, aber nicht in ihm. Der Spinozist hingegen behauptet: Es gebe nur eine *Einzige* unendliche Substanz; denn eine Substanz müsse für sich bestehen, keines andern Wesens zu seinem Daseyn bedürfen und also unabhängig seyn. Da aber kein endliches Wesen unabhängig seyn könne; so sey auch kein endliches Wesen eine Substanz. Hingegen sey das Weltall eine wahre Substanz, indem es in seiner Unbegränztheit alles in sich schließet, | und also keines andern Wesens zu seinem Daseyn bedarf; mithin unabhängig ist. Dieses Weltall, fährt der Spinozist fort, besteht aus Körpern und Geistern, das heißt nach der Lehre des Cartesius, die der Spinozist annimmt, es giebt Ausdehnung und Gedanken; Wesen, die ausgedehnt sind, und Wesen, welche denken. Er eignet daher seiner einzigen unendlichen Substanz zwey unendliche Eigenschaften ‖ zu, *unendliche Ausdehnung* und *unendliche Gedanken*, und dieses ist sein: *Eins ist Alles*; oder vielmehr, er spricht: der gesammte Inbegriff unendlich vieler endlichen Körper, und unendlich vieler Gedanken, mache *Ein* einziges unendliches *All* aus, unendlich an Ausdehnung und unendlich an Denken: *Alles ist Eins.*

Man hat mit Recht den Scharfsinn bewundert, mit welchem Spinoza auf diesen Grundideen sein System aufführt, und bis auf seine kleinste Theile mit geometrischer Festigkeit verbindet. Gebet ihm diese Grundideen zu, so stehet sein Gebäude unerschüttert da, und ihr könnt nicht den kleinsten Stein aus seinem Zu-|sammenhange rücken. Wir haben also bloß diese Grundideen zu untersuchen, und zu sehen, in wie weit die sich von unsern gewöhnlichen Begriffen entweder der Sache nach, oder bloß in den Worten unterscheiden.

Um uns diesem System so viel möglich zu nähern, lasset uns vor der Hand nicht rügen, daß Spinoza das Unendliche der Kraft nach, mit dem Unendlichen der Ausbreitung, der Menge nach, die *intensive* Größe mit der *extensiven*, zu verwechseln scheint. Aus unendlich vielen endlichen Gedanken setzt er das an Gedanken Unendliche gleichsam zusammen. Auf diese Weise entstehet bloß das Unendliche der Ausbreitung nach. Wenn aber das Unendliche unabhängig seyn soll; so muß es nicht extensive unendlich, sondern intensive ohne Gränzen und Schranken seyn; nicht der Ausbreitung, sondern der Kraft nach muß es unendlich seyn, wenn es keines andern Wesens zu seinem Daseyn bedürfen soll. Ich werde dieses in der Folge ausführlicher berühren, und lasse es vor der Hand dahin ge-|stellt seyn, um die übrigen Grundideen des spinozischen Systems etwas genauer zu prüfen.

Daß in der Erklärung des Wortes Substanz eine Willkührlichkeit lieget, die den Spinoza von der gemeinen Bahn abgeführt hat, ist schon von vielen, und fast von allen seinen Widersachern gerügt worden. Eine solche Substantialität, die er voraussetzt, ein für sich bestehendes Daseyn, das unabhängig ist, und keines andern Wesens zu seiner Würklichkeit

bedarf, legen auch wir keinem endlichen zufälligen Wesen bey. Auch wir gestehen, daß
eine solche selbstgenügende Substantialität bloß dem unendlichen und nothwendigen Wesen
zukomme, und daß es selbst von diesem keinem endlichen Wesen mitgetheilet werde. Allein wir unterscheiden das *Selbständige* von dem *Fürsichbestehenden*. Das Selbständige
ist unabhängig und be-||darf keines andern Wesens zu seinem Daseyn. Dieses also ist un-
endlich und nothwendig; das Fürsichbestehende aber kann in seinem Daseyn abhängig,
und dennoch, als ein von dem unendlichen abgesondertes Wesen, vorhanden seyn. Das
heißt, es lassen sich We-|sen denken, die nicht blos als Modificationen eines andern We-
sens bestehen, sondern ihre eigene Bestandtheit haben und selbst modificirt sind. Eine
Substantialität von dieser zwoten Gattung glauben wir mit Recht auch endlichen zufälligen Wesen zuschreiben zu können. Alles, was Spinoza also mit geometrischer Schärfe aus
seiner Erklärung der Substanz herleitet, können wir gar wohl gelten lassen; aber nur von
dem selbstständigen Wesen, dem allein Unendlichkeit der Kraft nach und nothwendiges
unabhängiges Wesen zukommt, keineswegs aber von allen für sich bestehenden Dingen.
Will Spinoza diese, ihrer Abhängigkeit halber, nicht Substanz nennen; so streitet er bloß in
Worten. Wird der Unterschied in der Sache zugegeben; so erdenke man für die Bestandtheit
abhängiger Wesen einen andern Nahmen, um einen Unterschied, der in der Sache liegt,
nicht unbemerkt zu lassen; und der Zwist ist entschieden.

Diese Bemerkung, wenn sie gleich die Lehre des Spinoza nicht über den Haufen wirft;
so trift sie doch seine Beweisthümer und Gründe. | Sie zeiget, daß Spinoza das nicht erwie-
sen, was er erweisen wollte. Sie schwächet daher die Kraft seiner Waffen, oder lenkt sie
von dem Ziele ab, dahin er sie gerichtet hatte. An Statt zu beweisen, daß alles Fürsichbestehende nur Eins sey, bringet er am Ende blos heraus, daß alles Selbstständige nur Eins
sey. An Statt darzuthun, daß der gesammte Inbegriff alles Endlichen eine einzige selbstständige Substanz ausmache, erhält er am Ende blos, daß dieser Innbegriff von der einzigen unendlichen Substanz abhängen müsse. Dieses aber wird alles zugegeben, ohne daß
der Streit deßwegen entschieden sey. Er hat also den Streitpunkt völlig da gelassen, wo er
ihn gefunden hat. Seine Beweisthümer sind bündig, aber sie widerlegen uns nicht.

Folgende Bemerkung dringet etwas tiefer in die Sache ein, und greifet nicht nur die
Beweisthümer, sondern die Lehre des Spinoza selbst an. Spinoza, sprechen seine Gegner,
eignet seiner unendlichen Substanz Ausdehnung und Gedanken zu; weil sich auf diese
Grundbegriffe nach der Theorie des Cartesius alles Denkbare zurück-||bringen läßt. In der
Ausdehnung bestehet, nach diesem Weltweisen, das Wesen der Körper, und im Denken das
Wesen der Geister. Allein, || wenn wir auch zur Ausdehnung den Begriff der Undurch-
dringlichkeit hinzuthun; so erschöpfet dieses blos das Wesen der Materie. Zum Körper
aber gehöret, außer der Materie, auch noch Form, d. i. die Bewegung, sammt allen ihren
Modificationen. Spinoza hat also blos die Quelle der Materie angewiesen. Wo sollen wir
aber die Quelle der Form suchen? Wodurch erhält der Körper seine Bewegung, der
organisirte Körper seine Bildung, d. i. seine planvolle und regelmäßige Bewegung, und
jeder andre Körper seine Figur? Wo kann der Ursprung hiervon anzutreffen seyn? Nicht im
Ganzen; denn das Ganze hat keine Bewegung. Das Sämmtliche aller Körper, in eine einzi-

ge Substanz vereiniget, kann den Ort nicht verändern und hat weder Organisation, noch Figur. Also in den Theilen. Mithin müssen die Theile auch ihr abgetheiltes Daseyn haben, und das Ganze ein bloßes Aggregat aus denselben seyn. Hätten die Theile, wie | Spinoza vorgiebt, nicht ihr abgesondertes Daseyn, und wären sie blos Abänderungen oder Vorstellungsarten des Gesammten; so könnten sie keine andre Modificationen haben, als die aus den Eigenschaften des Ganzen fließen. Woher die Form in den Theilen, wenn das Ganze keine Quelle dazu darbietet?

Einen ähnlichen Schlußfehler kann man dem Spinoza auch in Absicht auf die Geisterwelt vorwerfen. Er hat bloß für das Materiale des Denkens gesorgt, und ihm eine Quelle in den Eigenschaften des Unendlichen angewiesen. Wahrheit und Unwahrheit findet bey ihm ihren Ursprung in den Eigenschaften der einfachen Substanz. Woher aber die Güte und Vollkommenheit, Lust und Unlust, Schmerz und Vergnügen, überhaupt alles, was nach unsern Begriffen zum Billigungs- oder Begehrungsvermögen gehört? Wenn das Ganze keines Vorherwissens, keines Vorsatzes, keiner Billigung und keines Verlangens fähig ist; woher alle diese Begriffe in den Theilen, die doch nichts für sich bestehendes haben und, seiner Meinung nach, bloße Modifi-|cationen der einzigen Substanz sind? Es ist wahr, Spinoza will auch in den Theilen alle Freyheit aufheben, alle Wahl für bloße Täuschung halten, und den willkührlichen Entschluß, von dem wir glauben, daß er von uns abhänge, der Wahrheit nach, einer unumgänglichen Nothwendigkeit unterwerfen. Er hatte also in seinem System nicht für das zu sorgen, dessen Daseyn er nicht eingestand; mithin wird ihm Freyheit, Wille und Willkühr, und alles, was davon abhängt, weiter keine Schwierigkeit machen können. Allein ‖ hiermit ist gleichwohl im Grunde dem Uebel nicht abgeholfen. Alles, was Spinoza wider Freyheit und Willkühr zu erinnern hat, trift blos das System des *vollkommenen Gleichgewichts*, das er allein *Freyheit* nennet. Er erkennet keine andere Zwanglosigkeit, als die Befreyung von allem Einflusse der Bewegungsgründe und Triebfedern, von aller mitwürkenden Erkenntniß des vorhergesehenen Guten und Bösen; eigentlich dasjenige, was die Deterministen *das vollkommne unentschiedene Gleichgewicht* nennen. Da er nun einsah, | daß die vorhergesehenen Bewegungsgründe und Triebfedern der freyesten Wahl ihre Bestimmtheit und Unausbleiblichkeit geben; so umfaßte Er allen Erfolg unter dem vielschichtigen Worte Nothwendigkeit, und sagte die Wahl oder Willkühr vernünftiger Wesen sey nothwendig. Hingegen muß Spinoza aller seiner Gründe ungeachtet dasjenige, was die Deterministen Freyheit nennen, gar wohl zugeben, oder er streitet mit ihnen blos in Worten. Er hat keinen Grund, diejenige Freyheit aufzuheben, die der Erkenntniß des Guten und Bösen folgt, und von dem vorhergesehenen Besten bestimmt wird. Da er, wenigstens in Absicht auf das Endliche, den Unterschied zwischen Gutem und Bösem, Begehrlichem und Nichtbegehrlichem, Lust und Unlust u. s. w. nicht läugnen kann; so muß er auch alles zugeben, was aus diesen Ideen folgt; mithin auch ihre Mitwürkung auf die Bestimmung des Endlichen, ihren Einfluß auf die Abänderungen des denkenden Wesens. Wenn wir also dem Worte Nothwendigkeit seine Vieldeutigkeit nehmen; wenn wir den Begriff genauer bestimmen, | einen Unterschied machen zwischen der physischen und sittlichen Nothwendigkeit, und wie von uns geschehen, das physisch Nothwendige aus der

Erkenntnißquelle, das sittlich Nothwendige hingegen aus der Billigungsquelle fließen lassen, und wenn uns dann Spinoza diesen Unterschied, der in der Sache selbst lieget, nicht in Abrede seyn kann; so muß er eingestehen, daß das Formale des Denkens von dem Materialen desselben zu unterscheiden sey, daß die Eigenschaft zu denken nicht nothwendig die Eigenschaft zu billigen in sich schließe, daß *Gutes* und *Böses*, so wie die Zuneigung zu jenem und die Abneigung von diesem, eine andre Quelle haben müssen, als Wahrheit und Unwahrheit. Wo ist aber diese Quelle zu finden, wenn in den Eigenschaften der einzigen Substanz keine Spur davon anzutreffen seyn soll?

Wir sehen also, daß das System Spinozens in zweyerley Rücksicht ‖ mangelhaft ist. So wohl in Absicht auf die Körperwelt, als in Absicht auf die denkenden Wesen, hat er blos für das Materiale, aber nicht für das Formale gesorget, und | wie sehr wird sich sein System dem unsrigen nähern, wenn er das Formale mit aufnehmen, und von der einen Seite die Quelle der Bewegung, so wie von der andern Seite die Quelle der Billigung, anzugeben suchen wird.

Und nun zu der Bemerkung, die ich oben berührt, und in der Folge weiter auszuführen versprochen. Ich erinnere mich aber, daß keine Weitläuftigkeit von Nöthen sey. *Wolf* hat in dem zweyten Theil seiner *natürlichen Theologie* diesen Einwurf wider den Spinozismus mit der ihm eigenen Deutlichkeit und Ausführlichkeit vorgetragen, und noch hat, so viel ich weiß, kein Anhänger oder Vertheidiger dieses Systems den Einwurf zu beantworten gewagt. Ich darf ihn also hier nur kürzlich wiederholen. Jede Beschaffenheit der Dinge hat ihre Ausbreitung und ihre Stärke, ihre Extension und ihre Intension. Durch das Hinzuthun mehrerer gleichartigen Dinge nimmt die Beschaffenheit an Ausbreitung, aber nicht an Stärke zu. Thut laues Wasser zu lauem Wasser, so habt ihr mehr, aber nicht wärmeres Wasser; füget seichte Kenntniß zu seichten | Kenntnissen, so erlanget ihr ausgebreitetere, aber nicht gründlichere und tiefere Einsicht. Eine ausgebreitetere Ursache kann zwar eine stärkere Würkung hervorbringen, und mehrere Lichtstralen eine stärkere Beleuchtung verursachen; aber es ist in der Würkung nicht mehr bloßes Hinzuthun, sondern innere Verstärkung, die durch die gesammlete Mehrheit der Strahlen bewirkt wird. Sonst giebt eine mittelmäßige Beleuchtung vieler Zimmer kein stärkeres Licht, als dieselbe Beleuchtung eines einzigen kleinen Zimmers. Alles dieses leuchtet in die Augen, und wird zum Ueberfluß in jedem Lehrbuche der Ontologie hinlänglich ausgeführt. Wenn also endliche Wesen auch in ihrer unendlichen Menge zusammen gefaßt werden, so erwächst aus denselben eine totale Unendlichkeit, blos der Menge und Ausbreitung nach. Die Intension oder die Stärke der Beschaffenheit bleibt im Ganzen immer noch endlich. Nun kann nach dem Spinoza selbst nur das Unendliche der Stärke nach unabhängig seyn und keines andern Wesens zu seinem Daseyn bedürfen. Er wird also ausser dem totalen Inbegriff aller end-|lichen Wesen, welcher nur der Ausbreitung nach unendlich seyn kann, noch ein einziges unendliches Wesen zugeben müssen, welches der Stärke nach ohne Gränzen ist. Ja, da ‖ nach seinem Geständnisse nur eine einzige Substanz unabhängig seyn kann; so wird er sein Unendliches der Menge nach von diesem Unendlichen der Stärke nach müssen abhängen lassen.

Daß ein Unendliches der Ausbreitung nach nicht selbstständig seyn könne, sondern von dem Unendlichen der Kraft abhängen müsse, erhellet auch aus folgender Betrachtung. Alle ausgebreiteten Dinge, sie mögen endlich oder unendlich seyn, geben keine wahre *Einheiten*; sondern *Inbegriffe*, Aggregate von *Vielem*; nicht *einzelne*, sondern *sämmtliche*, collektive Wesen. Wenn schon *einerley* Ausdehnung aller Materie wesentlich zukömmt; so ist das *Ausgedehnte* doch nicht immer dasselbe; keine wirkliche Einheit, sondern eine Wiederholung einer und eben derselben Beschaffenheit in den kleinsten Theilen der Materie. So auch mit der Schwere, wenn sie dem Körper beywohnen soll, und so mit der Zeugungs- | oder Organisationskraft, wenn man sie als eine Eigenschaft des gebildeten Körpers ansehen will. Ist schon die Kraft in der Absonderung immer dieselbe, und mit einer und derselben Idee zu umfassen; so kann sie doch dem Körper nicht als Eigenschaft beywohnen, ohne in jedem Atom desselben gleichsam wiederholt zu werden. Es ist freylich dieselbe Federkraft, die in meiner Uhr die Feder spannet, und dort am Firmament die Wolken sammlet und forttreibet; aber diese *Einheit* ist blos abstrackt; der *Sache* nach muß die Kraft in den verschiedenen Objecten auch verschiedentlich wiederholt, und also nicht mehr *Eins*, sondern *Vieles* bleiben.

Wenn vieles in einem Inbegriffe zusammenkommen, und ein Aggregat ein sämtliches Wesen ausmachen soll; so geschiehet dieses blos durch die Vorstellungen denkender Subjecte, die sie in einem Begriffe umfassen und sammeln. Ausserhalb und von Seiten der Objecte existiren blos Einheiten, und zwar jede für sich, einzeln. Blos in den Vorstellungen denkender Subjecte kommen diese Einheiten zusammen und bilden Inbegriffe, | Vieles in Einem, Aggregate. *Eine* Heerde Schaafe bestehet an und für sich aus einzelnen Thieren dieser Art; ein Sandhügel aus einzelnen Körnlein; aber in dem Begriffe denkender Wesen werden sie gesammlet und verbunden, und dadurch aus jenen *Eine* Heerde; aus diesen *Ein* Haufe. Ohne denkende Wesen würde die Körperwelt keine Welt seyn, kein Ganzes ausmachen; sondern höchstens aus lauter isolirten Einheiten bestehen. Dieses habe ich bey einer andern Gelegenheit weitläuftiger ‖ ausgeführt, und dadurch bewiesen, daß die Seele nicht materiell seyn könne.

Es hat aber mit der Geisterwelt eine ähnliche Beschaffenheit. Wenn schon dieselbe Kraft zu denken allen zukommt; so ist es doch nicht dieselbe *Einheit*, die in allen denkt. Vielmehr muß dasjenige, was wir durch Kraft oder Eigenschaft zu denken verstehen, in jedem Gegenstande wiederholt werden und jedem denkenden Wesen für sich zukommen. Dem Begriffe nach ist es zwar einerley Kraft, oder Attribut des Denkens, wie Spinoza sich ausdrückt, vermöge dessen wir alle | hier denken; allein der Sache nach und in der Würklichkeit muß diese Kraft jedem von uns besonders zukommen; wenn wir anders selbst denken, und nicht, wie einige scholastische Philosophen geglaubt haben sollen, eine einzige Kraft für uns alle denken soll.

Jedes denkende Wesen, wenn es endlich ist, denkt indessen blos einen Theil der Welt, eine Seite und Aussicht derselben, die nicht das Ganze mit gleicher Deutlichkeit umfasset. Blos in dem Inbegriffe aller denkenden Wesen, in dem Totalen derselben, liegt nach dem *Spinoza* das Weltall in seiner allumfassenden Deutlichkeit. Aber dieses Totale, dieses Zusammennehmen, *Vieles in Einem*, dieser Inbegriff setzet, wie wir gesehen, ein denkendes Subject voraus, das in seiner Vorstellung umfasset, sammlet und verbindet. Ohne dieses vereinigende Subject bleiben die Theile isolirt und unverbunden, immer noch Vieles, und nur durch die umfassende Gedanken werden sie vereint.

Wenn also nach dem Spinoza das Weltall, oder die wahre Substanz in dem Inbegriff aller | materiellen und denkenden Wesen bestehet; so setzet dieser Inbegriff das Daseyn eines inbegreiffenden Subjects voraus. Dieses Subject wird alle Seiten umfassen, alle Begriffe endlicher Wesen in ihrer unendlichen Mannigfaltigkeit verbinden und sie alle mit der vollkommensten Deutlichkeit denken müssen; denn jede Dunkelheit in der Vorstellung läßt eine Lücke zurück, und der Inbegriff, den wir suchen, ist nicht vollständig. Ohne Geisterwelt machen die körperlichen Dinge kein System aus; aber die eingeschränkten Geister bilden gleichsam nur Bruchstücke des Ganzen, die von einem uneingeschränkten Geiste in ihrem unendlichen Bezirke umfaßt und in *Ein* System verbunden werden müssen. Daß dieser schrankenlose Geist der Kraft nach unendlich, selbstständig und unabhängig seyn wird, ergiebt sich von selbst; und sonach hätte ‖ uns Spinozens Idee von dem unendlichen Weltall auf das nothwendige Daseyn eines der Kraft nach unendlichen, einzelnen Wesens geführt, dessen Gedanken alles Mannigfaltige der Körper- und Geisterwelt auf das allerdeutlichste umfassen und in Ein System verbinden | und ohne welches das Unendliche der Ausbreitung nicht subsistiren kann. – Auf solche Weise würde unser Zwist mit diesem Weltweisen ja hier am Scheidewege schon größtentheils beygelegt seyn. Wir hätten dabey diesen redlichen Wahrheitsforscher zu unserm Freunde; denn gewiß der Mann, der sein Leben einzig und allein der Wahrheit gewidmet hatte, würde sich der Wahrheit nicht aus Eigensinn oder Eitelkeit widersetzen. Wir könnten ihn umarmen und noch eine weite Strecke gemeinschaftlich fortgehen. Ja, wenn uns Spinoza alles dieses zugiebt: so wären wir beynahe schon am Ziele. | ‖

XIV.
Fortgesezter Streit mit den Pantheisten. Annäherung, –
Vereinigungspunkt mit denselben. – Unschädlichkeit des *geläuterten* Pantheismus, –
Verträglichkeit mit Religion und Sittlichkeit, in so weit sie praktisch sind.

Mit nichten, würde mein Freund, *Lessing*, rufen, wenn er unsrer letzten Vorlesung beygewohnet hätte; ihr seyd bey weitem noch nicht am Ziele, und rufet Sieg, bevor ihr überwunden. Wenn auch alle die Bemerkungen richtig wären, die ihr wider Spinoza vorgebracht habet; so hättet ihr am Ende doch nur blos Spinozen, nicht den Spinozismus widerlegt. Ihr hättet gezeigt, daß das System dieses Weltweisen, so gut wie jedes andre, das irgend ein Sterblicher aufgeführt hat, seine Mängel und Lücken habe, daß er in der Grundlage gefehlet, die er seinem Lehrgebäude gegeben, und Dinge ausgelassen habe, ohne welche dieses nicht bestehen kann. Folgt aber daraus schon der völlige Umsturz alles dessen, was Spinoza behauptet? Wie, wenn ein späterer Anhänger dieses großen Mannes die

Lücken auszufüllen | und die Mängel zu ergänzen suchte? Oder, wenn wir überall auf
System Verzicht thäten und gestünden, die Dinge ließen sich von uns nicht in eine geome-
trische Schlußkette verbinden; müßte deswegen der Spinozismus, oder Pantheismus, wenn
ihr wollet, gänzlich aufgegeben werden? Könnte demohngeachtet der Satz nicht wahr seyn:
Alles ist Eins und Eins ist Alles?

Ihr habet das System eures Gegners widerlegt; ist dadurch das Eurige erwiesen? Lasset
uns genauer zusehen, würde er fortfahren, wie weit wir gekommen sind. Ihr saget: Spinoza
kann nach seinen Grundsätzen den Ursprung der Bewegung nicht erklären. Gut! welcher
Antispinozist oder Theist weis denn hiervon besser Rechenschaft zu geben? Er berufet
sich auf den Willen Gottes, der der Materie die Bewegung mitgetheilet haben soll. Auch
Spinoza läßt alle Bewegung aus etwas Aehnlichem, das er Willen nennet, entspringen;
wiewohl ich mir seine Aeusserung über diesen Punkt nicht völlig deutlich zu machen weis.
Vielleicht findet auch der Pantheist einen andern Behelf von dieser Art, den | Ursprung der
Bewegung zu er-||klären; und wenn er ihn nicht findet; so mag solcher überall unerkläret
bleiben. Am Ende ist das Berufen auf den göttlichen Willen vom Geständnisse seiner Unwissenheit nicht weit entfernt, und der Vorzug, den der Theismus hierin haben mag, bey
weitem nicht wichtig genug, diesem System das entschiedene Uebergewicht zu geben.
Den Unterschied zwischen Wahrheit und Güte, Erkenntniß und Billigung, nebst allen Folgen, die mit Recht aus diesem Unterschiede gezogen werden, kann der Pantheist zugeben
und die Quelle des Formalen, eben sowohl als des Materialen, in die einzige Substanz der
Gottheit setzen. Ihr sehet, wie vieles ich in seinem Nahmen einräume, ohne deswegen das
System aufzugeben. Durch eure oder ähnliche Gründe bewogen, räume ich den richtig
bemerkten Unterschied zwischen dem Unendlichen der Ausbreitung und dem Unendlichen der Kraft nach willig ein, und gebe sonach zu, daß das nothwendige Wesen nicht, wie
Spinoza selbst behauptet hat, in dem Innbegriff unendlich vieler zufälligen Wesen beste-
hen | könne; denn auf diese Weise würde es blos der Ausbreitung nach unendlich seyn, der
Kraft nach aber immer noch endlich und unabhängig bleiben. Ich nehme also, wie wahrscheinlicher Weise Spinoza selbst gethan haben würde, mit euch an, daß das einzige
nothwendige Wesen in seiner Einheit und der Kraft nach unendlich seyn müsse: und so
können wir nach unserm System, eben sowohl als der Theist nach dem seinigen, nicht nur
den Ursprung des Wahren, sondern auch den Ursprung aller Güte, in das Wesen der Gottheit setzen. Da wir also (ich rede immer noch im Nahmen meines abgeschiedenen Freundes) da wir das System nunmehr in etwas abgeändert haben und der Gottheit eben so wohl,
als der Theist, die allerhöchste Vollkommenheit zuschreiben; so nehmen wir dem zufolge
auch mit diesem an, daß sich der göttliche Verstand alle möglichen zufälligen Dinge, nebst
ihren unendlichen Mannigfaltigkeiten und Veränderungen, sammt ihrer Verschiedenheit
und Güte, Schönheit und Ordnung, auf das allerdeutlichste und ausführlichste vorgestellt,
und daß er vermöge seiner allerhöchsten Billigungs-|kraft der besten und vollkommensten
Reihe der Dinge den Vorzug gegeben habe. Alles dieses muß auch nach dem System des
wahren Theisten in dem Verstande Gottes vorgegangen seyn, und unaufhörlich vorgehen.
Auch der Theist muß also der würklich gewordenen Reihe der Dinge eine Art von ideali-

schem Daseyn in dem göttlichen Verstande zuschreiben, und dieses || kann der Pantheist seinem System unbeschadet zugeben. Er bleibt aber bey diesem idealischen Daseyn stehen, und wenn der Theist fortrückt und zu dieser Behauptung hinzusetzt: Gott habe dieser würklichen Reihe der Dinge auch außer sich ein objectives Daseyn mitgetheilt; so ziehet jener sich bescheiden zurück und siehet keinen Grund dieses einzuräumen. Wodurch überführt ihr ihn von dieser objectiven Existenz außerhalb des göttlichen Verstandes? Wer sagt uns, daß wir selbst und die Welt, die uns umgiebt, etwas mehr haben, als das idealische Daseyn in dem göttlichen Verstande; etwas mehr sind, als bloße Gedanken Gottes und Modificationen seiner Urkraft? |

„Wenn ich Sie recht verstehe, würde ich ihm antworten, so geben Sie, im Nahmen Ihres Pantheisten, zwar einen außerweltlichen Gott zu, läugnen aber eine außergöttliche Welt, und machen Gott gleichsam zum unendlichen Egoisten."

Meine Gedanken habt Ihr richtig gefaßt, und Ihr wisset, wie wenig ich den lächerlichen Anstrich achte, den ihr ihm zu geben suchet. Mein Pantheismus gleichet, wenn ihr wollet, einer zweyköpfigen Hydra. Einer dieser Köpfe führt die Ueberschrift: *Alles ist Eins*; der andre: *Eins ist Alles*. Ihr müßt beide zugleich abschlagen, wenn Ihr das Ungeheuer tödten wollt. Bevor ihr euch aber an die herkulische Arbeit waget, gebet wohl auf die Waffen Acht, mit welchen es sich vertheidigen dürfte.

Gedanken, das Denkende, das Gedachte; das sind drey Rücksichten, deren Verschiedenheiten wir uns bewußt sind, so lange das Denken noch blos im Vermögen ist; so lange noch nicht würklich gedacht wird. So lange nehmlich das denkende Wesen, als Subject, blos das Vermögen zu den-|ken hat, das Gedachte, als das Object bloß die Fähigkeit hat, gedacht zu werden, und aus der Beziehung des Objects auf das Subject, der Gedanke noch nicht würklich entstanden ist. So bald aber das Denken würklich vor sich gehet; so tritt das Subject mit dem Object in die innigste Verbindung, und erzeuget den Gedanken. Dieser ist innerhalb des Denkenden befindlich, und in so weit er ein treuer Abdruck des Gedachten ist, von dem Objecte selbst nicht zu unterscheiden. Merket also wohl, bevor ihr meinen Pantheisten widerleget! Ihr gestehet ein, daß bey würklichem Denken, und in so weit der Gedanke wahr ist, jener Unterschied der Rücksichten verschwinde, und das Gedachte von dem würklichen || wahren Gedanken nicht zu unterscheiden, und also mit demselben völlig Eins sey. Nun ist der Gedanke ein Accidens des denkenden Wesens und kann von seiner Substanz nicht getrennet werden; mithin wird der Gedanke nirgend anders, als in dem Denkenden, und als eine bloße Abänderung desselben, anzutreffen seyn. Da nun in Gott, wie wir alle gestehen, kein bloßes Vermögen Statt | findet, alles vielmehr in der thätigsten Würklichkeit seyn muß; da ferner alle Gedanken Gottes wahr und treffend sind; so wird kein Gedanke in Gott von seinem Urbilde zu unterscheiden seyn; oder vielmehr die Gedanken Gottes, die als Abänderungen desselben in ihm anzutreffen sind, werden zugleich ihre eigne Urbilder selbst seyn. Die innere stets würkende Thätigkeit der göttlichen Vorstellungskraft, erzeugt in ihm selbst unvergängliche Bilder zufälliger Wesen, mit der unendlichen Reihe aller ihrer auf einander folgenden Abänderungen und Verschiedenheiten, und dieses sind wir sammt der Sinnenwelt außer uns. Von dieser Seite vorgestellt, scheint mir der Pantheismus, den Ihr gestürzt zu haben glaubtet, völlig wieder auf seinen Füßen zu stehen. Ihr woltet ihn widerlegen? Zeiget erst die Möglichkeit hiervon an! Wenn dieses geschehen soll; so muß gezeigt werden, daß die Urbilder außer Gott nicht dieselben Prädicate haben, als die Vorstellungen oder die Bilder derselben, die in Gott anzutreffen sind. Dieses aber läugnet ihr ja selbst nach eurem eigenen System. Die | Gedanken Gottes müssen ja im höchsten Grade wahr und anpassend seyn, müssen also alle Prädicate haben, die ihren Vorwürfen zukommen.

Ja wohl, würde ich meinem Freunde hier einfallen, die Prädicate alle, jedoch mit Ausnahme derjenigen, die dem Urbilde, blos als Urbilde zukommen, und die das Subject nicht annehmen kann, ohne daß es aufhöre Subject zu seyn. So weit erstrecket sich nicht die von der Wahrheit voraus gesetzte Uebereinstimmung zwischen Urbilde und Abbilde, daß dadurch die Verschiedenheit ihrer Verhältnisse aufgehoben würde. Das allertreueste Bild muß nicht aufhören Bild zu seyn, würde von seiner Wahrheit verlieren, wenn es zum Urbilde werden sollte. Wenn also dieses der Punkt ist, mein Freund! auf den es in unserm Streite ankommt; so wird er, wie ich hoffe, noch zu entscheiden seyn. Mich dünkt, es giebt untrügliche Merkmahle, die mich, als Gegenstand, von mir, als Vorstellung in Gott; mich als Urbild, von mir als Bild in dem göttlichen Verstande, auf das un-||trüglichste unterscheiden. Das Bewußtseyn meiner selbst verbunden mit | völliger Unkunde alles dessen, so nicht in meinen Denkungskreis fällt, ist der sprechendste Beweis von meiner außergöttlichen Substantialität, von meinem urbildlichen Daseyn. Gott hat zwar den richtigsten Begriff von dem Maaße meiner Kräfte, also auch von dem Umfange meines Bewußtseyns. Aber dieses Bild meines Bewußtseyns ist in ihm nicht von dem Bewußtseyn seiner Unendlichkeit abgesondert, nicht so wie in mir, mit der Würklichkeit so mancher Dinge verbunden, die ich selbst nicht kenne, und die doch zum Theil mit meinem Wesen verbunden sind. Ein anderes ist Schranken haben, eingeschränkt seyn; ein anderes ist, die Schranken kennen, die ein von uns selbst verschiedenes Wesen besitzt. Das allerhöchste Wesen kennt auch meine Schwachheit, aber es besitzet sie nicht. Weit gefehlet, daß der Begriff, den er von mir hat, deswegen aufhöre wahr zu seyn; so würde er vielmehr auf keine andere Weise der wahreste seyn können.

„Muß zum Gedanken Gottes noch etwas hinzukommen, wenn er außer Gott würklich werden soll?" |

Ich glaube, diese Frage führt bis auf den Grund unsers Streits, und ich will mich mit aller Aufrichtigkeit und Deutlichkeit, deren ich fähig bin, darüber erklären.

Die Gedanken, als Gegenstand des Erkenntnißvermögens, sind in Gott im höchsten Grade wahr. Das Unwahre, so wohl Irrthum, als Sinnentäuschung, findet in dem göttlichen Verstande nur Statt, als Prädicat eingeschränkter zufälliger Wesen. Er kennt mich sammt allen meinen Mängeln und Schwachheiten; also auch die Irrthümer meines Verstandes und die Täuschung meiner Sinne.

Als Gegenstand des Billigungsvermögens, kennet Gott das Böse so wohl, als das Gute, beides nach der Wahrheit, d. h. mit dem ihnen auf das genaueste angemessenen Grad der Billigung und Mißbilligung, und also das Beste mit der kräftigsten Billigung, mit der lebendigsten Erkenntniß. Diese dringet auf Würksamkeit. Die höchstlebendige Kraft in Gott, die von unendlicher Würksamkeit ist, würkt in ihm selbst die | ihm zukommende Prädikate und ist die Quelle seines eigenen Daseyns, des absoluten Besten. Da aber auch das Beste in Verbindung, *optimum secundum quid*, als Gedanke in Gott, seine Ver-gleichungsweise höchste Billigung mit sich führt; so muß auch dieses vermöge seiner höchstlebendigen Kraft zur Würk-|||lichkeit kommen, und zwar nicht in ihm; denn in ihm kann nur das absolute Beste vorhanden seyn; sondern abgesondert von seiner Substanz, eine außergöttliche Reihe und Verbindung zufälliger Dinge, eine *objective Welt*.

„Was thut aber Gott zu seinen Gedanken, zu seinen Vorstellungen des Besten hinzu, daß sie außer ihm auch wirklich werden?" – –

Wer dieses so eigentlich verstehet und sagen kann, mein Bester! der verstehet es auch zu thun, und dieses werdet ihr von einem schwachen Hypothesenkrämer nicht fordern. Indessen, wenn von eingeschränkten Geistern die Rede ist; so habe ich auf diese Frage bereits so viel geantwortet, als ich antworten kann. Zur Vorstellung eines endlichen Geistes in Gott, muß das eigene | Bewußtseyn, mit Unkunde alles dessen, so außerhalb seiner Schranken fällt, hinzukommen; so ist der Geist eine *außergöttliche Substanz*. Von den übrigen Dingen weiß ich es nicht, kann ich euch auch kein solches Merkmal angeben. Was ich von einem sich selbst bewußtseyenden Wesen anzugeben weiß, erkenne ich aus mir selber, weil ich selbst ein solches Wesen bin und mein eignes Bewußtseyn habe. Ob die übrigen eingeschränkten Wesen neben mir eine Substantialität haben, die der meinigen ähnlich ist, ob mit *Leibnitzen* zu reden, alle Wesen nur in so fern vor sich bestehen, in so fern sie Vorstellungskräfte haben, die Materie aber eine bloße Scheinsubstanz zu nennen sey; oder ob es auch eine Art von Substantialität gebe, die der Materie eigen ist; diese Untersuchung würde mich zu weit von meinem Vorhaben abführen, und kann vorjetzt dahin gestellet bleiben. Vorjetzt habe ich blos mich und denkende Wesen meines Gleichen zu betrachten, um den Streit mit den Pantheisten zu entscheiden. Um zu beweisen, daß nicht alle Dinge bloße Gedanken des Unendlichen sind, habe ich | blos darzuthun, daß es außergöttliche endliche Geister gebe, die ihre eigene Substantialität haben, ohne mich auf Substanzen anderer Art einzulassen; ja es ist genug, wenn ich zeige, daß ich selbst ein mir eignes Bewußtseyn habe, und daher eine für mich bestehende außergöttliche Substanz seyn müsse. Hiervon den Pantheisten zu überführen, wird nunmehr nicht schwer seyn.

Kein Wesen hat einen unmittelbaren Begriff von einer größern Realität, als die ihm selbst zukömmt. Wenn wir uns höhere Wesen denken wollen; so denken wir blos anschau-end und unmittelbar den Umfang unserer eigenen Kräfte, und setzen die Schranken immer || weiter und weiter hinaus, um uns vollkommenere Wesen, als wir selbst sind, vorzustel-len; oder entfernen sie ganz, um zu dem Begriff eines höchst vollkommenen Wesens zu gelangen. Das ganze Gebiet aber der Realität, die wir nicht selbst besitzen, ist auch unserer Erkenntniß fremd, und kann von uns nicht anschauend erkannt werden. Dieses ist ein all-gemein erkannter philosophischer Grundsatz. Aber eben so wahr ist von der andern Seite | der Satz: *Kein Wesen kann sich irgend eines Grades seiner Realität würklich entäußern.* Ich kann mir kein Wesen denken, das geringere und eingeschränktere Fähigkeiten hat, als

ich, mit würklicher Entäußerung und Unkunde alles dessen, so mir mehr zu Theile geworden. Wenn ich mir die Sinneskraft eines Blinden vorstellen will; so muß ich meine Aufmerksamkeit blos auf die Eindrücke und Empfindungen der übrigen Sinne richten, und
dadurch die Eindrücke des Gesichts zu schwächen und zu verdunkeln suchen, oder ich
lasse auch die sichtlichen Bilder bey ihrer anschaulichen Vollkommenheit, und spreche sie
nebst ihren Folgen und Würkungen dem Blindgebohrnen ab.

In dem ersten Falle erlange ich einen Begriff von dem Positiven, in dem zweyten Falle
von den Schranken seiner Sinnesfähigkeit. Aber die völlige Abwesenheit aller sinnlichen
Eindrücke kann ich bey mir selbst nicht bewerkstelligen. Eben so wenig kann Gott, vermöge der Fülle seiner Vollkommenheit, sich irgend ein eingeschränktes Wesen, mit würklicher
Entäusserung seiner Gottheit, | denken. Er denkt sich einen eingeschränkten Grad seiner
Realität, mit allen aus dieser Eingeschränktheit folgenden Schwachheiten und Unvermögen. Er selbst aber bleibt sich seiner unendlichen Realität unentäussert. Der Gedanke in
Gott also, der ein eingeschränktes Wesen zum Object hat, kann in ihm zu keinem eigenen,
gleichsam abgerissenen Bewustseyn gelangen. Der Wahrheit der göttlichen Begriffe wird
dadurch nichts entzogen; vielmehr muß, nach unserer Erklärung von Wahrheit, dieser Begriff in Gott blos subjective bleiben, und kein eigenes Bewustseyn mit Entäusserung aller
höhern Vollkommenheit würklich besitzen; sonst würde es Object und nicht mehr Begriff
des Objects seyn.

Lasset uns den Grad der Realität, der einem eingeschränkten Wesen zukommt, A, die
Einschränkung aber, oder die Realität, die ihm verweigert wird, B nennen; so wird Gott,
indem er sich dieses eingeschränkte Wesen vorstellet, A nebst allen seinen Folgen von die-
llsem Wesen bejahend; B aber nebst allen seinen Folgen von demselben verneinend denken, und eben dadurch den aller-lvollständigsten, richtigsten und wahresten Begriff von
diesem Wesen haben. Unmöglich aber kann Gott in sich selbst das Bewußtseyn von A mit
würklicher Entäusserung und Abwesenheit des B hervorbringen oder besitzen; denn dieses
wäre wahre Entäusserung seiner Göttlichkeit.

Indessen mag vielleicht auch hier eintreffen, was Spinoza bey einer andern Gelegenheit
anmerkt: *Pleraeque oriuntur controversiae, quia homines mentem suam non recte explicant,*
vel quia alterius mentem male interpretantur. Nam re vera, dum sibi maxime contradicunt,
vel eadem vel diversa cogitant ita, ut quos in aliis errores et absurda esse putant, non sint.
Lasset uns also abermals untersuchen, wie weit wir mit dem Pantheisten aus einander sind;
vielleicht, daß wir am Ende uns näher kommen, als wir selbst glauben. Alles ist Eins, sagt
der Pantheist. Wir sagen: Gott und die Welt; er: Gott ist auch die Welt. Das Unendliche,
sprechen wir, hat alles Endliche, Eins dieses Viele zur Würklichkeit gebracht; jener hinge-
gen: das Unendliche umfasset alles, ist selbst alles, ist *Eins* und zugleich | *Alles.* So wenig
das *Viele* ohne das *Eine* vorhanden seyn kann; eben so wenig kann, nach dem Pantheisten,
das unendliche *Eins* ohne *Alles* existiren. Unserer Seits gestehen wir ein, daß die Existenz
des Endlichen ohne das Unendliche nicht denkbar sey. Wir geben ferner zu, daß die Existenz des Unendlichen ohne die deutlichste Erkenntniß alles Endlichen nicht gedacht werden könne. Wir halten aber dafür, daß das Daseyn des Unendlichen ohne Würklichkeit

alles Endlichen gar wohl möglich und denkbar sey; daß also zwar dieses von jenem, aber
nicht jenes von diesem, der Existenz nach, abhängig sey. Wir trennen also Gott von der
Natur, schreiben jenem ein ausserweltliches, so wie der Welt ein aussergöttliches Wesen
zu. Der Anhänger des vorgedachten Pantheismus hingegen, mit dem wir es hier zu thun
haben, nimmt an: Es gebe überall kein aussergöttliches Daseyn; sondern die Vorstellungen
des Unendlichen erlangten durch ihre Nothwendigkeit eine Art von Daseyn in Gott selbst,
das im Grunde mit seinem Wesen auf das innigste vereint sey. Lassen Sie uns einst-|weilen
alles bey Seite setzen, was wir vorhin wider diese Hypothese erinnert haben, und jetzt blos
diese Frage aufwerfen: *Haben alle Gedanken Gottes dieses eigne Selbstbewußtseyn, das
wir in uns selbst wahrnehmen,* ‖ *und nicht verläugnen können, oder haben es nur einige
mit Ausschliessung der übrigen?* Das erstere wird Niemand behaupten; denn, wenn alle
Gedanken Gottes blos, weil sie Gedanken Gottes sind, das haben, was zum Daseyn gefordert wird; so kann keiner derselben in der That würklich vorhanden seyn. So viel ist doch
am Ende vom Daseyn unläugbar, daß die Existenz einer gewissen Bestimmung die entge-
gengesetzte Bestimmung ausschließet; daß die gegenwärtigen Abänderungen der Dinge
nicht mit den vergangenen und zukünftigen Abänderungen derselben gleichwürklich seyn
können; daß ich, der ich jetzt sitze und spreche, nicht mehr liege und schlafe. Lasset immer
seyn, daß nach dem Spinoza (wie im Grunde nach der Wahrheit) das Aufeinanderfolgen
verschiedener Zustände, nur in mir, als einem eingeschränkten Wesen, Statt | findet; so ist
es doch immer ein Aufeinanderfolgen verschiedener Zustände, die sich einander wechselweise ausschließen, und also das Würklichwerden eines Gedankens Gottes, mit Ausschliessung der übrigen, voraussetzen.

Es haben also nur einige Gedanken Gottes vorzugsweise dasjenige erlangt, was wir
Existenz nennen, und worüber itzt gestritten wird: ob sie dabey immer noch innerhalb
seines Wesens geblieben, oder ausserhalb desselben ihre eigene Substanzialität erlangt
haben. Diese Gedanken Gottes, welche vorzüglich zur Existenz gelangen, haben ihren
Vorzug nicht vermöge ihrer Wahrheit und Denkbarkeit; denn ihr Gegentheil ist eben so
denkbar, war es wenigstens oder wird es seyn, und die Verschiedenheit der Zeit ändert
nichts in der Wahrheit und Denkbarkeit der Dinge. Die Mittelursachen thun der Sache
eben so wenig Genüge; denn, da sie nach dem Spinoza in unendliche Reihen auflösbar
sind; so verschieben sie nur die Frage, ohne sie zu beantworten. Alles dieses haben wir in
den vorigen | Vorlesungen zur Genüge auseinandergesetzt. Die Gedanken Gottes, die mit
Ausschließung der übrigen zur Würklichkeit kommen, werden also diesen Vorzug, vermöge ihrer relativen Güte und Zweckmäßigkeit erhalten, in so weit sie nämlich so und nicht
anders, jetzt und hier, der Idee des Vollkommnen und Besten entsprechen. Diese sichtbare
Welt ist also, nach dem Pantheisten, als ein Gedanke Gottes innerhalb seinem Wesen würklich
vorhanden; in so weit sie in ihm eine Vorstellung des besten und vollkommensten Inbe-
griffs mannigfaltiger endlicher Wesen ist, die im Zusammenhange gedacht ‖ werden können. In diesem unermeßlichen Gedanken ist der Mensch, bin ich Mensch, auch ein Gedanke Gottes, mit dem abgesonderten, eingeschränkten Bewustseyn meiner selbst begabt, völlig alles dessen unkundig, was ausserhalb meiner Eingeschränktheit liegt. Ich bin dieser

Eingeschränktheit halber auch der Glükseligkeit und des Elendes fähig; zum Theil durch mich selbst, und durch meine eigne Handlungen; zum Theil auch, ohne mein Hinzuthun, und in Absicht auf meine Glük-|seeligkeit oder mein Elend, von andern Gedanken Gottes abhängig.

Ich Mensch kann ferner alles Gute, was mir werden soll, blos von der Substanz erwarten, deren Gedanke und Modification ich seyn soll; in so weit sie einen Theil desselben von mir selbst, einen Theil aber von andern ihrer Gedanken, abhängen lassen will. Zwar nicht eigentlich will: denn Spinoza hält Willen und Verstand für einerley. Indessen, wenn ich ihn recht verstehe, und so, wie ihn mein Freund erkläret, unterscheidet er doch Kenntniß des Wahren von Kenntniß des Guten, und nennet das Erkenntniß des Guten Willen, in so weit durch dasselbe ein Gedanke vor dem andern einen Vorzug erhält. Mithin können wir immer sagen: Alles Gute, das wir erhalten, ist eine Würkung des göttlichen Willens, und auch in so weit eine Würkung seines freyen Willens, in so weit er für gut befunden, unsere Glückseligkeit von uns oder von andern seiner Gedanken abhängig seyn zu lassen. Nehmet alles dieses an, und ich frage, worin un-|terscheidet sich nunmehr das von meinem Freunde vertheidigte System von dem unsrigen?

Ich Mensch, Gedanke der Gottheit, werde nie aufhören, ein Gedanke der Gottheit zu bleiben, und werde in dieser unendlichen Folge von Zeiten glückseelig oder elend seyn, je nachdem ich ihn, meinen Denker, mehr oder weniger erkenne, mehr oder weniger liebe; je nachdem ich mich bestrebe, (denn auch ein Bestreben muß Spinoza diesem Gedanken Gottes zukommen lassen) je nachdem ich mich mehr oder weniger bestrebe, dieser Quelle meines Daseyns ähnlich zu werden, und seine übrigen Gedanken zu lieben, wie mich selbst. Wenn mein Freund, der Vertheidiger des geläuterten Spinozismus, alles dieses zugiebt, wie er, vermöge seiner Grundsätze, sicherlich gethan haben würde; so ist Moral und Religion geborgen; so unterscheidet sich ferner diese Schule von unserm System blos in einer Subtilität, die niemals praktisch werden kann; in einer unfruchtba-||ren Betrachtung: ob Gott diesen Gedanken des besten Zusammenhanges zufälliger Dinge hat ausstrahlen, ausfliessen, ausströmen, oder mit | welchem Bilde soll ich es vergleichen? (denn diese Subtilität läßt sich kaum anders, als durch Bilder beschreiben,) ob er das Licht hat von sich wegblitzen, oder nur innerlich leuchten lassen? Ob es blos Quelle geblieben, oder ob die Quelle sich in einen Strom ergossen habe? Wenn man sich durch dergleichen bildliche Redensarten das Hervorbringen, Erschaffen, Würklichmachen u. s. w. sinnlich machen will; so ist schwer zu verhüten, daß nicht Mißdeutung oder Mißverständniß die Metapher über ihre Gränzen ausdehne und auf Abwege führe; auf Atheismus oder Schwärmerey, je nachdem das Gemüth sonst zu Verzuckungen, oder zum trocknen Nachdenken gestimmt ist. Die Systeme scheinen in ihren Folgesätzen noch so weit von einander entfernt zu seyn, und im Grunde ist es Mißdeutung derselben Metapher, die bald Gott zu bildlich in die Welt, bald die Welt zu bildlich in Gott versetzt. Aufrichtige Liebe zur Wahrheit führet gar bald auf den Punkt zurück, von welchem man ausgegangen ist, und zeigt, daß man sich blos in Worten verwickelt habe. Thuet auf Worte Verzicht, und Weisheitsfreund, umarme deinen Bruder! | ||

XV.
Lessing. – Dessen Verdienst um die Religion der Vernunft. –
Seine Gedanken vom geläuterten Pantheismus.

Freund D., der uns in der letzten Morgenstunde überraschte, machte mir beym Weggehen
Vorwürfe. Wie kommen Sie darauf, sagte er, unsern *Lessing* zum Vertheidiger eines so
irrigen verschrieenen Lehrgebäudes zu machen? Fiel Ihnen sonst kein Name ein, dem sie
dieses verdächtige Geschäft auftragen konnten? Sie wissen, war meine Antwort, daß mir
Lessing allemal zuerst einfällt, wenn ich mich nach einem Beurtheiler in solchen Dingen
umsehe. Mit ihm habe ich sehr lange philosophischen Umgang gehabt; wir haben uns viele
Jahre hindurch unsere Gedanken über diese Materien einander mitgetheilet; mit der unbefangenen Wahrheitsliebe mitgetheilet, die weder Rechthaberey, noch Gefälligkeit Statt finden läßt. Er ist es also, dessen Bild mir, zuweilen aus bloßer Gewohnheit, immer noch
vorschwebt, so oft ein philosophischer Satz erörtert, so oft Gründe und Gegengründe | mit
einander verglichen, gegen einander abgewogen werden sollen. – Ich würde gleichwohl
anstehen, sprach er, mich bey dieser Gelegenheit seines Namens zu bedienen. Um alles in
der Welt willen möchte ich wider die Religionsgrundsätze dieses vortreflichen Mannes
nicht den mindesten Verdacht erregen. Wie? Lessing ein Vertheidiger des Pantheismus,
einer Lehre, die auf überfeine sophistische Gründe gebaut ist, und wenn sie nicht alle
Wahrheiten der natürlichen Religion geradezu umstößt, solche doch wenigstens höchst
problematisch macht? Wem mußten die Wahrheiten der Vernunftreligion unverletzlicher
seyn, als ihm, dem Beschützer des Fragmentisten? Dem Urheber des Nathan? Deutschland
kennet keinen Weltweisen, der die Religion der Vernunft in einer solchen Lauterkeit, so
ohne alle Vermischung mit Irrthum und Vorurtheil gelehrt und dem schlichten Menschenverstande so überzeugend vorgetragen, als der Fragmentist. Seine Anhängigkeit an der
natürlichen Religion gieng so weit, daß er aus Eifer für dieselbe keine geoffenbarte neben
ihr leiden wollte. Er glaubte | alle Lichter auslöschen zu müssen, um die völlige Beleuch-
tung ungetheilt aus dem Lichte der Vernunft strömen zu lassen. Mit der Vertheidigung ‖
des Fragmentisten scheinet Lessing auch seine ganze Gesinnung übernommen zu haben.
Man erkennet zwar schon an seinen frühesten Schriften, daß ihm die Vernunftwahrheiten
der Religion und Sittenlehre allezeit heilig und unverletzlich gewesen sind; allein nach
seiner Bekanntschaft mit dem Fragmentisten, bemerkt man in seinen Schriften, in allen
den Aufsätzen, die er zur Beschützung seines Freundes oder Gastes, wie er ihn nennet,
geschrieben, dieselbige ruhige Ueberzeugung, die diesem so eigen war, dieselbige unbe-
fangene Entfernung von aller Zweifelsucht, denselbigen planen Gang des gesunden Men-
schenverstandes in Absicht auf die Wahrheiten der Vernunftreligion. – Und in seinem
Nathan? Was Horaz in Absicht auf die Sittenlehre vom Homer saget:

　　Qui, quid pulcrum, quid turpe, quid utile, quid non,
　　Plenius ac melius Chrysippo et Crantore dicit. |

eben das möchte ich von dem Meisterstücke Lessings, in Absicht auf gewisse Wahrheiten
der natürlichen Religion, zu behaupten wagen. Hauptsächlich, was die Lehre von der Vor-

sehung und Regierung Gottes betrift, kenne ich keinen Schriftsteller, der diese großen Wahrheiten in derselben Lauterkeit, mit derselben Ueberzeugungskraft, und mit demselben Interesse dem Leser ans Herz gelegt hätte, als er.

Cur ita crediderim, nisi quid te detinet, audi!

In allen Handlungen der Menschen, die wir beobachten können, bemerken wir eine Art von Entgegensetzung zwischen Hoheit und Herablassung, Würde und Vertraulichkeit, die uns von der Schwierigkeit überzeuget, diese beide sittliche Eigenschaften in einem Charakter zu verbinden. Schon die Sprache führt auf eine solche Entgegensetzung; indem wir den abgeleiteten moralischen Sinn der Worte mit ihrem ursprünglichen physischen Sinne vergleichen, und die Hoheit oder Erhabenheit der Herablassung entgegen stellen. Wenn das physisch Erhabene herabgelassen wird; so hört es auf erhaben zu seyn; daher ist | man auch im Sittlichen diese Unmöglichkeit der Verbindung anzunehmen geneigt, wiewohl im Grunde hier grade das Gegentheil Statt hat; indem die höchste sittliche Erhabenheit in der Herablassung bestehet, und Würde ohne Vertraulichkeit ihren wahren Werth verkennet. Es ist eine nicht geringe Verfeinerung der Begriffe, diesen Unterschied zwischen dem Sittlichen und Physischen ‖ einzusehen, und sich das gemeine Vorurtheil nicht blenden zu lassen. Jener große König, der mit seinen Kindern auf Steckenpferden um den Tisch herumspatzierend, von einem fremden Gesandten überrascht werden sollte, hatte Recht zu fragen: Ist er verheirathet? Ja, wurde geantwortet. Hat er Kinder? – Ja. – Nun so mag er hereinkommen, waren die Worte des guten Königs, der nur einem Vater die Gesinnung zutrauen konnte, daß die Würde durch väterliche Herablassung nichts verliere. Ohne eigenes Gefühl erkennet der Hofmann selten diese Wahrheit. Herablassung ist ihm gewöhnlicher Weise Kleinheit des Geistes, und väterliche Vertraulichkeit wenig mehr, als Schwachheit. |

Dieselbe Schwierigkeit, sich diese beyden Eigenschaften in Verbindung zu denken, hat die Menschen von je her in Absicht der Religion, auf entgegengesetzte Irrwege geführt. Man hat entweder die Erhabenheit des göttlichen Wesens, oder dessen Herablassung übertrieben, und Gott bald von aller Mitwürkung ausgeschlossen, bald in alle menschliche Handlungen so mit eingeflochten, daß er auch an den menschlichen Schwachheiten Theil nehmen mußte. Die Philosophen, welche die Unendlichkeit Gottes einsahen, hielten es seiner für unwürdig, um das Schicksal des Menschen und anderer nicht unendlichen Wesen sich zu bekümmern. Sie erhoben also ihre Gottheit völlig über die sublunarische Welt, und trugen ihr blos die Sorge für die Erhaltung des Ganzen auf; für die Arten und Geschlechter der Dinge, mit völliger Verzicht auf die Schicksale und Begegnisse einzelner Wesen; möchten diese übrigens zu der vernünftigen oder zu der unvernünftigen Classe gehören. Das populäre System der Dichter und Priester war diesem gerade entgegen gesetzt. Nicht nur große Naturveränderungen, Be-|gebenheiten und Revolutionen der Staaten, Kriege und Verheerungen schrieben sie der unmittelbaren Einwürkung ihrer Gottheiten zu; sondern sie führten ihren Jupiter auch, als häuslichen Gast, zu ihrem Philemon und Baucis, und ließen ihn an dem dürftigen Schicksale dieser armen Landleute gastfreundlichen Antheil nehmen. Wenn diese Vorstellungsart von der einen Seite den Nutzen hatte, daß sie die Gottheit den Menschen gleichsam näher brachte, sie zum Zeugen und Richter der menschlichen Handlungen, so wie zum Tröster in Beschwerlichkeiten dieses Lebens machte; so hatte sie von der andern Seite hingegen den Fehler, daß sie die Gottheit zu menschlichen Schwachheiten herabwür-||digte, und ihre unendliche Erhabenheit und Selbstgenügsamkeit nicht genug anzuerkennen, Veranlassung gab.

Ferner ließ dieses populäre System die Hand der Gottheit nur in ausserordentlichen und erstaunlichen Fällen, oder in Wunderdingen erkennen; das heißt, blos in solchen einzelnen Begebenheiten, wo das Absichtliche in die Augen fällt, wo die Mitwürkung eines freywilligen, nach | Vorsatz und mit Bewustseyn handelnden Wesens nicht zu bezweifeln ist. Der gemeine Lauf der Dinge aber, wo alles nach festgesetzten Regeln zu gehen scheinet, wurde für Würkung der Natur gehalten, und der Mitwürkung der Gottheit gänzlich entzogen. Ordnung der Natur und Wille der Gottheit waren sich wie entgegen gesetzt. Jemehr man Ordnung und Regelmäßigkeit in dem Laufe der Natur entdeckte; desto weniger Raum wurde der Regierung Gottes gelassen, und daher kommt es, daß die ersten Naturforscher auch die ersten Gottesläugner gewesen sind.

Sie wissen, fuhr er fort, daß in dem letzten Jahrhunderte die größten Männer diese Begriffe noch nicht völlig ins Reine gebracht hatten. Immer noch wurde das philosophische Vorurtheil begünstigt, daß die allerhöchste Ursache blos nach allgemeinen Gesetzen handle. Das Besondre war blos, als Folge aus dem Allgemeinen, ein Gegenstand der göttlichen Regierung. An und für sich konnte es der göttlichen Absicht gemäß oder zuwider seyn; so wie es die allgemeinen Gesetze der Natur mit sich brachten, so und nicht | anders mußte es von der göttlichen Regierung zugelassen, oder durch eine unmittelbare Dazwischenkunft, das ist, durch ein Wunderwerk, aus dem Wege geschafft werden.

Es ist der höchste Triumph menschlicher Weisheit, die vollkommenste Harmonie zwischen dem System der Absichten und dem System der würkenden Ursachen anzuerkennen, und mit *Shaftsbury* und *Leibnitzen* einzusehen, daß die Absichten Gottes, so wie seine Mitwürkung, bis auf die kleinste Veränderung und einzelne Begebenheiten, des Leblosen sowohl als des Lebendigen, sich erstrecken; daß aus der Aehnlichkeit einzelner Dinge, Begebenheiten und Endzwecke die allgemeinen Gesetze der Absichten, und auf eine vollkommen harmonische Weise auch die allgemeinen Gesetze der würkenden Ursachen entspringen; daß hier nirgends eine Lücke sey, und daß jede Naturwürkung eben sowohl der göttlichen Absicht zustimme, als sie aus seiner Allmacht fließe. Gottes Regierung und Vorsehung in || den allerkleinsten Begebenheiten nicht verkennen, sie gerade deßwegen nicht verkennen, weil diese Dinge | nach dem gewöhnlichen Lauf der Natur erfolgen; Gott also mehr in Naturbegebenheiten, als in Wunderdingen verehren, dieses, dünkt mich, ist die höchste Veredlung menschlicher Begriffe, die erhabenste Weise, über Gott und seine Regierung und Vorsehung zu denken.

Ich gab ihm meinen Beyfall zu erkennen, und führte die Worte des Rabbinen an, der diesen Gegensatz der Erhabenheit und Herablassung bereits bemerkt hat: *Allenthalben, wo du Gottes Größe und Erhabenheit findest, da findest du auch seine Herablassung.* Besonders merkwürdig sind die Stellen aus der Schrift, mit welchen dieser Lehrer, nach Gewohnheit der Rabbinen, diese Lehre belegt, und der lyrische Schwung, den ihr der Psalmist zu geben weis:

> Wer ist wie unser Gott, der Ewige?
> Wer thront so hoch?
> Schauet so tief?
> Im Himmel?
> Auf Erden?

D. fuhr fort: Nun dünkt mich, Freund, daß eben diese Lehre von keinem Schriftsteller, auf | der einen Seite mit mehrerer Ueberzeugung und Darstellung in einzelnen Fällen; auf der andern Seite mit mehr Inbrunst und frommer Begeisterung vorgetragen worden sey, als von unserm unsterblichen *Lessing*. Erinnern wir uns nur jener vortreflichen Scenen seines dramatischen Lehrgedichts, in welchen er die wahre Lehre von der Vorsehung und Regierung Gottes, so wie das Schädliche in der Vorstellungsart, nach welcher man immer nach Wunderdingen ausgehet, um den Finger der Gottheit zu erkennen, mit aller Deutlichkeit des didaktischen Weltweisen, und zugleich mit aller Energie des theatralischen Dichters, bis zur Augenscheinlichkeit dargestellt hat. Eine Verbindung, die nur einem Lessing, wiewohl vielleicht auch diesem nur in unsrer Muttersprache, möglich gewesen. Nur unsre Muttersprache scheint diese Art von Ausbildung erlangt zu haben, daß sich die Sprache der Vernunft in derselben mit der lebendigsten Darstellung verbinden läßt.

Es kömmt mir vor, sagte ich, als wenn Lessing die Absicht gehabt hätte, in seinem *Nathan* | eine Art von *Anti-Candide* zu schreiben. Der Französische Dichter sammelte alle Kräfte seines Witzes, spornte die unerschöpfliche Laune seines satyrischen Geistes, mit einem ‖ Worte, strengte alle ausserordentliche Talente, die ihm die Vorsehung gegeben, an, um auf diese Vorsehung selbst eine Satyre zu verfertigen. Der Deutsche that eben dieses, um sie zu rechtfertigen, und um sie den Augen der Sterblichen in ihrer reinsten Verklärung zu zeigen. Ich weiß mich zu erinnern, daß mein verewigter Freund, bald nach der Erscheinung des Candide, den flüchtigen Einfall hatte, einen Pendant zu demselben zu schreiben, oder vielmehr eine Fortsetzung desselben, in welcher er durch eine Folge von Begebenheiten zu zeigen Willens war, daß alle die Uebel, die Voltaire gehäuft, und auf Rechnung der verläumdeten Vorsehung zusammengedichtet hatte, am Ende dennoch zum Besten gelenkt, und zu den allerweisesten Absichten einstimmig gefunden werden sollten. Es scheint, der Französische Satyriker habe ihm die Aufgabe zu schwer gemacht, habe durch Erdichtung mehr Uebel gehäuft, als sich | durch Erdichtung wieder gut machen liessen. Lessing gieng daher lieber seinen eigenen Weg, schuf sich eine Folge von Begebenheiten, die an Geist und Dichtungskraft dem Candide doch wohl zur Seite gestellt werden darf? und an Vortreflichkeit der Absichten, an Weisheit und Nützlichkeit sich zu demselben verhält, ungefähr wie der Himmel zu der Hölle, oder wie die Wege Gottes zu den Wegen des Verführers.

Und eben dieses herrliche Lobgedicht auf die Vorsehung, ergriff D. wieder das Wort, eben diese selige Bemühung, die Wege Gottes vor den Menschen zu rechtfertigen, wie theuer ist sie nicht unserm unsterblichen Freunde geworden! Ach! sie hat ihm seine letzten

Tage verbittert, wo nicht gar am Ende sein kostbares Leben abgekürzet. Bey der Herausgabe der Fragmente war er darauf gefaßt, den ganzen Schwarm von Schriftstellern über sich
herfallen zu sehen, die mit und ohne Beruf die Fragmente würden widerlegen wollen, und
er hielt sich für stark genug, seinen Gast wider alle ungezogene Angriffe seiner Gegner zu
vertheidigen. So mancherley auch die | Wege waren, welche seine Widersacher einschlagen
konnten, und wie der Erfolg zeigte, auch würklich einschlugen, um ihn zu bekämpfen:
so glaubte er doch allen denjenigen die Spitze bieten zu können, die sich nicht durch Billigkeit und Liebe zur Wahrheit auszeichnen würden. Am Ende blieb es, so lebhaft er den
Streit auch führte, blos ein Schulgezänke, das von der einen und der andern Seite manche
angenehme und auch unangenehme Stunden machen; || aber so wie er dachte, auf die
Glückseeligkeit des Lebens keinen wesentlichen Einfluß haben sollte. Aber wie sehr veränderte sich die Scene, nach der Erscheinung des Nathan! Nunmehr drang die Kabale aus
den Studierstuben und Buchläden in die Privathäuser seiner Freunde und Bekannten mit
ein; flüsterte jedem ins Ohr: Lessing habe das *Christenthum* beschimpft, ob er gleich nur
einigen Christen und höchstens der *Christenheit* einige Vorwürfe zu machen gewagt hatte.
Im Grunde gereicht sein Nathan, wie wir uns gestehen müssen, der Christenheit zur wah-
ren Ehre. Auf welcher hohen Stufe der Aufklärung und | Bildung muß ein Volk stehen, in
welchem sich ein Mann zu dieser Höhe der Gesinnungen hinaufschwingen, zu dieser fei-
nen Kenntniß göttlicher und menschlicher Dinge ausbilden konnte! Wenigstens, dünkt mich,
wird die Nachwelt so denken müssen; aber so dachten sie nicht, die Zeitgenossen *Lessings.*
Jeden Vorwurf des Eigendünkels und der einseitigen Denkungsart, den er einigen seiner
Glaubensbrüder machte, oder durch seine dramatische Personen machen ließ, hielt ein
jeder für eine persönliche Beleidigung, die ihm von Lessing widerfahren. Der allenthalben
willkommne Freund und Bekannte fand nunmehr allenthalben trockene Gesichter, zurück-
haltende, frostige Blicke, kalte Bewillkommung und frohe Abschiede, sah sich von Freunden und Bekannten verlassen und allen Nachstellungen seiner Verfolger blosgestellt. Sonderbar! Unter den abergläubigsten Franzosen hatte Candide für Voltaire bey weitem die
schlimmen Folgen nicht, zog ihm diese Schmähschrift auf die Vorsehung bey weitem die
Feindschaft nicht zu, die sich unter den aufgeklärtesten Deutschen Lessing durch | die
Vertheidigung derselben, durch seinen Nathan zugezogen, und traurig sind die Würkungen,
die dieses in seinem Gemüthe hervorbrachte! *Lessing,* der aller seiner gelehrten Arbeiten
ungeachtet, immer noch der angenehmste Gesellschafter, der fröhlichste Tischfreund gewesen, verlor nunmehr seine joviische Laune völlig, ward zu einer schläfrigen, gefühllo-
sen Maschiene. – Halten Sie ein, Freund! fiel ich ihm hier in das Wort, verschonen Sie
mich mit dieser melancholischen Erinnerung! – Schon recht, sagte er. Sie ist trostlos, diese
melancholische Erinnerung, und gehört auch überhaupt jetzt nicht zu meinem Vorhaben.
Ich wollte nur anführen, was Lessing für die Wahrheiten der Vernunftreligion gethan und
gelitten, und was für Verdienste er sich um alle Freunde und Bekenner derselben erwor-
||ben. Ein solcher Mann sollte uns zu verehrungswerth seyn, um ihn zur Vertheidigung des
Irrthums zu mißbrauchen. Wollen Sie ihren Freund an ihren philosophischen Unterhaltungen noch Antheil nehmen lassen; so geben Sie ihm wenigstens keine schlechtere Gesin-

nung, als er | selbst zu erkennen gegeben. Lassen Sie ihn keine Irrlehre vertheidigen, von
der er doch sehr weit entfernt seyn mußte. – Sie denken also wohl, sprach ich, *Lessing*
würde sich nach seinem Charakter gefreut haben, den Pantheismus oder Spinozismus durch
mich gestürzt zu sehen; ich möchte es mit guten oder schlechten Gründen gethan haben?

„Dieses nun zwar eben nicht."

Dieses so weit entfernet, daß es vielmehr gerade zu in seinem Charakter war, sich einer
jeden verfolgten Lehre anzunehmen, er mochte ihr zugethan, oder nicht zugethan seyn,
und allen seinen Scharfsinn aufzubieten, um noch etwas zu ihrer Rechtfertigung vorzu-
bringen. Der irrigste Satz, die ungereimteste Meinung durfte nur mit seichten Gründen
bestritten werden, und sie können versichert seyn, *Lessing* würde sie in Schutz genommen
haben. Geist der Untersuchung war bey ihm alles. Mit seichten Gründen behauptete Wahrheit, pflegte er zu sagen, ist Vorurtheil; nicht minder schädlich, als offenbarer Irrthum, und
zuweilen noch schädlicher; denn ein solches | Vorurtheil führt zur Trägheit im Nachfor-
schen und tödtet den Untersuchungsgeist. Ich bin versichert, wenn die Beurtheiler der
Fragmente sie mit schlechten Gründen vertheidiget hätten, Lessing wäre der erste gewesen, sie zu bestreiten.

Ich habe das Lob unsers Freundes, fuhr ich fort, aus Ihrem Munde mit inniger Ergötzung
vernommen. Ach! es ist tröstlich, bey aller Gleichgültigkeit oder Undankbarkeit des großen Haufens höchst tröstlich, das Andenken solcher Wohlthäter in edlen Gemüthern so
frisch erhalten und Frucht bringen zu sehen. Auch lobe ich den Eifer, mit welchem Sie sich
der Religionsgrundsätze dieses Weltweisen annehmen. Ich erkenne von ganzem Herzen
die Aufrichtigkeit und Redlichkeit seiner Gesinnung, so oft von den wichtigsten Wahrheiten der Religion die Rede ist, und gleichwohl halte ich es nicht für nöthig, seinen Geist um
Vergebung zu bitten, daß ich ihn zur Vertheidigung des Pantheismus herauf bemühet habe.
Ohne demselben zugethan zu seyn, konnte er sich, so wie ich ihn gekannt habe, selbst
eines Irrthums mit Eifer annehmen, wenn die Grün-|de nicht hinrei-||chend waren, mit
welchen man ihn bestreiten wollte.

Auch habe ich in dem Verfolg meiner letzten Vorlesung gezeigt, daß der verfeinerte
Pantheismus gar wohl mit den Wahrheiten der Religion und der Sittenlehre bestehen könne, daß der Unterschied blos in einer überfeinen Speculation bestehe, die auf menschliche
Handlungen und Glückseligkeit nicht den mindesten Einfluß hat, und daß er vielmehr alles
an seinem Orte gestellt seyn lasse, was irgend practisch werden und im Leben oder selbst
in den Meinungen der Menschen von merklichen Folgen seyn kann.

Sehen Sie hier eine Stelle in *Lessings* theologischem Nachlaß, die Sie überführen wird,
daß *Lessing* über diesen Punkt eben so gedacht habe. Sie ist zwar, wie ich mich erinnere,
aus einem jugendlichen Aufsatze, davon er mir das Wesentlichste, gleich zu Anfang unserer Bekanntschaft, vorgelesen hatte. Allein sie zeigt Ihnen doch wenigstens die Wendung,
die er schon so früh dieser Speculation zu geben wuste, und | wo mir recht ist, so trägt eine
kleine Schrift, die er kurz vor seinem Tode herausgegeben, nicht undeutliche Spuren von
eben derselben Denkungsart.

| 275–278; || Bd. 3.2, 133

Diese Stelle ist aus dem zwölften Aufsatze seines Nachlasses, den er das Christenthum der Vernunft betittelt. Ich werde Ihnen die wichtigsten Sätze daraus anführen, denn er bestehet ganz aus einzelnen Sätzen, die unvollendet in seinen Papieren gefunden worden sind. Sie lauten:

§. 1.

Das einzige vollkommenste Wesen hat sich von Ewigkeit her mit nichts als mit der Betrachtung des Vollkommensten beschäftigen können.

§. 2.

Das Vollkommenste ist er selbst; also hat Gott von Ewigkeit her nur sich selbst denken können.

§. 3.

Vorstellen, wollen und schaffen, ist bey Gott eins. Man kann also sagen, alles was sich Gott vorstellet, alles das schaft er auch. |

§. 4.

Gott kann sich nur auf zweyerley Art denken; entweder er denkt alle seine Vollkommenheiten auf einmal, und sich als den Innbegriff ‖ derselben, oder er denkt seine Vollkommenheiten zertheilt, eine von der andren abgesondert, und jede von sich selbst nach Graden abgetheilt.

§ 5.

Gott dachte sich von Ewigkeit her in aller seiner Vollkommenheit, d. h. Gott schuf sich von Ewigkeit her ein Wesen, dem keine Vollkommenheit mangelte, die er selbst besaß. –

In den folgenden Sätzen sucht L. durch eine nicht unfeine Wendung, hieraus das Geheimniß der Dreyeinigkeit zu erklären; oder gar, wie er sich öfters in jüngern Jahren schmeichelte, metaphysisch zu demonstriren. Von dieser jugendlichen Anmaßung, mit welcher die strengsten Anhänger der athanasischen Lehre selbst nicht zufrieden sind, ist er freylich in der Folge zurück gekommen. Indessen erkennet man hier noch die deutlichsten Spuren davon, und dieses ist mir ein | Beweis, daß der Aufsatz von sehr frühem Datum seyn müsse. – *Lessing* fährt fort:

§. 13.

Gott dachte seine Vollkommenheiten zertheilt, d. i., er schafte Wesen, wovon jedes etwas von seinen Vollkommenheiten hat; denn, um es nochmals zu wiederholen, jeder Gedanke ist bey Gott eine Schöpfung.

§. 14.

Alle diese Wesen zusammen, heißen die Welt.

| 279–280; ‖ Bd. 3.2, 134

§. 15.

Gott könnte seine Vollkommenheiten auf unendliche Art zertheilt denken; es könnten also unendlich viel Welten möglich seyn, wenn Gott nicht allezeit das Vollkommenste dächte, und also unter diesen Arten die vollkommenste Art gedacht und dadurch würklich gemacht hätte.

§. 16.

Die vollkommenste Art seine Vollkommenheiten zertheilt zu denken, ist diejenige, wenn man sie nach unendlichen Graden des Mehreren und Wenigern, welche so auf einander folgen, | daß nirgends ein Sprung oder eine Lücke zwischen ihnen ist, zertheilt denkt. ‖

§.17.

Nach solchen Graden also müssen die Wesen in dieser Welt geordnet seyn. Sie müssen eine Reihe ausmachen, in welcher jedes Glied alles dasjenige enthält, was die untern Glieder enthalten, und noch etwas mehr; welches etwas mehr aber nie die letzte Grenze erreicht.

§.18.

Eine solche Reihe muß eine unendliche Reihe seyn, und in diesem Verstande ist die Unendlichkeit der Welt unwiedersprechlich.

§.19.

Gott schaft nichts als einfache Wesen, und das Zusammengesetzte ist nichts als eine Folge seiner Schöpfung.

§. 20.

Da jedes von diesen einfachen Wesen etwas hat, welches die andern haben, und keines etwas haben kann, das die andern nicht hätten; so muß unter diesen einfachen Wesen eine Har-|monie seyn, aus welcher Harmonie alles zu erklären ist, was unter ihnen vorgehet, d. i., in der Welt vorgehet.

§. 21.

Bis hieher wird einst ein glücklicher Christ das Gebiete der Naturlehre erstrecken. Doch erst nach langen Jahrhunderten, wenn man alle Erscheinungen in der Natur wird ergründet haben, so daß nichts mehr übrig ist, als sie auf ihre wahre Quelle zurückzuführen.

§. 22.

Da diese einfache Wesen gleichsam eingeschränkte Götter sind, so müssen auch ihre Vollkommenheiten den Vollkommenheiten Gottes ähnlich seyn; so wie Theile dem Ganzen.

§. 23.

Zu den Vollkommenheiten Gottes gehört dieses, daß er sich seiner Vollkommenheit bewußt ist, und dieses, daß er seiner Vollkommenheit gemäß handeln kann. Beide sind gleichsam das Siegel seiner Vollkommenheiten. | ||

§. 24.

Mit den verschiedenen Graden seiner Vollkommenheiten müssen also auch verschiedene Grade des Bewustseyns dieser Vollkommenheiten und der Vermögenheit, derselben gemäß zu handeln, verbunden seyn.

§. 25.

Wesen, welche Vollkommenheiten haben, sich ihrer Vollkommenheit bewußt sind, und das Vermögen besitzen, ihnen gemäß zu handeln, heißen *moralische Wesen*, d. i. solche, die einem Gesetz folgen können.

§. 26.

Dieses Gesetz ist aus ihrer eignen Natur genommen, und kann kein andres seyn, als: *handle deinen individualischen Vollkommenheiten gemäß.*

§. 27.

Da in der Reihe der Wesen unmöglich ein Sprung statt finden kann, so müssen auch solche Wesen existiren, welche sich ihrer Vollkommen-|heiten nicht deutlich bewust sind – – – –
– –
Sie sehen, setzte ich endlich hinzu, daß Lessing sich den Pantheismus völlig so verfeinert gedacht, als ich ihn vorgestellet habe; in der besten Harmonie mit allem, was auf Leben und Glückseligkeit Einfluß haben kann; ja daß er auf dem Wege war, pantheistische Begriffe so gar mit der positiven Religion zu verbinden: und in der That geht es hiemit eben so gut, als mit dem Emanationssystem der Alten, das viele Jahrhunderte hindurch in der Religion aufgenommen, und für die einzige rechtgläubige Lehre gehalten worden ist. Auf dem langen Wege, den man von diesen überfeinen Speculationen bis auf das Praktische der Religion und Sittenlehre zu machen hat, giebt es so manche bequeme Stellen, wo man von dem Nebenwege ab in die offne Heerstraße wieder einlenken kann. So wie ein Rechnungsfehler sich durch den andern wieder heben und berichtigen läßt; eben so kann eine Unrichtigkeit in dergleichen abgezogenen Meditationen, gar bald durch die andere gehoben, eine | kleine Ausweichung, die in der Folge gar weit vom Ziele abgeführt haben würde, durch eine eben so geringe Ein-||lenkung verbessert werden, und man ist wieder im Gleise. Daher die Verächtlichkeit der Consequenzerey, die von jeher die Mutter, oder wenigstens die Verpflegerin, aller Verfolgung und alles Religionshasses unter den Menschen gewesen ist. | ||

XVI.
Erläuterung der Begriffe von Nothwendigkeit, Zufälligkeit, Unabhängigkeit und Abhängigkeit. –
Versuch eines neuen Beweises für das Daseyn Gottes, aus der Unvollständigkeit der Selbsterkenntnis.

Wenn von einem Dinge erwiesen ist, daß es vorhanden sey; so ergiebt sich die Möglichkeit von selbst. Alles, was wirklich ist, muß auch gedacht werden können. Nun haben wir einräumen müssen, daß ein zufälliges abhängiges Wesen vorhanden sey; denn unser eignes Daseyn ist von der höchsten Evidenz; das Bewußtseyn unsrer Eingeschränktheit von der unläugbarsten Evidenz. Wir haben ferner zugeben müssen, daß das Abhängige, ohne etwas Unabhängiges nicht denkbar sey, und also auch nicht vorhanden seyn könne, und hierdurch sahen wir uns gezwungen, die Würklichkeit eines nothwendigen, unabhängigen Wesens zuzugeben, ohne welches wir zufällige, abhängige Wesen nicht würden vorhanden seyn können. Wer war es von euch, der letzthin von diesen Kunstwörtern *abhängig*, *zufällig*, und | ihrem Gegensatze, *unabhängig* und *nothwendig*, eine deutlichere Auseinandersetzung verlangte? W. Ich erinnere mich, Sie hierum ersucht zu haben. Das Wort *abhängig* scheint bey mir noch zu sehr an der Metapher zu kleben; das Wort nothwendig etwas von einer Noth, von einem Zwange mit sich zu führen, davon es in dem Sinne, in welchem es hier gebraucht wird, befreyet werden muß. Sodann schienen Sie mir auch diese beide Redensarten synonymisch zu gebrauchen, und ich ersuchte sie, mich ihren Unterschied bemerken zu lassen.

Laß sehen mein Sohn! wenn ein Ding A. würklich seyn soll; muß nicht der Satz: *A ist würklich vorhanden*, zur Wahrheit werden?

Allerdings!

Muß er also nicht mit der Vernunft begreiflich seyn?

W. Mit der Vernunft oder mit dem Sinne. Wahrheit muß durch positive Kraft unsers Denkungsvermögens erkennbar seyn. Die Sinne aber sind nicht weniger positive Seelenkraft, als die Vernunft. |

Wohl! Haben wir aber nicht gesehen, daß beides, vernünftige und sinnliche Erkenntniß aus eben derselben Quelle fließe, und daß alle sinnliche Erkenntniß sich in Vernunfterkenntniß auflösen lasse? ‖ Wenn wir einen Satz vermittelst der Sinne für wahr erkennen; so muß das Subject desselben, mit solchen individuellen Bestimmungen gedacht werden, aus welchen das Prädikat unausbleiblich fließet. Die Sinne entwickeln diese Bestimmungen nicht und umfassen sie durch den Begriff des Raums oder der Zeit, auf welche sie das Factum anweisen; aber der Vernunft muß es möglich seyn, diese individuellen Bestimmungen zu entwickeln, auseinander zu setzen, und den sinnlich erkannten Satz dadurch in einen Vernunftsatz zu verwandeln. *Hier ist ein Baum!* Wir erkennen dieses vermittelst der Sinne, und es ist also eine sinnlich erkannte Wahrheit: *ein Baum ist hier würklich vorhanden*. Alle Bestimmungen, die zu dem Begriffe eines Baums hinzukommen müssen; der Boden, in welchem er eingepflanzt ist; das Saamenkörnlein, aus welchem er hervorgewachsen; | Luft, Sonnenschein, Regen und alles, was sonst dazu beygetragen, daß der Baum würklich geworden, umfassen wir durch das Wort *hier*, durch die Beziehung auf einen Ort im Raume, in welchem alle diese Bestimmungen zusammengetroffen haben. Unsrer subjectiven Vernunft ist es zwar nicht möglich, alle diese Umstände und nähere Bestimmungen zu entwickeln; aber der Vernunft, objective betrachtet, muß es gar wohl möglich seyn, sie aus einander zu setzen und in deutliche Begriffe zu verwandeln. – *Wir haben heute einen heitern Frühlingsmorgen.* Die Zeitbestimmung *heute* umfasset abermals alle Individualumstände, die vorhergegangen sind, und dazu beygetragen haben, daß dieser Frühlingsmorgen würklich heiter geworden ist. Wenn aber die Erkenntnißquelle der Seele eine und eben dieselbe seyn soll; so muß die Vernunft, objective betrachtet, auseinandersetzen und deutlich angeben können, welche nähere Bestimmungen vorangegangen, und in wie weit sie zur Heiterkeit dieses Morgens beygetragen haben. Mit einem Worte, jeder sinnlich erkannte Satz muß | an und für sich in eine Vernunftwahrheit aufgelößt werden können, dessen Subject alle die Individualbestimmungen enthält, unter welchen das Prädicat der Würklichkeit ihm zugeschrieben wird; ist dieses nicht deutlich? Vollkommen!

Wenn also auch der Satz: *A ist würklich vorhanden*, eine sinnlich erkannte Wahrheit ist, so muß es der Vernunft möglich seyn, zu dem Subjecte A solche Bedingungen hinzuzudenken, unter welchen ihm das Prädicat der Würklichkeit zukömmt, unter welchen die Verbindung des Subjects mit dem Prädicat begreiflich wird. Nun ‖ kann dieses auf zweyerley Art geschehen. Entweder die Bedingungen, unter welchen der Satz zur Vernunftwahrheit wird, enthalten selbst die Würklichkeit eines von A verschiedenen Dinges, und setzen das Daseyn desselben voraus, wie hier der Fall war, bey der Würklichkeit des Baums, oder dieses schönen Tages. Ohne Voraussetzung aller Würkursachen, die den Baum oder den heitern Morgen hervorgebracht haben, läßt sich die Würklichkeit derselben an und für sich nicht begreifen. Dinge dieser Art werden ab-|hängig genennt; in so weit die Würklichkeit derselben nicht ohne Voraussetzung anderer würklichen und von ihnen verschiedenen Dinge vernünftig zu begreifen ist. Ihr Daseyn fließet also nicht aus ihrer Denkbarkeit; sondern aus der damit verbundenen Würklichkeit eines andern Dinges. In so weit ihr würkliches Vorhandenseyn, keine Folge von ihrer Denkbarkeit ist, werden sie *zufällig* genennet; in so weit aber das Daseyn eines andern Dinges ihre Würklichkeit begründet, sagt man, sie sind *abhängig*; ihr Daseyn hängt vom Daseyn eines von ihnen verschiedenen Dinges ab, ohne welches es nicht vernünftig zu begreifen ist.

Nun haben wir ferner zugeben müssen, daß der Inbegriff aller zufälligen Wesen, selbst in einer Unendlichkeit zusammengenommen, kein würkliches Daseyn auf eine der Vernunft genugthuende Weise begreiflich machen könne. Die Frage wird verschoben, aber nicht aufgelöst. Wir müssen am Ende, so wie im Anfange, noch immer unter den Bedingungen des Subjects die Würklichkeit anderer Dinge voraussetzen, die, | wenn sie eben so abhängig, eben so zufällig seyn sollen, die Vernunft nicht einen Schritt weiter bringen, und die Begreiflichkeit des Satzes mehr verwickeln, als auflösen. Wir sind also genöthiget gewesen, zum Daseyn eines unabhängigen und nothwendigen Wesens unsere Zuflucht zu nehmen. Eines unabhängigen, dessen Würklichkeit ohne Voraussetzung eines von ihm

verschiedenen Dinges denkbar ist; eines nothwendigen, dessen Denkbarkeit allein hinreichend ist, sein würkliches Vorhandenseyn zu begründen; ein Wesen, das würklich ist, weil
es *gedacht* werden kann; weil es möglich ist; und dieses war der zweyte Fall, in welchem
der Satz: *A ist würklich vorhanden*, Wahrheit seyn kann, wenn zu den Bedingungen des
Subjects keine Würklichkeit eines von ihm verschiedenen Wesens gehöret, wenn die bloße
Denkbarkeit hinreicht, sein Daseyn zu begründen. ‖

Die Kennzeichen des Zufälligen, Abhängigen, Nothwendigen und Unabhängigen sind
auf diese Weise, wie mich dünkt, deutlich genug auseinander gesetzt. In so weit zur
Würklichkeit eines ǀ Wesens die Würklichkeit eines andern von ihm verschiedenen Dinges
nicht vorausgesetzt werden darf, wird es unabhängig genennt: in so weit aber die Würklichkeit desselben aus seiner Denkbarkeit fliesset; in so weit das Gegentheil, *ein solches
Wesen sey nicht würklich vorhanden*, an und für sich nicht gedacht werden kann, wird
demselben Nothwendigkeit zugeschrieben, und wir sagen: Gott sey ein nothwendiges Wesen,
d. h. das Daseyn Gottes fließet aus seiner Denkbarkeit, und das Gegentheil oder das
Nichtvorhandenseyn desselben ist an und für sich nicht denkbar. Ist ein solches Wesen
möglich? Hiervon kann weiter die Frage nicht seyn, nachdem wir durch die augenschein-
liche Ueberzeugung von unserm eigenen Daseyn durch eine richtige Schlußkette auf das
Daseyn eines solchen Wesens geführt worden sind. Der Begriff muß Wahrheit enthalten,
auf welchen wir durch die positive Kraft unsres Denkungsvermögens gebracht werden.
Wenn Zufälliges vorhanden ist; so muß auch Nothwendiges vorhanden, und um so vielmehr denkbar seyn. ǀ

Ich werde es versuchen, diesen Beweis auch auf eine andre Art zu führen; auf eine Art,
die so viel ich weiß, noch von keinem Weltweisen berührt worden ist. Merket also auf
meine Söhne! und erinnert mich, so oft ich etwa aus Vorliebe für meinen Gedanken, mir
einen Fehltritt erlauben möchte.

Außer der unmittelbaren Empfindung meines eigenen Daseyns, das, wie wir gesehen,
über alle Zweifel hinweg ist, setze ich noch folgende Wahrnehmung, als ungezweifelt,
voraus: Ich bin nicht blos das, was ich von mir deutlich erkenne, oder, welches eben so viel
ist: Zu meinem Daseyn gehört mehr, als ich mit Bewußtseyn von mir einsehe, und auch
das, was ich von mir erkenne, ist an und für sich einer größern Entwickelung, größern
Deutlichkeit und größern Vollständigkeit fähig, als ich ihm zu geben vermag. Diese Beobachtung ist, wie mich dünkt, nicht weniger von der unleugbarsten Evidenz. Als Wahrnehmung des innren Sinnes, hat sie ihre subjective Gewißheit; und da in Absicht auf mich
selbst, mein eigenes *ich* auch das Subject ǀ der Gedanken ist; so kann mir auch das unmittelbar erkannte, als Prädicat, zugeschrieben werden. Daß ich nicht alles weiß, was zu meinem Daseyn gehöret, kann kein Betrug der Sinne, ‖ keine Täuschung seyn; denn wir tragen
erstlich, nichts innerlich Erkanntes in ein äußerliches Object; wir wollen keine Beschaffenheiten verschiedener Sinne in Verbindung bringen, nicht von *oft* auf *immer* schliessen;
welches alles Quellen der Sinnentäuschung waren, wie wir in der Vorerkenntniß gesehen:
und sodann würde diese Täuschung ja selbst beweisen, daß wir uns nicht recht kennen, und
also manches in uns würklich sey, dessen wir uns nicht bewußt sind. In der That würde

weder unser Leib, noch unsre Seele vorhanden seyn können, wenn sie blos das wären, was wir von ihnen mit Deutlichkeit einsehen.

Nun behaupte ich, nicht nur alles mögliche müße als möglich, sondern auch alles Würkliche müße als würklich, von irgend einem denkenden Wesen gedacht werden. Was sich kein denkendes Wesen als möglich vorstellet, ist auch in der | That nicht möglich, und eben also kann dasjenige, was von keinem denkenden Wesen als wirklich gedacht wird, auch in der That nicht würklich vorhanden seyn.

Dem gesunden Menschenverstande scheinen diese Sätze schon einzuleuchten. Jeder mögliche Begriff wird, als die Abänderung eines Subjects gedacht, als Gedanke in einem denkenden Wesen. Er muß also wenigstens idealisches Daseyn haben, d. h. irgend eines denkenden Wesens wahrer Begriff seyn, und dieses war die erste Hälfte unsers Satzes: jede Möglichkeit muß als Möglichkeit gedacht werden.

Aber auch jede Würklichkeit, wenn sie wahr seyn soll, muß von irgend einem Wesen als Wahrheit erkannt und begriffen werden. Der Sache muß ein Begriff entsprechen; jedes Object muß in irgend einem Subjecte dargestellt; jedes Vorbild in irgend einem Spiegel nachgebildet werden. Sache ohne Begriff hat keine Wahrheit, Wahrheit, ohne daß irgend ein Wesen von ihr versichert sey, führt nicht den mindesten Grad von Evidenz mit sich, ist also keine Wahrheit. |

Werden diese Sätze eingeräumt, so folget auf eine handgreifliche Weise, daß ein Wesen vorhanden seyn müsse, welches alles, was zu meinem Daseyn gehöret, auf das allerdeutlichste, reinste und ausführlichste sich vorstellet. Jede eingeschränkte Erkenntniß würde nicht alles enthalten, was zu meinem würklichen Daseyn gehört. Das Bewußtseyn und die deutliche Einsicht eines zufälligen Wesens, ja aller zufälligen Wesen zusammen genommen, reichet nicht so weit, als das Daseyn eines einzigen Sonnenstäubleins. In seiner ‖ Würklichkeit liegen unendlich viele Merkmahle, die von allen zufälligen Wesen zusammen genommen, weder der Ausbreitung noch der Stärke nach, auf das allerdeutlichste begriffen werden. Mit einem Worte, keine Wahrheit kann von zufälligen Wesen mit dem höchsten Grade der Erkenntniß, als möglich, keine Würklichkeit auf das allervollkommenste, als würklich, gedacht werden. Es muß also ein denkendes Wesen, einen Verstand geben, der den Inbegriff aller Möglichkeiten, als möglich, den Inbegriff aller Würklichkeiten, als würklich, auf | das vollkommenste denkt, d. h. in ihrer möglichsten Entwickelung, der *Coordination* sowohl, als der *Subordination* nach, auf das deutlichste, vollständigste und ausführlichste sich vorstellt. *Es giebt einen unendlichen Verstand* u. s. w.

Was in dieser Schlußkette noch undeutlich seyn könnte, ist etwa der Satz, daß alles würkliche von einem denkenden Wesen gedacht werden müße. Ich sehe wohl ein, dürfte mancher sagen, daß alles Würkliche nicht anders, als denkbar seyn könne. Wie folgt aber hieraus, daß es irgend von einem Wesen in der That müsse gedacht werden? Heißt dieses nicht von Möglichkeit auf Würklichkeit, von *Können* auf *Geschehen* schliessen? Man scheinet also das zu erbetteln oder zu erschleichen, was erst erwiesen werden soll. Ist es nicht etwa dieses, das euch noch einiges Bedenken macht?

Eben dieses, war die Antwort einstimmig.

Mich dünkt, das Wort *können* bringe uns hier abermals, durch seine Vieldeutigkeit, die Begriffe in Verwirrung. Wir müßen dem Worte ausweichen, wenn wir seine Schlinge vermei-|den wollen. – – Wenn von einem Dinge gesagt wird, daß es etwas *könne*; etwas *thun* oder etwas *leiden* könne, daß es Vermögen, Fähigkeit, Anlage wozu habe, bedeutet dieses nicht eine gewisse Möglichkeit, die wir ihm zuschreiben?

Nichts anders! aber man unterscheidet entfernte, nahe und nächste Möglichkeit –

Ganz recht! aber so nahe und nächst sie auch immer sey; so bleibt sie doch immer noch eine bloße Möglichkeit, wie die Logiker sie nennen; eine Möglichkeit, davon noch nichts würklich geworden ist. Der Luft, die uns umgiebt, z. B. wird die Elasticität, oder die Fähig-keit ausgedehnt zu werden, da sie es noch nicht ist, beygelegt. Mir, der ich hier sitze, wird das Vermögen aufzustehen, bevor ich es würklich ausübe, zugeschrieben. In allen diesen Fällen also werden ‖ von den Subjecten bloße Möglichkeiten als Prädicate ausgesagt. Wie können aber bloße Möglichkeiten als würkliche Prädicate vorhanden seyn?

Dieses scheint allerdings unbegreiflich. |

Widersprechen wir uns nicht selbst, wenn wir einem würklich vorhandenen Dinge et-was, das nicht würklich vorhanden, als Beschaffenheit beylegen; wenn wir eine bloße Möglichkeit für ein Prädicat des Würklichen halten?

Dem Anscheine nach allerdings.

Und gleichwohl ist der Inbegriff aller menschlichen Kenntnisse voll von diesen an-scheinenden Widersprüchen, von Möglichkeiten, Anlagen, entfernten oder nahen Vermö-gen, größern oder kleinern Fähigkeiten, Talenten u. s. w., wodurch würklich vorhandene Dinge bezeichnet und von einander unterschieden werden. Wie gehet dieses zu? Sollen wir dieserhalb die ganze Masse menschlicher Erkenntniß, als ungereimt, verwerfen?

Dieses freylich nicht; es scheint bloß eine Wortschwierigkeit sich im Hinterhalte ver-borgen zu haben, die wir aufzusuchen vor jetzt, (um mich eines ähnlichen verdächtigen Ausdrucks zu bedienen) vielleicht die *Fähigkeit* nicht haben.

Getroffen mein Sohn! Eine bloße Wortschwierigkeit ist es, die wir aus dem Wege zu räumen haben, um allen Anschein des Wider-|spruchs verschwinden zu lassen. Im Grunde ist alles Mögliche, in so weit es blos möglich ist, kein objectives Prädikat der Dinge. Wenn wir irgend einem Gegenstande eine Möglichkeit zur Beschaffenheit geben; so sagen wir blos, daß aus der gegenwärtigen Beschaffenheit desselben, sich auch begreifen laße, wie es unter andern Umständen, jene ihm, als möglich, zugeschriebene Eigenschaft annehmen würde. Dem Golde Dehnbarkeit, der Luft Elasticität, und einem sitzenden Menschen die Fähigkeit zu gehen zuschreiben heißt blos von dem Golde erklären, daß aus der gegenwär-tigen würklichen Beschaffenheit desselben sich begreifen laße, wie es unter andern Um-ständen würklich gedehnt seyn würde; oder von der Luft aussagen, daß ihrer gegenwärti-gen Beschaffenheit das Ausgedehntwerden nicht widerspreche; so wie von dem sitzenden Menschen behaupten, daß seine jetzt zum Sitzen angewandte Bewegungs-Werkzeuge, von andern Bewegursachen gelenkt, ihn aufstehen oder gehen machen würden. Immer noch liegt bey dergleichen Behauptung das würklich ‖ Vorhandne zum Grunde, | und die ihm zugeschriebene Möglichkeit ist der Gedanke, daß unter andern Umständen die gegenwärtige Beschaffenheit desselben anders modificirt seyn würde. Ist dieses nunmehr deutlich? Ohne Widerrede, wie mich dünkt.

Bloße Möglichkeiten also können den Dingen nicht, als objective Beschaffenheiten oder Prädikate zugeschrieben werden; wenn bloße Möglichkeiten nicht zugleich würklich vorhanden seyn sollen, welches doch offenbar ungereimt ist. Aber aus dem gegenwärtigen Zustande, aus der würklichen Beschaffenheit eines Dinges kann bey einem denkenden Subject der Gedanke entstehen, daß unter andern Umständen ihm eine andre Beschaffenheit zukommen würde, und daß also diese andre Beschaffenheit von ihm denkbar sey. Alle Möglichkeiten also haben ihr idealisches Daseyn in dem denkenden Subject und von diesem werden sie als denkbar dem Gegenstande zugeschrieben. Eine nicht gedachte Möglichkeit ist ein wahres Unding. Wenn in einem würklichen Dinge etwas Denkbares von keinem denkenden Wesen würklich gedacht, etwas zu Unterscheidendes von | Niemanden würklich unterschieden, etwas Angebliches von keinem denkenden Subject würklich angegeben seyn soll; so wird entweder das blos Mögliche zugleich als würklich vorhanden angenommen, oder man verbindet Worte, deren Begriffe einander widersprechen.

Wohl! nun scheinet sie glücklich gehoben, die Bedenklichkeit, die uns ihren Satz noch zweifelhaft machte.

Also muß alles Würkliche nicht nur *denkbar* seyn; sondern auch von irgend einem Wesen *gedacht* werden. Jeder Realexistenz entspricht in irgend einem Subjecte eine Idealexistenz; jeder Sache eine Vorstellung. Ohne erkannt zu werden, ist nichts Erkennbares; ohne bemerkt zu werden, kein Merkmal; ohne Begriff kein Gegenstand würklich vorhanden. Wird dieses zugegeben?

Wie können wir anders?

Diese Uebereinstimmung zwischen Sache und Begriff kennet keine Ausnahme. Jedes Merkmal, jedes Unterscheidungszeichen der Sache muß so, wie es in derselben anzutreffen ist, von | irgend einem denkenden Wesen, in aller seiner Wahrheit, mit der höchstmöglichen Deutlichkeit, Vollständigkeit und Ausführlichkeit gedacht werden. So lange noch ein Merkmal zurück bleibt, das nirgend bemerkt wird, ‖ ein Grad der Entwickelung unentwickelt bleibt, etwas zu unterscheidendes nicht unterschieden wird; mit einem Worte, bey dem geringsten Mangel der Uebereinstimmung zwischen Sache und Begriff, gerathen wir abermals auf die Ungereimheit, etwas blos Mögliches für ein objectives Prädicat des Würklichen anzunehmen.

Alles dieses ward eingeräumt.

Und nunmehr ist nichts leichter, als die Anwendung hievon auf die vorhin bezweifelten Schlußfolgen. Meine eigene Existenz ist mir unleugbar. Eben so unleugbar ist mir, daß zu meinem wirklichen Daseyn Merkmale und Beschaffenheiten gehören, die ich nicht mit Bewustseyn erkenne, und daß selbst diejenigen, deren ich mir bewußt bin, in meinem Begriffe bey weitem die Vollkommenheit nicht haben, die ihnen in der Sache zukommt. Sie sind weder so wahr, noch so rein, | noch so vollständig, ausführlich, adäquat; mit einem Worte, zwischen Begriff und Sache ist, wenn ich blos auf meine Erkenntniß von mir selbst

sehe, die vollkommenste Harmonie nicht anzutreffen, deren Nothwendigkeit wir so eben
erwiesen. Ich kann ferner nicht in Abrede seyn, daß ein eingeschränktes Wesen, ja, daß der
Inbegriff aller eingeschränkten Wesen, sie mögen endlich oder der Zahl nach unendlich
seyn, meine Beschaffenheit auf eine mit der Sache harmonische Weise zu erkennen, nicht
hinreichen.

Wer den Zusammenhang der Wahrheiten, wer die unergründliche Tiefe aller Erkenntniß
nur einiger Maaßen kennet, wird eingestehen, daß keine derselben in ihrer größten Vollkommenheit, mit dem deutlichsten Bewustseyn erkannt werden kann, ohne daß der ganze
Inbegriff derselben in eben dem Maaße, mit eben der Wahrheit, Gewißheit, Deutlichkeit
und Vollständigkeit eingesehen werde.

Es muß also nothwendig ein denkendes Wesen, *einen* Verstand geben, der nicht nur
mich, sammt allen meinen Beschaffenheiten, Merkma-llen und Unterscheidungszeichen,
sondern den Inbegriff aller Möglichkeiten, als möglich, den Inbegriff aller Würklichkeiten,
als würklich, mit einem Worte, den Inbegriff und den Zusammenhang aller Wahrheiten, in
ihrer möglichsten Entwickelung, auf das deutlichste, vollständigste und ausführlichste sich
vorstellet. *Es giebt einen unendlichen Verstand.*

Daß aber Einsicht nicht ohne Thätigkeit, Erkenntniß nicht ohne Billigung oder Mißbil-
ligung, unendlicher Verstand nicht ohne den ‖ vollkommensten Willen seyn könne, ist
bereits im Vorhergehenden zur Gnüge ausgeführt worden.

Wir hätten also auf diese Weise einen neuen wissenschaftlichen Beweis für das Daseyn
Gottes aus der Unvollkommenheit unserer Selbsterkenntniß. Prüfet ihn wohl, diesen Gedanken, meine Trauten! Er scheinet mir so fruchtbar, als gründlich. Die Schlußkette, deren
wir uns bedient haben, bestehet etwa aus folgenden Gliedern. –

Alles Würkliche ist in seiner ganzen Vollständigkeit würklich. – |

Der Vollständigkeit der Sache entspricht in irgend einem denkenden Wesen, Ausführ-
lichkeit des *Begriffs.* –

Vollständige und ausführliche Begriffe können nur in einem vollkommenen Verstande
anzutreffen seyn, und vollkommener Verstand ist nicht ohne vollkommenen Willen; die
höchste Einsicht nicht ohne die freyeste Wahl und würksamste Kraftäußerung. | ‖

XVII.
Beweisgründe *a priori* vom Daseyn eines allervollkommensten, nothwendigen, unabhängigen Wesens.

Der Begriff des Nothwendigen, wie er in der letzten Vorlesung entwickelt worden ist, konnte
einen kühnen Denker, wie *Cartes*, leicht auf die Spur bringen, einen Beweis *a priori* für
das Daseyn eines solchen Wesens zu entdecken. Hängt die Würklichkeit desselben blos
von seiner Möglichkeit ab; giebt es einen festgegründeten Uebergang von der Denkbarkeit
des Nothwendigen auf das würkliche Daseyn desselben; vielleicht ist es der menschlichen
Vernunft vergönnet, diesen Uebergang zu entdecken und sich also zu der ihr so theuern

Wahrheit eine neue Bahn zu brechen. Ohne irgend ein würkliches Daseyn vorauszusetzen, auch sein eigenes Daseyn nicht, so wenig es dem Zweifel unterworfen ist; ohne alle Erfahrungssätze des äußern oder innern Sinnes, würde der Mensch von der Erklärung ausgehen, und sichern Schrittes zu der Wahrheit gelangen, *daß ein Gott sey!* |

Kühn und ohne Vorgang wäre er, dieser große Schritt. In dem ganzen Bezirk menschlicher Erkenntnisse giebt es kein Beyspiel von dieser Art zu schliessen. Allenthalben wird von Möglichkeit auf Möglichkeit, oder von Würklichkeit auf Würklichkeit geschlossen. Die Realexistenz ausserhalb der Seele stehet unter sich in Verbindung, wie die Idealexistenz innerhalb derselben; die Dinge entsprechen einander; so wie die Begriffe. Macht ein Begriff den andern nothwendig, so wird auch ein Ding das andre zur Folge haben; daher die nothwendige Verbindung zwischen idealischen Wesen, die wir durch die Vernunft entdecken, auch auf reale Wesen außer uns angewendet werden kann. Aber nirgends findet sich ein Beyspiel, daß von *Begriff* gerade zu auf *Sache*, von idealischem Daseyn unmittelbar auf reales, objectives Vorhandenseyn geschlossen worden sey, wie hier in Absicht auf das nothwendige Wesen geschehen soll.

Allein diese Seltenheit, diese Einzigkeit vielmehr, kann in unserm Falle kein Bedenken verursachen; denn sie ist gerade hier Charakter der | Wahrheit. Da nicht mehr, als eine einzige Substanz dieses Wesens vorhanden seyn kann; da außer dieser einzigen Substanz ‖ keines Dinges Würklichkeit mit der Denkbarkeit desselben in schlußrichtiger Verbindung stehet; so kann es auch nur den einzigen Fall geben, wo diese Beweisesart anzubringen sey. In dem ganzen Bezirk aller menschlichen Erkenntnisse, muß dieser Fall der einzige, ohne Vorgang und Beyspiel seyn, wenn der Weg zur Wahrheit führen soll.

Um ihn zu finden, versuchte *Cartes* eine Versetzung gleichgeltender Begriffe. An statt des Nothwendigen, setzte er das Unendliche, das vollkommenste Wesen. Es ist offenbar, daß das nothwendige Wesen keine veränderliche Schranken haben, und also alle Vollkommenheiten in dem höchsten Grade besitzen müße. In der Idee eines nothwendigen Wesens liege also der Inbegriff aller vollkommenen Eigenschaften, die einem Wesen zukommen können. Nun, schloß *Cartes* weiter, nun ist die Existenz offenbar eine vollkommene Eigenschaft der Dinge; also schließt der Begriff des Nothwen-|digen, auch die Vollkommenheit der Existenz mit in sich; also muß das Nothwendige auch würklich vorhanden seyn. – Auf diese Weise hätten wir durch eine feine Wendung des Begriffes, den *einzigen* Uebergang entdeckt, der das Reich der Würklichkeit mit dem Reiche der Möglichkeit verbindet und von Begriff auf Sache führt. –

Zu rasch, rief *Leibnitz* seinem kühnen Vorgänger nach; der Sprung, den ihr bei diesem Uebergange gethan, hat zwar keine Gefahr; allein die Vernunft soll gehen, und nicht springen lernen. Wenn wir von dem Daseyn des Nothwendigen aus andern Gründen überführt sind, so ergiebt sich dessen Möglichkeit von selbst. Soll aber das Daseyn desselben aus seiner Möglichkeit geschlossen werden; so haben wir diese vorher zu beweisen. Aus andern Gründen muß vorher dargethan werden, daß der Begriff des nothwendigen, unendlichen oder vollkommensten Wesens Wahrheit enthalte, und nicht Merkmale verbinde, die sich einander aufheben. |

Glücklicher Weise läßt der Mangel hier sich leicht ersetzen und die Lücke sich ausfül-
len. Wenn Merkmale sich widersprechen sollen; so muß das Eine aufheben, was das Andre
setzet, das Eine verneinen, was das Andre von eben demselben Subjecte bejahet. Nun
werden von dem nothwendigen Wesen alle Realitäten im höchsten Grade bejahet, und alle
Mängel und Einschränkungen verneinet. Alle positive Prädicate werden ihm zugeschrieben und alle negative von ihm entfernet. Hier kann also nichts widersprechendes, nichts
sich ein-||ander aufhebendes zu besorgen seyn. Alle Vollkommenheiten im höchsten Grade
sind auch im höchsten Grade vertragsam, stimmen in dem vollkommensten Wohlklang
zusammen, können also auch durch ihre Vereinigung nicht Widerspruch, Undenkbarkeit,
und also den höchsten Mißlaut, Unwahrheit hervorbringen. Dieses gründet sich auf eine
andre Lehre des *Leibnitz*, daß alle Vollkommenheiten bejahende Merkmale, so wie umge-
kehrt auch alle bejahende Prädicate der Dinge Vollkommen-||heiten sind. Wenn nun die
Vereinigung aller bejahenden Prädicate oder Vollkommenheiten nichts undenkbares ist,
und zum Inbegriff aller Vollkommenheiten offenbar die Existenz mitgehört; so hat die
Folge ihre Richtigkeit, daß von dem Begriffe des Unendlichen oder Allervollkommensten
die Existenz unzertrennlich sey. Alles Endliche kann, als Begriff, wahr seyn, ohne daß ihm
würkliches Daseyn zugeschrieben werde. Das Unendliche hingegen, das Schrankenlose,
das Vollkommenste, würde auch als Begriff unwahr seyn müssen, wenn es nicht existiren
sollte. – Und nunmehr stünde es da, das reine wissenschaftliche Argument für das Daseyn
Gottes, unerschüttert stünde es da, gegründet auf seine eigene Evidenz.

Keineswegs, sprechen einige Gegner dieser Beweisart; ihr bauet noch immer auf einem Grunde, dessen Festigkeit ihr nicht gehörig untersucht habt. Willkürlich bildet ihr
euch einen abgezogenen Begriff, und leget demselben alle Eigenschaften bey, die sich nur
erdenken | lassen. Wir können euch die Freyheit hierzu nicht verweigern und lassen den
Begriff gelten. Kaum habt ihr aber dieses erschlichen; so greift ihr schon nach der Existenz
und sprecht: Um das Bündel vollständig zu machen, müssen wir auch diese Eigenschaft
mitnehmen und dem Begriffe würkliches Daseyn ertheilen. Ist dieses Verfahren nicht
sycophantisch?

Nichts weniger, wie mich dünkt. Ich glaube, das Verfahren wider alle Beschuldigungen
dieser Art rechtfertigen zu können.

Zuvörderst sind die abstracten Begriffe nicht blos willkührlich. Sie müssen wenigstens
Wahrheit enthalten, und diese Wahrheit hängt nicht von unserer Willkühr ab. Sie müßen,
als Modificationen unsers denkenden Wesens, ein idealisches Daseyn haben, müßen denkbar seyn, um gedacht zu werden. Nun sprechen wir weiter: Ein eingeschränktes Wesen
kann, als Modification von mir selbst, gedacht werden, ohne daß ich ihm würkliches Daseyn
zuschreibe. Es || kann idealische Existenz haben, und die reale Existenz ihm abgesprochen
werden. | Es kann *bloßer Begriff* ohne *Sache* seyn. Das nothwendige Wesen hingegen kann
entweder nicht gedacht werden, entweder auch als Modification von mir selbst keine Wahrheit haben, oder ich muß es wenigstens als würklich vorhanden denken. Es ist entweder
Begriff und Sache zugleich; oder es ist weder dieses noch jenes. Bloßer Begriff ohne Sache
kann dieses Wesen schlechterdings nicht seyn; als bloße Modification von unserer Den-

kungskraft kann dieses Wesen nicht gedacht werden. Wir haben also immer nur die Denkbarkeit dieses Begriffs zu beweisen und sind alsdenn gezwungen, uns solches, als würklich
existirend zu denken. Außer der idealischen Existenz, die auch in einem endlichen Wesen
als Wahrheit zukommt, muß dem Unendlichen auch reale Existenz zugeschrieben werden.
Ich finde in diesem Verfahren nichts unredliches, nichts erschlichenes, wie die Gegner
vorgeben.

Daß der Begriff des Unendlichen denkbar sey, ist bereits im vorigen mit *Leibnitz*
ausgeführet worden. Ich glaube noch auf eine | andere faßlichere Weise die Denkbarkeit
desselben darthun zu können.

Alle Wahrheit muß erkennbar seyn, und zwar je reiner die Wahrheit ist, desto größer der
Verstand, der sie fasset und begreift; je vollkommner die Erkenntniß, desto vollkommener
das erkennende Wesen.

Die reinste Wahrheit kann nur von dem vollkommensten Verstande gefaßt und begriffen werden. Zur höchsten Erkenntniß gehöret die allerhöchste Erkenntnißkraft. Nur eine
unendliche Kraft umfasset die Wahrheit in ihrer ganzen Lauterkeit.

Nun ist die reinste Wahrheit unstreitig ein denkbarer Begriff, also muß es auch ein
Verstand seyn, der allein sie fassen kann, also ist auch der allerhöchste Verstand, eine unendliche Denkungskraft, kein undenkbarer Begriff. Sollten die Merkmale dieses Begriffs
sich einander aufheben; so müßte die reinste Wahrheit etwas sich selbst widersprechendes
seyn, und dieses ist ungereimt. |

Aber wie? Bleibt dieser Begriff des Allervollkommensten auch ohne die Vollkommenheit der Existenz noch denkbar? Kann der Inbegriff aller Realitäten ohne die Realität des
würklichen Daseyns gedacht werden? Wenn dieses nicht ist; so stehet unser Schluß feste;
so muß das Allervollkommenste auch würklich vorhanden seyn.

Eben hier liegt das Erschlichene, rufen die Gegner. Ihr nehmet die ‖ Existenz als eine
Eigenschaft des Dinges an, die zu allen seinen möglichen Eigenschaften hinzukommt, um
sie ins Daseyn zu rufen. Ihr betrachtet das Daseyn, vermöge eurer Schuldefinition, als eine
Ergänzung der Wesenheit, (*complementum essentiae*) gleichsam als einen Zusatz zur Möglichkeit eines Dinges. Weil wir die Existenz in der Sprache eben so aussagen, als die Eigenschaften der Dinge; weil wir sprechen: ein Ding ist würklich; so wie wir sagen: eine Zahl
ist gerade; eine Figur ist rund; darum nehmet ihr an: die Existenz sey mit den übrigen
Eigenschaften und Merkmalen der Dinge von gleicher Beschaffenheit, und bauet auf |
diese Voraussetzung euer Schlußgebäude. Allein diese Voraussetzung selbst kann euch
nicht eingeräumet werden. Die Existenz ist keine bloße Eigenschaft, kein Zusatz, keine
Ergänzung, sie ist vielmehr die Position aller Eigenschaften und Merkmale des Dinges,
ohne welche jene bloße abgesonderte Begriffe bleiben.

Die Existenz muß vielmehr erkläret werden, sprechen sie ferner – – Jedoch die Existenz mag lieber unerklärt bleiben. Ihr wisset, wie abgeneigt ich bin, dergleichen Wahrnehmung des innern Sinnes in Worte einzuhüllen. Genug, wir alle haben bey diesem Worte
beynahe dieselbe Vorstellung. Der Begriff ist bey uns allen auf eine ähnliche Weise entstanden, indem wir ein Merkmal aufsuchten, das allen unsern eignen Handlungen und

Leidenschaften gemeinschaftlich ist: und da dieses Merkmal eine solche Allgemeinheit hat; so kann es schwerlich, oder vielleicht gar nicht weiter zergliedert, oder in Bestandtheile aufgelöset werden. Dem sey indessen, wie ihm wolle; so haben unsere Gegner doch immer nicht Unrecht, zu behau-|pten, daß die Existenz ihre eigenen Kennzeichen habe, wodurch sie sich von allen Merkmalen und Beschaffenheiten der Dinge unterscheidet, und daß wir nicht so schlechterdings darauf zugreifen dürfen, um den Inbegriff aller Eigenschaften des vollkommensten Wesens gleichsam vollzählig zu machen.

Ich kann dieses zugeben. Sey immer das würkliche Daseyn nicht eine Eigenschaft, sondern die Position aller Eigenschaften eines Dinges, oder sey sie sonst etwas unerklärbares, das uns allen bekannt ist; genug, ich kann das Zufällige ohne diese Position denken. Ich kann von der Idee des Zufälligen das Daseyn weglassen, ohne die Idee selbst aufzuheben. Sie bleibt Begriff ohne Sache. So aber nicht in Absicht auf das nothwendige Wesen. Ich kann von der Idee des-||selben das Daseyn nicht trennen, ohne die Idee selbst zu zernichten. Ich muß Begriff und Sache denken, oder den Begriff selbst fahren laßen. Auf diesem wichtigen Unterschiede beruhet alles, und dieser Unterschied beruhet keineswegs auf einer will-|kührlichen Definition; er ergiebt sich aus dem Begriffe selbst, und kann von dem hartnäckigsten Gegner nicht in Zweifel gezogen werden.

Wem das unerklärbare Daseyn noch immer Bedenken verursachet, dem habe ich in einer frühern Schrift* gerathen, dem Worte auszuweichen, und vom Nichtseyn anzufangen, welches weniger Schwierigkeit zu haben scheinet.

„Was nicht ist, heißt es daselbst, muß entweder unmöglich, oder blos möglich seyn. Im erstern Falle müssen sich seine innren Bestimmungen widersprechen, d. h. dasselbe Prädicat von demselben Vorwurfe zugleich bejahen und verneinen. Im letztern aber werden sie zwar keinen Widerspruch enthalten; es wird sich aber aus denselben nicht begreifen laßen, warum dasselbe vielmehr seyn, als nicht seyn soll. Eins wird mit dem wesentlichen Theil desselben so wohl bestehen können, als das an-|dre, aus welchem Grunde das Ding möglich genannt wird. Das Daseyn eines solchen Dinges gehöret nicht zu seiner innren Möglichkeit; nicht zu seinem Wesen, auch nicht zu seinen Eigenschaften, und ist daher eine bloße Zufälligkeit (*modus*), deren Würklichkeit nicht anders, als aus einer andern Würklichkeit begriffen werden kann. Denn eine Zufälligkeit ist eine Bestimmung, die aus der bloßen Möglichkeit weder folget, noch begriffen werden kann, deren Würklichkeit sich nicht anders, als aus einer andern Würklichkeit erklären läßt. – Ein solches Daseyn ist also abhängig, nicht selbstständig. Dieses bedarf keines weitern Beweises. – Nun kann dem vollkommensten Wesen ein solches Daseyn nicht zukommen; denn es würde seinem Wesen widersprechen; indem ein jeder einsiehet, daß ein unabhängiges Daseyn eine größre Vollkommenheit sey, als ein abhängiges; daher der Satz: das allervollkommenste Wesen hat ein zufälliges Daseyn, einen offenbahren Wider-|spruch enthält. Das allervollkommenste Wesen ist also entweder würklich, oder es enthält einen Widerspruch. Denn blos möglich kann es nicht seyn,

---

* Von der Evidenz.

wie vorher erwiesen worden; daher bleibt für dasselbe nichts weiter übrig, als die Würklichkeit oder die Unmöglichkeit."

Mit einem Worte, zufällige Wesen können, als bloße Gedanken, ‖ ohne würkliche Existenz, noch gedacht werden, enthalten mit dem Prädicat des Nichtseyns keinen Widerspruch. Die Idee derselben kann ein bloßer Gedanke seyn, Begriff ohne Sache, Abänderung eines denkenden Wesens, ohne gegenständliches Daseyn. Ihr Wesen verbindet nicht alle bejahende Merkmale und keines derselben im höchsten Grade. Ihr könnet diesen Gedanken haben, und das bejahende Merkmal der Existenz davon weglassen. Das nothwendige Wesen hingegen verbindet alle bejahende Merkmahle und Beschaffenheiten im höchsten Grade. Eines derselben ist ohne alle übrige nicht denkbar. Daher ist das unendliche Wesen, ohne das bejahende | Prädicat des Daseyns, etwas Widersprechendes. Es kann entweder gar nicht, oder nicht anders, als mit dem Prädikate des würklichen Daseyns gedacht werden. Die Vorstellung selbst, die Idee des nothwendigen Wesens, ist ein ungereimter Gedanke, so lange wir das Daseyn davon absondern. Wir denken entweder Begriff und Sache zugleich; oder der Begriff selbst verschwindet. Wir können das nothwendige Wesen, entweder schlechterdings nicht denken, oder wir müssen ihm würkliches Daseyn zuschreiben.

Schließet ihr aber nicht am Ende, fahren die Gegner fort, von euren Gedanken auf die Würklichkeit, von eurem Vermögen oder Unvermögen zu Begriffen auf die Natur der Dinge? Das nothwendige Wesen soll würklich vorhanden seyn müssen, weil der Mensch es sich nicht anders denken kann. Geziemt dieses auch unsrer Kurzsichtigkeit? Wer leistet uns die Gewähr, daß dasjenige auch *würklich vorhanden sey,* was wir uns als *würklich denken* müssen? |

Ich antworte: Wohl uns, wenn wir vor der Hand schon so viel erhalten; wenn unsre Gegner einräumen, daß der Mensch sich eine Gottheit, als *würklich vorhanden, denken müsse.* Der Schritt wäre von großer Wichtigkeit. Für das ganze System menschlicher Einsichten, Gesinnungen und Handlungen wäre nunmehr alles gewonnen; denn was kann der Mensch mehr, als durch menschliche Kräfte Ueberzeugung suchen, und nach seiner Ueberzeugung handeln? Aber nunmehr würde ich, der speculativen Wißbegierde zu gefallen, einen Schritt weiter gehen, und zu dem Eingestandenen hinzuthun: nicht nur der kurzsichtige Mensch allein; sondern jedes denkende Wesen, von welchem Umfange und Gesichtskreis auch seine Verstandeskräfte seyn mögen, muß sich das nothwendige Wesen, als würklich vorhanden denken. Das Gegentheil ist nicht nur uns, sondern an und ‖ für sich undenkbar. Etwas Widersprechendes, das sich selbst aufhebt und zernichtet, kann von keinem denkenden Wesen gedacht werden. Wenn der Satz: *A ist nicht | würklich,* undenkbar und also nicht wahr ist; so ist entweder das Subject A nicht denkbar, oder der Gegensatz: *A ist würklich vorhanden,* muß zugegeben werden, muß also Wahrheit seyn. Nun ist erwiesen, daß der verneinende Satz, das *nothwendige Wesen* ist nicht würklich, undenkbar sey, indem das verneinende Prädicat dem Subjecte schnurstracks widerspricht. Dieser Satz kann also weder von uns, noch von irgend einem denkenden Wesen, als wahr gedacht werden. Das Gegentheil davon, oder der bejahende Satz: Das nothwendige Wesen ist würklich vorhanden, muß von jedem denkenden Wesen angenommen werden, ist eine Folge der positiven Denkkraft, und also *Wahrheit*. Und nunmehr wäre der Sieg auf unserer Seite vollkommen. Denn was wünschten wir mehr, als zu beweisen, daß der Satz: *das allervollkommenste Wesen ist würklich vorhanden*, eine Folge unserer positiven Denkungskraft, und also nicht blos subjective, sondern auch objective unumstößliche Wahrheit sey? die Versicherung, daß alle den-|kende Wesen, vermöge ihrer Denkungskraft, in einem Vernunftsatz übereinstimmen, giebt die höchste Ueberzeugung von seiner Wahrheit. Was alle vernünftige Wesen so, und nicht anders denken müssen, ist so und nicht anders wahr. Wer mehr verlangt, als diese Ueberzeugung, der sucht etwas, davon er keinen Begriff hat, davon er nie einen Begriff erlangen kann, und hat es sich selbst zuzuschreiben, wenn er am Ende findet, daß sein Bemühen vergeblich gewesen.

Lasset uns das Resultat unserer Schlußreden in wenig Worte zusammenfassen. Um die Würklichkeit eines Dinges durch die Vernunft zu behaupten, muß die Wahrheit und höchste Güte desselben gegeben seyn. Jene, als Erforderniß des Erkenntnißvermögens; diese als Erforderniß des Billigungsvermögens. Wahrheit macht es zum denkbaren *Begriff*, zur Modification des denkenden Wesens, giebt ihm idealische Anwesenheit. Höchste Güte macht es zur *Sache*, ertheilt ihm würkliches Daseyn. *Alles, was ist, hat Wahrheit und höch-|ste Güte*; so wie im Gegentheil, alles, was Wahrheit und höchste Güte hat, auch *würklich* seyn muß.

Zufällige Wesen haben die Erfordernisse des Denkungsvermögens, haben Wahrheit, aber nicht unter allen Umständen auch höchste Güte. Sie können als bloße Gedanken, als *Begriffe* und Modifica-|tionen des denkenden Wesens, ohne würkliches Daseyn als *Sache*, gedacht werden. Da sie unter Bedingungen (*secundum quid*) das Beste sind; so hängt ihr Daseyn als Sache, von dieser Bedingung ab. So bald die Umstände, oder die Bedingung der Zeit und des Raums, es mit sich bringen, daß ein zufälliges Ding die höchste Güte erreicht; sobald es *irgendwo* und *irgendwann* das Beste wird; so entstehet es würklich, und dem Begriff entspricht auch die *Sache*, dem idealischen Daseyn entspricht Würklichkeit.

Das nothwendige Wesen aber ist an und für sich das allervollkommenste, hängt nicht von Umständen und Bedingungen ab, hat nicht | nur alle Erfordernisse der Denkbarkeit; sondern muß von jedem denkenden Wesen auch als würklich gedacht werden, ist als Begriff ohne Sache, als Modification ohne eigene Existenz, als möglich ohne Würklichkeit, schlechterdings nicht denkbar; denn es ist unter allen Umständen und Bedingungen eben so vollkommen, als wahr; eben so nothwendig würklich, als nothwendig möglich; *Sache* nicht minder nothwendig, als *Gedanke*.

Und in dem Verstande dieses allerhöchsten Wesens ist das Zufällige nothwendig, als Begriff, aber nicht als Sache; unabhängig, als Wahrheit; aber abhängig von Zeit und Raum, in Absicht seiner Güte und Vollkommenheit. Sobald die Umstände der Zeit und des Raums eintreffen und die Bedingungen, von welchen das Zufällige abhängt, würklich werden; so wird das Daseyn des Zufälligen zur Wahrheit; und es *entstehet*. Zu diesen Bedingungen gehöret, daß das Zufällige *Alsdann* und *Alsda* auch das Beßte sey, und also nicht nur ein Gegenstand der göttlichen Erkenntniß, sondern | auch der göttlichen Billigung werde. Die

Erkenntniß des Unendlichen ist im höchsten Grade lebendig, und seine Billigung im höchsten Grade würksam. Sobald das Zufällige ein Gegenstand seiner Billigung wird; so wird es würklich. Was Gott sich als das Beste denkt, das stehet da! *Er spricht, und es wird, befiehlt und es stehet da.*

Es ist also keine unbescheidne Anmaßung von dem Erdensohne, wenn er von seiner Endlichkeit auf das Daseyn des Unendlichen, von seiner Eingeschränktheit auf die Würklichkeit des Allervollkommensten zu schließen wagt. Es geziemet dem unsterblichen Geiste des Menschen gar wohl, sich der Gottheit so verwandt zu glauben, daß von jedem seiner Gedanken ein Weg zu derselben zu finden sey. Seiner Kurzsichtigkeit ungeachtet, ist ihm doch vergönnt, || die große Wahrheit einzusehen, daß er selbst im doppelten Verhältnisse, als *Begriff*, und als *Sache*, von der Gottheit abhänge, daß er, als *Begriff*, von Ewigkeit her ein Gegen-|stand der göttlichen Erkenntniß gewesen; und als *Sache*, *dazumal* auch Würklichkeit erhielt, als die Bedingungen der Zeit und des Raumes ihn auch zum würdigen Gegenstand der göttlichen Billigung machten; als er *irgendwo* und *irgendwann*, zum *Besten* gehörig, selbst *das Beste* ward.

Anmerkungen und Zusätze.|

Anmerkungen und Zusätze.

Einer der gründlichsten Weltweisen dieser Zeit, der die Freundschaft für mich gehabt, diese Aufsätze durchzulesen, hat mir einige Anmerkungen darüber mitgetheilt, die ich meinen Lesern nicht vorenthalten will.

Seite 238

mißbilligen kann) Diese Bemerkung ist sehr richtig und fruchtbar! Könte man sie nicht noch mit folgendem erläutern? – So bald wir durch Vergleichung des Gefühls u. s. w. gelernt haben, von den Entfernungen zu urtheilen, ist die Vorstellung des Gesichts und Gehörs nicht einmal in, sondern ausser unserm Körper – dort an der Wand – dort auf der Gasse. Wenn die Rührung nur nicht so stark ist, daß sie an Schmerzen grenzet, und also zum Gefühl gehört, (dahin auch die Empfindung der Blindgebornen, zum erstenmal Sehenden gerechnet werden muß) so wissen wir von dem eigent-|lichen Sinnenwerkzeuge nichts. Wenn wir nicht die Grenzen bemerkten, oder durch Vorhaltung der Hände es erforschten, so wüsten wir nicht, wo eigentlich Gesicht und Gehör läge. Die umgekehrten Bildchen in zweien Augen empfinden wir nicht, und noch weniger die Rührung des Nerven, der weiter zum Gehirne gehet: alles scheinet eine Erleuchtung zu seyn, die sich nicht blos in uns, sondern auch weit um uns erstrecket. So erforschen wir auch nur durch Bedeckung des Ohrs, ob wir mit diesem, oder mit jenem, oder mit beiden hören. – Hier ist also doch die Täuschung des Räumlichen offenbar, und folglich zeigt die Vorstellung des Ortes nicht an, daß daselbst in den aus einander gelegenen Theilen die Empfindung stecke.

Seite 242

nicht – bündig ist) Sehr wohl erklärt! und eigentlich war das Bild im Wasser oder im Spiegel eben so unstät und täuschend, als das vom Regenbogen, indem es sich auch nur auf den Stand des Sehen-|den beziehet. Also: allgemein zu sagen – wir sind gewohnt, einen | Gegenstand da zu vermuthen, wo die gerade Linie des Strahls, der unser Auge berührt, hinführt: daher irren wir uns in dem Orte eines gebrochenen Strahls. Wir sind gewohnt, eine gewisse Beschaffenheit der Oberfläche, oder der durchscheinenden Materie eines Körpers zu vermuthen, wenn uns ein solcher gespaltener Strahl rührt, den wir farbicht nennen: daher schreiben wir dem Orte, von welchem er in gerader Linie zu uns komt, die Farbe zu. – Die Berichtigung ist allemal, wie im Texte vorgeschrieben.

Seite 245

Wenn die *dauernden* sinnlichen Eindrücke im Gehirne, und was von ihrer Anwendung vorgegeben wird, sonst erwiesen werden könten; so mögte Helvetius, den ich nicht gelesen habe, zu seiner Vertheidigung noch sagen, daß wir jedem Worte, welches einen allgemeinen Begrif andeuten soll, vielleicht heimlich ein bestimmtes Bild unterschieben, und das thun wir freilich, wenn wir es uns anschaulich vorstellen; denn z. E. einen Baum oder Menschen *in genere* können wir uns nicht vorstellen. Was | nun die Wörter betrift, die keine Bilder zulassen – ey nun: das sind Zeichen von Verbindung, Trennung, Verhältniß, u. s. f. wie =, +, ÷, ∧, **v**,: u. d. gl., die der Abt *l'Epée* bey den Taubstummen auch mit seiner Zeichensprache ausdruckt. – Es ist aber unleugbar, daß in jeder Erinnerung, auch ohne Worte, schon ein abgesonderter Begrif liegt. Voltairens Gesicht kennet der Taubstumme so gut, wie derjenige, welcher den Nahmen gehört, links oder rechts, oder von vorne dargestellt, als von der nämlichen Person wieder, da doch die Sinnenbilder nur im Allgemeinen übereinkommen. Dieselbe Melodie, die doch nicht durch Worte bezeichnet wird, erkennet auch derjenige, der das gemeinschaftliche Zeichen der Noten nicht versteht, sie mag in höherm oder tieferm Tone, langsamer oder geschwinder, gesungen, auf der Violine, dem Klavier, der Flöte, oder den Glocken gespielt werden, welches doch sehr verschiedene sinnliche Eindrücke sind. – Was leisten also die Worte zur Abstraction oder zum deutlichen Denken, dazu sie doch so nöthig schei-|nen? Mich dünkt dieses, daß sie jeden abgesonderten Begrif, der sonst unbestimmt, schwebend seyn würde, in gewisse Grenzen einschliessen, dadurch Art, Gattung, Klasse, Grad, Beschaffenheit, Verhältniß u. s. w. unterschieden und bestimmt werden. Z. B. Mensch, Thier, Körper, Ding: Hütte, Haus, ‖ Wohnung: heiß, brennend, u. s. f. Daher ist allerdings die Sprache eine vortrefliche Gabe, ohne welche wir nicht allein die Mittheilung, sondern auch die Fassung bestimmter Begriffe, und also deutliches Denken, nicht genössen. Die sichtbaren Zeichen des *l'Epée*, oder seines Wiener Lehrlings, den Nicolai beschreibt, sind viel unvollkommener, da sie nicht so bestimmt unterscheiden können. Z. B. Zusammen oder bey einander, verbunden, geknüpft, geleimt, gekleistert, genagelt, gefügt, u. s. w. Wenn der Taubstumme, nachdem ihm die Sprache beygebracht worden, uns etwas von seiner vormaligen Denkungsart erzählen könte – man sagt aber, daß sie selbst nicht einmal deutliche Erinnerung ihrer vorigen Handlungen übrig behal-|ten – so glaube ich, sie würde sich der thierischen ziemlich nähern – meist individuelle Vorstellungen – wiewohl das Vergleichungsvermögen, als das Eigene der Vernunftkraft, schon heimlich strebet – und unmittelbare Verbindung von Folgen, Beziehungen u. dgl.

Seite 246

ohne etwas Fortdaurendes – nicht denkbar) Ich habe einmal flüchtig etwas im Museo *über das Ich* angesehen, welches ich zu weiterm Nachdenken versparet und nachher versäumt habe. So viel ich davon faßte und mich erinnere, wolte der Verfasser Zweifel gegen die Versicherung unserer Fortdauer auf folgende Weise erregen. – Unser Bewußtseyn der Personalität, oder der Fortdauer, beruhet nur auf die Erinnerung, oder vermeinte Erinnerung des vorher empfundenen. Wenn dies Gedächtniß ausgelöscht ist, so überzeugen wir uns nicht, dasselbe Wesen zu seyn, welches in jenem Zustande existirt, jene Abänderung erfahren hat: wenn eine andere Ideenreihe durch Verrückung in uns entstehet, so glaubt der Mensch ein andres Wesen, | ein König oder ein Thier, ja wohl gar ein lebloses Ding, ein Gerstenkorn u. s. w. zu seyn. Nun setze man umgekehrt ein anderes denkendes Wesen in den Ideenkasten des vorigen, der ihm seine Bilder vorstellt; so wird er glauben, eben der zu seyn, der jenes erfahren hat und sich dessen nun erinnert. Alle Theile des Ideenkastens können auch mittlerweile anders untergeschoben, und folglich alles verändert seyn: wenn es nur allmählig so geschehen ist, daß ohngefähr dieselbe Ordnung bleibt, oder dasselbe Bild, wie im fliessenden Wasser, zurückgeworfen wird, so wird die Würkung einerley bleiben. Demnach könte auch das eingebildete Bewustseyn eines in uns ‖ fortdaurenden Wesens, welches das bleibende Subject der Abänderungen wäre, Täuschung seyn! – Ich wüste hierauf nicht zu antworten, wenn ich nicht glaubte, die Unmöglichkeit gezeigt zu haben, daß fortdaurende Eindrücke, oder dgl. Veränderungen in zusammengesetzten auseinander gelegenen Theilen die Erscheinungen des Gedächtnisses darstellen könten, da jene nothwendig individuel, örtlich und | unzählig gehäuft seyn müssen, dieses aber offenbar uns ein *abstractum* des Gesehenen oder Gehörten zurückruft, u. s. w.

Man erlaube mir, zu dieser Anmerkung meines Freundes einige Worte hinzuzufügen, um sie mir selbst besser ins Licht zu setzen. Ich verspreche mir überhaupt nicht viel Aufschluß von Hypothesen, die so sehr ins Abentheuerliche gehen; da man offenbar unmögliche Dinge, als möglich voraussetzet, um zu untersuchen, was der Erfolg seyn würde. Sie dienen meines Erachtens mehr zur Belustigung, allenfalls zur Uebung des Scharfsinns oder der Erfindungskraft, als zur Entdeckung der Wahrheit. Was würde der Erfolg seyn, wenn wir den Kopf eines Löwen auf den Rumpf eines Hasen setzen könten; wenn die Erde plötzlich leichter, als die Luft werden sollte; wenn wir einer Bildsäule nach Belieben Leben und Empfindung mittheilen, wenn wir das ganze Nervengebäude aus einem Körper herausziehen, und in einen andern gleichfalls entnervten Körper einpflanzen kön-|ten? – So etwas aus einer Feenwelt scheint mir die Hypothese des Museums zu verlangen.

Freylich wohl! wenn die Seele, wie einige Weltweise wollen, vor ihrem Kasten dastehet, und weiter nichts zu thun, als blos die Zeichen und Eindrücke abzulesen hat, die sie allda findet; so kan es ihr gleichviel seyn, vor welchen Schrift- oder Zeichenkasten sie gestellt werde. Sie kan also gar füglich von einem an den andern versetzt werden, und ihr Geschäft ohne Schwierigkeit weiter treiben; so wie etwa ein Schriftsetzer mit gleicher Fertigkeit hier die Schriften eines *Reimarus*, dort eines *Schwedenborgs* absetzet, wenn nur die Handschrift gleich leserlich ist. Aber so ist es, wie mich dünkt, nicht mit der Seele der Lebendigen beschaffen. Sie hat nicht blos *abzusetzen*; sondern muß auch, so zu sagen, *übersetzen*; aus dem Idiom des Körpers in ihre geistige Sprache übertragen, erklären und auslegen. Sie muß also mit allen Redensarten und Wendungen ihrer Urschrift sehr bekant seyn, muß mit dem Urheber derselben, den sie ihren ‖ Körper nennet, | gleichsam zugleich erzeugt, ernährt, erzogen und unterrichtet seyn, wenn sie ihn recht verstehen und treulich übersetzen will. In einem neuen Seelenkasten ist sie, wie nicht zu Hause; wie unter einem fremden Volke: sie verstehet nicht, und wird nicht verstanden.

Wenn die Allmacht mit diesem Körper, den ich itzt den meinigen nenne, eine andere Seele verbände, fragt man, wie würden sich die Neuverlobten verhalten?

Ich antworte zuförderst auf den ersten Antrag, wie jener geitzige Vormund des komischen Dichters auf den Antrag seines verliebten Mündels: *was bringt sie mit?* – So ganz blos kan sie ja nicht seyn, die neue Seele, die meinem Körper werden soll; sie muß irgendwo schon etwas erworben haben, oder sonst etwas zur Mitgabe bekommen. Leer von allen Begriffen würde sie sich nicht zu diesem neuen Körper schicken; würde sie seine Sprache nicht verstehen, und auch nicht das mindeste auf ihn vermögen; und eben so wenig würde zwischen ihnen Verbindung Statt haben, wenn sie nicht | vollkommen der Seele gliche, die itzt in meinem Körper wohnet. Nur diese stimmet in allen ihren Merkmalen mit meinem Körper auf das genaueste überein, und ohne die genaueste Harmonie läßt sich zwischen Leib und Seele keine Verbindung denken. – Wenn der Naturforscher irgend eine unnatürliche Verbindung veranstaltet: so kan er zuweilen doch wenigstens die Natur zwingen, eine Misgestalt, eine Zwittergattung, an die Stelle eines ihrer vollkommnen Werke hervorzubringen. Mit Seele und Körper aber, die nicht für einander geschaffen sind, ist schlechterdings nichts anzufangen. Sie werden sich niemals paaren oder begatten, und die Verbindung, die von der Allmacht zwischen ihnen gestiftet werden soll, ist ein leeres Wort.

So lange also dieser mein Körper derselbe bleibt, kan ihm kein Geist eingehaucht werden, der anders beschaffen seyn soll, als der meinige itzt wirklich ist. Die Allmacht müßte, um diese Verbindung wirklich zu machen, der neuen Seele zu gefallen, auch meinen Körper nach ihrem Erfordernisse umbilden und ihr gleichsam anpas-|sen. Geschiehet aber dieses, so entstehet ein andrer Mensch, ein anderer Körper und eine andere Seele; nicht mehr das vorige *Ich*, auch nicht mehr das vorige *Mein*, und dieser neue Mensch wird auch nicht in dieselbe Verbindung des Raumes und der Zeit passen, in welcher ich mich befinde; denn in dieser Verbindung habe nur ich, als zum Besten ge-||hörig, mein *wo* und *wenn* gefunden.

Setzen wir aber, daß die neue Seele derjenigen vollkommen gleich komme, die itzt in mir wohnet, und also eben so gut, als diese mit meinem Körper übereinstimme; so gehet die Verbindung zwar gut von Statten; dahingegen ist es auch keine *andere* Seele, die mir zugetheilt wird; sie ist von meiner jetzigen Seele nicht zu unterscheiden; was nicht zu *unterscheiden* ist, kan auch wirklich und in der That nicht *unterschieden seyn*. Es ist und bleibt also immer noch dieselbe Seele, die wir blos mit Worten eine *andere* genennet haben. Denn daß die Allmacht sie neuer Dinges erschaffen und hervorbringen soll, dieses würde die Iden-|tität nicht aufheben. Muß die Allmacht doch ohnehin die zufälligen Wesen unaufhörlich hervorbringen, wenn sie fortdauern sollen, ohne daß ihre Identität darunter leide, oder durch die fortgesetzte Schöpfung (wie die Scholastiker die Erhaltung der Dinge nennen) aufgehoben werde.

Seite 248

Verrückung – Grunde) Unsere neuen Mystiker nennen es – *sich der Sinnlichkeit entziehen*: in der Volkssprache sagte man sonst sehr gut – *von Sinnen kommen* – Dies ist übrigens eine arge Instanz gegen die Versicherung der Wahrheit des Empfundenen, wenn uns nämlich die innern Sinne trügen. Noch neulich starb hier ein Mann, der durch viel verkehrtes Studiren dahin gekommen war, daß er oft Stimmen aus der Wand zu hören glaubte, die ihm z. E. vorsagten, was er eben gelesen hatte, oder sich sonst mit ihm unterhielten – Was ist

nun hierbey für Rath, oder welche Probe wäre dagegen anzustellen? Die Seelenkräfte
setzen die innern Werkzeuge der Vorstellungen in | eben die Bewegung, wie es sonst von
aussen geschiehet, und nun, da sie doch nur ihr eigen Werk wahrnimmt, schreibt sie es dem
gewohnten äussern Eindrucke zu. Es bleibt nichts als die Untersuchung der Uebereinstimmung aller äussern Umstände übrig. Dadurch fände ein solcher Mensch zwar, daß er nicht
im Traume sey, da alles ausser ihm sonst sich in gehöriger Ordnung darstellet: daß aber
doch diese besondere Würkung seiner Vorstellung nicht mit den übrigen Naturwürkungen
übereinstimme, und also der Unrichtigkeit verdächtig sey. – Das Schlimmste ist, daß der
Kranke nicht geneigt, oder nicht fähig ist, sich auf diese Probe einzulassen.

Ich muß hier noch erinnern, daß auch beym Traume die innern oder sich auf uns bezie-
henden Merkmale der Uebereinstimmung, die Ver-||gleichung mehrerer Sinne, das Zeugniß
anderer, u. s. f. nicht zureichend sind, die Täuschung zu heben: denn, wir meinen auch zu
fühlen, was wir sehen und von andern dasselbe zu hören. – Ist denn mein Freund würklich
noch am Le-|ben? – Allerdings! sagen alle, die im Traume gegenwärtig sind – da komt er
her – ich laufe auf ihn zu – ich umarme ihn u. s. w. – Wenn wir aber die äussern Umstände
unter sich vergleichen, so finden wir Verschiedenheit genug mit den Vorstellungen, die wir
im Wachen haben. Dort stimmt alles, was wir uns ausser uns zu seyn vorstellen, wenig
zusammen, Zeit, Ort, Masse der Kraft zur eingebildeten Würkung u. s. w. Hier bleibt alles
übereinstimmend: wir finden heute wie gestern Haus, Gegend, Menschen, wieder; nichts
blos nach unserer Gedankenreihe; nichts erscheint ohne *äussere Ursache*: nichts übersteigt
die Kraft der Ursache u. s. f. Da nun verschiedene Erscheinungen auch verschiedenen
Grund haben müssen, so können wir diese Erfahrung von dem offenbaren Unterschiede
der Vorstellungen im Traume und im Wachen auch gar wohl zum Beweise anführen, daß
letztere nicht, wie jene, blos subjective Veränderungen unsers Denkens sind, sondern einen
Grund ausser uns haben müssen. – Sollte aber diese Verschiedenheit | nicht auch gegen die
Lehrmeinung zeugen, daß ein jeder seine Vorstellungen eigentlich nur aus sich selbst ent-
wickele, ohne daß in der That eins auf das andere würke, da doch die, welche wir also aus
uns selbst entspinnen, so ganz anders zusammenhängen
und beschaffen sind?

Seite 253

Darstellung der Gegend annehmen wollen) Die Vorstellung der Perspective erläutert den Grund des Wahren
bey der verschiedenen Einbildung sehr wohl. Es sey mir
erlaubt, ein Beispiel dazu zu geben, mit welchem ich
mir die Sache anschaulich gemacht habe – Die vierseitige
Pyramide A schwebe in der Luft, so, daß sie von allen
Seiten gleich erleuchtet ist, und also dem Auge nicht die
Vermuthung eines körperlichen Umfanges darbeut, und
nun werde sie aus verschiedenen Standpunkten betrach-
tet. | Der eine sieht sie gerade von unten in C und sagt:

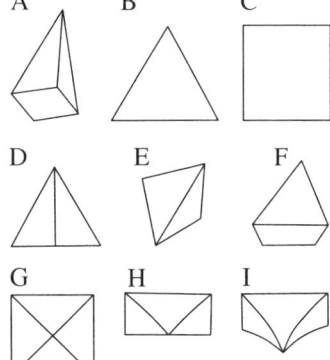

es ist ein bloßes Viereck; der andere, der sie grade von einer Seite in B sieht, sagt: es ‖ ist ja ein Dreieck; (gleichseitig oder verkürzt, nachdem es mehr senkrecht oder von der Spitze zu betrachten wird) ein Dritter sieht zwo Seiten D, es sind zwey rechtwinklich zusammengefügte Dreyecke – Nein: nach E vielmehr zwey ungleiche Dreiecke – nach F ein Dreieck mit angehängtem Trapezio – nach G ein durchkreuztes Viereck – nach H ein längliches Viereck, in drei Dreiecke abgetheilt – nach I drey ungleiche Dreiecke. Alle diese und noch mehr Abänderungen lassen sich perspectivisch vorstellen und haben also ihre eigene Wahrheit: nur der aber, welcher dieses alles vergleicht und in der ersten Figur die Uebereinstimmung findet, kann den würklichen Grund der Erscheinungen errathen. Es beweisen also die verschiedenen Vorstellungen keinesweges, daß nicht ein gemeinschaftlicher objectiver wahrer Grund zu allen vorhanden sey. – So weit, mein Freund. – |

Seite 257

Die *Fragen* verdienen in der Logik eine besondere Erwegung; so wie sie in der Sprache auf eine besondere Weise ausgedrückt zu werden pflegen. Harris hat in seinem *Hermes, oder philosophischer Betrachtung über die allgemeine Sprachlehre*, ihrer erwehnt, und folgendes davon bemerkt:

„So oft eine Frage *einfach* und *bestimmt* ist, spricht er, kan die Antwort meistens in denselben Worten geschehen, indem sie in einen bejahenden oder verneinenden Satz verwandelt werden, je nachdem die Wahrheit auf der einen, oder auf der andern Seite anzutreffen ist. Zum Beyspiel – *Sind diese Verse Homers?* – Antw. *Diese Verse sind Homers. Sind diese Verse Virgils?* – Antw. *Diese Verse sind nicht Virgils.* Und hier haben die Spracherfinder, um der Kürze willen, zwey Partikeln angegeben, wodurch alle dergleichen Antworten ausgedrückt werden können; *Ja*, für alle | bejahende; *Nein*, für alle verneinende Antworten.

Ist aber die Frage vielfach, als z. B. – *Sind diese Verse Homers, oder Virgils?* – oder ist sie gar *unbestimmt*, wenn nehmlich überhaupt gefragt wird – *Wessen sind diese Verse*? – so kan die Antwort auf die vorhin angeführte Weise nicht erfolgen. Die Ursache hiervon ist, weil keine andere Frage durch ein bloßes *Ja* oder ein bloßes *Nein* beantwortet werden kan, als eine solche, die selbst so einfach ist, daß sie von zween möglichen Antworten nur eine zu-‖läßt. Nun kan jede vielfache Frage, wo nicht auf mehrere, doch wenigstens auf viererley Art beantwortet werden, davon zwey bejahend und zwey verneinend sind. Die Ursache ist, weil eine vielfache Frage wenigstens aus zwoen einfachen bestehen muß, deren jede besonders bejahet oder verneinet werden kan. Zum Beyspiel – *Sind diese Verse Homers, oder Virgils?* (1) *Sie sind Homers.* – (2) *Sie sind nicht Homers.* (3) *Sie* | *sind Virgils.* – (4) *Sie sind nicht Virgils.* – Man kan noch hinzuthun, (5) *Sie sind von keinem von beiden.* Die unbestimmte Frage gehet noch weiter; diese kan auf unendlich viel bejahende und unendlich viel verneinende Weise beantwortet werden. Wenn z. B. gefragt wird – *Wessen sind diese Verse?* so kan bejahend geantwortet werden – *Sie sind Virgils. Sie sind Horazens. Sie sind Ovids*, u. s. w. – Oder verneinend – *Sie sind nicht Virgils. Sie sind nicht Horazens. Sie sind nicht Ovids*, und so fort ins Unendliche. Wie können wir hier durch ein bloßes *Ja* oder ein bloßes *Nein* das Besondere zu erkennen geben, welches unter so vielen Möglichen gemeint sey? Hier müßte also die Antwort durchaus in einem ganzen Satze bestehen. Allein die Gewohnheit hat auch hier die Antwort, um der Kürze willen, in ein *einziges, wesentliches, charakteristisches Wort* zusammen gezogen, und den Ueberrest von sich selbst verstehen lassen. So wenn wir gefragt werden – *Wie viel | rechte Winkel enthalten alle Winkel eines Dreyecks?* – antworten wir mit der einzigen Sylbe, *zwey*; ohne Abkürzung würde die Antwort seyn müssen – *Alle Winkel eines Dreyecks enthalten zwey rechte Winkel.* Die Alten haben diesen verschiedenen Arten von Fragen auch zwey verschiedene Namen gegeben. Die Einfache nennten sie Ερώτημα, *Interrogatio*; die vielfache Πύσμα, *Perconta-tio.*" So weit Harris.

Unrichtig sind diese Unterscheidungen zwar nicht; allein sie scheinen nicht auf den Grund zu gehen, und der Sache nicht Licht genug zu geben. Eine deutliche Worterklärung wird uns helfen, die Begriffe besser aus einander setzen und von diesen Bemerkungen des englischen Schriftstellers logischen Grund angeben zu können. Also: was ist eine Frage?

Es ist offenbar, daß jeder Fragende etwas zu erfahren verlanget, wodurch ein mangelhafter Satz ergänzt und vollständig gemacht wird. Die Antwort ersetzt diesen Mangel und verwan-|delt also einen gegebenen unvollständigen, in einen vollständigen Satz. ||

Zum Beispiel – – *Wer ist der Verfasser der Iliade?* – Das Fragewörtchen *Wer* stehet hier an der Stelle des unbekannten Subjekts. Die Antwort nennet das Subjekt, *Homer*; und nun ist der Satz vollständig: *Homer ist der Verf. der Iliade.* – *Was ist die Iliade?* – Das Wörtchen *Was* stehet an der Stelle des unbekanten Prädikats. Die Antwort nennet das Prädikat – *Ein Heldengedicht Homers*, und ergänzt dadurch den Satz – *Die Iliade ist ein Heldengedicht Homers.* Es ist also nicht nöthig, mit dem Harris eine Verkürzung anzunehmen. Der Antwortende braucht bloß denjenigen Theil des Satzes anzugeben, der dem Fragenden mangelt. Diesen unbekannten Theil drückt der Fragende durch das Fragewort aus, wie etwa in der Algebra eine unbekannte Größe durch X, Y oder Z angedeutet wird. Der Antwortende zeigt den Werth, der an die Stelle des Zeichens ge-|setzt werden muß, um den Satz vollständig und bestimmt zu machen.

Der Casus des fragenden Fürworts giebt den Theil des Satzes an, der zur Vollständigkeit fehlt. Der Nominat. *Wer? was?* bedeutet einen Haupttheil des Satzes, Subjekt oder Prädikat, wie wir in den angeführten Beyspielen gesehen. Der Akkus. *Wen? was?* zeiget an, daß zur Vollständigkeit des Satzes das Objekt fehlet. *Wen hat Homer zum Helden der Ilias genommen?* – Antw. *den Achill.* Der Ablat. bedeutet den Bestimmungspunkt *woher*? so wie der Dativ den Bestimmungspunkt, *wohin*? und der Genitiv das *Verhältniß*, in welchem Subjekt oder Prädikat mit einem andern Substantiv stehet. – Z. B. *Wessen Heldengedicht ist die Ilias?* Antw. *Homers.* Der Satz, der die Frage angab, war – – *Die Ilias ist ein Heldengedicht des X.* Subjekt und Prädikat war nehmlich bestimmt und gegeben. Es fehlte aber das Substant., mit welchem das Prädikat in dem bestimmten Verhältnisse stehet. Die Frage drückt | dieses durch ein bloßes Zeichen, oder durch das *Pronomen interr.* im Genitiv aus; *Wessen?* – Die Antwort erfolgt in demselben Casu: *des Homers*, und nunmehr ist der Satz vollständig – *Die Ilias ist ein Heldengedicht Homers.*

In allen diesen Fällen blieb in der Frage ein Haupttheil des Satzes, Subjekt oder Prädikat, entweder völlig unbekannt, oder in irgend einer Betrachtung unbestimmt, wodurch der Satz noch unvollständig ausgedrückt werden mußte. Die Antwort, welche diesen Mangel ersetzen sollte, konnte also so vielfach ausfallen, als mancherley die ‖ Gegenstände waren, zwischen welchen der Fragende den Zweifel schweben ließ. Gab er den fehlenden Theil, oder die ausgelassene Bestimmung als völlig unbekannt an; so waren der möglichen Antworten *unendlich viele.* Z. B. – *Wer hat diese Verse gemacht?* – So viel Namen möglich sind: so viel Antworten können hier gegeben werden. Hat aber der Fragende den Zweifel auf eine bestimmte Anzahl von Gegenständen eingeschränkt; ‖ so giebt es auch keine größere Anzahl von Antworten; sondern eben so viel bejahende und eben so viel verneinende Antworten, als Gegenstände, auf welche die Frage den Zweifel eingeschränkt hat. – *Sind die Verse vom Horatz, Virgil oder Ovid?* – Die Frage läßt hier eine Bestimmung des Prädikats nicht völlig unbekannt; sondern schränkt den Zweifel auf drey Personen ein, und die Antwort kan auf sechserley Art ausfallen, davon drey bejahend und drey verneinend sind. Harris thut noch die Antwort hinzu: – *Sie sind von keinem von diesen.* Allein mich dünkt, dieses ist nicht so wohl eine Antwort, als eine Erklärung, daß die Frage selbst ungereimt oder unschicklich sey; indem sie den Zweifel näher einschränkte, als der Wahrheit nach geschehen konnte. Sie hat einen von dreyen zum Urheber der Verse angegeben, und im Grunde ist es keiner derselben.

Dieses ist also diejenige Gattung von Fragen, welche die Alten Ερώτημα (*Interrogatio*) nennten. Sie ist nicht, wie Harris meint, zusammengesetzt, oder vielfach; sondern an und ‖ für sich sehr einfach, und die Vielheit der Antworten liegt in der Natur der Begriffe. Sie bestehet in dem *Ausdrucke eines Satzes, dem zur Vollständigkeit ein Haupttheil, Subjekt oder Prädikat, entweder ganz, oder in einer von seinen Bestimmungen fehlet; nebest dem Verlangen, diesen Abgang durch die Antwort zu ergänzen.*

Wenn aber die Haupttheile des Satzes gegeben und bestimmt sind, und blos der Zweifel in der Qualität des Satzes liegt; der Fragende nehmlich will wissen, ob der Satz zu bejahen, oder zu verneinen sey; so sind allerdings nur zwo Antworten möglich, eine bejahende und eine verneinende. Die Antwort kan also, ohne Kunstgriff der Spracherfinder, wie Harris meinet, ohne alle Verkürzung, in dem Redetheilchen bestehen, das in der Frage zweifelhaft blieb, in der bloßen *Bejahung* oder bloßen *Verneinung.* – Z. B. – *Sind diese Verse Homers?* – *Hast du den weißen Bären gesehen?* Subjekt und Prädikat sind hier angegeben und bestimmt; blos die Beschaffenheit ‖ des Bindeworts ‖ blieb zweifelhaft, und daher kan die Antwort auch nicht anders, als diese Beschaffenheit angeben; *bejahen* oder *verneinen.*

Diese Gattung von Fragen nennten die Alten πύσμα, *Percontatio*, oder wie man im Deutschen etwa sagen könnte, *Forschen.* *Sokrates* bediente sich derselben, wenn er seine Schüler ausholen und auf die Wahrheit führen wollte. Er bestimmte allezeit Subjekt und Prädikat seines Wahrheitsatzes so genau, als möglich, und brachte die Frage dahin zurück, daß der Schüler nur *Ja* oder *Nein* zu antworten hatte. Auch vor Gericht, beym Zeugenverhör, sehr oft auch bey Inquisition der Verbrecher, pflegt man sich dieser Methode zu bedienen; die Fragen in ihre einfachsten Theile aufzulösen, und alle Stücke des Satzes, bis auf die Beschaffenheit desselben, deutlich anzugeben; so daß der Antwortende blos zu bejahen oder zu verneinen hat.

Diese Subtilitäten, welche *Laurenz Sterne* durch sein Beyspiel vom *weißen Bären* so lächerlich gemacht hat, führen gleichwohl zu nützlichen | Folgen. Alle Fragen müssen beantwortlich seyn; müssen unvollständige Sätze enthalten, die durch eine mögliche Antwort in vollständige, verständliche und denkbare Sätze verwandelt werden können. Sobald erweislich ist, daß der Satz, welchen die Frage ergänzt haben will, auf keine Weise zu ergänzen sey, daß er in der verlangten Vollständigkeit an und für sich nicht gedacht werden könne; so muß die Frage selbst als unstatthaft verworfen werden. Mich dünkt, daß eine Menge von Fragen, welche von den Weltweisen sehr mühsam untersucht zu werden pflegen, zu dieser Klasse gehören. Sie fordern Vollständigkeit eines Satzes, die an und für sich nicht gegeben werden kann. Sie suchen so etwas, das nicht nur ausser dem Erkenntnißkreise des Menschen, sondern außerhalb aller Erkenntniß überhaupt fallen muß. In dem Texte, auf welchen diese Note anweiset, befinden sich einige Beyspiele von Fragen dieser Art, die mir unstatthaft scheinen. Man erlaube mir, hier noch einige Instanzen anzuführen. |

Erste Instanz.

Was sind die Dinge an und für sich, außer allen Empfindungen, Vorstellungen und Begriffen? Diese Frage gehört, wie ich glaube, zu der Klasse der unbeantwortlichen Fragen. Der unvollständige Satz, den sie enthält, ist: – *Die Dinge ausserhalb aller Empfindun-||gen, Vorstellungen und Begriffe sind an und für sich* = X. Dieser Satz muß, wenn die Frage gelten soll, sich vollständiger machen, das Unbekannte in demselben muß sich in etwas Bekanntes, das X in A verwandeln lassen, und der Satz dadurch in seiner Vollständigkeit denkbar werden. Setzet also: *Die Dinge ausserhalb aller Empfindungen, Vorstellungen und Begriffe sind* = A. Nun giebt A in diesem Falle offenbar nicht mehr zu denken, als X; denn in so weit das A etwa gedacht, empfunden, oder vorgestellt werden kan, thut es der Frage kein Genüge. Der für unvollständig ausgegebene Satz kan also durch keine mögliche Antwort vollständig gemacht werden. Die Frage ist an und für sich selbst unbeantwortlich. |

Zweite Instanz.

Was ist das Substratum aller Accidenzen, die von einer Substanz zu erkennen sind? Auch diese Frage, über welche sich *Locke* so weitläufig herausgelassen, ist, wie mich dünkt, aus dem nehmlichen Grunde unbeantwortlich. Denn setzet, dieses gesuchte Substratum sey A. In so weit A etwas Denkbares, Begreifliches oder Vorzustellendes bedeutet; gehöret es zu den Accidenzen und thut der Frage kein Genüge. Es ist also keine Antwort möglich, in welcher dieses Substratum angegeben werden soll.

Dritte Instanz.

Hat dieses gesammte Weltall eine örtliche Bewegung? Eine Frage, die *Newton* aufgeworfen. *Kann dieses Weltall von seiner Stelle fortrücken und im leeren Raume seinen Ort verändern?* – Wenn diese Frage beantwortlich seyn soll, so muß der Satz: *dieses Weltall hat seine Stelle verändert*, von dem Satze: *dieses Weltall hat sie nicht verändert*, verschieden seyn und von irgend einem denkenden Wesen unterschieden werden können. Nun ist | dieses nach der Voraussetzung unmöglich; denn im unendlichen Leeren giebt es schlechterdings keine Merkmale, wodurch die Theile, oder die Verschiedenheit der Orte von irgend einem denkenden Wesen unterschieden werden könnten. Die Frage ist also von *Leibnitzen* mit Recht als unbeantwortlich verworfen worden. Eine ähnliche Beschaffenheit hat es mit der Frage in Absicht auf die leere Zeit. Konnte diese Reihe der Dinge, so wie sie jetzt würklich geworden, nicht früher entstehen? – Die Antwort fällt aus eben dem Grunde ins Unmögliche. ‖

Vierte Instanz.

Ich halte dafür, die bekannte Untersuchung der Physiologen über des Vehikulum unserer sinnlichen Empfindungen sey derselben Bedenklichkeit unterworfen, führe zuletzt auf eine Frage, die an und für sich selbst unbeantwortlich ist. *Was ist das Vehikulum*, fragt man, *wodurch die sinnlichen Beschaffenheiten der Gegenstände ausgeführet werden?* Es ist eine flüßige Materie, sagen einige; es sind elastische Fibern, antworten andre: bald soll es | eine feine Materie, wie Aether seyn; bald der elektrischen Materie gleichen: alle kommen darin überein, daß dieses Vehikulum Materie sey. Nun ist die Materie nicht anders, als durch sinnliche Beschaffenheiten (*qualitates sensibiles*) zu erkennen. Was wir von derselben wissen und erfahren können, bestehet in den sinnlichen Empfindungen, die sie uns gewähret, und in den Merkmalen, die wir davon abgesondert haben. Wir wollen also das Vehikulum aller sinnlichen Beschaffenheiten durch sinnliche Beschaffenheit selbst erkennen. Wir wollen das Wesen erkennen, welches uns diese sinnliche Beschaffenheiten zuführet, und gestehen gleichwohl, daß dieses Wesen nicht anders, als durch dergleichen sinnliche Beschaffenheiten von uns zu erkennen sey. – Ich traue mir selber nicht, wenn ich in dieser Untersuchung einen so fehlerhaften Zirkel zu finden glaube. Es haben sich so viele scharfsinnige Köpfe mit derselben abgegeben, daß ich immer noch befürchte, die Frage selbst nicht gehörig eingesehen zu haben. Ich werde es einem jeden Dank wissen, der sich die Mühe giebt, mich eines bessern zu belehren, und diese berühmte Streitfrage ins gehörige Licht zu setzen. |

Fünfte Instanz.

Ein bemerkenswerthes Beyspiel dieser Art ist, wie es mir scheint, der von einigen Weltweisen erregte Zweifel über die Fortdauer einer Substanz. Welches Merkzeichen, fragen sie, kann davon gegeben werden, daß eine Substanz in aufeinander folgenden Augenblicken noch dieselbe geblieben sey? Selbst bey einem geistigen Wesen, sprechen sie, kan hiervon keine Sicherheit erhalten werden; denn das Bewußtseyn und die Erinnerung des vorigen Zustandes giebt hiervon keine Gewißheit. Immer noch bleibt dieses Bewußtseyn, diese Erinnerung etwas Gegenwärtiges, das dem Geist itzt beywohnet, und würde z. B. in einer untergeschobenen Substanz eben so wohl statt haben, als in einer fordauernden. Sie kan also kein Kri-||terium seyn, jene von dieser zu unterscheiden.

Ich antworte hierauf: eben deswegen, weil ein solches Kriterium nicht gefunden werden kan; so kann es auch nicht gesucht werden. Es ist widersinnig, Dinge unterscheiden zu wollen, davon man überzeugt ist, daß sie an und für sich nicht unterschieden werden können. Wenn alle Merkmale und Kennzeichen der untergeschobenen Substanz vollkommen so beschaffen sind, | als wenn die Substanz fortgedauert hätte; so ist sie von einer fortdauernden nicht unterschieden; so würde das vollkommenste Wesen selbst sie für einerley halten müssen; das heißt, sie würden einerley seyn. Die Substanz würde dieselbe geblieben, und nicht verwechselt worden seyn. Was nicht zu unterscheiden ist, muß auch in der That nicht unterschieden seyn. Was nicht erkannt werden kann, das ist auch nicht. Das Gesuchte liegt hier ausserhalb des Erkentnißkreises nicht nur des eingeschränkten Menschen, sondern des Erkenntnißkreises überhaupt, und fällt ins Ungereimte.

Seite 304

Noch dringen mir die Worte durch die Seele, deren sich mein unvergeßlicher Freund in dem letzten Handschreiben bediente, das mir ein Reisender von ihm überbrachte. Seit einigen Jahren hatte weder ich noch unser beiderseitiger Freund *Nicolai* Schreiben von ihm erhalten, und er war uns einige Antworten schuldig. Dieses befremdete mich nun zwar nicht; denn er war, wie seinen Freunden bekannt ist, nie der rüstigste Briefschreiber, auch eben im Beantworten nicht pünktlich, wenn es bloß um Freundschaftsversicherung, ohne weitern Inhalt, zu | thun war. Indessen öfnete ich doch desto begieriger das Briefchen, das mir ein Unbekanter überreichte. Nun hatte sich L., so lange ich ihn kannte, in so verschiedenen äussern Umständen und Lagen ich ihn kannte, nie über Undank seiner Zeitgenossen beschwert; nie beklagt, daß ihm nicht Gerechtigkeit widerführe, daß seine Verdienste nicht belohnt würden, und dergleichen Beschwerden, die so mancher mit weit geringerm Rechte von sich hören läßt. Die Worte *Ich* und *Mein* war ich gewohnt, aus seinem Munde so selten, als möglich zu vernehmen. Auch waren seine Briefe allzeit lebhaft, gedankenreich und von gediegenem Inhalte. – Alle Arten von Laune war ich an ihm gewohnt; nur niemals Niedergeschlagenheit oder Mismuth. Er war allezeit der tröstende, nie der trostsuchende Freund. Und nun – ich kann die widrige Empfindung nicht || beschreiben, die ich hatte, als mir folgende Zeilen einen ganz andern Mann zu erkennen gaben, einen gebeugten, abgehärmten, endlich unterliegenden Kämpfer; einen gleichsam müdegejagten, verschmachtenden Hirsch, der endlich hinsinkt, und sein edles Geweih muthlos in den Staub legt: |

„Liebster Freund,
Der Reisende, den Sie mir vor einiger Zeit zuschickten, war ein *neugieriger Reisender*. Der, mit dem ich Ihnen itzt antworte, ist ein *emigrirender*. Diese Klasse von Reisenden findet sich unter Yoriks Klassen nun zwar nicht; und unter diesen wäre nur der *unglückliche und unschuldige Reisende*, der hier allenfalls paßte. Doch warum nicht lieber eine

neue Klasse gemacht, als sich mit einer beholfen, die eine so unschickliche Benennung hat? Denn es ist nicht wahr, daß der Unglückliche ganz unschuldig ist. An Klugheit hat er es wohl immer fehlen lassen.

Eigentlich heißt er ****, dieser Emigrant; und daß ihm unsere Leute, auf Verhetzung der Ihrigen, sehr häßlich mitgespielt haben, das kann ich ihm bezeugen. Er will von Ihnen nichts, lieber Moses, als daß Sie ihm den kürzesten und sichersten Weg nach dem europäischen Lande vorschlagen, wo es weder Christen noch Juden giebt. Ich verliere ihn ungern; aber sobald er glücklich da angelangt ist, bin ich der erste, der ihm folgt. |

An dem Briefchen, das mir D. Flies damals von Ihnen mitbrachte, kaue und nutsche ich noch. Das saftigste Wort ist hier das edelste. Und wahrlich, lieber Freund, ich brauche so ein Briefchen von Zeit zu Zeit sehr nöthig, wenn ich nicht ganz mißmüthig werden soll. Ich glaube nicht, daß Sie mich als einen Menschen kennen, der nach Lobe heißhungrig ist. Aber die Kälte, mit der die Welt gewissen Leuten zu bezeugen pflegt, daß sie ihr auch gar nichts recht machen, ist, wenn nicht tödtend, doch erstarrend. Daß *Ihnen nicht alles* gefallen, was ich seit einiger Zeit geschrieben, das wundert mich gar nicht. Ihnen hätte gar nichts gefallen müssen; denn für Sie war nichts geschrieben. Höchstens hat Sie die Zurückerinnerung an unsre beßern Tage noch etwa bey der und jener Stelle täuschen können. Auch ich war damals ein gesundes schlankes Bäumchen; und bin itzt ein so fauler knorrichter Stamm! Ach, lieber Freund! diese Scene ist aus! Gern möchte ich Sie freylich noch einmal sprechen!"

Wolfenbüttel, den 19. Decbr. 1780. | ‖

Gern hätte ich dir diesen Trost gegönnt, liebe Seele! Gern wollte ich mich von meinen Geschäften und von meiner Familie losreißen, zu dir hineilen, und dich noch einmal sprechen. Aber leider! machte ich es, wie wir es bey so manchem guten Beginnen zu machen pflegen. Ich verschob und verweilte – bis es zu spät war. Ach! es waren die letzten Worte, die ich von ihm vernam!

An die Freunde Lessings

1786

Moses Mendelssohn

an

die Freunde Lessings.

————————

Ein Anhang

zu

Herrn Jacobi Briefwechsel

über

die Lehre des Spinoza.

————⋆————

Berlin, 1786.

Erstdruck: Moses Mendelssohn an die Freunde Lessings. Ein Anhang zu Herrn Jacobi Briefwechsel über die Lehre des Spinoza. Berlin, 1786. Bey Christian Friedrich Voß und Sohn. 87 S. [hier: I]
JubA Bd. 3.2, S. 177–218. [hier: II]

Die kleine polemische Schrift erschien nach dem Tod Mendelssohns mit einem Vorwort von Johann Jakob Engel (1741–1802), das die Umstände der Publikation und Marcus Herz' Beschreibung der Todesstunden Mendelssohns bekannt machte. Mendelssohn wendet sich in dieser Schrift, die er wenige Tage vor seinem Tod selbst zum Drucker brachte, gegen Friedrich Heinrich Jacobi (1743–1819). Jacobi hatte in seinem Buch Ueber die Lehre des Spinoza in Briefen an den Herrn Moses Mendelssohn *(1785) mit Verweis auf persönliche Unterredungen mit Lessing in Wolfenbüttel Lessing als überzeugten Anhänger Spinozas bezeichnet und ihn damit, wie alle „Spinozisten", des Fatalismus', Pantheismus' und Atheismus' bezichtigt und einen philosophischen Gegensatz zwischen dem Theisten Mendelssohn und seinem Freund Lessing konstruiert. Wie schon in den* Morgenstunden *(1785) verteidigt Mendelssohn dagegen Lessing auch hier als „geläuterten Pantheisten".*
Jacobi wirft er Unredlichkeit und Unverstand vor: Er habe unredlich den Inhalt persönlicher Unterredungen mit Lessing in die Öffentlichkeit getragen, obwohl niemand die Richtigkeit dieser Wiedergabe nach dem Tod Lessings überprüfen und der Tote sich nicht wehren könne. Ferner habe Jacobi Briefe von und an Mendelssohn verkürzt und tendenziell verfälschend abgedruckt; weswegen sie Mendelssohn nun ungekürzt publiziert. Vor allem jedoch habe Jacobi weder Lessings Ironie und Gesprächsverhalten noch gar Spinozas Ethik *(1677) verstanden, um welche sich der ganze Disput dreht. Jacobis eigenen philosophischen Skeptizismus und seinen „Salto mortale" in den religiösen Glauben weist Mendelssohn weit von sich: Er sieht sich selbst und Lessing mit Spinoza, Leibniz und Wolff auf Seiten jener Denker, die der Vernunft und Philosophie prinzipiell weit mehr zutrauen als „der Herr Jacobi". Für Juden, bekennt Mendelssohn, erfordert ihre Religion nicht Glauben an dogmatische Lehren. Vielmehr ist die jüdische Religion „geoffenbarte Gesetzgebung", die dementsprechendes Handeln verlangt. Überdies seien Juden und Mendelssohn als Jude, anders als Jacobi, fest davon überzeugt, daß Gott in seiner Allmacht als Schöpfer die Menschen mit hinreichend Vernunft und Erkenntnisvermögen ausgestattet habe, solche Wahrheiten zu erkennen (und nicht nur zu glauben), die zu ihrer Glückseligkeit notwendig sind.*

Diese Schrift, die mein nun verewigter Freund mir eben so, wie seine Morgenstunden, zur Herausgabe anvertraute; – kann ich sie der Welt übergeben, ohne ihr wenigstens ein Wort von der Größe meines Verlustes und der Kränkung meines Herzens zu sagen?

Wie viel die Gelehrsamkeit, die Weltweisheit, die deutsche Litteratur an einem Mendelssohn verloren haben, das wissen alle, denen diese Gegenstände wichtig sind; aber wie wenig reicht das hin, den unersetzlichen Verlust zu ermessen, den seine Freunde erlitten! Was von dem Manne öffentlich vor der Welt geglänzt hat, war der kleinste Theil seines Werthes: nicht | einmal seinen Geist kann man aus seinen Werken, so voll mannichfaltiger Kenntnisse, so geschmackvoll und so scharfsinnig sie sind, nach Würden schätzen; und wie viel minder noch seine sittliche Güte, seinen Diensteifer, seine Bescheidenheit, alle die großen und liebenswürdigen Tugenden seines Charakters! – Ich gestehe frey, daß an dem Orte, wo ich lebe, mich kein Schlag empfindlicher hätte treffen, kein Unfall mich tiefer hätte verwunden können, als der Tod dieses Edlen. –

Den nächsten Anlaß zu diesem hier so gerecht und so allgemein bedaurten Tode gab eben das, was den Anlaß zu dieser Schrift gab. – Wenn Denken überhaupt der Ma-|schine nicht zuträglich ist, so mußte das tiefe angestrengte Denken eines Mendelssohn seiner so schwachen, so unglücklich gebauten Maschine nothwendig verderblich werden. Dennoch hatte der vortrefliche Mann, ohne merkliche Schwächung seiner Gesundheit, fortgearbeitet, so lange seine Arbeit nur noch Spekulation war: erst, da die Lavaterische Auffoderung auch sein Herz in Bewegung setzte, empfand er plötzlich die fürchterlichsten Folgen von seiner Lebensart; und ohne die Stärke der Seele, womit dieser wahre praktische Weise allem sinnlichen und allem geistigen Genuß auf ganze Jahre entsagte, würde er schon damals der Welt und seinen Freunden seyn entrissen worden. Den sinnlichen Genuß entzog er sich | standhaft bis an sein Ende; es war ‖ unbegreiflich, wie die Nahrung, auf die er sich einschränkte, einen menschlichen Körper erhalten konnte, und es war rührend, ihn seine Freunde mit der heitersten Miene zu Speisen und Getränken einladen zu sehn, wovon er selbst, bey aller Lüsternheit, nicht zu kosten wagte. Nur den geistigen Genuß der Lektüre und den noch reizendern der eigenen Arbeit konnte der Mann, der so ganz Geist war, in die Länge nicht mehr entbehren. Kleinere Aufsätze, die er in seinen besten Stunden ohne Schaden gewagt hatte, lockten ihn nach und nach weiter; er fing an, seine ehemaligen Lieblingsideen wieder hervorzusuchen: und hätte man ihn seinen Gang gehen lassen, | hätte man ihn nicht abermals aus der Sphäre der ruhigen Spekulation herausgerissen; so würde er wahrscheinlich, troz diesen Beschäftigungen, sein Leben noch auf Jahre erhalten haben. –

Die Ausarbeitung des ersten Theils seiner Morgenstunden hatte ihn angegriffen; er dankte mir so innig, da ich mich zur Besorgung des Drucks gegen ihn erbot, und er war entschlossen, sich ganze Monate lang bloß seinen gewöhnlichen Geschäften zu widmen, bis er erst wieder volle Kräfte zur Ausarbeitung des zweiten Theiles fühlte. Auf einmal erschien die bekannte Schrift des Herrn Jacobi, die ihn ein wenig zu nahe anging, um sie ungelesen zu lassen. Anfänglich wollte er | die Existenz dieser Schrift, und als diese bald außer Zweifel gesetzt war, wenigstens einen solchen Inhalt derselben durchaus nicht glauben. Daß Herr

Jacobi gegen ihn selbst, gegen seine unbescholtene Ehre das Mißtrauen hegte, als ob er, seinem ausdrücklichen Versprechen zuwider*, des zwischen ihnen vorgefallenen Briefwechsels erwähnen und ihn hämischer Weise in den so gehässigen Verdacht des Atheismus bringen würde; das kränkte ihn zwar allerdings, doch verzieh ers: und da sein Buch den Ungrund dieses Mißtrauens durch das überall darinn beobachtete tiefe Stillschweigen von jenem Briefwechsel so unläugbar bewieß; so würde dieß allein seinen | Entschluß, sich auszuruhen, nicht geändert haben. Aber daß Lessing, dieser ihm so theure, so unvergeßliche Mann, dieser Freund seiner Jugend, dem er einen großen Theil seiner Bildung, dem er ursprünglich alle seine Kenntniß der alten und neuen Litteratur zu verdanken hatte, und durch den er zuerst, gleichsam wider seinen Willen, zum Schriftsteller geworden; daß dieser nicht || bloß als Atheist, sondern als Spötter, als Heuchler vor der Welt erscheinen und Er, Mendelssohn, leben und es zugeben sollte; das war ihm durchaus unerträglich. Sein Entschluß, sich zu erholen, war in dem Augenblicke dahin; er überwand seinen Abscheu gegen Streitigkeiten; er wollte sogleich den ersten | Eindruck vertilgen, den die Jacobische Schrift gemacht haben konnte, und so opferte er, in der Ausarbeitung der nachfolgenden Bogen, den letzten Rest seiner Kräfte Gott und der Freundschaft. Die ungewöhnliche Lebhaftigkeit, womit er mir und mehrern andern von dieser Sache sprach, und so ausführlich, selbst in den spätern Abendstunden sprach, in denen er sonst bloß zuzuhören, oder von den gleichgültigsten Dingen zu reden pflegte; diese Lebhaftigkeit zeigte nur allzudeutlich, wie sehr sein Kopf und sein Herz in Bewegung waren. Zugleich war ihm nun der Plan zu dem zweiten Theile seiner Morgenstunden, dem er den oberwehnten Briefwechsel einflechten wollte, zerrissen; er konnte die Ausarbeitung | nicht mehr so ruhig, wie bisher, verschieben, und strengte sich an, einen ganz neuen Entwurf, in Ansehung der Folge der Materien und der Art ihrer Entwickelung, zu machen. Bey der Wallung, die diese zu anhaltende und zu interessante Beschäftigung in seinem Blute hervorgebracht hatte, und bey der ohnehin schon so großen Schwäche seines Nervensystems, bedurfte es nur des mindesten äussern Zufalls; und der vortrefliche Mann war verloren.

Die Geschichte seiner letzten Krankheit und seines Todes werden meine Leser lieber aus dem Munde des Arztes hören, der ihm in seinen letzten Augenblicken beystand. Herr Hofrath Herz, der nicht bloß, wie wir übri-|gen, einen Mitforscher der Wahrheit und einen höchstliebenswürdigen Freund, der auch eine Zierde und Stütze seiner Nation an ihm einbüßte, konnte vor inniger Wehmuth die Erzählung, die er mir mündlich machen wollte, nicht vollenden, und verließ mich, um sie mir aufzuschreiben. Es geschieht mit seinem Vorwissen, daß ich diesen Aufsatz öffentlich mittheile, der nicht bloß unserm verewigten Mendelssohn, der auch ihm, dem Verfasser, durch die darinn herrschende Wärme der Empfindung zu so viel Ehre gereicht.

„Wie gesagt, mein lieber Engel, unser Moses starb, wie er gelebt hatte, sanft und weise. Er ging hinüber, wie zu | einem lange vorbe-||reiteten Geschäfte, ganz nach seiner Art, wie

---

* S. Seite 79 dieser Schrift.

er zu guten Handlungen in seinem Leben zu schreiten pflegte, ohne Geräusch oder Aufhebens zu machen; mit einer Leichtigkeit, mit der er von seinem Tische, wo er uns so oft vergnügt essen sah, und sich uns dafür hören ließ, nach seinem Sopha unter die Büste seines Lessings hinschlich. – Ich werde ihn nie vergessen, diesen beneidenswerthen Tod in meinen Armen: und o daß Sie, daß ihr seine Freunde nicht alle bey diesem Tode des Gerechten zugegen waret! –

„Ich hatte es erst am Montage zufälligerweise gehört, daß der fromme Mann nicht wohl wäre und das Zimmer hütete. Ich eilte zu ihm und fand ihn stehend an der Commo-|de, mit seinen Handlungsbüchern beschäftigt. Wie geht es, mein lieber Moses? Sie sind krank? – Ich habe mich Sonnabends erkältet, war seine Antwort, als ich meine Schrift im Betref der Jacobischen Sache zu Vossen brachte; es ist mir lieb, daß ich diese verdrießliche Sache vom Halse habe.“ – Er sagte dieß Letzte mit einem ihm ungewöhnlichen Widerwillen und Mißmuth, der mir durch die Seele ging. In der That schien ihm noch nichts in seinem Leben so viel oder vielmehr überhaupt eigentliche Gemüthskränkung verursacht zu haben, als diese Sache seines Lessings. – Sie glauben nicht, fuhr er fort, wie schwach seit einiger Zeit mein Gedächtniß ist; mein Cassenbuch ist vol-|ler Unordnung; bald fehlt es hier, bald da, und da muß ich nun stehen und mich anstrengen, um es wieder in die Richte zu bringen. Er klagte ferner über Schwäche, machte aber nicht viel aus seiner Unpäßlichkeit; sein Puls war natürlich, der Athem frey; nur der Husten etwas feste, wider welchen er sich eines nichts bedeutenden Hausmittels bediente, und öfters Zucker nahm. Dieser war überhaupt seine Lieblingsnäscherey, so oft man ihm denselben auch widerrieth. Der Zucker, pflegte er zu sagen, hat nur den einzigen Fehler, daß man keinen Zucker dazu essen kann. Wir sprachen hierauf von dem Zustande der Medicin, von dem er eine sehr große Idee hatte, und von den Geistesfähigkeiten und | Nebenwissenschaften, die zum großen praktischen Arzte erfordert werden; und so verließ ich ihn, ohne ihm etwas zu verordnen, weil sein Körper schlechterdings keine Arzeneyen vertragen konnte. –

Dienstags Vormittags fand ich ihn, in Pelz gehüllt, auf dem Sopha unter seines Lessings Büste sitzen, gleich dem ersten Blicke nach, kränker und schwächer. „Ich bin heute recht herzlich krank, lieber ‖ Doktor, sagte er. Mein Husten will nicht los; ich kann nicht essen, habe nicht geschlafen und bin sehr entkräftet. Dennoch unterhielt er mich von den Geistesfähigkeiten seines kleinsten Sohnes, der gerade im Zimmer war, mit völliger Klarheit des Geistes. Sein Puls war etwas | schwach und in einiger Bewegung. Ich beredete ihn, von einem sehr gelinden auflösenden kühlenden Tränkchen dann und wann einen Löffel voll zu nehmen. –

„Des Abends um fünf Uhr, lag er auf dem Sopha in einem etwas starken Fieber, wobey sein Athem aber freyer und sein Geist heiterer als des Vormittags war. Um 9 Uhr war das Fieber fast gänzlich weg, auch sein Athem freyer; nur zeigte er eine kleine Stelle in der Brust, in welcher er Stiche fühlte, setzte aber sogleich hinzu: er empfände, daß es Blähungen wären. Ich verabredete mit Herrn D. Bloch, daß ihm ein Klystier gegeben werden und auf den leidenden Ort warme Umschläge gelegt werden sollten. Auf den Fall, | daß die Stiche sich nicht verlören, wurden wir einig, ihm eine Ader zu öfnen. Er war bey ziemli-

cher Heiterkeit, als wir sagten, es wären zu viele Leute in seinem Zimmer, antwortete er
mit einiger Laune: nach Achards Versuchen ist ja diese Luft die gesündeste; und so wünschten
wir ihm eine gute Nacht. –

„Mittewochs des Morgens um 7 Uhr kam sein Sohn bestürzt zu mir, und bat mich,
sogleich zu seinem Vater zu kommen, der sehr unruhig wäre. Ich eilte hin und fand ihn auf
seinem Sopha; nicht mehr unter Lessings Büste; denn diese stand gegen ihm über auf der
Commode. Ich erschrack beym ersten Anblick; seine Augen hatten nicht mehr jenes durch-
dringende Feuer, sein Ge-|sicht war eingefallen und blaß. Er empfing mich, nach seiner
freundlichen Weise, mit einem Händedruck: Nehmen sie nicht übel, lieber H. Doktor, daß
ich Sie so früh beunruhige; ich habe eine elende Nacht gehabt. Die Stiche haben sich
gleich nach den Umschlägen verloren, aber ich habe einige Ausleerungen gehabt, die haben mich ganz mitgenommen, ich habe Beängstigung und Unruhe, ich fühle es, daß es mir
vom Unterleibe herauftreibt, und meine Brust ist sehr voll. Sein Puls war fast natürlich, nur
etwas schwach, ohne die mindeste Unregelmäßigkeit. Ich erklärte ihm, nachdem ich einige
Minuten nachgedacht hatte, geradezu meine Verlegenheit. Ich weiß wahrlich nicht, lieber
H. Moses, was man | mit Ihnen anfängt, da Sie schlechterdings keine Arzeneyen vertragen
können. Alles macht Ihnen Blähungen, alles Be-||längstigungen; das mindeste wirft Sie
über den Haufen. Ich will mich einmal aufsetzen, vielleicht geht es besser, sagte er. Er
richtete sich mit ziemlicher Kraft, setzte sich auf den benachbarten Stuhl, stand nach einer
halben Minute wieder auf, setzte sich auf den Sopha, und sagte: es ist nun etwas vorüber.
Aber sein Ansehen ward immer mißlicher, und während, daß ich in das benachbarte offene
Zimmer zu seiner Gattinn und seinem Schwiegersohne ging, ihnen seinen Zustand zu ver-
kündigen und zu bitten, daß man mir einen Gehülfen riefe, hörte ich ein Geräusch | auf
dem Sopha; ich sprang hinzu, und da lag er, ein wenig von dem Sitze herabgesunken, mit
dem Kopfe rücklings, etwas Schaum vor dem Munde; und weg war Athem, Pulsschlag und
Leben. Wir versuchten verschiedenes, ihn zu ermuntern, aber vergebens. Da lag er ohne
vorhergegangenes Röcheln, ohne Zuckung, ohne Verzerrung, mit seiner gewöhnlichen
Freundlichkeit auf den Lippen, als wenn ein Engel ihn von der Erde hinweggeküßt hätte.
Sein Tod war der so seltne natürliche, ein Schlagfluß aus Schwäche. Die Lampe verlosch,
weil es ihr an Oel gebrach, und nur ein Mann, wie er, von seiner Weisheit, Selbtsbeherr-
schung, Mäßigkeit und Seelenruhe, konnte bey seiner Constitu-|tion die Flamme 57 Jahr
brennend erhalten. – Ich umfaßte gleich im ersten Augenblicke des Schreckens seinen
Kopf und blieb so – Gott weiß wie lange? versteinert stehen. Da neben ihm hinzusinken
und mit ihm zu entschlafen, das war der heißeste Wunsch den ich je gehabt und je haben
werde.

„Leben Sie wohl! Der Himmel erhalte uns unsere Freunde!" – –

Engel. | ||

| XIX–XXII; || Bd. 3.2, 184

If a native of Ethiopia were on a Sudden transported into Europe, and plac'd either at Paris or Venice at a time of Carnival, when the general face of mankind was disguis'd and almost every Creature wore a Mask; t'is probable he woul'd for some time be at a stand, before he discover'd the Cheat: not imagining that a whole People cou'd be so fantastical, as upon agreement, at an appointed time, to transform themselves by a Variety of Habits, and make it a Solemn Practice to impose on one another, by this universal Confusion of Characters and Persons. Tho he might at first perhaps have lookd on this with a serious eye, it wou'd be hardly possible for him to hold his Countenance, when he had percei'vd what was carrying on. The Europeans, on their Side, might laugh perhaps at this Simplicity. But our Ethiopian would certainly laugh with better reason. | Tis easy to see which of the two wou'd be ridiculous, bear a double share of Ridicule. However, shou'd it so happen, that in the Transport of ridicule, our Ethiopian, having his Head still running upon Masks, and knowing nothing of the fair Complexion and Common Dress of the Europeans, should upon the Sight of a natural face and Habit, laugh just as heartly as before: wou'd not he in his turn become ridiculous, by carrying the jest too far; when by a silly presumption he took Nature for mere Art, and mistook perhaps a Man of Sobriety and Sense for one of those ridiculous Mummers.

Essay an the freedom of Wit and Humour
Part. II. Sect. I. | ‖

Die Anhänglichkeit unsers Freundes an den Spinozismus soll nicht bloß Hypothese seyn, wie der Patriarch im *Nathan* sich ausdrückt, die man sich etwa so erdenkt, um *pro & contra* zu disputiren. Ein Mann von bewährtem Ansehen in der Republik der Gelehrten, Herr Jacobi, tritt öffentlich auf, behauptet, daß es ein wahres Faktum sey: *Lessing sey wirklich und in der That ein Spinozist gewesen.* Die Beweise hiervon sollen in einem Briefwechsel zwischen ihm, einer dritten Person, und mir enthalten seyn, den er dem Ketzergericht im Publiko vorlegt, und der das Faktum ausser allen Zweifel setzen soll.

Dieser Briefwechsel ist eigentlich die nähere Veranlassung, die ich gehabt, meine *Morgenstunden oder Vorlesungen über das Daseyn Gottes,* die ich vor einigen Jahren entworfen hatte, schleuniger, als ich Willens war, heraus-|zugeben. Ich erwähnte dieser Veranlassung in der Vorrede zum ersten Theil der Morgenstunden; den Briefwechsel selbst wollte ich erst in dem zweyten Theile nachfolgen lassen. Anfangs war ich zwar Willens, mit dem philosophischen Dispute sogleich herauszurücken, und erhielt auch des Herrn Jacobi Erlaubniß, von seinem Briefe den beliebigen Gebrauch zu machen. Allein es entstunden so manche Bedenklichkeiten. Die Materie schien mir zu delikat, und die Leser zu unvorbereitet, als daß ich es wagen dürfte, eine so mißliche Untersuchung geradezu zu veranlassen. Ich wollte vorher die *Sache* selbst ins Reine bringen, und hernach das berühren, was die *Personen* angehet; zuförderst meine Begriffe vom Spinozismus, vom Schädlichen und Unschädlichen dieses Systems, an den Tag legen, und hernach untersuchen, ob diese oder jene Person dem System anhänge, und in welchem Verstande sie das System genommen habe. |

Ist Lessing Spinozist gewesen? Hat Jacobi dieses von ihm selbst gehört? Wie und in welcher Laune waren sie beide, als diese Vertraulichkeit zwischen ihnen vorging? Diese Fragen konnten dahin ge-||stellt bleiben, bis wir mit unserm Leser uns über die Sache selbst, über das, was Spinozismus eigentlich sey, oder nicht sey, verstanden hatten. Ich änderte daher meinen ersten Entschluß, und wollte mir die gütige Erlaubniß meines Korrespondenten bis auf den folgenden Theil vorbehalten. Allein er hat, wie ich sehe, für gut befunden, mir zuvor zu eilen. Ueber alle Bedenklichkeiten hinweg, wirft er den Zankapfel in das Publikum, und klagt unsern Freund, *Gotthold Ephraim Lessing,* den *Herausgeber der Fragmente, den Verfasser des Nathan,* den großen bewunderten Vertheidiger des Theismus und der Vernunftreligion, bey der Nachwelt, als Spinozisten, Atheisten und Gotteslästerer an. Was ist nun zu thun? Wollen wir | die Vertheidigung unsers Freundes übernehmen? Das strengste Glaubensgericht pflegt diesen Beystand dem angeklagten Ketzer nicht zu mißgönnen. Allein, ich dächte, wir könnten getrost den Verfasser des Nathan seiner eigenen Vertheidigung überlassen: und wenn ich Plato oder Xenophon wäre; so würde ich mich wohl hüten, diesem Sokrates eine Schutzrede zu halten. *Lessing* und *Heuchler,* der *Urheber Nathans* und *Gotteslästerer* – Wer dieses zusammen denken kann, der allein vermag das Unmögliche, der kann eben so leicht *Lessing* und *Dummkopf* zusammen denken! Indessen, da ich doch einmal in die Sache mit verwickelt worden, und Herr Jacobi mich zuerst in Privatbriefen, und nunmehro öffentlich auffordert, die Sache unsers Freundes zu übernehmen; so lassen Sie uns gemeinschaftlich den Grund der Beschuldigung untersu-

chen! Ich werde die Klaganmeldung vor Ihren Augen durchgehen, werde in der Ge-
|schichtserzählung ergänzen, was von meiner Seite zu ergänzen ist, und Anmerkungen
hinzufügen, wo ich solche für nöthig halten werde.

Herr Jacobi hatte, wie er erzählt, von einer Freundinn vernommen: Mendelssohn sey im
Begriff, über Lessings Charakter zu schreiben, und erkundigte sich bey ihr, wie viel oder
wenig Mendelssohn von Lessings religiösen Gesinnungen bekannt geworden wäre. – Er
schrieb: *Lessing sey ein Spinozist gewesen.*

„Meine Freundinn, sagt er, faßte meine Idee vollkommen; die Sache schien ihr äusserst
wichtig, und sie schrieb den Augenblick an Mendelssohn, um demselben, was ich ihr entdeckt hatte, zu offenbaren.

Er fährt fort: „Mendelssohn erstaunte, und seine erste Bewegung ‖ war, an der Richtigkeit meiner Aussage zu zweifeln."

Daß ich erstaunte, ist wohl nicht mehr Geschichts-Erzählung, sondern Vermuthung des
| Erzählers. Was Herr Jacobi der gemeinschaftlichen Freundinn entdeckt, und diese mir
offenbart hatte, konnte bey mir in Wahrheit keine Bewegungen von dieser Art verursachen.
In meiner Ueberzeugung von der Unwahrheit des Spinozismus kann mich weder Lessings
noch irgend eines Sterblichen Ansehen im mindesten irre machen; auf meine Freundschaft
für Lessing konnte diese Nachricht auch keinen Einfluß haben; so wie meine Begriffe von
Lessings Genie und Charakter durch dieselbe gleichfalls nicht leiden konnten. *Lessing ist
ein Anhänger des Spinoza?* Je nun! Was haben die spekulativen Lehrsätze mit dem Menschen gemein? Wer würde sich nicht freuen, Spinozen selbst zum Freunde gehabt zu haben, so sehr er auch Spinozist gewesen? Wer sich weigern, Spinozens Genie und vortreflichen
Charakter Gerechtigkeit wiederfahren zu lassen? – So lange man meinen Freund noch
nicht als heimlichen Gotteslästerer, mithin | auch als Heuchler, anklagte, war mir die Nach-
richt: Lessing sey ein Spinozist gewesen, so ziemlich gleichgültig. Ich wußte, daß es auch
einen geläuterten Spinozismus giebt, der sich mit allem, was Religion und Sittenlehre prak-
tisches haben, gar wohl verträgt, wie ich selbst in den Morgenstunden weitläuftig gezeigt;
wußte, daß sich dieser geläuterte Spinozismus hauptsächlich mit dem Judenthume sehr gut
vereinigen läßt, und daß Spinoza, seiner spekulativen Lehre ungeachtet, ein orthodoxer
Jude hätte bleiben können, wenn er nicht in andern Schriften das ächte Judenthum bestritten, und sich dadurch dem Gesetze entzogen hätte. Die Lehre des Spinoza kömmt dem
Judenthume offenbar weit näher, als die orthodoxe Lehre der Christen. Konnte ich also
Lessingen lieben, und von ihm geliebt werden, als er noch strenger Anhänger des Athanasius
war, oder ich ihn wenigstens dafür hielt; warum nicht vielmehr, wenn er sich dem Juden-
|thum näherte, und ich ihn als Anhänger des Juden *Baruch Spinoza* erkannte? Der Name
Jude und Spinozist konnte mir bey weitem weder so auffallend, noch so ärgerlich seyn, als
er etwa dem Herrn Jacobi seyn mag.

Endlich wußte ich auch sogar schon, daß unser Freund in seiner frühesten Jugend dem
Pantheismus geneigt gewesen, und solchen mit seinem Religionssystem nicht nur zu verbinden gewußt, sondern auch die Lehre des Athanasius aus demselben zu demonstriren ‖
gesucht hatte. Die Stelle aus einem jugendlichen Aufsatze dieses frühzeitigen Schriftstel-

lers, die ich in den Morgenstunden S. 277 fgg. anführe, zeiget dieses gar deutlich, und ich hatte diesen Aufsatz von ihm gleich zu Anfange unserer Bekanntschaft zum Durchlesen bekommen.

Die Nachricht also, daß Lessing ein Spinozist sey, konnte für mich weder erstaunlich, noch befremdend seyn. Aber höchst unangenehm war | mir der Antrag von Seiten des Herrn Jacobi; dieses gestehe ich. Im Grunde hatte ich Herrn Jacobi nie gekannt. Ich wußte von seinen Verdiensten, als Schriftsteller; aber im metaphysischen Fache hatte ich nie etwas von ihm gesehen. Auch wußte ich nicht, daß er Lessings Freundschaft und persönlichen Umgang genossen habe. Ich hielt also diese Nachricht für eine bloße Anekdote, die ihm etwa ein Reisender möchte zugeführt haben. Man kennt diese Klasse der Reisenden in Teutschland, die ihre Stammbücher von Ort zu Ort herumtragen, und was sie bey einem Manne von Verdienst sehen oder erfragen, in größter Eil und Geschwindigkeit hier und da wieder anbringen, oder gar zum öffentlichen Drucke befördern. Ein solcher dachte ich, hat vielleicht ein halbverstandnes Wort von Lessing vernommen, oder Lessing hat ihm etwa das griechische Motto in sein Stammbuch geschrieben:

Eins und Alles, |

und der Anekdotenkrämer macht alsofort Lessing zum Spinozisten. Indessen sahe ich wohl, daß man geneigt sey, Lessingen auf diese Weise den Prozeß zu machen. Die Teutschen haben sich durch die Naturgeschichte gewöhnt, alles zu klassifiziren. Wenn sie mit den Gesinnungen und Schriften eines Mannes nicht recht fertig werden können; so ergreifen sie den ersten den besten Umstand, bringen den Mann in eine Klasse, und machen ihn zum – isten, als wenn damit alles übrige schon gethan wäre. Da ich also würklich im Begriffe war, über Lessings Charakter zu schreiben; so sahe ich gar wohl, daß mich diese Anekdote weit von meinem Ziele abführen würde, daß sie Erörterungen und Untersuchungen erforderte, zu welchen ich nicht gestimmet war, und daß sie mich in dornigte Subtilitäten verleiten und einen Streit zu erneuern zwingen würde, der schon lange abgethan seyn sollte. Sie war mir also höchst unwillkommen, die Aeus-|serung des Herrn Jacobi, und ich drang auf nähere Erklärung, wie? bey welcher Gelegenheit? und mit welchen ‖ Ausdrücken Lessing seinen Spinozismus zu erkennen gegeben? Die Fragen, die ich Herrn Jacobi vorlegte, sind vielleicht etwas zu lebhaft ausgedrückt, aber doch der Sache angemessen und ohne Empfindlichkeit.

Ich erhielt sie in vollem Maaße, die nähere Erläuterung, die ich verlangt hatte. Ein an mich gerichtetes Sendschreiben des Herrn Jacobi gab mir genugsam zu erkennen, daß ich meinen Mann nicht gekannt hätte; daß Jacobi in die Subtilitäten der Spinozistischen Lehre tiefer eingedrungen, als ich vermuthete, daß er mit Lessingen würklich persönlichen Umgang gehabt, öfters mit ihm vertrauliche Unterredungen gepflogen, und daß also die Nachricht von Lessings Anhänglichkeit an Spinoza keine bloße Anekdotenkrämerey, sondern das Resultat dieser vertraulichen Unterredungen seyn solle. |

Wer sie kennet, diese vertrauliche Unterredungen, wer je das Glück gehabt, sie zu geniessen, der wird in die Aufrichtigkeit und Treue der Resultate keinen Zweifel setzen. In diesem Heiligthum der Freundschaft eröffnet sich alsdenn nicht nur Kopf gegen Kopf, sondern auch Herz gegen Herz, und läßt alle seine geheimen Winkel und Falten durchschauen. Der Freund deckt dem Freunde alle seine geheimsten Zweifel, Schwachheiten, Mängel und Gebrechen auf, um sie von freundschaftlicher Hand berühren und vielleicht auch heilen zu lassen. Wer die Wohllust einer solchen Stunde der Herzensergiessung nie gekostet, der ist seines Lebens nie froh geworden. Aber weh auch dem armen *Rousseau*, wenn er in der Fülle seines Herzens nach einer solchen Seelenlabung schmachtet, und auf einen felsenharten Sinn trift, der ihn mit gedoppelter Kraft zurück stößt!

Wäre sie also von dieser Art gewesen, die Unterredung, welche Jacobi mit Lessing gepflogen; | so hätten wir freilich zur Entschuldigung unsers Freundes nichts vorzubringen, und müßten uns gefallen lassen, Lessingen für den räthselhaftesten Charakter gelten zu lassen, der je gelebt; für eine sonderbare Vermischung von Heucheley und starkem Geiste; von der einen Seite verschlossen, bis zum Eigensinne, und von der andern offen, bis zur kindischen Leichtsinnigkeit. Aber herzlich leid würde es mir seyn; um mich, um meinen Freund Lessing, und um Herrn Jacobi selbst, wenn dem also wäre.

Um mich; denn ich gestehe es, es würde mich sehr demüthigen, wenn unser Freund Lessing mich, der ich dreißig und mehrere Jahre mit ‖ ihm in vertraulicher Freundschaft gelebt, mit ihm unaufhörlich nach Wahrheit geforscht, und von diesen wichtigen Dingen mich beständig mündlich und schriftlich mit ihm unterhalten; mich, der ihn so liebte, so von ihm geliebt wurde, dieses Zutrauens nicht gewürdiget haben sollte, das ein | andrer Sterblicher in wenig Tagen des freundschaftlichen Umganges zu erhalten gewußt hätte. Ich gestehe meine Schwachheit. Ich kenne kein irdisches Geschöpf, dem ich diesen Vorzug nicht mißgönnen würde.

Um unsern Freund Lessing. Denn wie sehr müßte der in den letzten Tagen seines Lebens gesunken seyn, wenn er alles das in vollem herzlichen Vertrauen gesagt hätte, was er in dieser Unterredung gesagt haben soll. So, wie er in dieser Unterredung erscheinet, ist er nicht der kühne, entschlossene Denker, der seiner Vernunft folgt, und von ihr auf Irrwege geführt wird; er ist ein schaler Atheist, nicht aus der Schule eines Hobbes oder Spinoza; sondern irgend eines kindischen Witzlings, der sich eine Freude macht, das mit Füßen von sich zu stoßen, was seinem Nebenmenschen so wichtig und so theuer ist. |

Herr Jacobi gestehet zwar, die Unterredungen abgekürzt und zusammengezogen zu haben. Allein, seiner bekannten Rechtschaffenheit nach, kann man sicher voraussetzen, daß die Hauptsache, worauf es ankömmt, dadurch nicht gelitten, und jeder Person das zugeschrieben worden, was sie würklich gesagt hat. Nun findet man, in allem, was Lessing vorbringt, nicht Einen gesunden Gedanken. Alle Vernunftgründe fallen auf das Antheil des Herrn Jacobi. Dieser vertheidiget den Spinozismus mit allem Scharfsinne, dessen dieses System fähig seyn mag. Lessing macht nicht die mindeste Gegenerinnerung von Belange; läßt auch solche Gründe als richtig und überführend gelten, die wir in frühern Unterredungen so oft in Ueberlegung genommen und nach ihrem wahren Werthe gewürdiget hatten, und unterbricht seinen Freund bloß hier und da durch einen gezwungenen Einfall, der mehrentheils auf eine Gotteslästerung hinausläuft. Konnte sich Les-|sing in einer aufrichtigen freundschaftlichen Herzensergiessung so sehr vergessen? – Und nun vollends sein

Urtheil über das Gedicht *Prometheus,* das ihm Jacobi in die Hände gab; das er ihm sicherlich nicht seiner Güte, sondern seines abentheuerlichen Inhalts wegen, in die Hände gegeben haben kann, und das Lessing so gut fand. Armer Kunstrichter! wie tief ‖ mußtest du gesunken seyn, diese Armseeligkeit im Ernste gut zu finden! – In bessern Tagen sah ich ihn öfters weit leidlichere Verse dem Dichter wieder in die Hände stecken, mit den Worten: Recht gut, Freund, recht gut! aber wozu Verse? Sehen Sie doch erst zu, ob Ihnen die Gedanken in Prosa gefallen würden! Herr Jacobi hat Bedenken getragen, diese Verse, ohne Verwahrungsmittel mit abdrucken zu lassen, und daher ein schuldloses Blättchen mit eingelegt, das Leser von zärtlichem Gewissen, an die Stelle der verführerischen Verse, können einheften lassen. Meinem Geschmacke nach, hätte Lessing die ǀ Warnung schädlicher finden müssen, als das Gift. Wer durch schlechte Verse um seine Religion kommen kann, muß sicherlich wenig zu verlieren haben. Mit einem Worte, in allem, was Lessing in diesem Gespräche vorbringet, verkenne ich seinen Charakter völlig, wenn es ernsthafte, freundschaftliche Vertraulichkeit seyn sollte; verkenne seinen Scharfsinn und seine Laune, seine Philosophie und seine Kritik.

Aber auch *um Herrn Jacobi* würde mirs herzlich leid seyn, wenn er selbst die Unterredung Lessings für eine Vertraulichkeit genommen hätte, die ihm unser Freund machte. Alle Freunde und Bekannte des Herrn Jacobi loben seine Rechtschaffenheit; erheben sein Herz noch über seine Geistesgaben. Wie würde sich aber sein Betragen gegen Lessing mit dieser Rechtschaffenheit vereinigen lassen? Sein Freund legt ein Bekenntniß in seinen Schooß nieder, und er verräth es dem Publikum; sein Freund macht ihn in ǀ den letzten Tagen seines Lebens zum Vertrauten seiner Schwachheit, und er sucht damit dessen Andenken bey der Nachwelt zu brandmarken. Er klagt endlich diesen seinen Freund an, ohne von dem Vergehen desselben einen andern Zeugen anführen zu können, als seine eigene Person. Seine eigene Person; indem er gestehet, Mitschuldiger gewesen zu seyn, ja sogar den wichtigsten Antheil an der Sache gehabt, und seinen Freund mehr verleitet, als auf unrechtem Wege gefunden zu haben. Er ist endlich vorsichtig genug, sich selbst eine Hinterthüre zum Rückzuge offen zu halten, durch welche er dem Atheismus entläuft, und zur sichern Fahne des Glaubens zurückkehrt. Warum schlägt er sie aber hinter sich zu, und läßt nicht auch den armen Mitschuldigen entschlüpfen? Warum muß dieser so wehr- und waffenlos dastehen, und Preis gegeben werden? Ich wiederhole es nochmals: wenn Jacobi selbst geglaubt hätte, Lessing habe ihm ein Ge-‖heimniß anver-ǀtraut, das er verschwiegen wissen wollte; so wäre sein Betragen unverantwortlich.

Aber noch weit unerklärbarer wäre mir sein Betragen in Absicht auf mich. Im Eingange zu seiner Schrift (S. 3.) erzehlet er: Lessing habe ihm zu erkennen gegeben, daß er mich unter seinen Freunden am höchsten schätze; nun habe er, Jacobi, in einer mit Lessing gehabten philosophischen Unterredung, seine Verwunderung darüber geäußert, daß ein Mann, wie ich, mich des Beweises von dem Daseyn Gottes aus der Idee so eifrig, wie in der Abhandlung von der Evidenz geschehen, hätte annehmen können; und Lessings *Entschuldigungen,* fährt Jacobi fort, führten mich geradezu auf die Frage: „ob er sein eigenes Lehrgebäude nie gegen Mendelssohn behauptet hätte? – Nie, antwortete Lessing… Einmal sagte ich ihm ungefähr das, was Ihnen in der Erziehung des Menschengeschlechts | (§. 73.) aufgefallen ist. Wir wurden nicht mit einander fertig, und ich ließ es dabey."

Lessing also hat Nachsicht für meine Schwachheit; entschuldiget meinen Eifer für die metaphysische Argumentation *a priori,* und verheimlichet mir, seinem so hochgeschätzten Freunde, sein wahres System; wahrscheinlicher Weise, um mir nicht eine Ueberzeugung zu rauben, mit der er mich so ruhig, so glücklich leben sahe. Dieses hört Herr Jacobi aus seinem eigenen Munde, zu eben der Zeit, da er ihn zum Vertrauten seines großen Geheimnisses macht; und gleichwohl bin ich der erste, den Herr Jacobi aufsucht, um mir dieß gefährliche Geheimniß aufzudringen, mit welchem mich mein Freund so viele Jahre hindurch hat verschont wissen wollen. Wenn die Sachen sich völlig so verhalten, wie sie den Schein haben; so frage ich: Wer hat hier mehr *thätige* Religion, mehr wahre Frömmigkeit zu erkennen gegeben: der Atheist, der seinem geliebten Freunde | die Ueberzeugung von der natürlichen Religion nicht entziehen will, mit welcher er ihn glücklich siehet; oder der rechtgläubige Christ, der gleichsam ohne Erbarmen dem Lahmen die Krücke aus den Händen schlägt, an welcher er sich noch so ziemlich fortschleppet?

Um alle diese Schwierigkeiten und anscheinende Widersprüche zu heben, weiß ich nur einen einzigen Weg, mir den Verlauf der Sache vorzustellen; und so sehr dieser Weg von meiner Seite bloß Hypothese seyn kann; so scheinet er mir doch, wenn ich die Absicht sehe, || die Herr Jacobi zu erkennen giebt, sehr natürlich und dem Charakter der interessirten Personen angemessen zu seyn.

„Die Absicht des Werks, sagt Herr Jacobi in dem Vorberichte, habe ich hinter dem letzten Briefe kurz gesagt, und hernach bis ans Ende deutlich genug, wie ich glaube, zu erkennen gegeben." Nichts kann in Wahrheit deutlicher seyn, und sie ist ehrlich und gut gemeint, diese | Absicht. Herr Jacobi geht offenbar darauf aus, seine Nebenmenschen, die sich in der Einöde der Spekulation verlohren haben, auf den ebenen und sichern Pfad des Glaubens zurück zu führen. Dahin zielen alle seine Unterhaltungen mit Lessing; dahin auch sein Briefwechsel mit *Hemsterhuis,* und der mit unsrer Freundinn und mir.

Was zuförderst Lessing betrifft: so glaubte er vielleicht selber nicht, daß ihm dieser ein sonderliches Geheimnis anvertraut hätte; sondern hielt ihn vielmehr für einen Mann von unstäten Grundsätzen, der bald dieses, bald jenes, heute den Theismus, morgen Atheisterey, und vielleicht Tages darauf Aberglauben mit gleichem Scharfsinne zu behaupten das Talent hat; der auch seine Behauptung niemals zu verheimlichen sucht: sondern so, wie sie ihm die Laune, oder der Geist des Widerspruchs eingiebt, auch öffentlich zu erkennen zu geben, kein Bedenken trägt. Er hielt ihn für einen irrigen und in seinen Sub-|tilitäten verlohrnen Sophisten, der Wahrheit und Irrthum in gleichem Lichte oder in gleicher Dunkelheit erblickt, dem am Ende Witz so viel als Philosophie gilt, und dem, wenn er in der Stimmung ist, Gotteslästerung Stärke des Geistes zu seyn scheint.

In dieser traurigen Verwirrung des Geistes, glaubte Jacobi, unsern Freund gefunden zu haben, und er faßte den edelmüthigen Entschluß, ihn von seiner Krankheit zu heilen. Als geschickter Arzt wagte er es, das Uebel anfangs in etwas zu verschlimmern, um es hernach desto sicherer kuriren zu können. Er führte Lessingen tiefer in die Irrgänge des Spinozismus hinein, verleitete ihn in die dornigten Hecken des Pantheismus, um ihm den einzigen Ausgang, den er ihm alsdann zeigen würde, desto angenehmer zu machen. Dieser ist, wie wir nun deutlich genug erkennen, ein Rückzug unter die Fahne des Glaubens. Er wollte ihn überzeugen, daß sich | gewisse Dinge, wie er sich (S. 29.) ausdrückt, nicht entwickeln lassen, vor denen man darum die Augen nicht zudrücken, sondern sie so, wie man sie findet, nehmen, und sich aus seiner Philosophie, die den vollkommnen ‖ Skepticismus nothwendig mache, zurückziehen müsse. Auf Lessings neugierige Frage: *und ziehen dann – wohin?* wird geantwortet: *dem Lichte nach,* wovon Spinoza sagt, *daß es sich selbst und auch die Finsterniß erleuchtet:* – und also sollte Spinoza selbst Lessingen wieder auf den Weg zur Wahrheit bringen, von dem er ihn so weit abgeführt hatte.

Unser Freund, der die ehrliche Absicht des Herrn Jacobi gar bald mochte gewittert haben, war schalkhaft genug, ihn in der Meinung, die er von ihm gefaßt hatte, zu bestärken. Theils auch kann er an dem Scharfsinne Vergnügen gefunden haben, mit welchem Jacobi die Lehre des Spinoza vorzutragen und zu vertheidigen wußte. | Sie wissen, daß unser Freund mehr Vergnügen fand, einen ungereimten Satz mit Scharfsinn behaupten, als die Wahrheit schlecht vertheidigen zu hören. Er spielte daher vollkommen den aufmerksamen Schüler, widersprach nie, stimmte in alles mit ein, und suchte nur den Diskurs, wenn er ausgehen wollte, durch Witzeley wieder in den Gang zu bringen. Daher mußte auch ich, ob ich gleich sein vertrautester Freund war, von diesem großen Geheimnisse nichts wissen; darum konnte auch Gleimen kein Antheil an dieser metaphysischen Komödie gegeben werden. Der offene jovialische Gastfreund, dem die Philosophie und die Laune seines Gastes nicht unbekannt war, würde der Schäkerey bald ein Ende gemacht haben. Daher auch endlich die gezwungenen Einfälle und Plattheiten, das Wohlgefallen an schlechten Versen, das einem Lessing so unnatürlich ist.

Dem sey, wie ihm wolle! – ich fahre in meiner Hypothese fort: denn sie scheint mir immer natürlicher – so merkte Herr Jacobi nun zwar, daß ihm sein Versuch an Lessing mißlinge, glaubte aber, immer noch in derselben frommen Absicht, das Exempel Lessings allen andern Klüglingen zur erbaulichen Warnung aufstellen zu müssen, damit sie frühzeitig das Hülfsmittel ergriffen, das sie am Ende, ohne alle Rettung aufzugeben, doch nicht entbehren könnten. Wollen sie, mit Lessingen und Leibnitzen und Wolfen und allen übrigen metaphysischen Demonstranten, nicht auch Deterministen, und folglich nach Jacobis Begriffen (S. 172.) Fatalisten und Spinozisten, und also *Atheisten* werden, oder sich dem äussersten Skepticismus überlassen; so lernen sie frühzeitig dem Lichte nachgehen, das auch die Finsterniß erleuchtet! Jeder ‖ Erweis, wie es ferner daselbst heißt, *setzet etwas schon erwiesenes zum Voraus, wovon das Principium Offenbarung ist;* und ferner: *Das Element aller | menschlichen Erkenntniß und Würksamkeit ist Glaube*[*].

---

[*] Dieser Satz wird in der Note mit einer Stelle aus *Lavater* belegt, in welcher erwiesen seyn soll, daß *Wahrheitssinn* (anschauende Erkenntniß) *Element und Principium des Glaubens sey.* Wenn dieses der *Glaube* und die *Offenbarung* ist, die man uns anbietet; so hat freylich aller weitere Streit ein Ende; so hatte auch Aristoteles *Offenbarungen* und Spinoza war ein *Glaubensheld.*

Da Herr Jacobi mich nicht kennet: so mag auch ich ihm als ein solcher Vernünftling beschrieben worden seyn, der der Vernunft zu viel und dem Glauben gar nichts einräumet; der in dem Wahne steht, daß er durch Hülfe metaphysischer Demonstrationen alles ausrichten, durch seine Quidditäten etwa Geister bannen, oder der geheimen Gesellschaft entgegen arbeiten könne. Daher die ernstliche Bemühung, auch mich, wo möglich, von dieser Krankheit zu heilen. Daher | die Erlaubniß, mir das Geheimniß zu entdecken, das unser Freund mir so geflissentlich soll haben verbergen wollen. Die gute ehrliche Absicht, mich in den Schoß des Glaubens zu führen, wenn sie nicht alles rechtfertigt, so kann sie wenigstens vieles entschuldigen.

Ich hatte gleich Anfangs so etwas vermuthet, wie ich denn schon sehr oft dergleichen gutgemeinte Versuche von meinen Zeitgenossen erfahren habe. Ich gab daher dem Herrn Jacobi in meiner Antwort zu verstehen, daß die Kur an mir vergeblich angebracht sey, und daß ich in Absicht auf Lehren und ewige Wahrheiten keine andre Ueberzeugung kenne, als die Ueberzeugung durch Vernunftgründe. Das Judenthum befiehlt Glauben an historische Wahrheiten, an *Thatsachen,* auf welche sich die Autorität unsers positiven Ritualgesetzes gründet. Das Daseyn und die Autorität des höchstens Gesetzgebers aber muß durch die Vernunft erkannt werden, und hier findet nach | den Grundsätzen des Judenthums und den meinigen, keine Offenbarung und kein Glaube statt. Auch ist das Judenthum keine *geoffenbarte Religion,* sondern *geoffenbartes Gesetz.* Ich hätte also, sagte ich, als Jude, einen Grund mehr, Ueberzeugung durch Vernunftgründe zu suchen. ‖

Es sey mir erlaubt, hier über diese Aeusserung, die gar leicht gemißdeutet werden könnte, mich etwas näher zu erklären. Was ich vom Judenthume behaupte, daß es schlechterdings keinen Glauben an ewige Wahrheiten, sondern bloß historischen Glauben voraussetze, habe ich an einem schicklichern Orte* deutlich gezeiget, worauf ich den Leser verweisen muß. Die hebräische Sprache hat so gar kein eigentliches Wort für das, was wir *Religion* nennen. Auch ist das Judenthum keine Offenbarung von Lehrsätzen | und ewigen Wahrheiten, die zu glauben befohlen werden. Es bestehet einzig und allein in geoffenbarten Gesetzen des Gottesdienstes, und setzet natürliche und vernunftmäßige Ueberzeugung von Religionswahrheiten voraus, ohne welche keine göttliche Gesetzgebung statt haben kann. Wenn ich aber von vernunftmäßiger Ueberzeugung rede, und solche im Judenthum als unbezweifelt voraus setzen will; so ist die Rede nicht von metaphysischer Argumentation, wie wir sie in Büchern zu führen gewohnt sind; nicht von schulgerechten Demonstrationen, die alle Proben des subtilsten Zweifelmuths bestanden sind; sondern von den Aussprüchen und Urtheilen eines schlichten gesunden Menschenverstandes, der die Dinge gerade ins Auge faßt und ruhig überlegt. Zwar bin ich ein großer Verehrer der Demonstrationen in der Metaphysik, und fest überzeugt, daß die Hauptwahrheiten der natürlichen Religion so apodiktisch erweislich sind, als | irgend ein Satz in der Größenlehre. Gleichwohl aber hängt selbst *meine* Ueberzeugung von Religionswahrheiten nicht so schlechterdings von metaphysischen Argumentationen ab, daß sie mit denselben stehen und fallen müßte. Man kann mir

---

*   Jerusalem, oder über religiöse Macht und Judenthum.

wider meine Argumente Zweifel erregen, mir in denselben Schlußfehler zeigen, und meine Ueberzeugung bleibt dennoch unerschütterlich. *Petrus Ramus,* der wider die ersten Grund- und Heischesätze des *Euklides* eine Menge von Zweifeln zu erregen wußte, blieb dennoch von der Wahrheit der euklidischen Elemente völlig überzeugt. Mancher Mathematiker kann die Evidenz des euklidischen Grundsatzes von den Parallelen in Zweifel ziehen, und dennoch auf die Wahrheit und Unumstößlichkeit der darauf gebauten Grundsätze sein Glück und sein Leben hingeben. Nun dünkt mich, die Evidenz der natürlichen Religion sey dem unverdorbenen, nicht gemißleiteten Men-||schenverstande eben so hell einleuchtend, eben so | unumstößlich gewiß, als irgend ein Satz in der Geometrie. In jeder Lage des Lebens, in welcher der Mensch sich befindet; auf jeder Stufe der Aufklärung, auf welcher er stehet, hat er Data und Vermögen, Gelegenheit und Kräfte genug, sich von den Wahrheiten der Vernunftreligion zu überführen. Das Argument jenes Grönländers, der mit dem Missionar an einem schönen Morgen auf dem Eisspiegel herumging, die Morgenröthe zwischen den Eisgebirgen hervorblitzen sah, und zum Herrenhuter sprach: *Siehe, Bruder, den jungen Tag! wie schön muß der seyn, der dieses gemacht hat!* dieses Argument, welches für den Grönländer, bevor der Herrenhuter seinen Verstand gemißleitet hatte, so überzeugend war, ist es auch noch für mich; hat für mich noch dieselbige Kraft: so wie das schlichte, kunstlose Argument des Psalmisten:

Der das Ohr gepflanzt hat,
muß doch wohl hören; |
der das Auge gebildet hat,
muß doch wohl sehen?
Der den Menschensohn Erkenntniß lehrt,
der Ewige, erkennet auch des Menschen Gedanken.

Dieser natürliche, kinderleichte Schluß hat noch für mich alle Evidenz eines geometrischen Grund- und Heischesatzes, und die siegreiche Gewalt einer unumstößlichen Demonstration. Meiner Spekulation weise ich bloß das Geschäfte an, die Aussprüche des gesunden Menschenverstandes zu berichtigen, und so viel, als möglich, in Vernunfterkenntniß zu verwandeln. So lange sie beyde, gesunde Vernunft und Spekulation, noch in gutem Vernehmen sind, so folge ich ihnen, wohin sie mich leiten. So bald sie sich entzweyen: so suche ich mich zu orientiren, und sie beide, wo möglich, auf den Punkt zurückzuführen, von welchem wir ausgegangen sind. Da Aberglaube, Pfaffenlist, Geist des Widerspruchs und Sophi-|sterey uns durch so vielerley Spitzfindigkeiten und Zauberkünste den Gesichtskreis verdreht, und den gesunden Menschenverstand in Verwirrung gebracht haben; so müssen wir freilich wieder Kunstmittel anwenden, ihm zu Hülfe zu kommen. Wir müssen die metaphysischen Subtilitäten, deren man sich bedienet um uns zu mißleiten, gegen die Wahrheit halten, vergleichen, untersuchen und prüfen, und, wenn sie die Probe nicht bestehen, durch noch feinere Begriffe zu verdrängen ‖ suchen. Zur wahren ächten Ueberzeugung von der natürlichen Religion, zur Ueberzeugung, wie sie auf die Glückseligkeit des Menschen nur irgend Einfluß haben kann, sind diese gekünstelten Methoden von keiner Nothwendigkeit. Der Mensch, dessen Vernunft durch Sophisterey noch nicht verdorben ist, darf nur seinem geraden Sinn folgen, und seine Glückseeligkeit stehet feste. Ich werde hiervon weitläuftiger in der Fortsetzung meiner Morgenstunden handeln, | und begnüge mich hier bloß die Worte eines Weltweisen anzuführen, der in zwey kleinen sehr lesenswerthen Schriftchen* viel gesunde Philosophie hat, und doch mit der Philosophie so unzufrieden ist:

„Natürliche Religion ist zugleich die einfachste und faßlichste Religion; sie ist so leicht, so Jedermanns Fähigkeiten angemessen, daß man erstaunen muß, wenn man Philosophen ernsthaft behaupten hört: sie sey nicht für den gemeinen Mann. – – Vielfältig habe ich beym Landmann versucht, ihm die natürlichen Ideen vom obersten Wesen vorzulegen; jedesmal begriff er schnell, behielt fest, urtheilte richtig; er fühlte ihre Kraft, sie erheiterten, sie beruhigten, sie stärkten seine Seele. Diese Ideen sind mit allem, was schön, gut und vollkommen unter den Menschen ist, verwandt; sie geben diesem | Licht, und erhalten von ihm; eins macht das andre anschaulich, eins verstärkt das andre."

„Halte ich die Leichtigkeit natürlicher, und die Schwierigkeit geoffenbarter Begriffe gegen die Behauptung: der gemeine Mann könne die letzten nicht, aber die ersten verstehen; so stehet mein Verstand stille u. s. w."

Ich kehre von meiner Abschweifung auf die Erklärung gegen Herrn *Jacobi* zurück, und hier sind die *Erinnerungen* über seine Unterredungen mit Lessing, die ich ihm bey dieser Gelegenheit zuschickte, und auf welche sich seine folgende Schreiben beziehen. ||

Erinnerungen an *Herrn Jacobi.*

Sie sagen: „*Ein jedes Entstehen im Unendlichen, unter was für Bilder man es auch verklei*|*de, durch einen jeden Wech-*|*sel in demselben, werde ein Etwas aus dem Nichts gesetzt,* und glauben, Spinoza habe daher jeden Uebergang des Unendlichen zum Endlichen, überhaupt alle *causas transitorias, secundarias* oder *remotas,* verwiesen, und an die Stelle des emanirenden, ein nur immanentes Ensoph, eine inwohnende ewig in sich unveränderliche Ursache der Welt gesetzt, welche mit allen ihren Folgen zusammen genommen, eins und dasselbe wäre." Hier stoße ich auf Schwierigkeiten, die ich mir zu heben nicht im Stande bin. 1. Wenn eine Reihe ohne Anfang dem Spinoza nichts unmögliches schien, so führte ja das emanirte Entstehen der Dinge nicht nothwendig auf ein *Werden aus Nichts.* 2. Sind diese sichtbaren Dinge dem Spinoza etwas Endliches: so kann ihr Inwohnen in dem Unendlichen eben so wenig, ja wie mich dünkt, noch weniger begriffen werden, als ihr Ausfluß aus demselben. Kann das Unendliche nichts End-|liches würken, so kann es auch nichts Endliches denken.

Ueberhaupt scheint das System des Spinoza nicht geschickt zu seyn, Schwierigkeiten dieser Art zu heben. Sie müssen in Absicht auf die Gedanken eben so wohl statt finden, als in Absicht auf ihre würklichen Gegenstände. Was objektive nicht würklich werden kann,

---

* Der *Dorfprediger* und die *Dorfschule.*

das kann subjektive nicht gedacht werden. Dieselbe Schwierigkeit, die Spinoza findet, das Endliche ausser Gott würklich seyn zu lassen, dieselbe Schwierigkeit, sage ich, muß er wieder finden, wenn er es in das göttliche Wesen hineinverlegt, und als Gedanke der Gottheit betrachtet.

In der Folge erklären Sie eine Stelle im Spinoza, deren Lessing als des Dunkelsten in demselben erwähnte, die auch Leibnitz[*], so gefunden und nicht ganz verstanden hat, nehmlich: *daß die unendliche Ursache, wie Sie | sich ausdrücken, explicite weder Verstand noch Willen habe, weil sie ihrer transcendentalen Einheit und durchgängigen absoluten Unendlichkeit zu Folge, keinen Gegenstand des || Denkens und des Wollens haben könne.* Sie erklären sich ferner, daß Ihre Meinung nur dahin ginge, der ersten Ursache, die unendlicher Natur ist, bloß einzelne Gedanken, einzelne Bestimmungen des Willens abzusprechen, und setzen den Grund hinzu, weil ein jeder einzelne Begriff aus einem andern einzelnen Begriffe entspringen, und sich auf einen würklich vorhandenen Gegenstand unmittelbar beziehen muß. Daher Sie in der ersten Ursache bloß den innern ersten allgemeinen Urstoff des Verstandes und des Willens zugeben wollen. Ich muß bekennen, daß ich diese Erklärung eben so wenig verstehe, als die Worte des Spinoza selbst. Die erste Ursache hat Gedanken, aber keinen Verstand. Sie hat Gedanken; denn die Gedan-|ken sind, nach dem Spinoza, eine Haupteigenschaft der einzigen wahren Substanz. Gleichwohl hat sie keine einzelne Gedanken, sondern nur den allgemeinen Urstoff derselben. Welches Allgemeine läßt sich ohne das Einzelne begreifen? Ist nicht dieses noch unverständlicher, als eine formlose Materie, ein Urstoff ohne Bildung, ein Wesen, das nur allgemeine, und keine besondern Merkmahle hat? Sie sagen: die absolute Unendlichkeit hat keinen Gegenstand des Denkens. Ist sie aber nicht selbst, sind ihre Eigenschaften und Modifikationen ihr nicht Gegenstand des Denkens? Und wenn sie keinen Gegenstand des Denkens, keinen Verstand hat, wie ist das Denken gleichwohl ihr Attributum; wie ist sie gleichwohl die einzig denkende Substanz? Ferner, ihre Modifikationen, oder die zufälligen Dinge, haben wirklich einzelne Bestimmungen des Willens; und sie selbst hätte bloß den allgemeinen Urstoff desselben? Beym Spinoza verstehe ich dieses wenig-|stens doch halb. Er setzt den freyen Willen bloß in eine unbestimmte absichtlose Wahl des vollkommen Gleichgültigen. Diese schien ihm der Modifikation der Gottheit, in so weit sie ein endliches Wesen vorstellt, zukommen zu können; der Gottheit selbst aber, in so weit sie ein unendliches Wesen ist, sprach er eine solche absichtlose Willkühr mit Recht ab. Die Erkenntniß des Guten, durch welche eine freye Wahl bewürkt wird, gehörte nach seiner Meinung mit zu den Eigenschaften des Verstandes, und ist in so weit von der ausgemachtesten Nothwendigkeit; daher alle Folgen, sie mögen aus der Erkenntniß des Wahren und Falschen, oder aus der Erkenntniß des Guten und Bösen herkommen, nach seiner Theorie von gleicher Nothwendigkeit seyn müßten. Da Sie aber, mein Herr! das System der Deterministen annehmen, und auch || beym Menschen selbst keine andere Wahl, als die aus der letzten praktischen Erwägung aller Bewe-|gungsgründe und Triebfedern entspringt, zulassen; so sehe ich keinen Grund, warum Sie

---

[*]　*Theod.* §. 173.

eine solche ewig vorher determinirte Wahl der unendlichen Ursache absprechen? In so weit freilich wohl, da Sie der Unendlichkeit die wahre Individualität absprechen, kann ihr auch kein Wille, keine Freyheit zukommen; denn diese setzen würkliche einzelne Substantialität voraus. Allein, dieses ist einmal der Grund nicht, den Sie anführen, und sodann scheint es mir auch dem System des Spinoza gerade entgegen gesetzt zu seyn, wie ich weiter unten auszuführen Gelegenheit haben werde.

Nach Spinoza's Begriffe ist alles, was in der sichtbaren Welt erfolgt, von der strengsten Nothwendigkeit; weil es so und nicht anders in dem göttlichen Wesen und in den möglichen Modifikationen seiner Eigenschaften gegründet ist. Was nicht würklich erfolgt, ist ihm auch nicht möglich, nicht denkbar. Hätte also Spinoza zu-|gegeben, daß nur der Satz des Widerspruches, wie Bayle, Leibnitz und andere dafür halten, der innern Möglichkeit Ziel setze; so hätte er allerdings, wie Leibnitz von der angeführten Stelle richtig erinnert, alle Romane der Scudery und alle Erdichtungen des Ariost, für würkliche Begebenheiten halten müssen. Allein Spinoza hielt auch das für unmöglich, was zwar keinen Widerspruch enthält, aber doch in den göttlichen Modifikationen, als der nothwendigen Ursache aller Dinge, nicht gegründet ist. Sie sehen hier den Weg, auf welchem auch Spinoza zum *perfectissimo* gelangt seyn würde, wenn er sich mit den Deterministen über den Begriff von Freyheit hätte vertragen können. Nur nach dem System des *perfectissimi* läßt sich begreifen, warum diese, und keine andere Reihe von Bestimmungen innerhalb des göttlichen Wesens würklich geworden, oder nach Spinoza,s Art sich auszudrücken, keine andere möglich gewesen. |

Was Sie hierauf von *Folge* und *Dauer* sagen, hat völlig meinen Beyfall, nur daß ich nicht sagen würde, sie seyn *bloßer Wahn*. Sie sind nothwendige Bestimmungen des eingeschränkten Denkens; also *Erscheinungen,* die man doch von bloßem Wahn unterscheiden muß.

Ihr *Salto mortale* ist ein heilsamer Weg der Natur. Wenn ich der Spekulation eine Zeitlang durch Dornen und Hecken nachgeklettert bin; so suche ich mich mit dem *bon sens* zu orientieren und sehe mich wenigstens nach dem Wege um, wo ich wieder mit ihm zusammen || kommen kann. Da ich nicht in Abrede seyn kann, daß es Absichten giebt, so ist Absicht haben, eine mögliche Eigenschaft des Geistes; und in so weit es kein bloßes Unvermögen ist, so muß es auch irgend einem Geiste in dem allerhöchsten Grade zukommen; mithin giebt es ausser dem Denken auch noch ein Wollen und Thun, die Eigenschaften des Unendlichen seyn können, und also seyn müssen. |

Der Einfall, den Lessing hierauf vorgebracht, ist ganz in seiner Laune; einer von seinen Luftsprüngen, mit welchen er Miene machte, gleichsam über sich selbst hinauszuspringen, und eben deswegen nicht von der Stelle kam. Zweifeln, ob es nicht etwas giebt, das nicht nur alle Begriffe übersteigt, sondern völlig ausser dem Begriffe liegt; dieses nenne ich einen Sprung über sich selbst hinaus. Mein Credo ist: was ich als wahr nicht denken kann, macht mich, als Zweifel, nicht unruhig. Eine Frage, die ich nicht begreife, kann ich auch nicht beantworten, ist für mich so gut, als keine Frage. Es ist mir niemals eingefallen, auf meine eigne Schultern steigen zu wollen, um freyere Aussichten zu haben.

Lessing läßt, in einem seiner Lustspiele, jemanden, der Zauberey zu sehen glaubt, von einem brennenden Lichte sagen: *Dieses Licht brennet nicht wirklich, es scheint nur zu brennen; es scheint nicht würklich, es* | *scheint nur zu scheinen.* Der erste Zweifel hat einigen Grund; der zweite aber widerlegt sich selber. Was scheint, muß würklich scheinen. Ein jedes Phänomen, ist als Phänomen von der höchsten Evidenz. Alle Gedanken sind, subjektive betrachtet, von der ausgemachtesten Wahrheit. Also ist auch die Kraft zu denken, eine würklich primitive Kraft, die nicht in einer höhern ursprünglichen Kraft gegründet seyn kann. Auch scheinen Sie selbst auf diesen wunderlichen Einfall unsers L. kein sonderliches Gewicht zu legen.

Wenn Sie aber S.13. sagen: *die unendliche einzige Substanz des Sp. habe für sich allein und ausser den einzelnen Dingen kein bestimmtes vollständiges Daseyn; so* werfen Sie mich auf einmal aus dem ganzen Concepte heraus, das ich mir vom Spinozismus gemacht habe. Also haben die einzelnen Dinge nach diesem System ihr würkliches bestimmtes Daseyn, und ihr *Zusammen* ist auch nur *Eins,* hat aber kein | bestimmtes vollständiges Daseyn? Wie soll ich dieses verstehen? oder mit Ihren übrigen Aeusserungen zusammen bringen?

Wenn Sp., wie Sie in der Folge anmerken, über die Freyheit so gedacht hat, wie Leibnitz; so hat er auch zugeben müssen, daß die Er-||kenntniß des Guten und Bösen eben so wenig, als die Erkenntniß des Wahren und Falschen, in Ansehung der vollkommensten Ursache ohne alle Folgen seyn könne, daß also die vollkommenste Ursache am Guten Wohlgefallen, am Bösen Mißfallen, das heißt, Absichten haben, und wenn sie würkt, nach Absichten würken müsse.

Hier ist abermals der Ort, wo der Philosoph nach der Schule dem Spinozisten begegnet, und wo sie sich brüderlich umarmen.

S. 26. stoße ich auf eine Stelle, die mir schlechterdings unverständlich ist. *Das Denken,* sagen Sie, *ist nicht die Quelle der Substanz, sondern die Substanz ist die Quelle des* | *Denkens. Also muß vor dem Denken etwas nicht Denkendes, als das erste angenommen werden; etwas, das, wenn schon nicht durchaus in der Möglichkeit, doch in der Vorstellung, dem Wesen, der inneren Natur nach, als das Vorderste gedacht werden muß.* Sie scheinen mir hier mit unserm Freund etwas denken zu wollen, das kein Gedanke ist; einen Sprung ins Leere zu thun, dahin uns die Vernunft nicht folgen kann. Sie wollen sich *etwas* denken, das vor allem Denken vorhergehet, und also dem allervollkommensten Verstande selbst nicht denkbar seyn kann.

Mich dünkt, die Quelle aller dieser Scheinbegriffe liegt darin, daß Sie Ausdehnung und Bewegung für die einzige Materie und Objekte der Gedanken halten, und auch diese nur, in so weit sie würklich existiren. Ich weiß nicht, mit welchem Grunde Sie dieses, als ausgemacht, voraussetzen. Kann das denkende Wesen sich | nicht selbst Stoff und Gegenstand seyn? Wir wissen, wie uns zumuthe ist, wenn wir Schmerz, Hunger, Durst, Frost oder Hitze leiden; wenn wir fürchten, hoffen, lieben, verabscheuen u. s. w. Nennen Sie dieses Gedanken, Begriffe, oder Empfindungen und Affektionen der Seele; genug; daß sie bey allen diesen Affektionen weder Ausdehnung, noch Bewegung zum Gegenstande hat. Ja, bey den sinnlichen Empfindungen selbst; was hat der Schall, der Geruch, die Farbe, oder was hat der körperliche Geschmack mit Ausdehnung und Bewegung gemein? Ich weiß wohl, daß *Locke* die Weltweisen gewöhnt hat, Ausdehnung, Undurchdringlichkeit und Bewegung für *Qualitates primitivas zu* halten, und die Erscheinungen der übrigen Sinne, als *Qualitates secundarias,* auf diese zu reduziren. Allein was hat der Spinozist für Grund, dieses gelten zu lassen? Endlich, kann es denn nicht auch einen Geist geben, der sich Ausdehnung und Bewegung | ‖ als bloß möglich denkt, wenn sie auch würklich nicht vorhanden sind? Nach dem Spinoza, der die Ausdehnung für eine Eigenschaft der einzigen unendlichen Substanz hält, muß dieses um so viel eher angehen.

Ich übergehe eine Menge von witzigen Einfällen, mit welchen unser L*** Sie in der Folge unterhalten, und von denen es schwer ist zu sagen: ob sie Schäckerey oder Philosophie seyn sollen. Er war gewohnt, in seiner Laune die allerfremdesten Ideen zusammen zu paaren, um zu sehen, was für Geburten sie erzeugen würden. Durch dieses ohne Plan hin und her Würfeln der Ideen entstanden zuweilen ganz sonderbare Betrachtungen, von denen er nachher guten Gebrauch zu machen wußte. Die mehresten aber waren denn freylich bloß *sonderbare Grillen,* die bey einer Tasse Kaffee noch immer unterhaltend genug waren. Von der Art ist alles, was Sie ihn S. 33. sagen lassen. Seine | Begriffe von der Oekonomie der Weltseele, von den Entelechien des Leibnitz, die bloß Effect des Körpers seyn sollen, seine Wettermacherey, seine *unendliche Langeweile,* und dergleichen Gedankenschwärmer, die einen Augenblick leuchten, prasseln und dann verschwinden. So lasse ich auch den ehrlichen Rückzug unter die Fahne des Glaubens, den Sie auf Ihrer Seite in Vorschlag bringen, an seinen Ort gestellt seyn. Er ist völlig in dem Geiste Ihrer Religion, die Ihnen die Pflicht auferlegt, die Zweifel durch den Glauben niederzuschlagen. Der christliche Philosoph darf sich den Zeitvertreib machen, den Naturalisten zu necken; ihm Zweifelsknoten vorzuschlagen, die ihn, wie die Irrlichter, aus einem Winkel in den andern locken, und seinen sichersten Griffen immer entschlüpfen. Meine Religion kennet keine Pflicht, dergleichen Zweifel anders als durch Vernunftgründe zu heben, befiehlt keinen Glauben an ewige Wahrheiten. Ich habe also | einen Grund mehr, *Ueberzeugung* zu suchen.

– – –

Ich komme auf die Stelle, S. 41, wo Sie abermal das Prinzipium der Würklichkeit nach Spinoza deutlich zu machen suchen. „Der Gott des Sp., sagen Sie, ist das lautere Prinzipium der Würklichkeit in allem Würklichen, des Seyns in allem *Daseyn,* durchaus ohne Individualität und schlechterdings *unendlich.* Die Einheit dieses Gottes beruhet auf der Identität des Nichtzuunterscheidenden, und schließt folglich eine Art der Mehrheit nicht aus. Bloß in dieser transcendentalen Einheit angesehen, muß die Gottheit aber schlechterdings der ‖ Würklichkeit entbehren, die nur im bestimmten Einzelnen sich ausgedrückt finden kann." Wenn ich dieses recht verstehe, so sind bloß die bestimmten einzelnen Wesen würklich existirende Dinge; das Unendliche aber, oder das Prinzipium der Wirklichkeit, beruhet nur in dem *Zu-|sammen,* in dem *Inbegriffe* aller dieser Einzelheiten. Es ist also ein bloßes *collectivum quid,* das keine andre Substantialität hat, als die Substantialität der Glieder, aus welchen es bestehet. Nun beruhet jedes Kollektivum auf dem Gedanken, der das Mannigfaltige zusammen faßt; denn ausserhalb der Gedanken, oder objektive betrachtet, ist jedes Einzelne isoliret, *Ein* Ding für sich; nur die Beziehung macht es zum Theil des Ganzen, zum Gliede des *Zusammen*. Beziehung aber ist Operation des Denkens. Nun helfen Sie mir aus der Verwirrung, in welcher ich mich in Ansehung des Spinozismus befinde. Ich frage erstlich: Wo subsistirt dieser Gedanke, dieses Kollektivum, die Beziehung des Einzelnen zum Ganzen? Nicht im Einzelnen; denn dieses subsistiret jedes nur für seinen Theil. Wollten wir dieses nicht zugeben, so hätten wir nicht nur eine *Art* von Mehrheit in der Gottheit, sondern eine wahre zahllose Vielheit. | Auch nicht wieder in einem Kollektiven; denn dieses führt auf offenbare Ungereimtheiten. Wenn also dieses *Pan,* dieses Zusammen, Wahrheit haben soll, so muß es in einer würklichen transcendentalen Einheit subsistiren, die alle Mehrheit ausschließt, und hiermit wären wir ja ganz unvermuthet in dem gewöhnlichen Gleise der Schulphilosophie.

Ferner: bisher glaubte ich immer, nach dem Spinoza habe bloß das einzige Unendliche eine wahre Substantialität; das mannichfaltige Endliche aber sey bloß Modification oder Gedanke des Unendlichen. Sie scheinen dieses umzukehren. Sie geben dem Einzelnen wahre Substantialität und sonach müßte das Ganze bloß ein Gedanke des Einzelnen seyn. Sie treiben mich also in einem Zirkel herum, aus welchem ich mich nicht finden kann. Denn bey andern Gelegenheiten scheinen Sie mir auch einzustimmen, daß nach dem Spinoza nur Eine transcendentale unend-|liche Substanz möglich sey, deren Eigenschaften unendliche Ausdehnung und unendliche Gedanken sind.

Die größte Schwierigkeit aber, die ich in dem System des Spinoza finde, liegt mir darin, daß er aus dem Zusammennehmen des Eingeschränkten das Uneingeschränkte will entstehen lassen.

Wie kann durch das Hinzukommen der Grad verstärkt werden? || Wie kann durch *Vermehrung* des Extensiven das Intensive verstärkt werden? Wenn in allen übrigen Systemen der Uebergang vom Unendlichen zum Endlichen schwer zu begreifen ist; so scheint mir nach diesem System der Rückweg vom Endlichen in das intensive Unendliche schlechterdings unmöglich zu seyn. Durch bloße Vermehrung erhalten wir niemals Verstärkung, wenn wir sie auch ins Unendliche fortsetzen. Wenn wir dem Grade eine Quantität zuschreiben; so ist dieses eine intensive Quantität, die durch Hinzuthun gleichartiger Dinge nicht | vermehrt werden kann. Muß nicht hier der Spinozist offenbar die Begriffe verwechseln, und Vielheit statt *einer* Stärke gelten lassen?

Diesen Einwurf hat bereits Wolf (im 2ten Theil seiner natürlichen Theologie) in etwas berührt; aber meines Wissens hat noch kein Vertheidiger Spinozens darauf geantwortet.

***

Hierauf erhielt ich die Antwort des Herrn Jacobi vom 5ten Sept. 1784. (S. 53.) die *Copie d'une Lettre à Monsieur Hemsterhuis,* (S. 56.) und endlich das teutsche an mich gerichtete Schreiben, vom 21sten April 1785. (S. 117.), über die ihm zugeschickten Erinnerungen. In diesen Briefen ist nun von Lessingen weiter die Rede nicht mehr. Herr Jacobi in seinem

eigenen Nahmen sucht den Herrn Hemsterhuis und mich zu überführen, daß die spekulative Vernunft, wenn sie consequent ist, unvermeidlich zum Spi-Inozismus leite, und daß von
den steilen Höhen der Metaphysik keine andere Rettung sey, als aller Philosophie den
Rücken zu kehren, und Kopf unten sich in die Tiefen des Glaubens zu werfen.

Ueber den Spinozismus selbst und was dazu leiten kann, habe ich mich bereits in meinen *Morgenstunden* erklärt, und was ich etwa insbesondere über Herrn Jacobi Vertheidi-
gungsart dieser Lehre anzumerken habe, verspare ich mir auf eine andere Gelegenheit.
Hier hat das Publikum bloß zwischen Jacobi und Lessing, zum Theil auch zwischen Jacobi
und mir zu entscheiden; und weil der Richter doch alles in Händen haben muß, was zur
Streitsache gehört; so mag auch der Eingang zum Schreiben vom April 1785 hier stehen,
den Herr Jacobi, wie er (S. 117.) sagt, deßwegen weglassen, weil er nur die Gründe
enthält, „warum ich für gut fand, Mendelssohns Erinnerungen bloß *eine neue Darstellung*
des Spinoza entgegen zu | setzen, und ‖ die Rechtfertigung meines Begriffes von diesem
Lehrgebäude dabey zum Hauptaugenmerk zu nehmen.“

An

Herrn Moses Mendelssohn,

über desselben mir zugeschickte Erinnerungen.

„Ehe man noch Blößen suchen darf, muß des Gegners Klinge erst gefunden und gehalten
seyn; Sie suchten die meinige, und schwangen Ihr Gewehr im Kreise, ohne Widerstand zu
finden, denn da gegenüber war ich nicht. Ich will in der geraden stillen Wehre, worin ich
stand, vor Sie hinrücken, und mit einem nur graden Stoße in Ihren Kreis den Ausfall wagen. Fängt Ihr Kreis meinen Stoß auf, dann erst sind wir im Gefecht.“

„Ohne Allegorie. Ihren Erinnerungen liegt von Anfang bis zu Ende eine Irrung zum
Grunde, die Sie unerörtert lassen. Da Ihr | Begriff von der Lehre des Spinoza mit dem
Meinigen nicht übereinkam; so mußte wenigstens einer von uns diese Lehre unrecht fassen. Wenn es nun auch nicht an sich der Mühe werth war, zu untersuchen, oder vielmehr,
wenn es ja nicht die Frage seyn konnte, wer von uns beiden der Irrende sey; so mußte die
Frage doch geliehen werden, sobald mir die Ehre widerfahren sollte, daß Sie über diese
Materie sich mit mir einließen. Diese Frage zu leihen, wäre um so billiger und unverfäng-
licher gewesen, da Sie über dem Lesen des gegenwärtigen Aufsatzes sich gewiß erinnern
werden, wie sehr Ihnen die Schriften des Spinoza aus dem Gedächtnisse gekommen sind,
wovon einiges Bewußtseyn Ihnen doch auch damals schon beywohnen mußte. Genug,
indem Sie unterließen, durch eine Vergleichung mit der Urkunde Ihren Begriff von dem
Spinozismus gegen den Meinigen zu wägen, umgiengen Sie die Sache | selbst. Alles mußte
nun im Unbestimmten schwanken; an keiner Seite konnten Sie recht angreifen, vielweniger
durchsetzen. Der Nachdruck fehlte, weil der rechte Widerstand gebrach. Und mit wie
vielerley auf einmal kommen Sie nicht ins Gemenge? Mit der innerlichen Unwahrheit
Ihres eigenen Begriffes oder mit dem Falschen in der Sache selbst, nach Ihrer Vorstellung

davon; mit der innerlichen und mit der angenommenen äu-||ßerlichen Unwahrheit des Meinigen; hernach mit dem, was Lessing und mir besonders zugehörte, oder so genommen werden mogte. So vielerley und so verschiedenes, und da es unaufhörlich in einander sich verlieren mußte, konnte Ihre Streitschrift nicht anders, als sehr verwickelt werden lassen. Darum je länger u. s. w." wie die Folge der Länge nach von Seite 117 bis S. 166 mitgetheilet worden. |

Abraham von Moivre soll einst Newton um den Beweiß eines mathematischen Lehrsatzes ersucht haben, den er selbst nicht finden konnte. Newton war willig ihn zu geben; allein die Prämissen des Beweises waren dem von Moivre noch schwerer zu begreifen, als der Lehrsatz selbst, und je mehr Erläuterung jener zu geben bemüht war, desto weniger konnte ihn dieser erreichen. Fast auf eine ähnliche Weise ergieng es mir mit Herrn Jacobi. Je mehr er sich angelegen seyn ließ, mir über den wahren ächten Spinozismus Aufschluß zu geben, desto weniger verstand ich, weder ihn, noch seinen Spinoza. Ich verstand sie nicht, im genauesten Sinn der Worte. Man mag mich *Halbkopf* oder seichten Denker schelten; ich verstehe diese Sprache nicht, die bald zu transcendental, bald zu figürlich wird. Ich vermisse allenthalben deutliche Worterklärungen, Bestimmtheit der Begriffe; mir schwebt alles wie in der Dämmerung mit schwankenden Um-|rissen vor den Augen. Von manchen Sätzen, die ich den Worten nach zu verstehen glaubte, schien mir weder das Dafür noch das Dawider ausgemacht zu seyn, und vielmehr beides noch mit gleichen Gründen behauptet werden zu können, und von so mancher andern Behauptung schien mir die Unzulässigkeit in die Augen zu fallen; so daß ich unmöglich glauben konnte, den rechten Sinn derselben gehörig gefaßt zu haben. Ich mußte also noch völlig in Zweifel seyn, ob ich, wie Hr. J. sich ausdrückt, die Waffen meines Gegners gefunden habe und festzuhalten im Stande sey. Um nur einige Beyspiele anzuführen. In dem Schreiben an Hemsterhuis läßt Hr. J. seinen Spinoza beweisen, daß der Wille keine Veränderung in der Natur hervorbringen könne, und legt ihm folgende Worte in den Mund: „*La pensée considérée dans son essence n'est que le sentiment de l'Etre. L'idée & le sentiment de l'Etre, en tant qu'il est déterminé, | individuel & en relation avec d'autres individus. La volonté n'est que le sentiment de l'Etre déterminé agissant comme || individu.* " (S. 72.) Oder weil das Wort être im Französischen vieldeutig ist, lasset uns bey der Uebersetzung bleiben, die Herr Jacobi selbst hinzugefüget hat: „Das Denken, in seinem Wesen betrachtet, ist nichts anders, als das *Seyn, das sich fühlet.* " Ich muß gestehen, daß ich diese Worte schlechterdings nicht verstehe. Weit deutlicher ist mir das Wort Denken, als die Worte: *das Seyn, das sich fühlet.* Soll es heißen: *Denken, in seinem Wesen betrachtet, ist nichts anders, als Selbstbewustseyn, daß man da sey?* So scheinet es, wenn ich S. 140 damit vergleiche, alwo Herr Jacobi in dem teutschen Schreiben an mich denselben Gedanken vorträgt: „Das absolute Denken, heißt es daselbst, ist das reine unmittelbare absolute Bewußtseyn in dem allgemeinen Seyn, dem Seyn κατ᾽ ἐξοχήν, oder | „der Substanz;" wiewohl ich auch hier den Gedanken nur halb verstehe, denn, was *allgemeines Seyn, Seyn per excellentiam, oder Substanz* bedeute, begreife ich dennoch nicht. In der Note sagt Herr Jacobi: „der Ausdruck, *le sentiment de l'Etre,* den mir in dem Briefe an Hemsterhuis die französische Sprache an die Hand gab, war reiner und besser; denn das Wort Bewußtseyn, scheint etwas von Vorstellung und Reflexion zu involviren, welches hier gar nicht statt findet," und führt zur Erläuterung seines Gedankens eine Stelle aus der *Krit. der reinen Vernunft* an. Allein nach *Kant* liegt ein Bewußtseyn bloß allen Begriffen zum *Grunde;* und nach Jacobi, soll das Denken *nichts anderes seyn;* welches zwey ganz verschiedene Behauptungen sind. Zudem muß Spinoza, wie mich dünkt, Vorstellungen ohne Bewußtseyn zugeben, wenn er konsequent seyn will. Denn da nach seiner Lehre alles, was | in dem Körper durch Bewegung geschiehet, in der Seele harmonisch durch Vorstellung ausgedrücket wird, und da ferner nicht geleugnet werden kann, daß in dem Körper Bewegungen vorgehen, deren wir uns nicht bewußt sind, so muß es nothwendig dunkle, schlafende Vorstellungen, ohne alles Bewußtseyn geben, und müssen also, nach Spinoza, Begriffe ohne Bewußtseyn, oder ein *Denken, ohne das Seyn das sich fühlt,* gar wohl möglich seyn. Was vom Willen gesagt wird, ist mir vollends unbegreiflich. „Der Wille ist nichts, als das Seyn, das sich fühlt, in so fern es bestimmt ist, und als ein einzelnes Wesen handelt." Ich verstehe hier schlechterdings den buchstäblichen Sinn der Worte eben so wenig, als S. 98, wo die Erklärung des Denkens abermals vorkömmt. „Das Denken, heißt es daselbst, ist das Seyn, das sich fühlt; folglich muß alles das, was ‖ in der Ausdehnung vorgehet, gleichfalls in dem Denken vorgehen; und | jedes *eigentliche* Individuum ist nach *Maaßgabe seiner Mannichfaltigkeit und Einheit,* oder nach dem Grade derjenigen Kraft beseelt, womit es das ist, was es ist." Was ist *das Wesen des Menschen selbst, oder der Grund seines würklichen Vermögens, oder der Kraft, mit welcher er das ist, was er ist?* Nimmermehr hätte ich hinter diesen transcendentalen Worten die *Freyheit des Willens* gesucht, die Spinoza (S. 96.) dadurch erklären will, um sie nach seiner Art zu bestreiten. Ich konnte mich schlechterdings auf diese Gründe nicht einlassen; denn ich verstand den Sinn der Worte nicht.

Von dem System der Endursachen sagt Herr Jacobi (S. 60.): Spinoza habe dasselbe, als die größte Verrückung des menschlichen Verstandes angesehen, und S. 90 legt er ihm selbst die Worte in den Mund: die Lehre von den Endursachen sey wahrer Unsinn. Wenn dieses alles | Ernstes gesagt seyn soll, so scheint es mir die vermessenste Behauptung, die je aus eines Sterblichen Munde gekommen. So etwas sollte sich kein Erdensohn erlauben, der so wenig, als wir andern, von Ambrosia lebt, der so, wie andre Menschenkinder, hat Brod essen, schlafen, und sterben müssen. Wenn der Weltweise in seiner Spekulation auf eine so ungeheure Behauptung stößt; so ist es, wie mich dünkt, hohe Zeit, daß er sich orientire, und nach dem schlichten Menschenverstande umsehe, von dem er zu weit abgekommen ist.

Zwar will Spinoza, nach Herrn Jacobi, durch keine Erfahrung widerlegt seyn. „Wir sehen auch, spricht er (S. 79.), daß sich die Sonne um die Erde drehet. Lassen wir die Erscheinungen, und bestreben uns die Dinge zu erkennen, wie sie sind." Allein die Erscheinungen sind in dergleichen Fällen nicht so schlechterdings abzuweisen. Ihr Zeugniß ist vielmehr von | der höchsten Gültigkeit: denn als Erscheinungen betrachtet reden sie lautere Wahrheit. Auch, daß die Sonne sich um die Erde bewegt, ist wahr, wenn wir bloß auf die Erdbewohner sehen, und nicht daraus die Folge ziehen, daß es auch den Einwohnern anderer Weltkörper so vorkommen müsse. Giebt es Absichten und Endursachen in der Natur? Wenn es im Menschen welche giebt, wenn der Mensch welche hat und ausführt, und wenn durch seine Kräfte, Bestandtheile und Gliedmaßen welche ausgeführt worden sind; so können auch die Endursachen in der Natur nicht geleugnet werden. Herr Jacobi will (S. 104.) die Endursachen ‖ in dem Weltall durch folgendes Räsonnement verdrängen. „Man überdenke, spricht er, die so verwickelte Einrichtung der Staatskörper und finde aus, was sie zu einem Ganzen machte; jemehr man darüber tief und immer tiefer nachdenkt, desto mehr wird man nur blinde Triebfedern und die ganze Hand-|lungsweise einer Maschine wahrnehmen; aber freilich einer Maschine, ähnlich denen von der ersten Hand, wo die Kräfte sich selbst nach eigenen Bedürfnissen und dem Grade ihrer Energie zusammen setzen; wo alle Springfedern das Gefühl ihrer Würkung haben, welches sie durch gegenseitiges Bestreben einander mittheilen, in einer nothwendig unendlichen Stufenfolge. Dasselbige gilt von den Sprachen, deren vollständiger Bau ein Wunder scheint, und deren keine doch mit Hülfe der Grammatik wurde." – Dieses also ist die hohe Weisheit, welche Spinoza dem gemeinen schlichten System der Endursachen entgegen setzt; dieses sind die überzeugenden Gründe, mit welchen er uns alle des Wahnsinnes und der Verrückung zu zeihen sich herausnimmt. – Menschen, die ein gemeinschaftliches Bedürfniß haben, können ohne Verabredung einen vernünftigen Staatskörper ausmachen; Menschen, die sich einander zu verste-|hen geben wollen, können ohne Grammatik eine verständliche und noch so ziemlich ordentliche Sprache zu Stande bringen; also können auch Dinge ohne Kenntniß und Absicht zusammenstoßen und die Wunder des großen Weltalls so spielend hervorbringen, wie der Mahler des La Mettrie den Schaum am Munde seines Streitrosses hervorgebracht hat. Wer dieses nicht einsiehet, der ist nicht bey Sinnen, und das ganze menschliche Geschlecht ist nicht bey Sinnen, wenn es dieses schlichte Räsonnement nicht begreifen will. Kann ein Mensch dieses im Ernste je behauptet haben?

Nichts, dünkt mich, kann unläugbarer seyn, als daß in der sichtbaren Welt, die uns umgiebt, so wie in uns selbst, *Endursachen* erzielt und *Absichten* ausgeführet werden. Ich kann unmöglich glauben, daß je ein Philosoph im Ernste hieran gezweifelt habe. Man darf nur die Augen öffnen, nur irgend ein Werk der Natur mit dem | geringsten Grade von Aufmerksamkeit betrachten, um hiervon völlig überführt zu seyn. Die Frage, die in der Metaphysik vorkömmt und der Untersuchung werth ist, bestehet eigentlich darinn: Ob das System der Endursachen apodiktisch zu erweisen sey, oder nicht? d. i. ob ein einziges Faktum hinreichend sey, uns ‖ auf einem *wissenschaftlichen Wege* zum Resultate zu führen, daß eine Endursache zum Grunde liege, oder ob vielmehr eine Menge von einzelnen Fällen bis zur augenscheinlichen *Induktion* angehäuft werden müsse, um uns hiervon zu versichern?

Weder in die Religion, noch in die Sittenlehre hat die Entscheidung dieser Frage sonderlichen Einfluß. In Absicht auf die Folgen kömmt darauf wenig an: ob wir von einer Wahrheit *apodiktisch,* oder durch eine *augenscheinliche Induktion* überführet sind. Aber für den spekulativen Kopf hat die Untersuchung ihr Nützliches | und ihr Angenehmes, und sie verdient mit aller Schärfe und Genauigkeit angestellt zu werden. Daß aber ein Mann, wie Spinoza, das System der Endursachen schlechterdings für Verrückung und Wahnwitz erkläret, und folglich uns übrigen, die wir so fest an dieses System uns anschließen, alle zu den Unklugen verweiset; das ist eine ziemlich beleidigende Herausforderung, die der Defensor mit dem ritterlichen Brauch und Herkommen des philosophischen Zweykampfes entschuldigen mag.

Das Schreiben an Herrn Hemsterhuis, das mir Herr Jacobi mittheilte, blieb eine Zeitlang von meiner Seite ohne Antwort. Im Grunde hatte ich noch nichts zu beantworten. Der Brief war eigentlich nicht an mich gerichtet; ich verstand ihn nicht, schob die Schuld zum Theil auf meine geringe Kenntniß der französischen Sprache und wollte die teutsche Antwort auf meine Erinnerungen abwarten, die mir Herr Jacobi | versprach. Als diese mir zu lange verweilte, beschloß ich meine unterdessen völlig ausgearbeiteten *Morgenstunden* herauszugeben, und ließ Herrn Jacobi ersuchen, mit seinen Gegenerinnerungen zu warten, bis er den ersten Theil derselben in Händen haben würde. Ich meldete dabey ausdrücklich, daß in diesem ersten Theile meiner Schrift unsers Briefwechsels noch keine Erwähnung geschähe. Meine Absicht war, in diesem Theile bloß meine Gedanken über die *ersten Gründe der Erkenntniß,* über *Wahrheit, Schein,* und *Irrthum* an den Tag zu legen, und die Anwendung davon auf den Pantheismus zu versuchen. Hier findet Herr Jacobi, dachte ich, vielleicht den Punkt, wo wir zusammen kommen, und von welchem wir ausgehen können, unsern Wettlauf zu vollenden. Dieses sollte alsdenn von meiner Seite in dem zweyten Theile geschehen.

Als ich aber unmittelbar darauf Herrn Jacobi Schreiben und seine teutsche *Darstellung des | Spinozismus* erhielt, mußte ich alle Hof-||nung aufgeben, mit diesem Weltweisen je in einem Punkte zusammen zu kommen. War mir der französische Spinoza unerreichbar; so war mir der teutsche vollends wie in Nebel und Wolken verhüllt. Ich konnte keinen Gedanken festhalten; kaum wagte ich es, einen zu erhaschen, so mußte ich ihn in der folgenden Periode schon wieder fahren lassen. Bald schien es mir, als wären, nach dem Spinoza des Herrn Jacobi, alle veränderliche Dinge bloße Gedanken und Vorstellungen des Unveränderlichen; bald schien er doch auch dem Veränderlichen objektives Daseyn zuzuschreiben: gleichwohl ward protestiret, daß das Unendliche kein Aggregat des Endlichen sey, daß überhaupt durch Zusammensetzung kleinerer Grade kein höherer Grad erhalten werde, und also *unendlich Vieles nicht ein Unendliches ausmachen könne.* Diesem allen unbeschadet, sollte doch alles Veränderliche mit dem Unverän-||derlichen *Eins* und dieselbe Substanz seyn. Sodann verstand ich wieder an einem andern Orte aus seinen Worten, daß sein Unendliches ein bloßes *Abstractum quid,* ein allgemeiner Begriff sey, der nur deswegen ewig, unendlich und unveränderlich sey, weil er in allem Endlichen und Veränderlichen anzutreffen seyn und ihm zum Grunde liegen muß. Auf solche Weise hätte bloß das Endliche ein konkretes Daseyn; das Unendliche aber wäre ein Begriff, der von dem Endlichen abgesondert werden kann. Die *absolute Einheit* selbst, die er seiner einzigen möglichen Substanz zuschreibt, schien an manchen Stellen eine bloße *Einheit der Abstraktion* zu seyn; wie etwa die *Thierheit* in allen Thieren, die *Menschheit* in allen Menschen

Eins ist, dem Begriffe nach; der Sache nach aber jedem Einzelnen besonders zukömmt.
Dieselbe Kraft der Schwere ist es, die dort die Himmelskörper und hier das Pendul an der
Uhr bewegt. Dem | Begriffe nach, ist es also *ein und ebendieselbe Kraft;* allein der Sache
nach, muß diese Kraft in jedem konkreten Einzelnen wiederhohlt und vervielfältiget werden, wenn sie so mancherley Veränderungen hervorbringen soll. So schien mir auch die
Einheit des Spinoza bloß dem Begriffe nach genommen werden zu müssen; weil dasjenige, worinn alles Veränderliche übereinkömmt, dem Begriffe nach *Eins* und immer *dasselbe* ist; ob es gleich der Sache nach in jedem Einzelnen widerholt wird. Mit diesem Begriffe
konnte ich gleichwohl wiederum andere Stellen nicht in Uebereinstimmung bringen. Mit
einem Worte, ich war wie im Cirkel herumgetrieben und konnte nirgends festen Fuß fassen. Ich ‖ sahe also die Nothwendigkeit ein, mehrere Streiter und Schiedsrichter an unserer
Kampfübung Theil nehmen zu lassen, und schrieb den 24ten May 1785 an unsere gemein-
schaftliche Freundin folgenden Brief. |

* * *

„Sie erhalten hierbey ... ! einen Theil meiner Handschrift, die ich drucken zu lassen
entschlossen bin. Haben Sie die Freundschaft für mich, ihn dem ** zur Censur zu überreichen. Ich habe keinen philosophischen Freund, dem ich mehr Freymüthigkeit, Wahrheitsliebe und Beurtheilungskraft, also bessern Willen und bessere Kräfte zutraute, mir
hierüber die Wahrheit zu sagen. Bitten Sie ihn, theureste Freundinn! mir einige seiner
Nebenstunden zu schenken und senden Sie mir das Manuskript mit Spuren seiner ver-
bessernden Hand bezeichnet, sobald es angehet, zurück. Die Fortsetzung soll nächstens
folgen. Herrn Jacobi kann ich die Handschrift nicht sehen lassen; er muß die Schrift
ganz und zwar gedruckt vor Augen haben; Sie sollen gleich hören, aus welcher Ursache.
Es gehet mir mit Herrn J. gar sonderbar. Je mehr Erläuterung er mir geben will, desto |
weniger verstehe ich ihn. Seinen Brief an H. habe ich schlechterdings in dem buchstäb-
lichen Sinne nicht verstanden, und vor einigen Tagen habe ich einen ausführlichen
Aufsatz von ihm erhalten, der zur Erläuterung jenes Briefes und zugleich zur Beantwortung meiner Erinnerungen gegen sein System dienen soll, und – ich schäme mich
nicht es zu gestehen – ich verstehe diesen Aufsatz noch weit weniger. Was ist nun anzufangen? Wenn wir in verschiednen Idiomen sprechen, und uns einander nicht verständlich sind; so kommen wir in Ewigkeit nicht auseinander. Dabey scheint H. J. zuweilen
heftig zu werden, und in eine Art von Hitze zu gerathen; wiewohl diese auch nur angenommen seyn kann, um den Streit lebhafter zu machen. Im Grunde kann das Herz
immer noch von Eigendünkel und Rechthaberey frey seyn.
Dem sey wie ihm wolle, so muß ich, um Verwirrung zu vermeiden, zuerst meine Grund-
|sätze darlegen, bevor ich mich mit H. J. einlasse. Ich gebe also den ersten Theil meiner
Morgenstunden heraus, *sage in demselben noch nichts von unserm ganzen Briefwechsel,* berühre aber gleichwohl den Spinozismus, und suche ihn zu widerlegen. *Unsern*

| 76–79; ‖ Bd. 3.2, 215

Briefwechsel verspare ich mir bis auf den zweyten Theil, der ‖ *ein Jahr später erschei-*
nen mag. Unterdessen lerne ich vielleicht Herrn J. besser verstehen, oder bin so glücklich, mich mit ihm über einige Punkte zu vereinigen. Bevor wir wettlaufen, müssen wir
an einem bestimmten Orte zusammenkommen."

* * *

Unpartheyische Leser mögen urtheilen, ob H. J. nach allem diesen, was zwischen uns
vorgegangen, zu der Besorgniß berechtigt gewesen, die er S. 176 zu erkennen giebt, und
was für Recht er gehabt, mit einer Privat-Correspondenz her-‖vorzueilen, ohne diejenigen
darum zu befragen, die Antheil daran hatten. „Ich konnte, spricht er, es ihm doch allein und
ganz einseitig nicht überlassen, den Streit gehörig einzuleiten und öffentlich zu zeigen,
woran es liege, daß ihm manches (in meinen Aufsätzen) schlechterdings unverständlich
sey, und sich seinen Blicken immer mehr und mehr entziehe, je mehr Erläuterung ich ihm
zu geben bemühet sey. Noch weniger, fährt er fort, konnte ich zugeben, daß ein *status
controversiae* festgesetzt würde, wo es mir anheim fällt, den *Advocatum diaboli* gewisser
Maßen vorzustellen, wenn man nicht zugleich die ganze Veranlassung des Streits, welcher
eingeleitet werden soll, bekannt machte. Es war höchst wichtig für mich, daß man genau
erführe, in welchem Verstande ich die Parthey des Spinoza genommen hatte, und daß einzig und allein von spekulativer Philosophie gegen spekulative Philosophie, oder richtiger,
von ‖ reiner Metaphysik gegen reine Metaphysik die Rede war." Daß in dem ersten Theile
meiner Schrift unsers Briefwechsels noch gar nicht erwähnt werden, und also von H. J.
Aufsätzen und ihrer Verständlichkeit oder Unverständlichkeit noch gar die Rede nicht seyn
würde; davon hatte H. J., wie er S. 167 selbst anführt, schon den 26sten May meine
Versicherung in Händen: und wenn ihm unsre Freundinn, wie zu vermuthen, auch mein
Schreiben vom 24sten May abschriftlich mitgetheilt; so hatte er mein wiederholtes Versprechen, daß unser Streit erst in dem zweyten Theile vorkommen sollte, und ich konnte
diesem Versprechen ohne offenbare Falschheit nicht zuwider handeln. Meine *Morgenstunden* sind nunmehr heraus, und man siehet, daß nichts von dem geschehen, was H. J. be-
fürchtet hat. Wo habe ich gesagt, daß ich *öffentlich* zeigen wolle, woran es liege, daß mir
manches in seinen Schriften schlechterdings unverständlich sey u. s. w? ‖ Wie H. J. S. 175.
selbst meine Worte anführt, habe ich bloß geschrieben: *we-‖nigstens würde es sich zeigen,* woran es liege u. s. w.: nehmlich, wenn ich den *statum controversiae* mit dem Pantheismus überhaupt, in dem ersten Theile meiner Schrift, nach meiner Art festgesetzt haben
würde; so würde es sich zwischen uns gar bald zeigen, woran es liege. Wie richtig, oder
wie unrichtig ich aber diesen *statum controversiae* angeben würde, dieses konnte von H. J.
Seite ganz ohne Gefahr abgewartet werden. Noch gieng es bloß den Pantheismus überhaupt,
nicht H. J. insbesondere an, der noch immer Zeit gehabt, mich und das Publikum eines
Bessern zu belehren, wenn er mich auf unrechten Wegen erwischt hätte, ohne mit Bekannt-
machung eines Privatbriefwechsels so vorschnell zu seyn. Noch weniger konnte H. J. besorgen, ich würde ihn als Anhänger des Atheismus aufstellen. Wenn ich auch nicht ver-

sprochen hätte, unsers Streites noch | gar nicht zu erwähnen; so hatte ich doch zu diesem schmählichen Verdacht noch keinen Anlaß gegeben. Was konnte mich bewegen, einen Mann, der mich nie beleidigt hatte, bey der Welt oder Nachwelt um seinen guten Leumund zu bringen? Auf der Bahn, auf welcher ich durch die Welt zu kommen suche, und deren Ende ich nun beynahe erreicht habe, wird mir H. J. sicherlich nie im Wege stehen; und wenn er mir die Schadenfreude zutraute, daß ich einem Unschuldigen ein Bein unterschlagen könnte, um mich an seinem Falle zu belustigen, so mußte er meinen Umgang und meinen Briefwechsel nicht suchen.

Von einer andern Seite, wenn es denn, wie H. J. meint, so wichtig ist, ob und unter welcher Gestalt man die Parthey des Spinoza übernehme, und seine Lehren zu vertheidigen suche; warum erlaubt er sich denn, unsern Freund Lessing so geradezu als *Advocatum diabo*li, wie er es nennt, aufzustellen, einen Verstorbenen zu | verunglimpfen, der sich nicht mehr vertheidigen kann, und wider welchen er keine andre Beweise, als mündliches Gespräch, und keine andere Zeugen, als seine eigene Person, aufzubringen im Stande ist?

Mit einem Worte, ich kann mich in die praktischen Grundsätze des Herrn J. eben so wenig, als in seine theoretischen finden. Ich glaube, es sey bey so bewandten Umständen durch Disput wenig auszurichten, und also wohl gethan, daß wir auseinander scheiden. Er kehre zum Glauben seiner Väter zurück, bringe durch die siegende Macht des Glaubens die schwermäulige Vernunft unter Gehorsam, schlage die aufsteigenden Zweifel, wie in dem Nachsatze seiner Schrift ge-||schieht, durch Autoritäten und Machtsprüche nieder; *seegne und versiegele* seine kindliche Wiederkehr (S. 213.) mit Worten aus dem *frommen, engelreinen Munde* Lavaters. |

Ich von meiner Seite bleibe bey meinem jüdischen Unglauben, traue keinem Sterblichen einen *engelreinen Mund* zu, möchte selbst von der Autorität eines *Erzengels* nicht abhängen, wenn von ewigen Wahrheiten die Rede ist, auf welche sich des Menschen Glückseeligkeit gründet, und muß also schon hierin auf eigenen Füßen stehen oder fallen. – Oder vielmehr: da *wir alle*, wie H. J. sagt, *im Glauben gebohren* sind; so kehre auch ich zum Glauben meiner Väter zurück, welcher nach der ersten ursprünglichen Bedeutung des Worts, nicht in Glauben an Lehre und Meinung, sondern in Vertrauen und Zuversicht auf die Eigenschaften Gottes bestehet. Ich setze das volle uneingeschränkte Vertrauen in die Allmacht Gottes, daß sie dem Menschen die Kräfte habe verleihen *können*, die Wahrheiten, auf welche sich seine Glückseeligkeit gründet, zu erkennen, und hege die kindliche Zuversicht zu seiner Allbarmherzigkeit, daß sie mir diese Kräfte | habe verleihen *wollen*. Von diesem unwankenden Glauben gestärkt, suche ich Belehrung und Ueberzeugung, wo ich sie finde. Und Preis sey der seeligmachenden Allgütigkeit meines Schöpfers! Ich *glaube* sie gefunden zu haben, und *glaube,* daß jeder sie finden könne, der mit offenen Augen suchet, und sich nicht selbst das Licht verstellen will. – So viel, was mich angeht. –

Was unsern Freund *Lessing* betrifft; so fällt sein Schicksal am Ende auch nicht so hart aus, als man es Anfangs hätte vermuthen sollen. H. J. weiset ihm eine Gesellschaft an, in welcher er sich nicht übel befinden mag. Nach einem Papiere, welches er S. 170 mittheilet, erkläret er zwar, *Spinozismus sey Atheismus;* allein die Philosophie eines Leibnitz und

Wolf ist ihm nicht minder fatalistisch, als die Spinozistische, und führt, wie er sagt, den unablässigen Forscher zu den Grundsätzen der letztern zurück. Endlich soll, wie er hinzu thut, *jeder Weg der | Demonstration in dem Fatalismo* ausgehen. Schwerlich wird der Geist *Lessings,* der sonst sich in dem Umgange mit jenen Verworfnen so sehr gefiel, noch itzt in ihrer Gesellschaft Langeweile befürchten. Er kehre also besänftiget in die stillen Wohnungen des Friedens zurück, in die Arme der Männer, die so, wie er, den Weg der Demonstration gegangen sind, und so, wie er, ihrer Vernunft auch etwas zugetrauet haben.

Weiterführende Literatur

Neuere Textausgaben

Moses Mendelssohn: Ästhetische Schriften, hg. v. Anne Pollok, Hamburg 2006.
Moses Mendelssohn: Jerusalem oder über religiöse Macht und Judentum. Vorrede zu
   Manasseh Ben Israels ‚Rettung der Juden‘, hg. v. David Martyn, Bielefeld 2001.
Moses Mendelssohn: Jerusalem oder über religiöse Macht und Judentum. Mit dem Vor-
   wort zu Manasse ben Israels ‚Rettung der Juden‘ und dem Entwurf zu ‚Jerusalem‘, hg.
   v. Michael Albrecht, Hamburg 2005.
Moses Mendelssohn: Metaphysische Schriften, hg. v. Wolfgang Vogt, Hamburg 2008.

Monographien und Sammelbände

Michael Albrecht: Moses Mendelssohn 1729–1786. Das Lebenswerk eines jüdischen Den-
   kers der deutschen Aufklärung, Weinheim 1986.
Michael Albrecht, Eva J. Engel, Norbert Hinske (Hg.): Moses Mendelssohn und die Kreise
   seiner Wirksamkeit, Tübingen 1994 (Wolfenbütteler Studien zur Aufklärung 19).
Michael Albrecht, Eva Engel (Hg.): Moses Mendelssohn im Spannungsfeld der Aufklä-
   rung, Stuttgart 2000.
Alexander Altmann: Moses Mendelssohns Frühschriften zur Metaphysik, Tübingen 1969.
Alexander Altmann: Moses Mendelssohn. A biographical study, London 1973.
Alexander Altmann: Die trostvolle Aufklärung. Studien zur Metaphysik und politischen
   Theorie Moses Mendelssohns, Stuttgart 1982.
Dominique Bourel: Moses Mendelssohn. Begründer des modernen Judentums, Zürich 2007.
Shmuel Feiner: Haskala – Jüdische Aufklärung. Geschichte einer kulturellen Revolution,
   Hildesheim 2007.
Anselm Gerhard (Hg.): Musik und Ästhetik im Berlin Moses Mendelssohns, Tübingen
   1999.
Norbert Hinske (Hg.): „Ich handle mit Vernunft...“ Moses Mendelssohn und die europäi-
   sche Aufklärung, Hamburg 1981.
Jacob Katz: Aus dem Ghetto in die bürgerliche Gesellschaft, Frankfurt/M. 1988.
Herrmann M. Z. Meyer: Moses Mendelssohn Bibliographie, Berlin 1965.
Michael A. Meyer: Von Moses Mendelssohn zu Leopold Zunz. Jüdische Identität in Deutsch-
   land 1749–1824, München 1994.
Michael A. Meyer (Hg.): Deutsch-jüdische Geschichte in der Neuzeit, München 1996, Bd.
   1 u. 2.
Moshe Pelli: The Age of Haskalah. Studies in Hebrew Literature of the Enlightenment in
   Germany, Leiden 1979.

Christoph Schulte: Die jüdische Aufklärung. Philosophie Religion Geschichte, München 2002.

Klaus-Werner Segreff: Moses Mendelssohn und die Aufklärungsästhetik im 18. Jahrhundert, Bonn 1984.

David Sorkin: The Transformation of German Jewry 1780–1840, Oxford 1987.

David Sorkin: Moses Mendelssohn und die theologische Aufklärung, Wien 1999.

Wolfgang Vogt: Moses Mendelssohns Beschreibung der Wirklichkeit menschlichen Erkennens, Würzburg 2005.

Carsten Zelle: „Angenehmes Grauen". Literaturhistorische Beiträge zur Ästhetik des Schrecklichen im 18. Jahrhundert, Hamburg 1987.

Aufsätze

Michael Albrecht: Moses Mendelssohn. Ein Forschungsbericht 1965–1980, in: Deutsche Vierteljahresschrift für Literaturwissenschaft und Geistesgeschichte 57 (1983), S. 64–159.

Maximilian Bergengruen: Gehört „die theatralische Sittlichkeit vor den Richterstuhl des symbolischen Erkenntniß"? Zur Genese von Moses Mendelssohns Theorie der Illusion, in: Mendelssohn-Studien 12 (2001), S. 35–54.

Otto F. Best: „Einleitung", in: Moses Mendelssohn, Ästhetische Schriften in Auswahl, hg. v. Otto F. Best, Darmstadt 1974, S. 1–24.

Olaf Briese: Wie unsterblich ist der Mensch? Aufklärerische Argumente für Unsterblichkeit in der Zeit von 1750–1850, in: Zeitschrift für Religions- und Geistesgeschichte, 47 (1995) Heft 1, S. 1–16.

Gideon Freudenthal: Rabbinische Weisheit oder Rabbinische Philosophie? Salomon Maimons Kritik an Mendelssohn und Weisel, in: Mendelssohn-Studien 14 (2005), S. 33–64.

Sven Gesse: Moses Mendelssohns Theorie der Empfindungen und die Poetik der Mischform, in: Anselm Gerhard (Hg.), Musik und Ästhetik im Berlin Moses Mendelssohns, Tübingen 1999, S. 117–134.

Hans v. Haimberger: Die Rolle der Illusion in der Kunst nach Moses Mendelssohn, in: Mendelssohn-Studien 2 (1975), S. 31–49.

Gerda Heinrich: „Juden müssen sich also gar nicht einmischen..." Mendelssohn als Initiator und Mentor der Debatte um die „bürgerliche Verbesserung der Juden" 1781–1786, in: Menora. Jahrbuch für deutsch-jüdische Geschichte 2001, S. 39–65.

Gerda Heinrich: „man sollte itzt beständig das Publikum über diese Materie en haleine halten". Die Debatte um die ‚bürgerliche Verbesserung' der Juden 1781–1786, in: Ursula Goldenbaum (Hg.): Appell an das Publikum. Die öffentliche Debatte in der deutschen Aufklärung 1687–1796, Berlin 2004, Teil 2, S. 813–895.

Norbert Hinske: Mendelssohns Beantwortung der Frage: Was ist Aufklärung? oder Über die Aktualität Mendelssohns, in: Norbert Hinske (Hg.), Ich handle mit Vernunft. Moses Mendelssohn und die europäische Aufklärung, Hamburg 1981, S. 85–117.

Grażyna Jurewicz: Das aktuelle Wort zur Bestimmung des Menschen aus dem Schatz der Aufklärung: Der Mensch und die Geschichte bei Moses Mendelssohn, in: Mendelssohn-Studien 15 (2007), S. 49–70.

Daniel Krochmalnik: Moses Mendelssohns Unsterblichkeitsbeweise in ihrer Zeit, in: Mendelssohn-Studien 15 (2007), S. 9–48.

Hans Lausch: Moses Mendelssohn: „Ein Algebraist würde das Gute in seinem Leben mit positiven Größen vergleichen" – Zur Unwirklichkeit des Negativen im 18. Jahrhundert, in: Mendessohn-Studien 8 (1993), S. 23–36.

Peter Michelsen: Ist alles gut? Pope, Mendelssohn und Lessing zur Schrift „Pope ein Metaphysiker!", in: Mendelssohn-Studien 4 (1979), S. 81–109.

Friedrich Niewöhner: Die Seele, in: Das Achtzehnte Jahrhundert, 23 (1999), Heft 2 (Sonderheft „Haskala. Die jüdische Aufklärung in Deutschland 1769–1812"), S. 229–237.

Anne Pollok: Einleitung, in: Moses Mendelssohn: Ästhetische Schriften, Hamburg 2006, S. VII–LIII.

Gerhard Sauder: Mendelssohns Theorie der Empfindungen im zeitgenössischen Kontext, in: Ehrhard Bahr, Edward P. Harris u. a. (Hg.), Humanität und Dialog, Detroit/München 1981, S. 237–248.

Christoph Schulte: Noachidische Gebote und Naturrecht, in: Richard Faber, Enno Rudolph (Hg.), Humanismus in Geschichte und Gegenwart, Tübingen 2002, S. 141–166.

Christoph Schulte: Kant und Mendelssohn. Oder wie ein preußischer Professor und ein Jude die Aufklärung unterschiedlich verstehen, in: Günther Lottes, Uwe Steiner (Hg.), Immanuel Kant. German Professor and World-Philosopher, Hannover 2007, S. 87–105.

Manfred Voigts: Naturrecht und Ästhetik bei Moses Mendelssohn, in: Mendelssohn-Studien 4 (1979), S. 161–198.

Carsten Zelle: Verwöhnter Geschmack, schauervolles Ergötzen und theatralische Sittlichkeit. Zum Verhältnis von Ethik und Ästhetik in Moses Mendelssohns ästhetischen Schriften, in: Anselm Gerhard (Hg.), Musik und Ästhetik im Berlin Moses Mendelssohns, Tübingen 1999, S. 97–115.

Verzeichnis der Textbearbeiter

Philosophische Gespräche (1755)	Irek Kmieciak
Über die Empfindungen (1755)	Stefan Luboschik
Pope ein Metaphysiker! (1755)	Irek Kmieciak
Sendschreiben an den Herrn Magister Lessing (1756)	Irek Kmieciak
Gedanken von der Wahrscheinlichkeit (1756)	Irek Kmieciak
Betrachtungen über die Quellen und die Verbindungen der schönen Künste und Wissenschaften (1757)	Stefan Luboschik
Betrachtungen über das Erhabene und das Naive in den schönen Wissenschaften (1758)	Stefan Luboschik
Abhandlung über die Evidenz in Metaphysischen Wissenschaften (1763)	Mandy Fox
Orakel, die Bestimmung des Menschen betreffend (1764)	Mandy Fox
Phaedon (1767)	Matthias Zimmermann

Abbildungsnachweis

S. 67: Der Philosoph für die Welt, hrsg. Von J. J. Engel, Zweyter Teil, Leipzig 1777, Titelblatt. SBB: Nq 14296

S. 77: Manasseh Ben Israel, Rettung der Juden, 1782, Titelblatt. SBB: HB MA 168334

S. 131: Moses Mendelssohn, Jerusalem oder über religiöse Macht und Judentum, 1783, Titelblatt. SBB: HB MA 168342

S. 209: Berlinische Monatsschrift, Vierter Band, 1784, Titelblatt. Universitätsbibliothek der Humboldt-Universität zu Berlin: 134w

S. 217: Moses Mendelssohn, Morgenstunden oder Vorlesungen über das Daseyn Gottes, 1785, Titelblatt. SBB: HB MA 168190

S. 337: Moses Mendelssohn an die Freunde Lessings. Ein Anhang zu Herrn Jacobi Briefwechsel über die Lehre des Spinoza, 1786, Titelblatt. SBB: HB MA 168394

Personenregister

Das Personenregister verzeichnet historische Personen, die in den beiden Bänden der Studienausgabe genannt werden. Der jeweilige Band wird mit einer römischen Zahl angegeben (I: oder II:), die Seiten mit arabischen Zahlen.

Abarbanel (Abrabanel), Don Isaac, 1437–1508, spanisch-jüdischer Bibel-Kommentator und Philosoph, Politiker, Finanzminister II: 108, 179

Abauzit, Firmin, 1679–1767, französischer Gelehrter, Bibliothekar I: 335

Abbt, Thomas, 1738–1766, Philosoph, Mathematiker I: 324, 325, 342, 343

Aben Esra: Abraham ben Meir ibn Esra, um 1092–1167, rabbinischer Gelehrter und Kommentator II: 98

Aelian: Claudius Aelianus, um 170–nach 222, Sophist I: 350

Aeschines, um 430–375 v. u. Z., Schüler des Sokrates I: 367

Aesop, um 600 v. u. Z., griechischer Dichter I: 317, 368, 369; II: 187

Aggripa I. (Herodes Agrippa), 10 v. u. Z.–44 u. Z., König von Judäa II: 113–115

Akiba ben Joseph (Rabbi Akiba), 50–135, rabbinischer Gelehrter II: 72–73

Albo, Joseph, 1380–1444, jüdischer Religionsphilosoph II: 34, 179

Alcibiades, Schüler des Sokrates I: 350, 355, 359

Alexander der Große, 356–323 v. u. Z., mazedonischer König II: 69–70, 113, 114, 123

Alfonso X. (der Weise), 1221–1284, spanischer König II: 107

Amon, Moses, Leibarzt von Sultan Selim I. II: 102, 118

Anaxagoras, 499–428 v. u. Z., griechischer Philosoph I: 348

Antisthenes, 440–365 v. u. Z., griechischer Philosoph I: 367

Antonius, Marcus, 83–30 v. u. Z., römischer Politiker II: 113

Anytus, Ankläger des Sokrates I: 148, 358, 360, 411

Apion, 20 v. u. Z.–45, griechischer Grammatiker II: 105–106

Apollodorus, um 434–nach 399 v. u. Z., Schüler des Sokrates I: 362, 365

Archelaus, 5. Jh. v. u. Z., griechischer Philosoph I: 348

Ariosto, Ludovico, 1474–1533, italienischer Dichter II: 355

Aristides, 4. Jh. v. u. Z., griechischer Maler I: 181

Aristophanes, um 448–385 v. u. Z., griechischer Komödiendichter I: 354–355

Aristoteles, 384–322 v. u. Z., griechischer Philosoph I: 48–49, 88, 94, 252, 276, 277–278; II: 350

Assi (Rabbi Assi), 3. Jh., rabbinischer Gelehrter II: 69

Augusta, Julia, 58 v. u. Z.–29 u. Z., Ehefrau des Kaisers Augustus II: 114

Augustinus, 354–430, Kirchenlehrer II: 114

Augustus, 63 v. u. Z.–14 u. Z., römischer Kaiser II: 113, 114

Aurelius, Marcus, 121–180, römischer Kaiser I: 309